KB273057

재일조선인 사회의 역사학적 연구

재일조선인 사회의 역사학적 연구

국립중앙도서관 출판시도서목록(CIP)

재일조선인 사회의 역사학적 연구
/도노무라 마사루 지음 ; 신유원, 김인덕 옮김.
--서울 : 논형, 2010 (논형학술총서; 48)

원표제: 在日朝鮮人社会の歴史学的研究: 形成·構造·変容
원저자명: 外村大
색인수록
ISBN 978-89-6357-103-4 94910 : ₩34000
ISBN 89-90618-29-0(세트)

재일 한국인[在日韓國人]

331.3713-KDC5
325.25190952-DDC21   CIP2010000981

재일조선인 사회의 역사학적 연구

도노무라 마사루 지음, 신유원·김인덕 옮김

(왼쪽) 1933년 오사카시 히가시나리구 이카이노의 조선인 시장 (『아사히쿠라부』 1933년 11월 5일)
(오른쪽) 2004년 도쿄 신주쿠구 오쿠보의 코리아타운 (坂元香里 촬영)

在日朝鮮人社会の歴史学的研究—形成・構造・変容
外村大 著, 綠蔭書房

© 2004 TONOMURA Masaru
Originally Japanese edition published by Ryokuin Shobo, Japan 2004
Korean translation rights arranged with TONOMURA Masaru
Translation copyright © 2010 Nonhyung

재일조선인 사회의 역사학적 연구

지은이 도노무라 마사루
옮긴이 신유원, 김인덕

초판 1쇄 인쇄 2010년 4월 10일
초판 1쇄 발행 2010년 4월 20일

펴낸곳 논형
펴낸이 소재두
편 집 김현경, 김가영
표 지 김예나
홍 보 박은정

등록번호 제2003-000019호
등록일자 2003년 3월 5일
주 소 서울시 관악구 성현동 7-77 한림토이프라자 6층
전 화 02-887-3561
팩 스 02-887-6690

ISBN 978-89-6357-103-4 94910
값   34,000원

이번 기회에 졸저의 한국어판이 출간되게 되어 대단히 기쁘게 생각한다. 나의 이러한 기쁨은 많은 친구가 있는 한국에서, 또한 현지 체재(그리 오랫동안은 아니었지만)를 통해 사람들과 그 문화에 더욱 친밀감을 느끼게 된 한국에서 출간된다는 사실과 이 책이 제시하는 문제가 환기되어 더욱 많은 사람들이 관심을 가지게 되길 바라는 기대에 기인한 것이라 할 수 있겠다.

그러나 이러한 기쁨의 한편에서 나는 긴장감을 느낀다. 우선 이 책이 원래 일본어로 집필되었다는 점과 그 내용이 일본 사회의 구성원에 대한 논의라는 점을 들 수 있다. 물론 논의에서 남·북한과 재일조선인과의 관계를 무시하거나 배제하지는 않았지만, 일본에서 생활하는 일본인인 내가 보지 못하는, 한국에서 생활하는 사람들의 시각을 간과했을 불안함은 감출 수 없다. 그리고 현재 한국에서 살고 있는 사람들 중 상당수가 식민지시기의 경험자 내지는 그들의 가족 또는 친척이라는 점에서 내가 알지 못하는 또 다른 중요한 역사의 존재 가능성을 배제할 수 없다는 사실 또한 나를 긴장하게 만든다.

더욱이 이 책의 원저가 일본에서 2004년에 출판되었고, 그 토대가 된 박사학위논문이 2001년에 완성되었다는 사실 또한 무시할 수 없다. 다시 말해 이 책에는 집필 시점과 현재 간의 시간차가 있기 때문에, 최신 통계자료를 보충하고 그간의 새로운 연구 성과를 반영해야 할 필요가 있고, 출판 후의 깨달음을 가필하고 싶은 부분도 존재한다.

그렇지만 이 책의 원고를 집필할 때 염두에 두었던 생각, 즉 지금까지 부당하게 무시되어 온 재일조선인의 역사를 보다 많은 사람들이 알고 기억해야 한다는 점이 재일조선인과 일본인, 또한 남·북한의 한국·조선인들이 바람직한 관계를 형성하고 유지하기 위해 반드시 필요한 조건이라는 인식은 변함없다. 그리고 이제까지는 알려지지 않았던 사료나 데이터, 그에 준거한 새로운 견해가 이 책에 제시되어 있다는 점에서 약간의 자부심을 가지고 있다.

또한 앞서 말한 바와 같이 이 책에 대한 한국 독자들의 비판과 내가 깨닫지 못한 점에 대한 지적은 당연한 수순이겠지만, 오히려 그것이 앞으로 한·일 양국 간의 이 분야에 있어서의 연구를 진전시키는 계기가 될지도 모른다는 점에서, 반드시 부정적으로 해석할 필요는 없다고 생각한다. 이러한 점에서 나는 이 책의 한국어판 출간에 즈음해 나름의 의의를 찾고자 한다.

나의 이러한 긴장감에도 불구하고 졸저의 한국어판 출간이 가능했던 것은 많은 분들의 노고에 힘입은 결과에 다름없음을 밝혀둔다. 그 중에서도 특히 이 책의 번역을 맡아주신 김인덕 선생님은 내가 대학원생이었던 시절부터 여러 방면으로 도움을 주셨던 분으로, 이 기회를 빌려 깊은 감사를 드린다. 아울러 함께 번역을 맡아주신 신유원 선생님께도 감사의 인사를 드린다. 또한 전문 연구자가 아닌 사람은 다소 읽기 어려울 수 있는 졸저의 출판을 용기 있게 결단해 주신 논형출판사 사장님께도 감사의 말씀을 전한다. 지면의 제한으로 모든 분들을 열거할 수 없다는 것이 안타깝지만, 필자에 앞서 재일조선인의 역사를 발굴한 선배 연구자, 인간다운 삶의 권리를 획득하기 위해 노력해 온 재일조선인운동 지도자와 그를 지원해 온 시민단체 등의 일본인 활동가, 그리고 갖가지 장벽에도 불구하고 재일조선인의 인권에 지속적인 관심을 가져온 한국인들 모두에게 감사한다는 말로 아쉬움을 대신한다.

2009년 12월

도쿄에서

도노무라 마사루

차례

통계표 일람

일러두기

1. 지역, 민족, 언어, 문화를 나타내는 말에서 조선(또는 한국)이라는 말에 대해 이 책에서는 조선을 원칙으로 사용했다. 단, 대한민국의 국민을 자인하는 사람으로만 구성된 집단에 대해서는 한국인이라는 말도 사용하고 있다.
2. 차별적 내지 현재 통상 사용되지 않는 용어와 표현이라도 인용문과 고유명사에 있어서는 그대로 사용했다.
3. 인용문에서는 읽기 쉽게 하기 위하여 약간의 수정을 가했다. 구체적으로는 ① 한자 숫자를 아라비아 숫자로 했다. ② 한자를 한글로 표기하고, 한글로만은 알기 어려운 단어는 한자를 병기하였다.
4. 인용문에서의 ○는 원문서에 있어서 판독 불명인 글자, …… 는 생략을 나타낸다.
5. 저자가 일부 고유명사에 대해서 현재 일반적으로 사용하지 않는 정자를 현재 일본의 통용자로 고쳤기에, 그에 준하여 그대로 표기하였다.
6. 일본에서 간행된 잡지나 서적의 제목은 뜻을 알기 쉽게 하기 위하여 본문에서는 한자를 우리말로 음독하여 표기하였고, 주석에서는 원문을 그대로 썼다.
7. 일본의 대도시를 비롯한 도도부현의 이름은 본문에서는 일본어 발음에 준하여 한글로 표기하였으니, 당시 신문기사의 인용문 등은 당시의 표기방식대로 음독하여 표기하였다. 예) 오사카 - 대판(大阪), 나고야 - 명고옥(名古屋)
8. 표에 수록된 일본의 소도시를 비롯한 시정촌(市町村)의 지명은 일본에서의 표기방식을 그대로 유지하였다.
9. 연보, 연감 종류의 제목에 대해서는 예를 들면 『쇼와 5년에 있어서의 사회운동의 상황』을 『사회운동의 상황』 1930년판 등과 같이 간략화하여 표기했다.
10. 비율이나 지수를 나타내는 통계 수치는 표기되어 있는 행보다 하나 아래에서 사사오입을 한 것이다.
11. 본론에서 다수 인용하고 있는 박경식 편 『재일조선인관계자료집성』과 『조선문제자료총서』에 대해서는 각각 『集成』, 『叢書』라고 약기하였다.

1. '재일조선인'의 개념 규정

이 책은 '재일조선인'으로 불리는 사람들의 역사에 초점을 맞추고 있다. 여기에서 말하는 '재일조선인'은 대체로 다음과 같은 사람들을 가리킨다. 1945년 8월 15일 이전에 대해서는 ① 일본의 정치력이 대한제국의 주권을 좌우하게 되었던 시기(대략 1900년대 후반)와 1910년 8월부터 1945년 8월까지 조선이 일본의 식민지였던 시기에 생계를 해결하기 위해 일본열도에 와서 어느 정도 장기적으로 거주했던(혹은 그럴 수밖에 없었다고도 할 수 있는) 조선인, ② 꼭 생활이 궁핍했던 것이 이유는 아니지만 유학 등의 적극적인 의지를 가지고 일본열도로 건너와서 결과적으로 생활기반을 일본열도에 두게 되었던 조선인, ③ 1939년 9월부터 1945년 8월까지 국가총동원법에 의거한 대일본제국의 전시동원정책과 대일본제국의 군인·군속이 되어 일본열도에 배치된 조선인, ④ 앞의 세 가지 경우에 속하는 사람들의 가족과 자손으로 계속해서 일본열도에 거주했거나 거주하고 있는 조선인(이른바 '혼혈'인 사람들 중에서 조선인으로서의 정체성을 가진 사람들도 포함)이다. 그리고 1945년 8월 15일 이후에는 ⑤ 앞의 사람들 중 그 후에도 거의 계속해서 일본에 살았던 사람들과 그 자손, ⑥ 1945년 8월 이후 한국전쟁의 전란을 피하기 위해 헤어져 있었던 가족과 재회하거나 살기 위해서 일본으로 건너온 조선인 중 일본 생활이 길어져서 다른 재일조선인과 비슷한 의식과 생활 형태를 갖게 된 조선인을 재일조선인이라고 부르기로 한다. 따라서 이른바 고대의 도래인渡來人과 도요토미 히데요시의 조선침략 때 일본으로 연행되어 왔던 조선인, 전전기戰前期에 단기적인 상용商用, 관광을 목적

으로 일본에 체재한 조선인, 1980년대 후반 이후 유학과 취업을 목적으로 일본에
와서 일본에서의 생활이 아직 10년에서 수년 정도밖에 되지 않으며, 현대 한국
사회에서 생활하는 한국인과 같은 의식과 생활양식을 유지하고 있는 한국인 등은
'재일조선인'의 범주에 포함되지 않는다.

　　'재일조선인'을 가리키는 말로 과거에는 '선인鮮人', '조선인 노동자', '재내在內
조선인', '내선인內鮮人', '반도인半島人', '반도동포半島同胞', '제삼국인第三國人' 등이 사
용되기도 했다. 그러나 이 호칭들에는 차별적인 의식이 담겨 있다. 또 현재의
일본에서는 재일조선인이라는 말 대신에 '재일조선·한국인', '재일한국인', '재일
코리언' 등의 표현이 자주 사용되고 있고, 한국의 역사학계에서는 '재일한인'이라
는 말이 사용되기도 한다. 그러나 이 책이 고찰 대상으로 하는 시기에는 1945년
이전도 포함되어 있으며, 이 시기에는 조선 민족, 즉 한반도와 그 주변의 섬에
거주하고 문화와 언어의 공통성을 갖고 있었던 사람들에 대한 호칭으로서 '한인'
과 '한국인', '코리안'이라는 말을 적용하는 것은 일반적이지 않았다. 그러므로
이 책에서는 '재일조선인'이라는 말을 사용하기로 한다.

　　단, 위와 같은 개념 규정에 의거해서 1945년 이전의 일본열도에 거주했던
조선인과 현재 일본에서 정주적인 생활을 영위하고 있는 조선인을 모두 '재일조
선인'이라는 말로 일괄하는 것은 약간 문제가 있을 것이다. 예를 들면 1945년
이전의 일본열도에 있었던 조선인이 일시적으로 체재하는 사람이거나 2~3년
정도만 체재할 예정인 경우도 적지 않았다는 사실과 그들 모두가 오늘날의 재일
조선인으로 이어진 것은 아니라는 중요한 사실을 잊게 해서, 현재와 마찬가지인
정주적인 재일조선인이 많았다는 이미지를 떠올리게 할지도 모를 위험성을 동반
한다. 그러므로 이 책에서는 필요에 따라서는 1945년 8월 15일 이전에 일본열도
에 거주하고 있었던 조선인에 대해서 '전전기 재일조선인'이라는 호칭도 사용하
면서 논지를 전개해 가기로 한다.

2. 재일조선인사와 관련된 선행연구의 전개 과정

오늘날 일본에 거주하는 조선적朝鮮籍 · 한국적韓國籍의 영주자는 1998년 현재의 통계에 따르면 55만 4875명에 달한다.[1] 더욱이 일본 국적을 취득했지만, 원래는 조선인이며 앞서 설명한 바와 같은 경우에 해당되는 사람도 많아서, 이들을 더하면 재일조선인은 약 100만 명이라고도 한다.

따라서 재일조선인은 현재 일본 사회 인구의 거의 1%를 차지하고 있다고 할 수 있다. 이러한 인구 비율은 예를 들어 미합중국에서 흑인과 히스패닉계 출신이 점유하는 비율과 비교할 때 물론 많다고는 할 수 없는 수치다. 그러나 거의 1%라는 인구 비율은 재일조선인이 하찮은 존재가 아니라는 것을 보여주는 것이라고 볼 수도 있다. 일본 사회 속에서 거의 100명 중 1명의 비율로 재일조선인이 있다는 것은 재일조선인이 아닌 사람들도 이웃과의 교제, 직장에서의 관계 혹은 학교 등에서 어떠한 형태로든 재일조선인과 접촉하는 경우가 다소 있다는 것을 시사하기에 충분하다.

하지만 재일조선인 당사자들을 제외하고는 일본 사회 구성원 대부분은 재일조선인의 존재를 평소에도 의식하는 것처럼 보이지 않는다. 또 애당초 재일조선인과 어떠한 형태로 접촉이 있었다고 하더라도 그 사실을 의식하지 못하는 일본인도 적지 않을 것으로 생각된다. 왜냐하면 조선인과 일본인은 신체적 특징이 크게 다르지 않은데다가 생활양식이 서양화된 현대에 있어서는 복장 · 몸짓과 태도 등의 생활양식에 별 차이가 없고, 더욱이 오늘날 재일조선인들은 일상적으로는 일본어를 사용하고 이름도 일본인 이름과 비슷한 통명通名을 쓰면서 생활하는 경우가 많기 때문이다. 이러한 사정들 때문에 오늘날 일본 사회에 있어서 최대의 에스닉 마이너리티(소수민족)이면서도 '보이지 않는 사람들'[2]이 된 것이다.

---

1 法務省 入國管理局, 『在留外國人統計』, 1999년판에 따름.
2 재일조선인은 종종 '보이지 않는 사람들'이라고 형용되어 왔다. 예를 들면 이누마 지로(飯沼二郎)는 1973년에 출판된 재일조선인을 논한 책의 제목에 이를 사용하고 있다(飯沼二郎, 『見えない人々 在日朝鮮人』, 日本基督教団出版局, 1973년).

현대사회의 일상에서 재일조선인이 보이지 않는 존재가 된 것처럼 사람들의 역사의식 속에서도 재일조선인이 등장하는 일은 드물다. 예를 들어 일본 사회의 민족 구성에서 조선인이 차지하는 비율이 현재보다도 높은 수준에 있었던 1930년대와 1940년대 전반에 조선인이 어떠한 존재였으며 그들이 해 온 역할이 어떠한 것이었는지를 금방 떠올릴 수 있는 사람들이 얼마나 있을까?

사람들이 이제까지 재일조선인의 역사에 대해서 아무 말도 하지 않았던 것은 물론 아니다. 1950년대 이후 재일조선인의 역사에 대한 연구는 계속되어 왔고 1990년대 이후에는 논문과 단행본의 발표가 잇따르고 있다. 최근 몇 년 사이에도 재일조선인의 역사를 논하는 전문 연구자가 이 주제에 대한 선행 연구가 별로 없다고 단정을 내리는 경우도 볼 수 있지만,[3] 그것은 그 연구자의 무지로 인한 것이거나 혹은 이른바 학술잡지에 실리지 않은 글은 '연구'라고 간주하지 않는 태도에서 비롯되었을 것으로 생각된다. 분명 아카데미즘의 세계에 한정해서 보면 재일조선인의 역사는 그다지 주목받지 못해 왔다고도 할 수 있다. 그러나 자기와 자기의 부모, 조부모들이 걸어 온 역사를 밝혀내고자 재일조선인들이 어렵게 활동하였고, 그로부터 촉발되어 일본인들도 연구하게 되면서 재일조선인의 역사는 여러 가지 형태로 논의되어, 현재까지 상당한 축적이 이루어졌다고 인정할 수 있다.

그러므로 간단하게나마 이제까지의 재일조선인을 다룬 역사 연구에 대해서 소개해 두고자 한다.

재일조선인사에 관한 역사 연구의 출발은 1950년대까지 거슬러 올라갈 수 있다.[4] 당초 연구 당시의 상황과 밀접한 관련을 갖고 전개되어 왔다는 특징이

---

3 예를 들면 西成田豊, 『在日朝鮮人の'世界'と'帝国'国家』, 東京大学出版会, 1997년, 3쪽에서는 "재일조선인의 생활과 노동의 역사(사회경제사)에 관한 연구사를 돌이켜 볼 때 너무나도 빈약해서 깜짝 놀라지 않을 수 없다"고 기술되어 있다.

4 물론 재일조선인에 대해서 다룬 논고는 그 이전에도 있다. 전전기에는 행정당국에 의해서 재일조선인에 관한 사회조사가 정리되어 있었고, 그 외에 '내선융화'와 관련시켜서 재일조선인을 논한 글도 많다. 또 일본 패전 직후에 쓰인 조선인들에 의한 조선사 문헌에서도 재일조선인에 대한 기술을 찾아볼 수 있다. 그러나 이것들은 당시의 현상으로서 기술되어 있거나 혹은 기술된 양이 적다는 점에서 본격적인 역사 연구라고 보기는 어렵다.

있다. 즉, 그것을 담당했던 사람들은 당시 재일조선인과 관련된 상황의 요구에 답하기 위해서 연구를 진행했던 것이다. 이 사실은 달리 말하면 당시 재일조선인 운동의 영향을 여러 형태로 받았다는 것을 의미한다.

구체적으로 이제까지의 연구를 문제의식과 연구방법, 초점이 맞춰진 역사적 사실에 입각해서 정리해 보면 대략 다음의 세 가지 시기적인 변천을 거쳐 왔다고 할 수 있을 것이다.

우선 제1시기는 1950년대부터 1960년대까지다. 이 시기의 재일조선인 연구를 진행시켰던 것은 재일조선인 역사학자였다. 그들이 재일조선인사 연구에 몰두하게 된 동기는 무엇보다도 "왜 조선인이 일본에 있느냐", "불평하지 말고 자국으로 돌아가면 될 것 아니냐"면서 노골적으로 드러냈던 일본인들의 배외주의와 역사에 대한 무지에 있었다. 이와 함께 독립한 조국과의 유대를 확인하고 조선민족으로서의 긍지를 가지고 살아가야겠다는 의식도 이 시기 재일조선인 역사학자들이 연구하는 데 원동력이 되었다.

따라서 이 시기의 재일조선인과 관련된 역사 연구에서는 '일본 제국주의가 어떻게 조선인을 억압해 왔나'와 '그에 대항해서 민족해방을 위해 싸운 조선인들의 저항은 어떠한 것이었나'가 최대의 관심사였다. 동시에 구체적인 연구에서는 강렬한 충격을 주는 역사적 사실을 발굴하고 제시하는 방법이 이용되었다.

우선 일본 국가의 조선인에 대한 처우의 역사를 다룬 정치사적 영역에서는 강제연행과 간토대지진 때의 조선인 학살사건 등 악랄한 폭력으로 조선인을 핍박한 사례가 폭로되었다. 나아가 조선인의 노동과 생활에 초점을 맞춘 경제사 분야에서는 그들이 얼마나 저임금으로 장시간의 노동을 강요당하고 비참한 생활환경에서 힘겨운 생활을 할 수밖에 없었는가 하는 데이터가 제시되었다. 그리고 저항의 역사를 다룬 운동사 영역에서는 선명하게 반제국주의를 내세워 비타협적으로 투쟁한 운동, 즉 사회주의계열의 운동에 주목하여 사상단체와 노동조합 등의 조직과 방침, 식민지 지배정책에 대한 비판과 대결, 조국 건국에 대한 지지와 공헌 등의 사실 발굴에 힘을 쏟았다.

이 시기의 대표적 연구인 강재언의 「재일조선인도항사」(『朝鮮月報』 별책, 1957년), 「재일조선인운동」(向坂逸郎 編著, 『日本の社會主義運動』, 河出書房, 1957년에 수록), 박경식 「일본 제국주의하에서의 재일조선인운동」(『朝鮮月報』 제4, 6, 8, 9호, 1957년 3, 5, 7, 8월), 『조선인 강제연행의 기록』(未来社, 1965년) 등도 전부 그러한 특징을 갖고 있었다. 스테디셀러가 된, 연구자뿐만 아니라 일반 사람들에게도 적지 않은 영향을 준 『조선인 강제연행의 기록』을 쓴 박경식은 '서序'에서 "진보적이라고 하는 사람들도 국제연대는 강조하면서 조선에 대해서는 관심이 적다", "일본 제국주의의 식민지 지배의 문제를 빼고는 [……] 문제를 본질적으로 이해할 수 없다"고 지적하고, "올바로 해결해야 하는 문제의 하나로서 재일조선인 60만 명의 문제가 있다"고 호소했다(같은 책 13~14쪽). 그리고 이 책이 '1. 조국을 빼앗겨 일본으로', '2. 강제연행', '3. 체험자는 말한다', '4. 지금도 남아 있는 손톱자국'으로 구성되어 있는 것에서 알 수 있듯이 당사자 자신의 증언을 포함한 형태로 일본 제국주의의 가해자적 측면을 밝혀내고 있다. 또 강재언의 「재일조선인운동」은 전전기의 재일조선인운동에 대해서 "본격적으로는 러시아의 10월 혁명 이후 조선 및 일본에서 마르크스·레닌주의가 전략·전술의 기초가 되었던 새로운 혁명운동의 고조 속에서 발생하고 발전했다"고 하며, 전후에 관해서는 "조선의 반제反帝, 반봉건의 인민민주주의 혁명이 북한에서만 수행된 조건 속에서 조선의 평화적 통일과 그 물질적인 기초가 되는 민주기지(북한)를 강화하는 것은 전 조선 인민의 민족적 과제가 되었고, 그것은 동시에 재일조선인운동의 정치 목표도 되었다"는 입장에서 재일조선인운동을 체계적으로 정리했다. 그러나 이 연구들은 일본 제국주의의 가장 악랄한 억압과 학대의 사실과 급진적인 민족해방운동·사회주의운동 활동만을 발굴한 다소 시야가 좁은 역사 서술이었다.

이어지는 제2시기는 1970년대부터 1980년대에 걸쳐서다. 이 시기의 연구는 그 이전 시기를 계승하면서 시야를 넓혀서 재일조선인의 동향을 파악하게 되었다. 그리고 이 시기에 연구를 한 것은 재일조선인뿐만이 아니었다. 전술한 바와 같이 재일조선인들의 연구에 자극을 받아 일본인들 사이에서도 재일조선인의 역사를 연구하는 사람이 등장하는 변화도 생겨나고 있었다.

이 시기의 새로운 연구 동향을 구체적으로 보면 다음과 같다. 우선 정치사 영역에서는 전시하의 협화회協和會를 통한 행정시책, 즉 조선인 황민화정책의 실태에 대한 규명이 진전되었고, 이와 함께 1945년 이후의 GHQ와 일본 정부의 조선인 관리정책에 대한 연구도 시작되었다. 운동사 분야에서는 전전기에 대해서는 민족문화를 수호하는 교육기관의 운영과 소비조합과 상호부조단체의 활동 등도 다루어지게 되었다. 또 1945년 이후의 재일조선인운동사에 대해서도 연구가 시작되었고 민족단체의 조직 방침과 활동 변천 등이 논해졌다. 나아가 재일조선인의 노동과 생활을 논한 연구에서는 순수 경제사 범주에 들어가는 것과는 조금 다른, 개인의 경험 등을 듣는 것을 바탕으로 그 작업의 실태와 관행·의식 등을 밝히는 연구도 시작되었다. 이 시기에 ① 전전기의 역사에 대해서는 그 이전의 연구에서 논의되었던 이른바 돌출적인 사례가 아닌 일상생활 차원에서의 재일조선인의 동향을 시야에 넣고자 했으며, 그와 동시에 ② 전후 상황을 규명하는 연구가 시작되었다.

단, 이 새로운 연구들의 기본적인 문제의식은 일본 제국주의의 억압성을 규탄하고, 재일조선인의 저항을 발굴한다는 종래의 틀을 잇고 있다고 할 수 있다. ①은 일시적인 사건이 아닌 일상생활 속에서의 억압과 역시 일상과 밀접히 관련해서 그러한 억압에 대해 어떻게 저항했는지에 초점을 맞추고자 한 것이고, ②도 일본 제국주의가 패배하게 된 이후에도 억압이 지속되어 그에 대한 투쟁이 있었던 자취를 조사하고자 하는 것이었다.

그리고 그러한 새로운 연구를 촉발시킨 배경은 다음과 같은 당시의 상황과 관련이 있었다. 이 시기 재일조선인운동에서는 조국과의 연결을 중시하면서 언젠가는 귀국해야 할 존재로 자신들을 규정하는 생각은 점차 힘을 잃어가고 있었다. 그 대신에 일본에 정착하고 그 속에서 어떻게 권리를 확대하면서 독자 문화를 계승해 갈 것인가 하는 과제를 중시하였다. 전전戰前의 역사에서 생활 현장에서의 동화同化 압력과 그에 대항한 민족적 생활을 지키기 위한 투쟁의 역사가 발굴되었던 것은 이 과제를 다분히 의식하고 있어서였다. 그리고 전후 연구의 시작은 그 과제를 풀어나가는 데 있어서 확인해야 할 재일조선인과 관련된 상황이 어떻게 형성되어 왔는가를 살펴보고자 하는 것이었다.

이상과 같은 이 시기의 새로운 연구동향을 대표하는 것으로 전전기를 다룬 것으로는 김찬정에 의한 『조선인 여공의 노래 1930년 기시와다 방적쟁의朝鮮人女工のうた 1930年岸和田紡績爭議』(岩波書店, 1982년), 『이방인은 기미가요호를 타고: 조선인 거리 이카이노의 형성사異邦人は君ヶ代丸に乗って: 朝鮮人街猪飼野の形成史』(岩波書店, 1985년) 등의 일련의 연구와 사사키 노부아키佐々木信彰의 「1920년대에 있어서의 재오사카 조선인의 노동＝생활 과정1920年における在阪朝鮮人の労動=生活過程」, 스기하라 도루杉原達의 「재오사카 조선인의 도항 과정: 조선·제주도와의 연관으로在阪朝鮮人の渡航過程: 朝鮮·済州島との関連で」(두 편 모두 杉原薫·玉井金五 編, 『大正·大阪·スラム: もうひとつの日本近代史』新評論, 1986년에 수록), 히구치 유이치樋口雄一의 『협화회 전시하 조선인 통제조직의 연구協和会 戰時下朝鮮人統制組織の硏究』(社会評論社, 1986년) 등을 들 수 있겠다. 김찬정의 연구는 구체적인 노동현장에서의 취로就勞 구조, 주택 임대에 있어서의 차별 실태, 풍속·관습 등의 유지 상황 등을 논한 것이고, 재일조선인 1세로부터 녹취한 것을 바탕으로 해서 문헌사료로는 알 수 없는 사실들이 기록되어 있다는 점에서도 중요하다. 단, 거기에 서술되어 있는 사실들이 재일조선인 역사의 총체 속에서 어떤 위치에 놓일 것인가 등에 대해서는 충분히 검토되지 않았으며 사실 소개에 그친 경향이 보인다. 사사키와 스기하라의 논문은 김찬정도 부분적으로 사용한 사회조사 사료 등을 바탕으로 '노동＝생활 과정'을 고찰한 것으로 아주 상세한 검토가 이루어졌지만, 그 대상은 오사카시로 지역적으로 한정되어 있다. 히구치 의 『협화회』는 제목대로 전시하의 조선인 통제조직으로서의 협화회의 시책을 다룬 것이다. 거기에서는 일본어 강요, 조선 옷 금지, 신사참배 등의 재일조선인 에 대한 억압이 가해졌던 실태를 밝혔다. 동시에 히구치는 이 저서 속의 「재일조 선인 부락의 적극적인 역할에 대해서」 등의 논고를 통하여 "민족차별 속에서 재일조선인의 대다수가 조선인만의 거주구역을 형성하고 살아갔다"는 것, 그러

한 "조선인 부락에는 가난한 생활이 존재했지만, 그뿐 아니라 조선 민족으로서의 생활과 조선인 동지의 상부상조가 존재했다"(『협화회』, 149쪽)고 하여 동화정책에 대한 저항이 계속되고 있었음을 지적했다. 단, 이 논고는 그러한 움직임을 단속하려고 했던 일본 행정당국의 사료에 나타난 단편적인 기술을 중심으로 '조선인 부락'의 '역할'을 정리한 것으로, 전전기의 '조선인 부락'의 모습을 충분히 그려낸 것은 아니다.

한편 전후의 재일조선인의 동향을 다룬 연구로 이 시기에 발표된 것으로는 가지무라 히데키梶村秀樹의 『해방 후의 재일조선인운동解放後の在日朝鮮人運動』(神戸学生青年センター出版部, 1980년), 박경식의 『해방 후 재일조선인운동사解放後在日朝鮮人運動史』(三一書房, 1989년)가 있다. 전자는 재일조선인운동이 '조선해방운동의 일환을 일본에서 담당한다', '재일의 생활과 인권을 위한 투쟁'이라는 두 가지 과제를 가지고 있었다는 관점에서 '연표로 상세하게 여러 사항을 기술하는 방식이 아니라 무엇이 문제인가를 무리해서 대략적으로 정리'한 것이다. 이에 비해서 500쪽이 넘는 분량인 후자는 보다 세세한 사실을 망라하여 1980년대까지의 동향을 쓴 것이다. 당연히 후자의 기술은 민족단체 및 한때 그것을 지도하는 입장에 있었던 일본공산당의 방침과 여러 사건들 중심이었고, 그들과 그다지 관련되지 않았거나 그 중축에 있지 않았던 재일조선인에 대한 동향까지 충분히 논했다고는 할 수 없다.

제3시기는 1990년대 이후다. 이 시기에도 종래와 같은 식민지 지배 가해의 역사를 고발하고 그에 대한 저항을 밝히는 연구는 이어졌다. 특히 식민지 지배의 역사를 은폐하려는 세력의 움직임이 활발해지고 일본 국가가 과거 가해의 역사에 대한 책임을 얼버무리려고 하는 가운데 강제연행의 역사를 발굴하는 연구가 활발해졌다. 그러나 한편으로 일본 제국주의의 억압과 그에 대한 저항이라는 틀과는 다른 측면의 연구가 시작되었다. 이것이 1990년대 이후 재일조선인사 연구의 특징이다.

그러한 연구는 1970년대 이후의 연구의 연장선상에서 온 것이라고 볼 수 있다. 일상생활 차원의 동향을 파헤침으로써 항상 일방적으로 학대받고 그에 대해서 철저하게 싸워온 것은 아니라는 인식이 연구자들 사이에 생겨난 것이다. 이와 함께 이 시기 급속하게 진전된 이른바 외국인 노동자가 증가한 당시의 상황도 새로운 연구를 촉발시키는 요인이 되었다. 이 시기에는 점차 취업을 목적으로 일본으로 새로 건너온 외국인(이른바 뉴커머)들 가운데 어느 정도 생활기반을 갖춘 사람들도 나타나기 시작해, 이들과 일본인들이 어떠한 관계를 형성해 나갈 것인가 하는 점이 문제가 되었다. 이런 가운데 일찍이 경험한 바 있는 전전기 조선인의 역사에 주목하게 된 것이다.

이리하여 1990년대에 때로는 권력과 타협하면서도 나름대로의 생활기반을 갖고 있었던 민중의 모습이 포착됨과 동시에 조선인의 정주 과정과 그에 따라 형성된 조선인의 독자적 사회인 재일조선인 사회[5]의 참모습이 논의되었다. 이러한 변화는 재일조선인사 연구의 목적과 의의에도 새로운 점을 부가했다. 재일조선인사 연구가 시작된 시점에서의 연구목적과 의의는 주로 일본 제국주의를 규탄하고 그에 저항했던 운동들의 공적을 알리는 것이었다. 그러나 위와 같은 연구들은 조선인이 일본에서 생활을 확립해 나갔던 것 그 자체를 평가하고, 그러한 사실을 무시하며 그들을 배제해 온 국민국가로서의 일본의 실상을 비판하는 등의 중요한 역할을 수행했다. 이러한 1990년대의 새로운 연구를 대표하는 문헌에 대한 평가와 그 한계에 관해서는 본론의 방법과도 관련시키면서 4절에서 기술하기로 한다.

3. 본 연구의 목적과 과제

본론의 문제의식도 앞서 언급한 것과 같은 1990년대 이후 논의되기 시작한 연구를 이어받고 있다. 다시 말해 아래에서 고찰 대상으로 삼은 것은 ① 일본에 온 조선인이 어떠한 사회적 결합하에서 생활을 하고 있었나, ② 재일조선인들의

---

5 일본열도에 거주하는 조선인이 구성하는, 일본인과는 구별된 사회적 결합과 독자적인 문화를 어느 정도 유지한 사회를 가리킨다. 상세하게는 3절에서 기술한다.

문화는 어떠한 것이었나, ③ 재일조선인들이 떠나온 사회와의 유대는 어떻게 유지되고 있었나 또는 유지되지 못하고 있었나, ④ 그러한 재일조선인의 사회적 결합과 문화·정체성은 어떻게 변용되어 오늘날 재일조선인의 상황으로 이어지고 있나, ⑤ 조선인들에 대해 일본인 및 일본 국가는 어떠한 태도를 취했나 하는 것 등이다. 즉, 본론은 조선인에 대한 정책을 다룬 정치사와 협의의 의미에서 그들의 경제생활을 논하는 경제사, 또는 운동단체의 조직과 활동방침을 열거한 운동사가 아니라 민중 차원의 사람들의 관계와 의식·행동 그 자체를 대상으로 하는 사회사를 중심으로 재일조선인사를 재구성하는 것을 목표로 하고 있다. 따라서 이러한 시도는 현대 일본을 살아가는 사람들 속에서 '보이지 않는 사람들'이 되어 버린 재일조선인을 그들이 형성한 사회의 모습을 가능한 한 복원시킴으로써 그 역사 인식 안에 등장시킨다는 의미를 갖고 있다.

그러나 그것은 단순히 재일조선인이 일본에서도 일관되게 민족문화를 유지하는 생활해 왔다고 하여 무조건 칭찬하려는 것이 아니다. 재일조선인 사회의 형성 시기부터 오늘에 이르기까지의 역사를 전체적으로 파악하고, 그 시간의 경과 속에서 그들이 왜 보이지 않는 사람들이 되어 버렸는가를 생각해 보고자 하는 시점에서 본론의 고찰은 진행된다. 이것은 최근 몇 년 일본 사회로 들어온 외국인들이 일본 사회의 일원으로서 인정받고 그 문화가 존중받는 사회를 어떤 방법으로 만들어 갈 것인가 하는 과제를 풀어가는 데에 역사학의 입장에서 기여하겠다는 의식에 바탕을 두고 있다.

다시 한 번 확인해 두자면, 이러한 사회사를 중심으로 재일조선인사를 재구성하려는 시도는 이제는 차별과 억압을 이야기하는 것이 의미가 없다든가 저항의 역사 같은 것은 없었다는 인식에서 나온 것이 아니다.

재일조선인에 대한 차별과 억압에 관련된 문제에 대해서는 필자는 다음과 같은 생각을 갖고 있다. 최근 몇 년의 역사 인식과 관련된 일본 사회의 상황을 생각할 때 오히려 일본 국가가 가해 왔거나 가하고 있는 재일조선인에 대한 억압을 강조할 필요가 있다는 것은 부정할 수 없다. 그러나 1950년대 이후에 행해졌던 가장 잔학한 행위를 찾아내 폭로하는 유형의 연구에 대해서 현재로서는 이전만큼의 의의를 인정할 수는 없다고 생각한다. 재일조선인에 대한 차별과 억압은 물리적인 폭력과 학대만이 아니라 일상생활 차원과 그 내면에도 관철되고 있으므로, 현재의 연구 상황을 보았을 때 그러한 점도 포함해서 밝혀낼 필요가 있다. 그리고 사회사를 중심으로 하여 재일조선인사를 재구성하겠다는 시도는 그러한 과제에 어느 정도 답을 줄 가능성을 가지고 있다고 생각된다.

한편 저항의 역사에 대해 말하자면 필자는 그것이 전혀 존재하지 않았다고 주장하는 것이 아니라 오히려 재일조선인의 역사 속에서 큰 비중을 차지한다고 생각한다. 그러나 민족 해방을 내세운 단체와 사회주의 계열 조직의 활동은 대다수의 민중이 참여하여 지속적으로 이어온 것이 아니었다(바꿔 말하면 가령 그러한 상황이 만들어졌다고 한다면, 애초에 일본의 식민지 지배는 1945년 일본의 패전을 기다릴 것도 없이 조선인에 의해서 타도되었을 것이다). 그것을 무시하고 민족해방투쟁 내지는 사회주의계의 조직과 활동을 골라내서 열거하여 재일조선인사를 구성하는 것은 극단적으로 말하면 내셔널리즘과 사회주의운동 고양을 위한 선동에 지나지 않는다. 재일조선인의 역사를 논할 경우에도 이른바 투쟁할 수 없었던 민중의 동향과 부정적 현실도 파악할 필요가 있는 것이며, 그러기 위해서도 민중의 동향을 폭넓게 파악하는 사회사적으로 접근하는 것이 효과적이라고 생각한다.

4. 본 연구의 방법

앞서 언급했듯이 본론에서 내세우는 문제의식은 1990년대에 나타났던 것이다. 특히 1990년대 후반에는 '한인 이민사회', '재일조선인의 세계', '조선인 이민사회'라는 용어를 써서 일본에 생활 기반을 갖게 된 조선인들의 생활과 사회에 착목한 논저가 잇달아 발표되었다. 가와 메이세이河明生의 『한인 일본 이민사회경제사 전전편韓人日本移民社会経済史 戦前編』(明石書店, 1997년), 니시나리타 유타카西成田豊의 『재일조선인의 '세계'와 '제국' 국가在日朝鮮人の「世界」と「帝国」国家』(東大出版会, 1997년),

김찬정의 『재일코리언 100년사在日コリアン100年史』(三五館, 1997년), 스기하라 도루 杉原達의 『월경하는 백성 근대 오사카의 조선인사越境する民 近代大阪の朝鮮人史』(新幹社, 1998년) 등이 그것이다.

즉, 최근 몇 년 재일조선인 사회를 대상으로 한 연구는 활발하게 이루어지고 있다고 할 수 있다. 그러나 필자는 '역작이 많다'고 하여,[6] 이러한 상황을 긍정적으로만 받아들여도 될 것인가 하는 점에 대해서는 의구심을 갖게 된다. 이 논저들은 분명 그 이전에 나온 논고와 비교할 때 분석이 치밀하고 새로운 논점도 다소 내놓았다. 그러나 이 연구들이 재일조선인 사회의 역사를 충분히 파악하고 그려냈는가 하면, 그렇다고 할 수는 없을 것이다.

앞서 기술한 연구 중 우선 가와 메이세이의 『한인 일본 이민사회경제사』는 재일조선인 전체에 대해서 논한 것 같은 제목이지만, 실제로는 지역적으로 교토·오사카·고베神戸 지역, 특히 오사카가 중심이며, 노동자의 취업실태 분석 등도 오사카시 사회부의 조사보고를 이용하고 몇 가지 특정 업종의 사례를 '전형'으로 채택하는 데 그쳤다. 구체적인 논점으로서는 취로 과정에서 '자기 신청'이 많았던 것, 생활비·주거비 실태와 그것을 억제하기 위한 조선인의 '밀집군거密集群居'가 행해지고 있었던 것 등이 제시되었다. 그러나 조선인이 다수 주거하는 지역에서의 생활이 어떠한 것이었는지, 조선인의 구체적인 취업 실태는 어떠한 것이었는지 하는 점은 분석에서 거의 판단의 근거로 삼고 있지 않다.

스기하라 도루의 저서는 제목 그대로 시기적으로는 1920~1930년대, 지역적으로는 오사카에만 한정된 고찰이며, 특히 제주도 출신자의 동향에 주목하고 있다. 구체적인 분석으로는 사회조사에 그치지 않고 재일조선인을 논한 저널리스트와 행정 담당자의 논설, 조선인 자신들의 증언, 그리고 조선인이 등장하는 당시의 만담 등 폭넓은 사료에 의거하면서 재일조선인의 인구 변화와 임금·생계 등 만 아니라 구체적인 취업 형태, 생활 모습, 생활을 지키는 활동과 그들을 향한 일본인의 '눈길'을 흡입력 있는 어조로 논하고 있다. 이 저서는 조선인들의 동향을

---

6 坂本悠一, 「『朝鮮人移民社会』について」, 部落問題研究所, 『会報』 제113호, 1999년 3월.

축으로 설정하지 않고 지연과 혈연에 바탕을 둔 사람들의 결속에 의한 활동 등 중요한 논점에 대해서도 언급은 되어 있지만, 분석이 부족한 부분도 있다.

니시나리타의 저작은 우선은 전후까지 포함하는 통사로 되어 있고, 그 제목을 보면 재일조선인 사회(같은 책 141쪽 저자의 말로는 "재일조선인 독립의 '세계'", 즉 "'제국' 국가로부터 상대적으로 독립한 재일조선인의 사회적 네트워크 내지는 거기에서 배양된 공동성과 문화")를 축으로 설정하여, 그것을 통제하고자 하는 일본 국가와의 관계를 그려내는 것을 겨냥하는 것으로 추측된다.[7] 그런데 그 내용을 보면 취업 구조와 노동 조건 등의 분석 및 도항 관리와 협화사업, 강제연행, 전후의 재일조선인 관리 등 정책의 실태가 서술의 대부분을 차지하고, 재일조선인의 주체적인 움직임에 관련된 분석은 적다. 게다가 그것이 서술된 것은 1920년대부터 1930년대에 걸친 조선인 단체의 사상적 경향(게다가 그것은 관헌 측이 내린 것에 기반을 둔 것이다!)의 분석과 노동조합의 조직과 활동 등이다. 즉, 여기에서의 분석은 본질적으로는 종래의 정치사, 경제사, 운동사의 입장에서 본 재일조선인사 연구와 거의 다를 바 없다. 재일조선인의 '세계'를 포착하고자 한 니시나리타가 실제로 논하는 것은 재일조선인의 '세계' 그 자체가 아니라 행정당국자와 운동 지도자 등 그 외측 내지는 적어도 민중들과는 다른 곳에 위치하는 사람이 그것을 어떻게 다루었나, 혹은 거기에 어떻게 작용하려 했는가와 통계 수치에서 보이는 외형적인 모습뿐인 것이다. 그리고 전후의 재일조선인 동향에 대해서는 애초에 분량도 적지만, GHQ·일본 정부의 재일조선인정책과 민족단체 주도의 운동의 제상諸相이 묘사되어 있을 뿐, '재일조선인의 세계'가 전

---

7 이 저서의 '머리말'에서는 도즈카 히데오(戸塚秀夫)의 제기(「日本における外国人労働者問題について」, 『社会科学研究』 제25권 제5호, 1974년 3월)를 받아들여서 "재일조선인이 일본에서 어떠한 노동과 생활을 하고, 어떠한 사회적 주체로서 형성되었는가"와 함께 정책론적 관점을 더하여 "재일조선인의 생활과 노동의 역사의 전체상을 그려 낸다"는 것을 표방하고 있다. 참고로 니시나리타는 인용하지 않았지만, 앞에서 쓴 도즈카 히데오의 논문은 "소위 조선인 부락, 혹은 노동 하숙, 식당 등에서의 사회관계 [······] 특유의 관행을 이해하지 않고서는 그들의 주체적인 운동의 성격을 파악할 수 없다"고 말하고 있다. 필자는 이 도즈카의 지적이 대단히 중요하다고 생각하는데, 니시나리타는 이 점에 대해서는 "이 재일조선인 '세계'를 구성하는 친목·상호부조단체에는 조선에 전통적으로 존재한 계, 품앗이, 두레, 농사(農社) 등의 공동체적 모든 관행이 뚜렷하게 반영되어 있었다"(141쪽)고 간단히 언급하는 데 그쳤다.

전에서 전후에 걸쳐 어떻게 변화되었는가 하는 문제의식에 의한 기술은 거의 없다.

이에 비해서 역시 전후까지의 동향을 다룬 김찬정의 저서에는 재일조선인이 간행한 신문의 기사 등에서 그 민중세계를 엿볼 수 있는 부분이 실려 있다. 그러나 다른 부분에서는 조선인에 대한 관리정책의 변천과 운동단체의 방침 등일 뿐이며, 민중 차원의 재일조선인 동향과의 관련은 명확하게 드러나 있지 않다.

이상으로부터 1990년대 후반 이후에 발표된 연구는 ① 재일조선인의 사회적 결합과 문화의 모습에 거의 초점이 맞춰져 있지 않은 점, ② 따라서 운동의 전개와 생활 상황에 대해서도 그것과의 관련이 논의되지 않은 점, ③ 전전과 전후를 연속한 관점에서 파악하지 않고 재일조선인 사회가 어떻게 변용되었는지와 그 원인이 무엇이었는지가 밝혀지지 않은 점 등의 문제를 가진다고 정리할 수 있겠다. 다시 말하면 최근 몇 년의 연구도 결국에는 많은 부분에서 이제까지의 연구 틀의 범위에서 파헤치는 데 그쳤고, 민중 차원의 동향을 축으로 설정하고 재일조선인의 역사 전체를 다시 파악하는 데는 성공하지 못한 것이다.

이러한 선행 연구의 한계는 필자가 보기에는 방법상의 결함, 특히 의거한 사료의 문제에서 생겨난 것이다. 이제까지의 연구가 재일조선인에 대해서 말하는 경우에 이용해 온 것은 경찰에 의한 보고서, 행정당국이 정리한 사회조사, 일본어 신문기사 등이었다. 그렇지만 이것은 일본인이 자신들의 목적에 입각해 작성하거나 흥미가 있었던 현상을 기술한 사료일 뿐 재일조선인 사회의 모습 그 자체를 비추어 낸 것이 아니다.

더 확실하게 말하면 거기에 기록되어 있는 것은 일본 국가의 치안과 질서의 유지, 사회 문제의 방지, 또는 기껏해야 신기한 현상을 보겠다는 일본인의 눈에 비친 현상이며, 이는 재일조선인 사회의 일부분에 지나지 않는다. 게다가 그것은 일본인의 잣대로 재해석된 '사실'이라는 한계를 갖는다.

약간 엉뚱한 비유일지도 모르겠으나 이 사료들은 일종의 관광 가이드북과 비슷한 것일지도 모른다. 실제로 그것으로 그 땅의 외부에서 온 사람들을 즐겁게 하는 명소 유적, 축제와 그들의 기호에 맞는 요리 등을 알 수 있을 것이다. 그러나 가이드북의 소개는 그 땅에서 생활하는 사람들 입장에서 보면 묘한 오해를 많이 포함하고 있는 것이고, 그 땅의 사람들 당사자들에게 중요한 장소와 이런저런 활동과 일상생활 같은 것은 알 수 없다.

물론 일본인이 작성한 사회조사와 보고서 종류가 전혀 신뢰할 수 없다든가 이용 가치가 없다는 것은 아니다. 이 책의 분석에 있어서도 오히려 그것은 주요한 사료가 되었다. 그러나 이제까지 설명한 것처럼 민중 차원의 재일조선인 당사자 에게 중요한 의미를 가지는 현상이 반드시 일본인의 눈에 비쳤다고는 할 수 없다. 그들의 입장을 존중하고 그 역사를 파악하려고 한다면 적어도 그 사실에 입각하 지 않으면 안 될 것이다. 그럼에도 위와 같은 사료를 가지고 "재일조선인사의 전체상을 해명하는 데 한걸음 다가설 수 있다"[8]고 선행 연구에서 단언하는 것은 약간 짓궂은 표현일지도 모르겠으나 민중 차원의 재일조선인의 동향 같은 것은 시야에 넣지 않아도 된다는 태도를 나타내는 것일지도 모른다.

그렇다면 재일조선인 사회 내부의 민중 차원의 동향을 짐작할 수 있는 사료 로는 어떠한 것이 있을까? 그것을 밝히기 위해 이제까지 이용되어 온 것은 주로 재일조선인들의 증언과 회상이다. 그러나 이러한 사료들은 개인의 체험이기 때 문에 전체상을 전하기에 충분한 정보를 제공하지 못하며, 그 인물의 입장에 따라 의식적으로 내지는 무의식적으로 해석되어 전달된 '사실'에 지나지 않는다. 게다 가 종종 그러한 사료들은 인터뷰를 통해 얻어지는 것이기 때문에 듣는 사람의 문제의식의 틀에 맞춰져 버리는 경우가 있다는 점에도 주목해야 한다.

이에 대해서 이 책이 중시하는 것은 그 시대에 있어 재일조선인 자신들이 남긴 신문기사 등의 사료다. 뒤에 자세히 서술하겠지만 전전기부터 재일조선인 은 그들 자신을 위해서 신문과 잡지를 발행하고 있었을 뿐 아니라, '본국'의 신문인 「조선일보」와 「동아일보」의 지국을 만들어서 기자와 통신원으로서 기사를 보

---

8 니시나리타, 앞의 책 5쪽에는 "1970년대 말부터 1990년대에 걸쳐서 전체상에 다가갈 수 있는 수많은 사료집이 간행되었다"고 되어 있다. 그러나 이 글의 주석에 구체적으로 기술된 사료집은 주로 행정당국 의 사회조사와 조선인을 고용한 탄광 등의 회사 사료를 정리한 것이다.

내고 있었다. 물론 그 기사들이 전하는 정보도 여러 가지 한계가 있다. 그 신문의 편집 방침에 영향을 받아서 특정 종류의 운동과 관련 있는 동향만 전달되는 경우도 있고, 글을 모르는 사람들의 의식과 활동이 충분히 수집되고 있었다고 하기 어렵다. 원래 신문 사료라는 것의 성격상 그 글에 실리는 정보는 단편적이다. 그러나 그것들은 재일조선인 사회의 내부에서 이루어진 활동과 거기에서의 의식 그 자체를 전하고 있는 것이다. 그 때문에 앞서 말한 것과 같은 한계를 고려하면서 재일조선인이 기록한 신문 사료를 이용하는 것은 재일조선인 사회를 파악하는 데 효과적인 단서가 된다. 그것들과 이제까지 이용되어 온 일본의 행정당국이 작성한 사회조사와 통계 · 보고서 등을 대조함으로써 재일조선인 사회의 민중 차원의 동향을 엿볼 수 있을 것이 분명하다.

그리고 이 책에서는 가능한 한 재일조선인의 일상생활과 의식, 그 배경이 되는 사회적 조건 등에 눈을 돌리려고 한다. 그러기 위해서 어느 한 사건과 급진적인 그룹의 동향을 전하는 사료만이 아니라, 오히려 그 밖의 재일조선인의 동정을 전하는 몇 줄 정도의 신문기사나 혹은 광고 등에 실린 적은 정보를 폭넓게 수집하여 거기에서 특징 등을 도출하는 방법을 취하기로 한다.

또 재일조선인 자신들이 간행한 신문 등의 체계적인 이용이 곤란해진 전후에 대해서도 일본 국가의 관리정책과 민족단체의 활동이라는 틀에서 한 고찰이 아니라, 전전의 분석에 대응할 수 있는 통계 사료 등을 이용함으로써 재일조선인 사회 및 그것과 관련된 상황이 어떻게 변용했는지를 밝히고, 그것을 바탕으로 신문 등을 이용하여 재일조선인의 의식과 활동이 어떠한 것이었는지 하는 분석을 제시해 간다.

덧붙이자면 이처럼 폭넓게 민중 차원의 동향을 시야에 넣으려 했을 경우 당연히 그 안에 존재했던 한 사람 한 사람의 다양성이 문제가 되게 된다. 당연한 말이지만 '재일조선인'이라고 해도 출신 지역, 거주하는 지역, 종사하는 직업, 계층, 교육 정도, 성차性差 등으로 다양한 특징을 갖는 사람들이 존재한다. 또한 전전기의 경우 일본에서의 거주 기간, 고향과 유대를 맺는 방식도 개개인 간에 상당한 차이가 있고, 게다가 그것들은 시기에 따라 변화해 갔다. 이제까지의 선행 연구에서는 그러한 차이가 무시된 '재일조선인'이 주어로서 사용된 경우가 종종 있었지만, 이 책에서는 '재일조선인'을 구성하는 사람들 속에서의 차이와 그 내부의 관계 등에 대해서도 유의하면서 재일조선인 사회의 성립과 변화의 과정을 밝혀 나가기로 한다.

본론의 방법은 이상과 같은데, 그 구체적인 고찰 구성은 다음과 같다.

1장. 전전기 조선과 일본 내지 사이의 조선인 이동

2장. 전전기 재일조선인의 인구 구성과 그 변화

3장. 1920~30년대 재일조선인 사회의 형성과 구조

4장. 전간기 재일조선인의 의식과 활동

5장. 전시하의 재일조선인 사회

6장. 일본의 패전과 재일조선인 사회의 재편

7장. 1960~80년대 재일조선인 사회에서의 동화의 진행과 '공생'의 모색 개시

맺음말. 재일조선인 사회의 역사와 현재

이 중 1장과 2장은 재일조선인 사회의 실태를 논하는 전제로서 행정당국에 의한 조선인의 인구 이동 시스템과 인구 구성에 대해서 통계적 분석을 중심으로 서술한 것이다. 전자에서는 전전기의 조선과 일본 내지(현재의 일본의 47도도부현[都道府縣]과 이른바 북방영토를 포함하는 영역을 가리킨다. 이 말은 식민지의 존재를 전제로 한 말로 현재는 보통 사용되지 않지만, 대일본제국의 영역에서 식민지와 그 이외의 영역의 차이를 의식하고 생각하기 위해서 본론에서는 굳이 사용하기로 한다) 사이의 인구 이동을 규제했던 정책, 제도와 그 실태를 밝히고, 후자에 서는 직업, 성별, 세대, 기타의 인구 구성을 개관하였다.

3장 이후는 구체적으로 재일조선인 사회에 초점을 맞추었다. 3장은 1920년 대부터 1930년대에 걸친 시기의 재일조선인 사회의 실태, 그것을 만들어내고 유지시킨 조건을 서술한 다음, 같은 시기의 재일조선인의 의식과 활동을 4장에서

다루었다. 이어서 5장에서는 전시체제의 구축에 따라 행정당국에 의한 재일조선인 독자의 문화와 자주적인 활동의 억제정책과 그에 대한 재일조선인의 움직임을 밝혔다.

6장과 7장은 대일본제국이 붕괴된 1945년 8월 15일 이후의 시기를 다루었다. 6장에서는 전후의 인구 동태와 인구 구성에 대한 통계적인 개관과 함께 1950년대 말까지 재일조선인 사회가 전후의 여러 가지 조건의 변화에 따라서 재편되었던 것을 보여주었다. 7장에서는 1960년대부터 1980년대까지의 재일조선인 사회를 개관하고, 이른바 동화가 진전된 실태와 다른 한쪽에서 조선인으로서의 정체성과 문화를 유지하면서 일본 사회에 적극적인 참여를 지향하는 움직임이 개시되었던 것에 대해서 서술하고, 그 배경에 관한 고찰을 했다.

그리고 '맺음말'에서는 재일조선인 사회의 이제까지의 역사를 바탕으로 현황을 분석하고 앞으로의 전망을 제시하였다.

1장
전전기 조선과 일본 내지 사이의 조선인 이동

1. 전전기 조선인 도일의 배경

식민지 조선에서 많은 조선인들이 일본으로 건너간 이유에 대해서는 이제까지 여러 연구자들이 논해 왔다. 거기에서는 조선인을 일본으로 향하게 만든 요인으로 ① 식민지기 조선 농촌에서의 만성적인 경작지 부족, ② 토지조사사업과 산미증식계획, 기타 소작인의 권리 불안정화 등의 식민지 통치 권력에 의한 시책의 영향으로 많은 조선 농민이 몰락해 가고 있었지만 조선 내의 노동시장에서는 이농자離農者를 흡수하지 못했던 점, ③ 그런 몰락해 가는 농민을 다수 떠안고 있는 조선 남부와 일본 내지는 거리적으로도 가깝고, 일본 내지 노동시장의 임금이 조선에서의 임금보다 높았던 점, ④ 일반적으로 사람들이 싫어하는 위험한 작업, 비위생적이며 장시간에 걸친 노동 등의 직종에 저임금으로 조선인이 종사하는 것을 환영하는 일본 내지의 자본가가 존재했던 점 등이 지적되어 왔다.

이상의 견해에 대해서는 필자도 동의한다. 여기에서 [표 1-1] 및 [표 1-2]를 보도록 하자. [표 1-1]에서는 식민지기 내내 농가 계층의 비율에서 거의 일관되게 자작농, 자소작농이 감소하고 소작농과 화전민, 피고용인 등 보다 하위계층인 사람이 증가하고 있음을 알 수 있다. 또 [표 1-2]에서는 1호당 평균 경지면적이 감소하는 경향이 계속되고 있었던 것이 확인된다.

그리고 [표 1-3]에서 보이듯 조선 내에서 공업 노동자 수의 증가는 1940년대까지 완만하게 정체되어 있었다. 또 일본 내지에서 공장과 토건공사현장에 취로하는 조선인은 같은 노동현장의 일본인보다 임금은 적었지만,[1] 구체적 작업을 하는 점에 있어서는 손색이 없다고 여겨졌던 점,[2] 그러한 차별적 저임금이라도 조선의 소작농과 도시 빈민보다는 많은 수입을 얻었던 것은 여러 사회조사 자료 등이 전하고 있는 부분이다.[3]

이상과 같은 기본적인 요인에 더하여 당시의 자료에서는 조선 내부의 요인으로 조선 내 노동시장에서 조선인과 중국인이 경합하였던 점, 견인 요인으로 조선인들 사이에 일본에 대한 동경이 존재했던 점과 일본 도항이 경제적 성공을 가져오는 것처럼 전해졌던 점을 들기도 한다.

이 중 조선 내의 노동시장에서 중국인과 조선인이 경합했다는 것에 대해 최근 일부 연구자들은 그것이 중요한 요인인 것처럼 논하고 있다.[4] 그들이 말한 대로 산둥반도에서 조선으로 유입된 중국인 노동자의 임금은 조선인보다 낮게 책정되어, 일부에서는 조선인 대신 중국인을 사용하는 경우도 있었던 것은 분명하다. 또 당시의 조선인들 사이에는 중국인 노동자들이 자신들의 생활을 압박한다는 인식도 있었다.[5]

그러나 [표 1-4]에서 보이는 것처럼 조선에 있는 중국인은 1930년대까지는 가장 많았던 해가 7만 명대이고, 실업 문제가 심각해진 1930년대 초두에는 급감하여 3~4만 명대로 변하였다. 그 중에는 노동자가 아닌 사람, 직업이 없는 사람(여성과 어린이)도 있을 것이기 때문에 조선 내의 노동자 중에 차지하는 비율이 그렇게 크지

---

1 예를 들면 내무성 사회국 제1부의 조사에서는 임금은 "내선 양자에 있어 약 20%는 족히 차이가 있는 것 같다"고 되어 있다(『朝鮮人勞働者に關する狀況』, 1924년 7월, 단 朴慶植 編, 『在日朝鮮人關係資料集成』 제1권, 三一書房, 1975년, 496쪽. 이 자료집은 이하에서는 『集成』으로 줄여서 표기한다).
2 예를 들면 「오사카 마이니치신문」 1917년 8월 16일자 "조선인 노동자 내지 이입과 그 장래"는 "일본과 조선 노동자 간에 적어도 3부의 임금 차가 있다. 하지만 능률은 결코 3부의 차가 있는 것이 아니다. 결국 조선인 노동자는 다소 내지인에 비해서 능률이 낮은 점은 있지만 임금이 적은 것에 비해서는 쓸모가 있다는 것이 조선인 노동자의 고용주가 이구동성으로 하는 평가다"라고 전하고 있다.
3 예를 들면 大阪市 社會部, 『なぜ朝鮮人は渡来するか』, 大阪市社會部, 1930년, 51쪽 등.
4 예를 들면 가와 메이세이는 중국인 이민노동자의 조선 노동시장 진출은 "이농할 여유도 없는 조선 농민이 유일하게 일할 수 있는 미숙련 노동시장에서 현저했다. 그 결과 한인 일부는 일본으로의 노동이민을 선택한 것이다"라고 기술하고 있다(『韓人日本移民社會経済史』, 明石書店, 1997년, 33쪽).
5 예를 들면 「동아일보」 1925년 4월 14일자, "동아만화"에서는 일본인으로 쓰인 큰 돌과 중국인 노동자라고 쓰인 비슷한 크기의 돌 틈에 낀 조선인 노동자 그림이 그려져 있고 "못살게만 구는구나"라는 설명이 달려 있다.

[표 1-1] 조선에서의 계급별 조선인 농가 수 비율의 추이 (단위: %)

연도	지주	자작	자소작농	소작농	순화전민	피고용인
1913	3.13	22.79	32.40	41.67		
1916	2.51	20.07	40.64	36.77		
1920	3.34	19.45	37.41	39.80		
1925	3.78	19.85	33.19	43.18		
1930	3.63	17.57	31.03	46.47	1.31	
1932	3.58	16.25	25.35	52.76	2.06	
1933		18.13	24.08	51.94	2.73	3.12
1935		17.87	24.10	51.90	2.49	3.64
1940		18.08	23.35	53.07	2.17	3.34
1942		17.35	23.89	53.77	1.86	3.14

전거: 朝鮮總督府, 『朝鮮總督府統計年報』, 각 연도판; 大阪市社会部, 『朝鮮人労働者の 近況』, 大阪市, 1933년.
주: 공란은 원 자료에서 항목 설정이 없기 때문이다.

[표 1-2] 조선에서의 도별 농가 1호당 농지 면적 (단위: 정보)

도명	1920년	1925년	1930년	1935년	1940년	1945년
경기도	1.59	1.19	1.61	1.61	1.58	1.53
충청북도	1.18	1.19	1.13	1.09	1.18	1.13
충청남도	1.30	1.38	1.31	1.13	1.12	1.07
전라북도	1.13	1.14	1.03	1.00	1.04	1.00
전라남도	1.23	1.19	1.12	1.08	1.04	1.01
경상북도	1.17	1.18	1.10	1.04	1.11	1.12
경상남도	1.00	0.96	0.95	0.93	0.95	0.92
황해도	2.39	2.33	2.31	2.28	2.31	2.26
평안남도	2.37	2.34	2.34	2.26	2.23	2.28
평안북도	2.19	2.16	2.04	1.94	1.89	1.97
강원도	1.70	1.69	1.61	1.41	1.47	1.50
함경북도	2.11	2.16	2.23	2.22	2.25	2.27
함경남도	3.04	3.00	2.87	2.86	2.87	2.97
전도	1.59	1.59	1.53	1.46	1.48	1.47

전거: 朝鮮總督府, 『朝鮮總督府統計年報』, 각 연도판.

[표 1-3] 조선에서의 직업별 호수의 추이 (단위: 호)

연도	농업	수산업	광공업	상업 및 교통업	공무 및 자유업	기타 유업자
1920	2,730,534	39,679	85,606	240,915	95,030	67,138
1925	2,844,513	51,839	106,959	283,664	130,766	139,628
1930	2,892,267	62,939	109,057	298,381	158,622	222,181
1935	2,983,112	60,035	133,517	335,064	194,591	335,418
1940	2,973,226	70,162	250,237	395,195	209,682	401,465
1942	2,986,844	94,994	372,177	428,335	268,448	488,294

전거: 朝鮮總督府, 『朝鮮總督府統計年報』, 각 연도판.

[표 1-4] 재조선 중국인 인구의 추이 (단위: 명)

연도	인구	연도	인구
1911	11,837	1927	50,056
1912	15,517	1928	52,054
1913	16,222	1929	56,672
1914	16,884	1930	67,794
1915	15,968	1931	36,778
1916	16,904	1932	37,732
1917	17,967	1933	41,266
1918	21,894	1934	49,334
1919	18,588	1935	57,639
1920	23,989	1936	63,981
1921	24,695	1937	41,909
1922	30,826	1938	48,533
1923	33,654	1939	51,014
1924	35,661	1940	64,704
1925	46,196	1941	73,823
1926	45,291	1942	83,169

전거: 朝鮮總督府, 『朝鮮總督府統計年報』, 각 연도판.
주: '만주국'적인 사람을 포함.

는 않다.

또 몰락해가는 조선 농민이 노동자가 되어 삶의 길을 찾으려고 할 경우 그 일자리가 조선의 도시이든 일본 내지이든 별 차이가 없었을 수도 있다. 많은 이들에게 있어서 경성부나 오사카·도쿄 등 일본 내지의 도시나 모두 잘 모르는 타지이기는 마찬가지였다. 게다가 조선 남부지방의 농촌에 있었던 사람들의 경우는 경성부보다 오히려 오사카나 시모노세키가 더 가깝고, 아는 사람도 있는가 하면 임금도 높은 상황이었다. 이러한 조건들을 살펴봤을 때 조선의 도시 노동현장에 대해서는 별로 검토하지 않고 일본 내지로 가야겠다는 결론이 나왔을 것이 분명하다. 즉, 조선에 남을지 일본으로 건너갈지를 결정하는 데에 있어 '중국인과의 경합'은 판단 기준에 들어 있지 않은 경우도 있었던 것이다.

이상으로부터 중국인 노동자와의 경합은 분명히 있었다고 할 경우에 조선인을 역외域外(한반도, 현재의 남북한을 합친 영역의 바깥. 굳이 이 말을 쓰는 것은 식민지기에 있어 '국외'라는 말을 사용했을 경우, '조선'의 바깥인지 대일본제국의 바깥인지 혼동되기 때문이다)로 향하게 한 하나의 요인으로 볼 수는 있어도 중요한 요소였다고는 하기 어렵다. 적어도 그것이 식민지기 전체에 걸쳐서 계속해서 조선인을 역외로 몰아낸 요인이었다고는 할 수 없을 것이다.

한편 이제까지의 연구에서는 일본으로 건너가기를 희망하는 조선인에게 경제적 성공을 거두고자 하는 바람과 일본 내지의 문화에 대한 동경이 있었다는 요인에 대해서는 그다지 언급하지 않았다.

그러나 성공을 바라고 일본에서의 생활을 희망한 사람들이 있었다는 것은 부정할 수 없다. 1930년대 중반, 조선의 신문에 일본 내지로의 도항 희망자를 대상으로 '성공의 비결'을 전하는 가이드북 광고가 게재되었던 것은[6] 곤궁하고 진퇴양난에 빠졌기 때문에 가는 곳이 아닌, 경제적 성공을 얻을 가능성이 있는 땅으로서의 일본 내지라는 이미지가 적어도 일부에는 존재하고 있었음을 보여준다.

또 이제까지의 연구에서도 종종 이용되어온 행정당국의 사회조사 자료 등에도 조선인이 일본 내지 문화에 대한 동경을 가지고 있음을 지적하는 것은 많다. 예를 들면 오사카시 사회부, 『조선인노동자문제』(弘文堂書房, 1924년)에는 "내지에서 귀선歸鮮하는 조선인 노동자는 누구나 가벼운 유카타 차림에 게다를 신고 손에 금색 반지를 번쩍이며 얼핏 보면 내지인과 다름없는 복장을 하고 의기양양한 모습이었다―문명의 혜택으로부터 멀리 벗어나서 생활하는 조선 시골 농민의 이목은 상당히 유혹되었으리라―내지로 돈벌이 나간 사람들의 교언영색 및 내지로 돈벌이 나온 사람 중 극소수의 한밑천 잡은 이야기는 실로 대단한 기세로 그들을 내지로 모여들게 했다"고 하는 구절이 보인다. 이러한 견해는 식민지 지배의 규탄을 목적으로 하는 입장에서는 일본인의 편견이라고 치부할 수 있을지도 모른다.

그렇지만 식민지기 조선 농촌과 일본 내지 사이에 경제적 격차가 있었던 것은 부정할 수 없고, 그러한 가운데 당시 조선인에게는 일본이 가져오는 문화와 일본인이 착용한 복장 등이 근대적인 문명으로서 동경의 대상으로 비추어졌던

---

6 「매일신보」 1936년 12월 29일자의 선광사(鮮光社)의 광고. 부언하면 이 시기에는 나중에 서술할 바와 같이 일본 내지에서 '성공한 사람'에 대한 소개가 조선에서 간행되던 신문 등에도 종종 게재되었다.

상황도 존재했다. 이것은 조선 농촌을 무대로 그려진 당시의 문학작품에서 등장인물이 말하고 있는 "그야 뭘 일본 가서 '곤니찌와' '곰방와' 쯤 배우구, 구두 신을 줄이나 알문 그까짓 면서기쯤이야 부러울 것 없쥬"라는 대사로도 뒷받침될 것이다.[7]

　단, 이상과 같은 상황이 조선인의 일본 도항을 촉진시킨 결정적인 요인이 아니라 경제적 배경이라는 전제하에서 문화적 문제도 영향을 미치고 있었다고 보아야 하는 것은 말할 필요도 없다.

2. 조선과 일본 내지 사이의 조선인 이동 시스템

　이상과 같은 배경 속에서 식민지기 많은 조선인들이 일본으로 건너가는 것을 행정당국은 여러 가지 방법으로 관리하고자 했다. 그러한 관리는 일본 내지의 노동력 수급의 조정과 치안을 유지하겠다는 견지에서 이루어졌다. 이것은 선행연구에서도 지적된 부분이다.

　그러나 선행연구에서는 조선인이 조선과 일본 내지 사이를 어떤 방법으로 이동했었나 하는 부분은 충분히 밝혀지지 않았다. 이제까지 연구의 초점은 행정당국이 조선인이 도항하는 것을 관리하기 위해서 어떠한 정책을 취하고 제도를 만들었나에 맞추어져 있었다.

　그렇지만 제도가 현실에 대응하지 못하고 무의미해지거나 적어도 당초 의도대로 운영되지 못하는 경우는 드물지 않다. 따라서 제도만 살펴봐서는 일본으로 도항한 조선인들의 구체적인 실체를 파악하지 못할 것이다.

　그래서 다음에서는 도항관리정책과 제도의 변천만을 이러저러하다 논하는 것이 아니라 일본으로 가고자 했던 조선인 자체의 동향과 그 결과로 생겨난 도항 관리의 운영 실태에 초점을 맞추고자 한다. 덧붙여 말하자면 여기에서 말하는

---

7 유치진 「토막(土幕)」 중 이제 도일하는 조선 농민의 대사에서 인용. 이 작품은 1931년 12월, 1932년 1월의 『월간문예(月刊文芸)』에 발표된 것이 처음 출간된 것이라고 하는데, 여기에서는 양민기가 번역한 『20세기 민중의 세계문학 조선문학편(1) 「해방전 편」』, 삼우사, 1990년을 참조했다.

조선인 자체의 동향이라는 것은 단순한 행정 수속만이 아니라 도항 경비와 도항 후의 생활에 대한 전망을 어떻게 확립시켰는가 하는 문제도 포함하고 있다. 이러한 문제들과 행정수속 문제의 해결은 연관이 있기 때문이다. 아래에서는 ① 1919년경까지, ② 1919년경부터 1923년경, ③ 1923년경부터 1925년 10월, ④ 1925년 10월부터 1934년 10월, ⑤ 1934년 10월부터 1939년 7월, ⑥ 1939년 7월부터 1945년 8월까지의 다섯 시기로 구분하여 상황을 살펴보기로 한다(이렇게 시기를 구분한 근거에 대해서는 구체적으로 서술하면서 설명하기로 한다).

우선 제1시기를 보면, 당초 도일자 수는 그렇게 많지 않았던 것으로 보인다. 도일자 수를 보여주는 통계는 1917년 이후만 확인할 수 있지만 거주 인구의 수를 보더라도 연간 도일자 수는 1만 명 이하였다고 보아도 될 것이다(일본 도항과 귀환에 관한 통계 수치는 다음 절을 참조). 그리고 이 시기 조선인들은 주로 일본인이 주도하는 기업의 모집에 응해서 도일했다.

기업에 의한 조선인 노동자 모집이 특히 활발해진 것은 1차 세계대전하에서 일본 경제가 활황을 맞이했을 때였다. 어느 정도의 조선인이 기업의 모집을 통해 도일했는지에 관해서는 확실치 않은 점이 많지만, 1913년부터 1917년에 걸쳐서는 간사이關西 주변의 32곳의 공장에서 조선인 노동자를 모집·고용한 것이 확인되었다.[8] 그리고 조선총독부 경무국의 통계에 따르면 1917년에는 5220명, 그 다음 해인 1918년에는 7250명이 기업의 모집으로 도일하였고, 그 수는 그 해 전체 도일자의 각각 37.3%, 40.5%를 점하고 있었다.[9] 소수일 경우는 기업모집으로 파악하지 않았고, 그밖에 학생 기타 노동자 이외의 조선인도 전체 도일자에 포함된 것을 고려하면 1918년까지는 기업의 모집에 응한 사람들이 노동을 목적으로 하는 일본 도항자의 주류를 이루었다고 할 수 있을 것이다.

그리고 이 시기 행정당국의 시책은 개별 조선인을 파악하는 것이 아니라, 기업들의 모집에 통제를 가하는 차원에 그쳤다. 주요 시책을 보면 우선 1913년

---

8 福井讓, 「『內地』渡航管理政策について: 1913~1917年を中心に」, 『在日朝鮮人史研究』 1999년 10월.
9 朝鮮總督府警務局, 『朝鮮警察の概要』 1929년판, 1929년, 214쪽.

4월 조선총독부 경무총감부가 "내지에서의 사업에 종사시키기 위해 조선인 직공 또는 노동자 10명 이상을 모집하는 자는 경무총장에게 신청하여 인가를 받도록" 통달通達하였다. 그와 함께 이 통첩에서는 인가받기 위해 모집인이 제출한 서류에 급여와 계약기간, 귀국 여비, 업무로 인한 부상에 대한 보상, 노동시간 등을 명기하도록 의무화하고 그러한 노동 조건들이 충족되게 하도록 지도했다.[10] 이후 이에 입각해서 노동자 모집에 대한 관리가 이루어졌지만, 1917년에 들어서 조선인 노동자 모집 수속을 엄격히 할 것과 "실제로 다른 토목, 건축, 광산 및 공업의 고용에 관련되는 자에게는 모집 권유를 할 수 없다"며 주의를 촉구하는 통첩이 전달되었다.[11] 이것은 일본 내지 노동시장의 노동력이 바닥이 난 가운데 "모집자가 현저히 증가하여 모집에 관한 폐해가 점차 많아지는 면이 있다"[12]고 생각되었던 것과 조선토목건축협회가 조선의 노동시장에 영향을 끼칠 것을 염려하는 진정을 했던 것이 받아들여진 조치였다.[13] 이밖에도 내무성 경보국이 1913년에 「조선인 식별 자료에 관한 건」, 1915년에는 「조선인 단속에 관한 건」 등의 통첩을 발표했던 것으로 보아[14] 이미 이 시점에도 경찰당국이 조선인을 감시 대상으로 삼고 있었던 것 엿볼 수 있는데, 후에 보이는 '사상 문제'를 이유로 도항 시점에 선별하는 일은 아직 없었다. 이상과 같은 사실들을 살펴보면 이 시기의 조선인 도일에 대한 행정 시책은 악질적인 모집인을 단속하고 일정 수준의 노동조건을 지키도록 하는 일반적인 노동자 보호와 노동자 쟁탈 예방이 중심이었다고 볼 수 있을 것이다.

　다음으로 이 시기에 기업의 모집에 응한 조선인에 대해서 살펴보면 전직前職이 '조선 항만에서 운반·하역인부, 거룻배 인부 등에 종사한 자', '조선의 광산에서

---

10 이 통첩은 앞의 후쿠이 유즈루(福井讓)의 논문에 게재.
11 앞의 후쿠이 유즈루의 논문에 소개된 朝鮮総督府警務総監部通牒 및 「内地行鮮人労働者に関する通牒」, 『朝鮮経済雑誌』 1917년 10월.
12 앞의 후쿠이 유즈루의 논문이 소개한 1917년 9월 1일자 警務総監部通牒, 「朝鮮人労働者募集取締方の件」.
13 「鮮人労働者移出制限陳情」, 『朝鮮経済雑誌』 1917년 10월. 조선토목건축협회는 조선총독부에 조선에서도 "서로 인부 쟁탈을 벌이는 상태"라고 하며 일본 내지로부터의 모집이 조선의 업자에게 타격을 주지 않도록 조치를 취해달라고 간원했다.
14 앞의 후쿠이 유즈루의 논문 참조.

광부로서 노동한 자', '농업에 종사한 자', '해안으로 돈벌이를 나가서 각종 노역에 종사한 자', '만주 사금금광에서 광부로 일한 자', '러시아령 연해주 및 사할린에서 어업을 행한 자', '지인을 찾거나 임금이 높다는 소문을 듣고' 지원한 자 등이었다.[15] 또 조선토목건축협회에 따르면 "종래의 경험에 비추어 보면 이출移出 인부는 무직의 떠돌이는 없었고 숙련된 인부였다"고 하였다.[16] 그러한 경우가 어느 정도의 비율이었는지 확실하지는 않지만, 농촌에서 직접 일본으로 건너가지 않고 도항 전에 이미 농촌을 떠나 노동자가 되었던 사람들도 상당수 포함되어 있었던 것이다. 그리고 그런 조선인들 중에는 어느 정도 일본 내지에서 일하다가 다시 조선으로 되돌아갈 예정이었던 사람들이 많았던 것으로 생각된다. 앞서 언급한 「내지에서의 사업에 종사하는 직공 노동자 모집 단속에 관한 건」에서는 계약기간에 대해 "2년 또는 3년 정도가 적당하고 최장기를 5년 이내로 한다"고 되어 있었기 때문이다.

이어 제2시기는 도일자가 급증한 것이 눈에 띈다. 이것은 물론 조선 농촌 내부에서 도일하게 만드는 요인이 심화되고 있었던 것이 그 배경이다. 이와 함께 이미 어느 정도 일본에 장기체재한 조선인이 많아졌다는 점도 도일 증가를 촉진시켰다고 생각된다. 일본에 있는 조선인이 친척과 지인을 불러들이거나 거꾸로 일본에 있는 친척과 지인을 연줄로 조선에 있던 사람들이 일본으로 가는 것이 가능해졌다. 다른 민족들의 이민에서도 종종 찾아볼 수 있는 연쇄형連鎖型 이민이라는 현상으로 인해 이후의 이민자 수는 급속하게 증가했다.

연쇄형으로 이민이 늘어났다는 사실은 다음과 같은 통계수치로도 뒷받침될 것이다. 조선총독부 경무국에 따르면 기업의 모집에 응해서 도일한 사람들은 1919년 2274명, 1920명 1573명, 1921년 1233명으로 감소해 갔다. 이들이 도일자 전체에서 차지하는 비율은 1919년 10.8%이었던 것이 1920년에는 5.7%, 1921년 3.2%, 1922년 4.3%, 1923년 0.3%로 저하되어 갔다.[17] 이 시점부터는 이미 일본인

---

15 홋카이도(北海道)에서 일하는 광부에 대한 조사인 北海道農会, 「朝鮮人労働者使役に関する調査」, 『朝鮮経済雑誌』 1917년 8월 참조.
16 앞의 「鮮人労働者移出制限陳情」, 『朝鮮経済雑誌』 1917년 10월.

주도의 기업 모집에 응해서 도일한 경우는 극소수였던 것이 확실하다.

기업의 모집에 응해서 도일한 경우가 감소해 간 배경에는 1920년 이후 일본 내지에서의 전후 불황에 따른 노동력 수요 감소가 있다. 그러나 기업이 모집에 나서지 않아도 연쇄형 이민이 계속 증가하여 이후에 일본 노동시장에는 자본가 측이 필요로 하지 않는 조선인이 다수 유입되게 되었다.

그렇지만 이 시기에는 이전과 달리 노동력 수급 조정을 목적으로 조선인의 도일을 제한하지는 않았다. 물론 선행연구에서 거론되었던 것과 같이 이 시기에 행정당국이 조선인 도일자 관리정책상 아주 중요한 제도를 도입했다는 것을 무시할 수는 없다. 중요한 제도란 1919년 4월부터 실시된 여행증명서제도를 말하며, 도일하는 조선인 개인을 처음으로 관리하고자 한 것이었다.

그러나 이 제도의 목적이 노동력 수급 조정은 아니었던 점에 주목해야 한다. 그 목적은 주지의 사실처럼 1919년 3월 1일 이래로 조선 전역에서 민족 독립을 외치는 시위가 전개되고 치안이 극단적으로 악화되었던 상황에 대처한 것이며, 독립운동을 탄압하려는 목적이 어느 정도 달성된 1922년 12월에 일단 폐지되었다.

이상과 같은 상황 속에서 신규 도일자는 계속 증가했다. 그리고 도일 형태는 1924년에 조사된 도쿄지방직업소개사무국의 조사보고 「토공 방적 공·광부로서의 조선인 노동자」가 "선지鮮地 모집 단속규제에 근거하여 정식으로 모집하는 것과 같은 일은 두 번 다시 없다고 기술했던 것과 같이,[18] 이 시기에는 먼저 일본 내지에 갔던 조선인이 개재된 방식이 완전히 정착되어 있었다. 또 노동자 공동 숙소의 우두머리(飯場頭, 納屋頭), 공장의 알선·사무 담당(世話係)으로 고용주와 다른 조선인의 중간에 존재했던 어느 정도 일본 내지에 장기간 체재했던 조선인들이 주로 일본 내지의 노동현장을 권유하거나 도일 후의 일자리 알선을 의뢰받았다는 사실도 이 사료는 전하고 있다. 그리고 이 시기부터 다른 사람에게 의지하지 않고

---

17 朝鮮総督府警務局, 『朝鮮警察概要』, 각 연도판, 176쪽 및 같은 곳, 『朝鮮治安状況』, 1922년판.
18 이 보고는 朴慶植 編, 『朝鮮問題資料叢書』 제12권, アジア問題研究所, 1990년에 수록되어 있다. 인용 부분은 24쪽. 이 자료집은 이하에서는 『叢書』로 줄여 쓴다.

자력으로 도일하는 조선인들도 나타나기 시작했다.[19]

이렇게 연쇄형 이민이 확대되고 스스로 지원한 구직자까지 나타나면서 이른바 '조선인 노동자의 공급과잉'이 초래되었다. 게다가 1920년대에 들어와서는 일본 내지의 경기가 회복되지 못한 상태여서 점차 일을 구하지 못하는 일본인 노동자들 사이에서는 '조선인이 일을 빼앗고 있다'는 배외주의 풍조도 생겨나기 시작했다. 이러한 가운데 일본 내지의 사회 문제, 노동 문제를 담당하는 내무성은 노동력 수급 조정이라는 관점에서 조선인 노동자의 유입을 제한하는 시책을 펴기 시작했다. 다음의 1923년 5월 14일자 각 청부현廳府縣 장관 앞으로 보낸 「조선인 노동자 모집에 관한 건 의명통첩依命通牒」에 보이는 것처럼 그러한 정책은 이미 1923년에 개시되었다.

최근 조선인이 내지에 도래하는 일이 점차 증가하고, 특히 작년 12월에 조선총독부에서 여행증명서제도를 폐지한 이래 그 증가가 현저하여, 내지 경제가 부진한 시기에 그들 조선인 다수 중에는 취직난으로 허덕이며 부랑하는 의지할 곳 없는 무리들이 생겨나는 경향이 있을 뿐 아니라, 왕왕 사회운동 및 노동운동 등에 참여하여 단체적 행동에 나서는 경향이 특히 현저해졌으며, 나아가 내지인과의 사이에도 각종 분란이 빈발하는 등 앞으로 각종 문제를 키울 우려가 있기에, 조선총독부와 협의를 거쳐 자유 도항 및 단체모집에 대해 상당수를 저지하는 방법을 강구하는 것에 협정한 결과, 조선총독부에서도 이후 조선인의 단체모집은 당분간 상당수를 허가하지 않을 방침을 세우고, 극히 소수 또는 전혀 폐해가 없다고 인정되는 자 혹은 어쩔 수 없는 경우에 대해서는 미리 당성(當省)과 협의하여 허가 여부를 결정하게 되었으므로, 귀 관하에 있는 조선인 노동자 모집 출원에 대해 당분간 위의 취지에 따라 충분히 조사한 다음 그럴 필요가 없다고 인정되는 것에 대해서는 상당수의 조선에서의 노동자 모집 출원을 저지하는 방법을 채택할 것으로 정하여 주시도록 이번에 의명 통첩하는 것입니다.

---

[19] 『叢書』 제12권, 118쪽. 그러나 이러한 '자발적으로 지원하여 직접 고용주와 협상하고 계약해서 취직하는' 경우는 소수이며, 또는 이미 일본 체류가 장기화된 후에 일본 내에서 전직하는 경우가 대부분이었을 것으로도 생각된다.

또 1924년 5월경 부산의 상황에 대해서 「조선일보」는 "일본에 실업자가 만허진 까닭에 내무성에서는 죠선인 로동자가 들어가는 것을 반갑게 녀기지 않는 것은 텬하 사람이 다 알고 잇는 바"라고 하며, "부산 각 하숙에는 각 쳐로부터 남부녀대로 일본에 가고자 와서 일본에는 건너가지도 못하고 가지고 왓든 려비가 썰어저서 오지도 가지도 못하는 비참한 경우에 쌔진 사람이 여간백천의 슈에 긋치지 안이하얏다"라고 보도하고 있다.[20] 즉, 실업 문제를 이유로 조선인의 도일을 엄격히 제한하고 있었다는 것은 이 시기에는 이미 널리 알려졌다는 것이다. 단, 이 시점에서는 조선인 노동자의 도일을 제한할 것을 행정당국이 명확하게 선언하고 제도적으로 확립한 흔적은 보이지 않는다. 이 시점에서 도일하는 사람들을 당국이 조사했던 것은 1923년 9월 간토대지진 때 조선인 학살사건이 발생한 것을 계기로(즉, 본래 치안유지대책상의 목적으로 부활시킨) 노동력 수급 조성을 위한 여행증명서제도를 운용하고 있었을 가능성이 높다.

그리고 도일을 저지당한 사람들이 부산에 체류하고 있는 상황 때문에 조선인 단체가 총독부에 항의 행동을 전개한 후,[21] 1924년 6월 1일부터 여행증명서제도가 철폐되기는 했으나 그 후에도 "역시 경찰의 간섭이 있다"고 기록되어 있다.[22] 즉, 조선총독부 측의 책임자는 "여행증명은 원칙상 절대로 폐지하나 현금 일본 내지의 경황이 좋지 못한 터인즉 그 거취와 취직할 것을 경찰서에 말하여 증명을 얻는 것이 제일 안전하다"고 말했던 것이다.[23] 이것은 이 이후에도 취직자리가 불확실하다고 간주되는 경우 경찰이 도일을 저지하는 경우가 있었다는 것을 보여 준다.

그러나 이상과 같이 조선인의 도일을 제한함과 동시에 어떤 조선인들에 대해서는 예외적으로 적극적으로 도일을 허가하는 조치도 취하고 있었다.

앞서 말한 1924년 5월 부산에서 도일을 저지당한 노동자들이 부산에 체류하

---

20 「조선일보」 1924년 5월 17일자, "부산에서 호읍(號泣)하는 노동 동포의 참상".
21 예를 들면 「동아일보」 1924년 5월 29일자, "조선노동자 도일과 양총동맹분기(兩總同盟奮起)".
22 「동아일보」 1924년 6월 3일자, "도일제한 철폐와 경찰의 간섭한단 말".
23 「동아일보」 1924년 6월 3일자, "금후 도일에 대하야, 전중고등과장담(田中高等課長談)".

는 사태가 벌어졌을 때에도 조선인은 "규슈九州의 탄광으로 보내는 부산노동공제회勞動共濟會를 경유하거나, 일본 내무성과 특별히 약속을 하고, 조선총독부 경무국 당국과 특별히 양해를 해놓은 상애회相愛會의 회원이 되면 일본으로 건너갈 수 있다"고 했다.[24] 이 인용에 나오는 두 단체 중 상애회는 내선융화를 내걸고 노동운동과 민족운동에 적대적인 활동을 하여 당국의 신뢰를 얻고 있어,[25] 후에 서술할 바와 마찬가지로 고용주의 입장에 서서 다른 조선인을 사역하는 노동자 합숙소飯場와 공장의 노무 담당자들을 중심으로 조직되어 있었다. 즉, 행정당국과 자본가가 의도한 사상 통제와 노무 관리를 받는 조선인의 도일은 허가되고, 그를 행하는 어용단체를 위해서는 조선인 도일에 관한 특별 편의가 도모되었던 것이다.

이와 함께 제주도민(제주도에 본적을 둔 조선인)의 도일은 엄격하게 제한하지 않았다. 제주도사(행정구역으로서의 제주도의 수장으로 경찰서장을 겸하는 직책)였던 마에다 요시쓰구前田善次는 "다이쇼 12년에 조선인 노동자의 내지 도항을 제한했을 때도 제주도인에 한하여 오사카로 들어갈 수 있었다"고 했다.[26] 여기서 말하는 다이쇼 12년, 즉 1923년의 도항 제한이 앞서 말한 5월의 통첩을 가리키는 것인지, 9월 이후의

---

24 「조선일보」 1924년 5월 17일자, "부산에서 호읍하는 노동 동포의 참상".
25 姜東鎭, 『日本帝国主義の朝鮮支配政策史研究』, 東京大学出版会, 1978년, 244~247쪽. 이 당시 조선총독부 경무국장을 지내고 있던 내부관료 마루야마(丸山鶴吉)와 상애회 간부 박춘금(朴春琴)과의 유착은 도를 넘어서, 조선식민지 지배를 공고히 하려는 입장인 사람조차도 비판하고 있었다. 즉, 일찍이 경성일보 사장을 지내고 조선의 정치 사회 정세에 밝은 아베 미쓰이에(阿部充家)는 1924년 4월 28일 조선총독 사이토 마코토(斎藤実)에게 다음과 같은 서한을 보내 주의를 촉구하고 있다(이 서한은 국립국회도서관 헌정자료실 소장 「斎藤実関係文書」 중에 포함되어 있다).

……박춘금에 대한 보호우대가 너무 노골적인 것은 그 뜻을 이해하기 어렵다. 역대 정부가 일개 우치다(内田) 모라는 자에게 얼마나 아부하고 있는지 적절한 예를 보아도 분명할 것이다. 귀국 길에 부산에서 들으니, 도쿄에 가는 노동자는 몇 번 상애회의 독점 판매에 처해 있고, 도쿄로 오는 여행권은 상애회의 손을 거쳐야 교부되게 되어 있어, 이것을 무기로 내지로 가는 노동자에게 입회비 및 기타 각종 명의로 2엔 정도의 비용을 징수한다. 노동자에게 징수하는 것은 일종의 가세(苛税, 가혹한 세금)라고 할 수 있다. 그리고 이 가세를 낸 노동자는 시모노세키에서는 내무성의 손으로 되돌려 보내진다. 이러한 사정은 들으실 수 있을 것입니다…….

그리고 위의 인용에서 전하고 있는, 시모노세키에서의 조선인 노동자의 송환에 대한 것은 다른 자료에서는 확인할 수 없으나, 앞서 말한 바와 같이 내무성 측이 조선인 유입 억제 자세를 표명하기 시작했던 것으로 보아 실제로 이루어지고 있었다고 추측된다.
26 前田善次, 「濟州島に就て」, 『文教の朝鮮』 1928년 9월.

여행증명서제도 부활을 의미하는 것인지 확실하지 않지만 어쨌든 일반 조선인들과는 다른 조치가 취해지고 있었던 것은 틀림없다.[27]

그렇다면 그 이유는 무엇이었을까? 이 점에 대해서 마에다는 언급이 없다. 단, 이와 관련하여 주목되는 것은 전전기에 답사를 통해서 제주도를 연구했던 지리학자 마스다 이치지桝田一二의 지적이다. 그는 초기에 도일한 제주도민이 이미 "당국이 알선한 도항자였기 때문에 대체로 근면검소·성실하고, 절대 노동쟁의에 가담하지 않을 긍지를 가졌다"는 말을 들었다고 소개했다.[28] 여기에서의 '당국이 알선한 노동자'가 무엇을 의미하는지 역시 상세히는 알 수 없다. 그러나 이러한 지적은 당국과 고용주가 연락하여 노동자를 보내고 있었으며, 게다가 그들은 사상적으로도 문제가 없고 고용자의 뜻에 따라 일을 잘했음을 시사한다. 즉, 제주도 행정당국과 일본 내지의 고용주가 협력해서 이른바 '질 좋은 노동력'을 관리하고 있었던 것이 도일 제한에서 제외하는 조치를 취하게 된 이유였다고 볼 수 있다.

이상에서 서술한 바와 같이 이미 1923년, 24년경부터 행정당국이 조선인의 도일을 억제하게 되었다. 그 후에는 일본 내지의 실업 문제가 한층 심각해졌다. 게다가 조선 농촌에서도 인구 유출 요인이 더욱 심해졌고,[29] 조선인의 주요 역외 유출처域外流出處였던 지역 중 러시아 극동지방과 '만주'(구 만주국의 영역에 해당하는 중국 북동부, 이하 괄호는 생략하고 표기)에서는 이 시기 조선인의 수용을 거부하고 탄압하려는 움직임이 눈에 띄게 되었다.[30] 이러한 가운데 일본 행정당국 특히 내무성은 조선

---

27 이제까지 제주도와 일본 내지 사이의 조선인 도일제도는 주목받지 않았거나 조선 전체의 제도와 다르지 않다고 이해되었다. 예를 들면 제주도 출신 조선인의 동향에 특히 주목하고 고찰한 杉原達, 『越境する民: 近代大阪の朝鮮人史』, 新幹社, 1998년에서도 도항관리제도는 "제주도에 대해서도 그 적용을 피할 수 있는 법적, 제도적 특례조치는 본인의 좁은 식견으로는 인정할 수 없다"고 했다(같은 책 93쪽). 그러나 실제로는 사실상 독자적인 제도가 채택되었던 것이다.

28 桝田一二, 「濟州島出身者の内地出稼に就て」, 『大塚地理学会論文集』 제5집, 1935년, 25쪽 및 35쪽.

29 [표 1-1] 및 [표 1-2]에 보이듯이 이 시기에는 눈에 띄게 1호당 경지면적이 감소하였고, 자작과 자소작이 현저하게 소작으로 전환되었다.

30 일본이 조선인을 이용하여 만주로 진출하는 것을 더욱 경계하게 된 이 지역의 중국 측 당국은 조선인에 대한 거주 제한, 토지소유 금지 등의 훈령(訓令)을 발표하였다(松村高夫, 「日本帝国主義下における『満州』への朝鮮人移動について」, 『三田学会雑誌』 63권 6호, 1970년 6월).

인의 도일을 어떻게 저지할지가 초미의 과제였다.

이에 행정당국이 취한 대처는 도일자 선별제도를 확립하고 강화하는 것이었다. 구체적으로 그 내용을 살펴보면, 우선 1925년 10월부터 부산 수상경찰서가 도일을 희망하는 조선인에 대한 조사를 개시했다. 그로써 '① 무허가 노동자 모집에 응하여 도항하는 자, ② 내지에서의 취직이 불확실한 자, ③ 일본어를 모르는 자, ④ 필요한 여비 이외의 소지금이 10만 엔 이하인 자, ⑤ 모르핀 중독자'에 해당하는 경우 도일이 저지되었다.[31] 뒤이어 1928년 7월부터는 '고향을 떠나기 전에 저지하는 방법을 강구하기 위해 반드시 내지로 도항해야만 하는 자에 대해서는 거주지의 관할 경찰관서에서 부산 수상경찰서 앞으로 소개장을 발급·교부하고, 일반적으로는 내지의 실정을 주지·이해시켜서 저지'하는 조치가 시작되었다. 이른바 '도항증명서'를 각 지역의 경찰이 발급하고 그것을 소지하지 않은 자는 출발하는 항구에서 저지당하는 체제가 만들어진 것이다. 또 1929년에 들어 내무성은 5월 7일부로 각 청부현 앞으로 「조선인 노동자 모집에 관한 건」이라는 통달을 보내, 기업에 의한 조선인 모집은 일본 내지에서의 모집으로도 인원을 채우지 못한 어쩔 수 없는 경우에만 허가하도록 지도하고,[32] 탁무성拓務省, 내무성, 조선총독부와 협의도 거쳐서, 12월에는 "조선 측에서 현행대로 각 지역에서 계속 저지할 것을 장려함과 동시에, 특히 노동자의 수산授産사업을 일으켜 가능한 조선 내에서 취직시킬 것"을 확인하였다.[33] 그리고 1929년 8월부터는 일본에서 이미 일자리를 얻어 생활하고 있는 자가 일단 조선으로 돌아갔다가 재차 도일할 경우를 위한 '일시귀선증명—時歸鮮證明' 제도도 개시되었다. 이것은 일시 귀향자가 다시 도일할 때, 일반적인 신규 도일자와 마찬가지로 수속하려면 시간이 걸려서 불편하므로 '일시귀선증'이라는 증명서를 일본 내지 경찰서가 미리 내준다는 것이다.

단, 이상의 제도는 조선 전체에 적용된 것은 아니었다. 조선인 도항관리의

---

31 內務省 警保局, 『社会運動の状況』, 1930년판, 1203쪽.
32 이 통달은 『集成』 제2권, 12쪽에 수록.
33 法務研修所 編, 『在日朝鮮人処遇の推移と現状』, 法務研修所, 1955년(단 湖北社府復刻版, 1975년, 34쪽).

변천에 대해서 상세하게 다루어 온 지금까지의 연구에서도 명확하게 밝혀지지는 않았지만, 제주도민의 도일에 관해서는 이와는 조금 다르게 관리되고 있었다.

인구의 10% 이상이 일본 내지에서 생활하고 있다고 할 만큼 다수가 도일했던 제주도에서는 1927년 5월 "관과 민의 뜻있는 사람들의 도모로",[34] 제주공제회濟州共濟會라는 단체가 설립되었다. 이것은 "본도本島에 본적이 있으며 내지로 일하러 나간 사람들의 상호 친목 및 생활 향상 등 공동의 이익을 도모하는 것"을 목적으로 하고, "본부를 제주읍에 지부를 오사카시에 두어 총 약 3만 명의 오사카부에 있는 제주도민을 대상으로 도항안내·직업소개·인사 상담·구제사업·교화사업" 등을 행할 것을 내세우고 있었다.[35] 그런데 이 제주공제회는 제주도민들로부터는 비판의 대상이 되었다. 공제회의 "조합비를 납부치 아니하면 강제로 승선치 못하게 하는 등(심지어 어린 아이까지) 민중 의사와 도항의 자유를 저해하고" 있었고, 공제회의 돈으로 도사島司가 오사카의 관공리와 대공장주를 초대하여 "공장주에 대하야 제주도민을 매매하는 것과 가튼 애원서를 산포하였기" 때문이다.[36]

이러한 점들로 보아 제주도 행정당국과 일본 내지의 고용주의 연락체제를 기초로(앞서 말한 바와 같이 그 이전부터 그러한 체제는 구축되어 있었다) 제주공제회가 설립·운영되었고, 이 단체의 목적은 도일자들을 관리하고 필요한 노동력을 현지로 보내는 것이었음을 추측할 수 있다.

그러면 이와 같은 현지 경찰이나 부산항에서의 출항 전 조사, 제주공제회의 관리 등으로 실제로 어느 정도의 조선인이 일본으로 도항하는 것을 저지당했을까? 그 수는 뒤에서 살펴볼 바와 마찬가지로 연간 수만 명에서 십수만 명에 달했다. 이러한 점에서 선행연구에서는 1920년대 후반 이후 도항관리체제가 엄격했다는 것, 바꿔 말하면 조선인이 도일하는 것이 어려웠다는 것을 강조해 왔다.[37]

---

34 濟州島廳, 『昭和12年 濟州島勢要覽』, 濟州島廳, 1937년, 44쪽.
35 濟州島廳, 『昭和11年 濟州島勢要覽』, 濟州島廳, 1936년, 44쪽.
36 「조선일보」 1928년 5월 3일자, "대중의 혈한(血汗)을 모아 유연(遊宴)을 베푼 제주도사(濟州島司)".
37 이러한 견해를 보인 대표적인 연구로서는 김광렬(金廣烈), 「戰間期における日本の朝鮮人渡日規制政策」, 『朝鮮史研究会論文集』 제35집, 1997년 10월이 있다. 이 논문은 조선총독부 경무국의 협력하

그러나 그와 동시에 주의해야 할 것은 1920년대 후반 이후의 연간 도일자가 거의 10만 명에서 십수만 명으로 변해가고 있었다는 점이다. 이러한 숫자는 노동력 조정을 목적으로 도일을 제한하기 시작했던 단계와 거의 같은 수준이거나 연도에 따라서는 그를 웃도는 수준이었다는 것을 의미한다. 이는 물론 그만큼 이 시기 조선 내부에서의 유출 요인이 심화되어 도일을 희망하는 사람이 격증하고 있었기 때문이다.

그리고 그런 상황 속에서 행정당국이 꼭 모든 사람에게 도일제한의 기준을 엄격하게 적용했던 것은 아니었다.

시모노세키에 상륙하는 조선인 노동자에 관한 1926년의 조사에 따르면 도일자의 일본어 능력과 여비 이외의 소지금 상황은 [표 1-5], [표 1-6]과 같았다. 여기에서 보이듯이 본래 저지 대상인 일본어를 하지 못하는 사람은 전체의 40%정도에 해당하고, 여비 이외의 소지금이 10엔 이상이 못 된 사람이 도일자의 대부분이었다. 게다가 실업 문제를 이유로 도일 제한이 실시되었다는 점을 생각한다면 도일이 허가되는 것은 무엇보다 취직자리가 확실하다는 것이 전제되어야 했지만, 현실적으로는 [표 1-7]처럼 40%정도는 취직자리가 불확실했다. 이것은 '내지에 거주하는 친족·지인 등 확실한 사람이 불러들여서 도일한 사람은 취직이 가능하다고 인정하여 취직 확실로 간주하고, 위와 같은 진술을 하더라도 주위의 사정, 기타 상황으로 실상을 조사하여 믿기 어려우면 불확실이라고 하였으며, 아무 의지할 곳도 아무 대책도 없이 도일한 자를 만연漫然'으로 분류한 조사이며 '본인의 진술'로 판단한 것으로 보아 취직자리가 불확실한 사람의 비율은 이보다 높았다고도 생각된다.

그리고 제주도민의 경우 이 시기 "조선 본토에서 온 도항자에게 실시되었던 것과 같은 엄격한 단속은 없기 때문에 무제한 진출하고 있었다"고 여겨지며,[38] 취직자리가 확실한지를 조사해서 도일을 저지한 흔적은 발견되지 않는다. 상세

[표 1-5] 조선인 도일자의 일본어 능력 (단위: 명)

일본어 능력	실제 수	비율(%)
가능	2,990	26.8
약간 가능	3,823	34.3
못함	4,331	38.8
계	11,154	100.0

전거: 山口県, 『来住朝鮮人特別調査状況』, 1927년.

[표 1-6] 조선인 도일자의 여비 이외의 소지금 (단위: 명)

소지금	실제 수	비율(%)
전무	851	9.0
1엔 미만	1,605	17.0
5엔 미만	3,838	40.6
10엔 미만	2,025	21.4
20엔 미만	829	8.8
50엔 미만	233	2.5
50엔 이상	80	0.8
계	9,461	100.0

전거: 山口県, 『来住朝鮮人特別調査状況』, 1927년.
주: 조사대상은 노동자만.

[표 1-7] 조선인 도일자의 취업 확실 여부 (단위: 명)

취직 확실 여부	실제 수	비율(%)
확실	5,958	63.0
불확실	3,149	33.3
만연(漫然)	359	3.8
계	9,461	100.0

전거: 山口県, 『来住朝鮮人特別調査状況』, 1927년.
주: 조사대상은 노동자만.

한 것은 알 수 없지만, 제주공제회가 "도항하는 노동자에게 '도항증' 1매에 1엔씩 하여 판매하는 것"[39]이라고 비난받은 것 등으로 생각해 볼 때 공제회에 회비를 내면 도일이 가능했던 것으로 보인다.[40]

---

39 「동아일보」 1927년 5월 17일자, "지방논단 도항증의 판매"(朝天一 기자).

40 이 외에 高權三, 『大阪と半島人』, 東光商会, 1938년, 97~98쪽에는 다음과 같은 기술도 보인다. "제주도 사람이 오사카로 오는 경우 제주 경찰서 관내의 각 경찰관 주재소가 강제적으로 1명에 1엔씩의 입회금을 걷어서 이 제주공제조합에 입회시켰다", "한 번 회원이 된 사람이라도 무슨 용건이 생겨서 고향으로 돌아갔다가 재차 오사카로 도항할 경우에는 또 공제조합으로부터 1엔씩 징수당하는 것이다. 그들 오사카 도항자는 도항 증명을 받을 수 있기에 기꺼이 1엔의 돈을 어떤 불평도 하지 않고 냈던 것이다". 기꺼이 1엔을 낸 사람만 있는 것은 아니라는 것은 앞의 '朝天一 기자'의 글에서도 알 수 있는데, 돈을 내면 도항할 수 있었다는 것을 뒷받침해 줄 수 있는 기술이다.

즉, 도일 후에 같은 고향 사람과 친족 등의 도움으로 어느 정도 생활이 유지될 것으로 보이는 사람이나 제주공제회와 같은 단체하에서 행정당국·고용주의 관리하에 있을 수 있다고 생각되는 사람은 앞서 말한 것과 같은 조건을 충족시키지 못하더라도 도일을 허가한 경우가 많았던 것이다. 또 사료로는 확인할 수 없지만, 1924년 단계에 보였던 것 같은 노동자 합숙소장(飯場頭)을 중심으로 운영되는 내선 융화단체와 경찰 당국의 유착으로 즉시 도일증명을 내주도록 '알선'하는 경우도 있었을 것으로 보인다.

이러한 가운데 조선인이 일본에서 체재하는 형태도 변하고 있었다. 이전처럼 기업의 모집에 응한 도일이 많았던 시기에는 계약기간인 2~3년 정도만 일본에 체제할 예정으로 가서 계약기간이 종료된 후에는 귀향하는 경우도 많았던 것으로 보이지만, 이 시기에는 이미 일본 체재가 길어진 사람들과 그들을 믿고 오는 사람들, 특히 체재기간을 정하지 않은 사람, 1년 미만 단기체재를 예정하고 온 사람, 처음부터 장기체재를 희망하는 사람 등으로 다양했다. 그리고 제주도민의 경우 제주공제회 회원이 되어 비교적 자유롭게 반복해서 일본 내지를 오갈 수 있었기 때문에 1년 중 어느 정도는 일본 내지에서 일하고 나머지는 고향에서 보내는 계절 노동자도 생겨났다. 이것이 뒤에서 살펴보겠지만, 제주도 출신 재일조선인들 사회의 특징에도 영향을 주게 된다.

이러한 1920년대 후반의 상황을 보면 자본가가 필요로 하고 관리가 가능한 노동력만을 도입하고자 했던 행정당국의 의도와 달리 많은 조선인들이 일본 내지로 들어왔던 것을 확인할 수 있다. 이 때문에 실업 문제가 심각해진 1920년대 말에는 조선인 노동자의 유입을 저지할 것을 요구하는 주장이 눈에 띄기 시작했다. 이러한 가운데 발발한 1931년의 이른바 만주사변과 뒤이은 그 다음해의 일본 괴뢰국가 만주국의 성립이 조선인 도일 문제에도 큰 영향을 주게 되었다. 이 사태로 일본 정부 내무성과 조선총독부는 일본 내지의 실업 문제와 토지를 소유하지 않은 조선 농민의 생활 문제를 해결하고, 만주 개척에도 기여할 것이라 하여 일본 내지로 향하는 조선인을 만주로 돌리려고 하는 정책을 검토하기 시작했다.[41] 그러나 만주국의 실권을 장악한 관동군은 국방상의 우려 때문에 대량의 조선인을 만주국으로 맞아들이는 것에 소극적이었다.

하지만 그 후 일본 정부 안에서 일본으로 가려는 조선인을 만주로 이주시키는 기본 방침이 확립되었다. 1934년 10월 30일 「조선인 이주대책의 건」이 각의 결정된 것이다. 거기에서는 "남선南鮮 지방민 중 내지로 도항하는 자가 최근 매우 많아져서 안 그래도 매우 심한 내지인의 실업 및 취업난을 한층 심각하게 만들 뿐 아니라 내지에 거주하는 조선인의 실업도 더욱더 심각해지고 있다"는 등의 이유에서 "조선인을 조선에 안주시킴과 동시에 인구가 조밀한 지방의 인민을 만주로 이주시키는 한편 내지 도항을 한층 감소시킨다"는 방침을 확인했다.

이러한 가운데 도일을 희망하는 조선인에게 조선 본토에서는 종래와 마찬가지로 현지 경찰이 도항증명서를 발급하고 부산 등에서는 출항 전 조사를 하여 도일을 계속해서 억제하였다. 1933년 이후에는 다음에 살펴볼 것과 같이 현지 경찰에서의 도항증명서 발급 출원과 '논지論旨'(발급을 허가하지 않은 것) 건수에 대한 통계가 확인되는데, 십수만에서 30만 건의 출원이 있었고 반수 이상이 '논지'였다.

그리고 이 시기에는 그 이전에 엄격하게 도일을 저지하지는 않았던 제주도 당국도 태도를 바꾸었다. 이러한 정책의 전환은 제주도민이 더 이상 자본가의 뜻대로 일하는 존재가 아니라 노동운동과 민족운동에 적극적으로 참가하기도 하는 등 이른바 당국 입장에서 본 '사상 문제의 악화'가 영향을 미쳤기 때문이었다. 이와 함께 또 한 가지 "제주도는 한창 일할 나이의 도민을 잃어서 각종 산업이 점차 쇄미해지는 것을 우려할 만한 추세에 있다"[42]는 지적도 나오게 된 것처럼 현지 경제에 악영향을 줄 정도로 제주도 내의 노동력이 고갈되었던 것에 대한 대책이라는 측면도 있었다.[43] 이미 적어도 1933년에는 현지 경찰이 도일을 저지

---

41 「도쿄니치니치신문」 1932년 3월 6일자, "신천지 만주에 내지로 가는 조선인 노동자를 보낸다(新天地満州へ內地出稼の朝鮮人労働者を送る)"와 「동아일보」 1933년 1월 18일자, "일본 도항 노동자 만주로 방향전환" 등은 그러한 움직임을 전하고 있다.
42 「社会運動通信」 1934년 8월 8일자, "제주도민의 내지 도항을 저지".
43 앞의 『昭和11年 済州島勢要覧』은 다음과 같이 기술하고 있다. "지금은 도내 여러 산업진흥책의 진전에 따라 현저하게 농가 노력이 부족하다는 것이 알려져 있고, 한편 도항자인 귀도(歸島) 청년의

하였고, 1934년에는 조선총독부가 오사카부 관계자와 도일 억제에 대해 합의하고 제주도 경제개발을 위한 조사도 개시했다.[44] 그리고 양질의 노동력 관리와 송출이라는 소기의 목적을 달성할 수 없게 된 제주공제회는 1935년 12월에 조직을 개편하고 도일자에 대한 사업을 그만두었다.[45]

이와 같은 상황에서 한반도에서 역외로의 인구 이동은 어떠한 변화를 겪고 있었을까? 다음 장에서 살펴볼 바와 같이 조선에서 만주로 향한 조선인 이민자 수는 총독부에 따르면 1934년 이후 계속 증가하여 1937년, 1938년에는 4만 명대로 전에 없이 많은 수준이었다. 게다가 조선총독부가 관여하여 정책적으로 만주로 이민이 송출되게 되자 일본 내지 도항자가 많았던 경상도, 전라도에서 만주로 이동하는 수가 증가했다(다음 절 참조).

또 제주도의 도일자는 1920년대 후반 이후 매년 2만 명 이상이었지만, 1935년 이후에는 만 명에 못 미쳤다. 하지만 조선 전체의 도일자 수에 대해서 보면 이 시기에도 연간 10만 명대여서 감소했다고 하기는 어려운 상황이었다. 그러나 지위별(노동자·학생·기타로 구분) 일본 내지 도항·귀환자 수를 파악한 조선총독부의 통계에 따르면 도일 노동자 수는 1935년부터 1937년까지는 5만 명 전후로 전 시기에 비하여 적었고 또 귀환자 수가 도항자 수를 웃돌았다. 이러한 점들을 생각하면 일본 내지로 가려는 조선인을 만주 등으로 돌리려는 일본 정부의 의도는 어느 정도 달성되었다고 볼 수 있을 것이다.

한편 도일의 형태와 체재기간은 이 시기에도 기본적으로는 그 이전과 마찬가지였다. 단, 행정당국은 폐해가 많다며 내선융화단체에 통제를 가하기 시작하여,[46] 이 단체들이 도일을 알선하는 경우는 줄었다고 생각된다. 또 앞서 말한 바와

사상 기타에 비추어 정말로 견실미(堅實味)가 결여된 자가 많아서 심히 유감인 점이 있으므로, 제한 혹은 방지책을 강구할 필요를 인정하여 유고(諭告) 등을 발하여 제한하는 데에 지속적으로 노력하고 있다"(같은 책 26쪽, 인용 중의 '노력'은 '노동력'의 오류라고 생각된다).

44 「社会運動通信」 1934년 8월 8일자, "'제주도민의 내지 도항을 억제(濟州島民の内地渡航を抑制)".
45 앞의 『昭和12年 濟州島勢要覧』, 44쪽.
46 1934년 2월에는 내무성과 조선총독부가 연락하여 내선융화단체가 대부분 실제로는 노동 브로커라고 하며, 그것을 단속할 것을 협의하기 시작했다고 보도되었다(「조선일보」 1934년 2월 9일자, "내무성과 연락하여 융화 표방 단체 취체(取締)"). 또 이 해 6월경에 열린 내무성의 전국 특별고등과장회의에서도

같이 제주도 당국의 정책 전환으로 제주도민들 중 1년에 고향과 일본 내지의 일자리를 왕래하는 계절노동자도 감소하는 경향을 보였다.

하지만 1920년대 중반부터 계속되어 온 조선인 도일억제정책은 새로운 정세를 맞이하며 전환되었다. 이를 촉진시킨 것은 1937년 7월 이후의 중일전쟁 전면화였다. 일본인 남자 노동자가 징집당하는 가운데 계속되는 군수물자의 증산은 노동력 부족을 가져왔다. 이미 1937년 9월에는 석탄연합회가 조선인의 일본 내지 도항 제한을 완화해 줄 것을 상공대신商工大臣에게 진정하는 움직임도 보였다.

그리고 남경 함락 후에도 중국 인민의 저항이 이어지고 중일전쟁이 악화됨으로써 1939년 일본 정부는 대량의 조선인 노동자를 일본 내지에 도입하기로 결정했다. 이 해 7월에 내무성·후생성 차관 명의의 의명통첩依命通牒「조선인 노무자 내지 이주에 관한 건」이 발표되어 기획원(1943년 11월 이후에는 군수성)이 결정하는 노무동원계획(1942년부터는 국민동원계획이라고 부름, 이하 양자 모두 '동원계획'으로 줄임)에 근거하여 일본 내지를 중심으로 한 탄광, 공사현장, 군수공장 등에 조선인 노동자를 배치하게 되었던 것이다.

이를 위한 노동자는 당초 사업 책임자가 조선총독부의 허가를 받아 할당된 지역에서 '모집'을 통해 동원했는데, 1942년 2월에는 행정당국의 책임으로 일정 지역에서 '공출'하는 관 알선이라는 방식도 채택되었다. 그리고 1944년 이후에는 국민징용령에 근거하여 징용, 즉 응하지 않을 경우에는 처벌이 가해지는 엄격한 법적 명령으로도 노동현장으로 내몰리는 경우가 일반화되었다. 이런 것들은 전부 당초부터 보낼 노동자 수가 정해져 있어 종종 물리적 강제력으로 실시되었던

'모모단체'(문맥으로 내선융화단체라는 것을 알 수 있다)가 대개는 브로커이기 때문에 이제까지 경찰이 소개장을 써 주었으나 단속하기로 방침을 전환할 것이 논의되고 있다(「조선일보」 1934년 6월 15일자, "모종정책을 간판삼는 노동 뿌로카 등 탄압 방침"). 이후 실제로 내선융화단체에 대한 단속이 시작되어, (오사카부에서는 이미 1936년경부터 "현재의 융화단체는 대개 사리를 채우려는 자의 발기(發起)와 관련되어 유해무익한 것"이라며 "'우량단체'를 제외하고는 점차 해산시킴과 동시에 단속을 강화해서 이런 종류의 단체의 신설을 금해야 한다"는 방침을 확인했다. 大阪府內鮮融和事業調査会, 『在住朝鮮人問題と其の対策』, 1936년, 단 『集成』 제3권, 917쪽). 최종적으로 후술할 협화회의 정비 과정에서 내선융화단체는 모두 해산된다.

동원이기 때문에 강제연행정책이라고 불린다.[47]

그런데 이 강제연행정책은 일본 제국주의가 행한 범죄로서 너무나도 유명하고, 그로 인해 일부에서는 1939년 이후의 조선인 도일자 모두가 강제연행된 것이라고 이해하고 있다.[48] 그러나 1939년 이후 해마다 도일자 수는 동원계획으로 도일한 노동자 수를 상당히 웃돌고 있다. 즉, 물리적인 힘으로 강제하지 않은 도일도 있었던 것이다. 이것은 조선 농촌에 '과잉인구' 배출 요인이 존재했기 때문이며, 동시에 노동력 부족으로 일본 내지에서 노동자의 임금이 앙등했던 점도 작용했다. 따라서 그 이전과 마찬가지로 친척이나 지인에 의존한 연쇄형 이민 형태의 도일도 계속되고 있었다고 보아야 한다.

그리고 그 밖의 도일, 즉 동원계획에 바탕을 둔 도일도 단순히 물리적인 강제력에 의해서 억지로 끌려온 경우만 있었던 것은 아니었다. 조선 내부의 유출 요인이 여전히 강하게 압박하고 있던 가운데 생계 해결을 위해서 적극적으로 응모한 조선인도 있었다. 그리고 동원계획에 의한 도일자 중에는 '처음부터 계획적으로 내지 도항 수단으로써 응모한 사람'도 있고, '내지의 생활에 익숙해지면서 친척과 지인 등과의 연락도 취할 수 있고, 또 지리에도 밝아지면서 도주'하는 경우도 있었다. 바꿔 말하면 강제연행으로 온 것으로 보이는 사람들 중에는 그 이전의 기업모집에 응모한 것과 유사한 형태로 도일한 사람과 실제로는 연쇄형 이민으로 분류할 수 있는 사람도 포함되어 있었던 것이다.

이 시기에도 경찰 당국이 도항증명서를 발행하고 부산항 등에서의 출항 전에

---

47 그 실태에 대해서 증언 등을 포함하여 밝혀낸 것이 朴慶植, 『朝鮮人強制連行の記録』, 未来社, 1965년이다. 박경식이 말하는 조선인 강제연행은 이들 탄광, 군수공장 등으로의 노무동원에 군인, 군속, 종군위안부도 포함한다.

48 예를 들면 가와 메이세이는 "한인의 일본 이민은 1939년을 경계로 '강제적 이민'과 '그 밖의 이민'으로 분류할 수 있다. 전자는 1939년 7월 28일자 내무성·후생성 차관 통첩 「조선인 노무자 내지 이주에 관한 건」을 계기로 하는 '조선인 강제연행'으로 약 150만 명이 노동력으로 강제연행되었다"고 기술했다 (앞의 『韓人日本移民社会経済史』, 21쪽). 이 150만이라는 숫자는 아마 1945년 8월 시점에서 재일조선인의 현재 수가 250만 명이었다는 설을 근거로 거기에서 1939년 12월 시점의 현재 수 약 96만 명을 뺀 것이라고 추측된다. 그러나 이것으로는 노무동원계획·국민동원계획에 입각하지 않는 신규 도일자뿐 아니라 이 시기에 일본에서 태어난 조선인까지 '강제연행'된 셈이 된다.

조사하는 형태의 도항관리정책은 계속되었다. 하지만 '내선일체'와 모순되는 이 정책에 대한 조선인의 불만이 커서, 1944년 12월에 일본 정부는 도항관리제도의 철폐를 각의 결정,[49] 1945년 3월에는 '내지 도항에 관한 현행제도의 폐지'가 실현되었다.[50] 그러나 대일본제국의 멸망이 다가오고 있던 이 시기에 일자리를 구하기 위해 도일하기를 희망하는 조선인이 있을 리도 없었고, 애당초 일본 내지로 가는 연락선도 일반승객이 이용할 수 있는 상황이 아니었다.[51] 바꿔 말하면 식민지기의 거의 전 기간에 걸쳐서 도항관리제도는 존재했다. 이것은 식민지기의 조선인에게는 개인의 가장 기본적인 자유가 없었고, 생활에 막대한 영향을 미치고 있었다는 것을 의미한다.[52]

이상에서 식민지기에 조선과 일본 내지 사이의 조선인 이동과 관련된 관리제도와 구체적인 이동 실태에 대해서 다음의 네 가지를 확인할 수 있다.

우선 첫 번째로는 조선인 도일자는 식민지 전 시기에 걸쳐서 계속 존재했던 것을 알 수 있다. 특히 1920년대 이후 도일 희망자는 증가 일로였다. 이것은 농지 부족에 의한 '인구 과잉'과 농업 경영의 어려움이라는 유출 요인이 압박을 가했고, 동시에 일본 내지 노동시장의 임금이 상대적으로 조선보다 높았던 조건이 지속되고 있었기 때문이다.

---

49 각의 결정 「조선 및 타이완 동포에 대한 처우개선에 관한 건」(『集成』 제5권, 22쪽에 수록).

50 「매일신보」 1945년 3월 3일자, "대망의 도항제한 폐지".

51 박홍식 외 편, 『연표로 보는 현대사』, 신구문화사, 1980년에 따르면 1945년 4월 29일 관부연락선에서는 일반 승객의 승선이 금지되었다.

52 일본의 조선 식민지 지배의 죄악으로서 많은 사람들이 가장 먼저 떠올리는 것은 이른바 강제연행이다. 이에 비해 도항관리제도의 문제성은 그다지 일반적으로 알려져 있지 않다고 해도 좋을 것이다. '일본에 의해 폭력적으로 강제로 끌려 왔다'는 것은 명백히 억압적인 행위라는 것을 알 수 있지만, '좀처럼 일본으로 오기가 힘들었다'는 것의 억압성은 이해가 안 될지도 모른다. 그러나 이미 살펴본 것처럼 일본 내지로 도항하기를 희망하는 사람들에게 허가를 내주지 않거나 일시 귀향도 신청해야만 할 수 있었고, 허가를 얻는다 해도 조건부였다. 그러한 것은 때에 따라서는 당시를 살았던 조선인의 생활을 근저에서부터 파괴하는 것이었다. 이 사실을 생각한다면 도항관리제도도 폭력이었다. 그리고 자신이 어디에 살 것인지를 스스로 결정할 수 없도록 했다는 점에서 보면, '도항 저지'나 '강제연행'이나 마찬가지였던 셈이다. 예를 들면, 식민지기 조선인의 이름 문제도 마찬가지일 것이다. 창씨개명을 실시하는 과정에서 일본풍 이름이 강요되었던 것도 당연히 문제이지만, 실은 그 이전에는 조선인이 일본풍 이름으로 바꾸려고 해도 법적으로는 불가능했던(후술) 것도 결국 이름과 관련한 자기결정권이 조선인에게는 없었다는 것을 의미한다.

그러나 두 번째로는 도일 희망자 모두가 일본으로 이동할 수 있었던 것은 아니었고, 행정당국은 노동력 수급의 관점에서 조선인의 도일을 계속 조정했다는 사실을 확인해야 한다. 단, 그 정책은 일본 내지에서 노동력 공급이 과잉일 때는 저지 일변도이다가 노동력이 부족한 시기에는 어떠한 조선인이라도 받아들이는 식으로 단순하지는 않았다는 점에 주의해야 한다. 일본 내지의 노동시장이 공급과잉 상태에서 조선인의 도일을 저지하는 정책을 폈던 시기라도 내선융화단체와 고용주의 관리하에서 싼 임금으로 성실하게 일할 것으로 보이는 노동자는 엄격한 제한 없이 도일시키는 경우도 있고, 강제연행＝전시동원정책을 취했던 전시하에서도 한편에서는 여전히 취직자리가 확실하지 않은 사람 등에 대해서는 일본 도항을 저지하고 있었다. 즉, 도일 저지가 기조였던 시기이든 일본 내지의 자본가가 노동자를 다수 필요로 하였던 시기이든 행정당국 및 자본가 측은 자신들에게 있어 필요한 양질의 노동력만을 일본 내지로 들이려는 태도로 일관하고 있었던 것이다.

그런데 현실적으로는 그러한 행정당국의 의도보다 더 많은 조선인이 일본 내지로 유입되었다. 이것은 물론 도일을 완전히 저지할 수 없을 정도로(혹은 그렇게 하면 식민지 지배가 불안정해질지도 모를 정도로) 조선에서의 유출 요인이 강했기 때문이다. 이와 동시에 조선인 도일자가 많아진 것은 행정당국과 기업이 행한 노동자 모집 내지 전시동원정책에 응한 형태에 의해서가 아니라, 조선인들 스스로가 도일을 의도하거나 또는 도일 후의 생활을 도와주는 시스템이 존재했기 때문이기도 하다. 이것이 조선인 도일의 실상에서 확인해야 할 세 번째 문제다. 즉, 1920년대 이후 이미 일본 내지로 건너가서 일하고 있었던 친척이나 지인이 알선하는 경우가 도일의 형태에서 주류를 점하게 되어, 도일해서 일본 내지에서 기반을 잡은 사람은 새로이 고향 등의 지인이나 친척과 연락을 취하여 또 새로운 도일자를 증가시키는 순환을 만들어냈다. 게다가 이러한 형태의 도일, 즉 연쇄형 이민은 전시동원정책 시기에도 어느 정도 계속되고 있었다고 볼 수 있다.

네 번째로는 도일한 조선인들이 일본에서 체재하는 기간이 다양했다는 것을 지적해야 한다. 물론 시기가 내려옴에 따라서 일본 체재 기간이 장기화되는 사람들이 많아진 것은 분명하다. 그러나 그러한 조선인을 믿고 새롭게 건너온 사람들 중에는 결과적으로 단기로밖에 일본에 체재할 수 없는, 혹은 처음부터 그럴 예정이었던 사람들도 존재했다. 그리고 연쇄형 이민이 주류가 된 이후에도 기업 모집에 응하여 2~3년 정도 체재할 예정으로 도일하는 조선인도 매년 있었다.

위와 같은 조선인 도일의 관리제도 및 그 실태는 도일 후에 조선인이 형성한 사회의 모습에도 영향을 주게 된다. 이 점에 대해서는 다음 장 이후에서 구체적으로 서술하기로 하고, 다음 절에서는 조선과 일본 내지 사이의 조선인 이동의 실태를 통계수치를 통해서 파악해 나가고자 한다.

3. 조선과 일본 내지 사이의 조선인 이동의 통계적 개관

식민지기 조선과 일본 내지 사이의 조선인 이동에 관한 통계는 조선지배 책임자인 조선총독부 및 일본 내지의 경찰행정 등을 담당하는 내무성이 집계했다. 어떤 종류의 것이든 통계가 완벽한 정확도를 갖기를 바라는 것은 처음부터 무리이며, 이 행정당국의 통계들도 완전히 신뢰할 수는 없다는 것은 당연한 사실이다. 그렇다고는 하나 인구에 관한 통계수치는 역시 한 사회의 본모습을 파악할 때 가장 기초가 되는 데이터이고, 다소 부정확하다 하더라도 그 변화를 추적해 가다 보면 눈에 드러나는 면도 있다는 점도 인정해야 한다.

그런데 재일조선인에 관한 통계는 같은 종류의 통계로 여러 계통이 있거나 일부 연차가 누락된 문제가 있어 복잡하다. 그래서 이하에서는 번잡하지만 파악이 가능한 것은 여러 계통의 수치를 병기하고, 그로써 가능한 한 누락된 부분을 보완해 가면서 전체적인 통계의 추이를 개관해 가기로 하겠다.

일본 내지 체류자 현재 수의 추이

우선 일본 내지에 그 시점에서 체재하고 있었던 조선인 인구를 보도록 하겠

다. 이에 대해서는 전국 경찰이 실시한 호구조사, 즉 내무성 경보국의 조사와
국세조사가 있다. 호구조사보다는 국세조사가 더 정밀도가 높다고 생각되지만,
이는 매년 실시하는 조사가 아니다. 또 호구조사는 대개 매년 12월 말 시점의
수치인데, 해에 따라서는 6월 말 현재로 되어 있는 것도 있다.

이 조사들로 남겨진 통계를 가지고 다무라 도시유키田村紀之는 6월 시점의
수치 밖에 없는 연차를 12월로 추계하여 내무성 경보국의 통계를 정리하고, 그와
함께 국세조사 계통의 통계도 파악되지 않는 해의 추계치를 제시하는 작업을
하였다.53 호구조사, 국세조사 각각의 수치에다가 이 호구조사를 기초로 한 추계
및 국세조사를 기초로 한 추계에 근거한 전국 재일조선인 인구를 제시하면 [표
1-8]과 같다.

이 표에 보이는 것처럼 경보국 조사와 국세조사는 상당한 격차가 있는 부분
도 있지만 대략의 추이는 비슷하다. 즉, ① 재류 인구는 거의 일관되게 계속 증가했
다, ② 1910년대 전반의 인구 증가는 다른 시기에 비해 완만하지만 그 이후 1920년
대 후반까지 급격하게 증가한다, ③ 1930년 전후에 인구 증가가 정체했다, ④
1930년대 중반부터 다시 인구 증가가 현저해진다, ⑤ 1939년 이후 1945년까지는
5~6년 사이에 100만 명 이상 폭발적으로 인구가 증가했다는 점들을 확인할 수
있다. 재류 인구의 동향은 단순히 신규 도일자뿐 아니라 일본 내지에서 출생한
수에서 사망한 수를 뺀 자연 증가 요인도 고려해야 하지만, 도일 억제와 전시동원
이라는 정책이 영향을 끼친 것은 명백할 것이다.

그리고 일반 조선인과 다른 도항관리정책이 취해졌던 제주도민의 일본 내지
재류자 수는 제주도청『제주도세요람』등으로부터 [표 1-9]와 같았다고 보인다.
그러나『제주도세요람』의 1926년 이후 통계는 도항자 수와 귀환자 수의 차를
전년 재류자에서 제하는 방법으로 산출되어서 자연 증가를 포함하고 있지 않다.
따라서 재류자는 이보다 많았을 것으로 보아야 하지만, 전술한 바와 같이 도항관

---

53 田村紀之,「內務省警保局調査による朝鮮人人口」,『経済と経済学』제46~50호, 1981년 2월~1982
년 7월.

[표 1-8] 재일조선인 인구의 추이(1910~1945년)

(단위: 명)

연도	인구			
	국세조사	국세조사로부터의 추계	내무성 조사	내무성조사로부터의 추계
1910		2,600	2,246	
1911		5,728	2,527	
1912		7,796	3,171	
1913		10,394	3,635	
1914		12,961	3,542	
1915		15,106	3,992	
1916		17,972	5,637	
1917		22,218	14,501	
1918		34,082	22,262	
1919		37,732	28,273	
1920	40,755	40,755	30,149	
1921		62,404	38,651	37,271
1922		90,741	59,744	
1923		136,557	80,015	
1924		172,130	118,192	
1925		214,657	129,870	
1926		247,358	143,798	
1927		308,685	171,275	
1928		358,121	238,104	
1929		398,920	275,206	
1930	418,989	419,009	298,091	
1931		427,275	311,247	
1932		433,692	390,543	
1933		500,637	456,217	
1934		559,080	537,695	
1935		615,867	625,678	
1936		657,497	690,501	
1937		693,138	735,689	
1938		796,927	799,878	
1939		980,700	961,591	
1940	1,241,178	1,241,315	1,190,444	
1941		1,484,025	1,469,230	
1942		1,778,480	1,625,054	
1943		1,946,047	1,805,438	
1944		2,139,143	1,901,409	
1945		2,206,541		1,968,807

전거: 田村紀之, 「内務省警保局調査による朝鮮人人口」, 『経済と経済学』, 1981년 2월~1982년 7월; 内閣統計局, 『国勢調査報告』.

[표 1-9] 제주도 출신 재일조선인의 추이

(단위: 명)

연도	인원	연도	인원
1923	10,381	1931	33,023
1924	19,552	1932	36,125
1925	25,782	1933	47,271
1926	28,114	1934	50,045
1927	30,505	1935	48,386
1928	32,564	1936	46,463
1929	35,322	1937	45,943
1930	31,786	1938	45,950

전거: 桝田一二, 「濟州島民の内地出稼ぎに就いて」, 『大塚地理学会論文集』 제5집, 1935년; 濟州島庁, 『濟州島勢要覧』, 각 연도판; 杉原達, 『越境する民』, 新幹社, 1999년, 84쪽.

[표 1-10] 도부현별 조선인 인구의 추이(1910~1945년) (단위: 명)

도부현	1910년	1920년	1930년	1935년	1940년	1945년
홋카이도(北海道)	26	1,710	7,672	9,414	38,273	96,206
아오모리(青森)	4	28	258	374	2,175	3,260
이와테(岩手)	3	29	555	1,071	3,721	12,112
미야기(宮城)	3	111	778	904	2,015	8,836
아키타(秋田)	0	54	214	334	1,678	7,068
야마가타(山形)	20	89	272	330	1,048	2,206
후쿠시마(福島)	32	207	1,954	1,292	5,549	18,803
이바라키(茨城)	6	42	656	1,306	3,877	13,635
도치기(栃木)	9	84	519	886	2,091	10,272
군마(群馬)	29	246	1,272	2,006	4,544	12,812
사이타마(埼玉)	5	25	1,043	1,952	4,884	11,620
지바(千葉)	7	25	1,330	2,690	4,886	13,234
도쿄(東京)	348	2,053	33,742	53,556	87,497	101,236
가나가와(神奈川)	50	514	9,794	14,410	24,842	64,494
니가타(新潟)	6	61	1,242	1,607	4,365	10,108
도야마(富山)	1	17	1,403	1,641	3,876	3,984
이시카와(石川)	3	43	1,184	3,851	5,169	8,850
후쿠이(福井)	3	40	2,099	7,201	11,725	20,597
야마나시(山梨)	4	112	2,039	2,444	9,514	6,741
나가노(長野)	17	348	3,891	5,373	8,152	26,406
기후(岐阜)	12	215	5,153	10,986	20,093	29,182
시즈오카(静岡)	6	114	4,548	7,427	15,726	23,245
아이치(愛知)	42	405	23,543	51,461	77,951	142,484
미에(三重)	76	123	8,092	4,727	11,660	23,283
시가(滋賀)	4	138	3,257	5,759	7,792	13,255
교토(京都)	53	856	17,317	42,128	67,698	69,900
오사카(大阪)	206	4,494	73,622	202,311	321,269	333,354
효고(兵庫)	75	2,562	15,964	46,589	115,154	144,318
나라(奈良)	35	298	4,239	6,578	9,232	13,531
와카야마(和歌山)	23	111	5,881	86,47	11,298	23,709
돗토리(鳥取)	3	178	836	1,516	2,678	7,385
시마네(島根)	31	512	1,782	3,867	7,146	19,824
오카야마(岡山)	48	526	2,963	7,988	11,887	36,526
히로시마(広島)	24	958	7,189	17,385	38,221	84,886
야마구치(山口)	163	1,640	10,858	27,347	72,700	144,302
도쿠시마(徳島)	12	32	427	1,166	1,343	1,861
가가와(香川)	5	58	576	1,139	2,214	6,173
에히메(愛媛)	10	59	1,704	3,092	5,506	15,553
고치(高知)	3	109	971	1,108	3,744	10,153
후쿠오카(福岡)	335	6,798	25,838	39,865	116,864	205,452
사가(佐賀)	34	475	1,157	3,538	8,693	24,512
나가사키(長崎)	173	2,242	4,944	7,229	18,114	61,773
구마모토(熊本)	62	359	1,303	2,470	5,699	19,540
오이타(大分)	187	535	2,005	5,102	8,046	31,037
미야자키(宮崎)	30	189	1,341	2,277	5,476	12,391
가고시마(鹿児島)	18	320	635	1,236	3,220	18,592
오키나와(沖縄)	0	5	29	68	109	106
전국	2,246	30,149	298,091	625,678	1,190,444	1,968,807

전거: 田村紀之, 「内務省警保局調査による朝鮮人人口」, 『経済と経済学』, 1981년 2월~1982년 7월.

주: 1945년 8월 20일 현재(추계), 그 이외는 12월 말 현재. 1945년의 도쿄는 정확하게는 도쿄도(都)이다.

[표 1-11] 전국 및 주요 도부현의 조선인 자연 증가 수(1921~1944년) (단위: 명)

연도	전국	홋카이도	도쿄부	가나가와현	교토부	오사카부	효고현	아이치현	후쿠오카현
1921	321	13	13	6	12	74	60	6	38
1922	580	11	15	4	41	139	94	26	53
1923	852	23	30	6	58	228	129	39	76
1924	1,297	25	21	11	67	451	155	88	123
1925	1,686	22	52	32	76	663	168	159	132
1926	2,082	31	75	47	96	568	208	285	188
1927	2,498	55	144	79	128	618	210	267	212
1928	3,086	67	171	93	145	842	261	385	272
1929	5,515	123	328	171	342	1,543	428	575	444
1930	5,744	134	414	146	353	1,572	416	569	472
1931	5,949	167	438	152	366	1,656	460	602	409
1932	6,580	160	413	177	347	2,002	514	663	508
1933	7,199	130	447	175	560	2,356	581	591	496
1934	8,911	150	538	242	681	2,889	698	742	571
1935	10,566	173	639	232	676	3,602	825	944	666
1936	12,255	174	828	271	800	4,210	925	1,164	730
1937	13,807	235	845	279	884	4,759	1,128	1,294	866
1938	14,070	207	934	277	910	4,731	1,250	1,309	894
1939	16,018	239	1,058	335	1,026	5,208	1,460	1,415	1,072
1940	19,515	258	1,201	439	1,146	6,037	2,066	1,526	1,714
1941	21,723	381	1,314	1,355	1,355	6,414	2,197	1,675	1,895
1942	21,073	352	1,181	1,175	1,175	6,901	1,963	1,459	1,743
1943	26,499	491	1,644	1,428	1,428	8,125	2,497	1,737	2,204
1944	30,747	589	1,913	1,647	1,647	9,362	2,883	2,020	2,568

전거: 田村紀之, 「植民地期『內地』在住朝鮮人人口」, 『経済と経済学』, 1983년 2월.

리정책의 변화도 있었기 때문에 그 수는 1934년을 정점으로 정체 경향을 뚜렷하게 보여주는 변화를 겪고 있었다고 추측된다.

다음으로 일본 내지의 각 부현별 인구 추이를 살펴보겠다. 1910, 1920, 1930, 1935, 1940, 1945년 각 연도별로 나타내면 [표 1-10]과 같다.

여기에서는 ① 거의 일관되게 대도시가 있는 부현과 산탄지가 있는 부현에 조선인 인구가 많다, ② 1910년 단계에서는 조선과 지리적으로 가까운 부현의 인구가 상대적으로 많은 경향이 있다, ③ 1920년 단계에서는 오사카부, 교토부京都府, 효고현兵庫県과 아이치현愛知県 등 석탄산지 이외의 공업지대로의 인구 유입이 눈에 띄며, 1930년대도 그 경향이 지속되었다, ④ 전시동원정책이 전개되었던

[표 1-12] 전국 및 주요 도부현의 조선인 사회 증가 수(1921~1944년)　　(단위: 명)

연도	전국	홋카이도	도쿄부	가나가와현	교토부	오사카부	효고현	아이치현	후쿠오카현
1921	21,328	-565	1,896	482	2,107	5,530	1,061	1,783	1,004
1922	27,757	1,310	2,789	695	2,004	6,878	1,967	1,685	2,279
1923	44,964	1,251	1,339	1,670	2,271	14,487	2,283	3,389	4,362
1924	34,276	347	4,797	2,022	1,591	10,578	1,516	2,733	1,513
1925	40,841	1,487	4,722	2,368	3,018	3,018	2,109	5,657	3,238
1926	30,619	1,184	3,114	1,387	2,216	5,188	1,681	1,979	1,095
1927	58,829	1,936	6,534	2,043	5,077	14,430	4,265	6,110	5,428
1928	46,350	831	9,379	2,116	4,201	8,859	1,938	2,444	2,863
1929	35,284	722	2,814	-914	-291	10,758	445	3,513	2,446
1930	14,345	3,091	-2,777	-65	3,136	4,229	2,957	2,944	568
1931	2,317	-2,732	1,628	-413	-1,435	8,470	2,681	-1,988	465
1932	-163	-947	-1,810	-1,112	1,969	9,052	820	-702	-1,986
1933	59,746	1,089	3,684	1,706	3,011	19,120	4,139	339	4,500
1934	49,532	549	1,811	-389	882	22,947	2,864	-11	2,262
1935	46,223	-195	7,413	459	7,286	9,984	6,886	-546	160
1936	29,373	653	392	-84	1,365	1,334	10,971	3,888	2,927
1937	21,834	26	3,891	201	5,442	-4,053	6,430	2,420	3,352
1938	89,719	3,559	3,875	1,754	1,917	30,240	10,957	118	10,266
1939	167,755	8,127	12,343	4,778	3,758	41,165	21,060	3,972	21,678
1940	241,100	15,534	27,767	8,041	13,503	26,036	5,660	15,519	30,084
1941	220,987	2,941	3,297	6,727	7,071	98,882	13,238	30,433	18,268
1942	273,382	23,827	26,655	8,615	7,397	30,305	18,778	13,146	31,078
1943	141,068	15,157	-2,480	10,173	-6,293	-20,739	2,002	2,763	13,094
1944	162,349	15,385	-25,037	10,541	-7,334	-68,553	6,255	16,172	33,214

전거: 田村紀之, 「植民地期『内地』在住朝鮮人人口」, 『経済と経済学』, 1983년 2월.

1940년대에 다시 탄광이 있는 규슈 각 현과 야마구치현山口県, 홋카이도北海道, 군수
공장이 있었던 히로시마현広島県 등의 인구 증가가 눈에 띄는 등의 추이가 파악된
다.

자연 증가와 사회 증가의 추이

앞의 항에서 보았듯이 재일조선인 인구는 거의 매년 계속 증가해 했다. 이것
은 단순히 신규 도일자의 유입에 의한 것이 아니다. 도일하여 가족을 형성한 사람
들이 일본에서 아이를 낳은 요인도 존재하기 때문이다. 즉, 일반적인 인구 증가의
요인과 마찬가지로 재일조선인 인구의 변화도 자연 증가(출생자와 사망자의 차) 및 사회

증가(유입자와 유출자의 차)로 인해 생겨난 것이다.[54]

　　자연 증가와 사회 증가 각각의 수치는 다무라 도시유키에 의한 추계에 나타나 있다(「植民地期『內地』在住朝鮮人人口」,『経済と経済学』1983년 2월). [표 1-11]과 [표 1-12]는 그 중에서 전국 및 주요 부현의 자연 증가와 사회 증가 수치를 추출한 것이다.

　　자연 증가는 1921년 이후의 숫자에서만 확인할 수 있지만, 시기가 내려오면서 그 수가 늘어났다. 그 이전에는 가족을 형성했던 조선인이 소수여서(다음 장에서 서술할 남녀비와 정주자 인구로 추측할 수 있다) 그리 많지 않았다고 생각된다.

　　다른 한편으로 사회 증가는 도항관리정책의 영향으로 변화했다. 도항증명을 발급하여 도일을 제한하게 된 1928년 이후 신규 도일자는 감소하고, 1933년에 다시 증가하기는 하지만, 만주로 도일 희망자를 돌리려고 하는 방침이 확립되면서 1934년 이후에는 다시 감소세로 돌아섰다. 그리고 전시동원정책의 개시로 1939년 이후 급증했다. 또 사회 증가는 부현에 따라 다른 움직임을 보이는데, 이것은 지역의 산업동향과 관련되었다고 생각된다. 이 중 1940년대 이후는 전시동원체제에 의한 노동자 배치 여부가 영향을 미치고 있다.

일본 내지로의 도항자 수와 조선으로의 귀환자 수의 추이

　　다음으로 일본 내지로의 도항 및 조선으로의 귀환에 관한 통계를 보겠다. 당시의 일본 내지와 조선 사이의 이동은 대개 선박으로 이루어졌다.[55] 일본 내지로 향하는 배가 출발하는 조선의 항구는 부산, 여수, 목포, 청진 및 제주도 내의 각 항구로, 특히 한반도부(제주도와 다도해 등의 도서부 이외의 지역)에서 도일할 때는 대부분

---

54 엄밀히 말하면 그 밖에 양자가 되는 방법 등으로 새롭게 일본 내지인이 되거나(일본 호적에 들어가는 것) 조선인이 되는(조선 호적에 들어가는 것) 요인도 없었던 것은 아니다. 그러나 이러한 경우는 드물었으므로 무시할 수 있는 요인이다.

55 비행기로 이동한 경우가 없었던 것은 아니지만 예외적이다. 그리고 일본 내지와 조선 사이의 직접 이동 말고 1920년대 중반까지는 시베리아, 사할린을 경유해서 홋카이도로 들어가는 경우도 있었을 것으로 보인다. 이것은 가라후토청(樺太庁) 경찰부가 가라후토 즉, 사할린 남부에 거주하는 조선인에게 "북진하여 만주, 시베리아를 거쳐 마침내 북가라후토로 건너가서 다시 남하하여 남가라후토로 들어간 것 같다"(『樺太在留朝鮮人一班』, 1927년, 단『叢書』제12권, 436~437쪽)고 기술한 것으로 추측할 수 있다.

부산을 이용했다. 참고로 1933년 8월 중에 도일한 조선인 1만 2732명이 이용했던 항구는 부산 9699명(전체의 76.2%), 제주도 1526명(12.0%), 여수 1129명(8.9%) 등이다.[56]

이처럼 도일 루트가 한정되었다면 도항과 귀환에 관한 통계는 정확도가 높았을 것으로 예상되지만, 실제로는 이 항구들 말고 다른 곳에서도 어선 등을 이용하여 독자적으로 일본 내지에 상륙하는 '밀항'이 있었기 때문에 앞서 말한 항구에서 포착한 것만으로는 완전한 통계가 되지 못한다.[57] 또 다음에 보이듯이 도항과 귀환에 관한 통계는 여러 계통의 종류가 있어 같은 연차에 대한 숫자라도 차이가 크다. 이는 집계 방법의 차이로 생겨난 것으로 생각되지만, 구체적인 이유는 확실치 않아서, 어느 계통의 정확도가 높은지에 대해서도 판단하기 어렵다.

도항과 귀환에 대한 통계는 모리타 요시오森田芳夫가 정리하여『숫자가 말하는 재일한국·조선인의 역사数字が語る在日韓国·朝鮮人の歴史』(明石書房, 1966년) 72항으로 되어 있다. 그러나 여기에서는 그 책에서 공백으로 되어 있는 부분을 새로이 발견한 사료로 보충하고 수정하여 [표 1-13]을 작성했다.

표 중 '내무성' 항목의 숫자는 모리타가 '일본 내지 측의 통계'라고 표현한 것이고, 오쿠보 도쿠고로大久保德五郎의 「이입노동자와 그 시련移入労務者とその訓練」(『협화사업연구[協和事業研究]』, 1944년 9월), 내무성 경보국의『이입노동자의 상황移入運動の状況』각 연도판 및 "내무성 경보국 사료에 따른다"고 되어 있다. 다음으로 '조선총독부' 항목은 조선총독부 경무부의『조선치안상황朝鮮治安状況』1922년, 조선총독부 경무부의『조선경찰개요朝鮮警察概要』1927년판, 같은 책 1939년판, 조선총독부의『조선사정朝鮮事情』1941년, 1944년에 의거하고 있다. 이 외에 '젠쇼 에이스케善生永助'는 젠쇼 에이스케善生永助의 「재일조선인에 관한 일고찰在外朝鮮人に関する一考察」(『조선경제잡지[朝鮮経済雑誌]』1923년 9월)에 게재되었던 통계다.

이 자료들에서는 ① 1910년대 후반부터 1924년까지 도일자가 급증했다, ②

---

56 朝鮮総督府警保局,「朝鮮人労働者内地渡航保護取締状況」,『高等警察報』제3호, 발행 연도 불명(1934년으로 추측).

57 도일자 전체 중에서 밀항이라는 수단을 이용한 사람이 어느 정도의 비율에 해당하는지는 어렵지만, 1927년 9월에 실시된 경상남도 경찰부의 조사로는 3.19%를 차지하고 있었다(慶尙南道 警察部,『內地出稼労働者状態調査』, 1928년 1월,『集成』제1권, 568쪽).

[표 1-13] 조선과 일본 내지 사이의 조선인 도항자 수와 귀환자 수의 추이(1917~1945년) (단위: 명)

연도	내무성		조선총독부		젠쇼 에이스케		조선경제잡지	
	도항	귀환	도항	귀환	도항	귀환	도항	귀환
1917							7,444	762
1918					8,508	1,801	8,688	1,801
1919			26,543	28,867	10,090	2,076	10,097	2,078
1920			26,417	26,205	16,756	6,911	16,656	6,911
1921			32,510	24,116	24,703	7,724		
1922			53,794	32,574	53,631	15,773	53,631	15,773
1923			97,377	89,745	57,297	37,088		
1924			122,215	74,432	122,243	74,432		
1925			131,273	112,471				
1926			91,092	83,709				
1927			138,016	93,991				
1928			166,286	117,522				
1929			153,570	98,275				
1930	127,776	141,860	95,455	107,706				
1931	140,179	107,420	102,104	83,651				
1932	149,597	103,458	113,615	77,575				
1933	198,637	113,218	153,299	89,120				
1934	175,301	117,665	159,176	130,462				
1935	112,141	105,946	108,639	106,117				
1936	151,866	113,162	113,714	110,559				
1937	118,912	115,586	121,882	120,748				
1938	161,222	140,789	164,923	142,667				
1939	316,424	195,430	284,726	176,956				
1940	385,822	256,037	334,166	218,027				
1941	386,416	289,838	325,643	242,469				
1942	381,673	268,672	334,565	219,373				
1943	401,059	272,770						
1944	403,737	249,888						
1945	121,101	131,294						

전거: 内務省警保局,『社会運動の状況』, 각 연도판. 朝鮮総督府,『朝鮮事情』, 1941년판, 1944년판; 朝鮮総督府警務局,『朝鮮治安状況』, 1922년,『朝鮮警察概要』, 각 연도판; 善生永助,『朝鮮の人口研究』, 朝鮮印刷, 1925년; 京城商工会議所,「在外朝鮮人に関する: 考察」,『朝鮮経済雑誌』, 1923년 9월; 森田芳夫,『数字が語る在日韓国・朝鮮人の歴史』, 明石書店, 1996년.

1925년부터 1938년까지 도일자가 9만에서 십수만의 폭으로 증감을 반복했다, ③ 1939년 이후 연간 도일자 수는 그 이전의 수준의 2~3배로 아주 높은 수준이었다, ④ 귀환자 수는 1939년까지 거의 매년 도일자 수를 밑돌지만, 그 수는 도일자보다 약간 적었다, ⑤ 그러나 1939년 이후 도일자와 귀환자의 차는 10~15만 명 정도

[표 1-14] 조선총독부가 인가한 모집에 의한 조선인 도일자 수 (단위: 명)

연도	실수	연도	실수
1917	5,220	1923	336
1918	7,250	1924	248
1919	2,274	1925	447
1920	1,573	1926	364
1921	1,233	1927	754
1922	3,023		

전거: 朝鮮総督府警務局,『朝鮮警察概要』, 각 연도판.

[표 1-15] 노무동원계획·국민동원계획에 의한 조선인 동원 수 (단위: 명)

연도	일본 내지	가라후토(사할린)	남양군도	합계
1939	49,819	3,301	0	53,120
1940	55,979	2,605	814	59,398
1941	63,866	1,451	1,781	67,098
1942	111,823	5,945	2,083	119,851
1943	124,286	2,811	1,253	128,350
1944				286,432
1945				10,622

전거: 内務省管理局,『第85回帝国会議説明資料』; 大蔵省管理局,『日本人の海外活動に関する歴史的調査』 통권 제10책 조선편 제9분책.
주: 공란은 확실치 않은 것이다. 연도는 회계연도, 즉 4월부터 이듬해 3월까지다.

[표 1-16] 군 요원으로서의 조선인 동원 수 (단위: 명)

연도	일본 내지	만주	중국 본토	남방
1939		145		
1940		656	15	
1941	5,396	284	13	9,249
1942	4,171	293	50	16,159
1943	4,691	390	16	5,242
1944	24,071	1,617	294	5,885
1945	31,603	467	347	
합계	69,997	3,852	735	

전거: 大蔵省管理局,『日本人の海外活動に関する歴史的調査』 통권 제10책 조선편 제9분책.
주: 공란은 확실치 않은 것이다. 이 밖에 조선 내에서도 3만 3861명이 군요원(軍要員)으로서 동원되었다.

로 매우 확대되었다는 것 등을 확인할 수 있다. 이 중에서 ②와 ④는 조선인 도일억제정책, ③과 ⑤는 전시동원정책이 각각 영향을 주고 있었던 것이다.

다음으로 형태별 도항자의 숫자를 통계로 나타내면 먼저 1910년대 후반에 비중이 높았던 기업 모집에 의한 도일자 수는 [표 1-14]와 같았다. 1927년 이후를

[표 1-17] 학생 · 노동자 · 기타의 구분별 조선인 도항자 수 및 귀환자 수(1922~1940년) (단위: 명)

연도	도항			귀환			도항과 귀환의 차		
	학생	노동자	기타	학생	노동자	기타	학생	노동자	기타
1922	3,013	41,038	9,743	2,752	21,982	7,840	261	19,056	1,903
1923	3,234	87,268	6,875	5,194	78,045	6,506	-1,960	9,223	369
1924	3,146	104,361	14,708						
1925	3,485	107,392	20,399	3,477	93,804	15,190	8	13,588	5,209
1926	4,887	63,979	22,226	5,059	63,413	15,237	-172	566	6,989
1927	5,008	102,434	30,574	5,022	68,871	20,098	-14	33,563	10,476
1928	6,087	130,838	29,361	5,566	92,879	19,077	521	37,959	10,284
1929	5,730	107,244	40,596	5,534	70,427	22,314	196	36,817	18,282
1930	6,493	64,148	24,814	5,773	78,112	23,821	720	-13,964	993
1931	6,079	65,908	30,117	5,990	56,791	20,870	89	9,117	9,247
1932	6,453	68,949	38,213	6,180	46,801	24,594	273	22,148	13,619
1933	7,530	91,179	54,590	6,959	52,179	29,982	571	39,000	24,608
1934	8,278	95,007	55,891	7,890	69,209	53,363	388	25,798	2,528
1935	9,498	57,779	41,362	9,264	61,712	35,141	234	-3,933	6,221
1936	12,902	59,807	41,005	12,406	61,678	36,475	496	-1,871	4,530
1937	17,391	60,997	43,494	17,549	62,918	40,281	-158	-1,921	3,213
1938	21,334	83,658	59,931	20,179	74,275	48,213	1,155	9,383	11,718
1939	31,149	154,972	98,605	23,105	90,460	63,391	8,044	64,512	35,214
1940	36,969	192,203	104,994	31,021	115,844	71,162	5,948	76,359	33,832

전거: 朝鮮総督府, 『朝鮮事情』, 각 연도판; 朝鮮総督府警務局, 『朝鮮治安状況』, 1922년판; 『朝鮮警察概要』, 각 연도판.
주: 공란은 확실치 않은 것이다.

기록한 통계는 없으나, 앞의 절에서 서술한 바와 같이 이보다 감소했을 것으로 생각된다. 노무동원계획 및 국민동원계획에 따라 일본 내지 사업장에 배치되고, 군 요원으로 동원된 도일자는 [표 1-15] 및 [표 1-16]에 나타난 대로다.

또 학생, 노동자, 기타로 구분한 도항자 수 및 귀환자 수는 조선총독부 조사로 파악할 수 있다. 그것을 정리한 [표 1-17]로부터는 1930년 이후 노동자의 도일 억제가 강화되고 있었던 것, 특히 일본 내지에서의 실업 문제가 심각했던 1930년 과 조선 농촌의 '과잉인구'를 만주 등으로 돌리는 것을 각의 결정한 1934년부터 1937년에 노동자 중에서 귀환자가 도일자를 웃돌았던 것이 주목된다.

그리고 제주도에서 도항하거나 귀환한 것에 대해서는 직통 항로로 연결되어 있었던 오사카항에서의 조사 및 제주도청의 조사가 있다. [표 1-18]이 그 구체적인

[표 1-18] 제주도민의 일본 내지 도항자 수 및 귀환자 수 (단위: 명)

연도	오사카항 조사		제주도청 조사	
	도항	귀환	도항	귀환
1922			3,198	
1923				
1924			14,278	5,107
1925	10,842	8,393	15,906	9,646
1926	21,908	11,180	15,862	13,500
1927	25,508	14,538	19,224	16,863
1928	22,445	14,011	16,762	14,703
1929	26,361	11,364	20,418	17,660
1930	23,334	23,893	17,890	21,426
1931	28,342	18,199	18,922	17,685
1932	24,799	18,148	21,409	18,307
1933	35,973	20,768	29,208	18,062
1934	20,378	15,993	16,904	14,130
1935	8,754	10,562	9,484	11,161
1936	7,902	8,641	9,190	11,095
1937	6,074	8,461	7,848	8,004
1938	8,352	8,675	8,979	8,972

전거: 大阪市社会部, 『労働月報』 각호; 桝田一二, 「済州島人の内地出稼に就て」, 『大塚地理学会論文集』 제5집, 1935년; 済州島庁, 『済州島勢要覧』, 1937년판, 1939년판.
주: 공란은 확실치 않은 것이다.

[표 1-19] 조선인 도일 저지 상황 (단위: 명)

연도	출발항 저지	출발지역	
		출원	저지
1925	3,774		
1926	21,047		
1927	58,296		
1928	47,297		
1929	9,405		
1930	2,566		
1931	3,995		
1932	2,980		
1933	3,396		
1934	4,317	300,053	169,121
1935	3,227	294,947	188,600
1936	1,610	200,656	135,528
1937	1,491	130,430	71,559
1938			75,216

전거: 朝鮮総督府, 『最近に於ける朝鮮治安状況』, 1933년, 1938년판. 단, 森田芳夫, 『数字が語る在日韓国・朝鮮人の歴史』, 74쪽.
주: 출발항 저지는 30년까지는 부산, 그 이후에는 부산, 여수, 목포, 청진. 해당지역 출원자, 저지자 수에는 가족을 포함하며, 재출원은 수가 중복되어 있다. 1925년은 10~12월만의 숫자다. 공란은 확실치 않은 것이다.

숫자인데, 1933년을 정점으로 도일은 감소세로 돌아섰고, 특히 1935년 이후는 그 이전에 비하여 매우 감소했던 것을 알 수 있다.

도항 저지 수

도항 저지 수에 대해서는 [표 1-19]와 같은 수치들이 남아 있다. 이 표에서는 공란으로 되어 있는데 1933년 이전에도 당연히 각 지역에서 도일을 저지하고 있었다. 1929년부터 출발항에서의 저지가 급감한 것은 그 해부터 각 지역에서 저지하는 쪽으로 비중이 옮겨가고 있었음을 나타내는 것으로 보인다.

그리고 이 표는 주석에서 알 수 있듯이 제주도에서 이루어진 도일 저지 건수 는 포함하지 않는다. 이 점에 대해서는 앞에서 소개한 마스다 이치지의 논문에 1933년 1월~1934년 4월의 출원 및 저지자 수의 표가 표시되어 있는데, 그 이외의 통계 수치는 확실치 않다. 구체적인 숫자는 1933년의 출원자 8만 8314명 중 5만 9016명을, 다음해 1~4월에는 출원자 12만 702명 중 8만 4458명을 저지했다고 되어 있다.

신규 도일자 수와 일시 귀향자 수

앞에서 기록한 도항자 수와 귀환자 수는 단순히 조선의 출발항이나 일본 내지의 도착항에서 선박을 이용한 조선인을 체크한 숫자일 뿐이며, 그 안에는 생활의 터전을 옮기는 사람의 완전한 신규 도일과 최종적인 귀환, 그와 함께 일본 에 생활기반을 두는 사람의 재도일 및 일시 귀향도 포함되어 있었다.

이 중 일시 귀향자의 수는 1929년 10월 이후 일시귀선증명제도가 실시되었 기 때문에 파악이 가능하다. 따라서 도항자 전체 수치에서 이 수를 빼면 신규 도일자 수도 추정할 수 있다(엄밀히 말하면 그것을 발급받지 않고 일시 귀향한 사람도 물론 전혀 없지는 않았고, 거꾸로 1년에 몇 번이고 조선과 일본 내지를 왕래한 사람도 있는 것과 소수이기는 하나 상용[商用]과 관광 등을 위해서 일시적으로 일본 내지로 이동하는 조선인이 있었다는 요소도 고려해야 하지만, 그것은 파악하기 어렵기 때문에 무시하기로 한다). 이 실제 수치들은 [표 1-20]에 나타낸 것과 같다.

[표 1-20] 신규 도일자 수와 재도일자 수의 추이 (단위: 명)

연월	신규 도일자	재도일자
1929(8~12월)		2,072
1930(1~10월)	95,107	6,170
1931(1~10월)	124,401	9,671
1932	138,110	11,487
1933	184,087	14,550
1934	156,001	19,300
1935	92,062	20,079
1936	127,898	23,968
1937	89,932	28,980
1938	117,041	44,181
1939	244,621	71,803
1940	294,134	91,688
1941	289,423	96,993
1942	305,684	75,989

전거: 内務省警保局, 『社会運動の状況』, 각 연도판.

[표 1-21] 신규 도일자 및 재도일자 수가 재일조선인 인구에서 점하는 비율 (단위: %)

연도	신규도일자	재도일자
1930	31.91	2.07
1931	39.37	3.11
1932	35.36	2.94
1933	40.35	3.19
1934	29.01	3.59
1935	14.71	3.21
1936	18.52	3.47
1937	12.22	3.94
1938	14.63	5.52
1939	25.44	7.47
1940	24.71	7.70
1941	19.70	6.60
1942	18.81	4.68

전거: 内務省警保局, 『社会運動の状況』, 각 연도판.
주: 1930, 1931년은 1~10월의 합계다.

그리고 일시귀선증명을 취득한 재도일자 수 통계는 내무성 조사에 의한 것이며, 도항자 전체의 수치도 같은 내무성 계통의 것을 이용하여 신규 도일자 수를 산출하였다. 또 [표 1-21]로 이 수치들이 재일조선인 인구 전체 속에서 어느 정도의 비율에 해당하는지를 게재했다.

[표 1-22] 주요 도부현별 조선인 출신 도별 인구 비율   (단위: %)

출신지	전국	홋카이도	도쿄부	가나가와현	교토부	오사카부	효고현	아이치현	후쿠오카현
경기도	1.60	1.80	4.20	2.10	1.10	1.80	1.00	0.80	1.40
충청북도	2.90	5.00	3.20	2.20	2.60	2.90	2.00	2.40	3.30
충청남도	3.90	10.00	3.80	3.50	4.50	3.80	1.50	4.80	4.60
전라북도	6.50	8.40	7.30	2.00	5.20	8.70	7.30	3.40	7.80
전라남도	19.20	13.70	16.60	7.90	13.70	36.50	16.80	11.90	12.90
경상북도	24.60	28.60	21.30	34.00	26.30	14.70	24.10	28.80	28.50
경상남도	37.10	27.30	26.10	44.80	41.00	27.60	44.40	47.10	39.50
황해도	0.60	0.50	2.30	0.40	0.30	0.80	0.40	0.20	0.40
평안남도	0.60	0.80	2.70	0.40	0.50	0.60	0.20	0.10	0.20
평안북도	1.00	1.30	3.70	1.60	0.80	0.80	1.40	0.20	0.50
강원도	1.00	1.30	2.00	0.70	3.30	0.90	0.40	0.30	0.60
함경북도	0.40	0.40	2.30	0.30	0.30	0.30	0.30	0.10	0.10
함경남도	0.70	1.00	4.50	0.20	0.40	0.50	0.30	0.10	0.20

전거: 內務省警保局, 『社会運動の状況』, 1940년판.

이 표들에서는 우선 재일조선인 사회가 유동성이 높았다는 사실을 알 수 있다. 신규 도일자 수는 전시동원정책 실시 이전에도 10만 명 전후였고, 그것은 매년 조선인 전체의 10~40%를 점하고 있었다. 즉, 움직임이 적은 해에도 재일조선인 집단 중 10% 정도가 교체되었던 셈이다.

또 일시 귀향자도 1930년대 중반까지는 재일조선인 전체의 2~3%, 1930년대 후반에는 5~7% 정도로 전체 중에서 소수이기는 하나 그 나름대로 존재하고 있었다. 이 점은 일단 이동하면 다시 귀향하는 경우가 드물었던 만주로의 조선인 이주와 달리,[58] 일본 내지에 생활기반을 둔 조선인의 경우에는 어느 정도 고향과의 유대를 유지하고 있었던 것을 보여준다.

조선 내의 출신지와 재일조선인 인구의 관계

일본 내지로 조선인이 도항하는 현상은 조선 남부에서 많이 보였다. 이것은

---

[58] 金三民, 『在満朝鮮人の窮状と其の解決策』, 新大陸社, 1931년, 153쪽에 따르면 "일단 만주로 나간 자는 어지간히 운 좋은 사람이 아니라면 10년에 한 번도 고향에 갈 수 없는" 상황이었다. 단, 만주라고 해도 두만강 유역에서는 '월경경작(越境耕作)'과 강 건너 학교로 통학, 친척·지인과의 왕래나 결혼 등이 빈번히 이루어지고 있었다(朝鮮総督府, 『国境地方視察復命書』, 1915년, 단, 韓國史料研究所 編, 『朝鮮統治史料』 제9권, 韓国史料研究所, 1971년, 892~893쪽).

[표 1-23] 일본 내지 총인구에 대한 조선인 인구의 비율 (단위: 명)

연도	조선인 인구(A)	총인구(B)	A/B
1910	2,246	49,184,000	0.00%
1920	30,149	55,963,053	0.05%
1925	129,870	59,736,822	0.22%
1930	298,091	64,450,005	0.46%
1935	625,678	69,254,148	0.90%
1940	1,190,444	73,114,308	1.63%

전거: 田村紀之, 「内務省警保局による朝鮮人人口」, 『経済と経済学』, 1981년 2월~1982년 7월; 内閣統計局, 『酷税調査報告』, 内閣統計局, 「推計人口」, 단 東洋経済新報社 編, 『人口統計総覧』, 東洋経済新報社, 1985년.

지리적 요인과 함께, 경상남북도, 전라남북도 등에서 유출 요인이 강했고, 이는 '농촌과잉인구'가 많았기 때문이다.

출신도별 재일조선인 인구는 내무성 경보국의 조사로 파악된다. [표 1-22]는 1940년에 전국 및 주요 부현의 출신도별 조선인 수와 그 구성비를 나타낸 것이다. 재일조선인 인구 중에서 경상남도를 비롯한 조선 남부 출신자가 다수를 점하는 것을 여기에서도 알 수 있는데, 이 외에 ① 홋카이도에는 조선 북부 출신자가 약간 많다, ② 도쿄부는 북부와 중부의 출신자도 비교적 많다, ③ 오사카부에는 전라남도 출신자가 많다, ④ 후쿠오카현은 경상남도, 경상북도 출신자의 비율이 가장 높다는 특징을 찾을 수 있다. ①, ③, ④는 교통과 지리적 관계, 즉 홋카이도는 조선 북부, 제주도(식민지기에는 전라남도에 속한다)와 오사카를 잇는 항로가 존재했던 점과 후쿠오카현과 경상도가 가까운 거리였던 것이 배경이 되었고, ②는 도쿄의 경우 유학생이 많았던 것이 관련이 있다고 보인다.

일본 내지 인구에 있어서 재일조선인 인구의 비율

일본 내지 전체의 총인구에서 재일조선인 인구가 점하는 비율(조선인 인구 비율)은 [표 1-23]과 같다. 전쟁 말기 시점에서는 조선인 인구비는 2%를 넘었지만, 1930년 중반까지는 1%에 미치지 못하는 수였던 것을 확인할 수 있다. 이 숫자는 일본 내지와 함께 조선으로부터의 인구 유출지였던 '간도'(현재 중화인민공화국 길림성 연변 조선족자치주에 해당하는 지역)와 러시아 극동지방의 조선인 인구 비율에는 훨씬 못 미친다.

[표 1-24] 도부현별 조선인 인구와 그 인구 전체에서 점하는 비율(1920년) (단위: 명)

도부현	조선인 인구(A)	총인구(B)	비율(A/B)
홋카이도	1,710	2,359,183	0.07%
아오모리	28	756,454	0.00%
이와테	29	845,540	0.00%
미야기	111	961,768	0.01%
아키타	54	898,537	0.01%
야마가타	89	968,925	0.01%
후쿠시마	207	1,362,750	0.02%
이바라키	42	1,350,261	0.00%
도치기	84	1,046,479	0.01%
군마	246	1,052,610	0.02%
사이타마	25	1,319,261	0.00%
지바	25	1,336,155	0.00%
도쿄	2,053	3,699,839	0.06%
가나가와	514	1,323,390	0.04%
니가타	61	1,776,474	0.00%
도야마	17	724,476	0.00%
이시카와	43	747,360	0.01%
후쿠이	40	599,155	0.01%
야마나시	112	583,453	0.02%
나가노	348	1,562,722	0.02%
기후	215	1,070,407	0.02%
시즈오카	114	1,550,387	0.01%
아이치	405	2,089,762	0.02%
미에	123	1,069,270	0.01%
시가	138	651,050	0.02%
교토	856	1,287,147	0.07%
오사카	4,494	2,587,847	0.17%
효고	2,562	2,301,799	0.11%
나라	298	564,607	0.05%
와카야마	111	750,411	0.01%
돗토리	178	454,675	0.04%
시마네	512	714,712	0.07%
오카야마	526	1,217,698	0.04%
히로시마	958	1,541,905	0.06%
야마구치	1,640	1,041,013	0.16%
도쿠시마	32	670,212	0.00%
가가와	58	677,852	0.01%
에히메	59	1,046,720	0.01%
고치	109	670,895	0.02%
후쿠오카	6,798	2,188,249	0.31%
사가	475	673,895	0.07%
나가사키	2,242	1,136,182	0.20%
구마모토	359	1,233,233	0.03%
오이타	535	860,282	0.06%
미야자키	189	651,097	0.03%
가고시마	320	1,415,582	0.02%
오키나와	5	571,572	0.00%
전국	30,149	55,963,053	0.05%

전거 : 內務省警保局, 『朝鮮人槪況』, 1920년; 內務省統計局, 『国勢調査報告』.

[표 1-25] 도부현별 조선인 인구와 그 인구 전체에서 점하는 비율(1930년) (단위: 명)

도부현	조선인 인구(A)	총인구(B)	비율(A/B)
홋카이도	7,672	2,812,335	0.27%
아오모리	258	879,914	0.03%
이와테	555	975,771	0.06%
미야기	778	1,142,784	0.07%
아키타	214	987,706	0.02%
야마가타	272	1,080,034	0.03%
후쿠시마	1,954	1,508,150	0.13%
이바라키	656	1,487,097	0.04%
도치기	519	1,141,737	0.05%
군마	1,272	1,186,080	0.11%
사이타마	1,043	1,459,172	0.07%
지바	1,330	1,470,121	0.09%
도쿄	33,742	5,408,678	0.62%
가나가와	9,794	1,619,606	0.60%
니가타	1,242	1,933,326	0.06%
도야마	1,403	778,953	0.18%
이시카와	1,184	756,835	0.16%
후쿠이	2,099	618,144	0.34%
야마나시	2,039	631,042	0.32%
나가노	3,891	1,717,118	0.23%
기후	5,153	1,178,405	0.44%
시즈오카	4,548	1,797,805	0.25%
아이치	23,543	2,567,413	0.92%
미에	8,092	1,157,407	0.70%
시가	3,257	691,631	0.47%
교토	17,317	1,552,832	1.12%
오사카	73,622	3,540,017	2.08%
효고	15,964	2,646,301	0.60%
나라	4,239	596,225	0.71%
와카야마	5,881	830,748	0.71%
돗토리	836	489,266	0.17%
시마네	1,782	739,507	0.24%
오카야마	2,963	1,283,962	0.23%
히로시마	7,189	1,692,136	0.42%
야마구치	10,858	1,135,637	0.96%
도쿠시마	427	716,544	0.06%
가가와	576	732,816	0.08%
에히메	1,704	1,142,122	0.15%
고치	971	718,152	0.14%
후쿠오카	25,838	2,527,119	1.02%
사가	1,157	691,565	0.17%
나가사키	4,944	1,233,362	0.40%
구마모토	1,303	1,353,993	0.10%
오이타	2,005	945,771	0.21%
미야자키	1,341	760,467	0.18%
가고시마	635	1,556,690	0.04%
오키나와	29	577,509	0.01%
전국	298,091	64,450,005	0.46%

전거: 內務省警保局, 『社会運動の状況』 1930년판; 內務省統計局, 『国勢調査報告』.

[표 1-26] 도부현별 조선인 인구와 그 인구 전체에서 점하는 비율(1940년)　　　　(단위: 명)

도부현	조선인 인구(A)	총인구(B)	비율(A/B)
홋카이도	38,273	3,272,718	1.17%
아오모리	2,175	1,000,509	0.22%
이와테	3,721	1,095,793	0.34%
미야기	2,015	1,271,238	0.16%
아키타	1,678	1,052,275	0.16%
야마가타	1,048	1,119,338	0.09%
후쿠시마	5,549	1,625,521	0.34%
이바라키	3,877	1,620,000	0.24%
도치기	2,091	1,206,657	0.17%
군마	4,544	1,299,027	0.35%
사이타마	4,884	1,608,039	0.30%
지바	4,886	1,588,425	0.31%
도쿄	87,497	7,354,971	1.19%
가나가와	24,842	2,188,974	1.13%
니가타	4,365	2,064,402	0.21%
도야마	3,876	822,569	0.47%
이시카와	5,169	575,676	0.90%
후쿠이	11,725	643,904	1.82%
야마나시	9,514	663,026	1.43%
나가노	8,152	1,710,729	0.48%
기후	20,093	1,265,024	1.59%
시즈오카	15,726	2,017,860	0.78%
아이치	77,951	3,166,592	2.46%
미에	11,660	1,198,783	0.97%
시가	7,792	703,679	1.11%
교토	67,698	1,729,993	3.91%
오사카	312,269	4,792,966	6.52%
효고	115,154	3,221,232	3.57%
나라	9,232	620,509	1.49%
와카야마	11,298	865,074	1.31%
돗토리	2,678	484,390	0.55%
시마네	7,146	740,940	0.96%
오카야마	11,887	1,329,358	0.89%
히로시마	38,221	1,869,504	2.04%
야마구치	72,700	1,294,242	5.62%
도쿠시마	1,343	718,717	0.19%
가가와	2,214	730,394	0.30%
에히메	5,506	1,178,705	0.47%
고치	3,744	709,286	0.53%
후쿠오카	116,864	3,094,132	3.78%
사가	8,693	701,517	1.24%
나가사키	18,144	1,370,063	1.32%
구마모토	5,699	1,368,179	0.42%
오이타	8,046	972,975	0.83%
미야자키	5,476	840,357	0.65%
가고시마	3,220	1,589,467	0.20%
오키나와	109	574,579	0.02%
전국	1,190,444	73,114,308	1.63%

전거: 内務省警保局, 『社会運動の状況』, 1940년판; 内務省統計局, 『国勢調査報告』.

전자에서의 조선인 인구 비율은 1910년부터 40년대 전반에 걸쳐서 60~70% 정도를 유지하고 있었고,[59] 후자에서도 1923년 당시 연해현의 전 인구의 20%, 연해현 남부의 군에서는 50% 정도가 조선인이었다고 한다.[60]

그러나 일본 내지에서도 지역에 따라서는 비교적 조선인 인구 비율이 높은 수준이었던 것도 확인할 필요가 있다. [표 1-24]부터 [표 1-26]에서는 1940년의 시점에서 부현에 따라서는 5%를 웃도는 경우도 있었던 것이 파악되고, 1930년 후반 이후, 나중에 살펴볼 바와 같이, 조선인 인구 비율이 10%를 넘는 마을이나 구도 나타난다.

단, 조선인 인구 비율이 높았던 것은 교토·오사카 및 야마구치, 후쿠오카 같은 부현 등에 한정되고 있다. 도쿄부, 가나가와현, 홋카이도 등에서는 조선인 인구 자체는 많지만, 조선인 인구비는 이 부현들보다는 낮은 수준이었다.

그러나 어느 쪽이든 1930년대 후반부터 1940년대에 걸쳐서는 20명당 1명 정도가 조선인인 지역이 일본 내지의 부현 차원에서도 등장한 것은 의미가 있을 것이다.

그리고 최근 일본의 외국인등록자 수는 주지하는 바와 같이 계속 증가하고 있어 1990년에 100만 명을 돌파하고, 2000년 말에는 168만 6444명을 넘었다. 그것이 일본의 총인구에서 점하는 비율도 1992년 1%를 넘어, 2000년 말에는 1.33%가 되었다.[61] 최근 일본에는 외국인등록을 하지 않는 부정규 체재자도 상당히 많다고들 하는데, 행정당국이 파악한 통계에 나타난 숫자를 근거로 하면 20세기의 일본(일본 내지)에서 가장 많은 외국인(이민족)을 포함하고 있었던 것은 1940년대 전반이라는 말이 된다.

---

59 졸고, 「植民地期における在外朝鮮人社会」(財団法人日韓文化交流基金, 『訪韓学術研究者論文集』 제1권, 2001년 3월).
60 岡奈津子의 앞의 논문.
61 法務省入国管理局, 『在留外国人統計』, 각 연도판의 통계에 따름.

조선 내의 인구와 재일조선인 인구, 도일자 및 귀환자 수와의 관계

식민지기에는 조선의 인구를 매년 호구조사로 파악하고 있었다. 그를 바탕으로 한 인구가 기재된 조선총독부『조선총독부통계연보』는 1943년 이후 간행되지 않은 듯 하지만, 1944년에는 자원조사법에 의거하여 인구조사가 이루어져서 조선총독부『인구조사 결과보고』로 정리되었다. 또 1925, 1930, 1935, 1940년에는 조선에서도 국세조사가 실시되었다. 그 결과들은 조선총독부『간이국세조사결과표』1926년, 조선총독부『쇼와 5년 조선국세조사보고』1932~1934년, 조선총독부『쇼와 10년 조선국세조사보고』1937년, 조선총독부『조선 쇼와 15년 국제조사결과요약』1944년으로 정리되어 있다(이상은 한국의 출판사인 민속원이 1990년에 간행한 사료집『조선국세조사보고』전 15권 안에 포함되어 있다).

호구조사 및 자원법에 의거한 인구조사를 기본으로 조선 내의 인구와 재일조선인 인구와의 관계를 보면 [표 1-27]과 같다. 여기에서 보면 조선과 재일을 합한 조선인 인구에 대한 재일조선인 인구의 비율은 1920년대 전반까지는 1% 이하였는데, 1940년에는 5%에 약간 못 미치고, 1944년에는 7% 이상이었다.

그리고 1940년 시점에서 조선 각 도의 같은 비율을 보면 [표 1-28]처럼 경상남도 16.44%를 비롯하여 남부의 각 도에서 높은 수준이었다. 또 제주도민은 1934년 시점에서 도내에 있는 조선인은 18만 8410명이었던 것에 비해 일본 내지에 재류한 사람은 4만 9088명으로 양자의 합계에 대한 일본 내지 재류자의 비율은 20.67%나 되었다. 즉, 1940년 단계의 경상남도는 6명 중 1명, 1934년경의 제주도는 5명 중 1명을 일본 내지로 송출하고 있었던 셈이다.

또 조선 내 인구와 도항자 및 귀환자와의 관계는 [표 1-29]로 알 수 있다. 연간 도항자, 귀환자 수는 조선 내 인구 전체로 보면 어느 시기에는 2%에 못 미쳐서, 가장 다수의 도일자를 내고 있는 경상남도를 보아도 도항자, 귀환자 수는 2~3% 정도다. 그러나 1929년부터 1933년에 걸쳐서는 제주도민의 연간 도항자, 귀환자는 제주도의 조선인 인구의 10% 정도를 점하고 있었다. 이것은 앞 절에서 서술한 바와 같이 독자적인 도항관리정책을 취하고 있어, 계절적으로 일본 내지로 반복

[표 1-27] 조선 내 거주 조선인과의 관계로 본 재일조선인 인구　(단위: 명)

연도	재일조선인 인구(A)	조선 내 조선인 인구(B)	A/A+B
1910	2,246	13,128,780	0.02%
1915	3,992	15,957,630	0.03%
1920	30,149	16,916,078	0.18%
1925	129,870	18,543,326	0.70%
1930	298,091	19,685,587	1.49%
1935	625,678	21,248,864	2.86%
1940	1,190,444	23,547,465	4.81%
1944	1,901,409	25,133,352	7.03%

전거: 朝鮮総督府, 『朝鮮総督府統計年報』, 각 연도판; 朝鮮総督府, 『人口調査結果報告』, 1944년; 朝鮮総督府, 『朝鮮昭和15年国勢調査結果要約』, 1944년; 田村紀之, 「内務省警保局による朝鮮人人口」, 『経済と経済学』, 1981년 2월~1982년 7월.

[표 1-28] 조선 각 도의 조선인 인구와 각 도 출신 재일조선인 인구의 관계(1940년)　(단위: 명)

도명	재일조선인 인구(A)	조선 내 조선인 인구(B)	A/A+B
경기도	18,486	2,668,119	0.69%
충청북도	34,097	935,111	3.52%
충청남도	46,739	1,548,032	2.93%
전라북도	77,718	1,564,041	4.73%
전라남도	228,307	2,593,176	8.09%
경상북도	292,664	2,428,177	10.76%
경상남도	441,148	2,147,602	17.04%
황해도	7,538	1,785,556	0.42%
평안남도	6,595	1,607,185	0.41%
평안북도	11,415	1,708,270	0.66%
강원도	11,346	1,742,928	0.65%
함경북도	4,807	1,802,569	0.27%
함경남도	8,082	1,016,699	0.79%
합계	1,190,444	23,547,465	4.81%

전거: 内務省警保局, 『社会運動の状況』, 1940년판; 朝鮮総督府, 『朝鮮昭和15年国勢調査結果要約』, 1944년.
주: 출신도별 불명자의 존재 때문인지 13도의 인구를 더한 숫자와 합계는 일치하지 않는다.

[표 1-29] 조선 내 거주 조선인 인구와의 관계로 본 도일자 수와 귀환자 수　(단위: 명)

연도	조선 내 조선인 인구(A)	일본 내지로의 도항자(B)	일본 내지로부터의 귀환자(C)	B/A	C/A
1920	16,916,078	26,417	26,205	0.16%	0.15%
1925	18,543,326	131,273	112,471	0.71%	0.61%
1930	19,685,587	127,776	141,860	0.65%	0.72%
1935	21,248,864	112,141	105,946	0.53%	0.50%
1940	22,954,563	385,822	256,037	1.68%	1.12%
1944	25,133,352	403,737	249,888	1.61%	0.99%

전거: 朝鮮総督府, 『朝鮮総督府統計年報』, 각 연도판; 朝鮮総督府, 『朝鮮事情』, 1941년판;, 朝鮮総督府警務局, 『朝鮮警察概要』, 1927년판; 内務省警保局, 『社会運動の状況』, 각 연도판.

해서 돈벌이를 떠나는 제주도민이 많이 있었기 때문이다.

이상에서 확인된 것처럼 조선 북부는 차치하고, 조선 남부 특히 경상남도와 제주도의 일본 내지 이주자는 인구 전체로 보아 무시할 수 없는 비중이었다. 그것은 자신이 경험한 경우뿐 아니라, 부모 형제나 남편, 친척 등의 도일에 따른 영향을 포함한다면 식민지기에 조선 남부에 거주했던 대부분의 조선인에게 일본 도항은 자신들의 생활과 어떻게든 관련이 있었던 것이 아니었을까 생각될 정도다.

그러나 오늘날까지의 조선 근대사 연구에서는 현재의 국경의 틀을 넘어선 조선인의 활동을 시야에 넣고자하는 시도는 극히 적었다. 특히 1990년대 이전의 논저에서는 겨우 가지무라 히데키梶村秀樹가 제주도민의 동향에 대해 언급하고, 제주도와 오사카 사이를 '국경을 넘나드는 생활권'이라고 표현한 것이 주목되는 정도다.62 오늘날에도 '조선사'를 제목으로 한 저작이 실제로는 조선이라는 영역의 역사에 지나지 않는 경우를 종종 찾아볼 수 있다.

조선의 역외 인구 이동 전체 중 일본 내지로의 이동

식민지기의 조선인 인구가 역외로 유출된 것은 일본 내지에만 국한된 것이 아니다. 만주, 러시아의 극동지방에도 조선인이 많이 유출되었다. 조선총독부 경무국은 이 지역들로 이주한 사람들의 수를 통계로 냈다. 하지만 그것은 불완전한 통계일 수밖에 없었다. 만주, 러시아의 극동지방으로 이동할 때 겨울철에는 얼어붙은 하천과 바다를 도보로 건널 수도 있어 관헌에게 들키지 않고 월경하기가 비교적 용이했기 때문이다.

그러나 조선총독부 경무국 이외의 통계가 없으므로 그것을 정리하면 [표 1-30]과 같다. 여기에서 확인할 수 있는 것처럼 만주, 러시아의 극동지방 방면으로 이동한 것이 1920~1930년대 초기에는 매년 1~3만 명 정도였던 데 반하여, 만주국 건국 이후에는 증가 경향을 보였다. 또 1930년대 전반까지 만주, 러시아 극동지방은 조선 북부로부터의 인구 이동이 중심이었는데, 시기가 내려옴에 따라서 남부

---

62 梶村秀樹, 「定住外国人としての在日朝鮮人」, 『思想』 1985년 8월.

[표 1-30] 만주·러시아 극동지방으로의 조선인 이동

(단위: 명)

연도	도항	귀환
1912		7,572
1913	18,597	2,428
1914	10,631	1,800
1915	13,281	3,956
1916	13,501	8,064
1917	18,911	6,169
1918	36,627	5,936
1919	44,344	4,141
1920	22,210	10,285
1921	13,153	8,108
1922	10,059	7,630
1923	7,545	6,824
1924	9,964	6,765
1925	9,717	7,277
1926	21,037	9,029
1927	29,997	10,516
1928	19,546	15,146
1929	13,615	10,958
1930	9,258	12,354
1931	5,862	13,699
1932	12,387	29,698
1933	13,953	14,743
1934	28,556	8,610
1935	28,805	8,707
1936	31,769	9,667
1937	46,581	13,134
1938	48,273	8,746
1939	74,848	12,015

전거: 京城商工会議所,「在外朝鮮人に関する一考察」,『朝鮮経済雑誌』, 1923년 9월; 朝鮮総督府警務局,『朝鮮警察の概要』, 각 연도판.

에서도 다수의 조선인이 이 지역으로 이동하게 되었다. 1921~1925년과 1935~ 1939년 이들 지역으로의 도항자를 출신도별로 보면, 전자에는 함경북도 30.76%, 함경남도 12.21%, 평안남도 8.91%, 강원도 8.36%, 평안북도 7.48%로 북부의 각 도가 상위를 점하고, 경상북도 5.83%, 경상남도 3.53%, 전라남도, 전라북도는 1% 이하였던 데 반해, 후자에는 경상북도의 21.22%가 가장 많고, 이어서 평안북 도 17.63%, 함경북도 9.70%, 충청남도 8.08%, 경상남도 7.79%, 경기도 4.83%,

[표 1-31] 조선 내외 각 지역별 재주 조선인 인구의 비율(1910~1943년)

(단위: 명)

| 연도 | 조선 이외의 영역 | | | | | | | | | | | 조선외 합계 | 조선 내 | 조선 내외 총계 |
| | 대일본제국 외 | | | | | | 조선 이외의 대일본제국 | | | | | | | |
	만주 (관동주 제외)	관동주	중국 본토	러시아	기타 외국	소계	일본 내지	타이완	가라후토 (사할린)	남양군도	소계			
1910	158,433	20	0	54,076	0	212,529	2,600	2	0	0	2,602	215,131	13,128,780	13,343,911
1916	328,207	67	244	72,773	0	401,291	17,972	2	0	0	17,974	419,265	16,309,179	16,728,444
1922	534,967	635	1,247	173,525	8,108	718,482	90,741	145	616	143	91,645	810,127	17,208,139	18,018,266
1923	527,416	611	1,100	314,362	17,000	860,489	136,557	203	1,464	82	138,306	998,795	17,446,913	18,445,708
1926	552,217	976	2,367	188,480	17,000	761,040	247,358	353	4,387	93	252,191	1,013,231	18,615,033	19,628,264
1931	629,235	1,747	2,580	194,249	7,464	835,275	427,257	999	5,880	224	434,360	1,269,635	19,710,168	20,979,803
1932	654,023	2,002	3,582	194,249	17,551	871,407	433,692	959	4,787	278	439,716	1,311,123	20,037,273	21,348,396
1933	671,535	2,259	4,954	200,000	8,497	887,245	500,637	1,191	5,043	313	507,184	1,394,429	20,205,591	21,600,020
1934	758,885	2,708	6,214	200,000	8,099	975,906	559,080	1,316	5,878	318	566,592	1,542,498	20,513,804	22,056,302
1935	826,570	3,251	7,197	200,000	9,183	1,046,201	615,869	1,604	7,053	546	625,072	1,671,273	21,248,864	22,920,137
1936	895,000	4,025	11,353	200,000	11,737	1,122,115	657,497	1,694	6,604	545	666,340	1,788,455	21,373,572	23,162,027
1937	932,000	3,917	16,420	200,000	7,100	1,159,437	693,138	1,985	6,592	579	702,294	1,861,731	21,682,855	23,544,586
1938	1,056,308	4,496	21,816	200,000	7,100	1,289,720	796,927	1,903	7,625	704	807,159	2,096,879	21,950,616	24,047,495
1939	1,162,127	4,828	44,759	200,000	7,618	1,419,332	980,700	2,260	7,625	1,968	992,553	2,411,885	22,098,310	24,510,195
1940	1,450,384	5,710	77,667	200,000	7,100	1,740,861	1,190,444	2,299	16,056	2,782	1,211,581	2,952,442	22,954,563	25,907,005
1941	1,490,000	6,405	86,793	200,000	7,100	1,790,298	1,484,025	2,539	19,768	4,563	1,510,895	3,301,193	23,913,063	27,214,256
1942	1,562,000	7,279	86,153	200,000	7,100	1,862,532	1,778,480	2,662	19,768	6,646	1,807,556	3,670,088	24,105,906	27,775,994
1943	1,634,000	7,414	86,564	200,000	7,100	1,935,168	1,946,047	2,662	25,765	7,899	1,982,373	3,917,541	24,389,719	28,307,260

전거: 朝鮮総督府,『統計年報』, 각 연도판;『朝鮮事情』, 각 연도판;『昭和5年簡易国勢調査報告』, 1930년;『朝鮮昭和15年国勢調査結果要約』, 1940년; 朝鮮総督府警務局,『朝鮮警察概要』, 1929년, 1930년; 같은 곳,「国外在住朝鮮人人口分布一覧表」(国立国会図書館蔵,『斎藤実関係文書』 수록); 朝鮮総督府内務局社会課,『満州及西比利亜地方に於ける朝鮮人事情』, 1927년; 朝鮮総督府警務局,「満州及西比利亜地方に於ける朝鮮人の状況」,『高等警察報』, 1934년; 官房外事課,『第67回帝国会議説明資料』, 1934년; 外務省通商局,『海外各地在留本邦人職業別表』, 1917년, 1918년, 1919년,『海外在留本邦人人口表』, 1930~1936년; 外務省亜細亜局,『満州国及中華民国在留本邦人統計』, 1936년; 外務省東亜局,『中華民国在留本邦人及第三国人人口統計』, 1940년, 1941년; 内閣統計局,『国勢調査報告 大正9年』, 1923년;『国勢調査報告 昭和5年』, 1934년,『総人口統計』, 1940년, 1941년; 理府統計局,『国勢調査報告 昭和15年』, 1961년; 拓務省,『拓務要覧』, 각 연도판; 大蔵省管理局,『日本人の海外活動に関する歴史的調査』 通権 第1책 제1분책, 제22책 만주편 제1분책; 台湾総督府,『昭和17年 台湾人口動態統計』, 1943년; 樺太庁,『樺太在留朝鮮人一班』, 1927년,『樺太要覧』, 각 연도판;『樺太庁統計書』, 각 연도판; 南洋庁,『南洋庁統計年鑑』, 각 연도판; 朝鮮厚生協会,『朝鮮に於ける人口に関する諸統計』, 1943년; 京城商工会議所,「在外朝鮮人に関する一考察」,『朝鮮経済雑誌』, 1923년 9월; 善生永助,『朝鮮の人口研究』, 1925년; 金哲,『韓国の人口と経済』, 岩波書店, 1965년; 宮川善造,「人口統計上より見たる満州国の縁族複合状態」, 建国大学研究院, 1940년; 満州帝国国務院総務庁臨時国勢調査事務局,『康徳7年 臨時国勢調査』, 1940년;『統計彙報』,『大東亜』 1943년 3월, 5월; 金哲,『韓国の人口と経済』, 岩波書店, 1965년; 田村紀之,「内務省警保局調査による朝鮮人人口」,『経済と経済学』, 1981년 2월~1982년 7월.

주 : 樺太(사할린)의 1939년, 1942년에 대해서는 그 연차의 통계를 확인할 수 없기 때문에 전년의 숫자와 동일하게 했다. 남양군도는 1940년 이후는 1939년의 각 연도의 노무동원계획, 국민동원계획에 따른 조선인 송출 수(内務省監理局,『朝鮮及び台湾の現況(第85回帝国会議説明資料)』, 1944년에 의한 숫자)를 더한 것이다.

[표 1-32] 조선 내외 거주 전조선인 인구에서 점하는 각 지역 거주자의 비율

연도	만주	러시아	일본 내지	조선 외 전체
1910	1.19%	0.41%	0.02%	1.61%
1916	1.96%	0.44%	0.11%	2.51%
1922	2.97%	0.96%	0.50%	4.50%
1923	2.86%	1.70%	0.74%	5.41%
1926	2.81%	0.96%	1.26%	5.16%
1931	3.00%	0.93%	2.04%	6.05%
1932	3.06%	0.91%	2.03%	6.14%
1933	3.11%	0.93%	2.32%	6.46%
1934	3.44%	0.91%	2.53%	6.99%
1935	3.61%	0.87%	2.69%	7.29%
1936	3.86%	0.86%	2.84%	7.72%
1937	3.96%	0.85%	2.94%	7.91%
1938	4.39%	0.83%	3.31%	8.72%
1939	4.74%	0.82%	4.00%	9.84%
1940	5.60%	0.77%	4.60%	11.40%
1941	5.48%	0.73%	5.45%	12.13%
1942	5.62%	0.72%	6.40%	13.21%
1943	5.77%	0.71%	6.87%	13.84%

전거: [표 1-31]과 동일.

전라남도 4.54%, 전라북도 3.74%, 황해도 2.81%의 순이었다. 여기에서는 조선 남부의 농촌 과잉인구를 일본 내지에서 만주로 돌리고자 1934년에 결정된 일본 정부의 방침이 관철되고 있었던 것을 확인할 수 있을 것이다.

또 이 만주, 러시아 극동지방, 중국 본토(현재의 중화인민공화국의 영역에서 만주를 제외한 지역) 등의 재주조선인 인구에 대해서도 여러 통계가 있다. 이것들도 정확도는 높지 않을 것으로 생각되지만, 어느 정도 조사방법을 신뢰할 수 있는 통계 중에서 가장 많은 인구를 내고 있는 것을 모아서 조선 이외의 영역에 사는 조선인 인구 및 조선 내 조선인 인구의 추이에 대해서 나타내면 [표 1-31]과 같다. 그리고 여기에서 조선 내외 즉, 세계 각 지역의 전 조선인 인구에 대해서 만주, 러시아, 일본 내지 및 조선 외 거주의 조선인 인구가 점하는 비율에 대해서는 [표 1-32]를 얻을 수 있다. 이 2개의 표를 통해서 일본 내지로의 조선인 인구 이동이 조선 민족 전체 의 인구 이동 속에서 매우 큰 비중을 점하고 있었다는 것을 확인할 수 있다.

[표 1-33] 일본 내지와 조선 도시의 조선인 인구(1930년)　(단위: 명)

도시명	인구	도시명	인구
경성부	279,865	원산부	32,241
평양부	116,899	진남포부	32,073
부산부	97,558	신의주부	31,445
오사카시	77,124	목포부	26,335
대구부	73,060	청진부	25,639
인천부	52,971	마산부	22,189
개성부	47,722	군산부	16,894
함흥부	34,191	도쿄시	10,554

전거: 朝鮮総督府, 『朝鮮国勢調査』, 1934년; 杉原達, 『越境する民』, 新幹社, 1998년, 61쪽; 東京府, 『東京府統計書』, 1930년판.

[표 1-34] 일본 내지와 조선 도시의 조선인 인구(1935년)　(단위: 명)

도시명	인구	도시명	인구
경성부	284,633	함흥부	43,137
오사카시	154,503	진남포부	41,950
평양부	149,363	신의주부	38,950
부산부	123,313	청진부	38,785
대구부	79,103	전주부	34,386
인천부	65,595	교토시	33,200
도쿄시	65,259	군산부	30,742
개성부	52,675	대전부	27,407
목포부	49,967	나고야시	25,462
원산부	46,656	마산부	24,413
광주부	44,715	고베시	19,002

전거: 朝鮮総督府, 『朝鮮国勢調査』, 1937년; 杉原達, 『越境する民』, 新幹社, 1998년, 62쪽; 神戸市社会課, 『朝鮮人の生活状態調査』, 1936년.

[표 1-35] 일본 내지와 조선 도시의 조선인 인구(1940년경)　(단위: 명)

도시명	인구	도시명	인구
경성부	775,021	진남포부	59,151
평양부	253,698	나고야시	56,157
오사카시	227,867	광주부	55,709
부산부	185,576	해주부	53,436
청진부	163,416	전주부	49,544
인천부	160,340	대전부	45,631
대구부	155,281	신의주부	43,298
도쿄시	90,900	진주부	43,064
원산부	72,860	군산부	42,714
개성부	70,838	고베시	35,038
함흥부	65,585	마산부	30,887
목포부	61,059	나진부	27,314

전거: 朝鮮総督府, 『朝鮮国勢調査』, 1944년; 杉原達, 『越境する民』, 新幹社, 1998년, 62쪽; 朝鮮銀行京城総裁席調査課, 『内地, 支那各地在住の半島人の活動状況に関する調書』, 1942년.
주: 도쿄시와 나고야시는 1941년, 고베시는 1939년, 나머지는 1940년의 숫자다. 도쿄시는 개수(概數)다.

그리고 러시아와 만주로의 조선인은 농촌으로의 이주나 농지를 개척하고 거기에 거주하는 형식을 취하고 있었던 데 비하여, 일본 내지로의 조선인 이동은 도시로의 유입이 많았다. 그러한 가운데 한 개 시 차원의 조선인 인구가 만 단위가 되어, [표 1-33]부터 [표 1-35]에서 보이는 바와 같이 조선에도 없을 정도의 인구 규모를 갖는 '조선인 도시'가 출현하게 되었다. 특히 오사카시는 1930년대에 경성부에 버금가는 제2의 조선인 인구를 갖는 도시가 되었다.

다른 민족의 이민 등과 조선인의 조선 밖으로의 인구 이동 현상의 비교

이민 등을 송출하고 그 결과로 다수의 인구가 '본국'(본래 그 민족이 소속해야만 한다고 생각되는 국가나 그 선조와 관련이 깊은 국가) 이외의 곳에 거주하게 된 민족은 조선 민족 말고도 많다. 그러한 예로서는 한족과 인도인이 유명하고, 화교·화인과 인교印僑라고 불리는 집단이 오늘날 형성되어 있다. 또 유대인은 근대 이후의 노동을 목적으로 한 이민이 주요인이 아니라 주지의 사실대로 2차 세계대전 후에 이스라엘이라는 국가를 갖기는 했지만, 대부분은 다른 국가에 거주하고 있다.

그러면 이 민족들 중 본국 이외의 땅에 거주하는 사람들의 수는 어느 정도나 될까? '○○인'을 어떻게 정의해야 할 것인가 하는 문제는 미묘한 요소를 갖고 있고, 그 민족마다 민족 개념도 다르지만, 그것을 염두에 두고 일반적으로 말하는 수치를 나타내면 [표 1-36]과 같다. 여기에서 확인되는 바와 같이 '본국' 이외의 땅에 거주하는 한민족, 인도인, 유대인의 각각의 수는 오늘날 약 500만 명을 헤아리는 재외조선인보다 훨씬 많다. 그러나 그 민족 전체 중 '본국' 이외의 곳에 거주하는 사람이 점하는 비율로는 조선인이 한족이나 인도인보다도 크다. 게다가 그 비율이 특히 높은 유대인은 2000년에 걸쳐서 독자적인 민족국가 없이 세계에 흩어져서 세대를 이어온 경위가 있는 데 반해서, 조선 민족의 역외 유출이 본격적으로 시작된 것은 20세기에 들어와서다. 이것을 생각하면 조선 민족의 역외 인구 이동은 매우 대규모로 급속하게 이루어졌다고 할 수 있다.

또 일본도 2차 세계대전 중에 중단되기는 했으나 고도경제성장기까지는

[표 1-36] 주요 민족의 재외 인구와 '본국' 인구 (단위: 명)

	재외 인구(A)	'본국' 인구(B)	A/(A+B)
1979년 인도인	10,000,000	638,390,000	1.54%
1986년 유대인	9,401,400	3,562,000	72.52%
1990년경 화교·화인	30,000,000	1,155,305,000	2.53%
1935년 일본 내지인	1,146,462	69,254,148	1.63%
1990년경 일본인	1,641,530	123,478,000	1.31%
1940년 조선인	2,952,442	22,954,563	11.40%
1997년 조선인	5,541,166	68,011,000	7.53%

전거: 外務省, 『海外各地在留本邦人人口表』, 『海外移住統計』; 松原正毅編, 『世界民族問題事典』; 韓国外務部, 『海外同胞現況』, 国際連合, 『世界人口年鑑』.
주: 90년의 일본인 A는 91년의 영주자와 86년의 일본계 사람의 합계다. 97년의 조선인 B는 북한과 한국의 인구 합계다. 97년의 조선인 A는 비정주적인 장기체재자도 합산한 숫자이고, 민족으로서의 '조선인'이므로, 한국 국적인 사람도 포함한다.

[표 1-37] 일본 내지 외 거주 일본 내지인 수가 일본 내지인 전체에서 점하는 비율(1935년)(단위: 명)

	일본 내지	조선	타이완	사할린	남양군도	관동주 및 철도부속지	만주국	기타 외국	내지 외 합계
실수	68,589,847	583,417	269,798	313,115	51,309	350,257	322,394	615,579	2,505,866
비율	96.48%	0.82%	0.38%	0.44%	0.07%	0.49%	0.45%	0.87%	3.52%

전거: 外務省, 『海外各地在留本邦人人口表』; 拓務大臣官房, 『拓務統計』, 『国勢調査報告』.
주: 일본 내지의 일본인 인구는 국세조사의 총인구로부터 12월 말 시점의 내무성 조사에 의한 타이완인·조선인 인구 및 재류외국인 인구를 감한 수다.

이민 송출국이었고, 전전에는 식민지 조선과 타이완 등에 생활기반을 가진 사람들도 많았다. [표 1-37]에 보이듯이 1935년 시점의 일본 내지 이외의 땅에서 생활하는 일본인 비율은 3.52%이고, [표 1-36]에 나타난 것처럼 최근 일본계와 일본 국적의 장기 외국체류자를 포함한 수가 일본인·일본계 전체에서 차지하는 비율은 1.31%이다. 그러나 이미 보여준 조선인 인구 전체에서 차지하는 재외조선인의 비율과 비교하면 이는 상대적으로 적은 숫자다.[63]

---

[63] 단, 일본에서도 현 이하의 차원에 주목하면 상당히 높은 비율로 이민송출을 하고 있는 지역이 있고, '오키나와 인'(여기에서는 오키나와현에 본적을 두는 자)이라는 집단에 주목하면 현 외 및 외국에서 생활하는 자의 비율이 전전에 10%를 넘었던 점에도 유의할 필요가 있을 것이다. 1935년 시점에서의 오키나와인 전체 중 현 외(일본 본토, 일본의 식민지, 외국)에서 생활하는 자의 비율은 13.5%가 되어(琉球政府, 『沖縄県史』제20권, 琉球政府, 1967년; 琉球政府, 『沖縄県史』제7권, 琉球政府, 1974년에 게재된 통계에 따름), 1945년 시점의 조선 민족 전체에서 역외 거주자의 비율과 필적한다.

그리고 역사적으로 혹은 현재의 정치적 과제와 관련하여 주목되는 에스닉 그룹의 인구와 거주 국가의 인구 속에서 점하는 비율을 몇 가지 들면, 미국과 일본의 개전 후에 문제가 되어 강제 수용된 미국 서해안에 거주한 일본계 사람들은 약 12만 명, 2차 대전 전에 독일 거주 유대인의 인구 비율이 0.8% 정도, 1990년대 미국의 유대인이 점하는 비율이 3%에 약간 못 미치고,[64] 2001년 현재 일본계 브라질인은 약 120만 명, 일본계 페루인은 약 8만 명으로 추산된다.[65] 이 숫자들을 보아도 전전기부터 현재까지의 재일조선인 인구 및 일본 내지에서 점하는 그 비율은 하찮다고 할 수 없다는 것을 다시 한 번 확인할 수 있을 것이다.

---

[64] 松原正毅 編, 『世界民族問題事典』, 平凡社, 1995년, 「日系アメリカ人強制収容」, 「ユダヤ系アメリカ人」, 「ユダヤ人」 항목에 따름.

[65] 外務省大臣官房領事移住部政策課, 『海外在留邦人調査統計』, 2001년판, 196쪽.

2장
전전기 재일조선인의 인구 구성과 그 변화

이 장에서는 재일조선인이라는 단체가 직업, 성별, 연령 등의 속성으로 볼 경우 어떠한 사람들로 구성되어 있는지 통계 자료를 통해 살펴보기로 한다.

서장에서 언급했듯이 당연히 이러한 방법에 의한 분석은 지금까지 여러 차례 반복되었다. 그러나 이제까지의 연구에서는 통계자료로 여러 가지 속성이 무엇인지를 제시함으로써 어떤 의미에서 재일조선인이라는 집단을 단순화·균일화해서 그려내려는 경향이 있었다고 생각된다. 또 지역과 시기적인 편차에 대해서도 충분히 유의했다고 보기 어렵다.

하지만 재일조선인 사회 전체를 파악하려고 한다면 그 안에서 소수였던 사람들과 예외적인 경우도 시야에 넣을 필요가 있다. 왜냐하면 소수라도 일정한 경향을 갖는 사람들이 있음으로 해서 재일조선인 전체가 큰 영향을 받기도 했을 것이며, 또 보기 힘든 사례를 살펴봄으로써 비로소 전형적인 사례가 무엇인지를 알 수 있기 때문이다.

그래서 아래에서는 비율적으로 소수였던 존재들과 일본 내에서의 지역적 및 시기적인 조건에 따른 차이에도 주목하면서 재일조선인의 인구 구성과 관련된 통계자료를 개관해 가고자 한다.

1. 도일자의 속성

도일의 동기와 전직

조선인이 일본 내지로 건너온 원인은 대부분이 조선에서의 생활이 궁핍했기

[표 2-1] 재일조선인의 도일 이유

조사연차	조사대상	도일 이유
1926	고베시·유세대자	노동을 위해 61.29%, 생활곤란 28.93%, 돈벌이 3.41%, 상업 2.56%
	고베시·독신자	노동을 위해 61.78%, 생활곤란 23.98%, 고학 8.40%, 돈벌이 3.13%
1928	도쿄시·유세대자	생활난 53.25%, 노동 20.75%, 돈벌이 18.75%, 면학 7.25%
	도쿄시·독신자	생활난 56.25%, 노동 12.81%, 돈벌이 12.81%, 면학 11.25%, 習業 3.13%
1932	오사카시·세대주	농업부진 55.66%, 생활난 17.21%, 돈벌이 14.74%, 구직 2.04%, 상업부진 1.93%
1935	도쿄시·유세대자	돈벌이 44.04%, 생활난 37.04%, 노동 18.32%, 면학 1.35%
	도쿄시·독신자	돈벌이 41.36%, 생활난 26.28%, 구직 12.29%, 면학 11.79%, 노동 6.00%
1935	고베시·세대주	노동부진 77.76%, 생활곤란 7.55%, 상업 4.77%, 구직 2.17%, 가정 사정 2.17%
1935	교토시	구직돈벌이 43.03%, 불황생활난 24.91%, 생활의 향상 14.29%, 돈벌이 10.31%, 초청 3.95%
1937	아마가사키·니시노미야, 가와베·무코군·세대주	생활난 75.75%, 생활향상 8.04%, 외지로의 돈벌이 5.66%, 직공지망 3.44%, 상업경영 2.48%
	아마가사키·니시노미야, 가와베·무코군·독신자	생활난 75.15%, 외지로의 돈벌이 8.18%, 생활향상 5.40%, 구직 5.04%, 수학 1.75%

전거: 東京府学務部社会課, 『在京朝鮮人労働者の現状』, 1929년, 1936년; 大阪府学務部社会課, 『在阪朝鮮人の生活状態』, 1934년; 京都市社会課, 『市内在住朝鮮出身者に関する調査』, 1937년; 神戸市社会課, 『在神半島民族の現状』, 1927년; 『朝鮮人の生活状態調査』, 1936년; 兵庫県学務部社会課, 『朝鮮人の生活状態』, 1937년.

때문이다. 조선인에게 도일 이유를 물은 지방 행정당국의 사회조사를 근거로 작성한 [표 2-1]을 보아도 알 수 있듯이 도일 이유는 '생활고', '구직', '돈벌이', '노동'이 대부분이다. 단 이 표에서는 면학, 즉 상급 학교에 입학하기 위해 도일한 사람도 있었다는 것을 알 수 있다. 특히 도쿄시의 경우는 면학이 목적이었던 사람이 독신자 중에 10%정도를 차지하여 무시할 수 없는 비율을 점하였다.

또 이 표의 출전 자료들은 모두 1939년 이전의 조사인 점에 주의할 필요가 있다. 1939년 이후의 도일자의 경우는 단순히 생활고를 이유로 도일했다기보다, 물론 그와도 관련이 있지만, 일본 국가권력의 명령에 의한 경우가 적지 않았을 것이다.

전직에 대해서는 [표 2-2]로 알 수 있듯이 농업이 대다수를 점하고 있고, 시기와 지역에 따른 편차는 특별히 보이지 않는다.

[표 2-2] 재일조선인의 고향에서의 직업

조사연차	조사대상	고향에서의 직업
1926	고베시·유세대자	농업 82.98%, 상업 10.89%, 노동 1.49%
	고베시·독신자	농업 86.76%, 상업 6.76%
1928	도쿄시·유세대자	농업 82.00%, 상업 6.25%, 노동 2.50%
	도쿄시·독신자	농업 85.25%, 상업 5.88%, 노동 1.38%
1932	오사카시·세대주	농업 86.81%, 각종 상업 4.20%, 공업노동자 0.88%, 관공리 0.49%, 무직 4.91%
1935	도쿄시·유세대자	농업 90.74%, 상업 3.39%, 무직 2.07%
	도쿄시·독신자	농업 79.73%, 상업 9.32%, 무직 1.81%
1935	고베시·세대주	농업 83.72%, 상업 5.94%, 무직 5.10%
	고베시·일가를 구성하지 않는 자	농업 79.67%, 상업 3.95%, 무직 12.10%
1935	교토시	농업 85.88%, 무직 10.89%
1937	아마가사키·니시노미야, 가와베·무코군·세대주	농업 89.79%, 일반근육노동자 2.66%, 상업 2.62%, 무직 4.38%
	아마가사키·니시노미야, 가와베·무코군·독신자	농업 84.08%, 일반근육노동자 2.43%, 상업2.05%, 무직11.09%

전거: 東京府学務部社会課, 『在京朝鮮人労働者の現状』, 1929년, 1936년; 大阪府学務部社会課, 『在阪朝鮮人の生活状態』, 1934년; 京都市社会課, 『市内在住朝鮮出身者に関する調査』, 1937년; 神戸市社会課, 『在神半島民族の現状』, 1927년, 『朝鮮人の生活状態調査』, 1936년; 兵庫県学務部社会課, 『朝鮮人の生活状態』, 1937년.
주: 1932년의 오사카시 조사에 대해서는 미곡상, 연초상 등 원래의 표의 상세한 분류를 각종 상업으로, 마찬가지로 광공업, 메리야스직공, 인부 등을 공업노동자로 정리했다.

[표 2-3] 경상남도 울산군 울산읍 달리에서의 촌외 유출자와 그 계층 (단위: 호)

계층	총 호수 (A)	도일자를 낸 호수(B)	조선 내 이외의 유출자를 낸 호수(C)	B+C	도일 후 귀촌자가 속하는 호수(D)	B+D	B/A (%)	C/A (%)	B+C/A (%)	B+D/A (%)
상층	8	1	1	2	0	1	12.5	12.5	25.0	12.5
중상	14	3	2	4	4	7	21.4	14.3	28.6	50.0
중중	27	8	5	10	11	19	29.6	18.5	37.0	70.4
중하	38	9	7	15	15	24	23.7	18.4	39.5	63.2
하층	44	8	17	22	6	14	18.2	38.6	50.0	31.8
계	131	29	32	53	36	65	22.1	24.4	40.5	49.6

전거: 梶村秀樹, 「1920~30年代朝鮮農民渡日の背景」, 『在日朝鮮人史研究』, 1980년 6월의 『朝鮮農村の人口排出機構』에 입각한 표에 따른다.
주: B+C는 중복을 제외한 것으로 단순히 더한 값이 아니다.

출신 계층

도일자와 조선에서의 출신계층과의 관계에 대해서는 이미 가지무라 히데키 등이 도일자를 다수 배출한 경상남도의 한 농촌(울산군 울산읍 달리)에서 1935년 실시한 사회조사를 근거로 분석하였다.[1] 여기에서도 가지무라가 제시한 내용과 동일한 것을 [표 2-3]으로 나타내었다. 또 이것을 가공해서 전 농가의 계층 및 도일자를 배출한 농가의 계층에 대해서 그 구성비를 산출한 것이 [표 2-4]다.

이와 함께 역시 노동을 위해서 도일하는 것이 일반적이었던 것으로 보이는 제주도에서 1934년 마스다 이치지가 실시한 조사에서도 도일자를 배출한 세대의 직업 및 계층에 대해 파악할 수 있다. 앞서 말한 바와 같이 제주도와 그 밖의 조선의 모든 지역으로부터의 도일의 형태는 다른 면들이 있기 때문에, 여기에서는 마스다의 조사를 바탕으로 제주도에 대해서도 여러 계층의 도일자를 배출한 호수 비율(도일 비율), 전 농가와 도일자를 배출한 농가 각각의 계층별 호수와 그 구성비를 산출하여([표 2-5]와 [표 2-6]) 아울러서 검토하고자 한다.

달리의 계층 구분은 경작 규모에 따랐는데, 토지 소유 형태로 보면, 지주 겸 자작 3호, 자작 6호, 자작 겸 소작 41호, 소작 61호, 농업노동자 15호로 지주는 없다(5호는 확실치 않음). 경작 규모와 토지 소유 형태가 반드시 일치하지는 않겠지만, 가지무라에 따르면 "하층은 농업 노동자, 중층 하는 영세 순소작농이라고 보아도 된다"고 한다. 이에 반해서 제주도에서는 조선 본토와 비교해서 자작농의 비율이 높고, 경영 면적이 상대적으로 평준화된 특징적인 토지 소유 형태였다고 하는데,[2] 그 사회 내부의 상대적 지위라는 관점에서 보면 소작이 달리의 조사에서 말하는 중층 하에서 하층, 자소작이 중층의 중, 자작이 중층의 상, 지주가 상층이 될 것이다. 단, 제주도의 지주는 대규모 토지소유자가 일반적이지 않았다고 해도 달리에서 말하는 상층보다 상, 이른바 상층의 상이라고도 할 수 있을 만한 사회경제적 지위에 있었다고 보인다. 이것은 제주도 지주가 전 호수에서 점하는 비율이 달리의 상층보다 적은 점과 달리에는 순수한 지주가 없었던 점을 고려해서 추측할 수 있다.

출신자 계층과 도일자의 관계에 대해서 구체적으로 보면, 우선 달리에 대한

---

1 梶村秀樹, 「1920~1930年代朝鮮農民渡日の背景」, 『在日朝鮮人史研究』 제6호, 1980년 6월.
2 이영훈, 『일제하 제주도의 인구변동에 관한 연구』, 고려대학교대학원 석사논문, 1989년 12월 제출, 99~102쪽.

[표 2-4] 경상남도 울산군 울산읍 달리의 도일자 배출 세대 및 마을 내 전체 계층과 그 구성비(단위:호)

계층		A		B		C	
		실수	비율	실수	비율	실수	비율
상층		8	6.1%	1	3.4%	1	1.5%
중층	상	14	10.7%	3	10.3%	7	10.8%
	중	27	20.6%	8	27.6%	19	29.2%
	하	38	29.0%	9	31.0%	24	36.9%
하층		44	33.6%	8	27.6%	14	21.5%
계		131	100.0%	29	100.0%	65	100.0%

전거: [표2-3]과 동일.
주: A, B, C와 [표2-3]에 대응.

[표 2-5] 제주도에서의 도일자 배출 세대의 직업 및 계층(1934년) (단위:호)

직업		도일자 배출 호수(A)	비도일자 배출 호수(B)	A/(A+B)
농업	지주	451	690	39.5%
	소작	7,999	6,536	55.0%
	자소작	9,230	4,733	66.1%
	소작	7,868	3,249	70.8%
	소계	25,548	15,208	62.7%
어업		1,862	1,706	52.2%
자유노동		1,094	364	75.0%
상업		666	497	57.3%
공업		251	59	81.0%
무직		1,076	134	88.9%
계		30,497	17,968	62.9%

전거: 桝田一二, 「済州島民の内地出稼ぎに就て」, 『大塚地理学会論文集』 제5집, 1935년.

[표 2-6] 제주도 내 및 제주도로부터의 도일자 배출 세대의 직업과 계층의 구성비(1934년)

직업		제주도 전체의 조선인 호수		도일자 배출 호수	
		실수	비율	실수	비율
농업	지주	1,141	2.4%	451	1.5%
	소작	14,535	30.0%	7,999	26.2%
	자소작	13,963	28.8%	9,230	30.3%
	소작	11,117	22.9%	7,868	25.8%
	소계	40,756	84.1%	25,548	83.8%
어업		3,568	7.4%	1,862	6.1%
자유노동		1,458	3.0%	1,094	3.6%
상업		1,163	2.4%	666	2.2%
공업		310	0.6%	251	0.8%
무직		1,210	2.5%	1,076	3.5%
계		48,465	100.0%	30,497	100.0%

전거: [표 2-5]와 동일.

표에서는 조선 농민의 여러 계층 중에서 도일률(이 표에서의 'B+D/A')이 가장 높았던 것은 꼭 농업 노동자와 영세소작농 등의 하층은 아니었다는 것을 파악할 수 있다. 오히려 중층의 중 및 하이다. 자소작농과 생활이 궁핍했던 자작농들이 도일을 감행하는 경향이 높았던 것이다. 이 점과 관련해서 이 조사를 실시한 강연택은 "하층은 미지의 세계로의 모험을 시도할 여유를 갖지 못한다. 또 도항 비용을 조달하는 것도 매우 힘든 일이다. 뿐만 아니라 그들에게는 도항에 있어 편의가 주어지는 일이 매우 드물다. 노임이 싸더라도 쉽게 또 비용 없이 확실한 수입을 얻을 수 있는 머슴으로 갈 수밖에 없었다"고 서술했다.[3]

한편 제주도의 경우에도 농민 중에서는 달리의 조사에서 말하는 중층의 하에 대응하는 소작농이 가장 도일 비율(이 표에서는 'A/(A+B)')이 높다. 단 제주도의 조사에서는 무직과 자유노동자, 공업의 분류가 있어 이 층에서의 도일 비율이 75~80%라는 것도 확인할 수 있다. 이 사람들은 달리의 조사에서 말하는 하층에 해당한다고 생각된다. 이것은 제주도에서는 제1차 산업 이외의 고용기회가 적고, 마찬가지로 대지주에 의한 토지소유도 그다지 보이지 않기 때문에 몰락한 농민이 고용농민이나 반실업자적 존재로서 도내에 체류할 여지가 없었던 점,[4] 엄격한 도일저지 정책을 펴지 않았던 점이 요인이다. 동시에 제주도에서는 지주층과 소작농의 도일 비율도 각각 39.5%, 55.0%로 달리의 상층에 비하여 상당히 높았다는 것도 확인할 수 있다. 그 이유가 어디에 있는지는 확실히 알 수 없다. 단, 독자적인 도항제도의 존재로 용이하게 일본 내지를 왕래할 수 있었던 점, 그리고 제주도에서는 조방粗放농업이 일반적이어서[5] 농한기를 이용한 일본 내지에서의 계절적 노동에 종사하기 쉬운 환경이었던 점 등이 관련 있을 것으로 생각된다. 어쨌든 제주도에서 온 도일자와 계층의 관계에서는 경제적으로 곤궁한 하층도 도내에 체류하지 않고 도일을 선택하였고 또 상층 세대가 도일하는 경우도 드물지 않았다는 특징을 확인할 수 있다.

---

3 앞의 梶村秀樹 논문 중의 인용에 따름.
4 앞의 이영훈 논문 109~110쪽에서도 이러한 점이 지적되었다.
5 桝田一二, 「濟州島人の内地出稼ぎに就て」, 『大塚地理学会論文集』 제5집, 1935년.

다음으로 고향사회 전체의 계층 구성과 도일자를 배출한 세대의 계층 구성을 비교해 보면 역시 후자는 달리의 중층의 중과 하, 제주도의 자소작과 소작이 많다(표 2-4], [표 2-6]). 각 세대에서 몇 명이 도일했는지는 확실치 않기 때문에 정확하지 않지만, 이 표에서는 재일조선인 사회에서도 이 계층의 출신자들이 고향 사회보다 상대적으로 다수였을 것으로 추측할 수 있다. 그러나 동시에 도일자 배출세대에는 달리에서의 상층 및 중층의 상, 제주도의 지주와 자작이 포함되어 있는 것도 무시해서는 안 될 것이다. 이 사실은 바꿔 말하면 재일조선인 사회에는 소수이기는 하나 고향에서 촌락 경영의 중심적인 역할을 했던 계층의 출신자가 포함되어 있었음을 나타내는 것이다.

교육 정도

재일조선인의 교육 정도에 대해서는 이미 김광렬의 「교육 정도로 본 1920, 30년대 도일 조선인의 특질敎育程度から見た1920, 30年代渡日朝鮮人の特質」(『一橋論叢』제15권 제2호, 1996년 2월)에서 논해졌다.

이 논문에서도 밝혀진 바와 같이 식민지기에 애당초 근대적 교육을 받은 조선인이 적었던 탓에 '무학無學', '문맹'인 사람의 비율이 높았다. [표 2-7]로 알 수 있듯이 1930년대 시점에서 한반도에 거주한 조선인 전체의 75.52%에 해당하는 사람이 한글과 가나문자를 알지 못했다. [표 2-8]에 보면 시기가 내려감에 따라서 취학률이 높아지지만 1935년에도 취학률이 20% 이하여서 식자識字 비율이 급속히 높아졌다고는 보이지 않는다. 그리고 식자 비율은 이 표에서 보이듯이 남자가 여자보다 20% 정도 높고 도일자를 다수 배출한 경상남도 등 남부에서 약간 낮은 경향이 있다. 한편 재일조선인이 '문맹', '무학'인 비율은 각종 사회조사를 [표 2-9]로 정리한 바와 같다. 이 중 1940년의 국민동원계획으로 배치된 사람, 즉 전시동원의 대상이 되었던 조선인의 경우에도 '문맹' 비율이 높다. 아마 취학하지 못한 하층 출신 사람들이 전시동원된 경우가 많았기 때문이라고 생각된다.

전시동원 이외의 형태로 도일한 사람들 중에서는 1924년 전국 및 1935년

[표 2-7] 조선인 '문맹자' 비율(1930년)

구분	'문맹자' 비율(%)
전 조선 · 전 연령 · 남녀	75.52
전 조선 · 전 연령 · 남자	63.92
전 조선 · 전 연령 · 여자	82.09
전 조선 · 6세 이상 · 남녀	72.56
전 조선 · 6세 이상 · 남자	55.58
전 조선 · 6세 이상 · 여자	77.91
전 조선 · 15~19세 · 남자	50.15
전 조선 · 20~24세 · 남자	44.25
전 조선 · 25~39세 · 남자	46.28
경남 · 15~19세 · 남자	60.81
경남 · 20~24세 · 남자	55.74
경남 · 15~19세 · 남자	60.81
경남 · 20~24세 · 남자	55.74
경남 · 25~39세 · 남자	58.09

전거: 朝鮮總督府, 『昭和5年朝鮮国勢調査報告』, 1934년.

[표 2-8] 조선에서의 조선인 아동의 취학률 추이 (단위: 명)

연도	남			여			남녀비		
	초등학교 재학자(A)	7~14세 인구(B)	A/B(%)	초등학교 재학자(A)	7~14세 인구(B)	A/B(%)	초등학교 재학자(A)	7~14세 인구(B)	A/B(%)
1925	327,144	1,996,570	16.39	57,735	1,873,878	3.08	385,720	3,870,448	9.97
1930	379,754	1,952,915	19.45	79,706	1,822,627	4.37	459,460	3,775,542	12.17
1935	756,464	2,213,775	34.17	152,883	2,084,727	7.33	756,464	4,298,499	17.60

전거: 朝鮮厚生協会, 『朝鮮に於ける人口に関する諸統計』, 1943년.

교토시 거주자에 대한 조사를 보면 같은 시기의 조사에 비해서 '문맹' 비율이 높다. 이 조사들은 일본어 해독 가능 여부만을 기준으로 했을지도 모른다. 거꾸로 1929년의 고베시에 거주한 여자의 '문맹' 비율은 1935년 같은 속성을 가진 사람들에 대한 조사에 비해 너무 낮아서 약간 의문이 남는다. 이 조사들을 제외하면, 1920년대부터 30년대에 걸쳐서는 재일조선인 중 남자는 50~70%, 여자는 10~20% 정도가 글자를 알거나 교육을 받았었던 셈이다. 그리고 부현별로는 도쿄부가 교육을 받은 사람들의 비율이 높았다. 도쿄에는 고등교육기관이 집중되어 있어서 면학을 목적으로 한 도일자가 많았기 때문에 당연한 결과일 것이다.

다음으로 재일조선인의 학력에 대해서 보다 세세하게 구분한 통계는 1935

[표 2-9] 재일조선인 중의 '문맹' 내지 '무학'자의 비율

연도	조사대상자	'문맹' 내지 '무학자'의 비율(%)
1923	오사카부	53.86
1924	전국	91.10
1926	고베시 · 유세대자 · 20세 이상	45.32
1926	고베시 · 독신자 · 12세 이상	52.39
1927	시모노세키 도착자	56.18
1928	도쿄시 · 유세대 노동자	32.25
1928	도쿄시 · 독신 노동자	31.38
1928	교토시 · 남자	49.67
1928	교토시 · 여자	80.05
1929	고베시 · 남자 · 6세 이하 제외	51.91
1929	고베시 · 여자 · 6세 이하 제외	60.74
1932	오사카시 · 세대주	61.54
1935	도쿄시 · 실업대책사업 등록 노동자	57.42
1935	고베시 · 남자 세대주	55.93
1935	고베시 · 여자 세대주	91.01
1935	전국 · 아동을 제외	62.92
1935	교토시 · 6세 이하 제외	71.15
1936	제주도 출신 · 남자	51.79
1936	제주도 출신 · 여자	88.18
1938	전국 · 아동을 제외	57.88
1940	전국 · 아동을 제외	60.28
1940	동원계획에 의한 피연행자	74.63
1942	전국 · 아동을 제외	59.75

전거: 内務省社会局, 『朝鮮人労働者に関する状況』, 1924년; 東京府社会課, 『在京朝鮮人労働者の現状』, 1929년, 1936년; 大阪府学務部社会課, 『在阪朝鮮人の生活状態』, 1934년; 大阪市, 『朝鮮人労働者問題』, 1924년; 神戸市社会課, 『在神半島民族の現状』, 1927년; 神戸市社会課, 『神戸市在住朝鮮人の現状』, 1929년; 神戸市社会課, 『朝鮮人の生活状態調査』, 1936년; 京都府, 『朝鮮人調査表』, 1928년; 京都市, 『市内在住朝鮮出身者に関する調査』, 1937년; 済州島庁, 『済州島勢要覧』, 1937년; 司法省刑事局, 「労務動員計画に基づく内地朝鮮人労働者の動向に関する調査」, 『思想月報』 제79호, 1941년; 内務省警保局, 『社会運動の状況』, 각 연도판.
주: 고베시의 1929년 및 교토시의 1935년 숫자는 원래의 표에서의 미취학 내지 6세 이하 아동의 숫자를 감해서 다시 산출했다.

년 이후 내무성 경보국 조사에 의한 것이 있다. [표 2-10]에서 [표 2-12]는 1935년과 전시동원정책을 개시하기 1년 전인 1938년, 그에 따른 노동자 배치가 본격화된 1940년 시점의 전국 및 주요 부현의 수치를 나타낸 것이다.

여기에서는 우선 교육을 받은 사람도 소학교 정도가 대부분인 것을 알 수 있다(이 표에는 서당 수학 상황에 대해서는 기록하지 않았기 때문에 소학교 정도에 그것이 포함되었다고 생각된다).

[표 2-10] 전국 및 주요 도부현에서의 조선인 교육 정도(1935년) (단위: %)

교육정도	전국	홋카이도	도쿄부	가나가와현	교토부	오사카부	효고현	아이치현	후쿠오카현
대학정도	0.25	0.06	2.67	0.04	0.19	0.20	0.02	0.00	0.07
고교정도	0.33	0.12	3.05	0.11	0.25	0.08	0.10	0.03	0.03
중학정도	1.23	0.54	6.46	0.77	2.02	0.77	0.19	0.69	0.64
소학교정도	35.27	35.80	39.16	36.05	30.11	42.28	23.25	31.43	24.64
문맹	62.97	63.48	48.75	63.04	67.42	56.86	76.45	67.85	74.64

전거: 内務省警保局, 『社会運動の状況』, 1935년판.

[표 2-11] 전국 및 주요 도부현에서의 조선인 교육 정도(1938년) (단위: %)

교육정도	전국	홋카이도	도쿄부	가나가와현	교토부	오사카부	효고현	아이치현	후쿠오카현
대학정도	0.34	0.12	3.96	0.10	0.09	0.20	0.02	0.00	0.06
고교정도	0.35	0.26	3.65	0.11	0.16	0.08	0.11	0.03	0.03
중학정도	1.42	0.47	6.59	0.94	2.24	0.77	0.72	0.52	0.54
소학교정도	40.01	43.11	51.19	46.94	33.54	42.28	31.63	38.64	25.97
문맹	57.88	56.03	34.76	51.91	63.98	56.86	67.52	60.81	72.18

전거 : 内務省警保局, 『社会運動の状況』, 1938년판.

[표 2-12] 전국 및 주요 도부현에서의 조선인 교육 정도(1940년) (단위: %)

교육정도	전국	홋카이도	도쿄부	가나가와현	교토부	오사카부	효고현	아이치현	후쿠오카현
대학정도	0.24	0.02	3.50	0.08	0.06	0.07	0.01	0.01	0.04
고교정도	0.39	0.02	5.23	0.15	0.19	0.07	0.09	0.04	0.03
중학정도	1.53	0.28	10.36	0.85	2.81	1.08	0.58	0.63	0.54
소학교정도	37.56	30.12	41.35	42.92	38.52	39.74	34.59	40.28	25.97
문맹	60.28	69.56	39.73	56.00	58.42	59.04	64.73	59.03	73.42

전거: 内務省警保局, 『社会運動の状況』, 1940년판.

그리고 도쿄부에서는 교육을 받은 사람의 비율이 높아 중학교 정도 이상의 학력을 가진 사람이 10% 이상을 차지하였다. 이는 다른 부현에서는 찾아볼 수 없는 특징이다(이는 물론 도쿄에 고등교육기관이 집중되어 유학생이 많았기 때문이다). 그 밖의 부현에서는 교토부가 중학교 정도 이상이 2%를 넘고 있기는 하나, 오사카부와 가나가와현, 효고현, 아이치현, 후쿠오카현 등 고등교육기관이 있는 대도시에서도 중학교 정도 이상인 사람은 겨우 1% 정도로 근소하였다. 그 밖에도 표에서는 부현별 특징으로서 홋카이도와 아이치현에서 '문맹'이 많은 것, 전시동원정책 개시 후 1940년에 일부 부현을 제외하고 '문맹' 비율이 높아졌던 점을 확인할 수 있다. 1940년의 변화는 전술한 바와 같이 교육을 받지 못한 사람이 상대적으로 많이 동원되어 유입되었던 점과 관련이 있다고 보인다.

김광렬의 논문에서는 1927년 시모노세키에 도착한 사람 및 1928년 도쿄시에 거주하는 사람에 대한 조사와 1930년의 조선 내 조선인에 대한 식자 상황의 비교로 "재일조선인의 교육 정도가 조선에 있는 조선인 일반보다도 비교적 높은 수준이었다"는 결론을 도출했다. 그러나 이 분석에서는 ① 1927년 시모노세키에 도착한 사람은 남자 청년층이 대다수이다, ② 교육 정도에 대해서는 도쿄에 거주하는 사람의 사례를 재일조선인 전체로 일반화할 수 없다는 점을 고려하지 않았기 때문에 이 결론이 타당한지는 보다 신중하게 검토할 필요가 있다. 하지만 이제까지 살펴본 통계들로부터는 재일조선인의 교육 정도가 조선에 거주하는 조선인에 비해서 낮았다고도 할 수 없다. 따라서 재일조선인과 조선에 거주하는 조선인과의 교육 정도를 비교해서 전자가 후자보다 높았다는 결론은 보류해야만 할 것이다. 그러나 비율적으로는 소수라고 해도 중학교 졸업 이상의 학력을 가진 사람(그것은 근대적 지식을 익혔다는 의미로 당시에는 엘리트라고 할 수 있는 존재였다)이 재일조선인 중에 존재했다는 것을 주목해 둘 필요가 있다.

2. 전전기 재일조선인의 인구 구조

직업

재일조선인의 직업에 대해서는 내무성 조사의 통계를 바탕으로 개관해 두고자 한다. 우선 1920년부터 1940년까지 5년마다 전국 및 주요 부현의 유업자有業者의 직업구성비를 나타내면, [표 2-13]에서 [표 2-17]과 같다. 단, 이 표에 보이는 것처럼 연도에 따라 직업 분류 양상이 달라서 직업 구성의 추이를 상세하고 엄밀하게 분석하기는 어렵다.

그러나 대략적으로 다음과 같은 경향이 파악된다. 우선 전국 차원에서 보면 모든 시기에 걸쳐서 탄광·광산 노동자, 공장 노동자, 토건 노동자, 일용직 인부 등 이른바 단순노동자가 다수를 점하고 있다. 그러나 시기가 내려오면서 단순노동자 비율은 약간 저하되고, 대신에 상업 비율이 높아졌다. 단, 상업이라고 해도

[표 2-13] 전국 및 주요 도부현에서의 재일조선인 직업의 구성비(1920년) (단위: %)

직업		전국	홋카이도	도쿄부	가나가와현	교토부	오사카부	효고현	아이치현	후쿠오카현
관공리·사무·전문직		0.42	0.45	4.38	0.00	0.58	0.20	0.15	0.40	0.04
농업		1.21	3.48	0.00	0.00	1.84	0.17	0.63	1.41	0.00
상업	계	0.34	0.70	9.25	0.00	0.87	1.53	0.33	1.41	0.07
	각종 행상	0.01	0.65	9.25	1.55	0.87	1.09	0.15	1.41	0.04
	각종 상업	0.33	0.04	0.00	1.55	0.00	0.44	0.19	0.00	0.03
단순노동자	계	89.16	89.69	76.28	92.64	88.95	30.27	90.29	88.31	95.52
	토공	16.66	23.53	0.00	0.00	30.52	1.09	0.00	1.41	20.26
	탄광·광산	22.09	59.78	0.00	24.42	11.72	0.00	0.48	0.00	43.43
	각종 고용인	3.40	3.52	0.00	1.55	4.65	13.62	0.96	0.00	2.59
	각종 직공	26.47	1.80	49.39	43.41	41.86	2.68	52.76	59.88	10.66
	일용직·인부	20.54	1.06	26.89	23.26	0.19	12.88	36.08	27.02	18.58
요리점 및 하숙업		0.13	0.04	0.00	0.00	0.00	0.44	0.19	0.00	0.03
토건청부		0.71	0.00	0.00	0.00	0.00	0.00	0.00	0.00	0.09
기타 유업자		8.03	5.56	10.10	0.00	7.75	67.39	8.42	8.47	4.24
유업자 합계		100.00	100.00	100.00	100.00	100.00	100.00	100.00	100.00	100.00

전거: 内務省警保局, 『朝鮮人槪況』, 1920년판.
주: 가나가와현의 탄광·광산노동자 수와 토공에 대해서는 아마 원래 표의 기재 실수로 인한 입력착오일 것이라고 생각된다.

[표 2-14] 전국 및 주요 도부현에서의 재일조선인 직업의 구성비(1925년) (단위: %)

직업		전국	홋카이도	도쿄부	가나가와현	교토부	오사카부	효고현	아이치현	후쿠오카현
관공리·사무·전문직		0.19	0.34	1.25	0.11	0.07	0.23	0.25	0.14	0.07
상업		1.68	0.66	3.35	0.46	1.49	2.54	1.36	0.38	1.33
농업		1.51	0.29	0.06	0.09	0.00	0.00	1.24	1.41	2.83
단순노동자	계	94.09	96.27	90.76	99.31	96.68	91.42	94.78	97.18	94.89
	고용인	6.71	1.57	5.01	0.28	3.71	10.05	12.78	6.42	10.35
	水上취업자	1.63	0.91	0.03	0.00	0.00	6.72	0.62	0.08	0.48
	직공	22.85	0.69	17.85	4.05	48.83	63.65	36.20	55.54	5.58
	탄광부	9.67	47.64	0.00	0.00	0.10	0.00	0.03	0.00	46.10
	각종 인부	52.67	45.41	66.86	94.75	43.05	10.05	44.97	34.30	31.92
	운수·교통	0.55	0.05	1.01	0.23	1.00	0.95	0.19	0.84	0.45
접객업		0.77	0.34	0.00	0.00	0.00	4.87	0.40	0.00	0.00
예창기(藝娼妓)		0.14	0.00	0.06	0.04	0.03	0.01	0.00	0.12	0.74
기타 유업자		1.62	2.09	4.52	0.00	1.73	0.93	1.97	0.77	0.15
유업자 합계		100.00	100.00	100.00	100.00	100.00	100.00	100.00	100.00	100.00

전거: 内務省警保局, 『大正14年中に於ける在留朝鮮人の状況』, 1925년판.

'보통상인'으로 분류되는 점포를 갖고 상품을 취급하는 사람보다 오히려 고물상과 행상, 노점상, 엿장수 등을 포함한 보통상인 이외의 사람이 더 많다. 그리고

[표 2-15] 전국 및 주요 도부현에서의 재일조선인 직업의 구성비(1930년) (단위: %)

직업		전국	홋카이도	도쿄부	가나가와현	교토부	오사카부	효고현	아이치현	후쿠오카현
관공리·사무·전문직		0.17	0.28	0.50	0.15	0.08	0.17	0.30	0.19	0.13
상업		5.70	6.64	0.84	1.68	1.06	13.42	3.92	1.06	3.51
농업		0.85	2.78	0.00	0.29	0.00	0.00	0.03	0.00	0.70
단순노동자	계	93.26	90.22	98.65	97.88	98.86	86.42	95.75	98.75	95.65
	고용인	5.88	2.98	1.11	3.05	8.34	9.02	8.30	1.56	7.99
	수상취업자	1.49	0.59	0.00	0.00	0.00	2.74	1.44	0.00	0.40
	직공	21.62	0.50	14.65	4.54	35.68	44.08	33.56	38.37	3.34
	탄광부	5.38	16.13	0.00	0.00	0.00	0.00	0.86	0.00	41.05
	일용직 인부	58.35	70.01	82.89	90.30	54.38	28.71	51.19	58.82	42.70
	운수·교통	0.55	0.00	0.00	0.00	0.46	1.86	0.40	0.00	0.17
예창기(藝娼妓)		0.02	0.08	0.00	0.00	0.00	0.00	0.00	0.00	0.01
유업자 합계		100.00	100.00	100.00	100.00	100.00	100.00	100.00	100.00	100.00

전거: 内務省警保局, 『社会運動の状況』, 1930년판.

[표 2-16] 전국 및 주요 도부현에서의 재일조선인 직업의 구성비(1935년) (단위: %)

직업		전국	홋카이도	도쿄부	가나가와현	교토부	오사카부	효고현	아이치현	후쿠오카현
유식적 직업		0.35	0.27	1.47	0.30	0.21	0.29	0.33	0.30	0.30
상업	계	10.19	4.89	15.88	10.05	8.69	5.63	6.56	6.60	6.97
	보통 상인	1.49	0.81	1.81	0.87	0.97	1.94	1.92	1.18	1.27
	인삼·과자류·잡품	2.32	2.06	1.64	0.43	0.73	0.32	0.25	0.04	1.23
	기타 잡업	6.37	2.02	12.43	8.74	6.99	3.36	4.38	5.38	4.48
농업		1.07	23.29	0.07	0.44	0.30	0.07	0.19	0.27	1.20
어업		0.10	0.11	0.30	0.00	0.00	0.00	0.04	0.03	0.33
노동자	계	82.82	58.46	78.59	87.14	87.84	88.18	88.39	89.49	78.82
	광업	2.81	9.66	0.00	0.00	0.52	0.00	0.38	0.53	5.49
	섬유	10.59	0.02	3.42	3.55	26.30	12.46	1.12	8.96	0.90
	금속·기계	6.56	0.02	5.62	1.58	2.60	12.81	4.78	4.85	7.32
	화학	10.93	0.07	8.79	0.58	1.56	18.93	11.78	19.18	6.97
	토건	24.82	16.66	34.88	64.54	36.42	15.79	33.00	22.51	11.28
접객업		1.62	9.76	0.98	0.71	0.67	1.91	1.90	0.81	1.50
기타		3.87	3.22	2.71	1.36	2.30	3.92	2.60	2.49	10.87
유업자 합계		100.00	100.00	100.00	100.00	100.00	100.00	100.00	100.00	100.00

전거: 内務省警保局, 『社会運動の状況』, 1935년판.

이 재일조선인들이 많이 종사하는 직종은 저임금에 장시간 노동을 하며 비위생적이고 위험한 작업을 하는 등 일반 사람들이 기피하는 것들이었다.

다음으로 부현별 특징을 보면 ① 탄광이 있는 홋카이도와 후쿠오카현에는 광업 노동자가 많다, ② 도쿄에는 이른바 유식적有識的 직업의 비율이 높다, ③ 오사

[표 2-17] 전국 및 주요 도부현에서의 재일조선인 직업의 구성비(1940년) (단위: %)

직업		전국	홋카이도	도쿄부	가나가와현	교토부	오사카부	효고현	아이치현	후쿠오카현
유식적 직업		0.56	0.27	2.75	0.67	0.54	0.61	0.41	0.52	0.48
상업	계	11.26	3.33	15.51	10.92	15.18	9.44	7.52	11.99	4.69
	보통 상인	1.64	0.29	2.32	0.67	1.71	2.56	2.06	1.90	1.11
	노점·행상 (넝마주이 제외)	1.32	1.41	0.97	0.55	2.12	1.99	1.08	1.26	0.48
	넝마주이	8.29	2.19	14.54	9.72	11.36	4.88	4.37	8.83	2.94
농업		1.26	7.38	0.04	0.67	0.94	0.20	0.16	0.41	1.09
어업		0.06	0.06	0.00	0.00	0.00	0.03	0.08	0.02	0.06
노동자	계	81.85	86.32	76.94	85.83	80.74	82.21	87.92	79.37	91.84
	광업	12.73	62.96	0.00	0.08	3.67	0.00	1.99	1.63	38.75
	섬유	6.74	0.05	3.88	2.02	18.45	10.69	5.66	12.40	0.38
	금속·기계	7.77	0.02	15.10	4.73	4.25	19.78	11.07	10.99	8.55
	화학	7.87	0.07	7.65	1.56	2.85	19.20	7.76	10.99	2.52
	토건	23.58	16.35	19.47	61.11	34.14	12.84	39.37	20.52	12.43
접객업		0.80	1.78	1.28	0.43	0.70	0.45	1.01	0.96	0.78
기타		4.18	0.86	3.49	1.47	1.90	7.07	2.90	6.73	1.06
유업자 합계		100.00	100.00	100.00	100.00	100.00	100.00	100.00	100.00	100.00

전거: 內務省警保局, 『社会運動の状況』, 1940년판.

[표 2-18] 제주도 출신 재일조선인의 직업(1936년) (단위: 명)

직업		인원	비율(%)
상업		3,010	7.48
농업		244	0.61
어업		1,780	4.42
노동자	계	35,074	87.14
	광산	1,150	2.86
	섬유	9,375	21.71
	금속	6,410	14.85
	화학	12,140	28.12
	자유노동	3,263	7.56
	기타	2,736	6.34
요리음식		19	0.04
기타		124	0.29
유업자 합계		40,251	93.22

전거: 済州島庁, 『済州島勢要覧』, 1937년.
주: 원래 표의 분류를 다음과 같이 처리하고 있다. 어업은 어업과 해녀, 화학은 고무, 유리, 성냥, 에나멜, 셀룰로이드, 비누, 섬유는 방직, 봉재, 메리야스, 쇄공(晒工), 염물(染物), 금속은 철공, 철선공(鐵線工), 법랑을 각각 정리하였다. 유학생과 기타는 제외했다. 기타는 같은 자료의 연령별 통계로 보아 유아 아동 등이 대부분이라고 추측된다.

카부에는 섬유, 화학, 금속공업, 교토부에는 섬유공업에 종사하는 사람이 눈에 띈다. 그리고 지방자치체의 사회조사로 보면, ① 오사카시의 공장노동자 중에서는 여성은 방직공, 남성은 유리공과 금속, 고무 관계 종사자가 많다.[6] ② 교토시에는 토건 노동자에 이어 방직공업에 종사하는 사람이 많고, 그 중 '염색업 및 그에 부속되는 증업수세업蒸業水洗業 등'이 약 반을 차지한다.[7] ③ 아이치현 도요하시豊橋 지방에는 섬유공업, 세토瀨戸 지방에서는 요업에 종사하는 사람이 많다.[8] 이는 지역산업의 전개와 관련된 특징이다.

또 제주도민 도일자의 직업에 대해서는 제주도청의 통계가 있는데, [표 2-18]과 같다. 제주도민의 경우 토건 노동(표의 분류에서는 '자유노동')과 광업 노동에 종사하는 사람의 비율은 적고 공장 노동자가 많다. 세부 분류에서 직종이 남녀별로 나타나 있는 원래의 표에서는 공장 노동자 중 남자는 고무공, 철공, 유리공, 법랑공이 많은 것, 여성은 방직공, 고무공, 재봉이 다수를 차지했던 것을 확인할 수 있다.

그렇다면 이상과 같은 직업에 관련된 통계로부터는 재일조선인의 대부분이 최하위의 노동자였다는 결론을 도출하는 것이 가능할 것이다.

그러나 앞에서 나타낸 내무성 조사의 통계에는 다음과 같은 문제가 있다. 상업이라는 카테고리는 있으나, 그 밖의 각종 서비스업과 공장 등의 경영, 토건청부업 등 자영업에 대한 분류는 1920년을 제외하고는 만들어지지 않았다. 예를 들면 몇 명 정도를 고용하여 공장을 경영하는 사람이나 거기에서 일하는 노동자나 모두 공장 노동자로, 몇 십 명이나 되는 노동자를 두고 있는 토건업의 '십장什長'이나 그 말단 노동자나 똑같은 토건 노동자로 취급되었을 가능성을 부정할 수 없다. 또 재일조선인의 노동 양상을 생각했을 때, 후술할 바와 마찬가지로 자신이 공장 노동자나 토건 노동자로 일하는 한편으로 조선인을 하숙시켜서 수입을 얻는, 그리고 주위 조선인을 대상으로 간단한 요리를 제공하는 장사를 했던 사례가 종종 보인다. 전문적인 하숙이나 음식점만으로 생계를 유지하는 조선인과는 다

---

6 大阪市 社会部, 『本市に於ける朝鮮人の生活概況』, 大阪市, 1929년.
7 京都市 社会課, 『市内在住朝鮮出身者に関する調査』, 京都市, 1936년, 『集成』 제3권, 1184쪽.
8 名古屋地方職業紹介事務局, 『瀬戸地方に於ける朝鮮労働者事情』, 1929년, 『集成』 제2권, 1011쪽.

[표 2-19] 하숙업, 토건청부업, 요리업 등의 직종 인수 및 유업자 수에서 점하는 비율

조사연차	조사대상	하숙업, 토건청부업, 요리업 등의 직종 인원과 비율
1920	일본 내지 거주자	요리 및 하숙업 38명(0.1%), 토건청부 208명(0.7%)
1924	오사카부 거주자	하숙업 394명(1.7%)
1924	효고현 거주자	하숙업 22명(0.5%)
1928	오사카시 거주자	하숙업 1085명(3.4%)
1928	도쿄시 거주자	토공두, 인부청부, 노동자 합숙소에서 합계 64명(3.2%)
1929	고베시 거주자	하숙업 75명(4.6%), 요리점 27명(1.6%), 한약상과 조선약물상 10명(0.6%)
1932	오사카시 거주의 세대주	토목인부청부업과 토목건축청부업에서 합계 21명(0.2%) 하숙업 210명(2.0%), 요리업 44명(0.4%)
1935	도쿄시 거주자	점포소매업 14명(0.3%), 음식점 8명(0.2%), 하숙집 1명(0.0%)
1936	제주도 출신자	하숙업 107명(0.2%)
1937	아마가사키·니시노미야, 가와베·무코군 거주자	청부업과 인부공급업, 합숙소 자영, 하숙업의 합계 75명(0.9%), 요리업과 음식점에서 합계 25명(0.3%), 점포소매업 172명(2.1%), 공장자영 2명(0.0%)

전거: 內務省警保局, 『朝鮮人概況』, 1920년; 朝鮮総督府, 『阪神·京浜地方の朝鮮人労働者』, 1924년; 東京府社会課, 『在京朝鮮人労働者の現状』, 1929년, 1936년; 神戸市社会課, 『神戸市在住朝鮮人の現状』, 1929년; 大阪府学務部社会課, 『在阪朝鮮人の生活状態』, 1934년; 済州島庁, 『済州島勢要覧』, 1937년; 兵庫県, 『朝鮮人の生活状態』, 1937년.
주: 퍼센트는 학생 아동 및 무직인 사람을 제외한 유업자에 대한 비율이다.

른 이러한 '사업'이 직업조사에서 포착되었을지 의심스럽다. 즉, 통계 자료 속에서 최하위의 노동자로 나타나 있는 사람들 중에 실제로는 그보다 상위 계층인 자영업자가 포함되어 있을 가능성이 있다는 것이다.

물론 이것을 가지고 재일조선인 대부분이 최하위층의 노동자가 아니었다고 주장할 수는 없다. 단 이제까지의 연구가 제시해 온 것처럼 마치 전전기 재일조선인 전체가 최하층의 노동자인 것처럼 보는 생각은 수정할 필요가 있다. 앞서 살펴본 바와 같이 재일조선인 유업자 중에는 상업, 특히 행상과 고물상 이외의 상업을 경영하는 사람이 있었기 때문이다.

그리고 지방 행정당국이 독자적으로 시행한 조사 등에서는 세세하게 직업을 분류해서, 하숙업, 토건청부업, 요리점 등의 직업 인원과 비율을 알 수 있는 경우가 있다. [표 2-19]는 그것을 정리한 것이다. 이 조사들에서도 자신의 일도 하면서 하숙을 쳤던 사람을 어떻게 설정했는지는 확실치 않다. 또 '공장 자영'이라는 분류

[표 2-20] 재일조선인 세대의 수입

조사연차	조사대상	평균액	70엔 초과 세대의 비율	100엔 초과 세대의 비율
1928	도쿄시 거주자	63.71엔	25.75%	8.75%
1932	오사카시 거주자		13.01%	4.88%
1935	도쿄시 거주자	24.93엔	2.28%	0.67%
1935	고베시 거주자		20.53%	7.93%
1935	교토시 거주자	46.21엔	9.98%	3.77%
1937	아마가사키·니시노미야, 가와베·무코군 거주자		32.12%	10.87%
1938	도쿄시 집주지 세대 수입		6.61%	

전거: 東京府社会課, 『在京朝鮮人労働者の現状』, 1929년, 1936년; 大阪府学務部社会課, 『在阪朝鮮人の生活状態』, 1934년; 神戸市社会課, 『朝鮮人の生活状態調査』, 1936년; 京都市社会課, 『市内在住朝鮮出身者に関する調査』, 1937년; 兵庫県学務部社会課, 『朝鮮人の生活状態』, 1937년; 東京市, 『半島出身労働者集団地区調査』, 1939년.

[표 2-21] 재일조선인 재산액의 상황

(단위: 명)

재산액	실수	비율
없음	3,324	77.70%
100엔 이하	289	6.76%
500엔 이하	427	9.98%
1000엔 이하	140	3.27%
2000엔 이하	42	0.98%
3000엔 이하	20	0.47%
4000엔 이하	4	0.09%
5000엔 이하	18	0.42%
6000엔 이하	1	0.02%
7000엔 이하	1	0.02%
8000엔 이하	1	0.02%
9000엔 이하	0	0.00%
1만 엔 이하	1	0.02%
2만 엔 이하	5	0.12%
3만 엔 이하	1	0.02%
4만 엔 이하	0	0.00%
5만 엔 이하	2	0.05%
6만 엔 이하	1	0.02%
7만 엔 이하	0	0.00%
8만 엔 이하	0	0.00%
9만 엔 이하	0	0.00%
10만 엔 이하	1	0.02%

전거: 兵庫県学務部社会課, 『朝鮮人の生活状態』, 1937년.
주: 조사대상은 아마가사키·니시노미야, 가와베·무코군에 거주한 유세대자다.

가 설정되어 있는 것은 효고현이 아마가사키尼崎시, 니시노미야西宮시, 가와베川辺
군, 무코武庫군 거주자에 대해서 조사한 것뿐이다. 그러나 여하튼 최하층 노동자
와는 구별되는 재일조선인이 전전에 출현했었던 것이 이 표로도 확인된다.

수입 및 재산

일본 내지의 도시 거주 노동자 세대(급여생활자와 노동자)의 평균 월수입은 1920년
대 후반부터 1930년대에 걸쳐서는 80~110엔대로 변화하고 있었다. 내각통계국
에 의한 '가계조사'의 근로자 세대의 실수입 평균은 1926년이 113엔 62전, 1931년
86엔 47전, 1935년 90엔 59전, 1938년 104엔 70전이었다.[9] 또 이 중 노동자 세대의
실수입 평균은 1926년이 102엔 7전, 1931년 83엔 43전, 1935년 86엔 99전, 1938년
101엔 79전이었다. 또 1931년 9월부터 1년간의 노동자 세대의 실수입을 계층별
로 구분해서 나타낸 구성비를 정리하면, 50엔 미만이 1.0%, 50엔 이상 60엔 미만
5.1%, 60엔 이상 70엔 미만 16.5%, 70엔 이상 80엔 미만 18.9%, 90엔 이상 100엔
미만 17.0%, 100엔 이상 24.7%, 100엔 이상이 4분의 1을 약간 밑돌고, 70엔 이상이
60%를 조금 넘게 차지했다.[10]

이에 비해 같은 시기 재일조선인 세대의 평균 월수입은 [표 2-20]과 같다.
여기에서는 재일조선인의 수입이 일본 평균적인 도시거주자보다 상당히 낮은
수준이었다는 것이 확연히 보인다.

그리고 1928년 도쿄시의 조사에서는 직업별 평균 수입도 확인할 수 있다.
이에 따르면 '노동자 합숙소', 즉 합숙소 경영을 직업으로 하는 사람의 경우에는
평균 101엔 12전으로 재일조선인 중에서는 높은 수준이었다는 것을 알 수 있다.[11]

---

9 東洋経済新報社 編, 『完結昭和国勢総覧』 제3권, 東洋経済新報社, 1991년, 109쪽.
10 앞의 『完結昭和国勢総覧』 제3권, 114쪽.
11 東京府 学務部 社会課, 『在京朝鮮人労働者の現状』, 東京府, 1928년, 『集成』 제2권, 986~987쪽.
이 자료에 따르면 평균 월수입이 가장 높은 것은 이발업으로 150엔이고, 그밖에 시전(市電) 운전수
123엔, 공장기관계(工場機關係) 102엔 50전도 100엔을 웃돌지만 이것은 샘플이 2명 이하이다. 이에
비해 '노동자 합숙소'는 총 50명 중 100엔 초과가 31명이고 특히 극단적으로 평균을 끌어올린 요인은
없다.

그러나 합숙소 경영의 평균 월수입도 일본 사회 전체에서 보면 결코 높지 않다는 것은 앞의 내각통계국 '가계조사'의 수치로도 판단될 것이다.

또 자산 상황에 대해서는 1937년 효고현에 의한 조사가 있는데, [표 2-21]과 같다. 여기에서도 당연한 사실이지만, 자산이 거의 없는 사람이 대다수다. 그러나 극소수이기는 하나 근로자 세대의 평균 월수입의 수십 배에 달하는 자산을 형성했던 사람도 전무하지는 않았다는 사실도 동시에 확인할 수 있다.

남녀비와 연령

일반적으로 노동자를 중심으로 한 이민 집단의 남녀비 및 연령층별 인구 구성은 당초 10대 후반에서 30대 전반까지의 남자를 중심으로 했다가 시기가 내려가면서 여성, 유아 비율이 높아지는 경향이 많다. 이것은 처음에는 젊은 남자가 단신으로 도항했다가 나중에 여성이 따라가서 가족을 형성하는 경우가 많기 때문이다.

재일조선인의 성별 및 연령별 인구 구성도 마찬가지의 동향을 보이고 있다. 남녀별·연령별 인구는 국세조사로 1920, 30, 40년의 연차로 확인할 수 있다. 그것을 나타낸 [표 2-22]부터 [표 2-24]에서 보이듯이, 1920년에는 전체의 약 75% 정도가 15~34세의 남자였고, 영유아, 아동은 극소수다. 1930년에는 역시 15~34세의 남자가 다수를 차지하기는 하지만, 그 비율이 약 50%로 저하되었고, 동시에 4세 이하의 유아가 남녀 합쳐서 10% 이상을 점하게 되었다. 그리고 1940년이 되면 15~34세 남자의 비율은 약 30%까지 저하되었고, 영유아가 20% 정도로 되었고, 5~9세, 10~14세의 비율도 상승했다. 즉, 청장년 남자의 비율은 감소하고, 영유아, 여성은 증가하는 경향이 나타났다. 단, 1940년 시점에서도 20~40대에서는 남성이 여성의 2배 정도로 여전히 청장년층 남자의 단신노동자가 많았던 것도 확인할 수 있다.

남녀별 인구는 1919년 이후에 대해서 전국과 도부현별로 그 수를 알 수 있다. 전국과 주요 도부현의 남녀비(여성 1에 대한 남성수)를 나타내면, [표 2-25]와 같다. 여기

[표 2-22] 재일조선인의 성별 연령별 인구 구성(1920년)

연령	남	여
0~4	1.32%	1.21%
5~9	1.05%	0.85%
10~14	2.68%	1.43%
15~19	13.03%	2.15%
20~24	28.33%	2.25%
25~29	20.51%	1.46%
30~34	12.26%	1.10%
35~39	5.16%	0.46%
40~44	2.57%	0.26%
45~49	0.94%	0.16%
50~54	0.36%	0.08%
55~59	0.12%	0.07%
60 이상	0.07%	0.08%
합계	88.43%	11.57%

전거: 総理府統計局, 『昭和25年国勢調査最終報告書』, 단, 森田芳夫, 『数字が語る在日韓国·朝鮮人の歴史』, 明石書店, 1996년, 41쪽에 따른다.

[표 2-23] 재일조선인의 성별 연령별 인구 구성(1930년)

연령	남	여
0~4	6.05%	5.86%
5~9	3.02%	2.74%
10~14	2.85%	2.05%
15~19	9.04%	4.11%
20~24	14.86%	4.67%
25~29	12.75%	3.27%
30~34	10.42%	2.68%
35~39	6.05%	1.41%
40~44	3.61%	0.83%
45~49	1.31%	0.39%
50~54	0.59%	0.25%
55~59	0.24%	0.25%
60 이상	0.26%	0.44%
합계	71.05%	28.95%

전거: 総理府統計局, 『昭和5年国勢調査報告書』 제1권, 단, 森田芳夫, 『数字が語る在日韓国·朝鮮人の歴史』, 明石書店, 1996년, 41쪽에 따른다.

에서 알 수 있듯이 남녀비는 전국 차원에서는 전시동원정책을 개시할 때까지는 계속 내려가고, 그 후 다시 상승하는 추이를 걷고 있다. 이러한 경향은 동원계획에 따라 탄광 등에 조선인 노동자를 다수 받아들인 홋카이도와 후쿠오카현에서 특히

[표 2-24] 재일조선인의 성별 연령별 인구 구성(1940년)

연령	남	여
0~4	9.20%	8.90%
5~9	6.13%	5.85%
10~14	4.17%	3.49%
15~19	6.32%	4.34%
20~24	8.01%	4.38%
25~29	7.73%	3.94%
30~34	6.31%	2.86%
35~39	4.58%	1.83%
40~44	3.52%	1.44%
45~49	1.80%	0.82%
50~54	1.09%	0.68%
55~59	0.47%	0.48%
60 이상	0.63%	1.04%
합계	59.96%	40.04%

전거: 総理府統計局, 『昭和25年国勢調査最終報告書』, 단, 森田芳夫, 『数字が語る在日韓国・朝鮮人の歴史』, 明石書店, 1996년, 41쪽에 따른다.

[표 2-25] 전국 및 주요 도부현의 재일조선인의 남녀비

연도	전국	홋카이도	도쿄부	가나가와현	아이치현	오사카부	교토부	효고현	후쿠오카현
1920	7.70	11.39	14.91	7.59	4.13	5.22	7.23	3.09	16.30
1925	4.80	9.61	12.42	10.06	2.17	4.25	5.80	2.49	5.55
1930	2.62	2.85	4.03	3.36	1.92	2.24	2.36	1.74	3.43
1935	1.66	1.81	2.38	1.77	1.30	1.50	1.74	1.62	1.84
1938	1.54	1.56	2.10	1.54	1.22	1.36	1.66	1.73	1.86
1940	1.66	3.86	2.23	1.69	1.26	1.36	1.42	1.54	1.99
1943	1.84	5.79	2.11	2.38	2.02	1.04	1.17	1.26	2.24

전거: 田村紀之, 「内務省警保局調査による朝鮮人人口」, 『経済と経済学』, 1981년 2월~1982년 7월.
주: 남녀비는 여1에 대한 남의 수치다.

현저하다. 또 전시동원 개시 직전의 시점을 보면 오사카부, 아이치현, 효고현에서 남녀비가 1에 가까워지고 있다. 이것은 이들 지역에 가족을 형성한 사람이 상대적으로 많았던 동시에 방직 여공 등의 형태로 여자 단신노동자가 존재했던 것이 요인이었다고 보인다.

정주자와 비정주자

재일조선인만 그런 것은 아니지만 일자리를 때문에 타향에서 사는 사람들이 그곳에 정주하고 있는 것인지 아닌지를 엄밀하게 분류하기는 어렵다. 가족과 함께 일정한 곳에 어느 정도 장기적으로 체재하는 것이 정주라고 생각하겠지만, 현실에서는 그런 사람들도 주관적으로는 귀향을 바라고 있거나 실제로 귀향하는 경우도 적지 않았을 것으로 추측할 수 있다.[12] 거꾸로 비정주자로 간주되는 노동 하숙이나 합숙소에 거주하는 남자 단신노동자 중에도 귀향하지 않고 일본에 장기간 계속해서 체재하는 사람도 분명히 존재했을 것이다. 그리고 본래 정주인지 아닌지는 본인의 주관에 달린 문제이기도 하다.

그러나 달리 적당한 지표가 있는 것도 아니기 때문에 여기에서는 역시 단신 인지 아닌지 등으로 구분하여 분석하기로 하겠다. 이에 대해서는 내무성 경보국의 조선인에 관련된 호구조사를 통해서 파악할 수 있는데, 시기에 따라서 분류 양상이 다르다. 우선 1920년의 경우 '1호를 갖추고 거주하는 자', '1호를 갖추지 않고도 90일 이상 체류하는 자'라고 구분했는데, 1930년부터 1934년까지는 여기에다 '1호를 갖추고 거주하는 자', '1호를 갖추지 않고도 90일 동일 시정촌市町村에 거주하는 자', '기타'를 추가했다. 여기에서 말하는 '1호'가 무엇인지 명확한 설명은 없지만, '1호를 갖추고 거주하는 자'를 편의적으로 정주자로 생각하기로 한다. 그리고 그 밖의 것에 대해서는 '기타'도 포함하여 '1호'를 갖추지 않은 것이 되기 때문에(아마 합숙소나 노동 하숙 등에 거주하는 자를 가리킨다고 보인다), 모두 비정주자로 분류해 두겠다. 다음으로 1935년 이후의 내무성 조사로는 '90일 이상 동일 시정촌에 거주하는 자', '90일 미만인 자'라는 형태로 나누어서, 각각을 다시 '세대를 갖는 자'(가족 있음), '세대를 갖는 자'(단신자), '세대를 갖지 않은 자'로 구분하고 있다.

---

12 이 점에 관련해서 스기하라 도루의 앞의 책 174~175쪽에 다음과 같은 중요한 지적이 있다. "……오사카에 거주하는 조선인에게는 방대한 도항과 귀환의 반복이 존재했고, 항상 고향과의 관계를 유지하면서 생활이 이루어진다는 주관적 또는 객관적 상황이 있었다. 재일조선인은 원래 1930년대부터 예정조화적(豫定調和的)으로 정주 지향이 형성되어 있었던 것은 결코 아니다. '정주화'라는 표현은 현대의 '정주 외국인'을 바로 연상시켜서 지금 언급한 상황에 대한 충분한 이해를 저해해서 오해를 가져올 수 있다고 생각되기 때문에, 여기에서는 채용하지 않고, 그 대신에 '정착화'라는 표현을 사용한다". 이 의견의 취지에는 찬동하지만, 이제까지 어느 정도의 생활기반을 갖는 것을 정주라고 부르고, 또 거기에서 파생시켜 정주층, 정주자, 정주화라는 말도 사용되고 있는 점을 고려하여, 여기에서는 '정주'라는 말을 사용하기로 한다.

[표 2-26] 전국 및 주요 도부현에서의 재일조선인 인구 중의 비정주자 수 (단위: 명)

연도	전국	홋카이도	도쿄부	가나가와현	교토부	오사카부	효고현	아이치현	후쿠오카현
1920	26,505	2,226	1,072	234	1,089	4,452	2,357	365	5,493
1925	105,909	3,637	7,793	5,449	5,760	28,920	5,060	7,183	9,537
1930	158,628	5,128	17,669	4,624	16,212	40,821	6,691	15,631	12,499
1934	186,848	2,126	18,635	4,561	34,166	74,976	8,709	14,343	9,985
1935	154,785	2,351	17,833	2,954	42,128	47,002	11,351	11,413	11,830
1936	166,898	2,199	18,200	2,894	44,293	53,178	14,906	8,400	12,845
1937	169,031	1,822	19,317	2,678	50,619	54,004	18,866	8,326	12,768
1938	208,945	2,133	20,865	2,780	53,446	60,197	23,857	7,938	15,894
1939	241,705	10,713	25,264	3,324	58,230	77,130	27,607	7,660	19,749
1940	323,017	21,843	30,203	5,524	67,798	83,681	27,793	7,884	42,934
1941	456,725	24,867	37,082	12,339	80,652	131,236	28,044	40,502	51,004
1942	516,725	42,302	43,112	14,319	77,796	131,808	22,964	32,443	67,072

전거: 内務省警保局, 『朝鮮人槪況』, 1920년; 『社会運動の状況』, 각 연도판.

[표 2-27] 전국 및 주요 도부현에서의 재일조선인 인구 중의 비정주자 비율 (단위: %)

연도	전국	홋카이도	도쿄부	가나가와현	교토부	오사카부	효고현	아이치현	후쿠오카현
1920	83.56	84.22	66.25	89.31	97.89	93.49	84.16	69.39	98.79
1925	77.47	81.73	78.02	87.72	84.42	84.29	63.00	84.23	66.95
1930	55.14	53.69	56.72	52.20	65.90	59.37	43.03	67.54	49.92
1934	34.75	23.69	41.97	34.89	35.30	43.80	24.12	33.83	27.65
1935	24.74	24.97	33.30	20.50	23.68	23.23	24.36	22.18	29.68
1936	24.17	18.91	33.23	20.10	23.15	23.66	25.49	14.86	27.71
1937	22.98	16.20	32.46	17.76	23.15	23.06	28.57	13.82	25.25
1938	26.12	17.68	32.44	16.68	18.73	24.91	30.49	12.88	26.44
1939	25.14	49.33	34.07	15.88	19.09	28.07	27.40	11.43	23.65
1940	27.13	57.07	34.52	22.24	16.11	26.80	24.14	10.11	36.74
1941	31.09	55.57	35.60	32.58	20.39	31.96	22.63	34.86	37.38
1942	31.80	63.15	35.30	33.00	18.37	31.93	17.79	26.40	42.98

전거: 内務省警保局, 『朝鮮人槪況』, 1920년, 『社会運動の状況』, 각 연도판.

이 구분의 '세대'의 개념도 확실치 않은데, 합숙소, 여인숙, 기숙사 등은 이 시기 일반적으로 '세대'로 간주되지 않았던 것 같다.[13] 그러므로 여기에서는 '세대를

---

13 예를 들면 橫浜市社会課, 『朝鮮人生活状態調査』, 1935년에서는 조선인 인구를 '보통세대'와 '준세대', '기타'로 분류했는데, 이 중 '기타'는 일본인 상점 등에 사는 것, '준세대'는 합숙소, 여인숙, 숙박소, 기숙사에 거주하는 사람이라고 명시되어 있다(『集成』 제3권, 923쪽).

갖는 자'(가족 있음)를 정주자로 하고, 그 밖의 것을 비정주자로 보기로 한다. 편의적이기는 하나 이상과 같이 비정주자를 분류하고, 그 실제 수와 그것이 총인구에서 점하는 비율에 대해서 전국 및 주요 부현으로 나타낸 것이 [표 2-26] 및 [표 2-27]이다.

[표 2-27]로 알 수 있듯이 전시동원정책이 개시되기까지 재일조선인 중에서 비정주자가 차지하는 비율은 점차 저하되었다가 1940년 이후 다시 높아지는 변화를 나타내고 있다. 바꿔 말하면 전시동원정책이 시작되기 이전에는 재일조선인 사이에서 일본 내지에 생활 기반을 두는 층의 비율이 확대되어 갔다는 것이다. 그러한 정주자의 형성은 1920년대부터 1930년대 전반에 걸쳐서 진행되고 있고, 1935년에는 정주자가 전국 및 주요 부현에서 70%정도를 차지하기에 이르렀던 것도 확인할 수 있다.

참고로 이 표의 출전 자료로 1926년부터 1942년까지 매년 정리되었던 내무성 경보국『사회운동의 상황社会運動の状況』[14]의「재일조선인의 개황在日朝鮮人の概況」이라는 항목에서 처음으로 "거주 조선인이 종래의 돈벌이를 위한 이동성보다 정주성을 점차 띠어가고 있다"라는 견해가 나타난 것은 1936년판이었다. 또 이제까지 정리되었던 재일조선인사의 선행 연구를 보아도 1920년대 후반부터 30년대에 걸쳐서 정주층의 형성이 진전되었다고 기술되어 있다.

그러나 선행 연구에서는 '돈벌이를 위한 이동에서 정주로'의 변화에 대해 언급한 다음 비정주자의 동향은 거의 시야에 넣지 않고 논리를 전개해 가는 경향이 보인다.[15] 이러한 논리의 전개는 1920년대까지는 재일조선인＝돈벌이를 위해 일시적으로 도일한 계층이 1930년대에는 모조리 정주층으로 교체되는 것 같은 인상을 준다. 그러나 이러한 인상은 실태와는 다르다.

---

14 단,『社会活動の状況』의 1928년판은 존재 여부가 확실치 않다.

15 예를 들면 니시나리타의 앞의 책에서는 제2장 2항의 항목명을 '돈벌이 위한 이동에서 정주로(出稼から定住へ)'로 하여 1930년대에 정주자 비율이 높아져 갔던 것을 서술하고 있지만, 1930년대 이후에도 비정주자가 무시할 수 없는 비율, 절대수를 차지하고 있었던 것의 의미는 언급하지 않았다. 스기하라의 앞의 책도 제Ⅳ장에서 '재일조선인의 정착 과정'을 다루고 있지만, 그 시점 및 그 후의 시기에도 비정주자가 존재하고 있었던 것은 거의 기술되어 있지 않다.

실제로 [표 2-26]에 보이는 바와 같이 비정주자의 절대 다수는 1920년부터 1934년 사이에 계속 늘어나고 있었다. 1934년과 1935년 사이에는 분류 방법이 바뀌기 때문에 비교할 수 없지만, 동일하게 분류되는 1935년 이후에는 역시 비정주자의 절대 다수는 증가하고 있었다.

그리고 비정주자가 총인구에서 점하는 비율을 보아도 1920년대부터 1930년대 중반에 걸쳐서는 급격하게 저하되고 있는 것을 확인할 수는 있으나, 1935년 이후에는 전시동원정책과 관련해서 비정주자 비율이 올라갔을 것으로 보이는 홋카이도와 후쿠오카현 등을 제외하면 실제로는 그 정도로 큰 변화는 보이지 않는다. 더구나 전국 및 몇 개의 부현에서 전시동원계획에 따라 노동자 배치를 개시하기 이전에도 어떤 해에는 오히려 비정주자 비율이 상승하는 움직임을 보이고 있었다.

즉, 전시기에 분명 정주층 형성이라는 변화는 보이지만, 그것은 재일조선인이라는 집단 안에서 돈벌이하러 나온 사람=비정주자가 정주자로 모조리 바뀐 것은 아니라고 할 수 있다. 1930년대 중반에는 정주층 70~80%, 비정주층 20~30%라는 구성이 고정되었는데, 다시 말하면 재일조선인이라는 집단은 정주층이 중심이 되면서도 무시할 수 없는 비율의 신규 도일 단신노동자도 함께 구성되어 있었다.

이러한 움직임은 1장에서 살펴보았던 전전기의 조선인 도일 형태와 관련 있다. 1장에서 서술한 바와 같이 원래 어떤 시기에나 조선 농민에 대해서 유출요인이 강하게 존재하고 있었고 그 결과 정주적이지 않은 신규 도일자는 끊임없이 생겨나고 있었다. 게다가 정주자는 도일 희망자에게 일본 내지에서 일자리와 주거 알선을 의뢰할 수 있는 존재이며, 정자주의 증가는 곧 신규 도일의 기회 확대를 의미하는 것이었다.

다음으로 부현별 특징을 살펴보면, ① 홋카이도, 후쿠오카현 등 전시동원계획에 따라 노동자가 다수 배치되었던 부현에서는 1939년 이후 비정주자의 비율이 증가하고 있다, ② 학생이 많은 도쿄부는 비정주자 비율이 높다, ③ 전시동원계

[표 2-28] 재일조선인 중의 일본 내지 출생자(2세)의 수와 그 비율

조사 연도	조사대상		일본 내지 출생		조선 내 출생		기타 불명		총수	
			실수(명)	비율(%)	실수(명)	비율(%)	실수(명)	비율(%)	실수(명)	비율(%)
1930	전국의 거주자		34,154	8.15	384,855	91.85	0	0.00	419,009	100
1933	오사카시 거주의 0~15세		7,849	47.39	8,713	52.61	0	0.00	16,562	100
1935	요코하마시 거주자		1,814	30.65	4,102	69.31	2	0.03	5,916	100
1936	교토시 거주	0~6세	5,528	86.56	857	13.42	1	0.02	6,386	100
		7~15세	1,132	27.04	3,054	72.94	1	0.02	4,187	100
1936	교토시 거주의 0~15세		6,660	62.99	3,911	36.99	2	0.02	10,573	100
1937	아마가사키· 니시노미야, 가와베·무코 군 거주	유세대자	5,421	29.61	12,889	70.39	0	0.00	18,310	100
		단신자	0	0.00	3,809	99.74	10	0.26	3,908	100
		거주자	5,421	24.50	16,698	75.46	10	0.05	22,218	100

전거: 総理府統計局, 『昭和5年国勢調査報告』 제8권, 단, 「朝鮮人の人口のあり方」, 『親和』, 1956년 8월에 따른다. 大阪府学務部社会課, 『在阪朝鮮人の生活状態』, 1934년; 横浜市社会課, 『朝鮮人生活状態調査』, 1935년; 京都市社会課, 『市内在住朝鮮出身者に関する調査』, 1937년; 兵庫県学務部社会課, 『朝鮮人の生活状態』, 1937년.

주: 1930년의 원래 표에서의 분류는 '본방(本邦)', '본방이외(本邦以外)'이다. 전자는 '일본 내지 출생', 후자는 '조선 내 출생'으로 했는데, 후자에는 간도 출생자 등이 포함되었을 것이다. 아마가사키·니시노미야 등에서의 원래 표의 분류는 '고향' 출생이며, 따라서 중국령 등의 출생자가 포함될 가능성도 있다. 교토시의 통계는 조선인 세대에 있는 내지인 7명(아마도 사실혼으로 일본인 처와 세대를 형성하고 있는 경우 등을 가리킨다고 생각된다)을 포함한다. 아마가사키·니시노미야 등은 효고현 아마가사키·니시노미야시 및 가와베·무코군 거주자다. 1936년 교토시의 총인구는 3만 1143명이기 때문에 15세 이상 전부가 조선 출생으로 가정하고 보면 이 시점에서 전체 2세의 비율은 21.39%가 된다.

[표 2-29] 아마가사키·니시노미야, 가와베·무코군 재주 조선인의 연령별 출생지별 인구(1937년)

연령	일본 내지 출생		조선 내 출생		기타 불명		총수	
	실수(명)	비율(%)	실수(명)	비율(%)	실수(명)	비율(%)	실수(명)	비율(%)
0~4	3,586	90.30	385	9.70	0	0	3,971	100
5~9	1,527	54.38	1,281	45.62	0	0	2,808	100
10~14	227	15.68	1,221	84.32	0	0	1,448	100
15~19	29	2.80	1,005	97.20	0	0	1,034	100
20~24	11	0.75	1,461	99.25	0	0	1,472	100
25~29	6	0.30	1,974	99.70	0	0	1,980	100
30~34	3	0.16	1,865	99.84	0	0	1,868	100
35~39	4	0.26	1,530	99.74	0	0	1,534	100
40~44	0	0.00	897	100.00	0	0	897	100
45~49	1	0.20	511	99.80	0	0	512	100
50~54	0	0.00	252	100.00	0	0	252	100
55~59	1	0.53	186	99.47	0	0	187	100
60 이상	0	0.00	259	100.00	0	0	259	100
연령불명	26	26.53	72	73.47	0	0	98	100
합계	5,421	29.59	12,899	70.41	0	0	18,320	100

전거: 兵庫県学務部社会課, 『朝鮮人の生活状態』, 1937년.

획 개시 이전의 경우 조선에서 먼 홋카이도와 아이치현 등에서는 비정주자 비율이 낮다는 것 등이 확인된다.

1세와 2세

시간의 경과에 따라 세대교체를 경험하는 것은 어떤 사회집단이든 공통되는 것이지만, 타향에 이주한 민족 집단의 경우 특히 세대의 문제는 그 사회에 큰 영향을 준다. 이것은 이른바 1세와 2세 사이에 문화적 단절이 크거나, 혹은 2세 중에 1세에서는 볼 수 없었던 사회적 상승을 하는 경우가 생겨남으로써 이루어진다.

그래서 여기에서도 전전기 재일조선인 사회의 2세에 관련된 몇 가지 통계를 살펴보고자 한다. 여기에서 2세는 일본 내지에서 출생한 재일조선인이고, 1세는 그 밖의 사람들로 한다(1세는 대부분 조선에서 출생했거나, 조선인이 다수 이주해 있던 중국 동북부와 러시아 극동지방에서 출생한 사람도 존재했을 가능성이 있다).

여기에서 파악되는 바와 같이, 시기가 내려오면서 2세의 비율은 당연히 높아졌다. 1925년에 2세는 재일조선인 전체의 10%에 못미쳤지만, 1935년 요코하마橫浜시의 2세 인구 비율은 30% 이상이 되었다. 또 1937년 시점의 아마가사키 등의 2세 인구 비율은 25%에 약간 못 미치고, 1936년의 교토시의 조선인 전체 인구는 3만 1143명이기 때문에 15세 이상 모두가 조선 출생이라고 가정하면, 이 시점에서 전 연령에서의 2세 인구 비율은 21.39%가 된다. 지역에 따라 차이가 있으나, 1930년대 후반에는 전 연령에서의 20~30%가 2세였다고 보아도 지장이 없을 것이다.

이 이후의 통계는 확인되지 않지만, 1939년 이후에는 전시동원정책이 개시되었던 점도 있어서 2세가 점하는 비율은 아마도 저하했을 것으로 생각된다. 그러나 2세의 절대적 수는 그 후에도 틀림없이 증가했을 것이다. 가령 1937년 아마가사키 등의 19세 이하 연령층별의 2세 인구 비율이 전국 차원의 비율과 차이가 없다고 가정하면, 1940년의 전국 연령계층별 인구로 추계한 2세 인구는 30만

2376명이다.[16]

　　연령계층별 2세의 비율은 연령이 낮으면 낮을수록 당연히 높아진다. [표 2-29]에 보이는 바와 같이 이 시점에서 30대 이상의 연령에도 2세가 포함되어 있다. 그러나 그들은 예외적인 존재이며, 역시 2세가 출현하기 시작한 것은 이 시기에 10대, 그것이 명확하게 증가하기 시작한 것은 이 시기에 5~9세였던 세대다. 이것은 1937년의 통계이기 때문에 출생 연도로 고치면 표의 0~4세가 1934~1937년생, 5~9세가 1929~1933년생, 10~14세가 1924~1928년생이다. 이 1920년대 후반부터 1930년대 전반까지는 전술한 바와 같이 급속도로 정주자가 증가하고, 남녀 비율이 저하되는 시기이기도 하다.

　　그리고 본격적으로 2세가 형성되는 시점이 1920년대 후반이라는 것은 태어난 연차라는 의미에서의 '세대'라는 입장에서 보더라도 중요한 특징을 갖는다. '2세의 선두세대'라고도 할 수 있는 이 시기 출생자는 '쇼와 한 자릿수(쇼와 1~9년)', '전중파戰中派'인 일본인과 마찬가지로 청소년기의 교육에서 강렬한 황민화 이데올로기에 노출되어 있었다. 이민 집단에서 1세와 2세의 의식이 괴리되는 것은 드문 일이 아니지만, 전전기의 재일조선인의 경우 그것이 특히 심해지는 조건이 있었던 것이다.

　　그렇지만 전전에는 1세를 대신하여 2세가 가정이나 사회에서 중핵적인 역할을 하게 된다는 의미에서 '세대교체'는 거의 볼 수 없는 현상이었던 것에도 주목하길 바란다. 개인이 가정을 꾸리고, 사회의 중심을 담당하게 되는 것이 적어도 20대 후반부터 그 위의 연령이라고 가정할 때, '2세의 선두세대'가 이 연령에 달하는 것은 주로 전후 초기였기 때문이다. 단, 1세라도 유년기에 부모와 함께 도일하거나 일본인과 주로 접하면서 성장한 사람이 가정을 꾸리거나 취직하거나 하는 경우는 1940년대 경부터 눈에 띄기 시작했다는 점도 주의할 필요가 있을 것이다.

---

16 1940년의 연령계층별 인구는 朴在一, 『在日朝鮮人に関する綜合調査研究』, 新紀元社, 1957년, 106쪽에 따름.

3장

1920~30년대 재일조선인 사회의 형성과 구조

1920년대 일본 내지의 조선인 인구가 급증하면서 일본인 사회와는 다른 재일조선인 사회가 점차 형성되어 갔다. 그리고 1930년대 재일조선인 사회는 공간적으로 확대되고 사람들의 결합도 다양화되었으며 그 안에서의 활동도 활성화되었다. 뒤에서 살펴보겠지만, 1930년대 중반에는 이미 행정당국이 재일조선인의 독자적인 결합과 활동을 규제하는 움직임이 시작되고, 나아가 1939년에는 전시체제 구축을 배경으로 규제의 움직임이 전국적으로 철저해졌지만, 1920년대부터 1930년대에 걸쳐서 재일조선인 사회는 형성·발전 과정에 있었다고 볼 수 있다.

그래서 이 장에서는 다소 장기간이기는 하나 1920년대부터 1930년대를 하나의 시기로 묶어 재일조선인 사회의 형성과 그 구조에 대해서 서술해 가기로 한다. 1절에서는 1920년대 중반까지의 시기에 초점을 맞추어서 재일조선인 사회가 형성된 배경과 구체적인 형성 과정이 어떠한 것이었는지를 밝혀 가겠다. 그 다음에 2절과 3절에서는 1920년대 말부터 1930년대 중반을 중심으로, 즉 정주층定住層이 본격적으로 형성된 시기를 기점으로 하여 전시체제가 구축되어 재일조선인에 대한 동화정책이 본격화되기까지를 다루고, 재일조선인의 사회적 결합과 문화의 구체적인 상을 논하기로 한다.

1. 재일조선인 사회의 형성

'재일조선인 사회'란 무엇인가

이 책에서는 이제까지 '재일조선인 사회'라는 말을 몇 번이나 사용해 왔지만,

그 의미와 내용에 대해서는 그다지 자세히 설명하지 않았다. 재일조선인 사회에 초점을 맞춘 고찰에 들어가기에 앞서 이 말에 대해서 설명해 두겠다.

이 책에서 사용하는 '재일조선인 사회'라는 말은 일본열도에 거주하는 조선인들이 형성하고 민족적인 독자의 사회적 결합과 문화가 유지되면서, 그 아래에서 여러 가지 활동이 이루어지고 있는 사회를 의미하고 있다. 그것은 앞으로 이 책에서 서술에 나갈 바와 마찬가지로 전전기에 이미 형성되어 이제까지 존속되고 있다고 볼 수 있다(단, 그것은 시기가 내려옴에 따라 변용을 거듭했다. 특히 전후에는 새로운 틀에 의한 재일조선인 사회가 확립되었기 때문에, 이에 대해서는 '전후 재일조선인 사회'라는 말을 사용하기로 한다. 전후 재일조선인 사회의 특징 등에 대해서는 6장에서 서술하겠다).

단, 재일조선인 사회가 독자적인 사회였다고 하더라도 일본열도 안에서 일본인사회와 조선인 사회가 분리되어 병립되어 있었던 것은 물론 아니다. 일본열도 안에서 완전히 일본인을 배제했거나 인구의 대다수(80~90%)가 조선인이었던 공간은 일본 역사상 지금까지 가장 재일조선인 인구가 많았던 1940년대를 보더라도 커뮤니티 차원에서조차 별로 존재하지 않았다. 따라서 재일조선인 사회의 구성원인 거주지나 직장, 학교 등에서 일본인과 접촉하는 것은 특별히 드문 일이 아니었다. 따라서 재일조선인 사회는 일본 사회의 일부라고 할 수 있다.[1]

그리고 재일조선인 사회는 실태로서 존재하는 어떠한 제도에 의해서 보증되었던 것이 아니다. 일본열도에 거주하는 조선인 모두가 소속되었던, 하나의 제대로 된 조직이나 연락체제가 구축된 적은 오늘날까지 없었다(1945년 10월에 결성되었던 재일조선인연맹은 대부분의 조선인을 망라하고 있었다고 할 수도 있겠지만, 조직 체제가 잡혀가는 과정에서 일부 조선인의 배제와 분열이 시작되었다. 또 전시하에는 협화회라는 조직에 모든 재일조선인이 강제적으로 가입되었지만, 이것은 행정이 주도한 조직이며 재일조선인이 거기에서 자유롭게 의견을 교환하거나 자주적인 활동을 벌인 것은 아니어서 재일조선인 자신들의 조직이라고는 할 수 없다).

---

1 이 점은 커뮤니티 차원을 넘어선 상당히 넓은 영역의 거주자가 거의 조선인이며 그 때문에 조선인이 행정권을 장악하는 공간마저 생겨났던, 19세기 말부터 20세기 전반의 러시아 극동지방과 중국 동북부의 조선인들이 형성한 사회와는 결정적으로 다르다.

그 때문에 일본열도에 거주하는 조선인 모두가 구체적인 인맥을 갖는 재일조선인 사회는 예나 지금이나 존재하지 않는다. 또 당연한 말이지만 재일조선인 사회의 구성원들끼리의 일상적인 접촉, 교류나 경제활동 등은 거주지와 직장에 있는 커뮤니티 차원의 공간과 일상적으로 왕래가 가능한 생활권 차원으로 한정되어 있다.

그리고 어떤 커뮤니티에서는 조선인 인구 비율이 높고 민족적인 사회적 결합·문화가 강하게 유지되고 있으나, 또 다른 사회에서는 조선인 세대가 적고 조선인끼리의 일상적인 접촉이 거의 없는 그러한 차이가 생겨나는 것은 당연하다. 가정환경과 개인의 의식 차이에 따라서도 조선인끼리의 결합과 조선 문화가 생활 속에서 어떠한 비중을 차지하는지가 달라진다. 즉, 재일조선인 사회라고 하더라도 그 안에서의 사회적 결합 양상과 문화는 결코 균일하지 않다는 뜻이다. 특히 오늘날에는 일본인과의 접촉이 보다 많아 한국어를 못하고 일본인과 별반 다르지 않은 문화, 생활양식을 갖는 재일조선인이 적지 않다.

그렇지만 조선인끼리의 결합이나 조선 문화와 전혀 상관없는 생활을 하고 있는 재일조선인은 오늘날에도 그리 많지 않다. 또 일본인과의 접촉이 많고 일상적인 생활양식은 일본인과 다르지 않은 재일조선인이라도, 어떤 상황에서는 민족적인 사회적 결합과 문화가 중요해지는 경우도 있다. 동시에 그러한 사람들을 포함하는 조선인의 사회적 결합과 활동은 전 일본열도 차원에서는 아니라 하더라도 커뮤니티 차원이라는 공간적 한정을 넘어서기도 한다. 이것을 배경으로 하면서 일본열도에 사는 조선인들을 하나로 파악하고 연락과 단결을 만들어 내고자 하는 의식과 활동은 모든 재일조선인들에 의해서는 아니더라도 지도적인 입장에 있는 재일조선인들에 의해서 시도되어 왔다. 그러한 조선인끼리의 결합과 활동 총체가 재일조선인 사회인 것이다.

형성 기점과 그 계기

그러면 재일조선인 사회는 언제 형성되었을까?

재일조선인 즉, 일본열도에서 여행이나 시찰 등이 아닌 노동을 하면서 체재하는 조선 민족(및 그가족)의 존재는 20세기 초두까지 거슬러 올라간다. 그러나 재일조선인 사회의 역사가 그와 같은 20세기 초두부터 시작되었다고 볼 수는 없다.

물론 '한일합방' 이전부터 존재했던 재일조선인들 중에는 토목건축·탄광 노동자가 되거나, 엿장수 등의 일에 종사하고 있어 일본열도에서의 생활이 일시적이지 않았던 것으로 보이는 사람들이 포함된다. 실제로 그 후 오랫동안 일본 내지에서 살았던 사람, 조선으로 돌아가지 않고 일본 내지에서 일생을 보낸 사람도 있을 것이다. 그렇지만 '한일합방' 이전 혹은 그 후인 1910년대에는 아직 재일조선인 사회가 형성되지 않았었다고 해야 한다.

이 시기의 재일조선인에 대한 연구는 최근 활발하게 이루어져서 노동·생활 형태의 실태도 밝혀지게 되었다. 특히 경시청의 조사에 관한 「청국인 조선인 및 혁명당 관계자 조淸国人朝鮮人及び革命党関係者調」(外務省外交資料館所蔵, 1912년)를 이용하여 기무라 겐지木村健二와 고마쓰 히로시小松裕가 분석한 것은 행정당국이 파악한 전국적인 데이터를 기반으로 하는 귀중한 연구다.[2] 이 연구에 따르면 이 시점의 재일조선인 중에는 조선인을 대상으로 사업을 하는 사람은 별로 없고, 거주 형태에서도 조선인들이 조선인의 집에 모여서 기숙하는 경우는 확인되지만 일반적이지는 않았다. 오히려 이 사료에 의하면 일본인 집에 기숙하는 사람들이 적지 않았다. 따라서 조선인들의 독자적인 사회적 결합과 그에 바탕을 둔 여러 활동은 전혀 없지는 않았겠지만 미약했다고 보아도 될 것이다. 이러한 견해는 1910년대까지는 조선인들이 노동자단체를 결성하려는 움직임 등도 별로 없었던 것으로도 뒷받침될 것이다.

이에 비해 1920년대 초두에는 후술할 바와 마찬가지로 조선인 노동자들이 집단적으로 일자리를 얻고 거주도 함께하면서 일본 내지에서 생활하는 것이 일반화되고, 상호부조를 목적으로 하는 조선인 단체도 각지에서 만들어지게 되었다.

---

2 木村健二·小松裕 編著, 『資料と分析「韓国併合」直後の在日朝鮮人·中国人: 東アジアの近代化と人の移動』, 明石書店, 1999년. 단, 이 사료는 재일조선인이 다수였다고 보이는 도쿄, 오사카, 효고, 가나가와, 후쿠오카와 오키나와의 각 부현의 데이터를 포함하지 않는다.

물론 1920년대 초두의 재일조선인 인구가 10만 명을 밑도는 수준이었던 것을 생각하면, 그러한 조선인들의 독자적인 결합과 활동은 일본열도 전체로 본다면 극히 좁은 일부 공간에서만 볼 수 있었다고 해야 할 것이다. 그러나 그것은 재일조선인 인구의 증가와 함께 점차 확산되어 갔다. 따라서 1920년대 초두가 재일조선인 사회 역사의 기점이라고 할 수 있다.

그러면 왜 1920년대에 들어가서 재일조선인 사회가 형성되기 시작했던 것일까? 이 점에는 무엇보다 재일조선인 인구가 급증한 것이 영향을 미쳤을 것이다. 그와 동시에 1장에서 밝힌 바와 같은 조선인의 도일 양상의 변화와도 관련 있었다.

1910년대까지의 조선인 도일은 기업에 의한 모집에 응모하는 것이 주류였다. 그럴 경우 도일한 조선인은 고용주에 의해서 생활을 보증받았고, 역으로 말하면 관리되고 있었다. 또 언어 문제도 있어 일본 내지에서 자유롭게 행동할 여지도 그다지 없었다고 생각된다. 그러나 1920년대에는 일본 내지 체재가 어느 정도 장기화되었던 조선인이 기업의 뜻에 따라 모집을 행하거나 혹은 자주적으로 같은 고향 사람이나 친척들을 불러들이게 되었다. 거꾸로 한반도에 있는 조선인들 중에도 생활이 궁핍해져서 일본 내지에서 생활하기를 원하여, 지연과 혈연을 믿고 도일하는 경우(연쇄형 이민)가 일반화되었다. 그리고 1920년대 후반에 들어 행정당국이 노동력 수급 조정을 위하여 '만연漫然 도항'(일자리도 의지할 곳도 없는 정해지지 않은 상태에서 무작정 도항하는 경우)을 저지하게 된 이후 일본 내지에서 이미 일하고 있던 지인이나 친척 등이 일자리를 보증해 줌으로써 도항 증명을 교부받는 기회도 확대되었을 것이므로 이러한 경향은 더욱 강해졌다.

이렇게 해서 기업의 직접 응모에 의하지 않고 도일 이전부터의 조선인들끼리의 관계를 통해 일본 내지로 건너온 조선인들의 경우에는 도일 후의 생활에서 민족적인 사회적 결합이 중요해지는 것이 필연적일 것이다. 신규 도일자는 이미 일본 내지에 있는 친척이나 지인들과 일자리뿐만 아니라 거주도 같이 하는 일이 종종 있었다. 도쿄지방직업소개소 사무국이 시즈오카현靜岡県 오야마초小山町의 후지보富士紡공장 지진재해 복구공사현장 등 3곳의 토공건사현장과 시즈오카현

의 1곳의 방적공장, 규슈에 있는 각 탄광에서의 조선인 노동자의 동향을 조사하여, 1925년 1월에 정리한 『토공방적공·광부로서의 선인 노동자土工紡績工鑛夫として の鮮人労働者』에는 그러한 상황이 기술되어 있다.

이 보고에 따르면, 우선 토건공사현장의 경우 일본어가 통하는 합숙소장이 "토목공사 청부업자의 명을 받아 귀선歸鮮모집"(사적[私的]) 혹은 "합숙소에 소속된 자가 반년이나 1년 일하고 각종 노동 상황을 밝힌 다음 직접 선지鮮地로부터 문서를 가지고 도래渡來를 촉구함"으로써 모인 조선인 20명 정도가 한 합숙소를 형성하고, 합숙소장의 "현장 감독을 받아서 집단적으로" 일하고 있었다고 되어 있다. 또 방적공장에서도 조선인들을 담당하는 일본어가 능통한 조선인이 남자 7명, 여자 42명의 조선인을 이끌고 있었다. 그 대부분이 제주도 출신자이었던 점을 보더라도 역시 지연과 혈연으로 집단이 형성되어 있었다고 보인다. 광부들 중에는 조선인 노동자들끼리 집단으로 거주하고 일하지 못하게 한 회사도 있었지만, 예를 들면 사가佐賀탄광과 같이 '조선인 합숙소장을 두고 오로지 조선인만을 감독하게 하는' 경우도 확인할 수 있다.

또 이 보고서에서 취급하지 않은 대도시에서도 같은 시기에 조선인 대상의 노동 하숙, 즉 단신으로 온 사람들을 숙박시키고 종종 하숙집 주인이 일자리를 소개하는 숙박시설이 운영되기 시작되었다. 물론 노동 하숙이라고 해도 조선인 하숙집 주인이 토지를 구입하고 거기에 제대로 된 건물을 세운 것이 아니라, 자신이 빌린 집에 '다다미 1장(90×180cm)에 약 2명의 비율로 조선인을 두거나',[3] 공터 같은 곳에 만든 판잣집에 살게 하는 것이었다.[4] 하숙비는 일반 셋집보다 약간 비쌌던 것으로 보이지만,[5] 언어 능력과 민족차별 문제 등으로 집 빌리기가 어려웠고, 거기에서 취직과 관련된 정보를 얻을 수 있다는 점들을 고려하면 조선인 노동 하숙은 신규 도일자가 일본 내지에서의 생활을 확립해 가는 데 가장 먼저 의존할

---

3 「오사카마이니치신문」 1922년 10월 24일자, "선인의 하숙집조(鮮人の下宿屋調)".
4 大阪市 社会部, 『バラック居住朝鮮人の労働と生活』, 大阪市, 1927년에서는 이미 이 시기에 판잣집에서 노동 하숙을 경영하는 것이 일반적이었던 상황을 엿볼 수 있다.
5 「오사카마이니치신문」 1922년 10월 24일자, "선인의 하숙집조".

수밖에 없는 존재였다. 그 때문에 오사카시의 경우 1924년 시점에 이미 시내에 "조선인 일용직 노동자 전문 지숙소止宿所가 약 230곳 있다"고 할 정도로 많아졌다. 이는 같은 시기의 일본인 노동 하숙 148곳을 웃도는 숫자다(당연히 일본인이 경영하는 노동 하숙은 조선인 노동 하숙에 비해서 규모가 컸을 것이라는 점도 고려해야겠지만). 또 같은 조사에 따르면 일본인이 경영하는 노동 하숙에 숙박하는 조선인은 극히 드물었다고 하며, 당시의 상황을 아는 조선인의 증언으로는 일부에서는 출신 마을별로 노동 하숙이 생겨나기도 했다고 한다.[6] 도시 거주자들 사이에도 지연과 혈연을 매개로 한 민족적인 연결이 강하게 존재했던 것이다.

그리고 조선인 합숙소, 노동 하숙 등은 단순히 조선인이 모여 생활하고 일했던 곳이 아니었다. 그곳은 조선인이 일본 내지에서 살아가는 데 필요한 활동이 자주적으로 이루어지던 곳이다.

우선 그곳을 거점으로 조선인들이 서로 돕고 있었다. 불안정한 노동 형태로 대개가 노동자 보호정책 대상이 되지 못했던 조선인 노동자들은 실직뿐만 아니라, 노동재해, 질병 등에 상호부조로 대응해야 했다. 약간 시기는 내려오지만, 예를 들면 1933년의 돗토리현鳥取県 경찰부의 사료에 기록된 현 관할하에 있는 토목공사현장에서 일하고 있던 42명의 조선인 노동자(몇 곳의 합숙소에 나뉘어 있었다고 생각된다)는 다음과 같은 규약의 단체를 만들었다.

1. 각자 10전씩 돈을 낼 것

2. 부상자가 10일 이상 휴업해야 할 때는 다같이 구제할 것

3. 병에 걸린 사람이 10일 이상 휴업해야 할 때는 다같이 구제할 것

4. 책임자는 합숙소장으로 할 것

5. 어떤 일에서든 친절을 제일로 할 것[7]

---

6 杉原達, 「在阪朝鮮人の渡航過程: 朝鮮・済州島との関連で」, 『大阪／大正／スラム』, 新評論, 1986년, 228쪽.
7 鳥取県, 「無産政党消費組合朝鮮人団体名簿」, 단 早稲田大学図書館所蔵, 『米軍没収史料』중의 MJ144, reel.11, 24~27. 물론 규약의 원문은 조선어였다고 생각된다.

　　이러한 극히 원초적인 공제활동과 함께 노동 하숙과 합숙소에서는 종종 계몽과 학습활동도 이루어졌다. 예를 들면 1929년의 오사카시의회 선거에 입후보한 어느 조선인은 "선인鮮人전문 하숙집의 주인"이며 "밤에는 하숙하는 사람들을 위해 자진해서 선생이 되어 교편을 잡고 있다"고 소개되어 있다.[8] 여기에서 구체적으로 어떠한 것을 가르치고 있었는지는 확실치 않지만, 아마도 일본 내지에서 생활하기 위해 필요한 읽고 쓰기, 간단한 계산 등의 교육이 이루어졌을 것이라고 생각된다.

　　이상과 같이 일본 내지로 건너가는 과정 중에 중요한 조건이었던 지연과 혈연을 바탕으로 하는 조선인들끼리의 결합은 도일 후의 생활에서도 필요하게 되었다. 이러한 조선인의 독자적인 사회적 결합은 처음에는 합숙소나 노동 하숙으로 일본열도 전체에서 보면 '점'과 같은 좁은 공간에 한정되어 있었지만, 그 후에 점차 확대되어 갔다. 연쇄형 이민이 시작되지만, 언어가 통하지 않고 공적으로 보호받지 못하는 상황에서 지연·혈연을 매개로 한 상호부조가 필요하게 되었던 것이 재일조선인 사회를 형성하는 계기가 된 것이다.

연락 · 공간의 확대와 제활동의 활성화

　　앞에서 서술한 바와 같은 1920년대 전반의 조선인의 독자적인 사회적 결합과 그에 기반을 둔 활동의 전국적인 전개 양상은 내무성 사회국 제1부가 1924년에 정리한 『조선인 노동자에 관한 상황朝鮮人労働者に関する状況』[9]에서도 알 수 있다. 이 보고서에서는 행정당국의 조사에 따라 파악된 재일조선인 단체의 활동 내용 등이 정리되어 있고, 그 대부분이 환난호조患難互助, 아플 때의 부조, 빈곤자 구제, 직업 소개, 인격 향상, 지식 계발 등을 사업 내용으로 들고 있었던 점을 알 수 있다. 그러한 단체는 전국적으로 43개 단체, 지역적으로는 도쿄, 교토, 오사카, 효고, 가나가와, 야마구치, 후쿠오카 등 조선인이 많은 부현을 비롯하여, 16개 부현에서

---

8 「오사카마이니치신문」 1929년 5월 11일자, "드디어 막을 연 오사카 시의전(いよいよ幕を開けた大阪市議戦)".
9 『集成』 제1권, 450~540쪽에 수록.

확인할 수 있다. 물론 명확한 규약이 없는 모임에서도 자연발생적으로 상호부조나 계몽활동을 하고 있었을 것이므로, 여기에서 파악된 것은 극히 일부로 보아야할 것이다.

이러한 조선인 단체의 조직 인원수를 보면 소규모인 것은 50명 정도이거나그 이하로 이루어져 있다. 이것은 한 개의 합숙소 안에서의 조직 혹은 같은 공사현장에서 일하는 2, 3개의 합숙소가 합동으로 만든 것으로 볼 수 있다. 그러나 이보고서는 이미 수백 명 이상을 조직한 조선인 단체도 존재했다고 전한다. 이것은같은 노동 현장 차원을 초월한 범위에서 조선인을 조직하는 움직임이 이미 이시기에 시작되고 있었다는 것을 의미한다.

앞서 말한 도쿄지방직업소개사무국과 내무성 사회국의 조사 양쪽에 이름이보이는 상호부조와 구제, 인격 도야 활동을 했던 노동우화회勞動友和會라는 조선인단체의 경우도 노동 현장을 초월해서 널리 연락을 하던 조직이었다.[10]

내무성 사회국 보고서에 따르면 이 모임의 회원은 시즈오카현하의 648명외에 가나가와현에도 120명 있었다. 도쿄지방직업소개소사무국이 조사한 후지보 오야마富士紡小山공장 지진재해 복구공사현장에서는 16개의 조선인 합숙소장휘하에 260명의 조선인 노동자가 일하고 있었다고 보이기 때문에, 그 밖의 노동현장을 포함하여 시즈오카현 동부에서 가나가와현에 걸쳐서 조선인 노동자를

---

10 內務省 社会局 第1部, 『朝鮮人労働者に関する状況』, 1924년에 따르면 동 모임의 목적 등은 다음과
같다.
· 목적
본 모임은 일반사회 공존공영의 정신에 입각하여 우화상호(友和相護)를 목적으로 하고, 그 목적을
달성하기 위하여 왼쪽과 같은 사업을 실시하기로 한다.
1. 회원에게 사회도덕 및 정의인도의 정신을 함양하기에 노력할 것
2. 회원 일반 빈곤자를 위해 보호 위생에 관한 기관을 설립할 것
3. 회원을 위해 직업소개소를 설치하고 그 생활상의 보호를 도모할 것
4. 우리 회 관내의 회원 노동자 사망 및 병상시에는 임원 협의를 거쳐 처리할 것
· 취지
우리 노동우화회는 공덕인의(公德仁義)로 현금(現今)의 노동자들을 구제하는 것에 전적으로 뜻을
두고 습래(襲來)의 악습을 교정하고 노동자의 미풍양속에 노력하며 회원의 위생사상을 향상독려함으
로써 사회생활상의 원활을 도모하고 인류 상애(相愛)의 취지에 입각하여 내선융화의 열매를 거두어
공존공영의 목적을 달성한다.

조직하고 있었던 셈이다.

이 단체의 기초가 된 사회적 결합은 역시 조선인 합숙소였다. 이것은 후지보 오야마공장 지진재해 복구공사현장의 조선인 합숙소장은 대부분 노동우화회의 임원이었던 점이 뒷받침한다고 할 수 있을 것이다. 참고로 이 모임의 사업은 "모임에서 만든 침구를 회원에게 일정 손료損料를 받고 대여하고 기타 회원으로부터 매월 30전 이내의 회비를 징수하여" 운영하고 있다고 되어 있는데, 이것은 요컨대 합숙소장이 배하의 노동자에게 부과한 합숙소비에 노동우화회의 회비를 포함시키고 있었다고 볼 수 있다.

그러면 왜 조선인의 상호부조활동은 합숙소와 노동현장을 초월하여 보다 넓은 범위로 확대되어 갔을까? 이는 조선인 노동자가 불안정한 고용 형태에 놓여 있었던 점과 관련이 있다. 노동우화회는 직업소개도 사업 내용으로 했는데, '실제로는 주로 각 지방에서의 여러 공사 하청인과 교섭을 하여 공사 종료와 함께 합숙소 단위로 이동했던 것'으로 보인다. 즉, 다음 일을 얻을 목적으로 정보를 교환함으로써 합숙소끼리 비교적 광범위하게 연락망을 형성하고 있었던 것이다.

그리고 그처럼 거리가 떨어진 조선인 합숙소 간의 정보 유통은 행상을 하는 조선인들이 맡기도 했다. 조선인 행상인의 존재는 1920년대 중반 시점에는 확인되고 있고,11 합숙소를 순회하는 그들이 노동쟁의의 조직책 역할을 했던 경우도 있었다.12

이렇게 다져진 합숙소와 노동현장을 초월한 결속을 바탕으로 한 조선인 단체에서는 돈을 모아 질병이나 노동재해에 대비하는 아주 간단한 공제활동 말고도 여러 가지 사업을 하게 되었다. 예를 들면 도쿄부의 산타마三多摩를 거점으로 토건공사, 자갈채취업의 청부업자, 즉 합숙소의 십장들을 규합하여 5000명의 회원을

---

11 예를 들면 「무산자신문」 1927년 8월 13일자, "행상 조선동포를 강에 차 넣다(行商の朝鮮同胞を河に 蹴込む)".
12 「社会運動通信」 1934년 7월 13일자, "300명의 토공 동요"가 전하는 후쿠이현(福井県) 아소즈 신메이(麻生津 神明)연합 경지정리조합 공사장 투쟁은 3개의 조선인 합숙소가 "작업과 장소 관계로 다른 합숙소보다 임금이 적다"며 임금 인상을 요구하면서 시작된 것으로 여러 합숙소를 돌아다니는 조선인 행상이 리더가 되었다고 한다.

자칭할 정도의 세력을 키운 노동일심회의 경우 관혼상제의 협력과 부조, 식자교육 외에 무료숙박소, 직업소개, 촉탁의(嘱託醫)에 의한 무료 진찰, 노동자 간의 분쟁 조정, 조선 악기·축음기를 구입을 통한 오락위안을 사업으로 하였다.[13] 실제로 어느 정도 착실하게 활동했는지는 확실치 않지만, 조선인 단체의 규모가 커짐에 따라서 활동도 다양해졌던 것은 분명하다.

또 1920년대 중반부터 후반에 걸쳐 전국적인 세력을 확립한 내선융화단체인 상애회와 이와 반대의 입장을 취하는 사회주의 계열의 민족별 노동조합이었던 재일본조선노동총동맹(재일노총)도 이러한 조선인 합숙소나 노동 하숙과 그 연락을 기반으로 조직을 확대해 갔던 것을 확인할 수 있다.

상애회는 이제까지 지적해 온 바와 같이 조선총독부와 내무성의 관료들의 원조를 배경으로 세력을 확대한 친일단체다.[14] 단, 그 회원 모두가 이데올로기적 선택으로 상애회에 가입한 친일분자라고 판단하는 것은 잘못이다. 오히려 조선인 합숙소장과 공장의 조선인 담당, 노무 담당들이 일을 얻기 위하여 상애회와 손을 잡고, 그 배하의 노동자도 상애회 회원이 되는 실정이었다고 볼 수 있다. 이 점은 상애회의 무료숙박소가 합숙소인 점,[15] 그리고 "상애회의 우두머리들은 그들 자신이 부자이며 청부사(請負師)이고 '일선융합'을 완전하게 하게 위해서 정부의 관업노동을 청부하고 또 그 청부 편의를 부여받고 있다"[16]고 했던 것 등으로 뒷받침될 것이다.

한편 재일노총의 기반에 합숙소와 노동 하숙이 있었다는 것은 의외다. 합숙소장과 하숙 주인은 배하의 노동자로부터 합숙소비와 하숙비를 받아 생활하는 사람들로 극히 단순한 견해로 보면 그들은 최하층의 노동자를 이른바 중간착취하

---

13 「朝鮮思想通信」 1927년 11월 24~26일 게재, 박상희(朴尙僖), "도쿄조선인단체역방기(東京朝鮮人團體歷訪記)(16~18)".
14 姜東鎭, 『日本帝国主義の朝鮮支配政策史研究: 1920年代を中心として』, 東京大学出版会, 1978년, 244~247쪽.
15 「朝鮮思想通信」 1927년 11월 21일자, 박상희, "도쿄조선인단체역방기(14)"에 따르면 상애회의 '무료숙박소'는 '조선인 노동자의 집단지 혹은 취업에 편리한 지점에' 있는 '지부 또는 임시 숙박소(합숙소)'였다.
16 金斗鎔, 「川崎乱闘事件の真相」, 『戦旗』 1929년 7월.

는 편에 섰다고 할 수도 있기 때문이다. 그러나 그들도 다른 조선인들과 마찬가지로 민족적 차별을 받고, 노동재해나 임금체납, 저임금에 대항하여 함께 싸워야 했던 것이다. 그들이 재일노총의 운동에 참여했던 것은 탄압을 받은 재일노총 간부의 재판에 십장들이 달려가거나 조선인노동조합의 활동가들이 노동 하숙 주인을 조직화하는 움직임을 보였던 것으로도 알 수 있다.[17] 또 합숙소의 십장 계층을 규합한 단체로 보이는 노동일심회는 한때 재일노총의 산하 단체가 되고 (1927년에 탈퇴),[18] 노동우화회의 임원이었던 사람들 중에서 얼마 후에 재일노총에 참여하는 인물들이 존재하는 것도 확인할 수 있다.[19]

그리고 이상과 같은 조선인 합숙소끼리 연결하는 움직임 외에 1920년대 중반에는 '조선인 부락' 등으로 불렸던, 조선인들이 모여 거주하는 구역이 도시에 출현하였다. 조선인만이 거주하는 공간이 한 두 곳의 노동 하숙 차원에 그치지 않고 확대되었던 것이다. 이것은 재일조선인 인구가 단순히 증가하기만 한 것이 아니라 생활이 궤도에 올라 단신이 아닌 가족과 함께 도시에서 생활하게 된 조선인이 늘어났다는 점과 관련이 있다. 이 사람들은 이제 다다미 1장 크기에 2명이 사는 노동 하숙에 기거할 수 없게 되자 집을 빌려야 했던 것이다. 그러나 이 시기에는 이미 민족적 편견 때문에 조선인들이 셋집을 얻기가 어려웠다. 그래서 거주공간을 얻은 조선인 세대가 그곳에 다시 다른 조선인을 살게 하는 방식이 일반화되어 갔다.[20] 이러한 가운데 히구치 유이치가 지적한 것처럼 ① 조선인 합숙소, 노동 하숙, 공장의 조선인을 대상으로 한 기숙사를 거점으로 그 주위에 다른 조선인들도 살기 시작하고, ② 토지 소유자가 명확하지 않은 저지대, 습지, 하천 부지 등에 자력으로 판잣집을 만들어 살며, ③ 일본인이 살지 않게 된 가옥을 점거하고,

---

17 「조선일보」 1927년 7월 1일자, "재대판(在大阪) 조선인 숙주(宿主)조합 조직".

18 「朝鮮思想通信」 1927년 11월 24일, 박상회, "도쿄조선인단체역방기(16)".

19 노동우화회 조사부장으로서 이름이 보이는(앞의 內務省 社会局 第1部, 『朝鮮人労働者に関する状況』) 최남수는 1927년에는 가나가와현 조선노동조합 간부가 되었다(「조선일보」 1927년 8월 11일자, "가나가와 노동임시회").

20 이 배경에는 가와 메이세이가 지적한 바와 같이 1개의 셋집을 공유함으로써 지출을 줄여야 하는 사정도 있었다고 보인다(河明生, 『韓人日本移民社会経済史』, 明石書店, 1997년, 183~192쪽).

④ 조선인이 입주한 연립주택에 점차 다른 조선인들도 이사하는 등의 형태로 조선인이 뭉쳐서 사는 공간이 형성되어 간 것이다.[21]

물론 일본인을 완전히 배제한 이러한 공간은 몇 백 세대나 모인 정도의 큰 규모가 아니라, 대개는 몇 집에서 수십 집, 즉 수십 명에서 200~300명 정도가 거주하는 규모였다고 보인다. 그러나 그러한 공간이 비교적 가까운 곳에 몇 군데 존재함으로써 커뮤니티 차원 혹은 그보다 더 넓은 차원에서도 조선인 인구 비율을 무시할 수 없게 된 경우도 있다. 특히 조선인 노동자에게 고용기회가 많은 중소 영세공장이 늘어선 구역이나 그 이전부터 형성되어 있던 구역 등에서는 그러한 경향이 눈에 띈다.

이러한 가운데 1920년대 중반에는 거주지에서의 관계를 바탕으로 한 조선인 활동도 시작되었다. 그것은 역시 상호부조와 인격 도야 등을 목적으로 했지만, 그중에는 일본 행정당국이 조선인을 방치한 것에 대해 불만을 품고 조선인의 '자치'를 지향하는 움직임도 나타났다. 예를 들면 1923년 4월 오사카에서는 이선홍李善洪을 중심으로 한 조선인협회라는 단체가 '오사카시 변두리의 조선인 밀집지대'인 오이마사토大今里, 다마쓰쿠리玉造, 나카쓰中津, 이즈오泉尾, 짓코築港, 이마미야今宮 등 19곳에 "조선인 마을을 설립하여 각각 회장(촌장) 위원, 촌의회원 등을 뽑아 마을의 사무를 처리하고 통일된 자치단체로서 상호부조, 인격 향상, 기타 적당한 사업을 시행한다"는 등의 계획을 세운 것이 신문기사로 전해졌다.[22] 이 계획에 대해서 이선홍은 다음과 같이 말했다고 되어 있다.

오사카부의 조사에 따르면 오사카부에 거주하는 조선인의 총수는 1만 8000명이라고 계산되어 있으나, 사실은 적어도 4만 명 이상에 달하고 있습니다. 이들 다수의 조선인 중 대부분은 무직자여서 그날그날 생활하기가 힘든데, 우리가 아무리 내지

---

21 樋口雄一,「在日朝鮮人部落の成立と展開」, 小沢有作 編,『近代民衆の記録10 在日朝鮮人』, 新人物往来社, 1978년, 553쪽.
22 「오사카마이니치신문」 1923년 4월 24일자, "오사카시 주위는 선인촌으로 둘러싸이다(大阪市の周囲は鮮人村で取巻かれる)".

쪽에 구제책을 의뢰하여도 여러 가지 이유를 들어 구제해 주지 않고, 경찰 쪽은 단속에는 아주 엄하지만 조선인의 지도 구제에 대해서는 거의 아무 생각도 없는 것 같습니다. 그래서 결국 우리는 우리의 힘으로 자신의 운명을 개척해 나가는 것 밖에 살 길이 없다는 것을 깨달았습니다. 그러려면 우선 단결을 확고히 할 필요가 있기 때문에 사설 자치촌을 세우기로 한 것입니다. 종래에도 내지인과는 융화는커녕 거의 교섭도 없고 이제 곧 촌을 만드는 총회를 열 오이마사토 마을 등은 촌의 관공서, 경찰과도 교섭이 없는 상태이기 때문에 새롭게 설립되는 마을 가운데는 내지의 행정에 복종하지 않는 곳도 있을 것이라고 생각됩니다.[23]

물론 실제로 일본 국가의 행정권에서 벗어난 자치구를 설립하는 것은 불가능했다. 동시에 이 직후에 일어난 간토대지진 당시의 조선인 학살사건으로 충격을 받은 행정당국은 조선인에게 무관심하던 태도를 바꾸어 내선융화사업을 개시하기에 이른다. 그러나 행정당국과 커뮤니티의 일본인 유력자가 직접 조선인을 보호 구제하고 지도 통제한 경우는 별로 없어서 그 후에도 조선인이 거주지에서 '자치'적인 활동을 했던 것은 여러 곳에서 찾아볼 수 있다. 그런 활동들은 상애회와 같은 내선융화단체와 연결된 경우도 있었던 반면, 재일노총과 같은 사회주의계열의 운동을 기반으로 한 것도 있었다(다음 장 참조).

이러한 움직임과 함께 역시 1920년대 중반에는 조선인 인구를 다수 포함하게 된 구역에서 조선인을 고객으로 하는 사업이 시작되었던 것도 주목된다. 1924년에 출판된 오사카시 사회부『조선인노동자문제朝鮮人労働者問題』는 가족을 이룬 조선인 세대 중에 아내가 하숙업이나 음식점을 부업으로 경영하는 경우가 많다고 기록하고 있다. 가장 초기의 단계에서는 음식점이라고 해도 본격적으로 가게를 내서 특별한 요리나 서비스를 제공하는 것이 아니라, 가정집의 부엌을 이용해서 주부가 만든 간단한 요리를 단신노동자에게 제공하는 형태가 많았을 것으로 보인

---

23 「오사카마이니치신문」 1923년 4월 24일자, "오사카시의 주위는 선인마을로 둘러싸이다(大阪市の周囲は鮮人村で取卷かれる)".

[표 3-1] 재일조선인의 취업 경로

조사년차	조사대상자		주요 취직경로
1926	고베시	유세대자	'친구 소개' 62.34%, '자기 신청' 26.38%, '친척 소개' 5.57%
		독신자	'친구 소개' 58.15%, '자기 신청' 20.06%, '친척 소개' 5.26%
1928	도쿄시	유세대노동자	'보호단체' 45.25%, '자기 직접' 19.75%, '친구 소개' 11.50%, '지인 소개' 9.75%, '모집' 4.75%, '십장' 4.25%
		독신노동자	'보호단체' 51.25%, '지인 소개' 15.94%, '자기 직접' 12.75%, '친구 소개' 6.00%, '십장' 4.56%
1932	오사카시 · 세대주		'개인 소개' 51.48%, '자기 지원' 26.14%, '자발 영업' 13.61%, '직업소개소' 8.60%
1935	도쿄시	유세대노동자	'직업소개소' 48.06%, '자기 직접' 11.28%, '지인 소개' 30.01%, '보호단체' 4.86%, '십장' 3.00%
		독신노동자	'지인 소개' 40.82%, '보호단체' 16.87%, '직업소개소' 16.14%, '자기 직접' 13.14%, '십장' 8.32%
1935	교토시		'지인 소개' 38.00%, '직접' 24.01%, '친구 소개' 17.39%, '공사설 소개소 소개' 8.91%, '가족 소개' 3.04%
1937	니시노미야시 · 아시야시, 가와베 · 무코군 유세대자		'지인 소개' 45.47%, '자기 지원' 31.45%, '친척 소개' 7.06%
1937	니시노미야시 · 아시야시, 가와베 · 무코군 단신자		'지인 소개' 48.92%, '자기 지원' 34.24%, '친척 소개' 9.77%

전거: 東京府社会課, 『在京朝鮮人労働者の現状』, 1929년; 東京府社会課, 『在京朝鮮人労働者の現状』, 1936년; 大阪府学務部社会課, 『在阪朝鮮人の生活状態』, 1934년; 神戸市社会課, 『在神半島民族の現状』, 1927년; 京都市社会課, 『朝鮮人の生活状態』, 1937년.
주: 1928년의 도쿄시의 조사에서 '보호단체'가 다수를 점하는 것은 이 조사가 '보호단체'의 협력을 얻어서 실시하고 있었던 것과 관련 있다.

다. 이 보고서에 소개되어 있는 음식점도 '다다미 8장과 마당 2평 남짓'의 셋집에서 세대주의 아내가 경영했던 것에 불과하다. 단, 술·맥주나 면류 기타 '소·돼지 등의 내장으로 만든 음식'도 제공한 것으로 보아(이러한 표현은 일본인이 잘 모르는 요리라는 것을 의미한다고 생각되기 때문에) 조선인을 대상으로 한 것이 틀림없으며, 또 어류, 건어물, 과일 등의 매상이 있는 것으로 보아 식료품 소매점으로서의 역할도 했을 가능성도 있다. 그리고 그러한 영업을 발전시켜서 독자적인 점포를 내기도 했다. 이 보고서가 작성된 지 1여년 후에 어느 신문기사는 오사카부 히가시나리東成군 쓰루바시초鶴橋町(1925년에 오사카시 히가시나리구로 편입, 현재의 오사카시 이쿠노[生野]구를 중심으로 한 구역)에서는 "샌프란시스코 부근의 일본인 타운을 걸으면서 도쿄집, 오사카집 등의 음식점을 발견하는 것과 마찬가지로", "경성헌, 평양옥 등으로 불리는 조선 요릿

[표 3-2] 세대를 형성한 조선인 중 동거인을 둔 세대수와 그 비율　　　　　(단위: 세대)

조사연차	조사대상	동거인 유세대(A)	세대 총수(B)	A/B
1932	오사카시	2,665	11,835	22.52%
1935	요코하마시			11.20%
1935	고베시			35.91%
1937	니시노미야시·아시야시, 가와베·무코군	744	4,278	17.39%

전거: 大阪府学務部社会課, 『在阪朝鮮人の生活状態』, 1934년; 横浜市社会課, 『朝鮮人生活状態』, 1935년; 神戸市社会課, 『朝鮮人の生活状態調査』, 1936년; 兵庫県学務部社会課, 『朝鮮人の生活状態』, 1937년.
주: 1932년 오사카시의 A는 셋방 수입이 있는 세대. 공란은 불확실함을 나타낸다.

집이 늘어서 있다"고 전했다.[24]

이처럼 1920년대 중반에는 재일조선인 사회가 점차 확대되어 가고 있었다. 1920년대 초까지는 일본 내지에서의 조선인들의 사회적 결합은 합숙소와 노동하숙 등을 중심으로 한 '점'과 같은 것이었는데, 이제는 점과 점을 연결하는 그물망이 형성되거나 점이 '면'처럼 확대되어 간 것이다. 동시에 그 중에는 원초적인 공제에 그치지 않고, 계몽, 직업소개, 친목 위안 등을 포함하는 어느 정도 조직성을 갖춘 활동이 이루어지고, 나아가 조선인을 대상으로 하는 상업·서비스업도 전개되기 시작했다는 것을 확인할 수 있다.

그리고 1920년대 후반 이후의 신규 도일자도 이러한 재일조선인 사회 속에 유입되었다. 이것은 지연·혈연을 바탕으로 한 연쇄형 이민이 주류였고, 일자리나 거주 공간도 조선인끼리의 네트워크를 통해 정보를 얻어야만 했기 때문이다. 이러한 상황은 [표 3-1], [표 3-2]에서도 분명하다. [표 3-1]에서는 조선인의 취업경로가 취업소개소나 자기 지원이 아니라, '친구'나 '지인'의 소개로 이루어진 경우가 많았음을 알 수 있고, [표 3-2]는 세대를 갖춘 조선인이 세를 놓는 일이 일반적이었음을 나타낸다. 그럴 경우 '친구'나 '지인'은 조선인일 것이며, '세 들어 사는 사람'도 일본인이라고는 볼 여지는 없다(이 밖에 도쿄시에서는 '보호단체'를 통해서 취업한 경우가 많았던 것을 알 수 있는데, 그 보호단체는 상애회와 노동일심회 등 조선인이 조직한 것이었다).

이리하여 재일조선인 사회는 더욱더 확대되었고, 그 안에서 이루어진 조선

---

24 「오사카마이니치신문」 1925년 1월 24일자, "통역 순사도 있는 인구 4000명의 선인 동네(通訳巡査もいる人口4000人の鮮人町)".

인들의 독자적인 활동도 다양화 · 활성화되었다.

2. 사회적 결합: 에스닉 커뮤니티와 에스닉 네트워크

다양성과 공동성

1920년대 말 이후의 재일조선인 사회에 대해서 생각해 보려면 우선 그 구성원들의 속성과 입장이 나름대로 복잡했다는 것을 언급해야만 할 것이다. 1920년대 전반까지의 경우 재일조선인을 구성한 것은 대다수가 남성 단신노동자로 종사하는 직종과 계층도 비슷했다(토건 노동자와 중소영세공장의 노동자 등으로 최하층에 위치한다고 생각되었다). 물론 이 시점에도 여성과 어린이 재일조선인도 존재했고, 같은 남자 단신노동자라도 개개인의 출생과 성장 환경, 의식, 성격 등이 천차만별이었다. 그렇다고는 해도 이 시기의 재일조선인 사회는 남자 단신노동자가 중심이었으며, 내부의 구조는 그리 복잡하지 않았다.

이에 반해 1920년대 후반부터 정주층이 형성되면서 여성과 어린이의 비율이 높아지고, 또 일본 내지에서 장기체재한 사람인지 아닌지, 경제적인 지위가 어떠했는지 하는 차이도 생겨나게 되었다. 이 밖에도 다음과 같은 속성의 차이는 이 시기의 재일조선인 사회를 검토하는 데에 특히 중요한 것이라고 생각된다.

① 성별, 즉 남성인지 여성인지

② 세대 및 연령의 문제, 즉 어린이와 어른, 일본 내지에서 인격을 형성했는지 여부

③ 일본 내지 체재기간의 장단과 장래에 일본 내지에 계속 살 의사가 있는지 여부

④ 경제적인 의미에서의 계층

⑤ 교육 정도

⑥ 한반도에서의 출신지

이러한 여러 문제들이 중요한 이유는 종종 그러한 차이가 생활양식을 포함한

문화와 의식의 차이를 만들어내기 때문이다. 이러한 속성들의 차이는 어떠한 이민 집단 내부의 대립과 분열을 가져올 수 있다고 할 수 있다. 세대로 보면 1세와 2세 사이에 의식과 생활양식, 언어 등의 문화가 상당히 다른 경우가 왕왕 존재하고, 출신지로 보았을 때는 예를 들면 미국으로 이민한 이탈리아계를 보더라도 남부 출신인지 북부 출신인지에 따라 문화와 의식의 차이가 존재한다고들 한다. 또 이민 대상국의 사회에서 경제적으로 성공하거나 고등교육을 받은 인물의 경우 원래 속해 있던 민족 집단과의 관계가 희박해지거나 스스로의 민족적 출신을 감추고 행동하는 경우도 종종 찾아볼 수 있다.

그렇다면 1930년대 재일조선인 사회에서 앞에 서술한 것과 같은 차이로 인한 분열과 대립이 발생하고 있었을까? 결론부터 말하면 그것은 분명히 어느 정도 인정은 되지만 심각한 문제를 만들어 낼 정도는 아니었다고 보인다.

원래 이 차이들은 생활공간의 완전한 분리와 관계의 절단으로 이어지는 것이 아니었다. 남성과 여성은 하나의 가정을 이루고 공동생활을 영위하는 것이 일반적이었다. 세대와 연령에 대해서 보더라도 1930년대를 전반에 걸쳐 일본 내지에서 출생하거나 성장한 조선인이 결혼하여 다른 가정을 이루는 일은 아직은 별로 없었다.[25]

가정과 같이 친밀하게 결속된 작은 단위는 아니지만, 신규 도일자와 일본 내지에서의 체재기간이 장기화된 사람, 경제적으로 상승한 사람과 하층에 머물러 있던 사람, 인텔리와 비인텔리, 서로 다른 지방 출신의 관계를 보더라도 그 삶터와 일터라는 면에서 공유되는 점이 많았다. 신규 도일자는 이미 일본 내지에 오래 체재한 사람들이 경영하는 노동 하숙과 합숙소 혹은 그들이 사는 집의 셋방에서 일본 내지 생활을 시작했다. 인텔리의 경우도 일반 조선인들과 섞이지 않고 생활했던 사람은 거의 없었다고 생각된다. 한반도에서 고등보통학교 이상의 교

---

25 2장에서 서술한 바와 같이 2세의 출생이 눈에 띄기 시작하는 것은 1920년대 후반이기 때문에 이 사람들이 '결혼적령기'를 맞이하는 것은 1940년대 이후다. 단, 「동아일보」 1939년 7월 10일자의 곽복산(郭福山), "백만도항동포생활보고"는 "동포들 중의 가슴에는 은근이 남모르는 념려가 잇으니 자녀들의 혼인문제이다. 이주 30년에 여기서 생장되고 여기서 초등교육을 받고 점차 결혼기에 들은 청년남녀는 수만을 헤인다고 한다"고 전했다.

육을 받거나 교직에 있었던 조선인이 도일한 후에 교육을 못 받은 조선인 노동자와 함께 토건노동, 영세공장의 미숙련 노동에 종사하는 경우도 드물지 않았고, 이 시기 일본 내지의 고등교육기관에서 공부한 조선인들의 대다수는 조선인 합숙소와 노동 하숙에 기거하며 육체노동 등에도 종사한 이른바 고학생이었다. 그리고 경제적 상승을 이뤄낸 사람도 마찬가지로 조선인을 고용하거나 혹은 조선인을 상대로 한 상업·서비스업에 종사했으며, 조선인이 다수 거주하는 지구를 중심으로 그러한 사업을 하고 있었다.

또 출신지역에 따라 하나의 합숙소와 노동 하숙이 형성되거나 혹은 몇 집이 모여서 어느 구획 전부가 같은 지역 출신인 경우가 있었던 것은 분명하지만, 노동 현장과 보다 넓은 차원에서의 지역적인 관계 속에서는 다른 지역 출신 조선인끼리도 접촉하고 있었다.

물론 그러한 가운데 각자의 입장과 속성의 차이로 모순과 대립이 생겨났던 것도 부정할 수는 없다. 이 시기의 재일조선인에만 국한된 것은 아니지만, 가정이라는 단위도 단순히 따뜻한 애정과 평등한 관계로 만들어진 것이 아니라, 남성과 여성, 부모와 자식 간에서의 억압, 피억압을 동반하는 것이었다. 특히 재일조선인 가정의 경우 아버지나 남편인 남성이 일본 국가와 일본인으로부터 억압을 받고, 그것이 아내와 자식에게 전화되는 일도 있었다고 추측된다(이 점은 재일조선인 문학에서 아버지나 남편인 조선인 남성이 아내와 자식에 대해 폭력적인 태도를 취하는 상황이 여러 차례 그려져 있는 것으로도 알 수 있다). 신규 도일자와 일본 체재기간이 장기화된 사람, 계층이 상층인 사람과 하층인 사람의 관계도 세 들어 사는 사람과 집주인, 배하의 노동자와 십장, 피고용자와 고용주의 입장인 경우가 종종 있었기 때문에, 수탈과 착취를 당하는 형태와 하는 형태의 대립이 당연히 존재했다. 말단 노동자가 합숙소장과 하숙 주인에게 불만을 갖거나,[26] 조선인 공장주에 대항하여 조선인 노동자가 쟁의를 일으키는 것은 별로 드문 일이 아니었다.[27] 출신 지역이 원인이 된 항쟁도 실제로 일어났다.

---

26 예를 들면 『朝鮮靑年總同盟在日本朝鮮靑年同盟大阪市部西南班ゝ報』 제1호, 1928년, 날짜 불명 (早稻田大學圖書館所藏, 『米軍沒收史料』 중의 MJ143, reel. 13, 2802)에서는 "횡포(橫暴)한 하숙 주인을 퇴치하라"는 투서가 실려 있다.

때에 따라서는 출신 지역별로 만들어진 그룹이 '세력다툼'을 한 것이 폭력사건으로 발전한 경우도 여러 차례 전해지고 있다.[28]

그리고 인텔리와 비인텔리 사이에는 대립·모순 관계가 없었을지도 모르지만, 의식 차이는 분명히 존재했을 것이다. 이에 대해서는 조선인 작가 김사량金史良이 집필한 도쿄시 시바우라芝浦를 무대로 한 단편소설 「벌레蟲」가 그린 어느 조선인 합숙소의 모습이 시사적이다. 이 작품에서는 합숙소에 거주하는 기묘한 통계벽統計癖을 가진 고학생이 등장하는데, 그는 다른 조선인 노동자에게 "사방 일정(町) 이 지역에만도 너희가 몇백몇십몇 명. 그 중 독신자가 얼마얼마인데 알콜중독자가 몇 명, 도박상습자가 몇 명, 위생지식이 없기 때문에 성병을 앓는 자가 얼마얼마, 이래도 되는 거냐? 어이, 모두들 대답해봐. 조금이라도 자각을 가지라고 하는 소리야!"라고 큰소리로 떠들어 댄다는 일화[29]가 삽입되어 있다. 이것은 소설이지만 지도자 의식을 가지고 '계몽'하고자 하는 의도에서 다른 조선인들과 접하는 인텔리와 그에 응하지 않는 비인텔리의 관계를 실제로도 찾아볼 수 있었을 것이다.

그렇지만 이처럼 어떤 상황에서는 대립하고 있던 사람들도 생활을 유지하기 위해서는 서로 돕고 의존하는 관계에 있었다는 것에 주목할 필요가 있다.

우선 아내는 남편의 적은 수입을 보충하기 위한 여러 가지 노동에 종사했다. 지방 행정당국의 사회조사에 나타난 숫자에 따르면 이 시기 재일조선인 세대주의 배우자가 일자리를 갖고 있는 비율은 1932년 시점의 오사카시내 거주자 중에서 12.2%, 1935년의 교토시 거주자의 경우 15.1%로 그다지 높지 않다. 그러나 이 숫자는 아마 명확하게 '직업'이라고 간주되는 노동에 종사했던 유직자有職者만일

---

27 『特高月報』 1935년 1월호가 전하는 1935년 1월에 일어난 오사카시 히가시나리구 소재의 사이토(斎藤) 제작소의 투쟁 등. 그리고 『特高月報』는 1935년 10월부터 『特高外事月報』라는 제목으로 바뀌는데(1938년 7월까지), 이하에서는 편의상 이 시기의 것도 『特高月報』로 기재한다.

28 「오사카아사히신문」 1928년 9월 1일자, "선인 40명 밤에 습격하여 뭇매질(鮮人40名夜襲し袋叩)"은 오사카부 기시와다(岸和田) 주변에 거주하는 조선인이 "제주도, 반제주도의 두 파로 나뉘어서 끊임없이 세력다툼을 계속하고" 있어, 제주도 측이 대립하는 그룹을 습격했다는 사실을 보도하고 있다.

29 金史良全集編集委員会, 『金史良全集』 제II권, 河出書房新社, 1973년, 18쪽.

것이다. 앞의 절에서 언급한 오사카시 사회부의 『조선인노동자문제』가 전하는 바에 따르면 노동 하숙을 치고 간단한 음식점을 경영한 것은 조선인 공장노동자의 아내였다. 또 아내인 여성들이 폐품 회수 리어카를 밀거나 하여 가업을 돕거나 혹은 중소공장에서 '잡역'으로 불리는 보조적인 일에 종사하는 경우도 있었다. 시기는 내려오지만 1939년에 기록된 한반도에서 온 조선인 특파원은 당시의 재일조선인 여성들의 모습에 관하여 다음과 같이 기술하고 있다.

> 여들은 한번 고향을 뒤에 두고 남편을 따라 생활을 구하야 찾어들어온 만큼 조선 내의 부녀들은 상상도 하지 못하리만큼 근로를 아끼지 안코 잇다. 현재 대판에 자리를 잡고 거주하는 약 25만의 동포 중 약 10만은 부녀들이고, 그의 약 8할 5부까지가 공장 혹은 수공업에 종사하고, 하다못하면 남편이 끄으는 '구루마' 뒤라도 밀어주어 그야말로 여기와서 잇는 부녀들은 버서노코 활동하고 잇다. 이러케 손과 발이 달토록 대판의 너른 천지를 동분서주하지 안흐면 먹고 살기가 어려운 것이다.[30]

어린이들도 마찬가지로 폐품 수집을 돕거나 공장의 소년공을 비롯하여 가계를 돕기 위한 여러 가지 노동에 종사했다. 이 점은 이 시기를 소년으로서 지낸 재일조선인의 회상에도 기록되어 있을 뿐 아니라,[31] 당시의 조선인이 직접 "8, 9세의 아즉 피덩이가 다 구더지지 못한 어린 것들이 12, 3시간식 공장에서 구속을 바다가며 2, 30전식 벌어오는 혈정血晶으로 호구糊口를 면하여"[32]라고 한 것으로 보아도 분명하다.

다음으로 신규 도일자와 일본 체재가 장기화된 사람과의 관계를 보면 신규

---

30 「동아일보」 1939년 7월 6일자, 곽복산, "백만도항동포생활보고 ② 땀의 결정인 제2 고향". 인용 중 8할 5부의 여성이 일하고 있다는 것의 근거는 무엇인지 확실치 않다.
31 1920년생으로 1930년에 도일한 김달수(金達壽)는 그의 자전적 기록 『우리 아리랑 노래(わがアリランの歌)』, 中央公論社, 1977년 중에서 소년기부터 '넝마주이'나 공장 노동 등에 종사했다고 기술하고 있다.
32 「민중시보」 1936년 1월 21일자, 김추수(金秋水), "재판(在阪)조선인의 제문제(3)". 이러한 현실이 있었던 것도 한 원인이 되어 재일조선인 아동의 취학률은 낮았으며, 이 논설도 그 점을 비판하고 있다.

도일자에게 있어 이미 일본 내지에 오래 산 사람은 일자리와 주거를 소개해 줄 의존해야 할 존재였다. 한편 일본 내지에 오래 산 사람에게 있어서도 신규 도일자에게 집의 일부를 빌려 주어(대개가 셋집을 또 세놓았기 때문에) 집세의 절반이나 일부를 부담해서 경제적으로 도움이 되는 측면이 있었다. 경제적으로 상승한 사람과 하층인 사람의 관계를 보더라도 민족차별로 취직자리를 좀처럼 구하지 못하는 상황에서 조선인 공장주는 하층의 조선인을 고용해 주는 존재였고, 반대로 공장주로서는 하층의 조선인을 고용하는 것이 저임금으로 생산 비용을 낮출 수 있는 장점을 가진다는 관계에 있었던 것이다.

이 밖에 출신지에 따른 대립도 그것을 초월하여 일본인의 차별에 대처해 나가야 한다고 재일조선인 사회의 리더 계층이 호소하였으며,[33] 출신 지역을 초월한 조직들의 활동이 실제로 전개되고 있었다.

또 인텔리와 비인텔리의 관계는 애당초 대립하는 것이 아니었다. 인텔리는 글자를 모르는 사람들에게 식자교육과 고향에서 온 편지의 대독, 대필을 해주었다. 전술한 김사량의 「벌레」에 등장하는 고학생을 보더라도 그는 합숙소의 노동자들로부터 완전히 배제되어 있지 않았다. 익숙하지 않은 육체노동과 빈곤으로 발광하는 그에게 "함바(합숙소) 사람들은 돈을 모아 차표를 사서 이 대학생을 고향 나가는 사람 편에 딸려 보내는" 등 따뜻하게 대하고 있었다.[34]

이상으로 1930년대의 재일조선인 사회는 다양한 속성, 입장을 가진 사람들을 포함하게 되었지만, 대립·모순의 요소를 갖는 사람들도 조선인끼리는 강하게 결속되어 있었다는 것을 알 수 있었다. 그러한 상황은 이제까지 서술해 온 바로도 알 수 있듯이 일본 국가와 일본인으로부터 차별받고, 생활상 어려움을 강요당한 것을 배경으로 생겨난 것이다. 조선인이 일본 내지에서 계속 생활하기 위해서는

---

33 「민중시보」 1935년 9월 15일자, 김미동의 투고 "지방적 차별 관념을 타파하자"에서는 "일본 내에 거주하고 잇는 동포 간에 지방 차별의 악관념(惡觀念)이 잠재하고 있슴은 거짓업는 사실"이라며 "특히 지방열(地方熱)의 발효처(醱酵處)인 친목단체를 해소 또는 한거름 양보하여 연합을 획책하자"고 서술했고, 같은 신문 1936년 1월 1일자의 신준희(申晙熙) "문맹퇴치와 친목도모가 급무"에서도 "지방적 관념을 타파하야 민족적으로 대동단결할 필요가 잇슴니다"고 호소했다.
34 앞의 『金史良全集』 제Ⅱ권, 19쪽.

여러 가지 갈등을 끌어안으면서도 서로 돕고 의지하면서 살아갈 수밖에 없었던 것이다.

단, 부언해 두자면 그러한 구성원의 속성 등의 차이가 역시 문화와 의식의 차이를 가져왔던 것도 사실이다. 여성과 남성, 1세와 2세(어른과 어린이), 신규 도일자와 장기체재자, 비인텔리와 인텔리라는 차이는 일본인과의 접촉 빈도와 관계 양상의 차이로도 이어져서 결과적으로 민족문화의 유지 상황과 의식에도 영향을 미쳤다(일반적으로 후자 쪽이 일본인과 많이 접촉하고 관계도 깊었다고 보아도 지장이 없을 것이다). 또 출신지가 어디인지 동향 사람이 어느 정도 많은지에 따라서 도일한 후의 문화와 사회적 결합의 차이를 만들어내기도 했다고 보인다. 그런 의미에서는 1930년대의 재일조선인 사회는 내부에 몇 가지 다양성의 요소가 존재하면서도 공동성을 유지하고 있었다고 할 수 있을 것이다.

조선인 집주지의 형성 상황

1920년대부터 1930년대에 걸쳐서 재일조선인 인구가 다수를 차지하는 특정 공간이 형성되어 있었던 것은 이제까지의 연구에서도 주목했었다. 그러한 공간은 조선인 부락, 조선인 집주지, 조선인촌, 조선정町, 조선인 다주지구 등 여러 가지 호칭이 부여되어 있다. 그러나 그 용어의 정의를 내린 연구자는 필자가 아는 바로는 없다. '조선인 부락'이라고 불리는 공간을 보더라도 영역의 넓이와 그곳의 조선인 인구, 조선인 인구 비율 등이 비슷하지 않다.[35]

그래서 혼란을 피하기 위하여 이하에서는 커뮤니티 차원, 즉 일상적으로 도보로 다닐 수 있는 범위의 영역(통상 초등학교 1학구 정도)에 조선인 인구를 무시할 수 없는 상황이 된 구역을 '조선인 집주지'라고 부르고 논지를 펴나가고, 커뮤니티 차원보다 좁은, 예를 들면 공터 등에 조선인이 몇 집에서 수십 집 뭉쳐서 살고

---

[35] 예를 들면 앞의 히구치 유이치의 「在日朝鮮人部落の成立と展開」에는 20곳의 조선인 부락의 주소와 호수 등에 대해서 기록한 일람표가 실려 있는데, 이것에는 공간적 넓이로 말하면 '아라카와구 미카와시마초'와 같은 소학교의 학구가 몇 개 들어가 있는 것 같은 것부터 '쓰루미구 우시오다초 인보관 뒤(隣保館裏)' 같은 좁은 지점까지 포함하고 있다. 또 조선인 인구는 전자가 350세대 700명이라는 큰 규모였던 것에 반하여, 후자는 14호 70명 남짓으로 상당한 차이가 있다.

있는 곳은 당시의 관헌사료의 용어에 따라서 '조선인 밀집지'라고 칭하여 구별하기로 한다.[36] 조선인 집주지 규정에서의 '조선인 인구를 무시할 수 없는 상황'이라는 것은 다소 애매하지만, 예를 들면 인구 비율로 10%를 넘거나 큰 합숙소가 있어서 조선인 인구가 수백 명을 넘거나 조선인 가구가 수십 채 모여서 살고 있는 구획이 있거나 혹은 몇 집에서 열 집 정도의 조선인 집합이 몇 개 존재하는(즉, 큰 조선인 밀집지가 있거나 작은 조선인 밀집지가 몇 개 있다) 상황 모두를 포함한다.

그러면 조선인 집주지는 어느 정도로 또 어떤 형태로 존재하고 있었을까? 이 점은 행정당국의 조사와 정정町丁 차원의 조선인 인구를 나타내는 통계로 몇 도시에 관해서 확인할 수 있다.

우선 도쿄시에 대해서는 1934년에 도쿄부가『도쿄부 아래에 있는 조선인 밀주지역에 관한 조사東京府下に於ける朝鮮人の密住地域に関する調査』를, 1939년 도쿄시가『반도출신노동자집단지구조사半島出身労働者集団地区調査』를 정리했다. 이 조사들로 파악된 지구의 조선인 인구 등은 [표 3-3], [표 3-4]와 같다. 이 밖에 1935년 실시된 국세조사 부대조사를 통해서는 정정 차원의 총인구, 조선인 인구를 알 수 있다. 거기에서 조선인 인구 150명 이상 내지 조선인 인구 비율 5% 이상인 정정을 추출하여 [표 3-5]로 정리해 두었다.

그러면 [표 3-3]과 [표 3-4]로 알 수 있듯이 1934년 조사에서는 커뮤니티 차원의 넓이에서 조선인 인구가 많은 구역을 골랐다고 생각되는 데에 반하여, 1939년 조사는 그보다 좁은 공간으로 조선인이 집단적으로 사는 구역이 파악되고 있다. 즉, 전자는 조선인 집주지를, 후자는 조선인 밀집지를 나타내고 있다고 할 수 있다. [표 3-5]는 기계적인 기준에 따라 선택되었기 때문에 모든 곳을 조선인 밀집지로 간주할 수는 없지만, 시바芝구 시바우라초芝浦町, 스키미초月見町, 다카하마초高浜町와 혼조本所구 긴시초錦糸町 4초메丁目, 후카가와深川구 시라카와초白河町 1~2초

---

36 예를 들면 大阪府 警察部, 『昭和8年度 朝鮮人に関する 統計表』, 1933년(?)(『叢書』 제3권에 수록) 속에 포함된 '재주조선인 부락밀집지방조在住朝鮮人部落密集地方調'라는 표에서의 '밀집지역'은 1개의 번지 내지는 몇 개의 번지에 십수 개에서 수십 호의 조선인이 살고 있는 곳이 많다(단, 그렇지 않은 경우도 있기 때문에 관헌 측에서도 명확한 '밀집지'의 개념 규정을 하지 않았다고 보인다).

[표 3-3] 도쿄부가 조사한 조선인 '밀주지역'과 조선인 인구 등(1934년)　(단위: 명)

구 이름	주소	조선인 인구(A)	총인구(B)	A/B(%)
小石川	小石川区 戸崎町, 久堅町, 白山御殿町, 永川下町으로 이루어진 '태양이 없는 거리'	349	26,119	1.34
豊島	西巣鴨 1~2丁目	400	4,400	9.09
	日ノ出町	400	4,150	9.64
荒川	南千住 1丁目, 6丁目, 7丁目	459	27,054	1.70
	三河島町 5丁目, 7丁目, 8丁目	700	21,866	3.20
城東	大島町 2~6丁目, 8丁目	909	15,969	5.69
	南砂町 1~2丁目, 北砂町1~5丁目	642	8,524	7.53
本所	錦糸町 4丁目 5番地	417	450	92.67

전거: 東京府, 「東京府下に於ける朝鮮人の密住地域に関する調査」, 『社会福利』, 1934년 7월.

주: 本所区錦糸町 4丁目 5番地는 상애회가 경영하는 기숙사와 아파트만의 지점이다.

[표 3-4] 도쿄시가 조사한 '반도출신 노동자 집단 지구'와 조선인 세대 수 등(1939년)(단위: 세대, 명)

구 이름	町丁 이름	세대 수	세대원 수
芝	西芝浦	55	246
	海岸通	87	157
	高浜町	76	338
深川	塩崎町	67	275
	白河町	32	124
	千田町	79	347
	浜園2号地	35	158
	浜園3号地	63	260
目黒	唐ヶ崎	23	97
荏原	戸越町	54	181
品川	大井伊藤町	63	269
世田谷	大蔵町	20	103
	玉川町	28	144
中野	上高田	44	127
豊島	高田南町	74	341
	日ノ出町	50	203
	西巣鴨	46	169
荒川	南千住	88	277
	三河島	146	518
板橋	中新井	49	188
	向山町	34	124
向島	寺島町	27	141
城東	南砂町	43	176
	北砂町	53	249
	大島5丁目	36	149
	大島6丁目	96	379

전거: 東京市, 『半島出身労働者集団地区調査』, 1939년.

[표 3-5] 도쿄시의 조선인 인구 150명 이상 내지 인구비 5% 이상인 정정(町丁)과 조선인 인구(1935년)

(단위: 명)

구 이름	町丁 이름	조선인 인구(A)	총인구(B)	A/B(%)
日本橋	本石 2丁目	1	1	100.00
芝	日出町	194	1,537	12.62
	芝浦町 3丁目	86	1,282	6.71
	月見町 1丁目	45	115	39.13
	月見町 2丁目	281	836	33.61
	高浜町	291	651	44.70
	白金三光町	196	20,351	0.96
牛込	早稲田鶴巻町	214	11,803	1.81
小石川	白山御殿町	150	5,953	2.52
下谷	入谷町	154	26,908	0.57
本所	太平町 4丁目	166	4,003	4.15
	錦糸町 4丁目	223	2,315	9.63
	菊川町 2丁目	162	4,642	3.49
深川	越中島町	100	1,489	6.72
	平久町 2丁目	56	623	8.99
	塩崎町	378	1,217	31.06
	浜園町	233	1,244	18.73
	枝川町 1丁目	11	77	14.29
	東扇橋町	176	4,283	4.11
	石島町	344	9,994	3.44
	白河町 1丁目	106	1,601	6.62
	白河町 2丁目	267	4,754	5.62
	千田町	590	11,163	5.29
	高橋 3丁目	151	5,722	2.64
	高橋 4丁目	225	5,367	4.19
	猿江町 1丁目	217	4,441	4.19
目黒	上目黒 4丁目	152	4,589	4.89
	唐ヶ崎町	197	2,135	9.23
	道々橋町	14	234	5.98
	調布峯町 2丁目	31	194	15.98
世田谷	玉川野毛町	101	1,026	9.84
	玉川用賀町 3丁目	33	295	11.19
	玉川町	145	1,823	7.95
荏原	戸越町	776	48,207	1.61
	小山町	177	26,604	0.67
	中延町	334	48,417	0.69
	上神明町	303	17,873	1.70
大森	馬込町東 4丁目	251	4,471	5.61

		213	23,382	0.91
蒲田	蒲田町	213	23,382	0.91
	六郷町	196	6,857	2.86
	羽田 1丁目	174	6,068	2.87
渋谷	幡ヶ谷本町 3丁目	186	9,334	1.99
	代々木外輪町	12	88	13.64
淀橋	戸塚町 1丁目	253	10,744	2.35
	西大久保 4丁目	37	244	15.16
中野	広町	15	54	27.78
杉並	大宮前	15	266	5.64
豊島	西巣鴨 1丁目	266	9,106	2.92
	高田南町 2丁目	181	2,928	6.18
滝野川	西ヶ原町	193	25,546	0.76
荒川	南千住町 1丁目	267	10,539	2.53
	三河島町 6丁目	291	8,309	3.50
	三河島町 7丁目	394	10,401	3.79
	町屋 3丁目	228	7,014	3.25
	尾久町 1丁目	218	13,049	1.67
	尾久町 2丁目	180	14,481	1.24
	日暮里町 2丁目	160	11,834	1.35
	日暮里町 5丁目	171	4,339	3.94
王子	豊島町	537	28,606	1.88
	稲付島下町	47	457	10.28
板橋	練馬向山町	71	908	7.82
足立	柳原町	178	9,475	1.88
向島	吾嬬町東 1丁目	222	3,271	6.79
	吾嬬町東 3丁目	176	4,551	3.87
	吾嬬町東 4丁目	158	5,988	2.64
	吾嬬町西 1丁目	212	10,225	2.07
	吾嬬町西 2丁目	201	12,597	1.60
	吾嬬町西 4丁目	284	11,443	2.48
	寺島町 8丁目	166	5,141	3.23
城東	亀戸町 1丁目	160	6,747	2.37
	亀戸町 4丁目	188	7,507	2.50
	亀戸町 5丁目	191	10,701	1.78
	大島町 2丁目	165	8,500	1.94
	大島町 5丁目	258	5,257	4.91
	大島町 6丁目	407	8,377	4.86
	北砂町 1丁目	322	7,537	4.27
	南砂町 1丁目	319	5,997	5.32

전거: 東京市, 『東京市国勢調査附帯調査』, 1936년.

[표 3-6] 요코하마시가 조사한 '조선인 부락'과 조선인 인구, 호수(1935년) (단위: 호, 명)

구 이름	町 이름 등	호수	인구
鶴見	潮田町隣保館 뒤	14	70
	潮田町 소방서 부근	30	160
	生麦町	7	35
神奈川	神奈川通5丁目	15	84
	子安町	13	
	稲荷町	15	
	平川町	13	
中	宮川町	45	230
	山手町	37	170
	山元町, 大平町, 大芝台	40	
	中村町	13	
	大岡町		
	永田町	7	
保土ヶ谷	岩間上町	15	

전거: 横浜市, 『朝鮮人生活狀態調査』, 1935년.
주: 인구의 일부는 개수(槪數)이며, 공란은 불확실함을 나타낸다.

메, 에다가와초枝川町, 하마조노초浜園町, 시오자키초塩崎町, 세타가야世田谷구 다마가와노게마치玉川野毛町, 메구로目黒구 가라가사키초唐ヶ崎町 등에는 조선인 밀집지가 있었다고 보아도 될 것이다. 따라서 [표 3-4]와 [표 3-5]에서 시바구 시바우라초芝浦町, 쓰키미초月見町 등의 임해부臨海部, 후카가와구 하마조노초浜園町·에다가와초枝川町·시오자키초塩崎町 등의 역시 같은 임해부에는 몇 곳의 조선인 밀집지가 있어, 조선인 집주지로 형성되어 있었다는 것을 확인할 수 있다. 이 조선인 집주지들의 형성 배경은 공장이 즐비하여 고용기회가 많다(조토[城東]구 미나미스나마치[南砂町]와 아라카와구 미카와시마[三河島]), 항만노동 고용이 있고 매립지 등 판잣집을 세우기 쉬운 환경이 있었다(시바구의 임해부), 저습지 등 거주 조건이 나빠 일본인을 포함한 슬럼을 형성하고 있었다(도시마[豊島]구 니시스가모[西巣鴨]와 히노데[日ノ出])는 것 등이다.

그리고 1939년의 도쿄시 조사에서는 조사 대상인 '반도 출신 노동자 집단 지구'별로 거주자의 출신 도가 기록되어 있다. 그에 따르면 아라카와구 시라카와초白河町, 이타바시板橋구 고야마초向山町에서는 전라남도 출신, 후카가와浜園 2호지, 시나가와品川구 오이이토초大井伊藤町, 히노데초日ノ出町에는 경상남도 출신이

[표 3-7] 교토시가 조사한 '조선 출신 동포 밀집개소'와 조선인 인구 등(1935년) (단위: 호, 명)

구 이름	町 이름	호수	조선인 인구	조선인 인구비
上京	上加茂池殿町	10	73	20.0%
	鷹野東町·北町	64	442	19.2%
左京	鹿ヶ谷高岸町	10	53	4.5%
	田中高原町	14	193	16.8%
	田中西浦町	14	129	7.6%
	一乗寺赤ノ宮	19	90	24.4%
中京	西ノ京南原町	49	336	60.0%
	壬生神明町	28	184	65.6%
	朱雀賀陽御所町	13	86	4.5%
	壬生下溝町	30	190	4.4%
東山	栗田口三条坊町	13	86	12.2%
	福稲御所ノ内町	15	95	18.3%
	山科北花山山田町	25	159	26.7%
	山科日ノ岡堤谷町	10	60	30.0%
	山科御陵三蔵町	14	78	47.2%
下京	西九条森本町	15	135	66.7%
	唐橋井園町	18	140	12.4%
	西七条東之町	20	85	6.7%
	東九条岩本町	77	564	31.8%
	東九条上殿田町	40	260	7.8%
	東九条松ノ木町	40	312	26.8%
	東九条柳下町	27	248	15.6%
	東七条川端町	35	215	21.7%
	吉祥院管原町	22	157	40.0%
	吉祥院這登町	35	189	45.7%
	吉祥院二ノ段町	19	174	35.1%
	吉祥院一ノ段町	38	205	52.7%
右京	西院花田町	30	286	21.7%
	梅津上田町	26	173	47.1%
伏見	竹田七瀬川町	64	305	20.1%
	深草西河原町	28	196	26.8%

전거: 京都市社会課, 『市内在住朝鮮出身者に関する調査』, 1937년.

많았던 것을 확인할 수 있다.[37] 이러한 점은 연쇄형 이민으로 같은 고향 사람들이 모여 살았음 나타내는데, 다른 지구에서는 출신도가 편중되지 않았던 것으로

---

[37] 상세하게 나타내면 후카가와구 시라카와초의 전라남도 출신자는 97명(전체의 78.2%, 이하 괄호 안은 전체에서 점하는 비율), 이타바시구 고야마초의 전라남도 출신자 79명(63.7%), 후카가와 2호지의 경상남도 출신자 116명(73.4%), 시나가와구 오이이토초의 경상남도 출신자 225명(83.6%), 도시마구 히노데초의 경상남도 출신자 113명(65.5%)이다.

보인다. 이 지구들에서는 지연 결합이 그다지 강하지 않았거나 다른 출신지의 지연 결합에 바탕을 둔 집단이 몇 개 모여서 조선인 밀집지를 형성하고 있었을 것으로 생각된다.

다음으로 요코하마시의 상황에 대해서 살펴보겠다. 요코하마시는 1935년에『조선인 생활상태 조사朝鮮人生活狀態調査』를 정리하였는데, 그 가운데에 '조선인 부락 연혁의 대요大要'라는 항목이 있다. 거기에 기록된 '조선인 부락'＝조선인 밀집지 위치와 조선인 인구, 호수를 정리하면 [표 3-6]과 같다. 여기에서는 쓰루미鶴見구 우시오다초潮田町에 2곳의 조선인 밀주지가 있어, 조선인 집주지가 형성되었던 것이 확인된다. 이것은 조선인에게도 공장 잡역부 등의 고용기회가 존재했기 때문일 것이다. 그리고 쓰루미구에 인접한 가와사키川崎시 임해부에도 조선인 밀집지가 존재했는데, 행정당국이 파악한 호수, 인구 등은 확실치 않다.

교토시에 관해서도 역시 1935년 시점의 조사가 있다. 1937년에 정리된 교토시 사회과『시내 재주 조선인 출신자에 관한 조사市内在住朝鮮人出身者に関する調査』가 그것으로, 이 조사는 '조선 출신 동포 밀집 개소'＝조선인 밀집지의 일람표와 학구별 조선인 인구, 인구 비율을 기록하고 있다. 그것을 바탕으로 작성한 것이 [표 3-7], [표 3-8]이다. [표 3-7]에서는 조선인 밀집지가 대개 인접해 있고, 동일 정내의 조선인 인구도 20~30%인 곳이 드물지 않았던 것을 알 수 있다. 그리고 학구 차원에서도 조선인 인구 비율이 10%를 넘는, 즉 조선인 밀집지를 형성하고 있던 곳이 6곳 확인된다. 특히 시모교下京구 깃쇼인吉祥院 학구에서는 조선인 인구가 1200명을 넘어, 비율로도 20%에 약간 못 미치는 높은 비율을 나타내고 있었다. 이 교토시의 조선인 집주지들도 "조선 출신 동포노동자의 주택은 하천 부지 기타 공터를 이용하여 늘어세운 판잣집, 도시에서 떨어진 지저분한 지역에 비좁게 군집한 단층연립으로서 급속하게 시민의 눈앞에 전개되기 시작했다"고 앞의 조사에 기록되어 있던 것처럼 역시 공터 등을 점거한 판잣집의 건설과 그 이전부터 존재하였던 슬럼으로의 유입으로 형성되었다.

오사카시에 관해서는 1928년 시점의 '밀집지역'의 위치와 호수, 인구를 오사

[표 3-8] 조선인 인구 비율 10%이상인 교토시의 학구(1935년)　　　　(단위: 명)

구 이름	학구 이름	조선인(A)	총인구(B)	A/B
上京	楽只	614	4,020	15.3%
	上加茂	896	7,631	11.7%
下京	吉祥院	1,251	6,557	19.1%
右京	梅津	386	3,335	11.6%
伏見	竹田	833	5,818	14.3%
	下鳥羽	186	1,626	11.4%

전거: 京都市社会課, 『市内在住朝鮮出身者に関する調査』, 1937년.

[표 3-9] 오사카시가 조사한 '조선인 밀집지역'과 조선인 호수, 인구(1928년)　　　　(단위: 호, 명)

구 이름	町 이름	호수	인구
此花	西九条下通1丁目	34	150
	大開町3丁目	18	125
東	左官町	22	146
	餌差町	10	99
	中道川西町	13	86
東淀川	長柄東通1丁目	25	99
	中津浜通5丁目	21	221
港	泉尾浜通2丁目	25	394
	船町	45	347
	小林町	45	333
東成	猪飼野町 923	59	579
	猪飼野町 131	23	159
	猪飼野町 872	32	359
	猪飼野町 628	24	271
	猪飼野町 1366	24	209
	生野国分町	15	117
	鶴橋木野町	27	278
	中道町	16	198
	東小橋町	55	585
	大今里町	44	320
	鳴野町	87	1,025
西成	長橋通6丁目	74	904
	北開通3丁目	92	1,302
	南開通3丁目	52	470

전거: 大阪市, 『本市に於ける朝鮮人の生活概況』, 1929년.

카시 사회부 『본시에 있어서의 조선인의 생활개황本市に於ける朝鮮人の生活概況』으로 알 수 있다. 그리고 오사카시를 포함하는 오사카부에 관해서는 오사카부 경찰부『쇼와 8년도 조선인에 관한 통계표昭和8年度 朝鮮人に関する統計表』중에 1933년 시점의 '조선인 밀집지역' 일람표가 포함되어 있다. 각각을 근거로 정리한 것이 [표 3-9], [표 3-10]이다. 1928년의 데이터는 서식 등으로 보아 경찰 조사를 옮겨 적은 것으로 생각된다.

우선 오사카시내에 대해서 서술하면, 1928년 시점에서의 조선인 밀집지는 24곳이었던 것에 반해 1933년에는 89곳으로 증가했다. 밀집지의 거주 인구도 1928년에 882호, 8776명에서 1933년에는 5602호, 2만 9739명으로 증가했다. 각각의 시점에서의 오사카시 거주 조선인 인구 전체에서 차지하는 밀집지 거주자 비율은 1928년이 19.4%, 1933년이 26.6%다. 따라서 이 동안에 조선인 밀집지에서 일반 주택지로 전출하여 일본인들 사이에 섞여 살게 된 경우는 아마도 적었을 것이며, 반대로 밀집지로 집중이 강화되었음을 확인할 수 있다. 조선인 밀집지는 아니지만 그 부근의 단층연립에 거주한 조선인도 다수 있었을 것이므로, 당시 일본인 주민과 완전히 분리된 형태는 아니라 하더라도 조선인들이 집단적으로 거주하는 경향이 상당히 현저했다고 보아도 될 것이다.

그렇다고는 하지만 [표 3-9]와 [표 3-10]을 비교하면 이 동안에 소멸한 조선인 밀집지가 있다는 것도 알 수 있다. [표 3-9]에 게재되어 있는 히가시東구 나카미치中道 가와니시마치川西町, 히가시요도가와東淀川구 나카쓰하마도리中津浜通 5초메丁目, 미나토港구 후나마치船町의 조선인 밀집지는 1933년에는 사라졌다(이밖에 1928년에 있었던 것이 1933년에는 없어진 밀집지 몇 곳 있는데, 정 이름과 정 구역이 변경된 것과도 관련이 있기 때문에 소멸했는지 여부는 판단할 수 없다). 이 중 후나마치의 조선인 밀집지는 매립지에 조선인이 판잣집을 세우고 거주하였던 것을 '불법점거'라며 이전시켰던 것을 확인할 수 있다.[38] 그 밖의 조선인 밀집지에서도 같은 경위로 소멸된 경우가 있을 것이라고 추측된다.

이처럼 소멸당한 예도 있었다고는 하나, 전술한 바와 같이 새로이 출현한 조선인 밀집지도 있었고, 또 1928년 시점에서 확인할 수 있는 조선인 밀집지의

---

38 「오사카아사히신문」 1928년 1월 25일자, "선인의 판잣집에 (오사카)시가 퇴거소송(鮮人の掘立小屋に市が'立退訴訟)", 「조선일보」 1929년 11월 1일자, "대판 조선인 강제 이전" 등.

대부분은 그 후 인구를 증가시켜서 주변으로 확대되어 갔다.

한편 오사카부 아래의 각 시정촌의 조선인 밀집지는, 사카이堺시, 기시와다岸和田시 외에 미나미오지무라南王子村, 시노다무라信太村, 야타노무라矢田村 돈다富田·가레키枯木, 류게초龍華町 안나카安中 등 오사카시에 인접한 지구 등으로 확인된다.

그리고 오사카시내에서는 히가시요도가와구 도요사키니시도리豊崎西通, 도요사키히가시도리豊崎東通, 니시요도가와西淀川구 에비에海老江, 고노하나此花구 다카이초大開町, 다이쇼大正구 고바야시초小林町 등이 여러 조선인 밀집지를 포함하고 있고, 그 이외의 시정촌에서도 사카이시 고요초向陽町, 사카이시 미미하라초耳原町, 시노다무라信太村·미나미오지무라南王子村 등에 100호 이상의 조선인이 거주하고 있었던 점으로 보아 집주지를 형성하고 있었다고 할 수 있다.

이 조선인 밀집지, 집주지들의 형성 배경도 다른 도시와 마찬가지였다. 히가시나리구의 각 정은 중소영세공장이 다수 있었던 점, 니시나리구의 나카히라키中開, 기타히라키北開, 미나미히라키南開 등은 공장지대이면서 그 이전부터 슬럼을 형성하고 있었던 점이 연관되어 있고, 미나토구, 다이쇼구 등의 임해지구와 히가시요도가와구, 니시요도가와구의 요도가와강을 따라 저지대와 매립지 등에 판잣집을 세운 경우가 많았다고 보인다. 그리고 1936년 8월에 화재로 전소한 오사카시 히가시구 니시마치西町의 31호로 구성된 조선인 밀집지는 2호를 제외하고 제주도 한림 출신자였던 점과[39] 류게초 안나카에는 경상남도 함안군 가야면 설곡리 출신자가 3명, 같은 면의 춘곡리 출신자가 1명 확인된 점[40] 등으로 보아 역시 동향 출신자들로 조선인 밀집지가 형성된 경우가 있었다는 것을 알 수 있다.

이상에서 언급한 도시 외에 구체적인 인구나 호수를 나타내는 통계는 확인되

---

39 「조선일보」 1936년 8월 25일자 "대판 조선인촌 31호 전소". 이 기사에 따르면 이곳은 "통칭 '조선인촌' 이라고 하여 거의 20년 동안이나 우리 동포들이 거주한 곳"으로 여겨지기 때문에 [표 3-9]의 오사카시 히가시구 나카미치(中道) 가와니시마치(川西町) 소재의 13호로 구성된 조선인 밀집지와 같은 곳이라 고 생각되는데, [표 3-10]의 출전에 기재가 없는 이유는 확실하지 않다.
40 「조선일보」 1937년 8월 28일자 및 1938년 6월 10일자의 명함광고, 그리고 「조선일보」 1937년 8월 28일의 명함광고에서 류게초 우에마쓰(植松)에도 가야면 설곡리 출신자가 2명 확인된다.

지 않지만, 고베시, 후쿠오카시, 시모노세키시 등을 비롯하여 조선인 인구가 많았던 도시에는 어디나 조선인 밀집지가 형성되어 있었음에는 틀림없다.

이처럼 일본의 각지에 출현한 조선인 밀집지, 집주지는 그 형성 배경에서도 공통되는 점이 많다. 이미 언급한 바와 같이 그 이전부터 슬럼이었거나 조선인들에게 고용 기회가 많고, 저습지의 공터나 매립지 등 일반 일본인들이 살지 않는 공간이었던 것 등이 관련되어 있었다.

단, 조선인 집주지끼리의 관계와 그 도시 전체 속에서의 위치는 서로 달랐다. 즉, 대략적으로 말해서 게이한신京阪神(교토, 오사카, 고베를 아우르는 지역)의 경우 동일 정정과 인접한 정에 복수의 밀집지가 존재하여 집주지가 형성되고, 또 그 집주지끼리도 비교적 가까운 경우가 많다. 특히 오사카시 히가시나리구와 니시나리구에서는 그 주변을 포함하여 그러한 경향이 현저하다. 그곳에서는 커뮤니티 차원보다 상당히 넓은 공간이, 물론 일본인도 거주하고 있었다고 해도, 조선인 집주지로 채워진 것 같은 양상을 보이고 있었던 것이다. 이러한 가운데 게이한신의 경우는 구 차원(거의 10㎢ 정도의 넓이)에서의 조선인 인구 비율도 1930년대에는 상당히 높아진 상태였다. 예를 들면 1935년 시점의 오사카시에서는 히가시나리구의 13.2%를 최고로, 히가시요가와구, 니시요도가와구, 나니와浪速구, 고노하나구, 아사히旭구, 니시나리구 모두가 5%를 넘었고, 교토시 우쿄右京구도 같은 시점에서 조선인 인구 비율이 5.3%, 효고현에서는 1937년 시점에서 무코무라武庫村, 가미쓰무라神津村의 조선인 인구 비율이 30% 전후에 달했다.[41]

이에 반해서 도쿄시와 요코하마시의 경우 시 전체 혹은 그 중에서 조선인 인구가 많은 구를 보더라도 조선인 밀집지는 드물다. 그리고 도쿄시에서 조선인 집주지를 형성하고 있던 아라카와구 미카와시마·닛포리日暮里 주변과 시바구의 임해부, 후카가와구의 임해부, 조토구 기타스나마치·미나미스나마치, 오시마초大島町, 도시마구 니시스가모는 각각이 2~3㎞ 정도 떨어져 있다. 이러한 가운데 도쿄시 구 차원의 조선인 인구 비율은 최고인 후카가와구에서도 2.37%, 그 다음

---

41 兵庫県 学務部 社会課, 『朝鮮人の生活状態』, 兵庫県, 1937년, 5쪽.

조토구가 2.12%이고, 이 밖에 1%대거나 그 이하였다. 또 요코하마시 쓰루미구 우시오다초도 같은 구 내와 인접한 가와사키시의 임해부에 조선인 밀집지가 있다고는 하나, 쓰루미구의 조선인 인구 비율은 1935년에 1.24%다. 이것은 전술한 오사카시 등의 상황과 비교하면 역시 차가 컸다고 할 수 있다.

이러한 조선인 집주지의 존재 양상, 조선인 집주지가 중복되어 있는 것처럼 존재했는지, 조선인 인구 비율이 그 중에서 어느 차원이었는지 하는 상이점들은 이하에서 다룰 조선인의 상업과 서비스업의 전개, 문화의 유지 상황에도 영향을 미쳤다.

상공·서비스업의 전개

앞의 절에서 살펴본 바와 같이 이미 1920년대에는 조선인을 대상으로 한 음식점 등 재일조선인들도 사업을 경영하기 시작하였다. 그 후 인구가 더욱 증가하고, 앞의 항에서 살펴본 것과 같은 조선인 집주지가 여기저기에서 형성되었기 때문에 조선인을 대상으로 한 상업, 서비스업의 기회가 확대되었다. 그리고 공장 외에 다른 곳에서 말단 노동자로 일본 내지 생활을 시작한 조선인들 중에서 마침내 기술과 자본을 축적하여 소규모이기는 하나 자기 사업을 시작할 조건을 갖춘 사람도 나타나기 시작했다. 이리하여 "혹자는 공장의 직공으로서 혹자는 가게의 점원으로 일하여 급료를 모으고, 혹자는 공장을 세우고 혹자는 장사를 시작하거나"[42]하는 조선인들이 1930년대에는 점차 증가하기 시작했다.

그러면 당시에 재일조선인이 직접 경영했던 사업은 구체적으로 어떤 직종이었으며, 어떻게 경영하였을까?

이와 관련된 정보를 주는 사료는 극히 드물다. 조선인만의 상공인 단체 명부 같은 것은 이 시기의 것은 확인되지 않으며, 더구나 조선인 상공 활동에 대해서 정리한 보고서 등도 없다. 그러나 당시의 신문에서는 재일조선인 사업경영자의 '명함광고'를 확인할 수 있다. 그것은 재일조선인이 상공·서비스업을 전개한

---

[42] 高權三, 『大阪と半島人』 東光商会, 1938년.

[표 3-10] 오사카부가 조사한 '조선인 밀집지역'과 조선인 호수, 인구(1933년)　　　(단위: 호, 명)

구/ 시정촌 이름	町 또는 字 이름	호수	인구
東	宰相山町	29	160
	左官町	53	318
	餌差町	14	25
南	南桃谷町	15	127
	田島町	20	221
	北桃谷町	25	291
	高津五番町	149	1,051
北	沢江上町10丁目	37	285
	生江町	109	645
	中野町5丁目	49	269
	同心町2丁目・川崎町	84	616
	佐藤町	30	310
	南錦町15	48	197
	南錦町1, 13	86	352
東成	西今里町	100	442
	大今里町	232	782
	東小橋北町1丁目	102	872
	猪飼野町大通1丁目・2丁目	41	317
	北中浜町1丁目	24	258
	中川町	62	264
	鶴橋北之町	41	307
	猪飼野西3丁目	52	355
	猪飼野西3丁目	53	522
	猪飼野西1丁目	34	253
	東桃谷3丁目	37	231
	猪飼野東3丁目	51	358
	猪飼野東8丁目・9丁目	35	273
	鶴橋南之町2丁目	53	307
	猪飼野3丁目	92	854
	東桃谷2丁目	57	344
西成	中開1~6丁目	223	879
	北開1~4丁目	231	1,033
	南開3~8丁目	103	420
	出城通4~5丁目	58	238
	出城通7~9丁目	128	610
	長橋通4~6丁目	105	459
	鶴見橋北通4~7丁目	71	331
	鶴見橋通4~5丁目	47	184
	鶴見橋通6~8丁目	53	261
	梅通7~8丁目	39	159
	旭北通7~8丁目	28	120

구	지역	호수	인구
	汐路通3~5丁目	28	198
	山王町3丁目	19	81
	津守町664	69	293
	津守町734~749	51	267
	津守町383	58	250
東淀川	豊崎西通4丁目45	29	113
	長柄東通1丁目	48	193
	豊崎西通4丁目20	34	116
	豊崎東通3丁目	30	115
	小松町・豊崎管原町	110	527
	十三橋管内	394	1,880
西淀川	高見町2丁目	48	214
	大仁本町3丁目	56	225
	海老江西2丁目	37	202
	海老江上2丁目	67	305
	浦江中2丁目	37	173
	浦江上1丁目	35	184
浪速	栄町6丁目	81	387
	芦原町	44	145
	大国町2丁目	3	169
	東円手町	10	161
	塩草町	9	167
	広田町	60	513
此花	新家町2丁目	51	265
	西野上之町	40	253
	四貫島宮居町	28	108
	西九条下通1丁目	49	224
	四貫島宗安町	52	232
	上福島北	33	118
	吉野町1丁目	78	349
	中江町	22	77
	上島町	50	203
	大開町1丁目	75	269
	大開町3丁目	51	179
住吉	天王寺町	25	126
天王寺	北日東町	44	180
	下寺町3丁目	50	334
	南日東町	46	292
港	寿町3丁目	20	114
大正	小林町119~129	70	368
	南恩加島町	88	475
	泉尾浜通2丁目	58	417
	南泉尾町3丁目	86	448

	小林町112~115	78	468
旭	鴫野町	113	302
	今福町	51	260
	野江町2丁目	24	131
	浦生町	63	369
堺市	本通2丁目	52	235
	香ヶ丘町	38	207
	向陽町	109	592
	今池町	98	407
	耳原町	231	1,100
	戎島5丁目	38	164
岸和田市	下之町	29	127
	並松町	47	127
貝塚町	津田	36	139
春木町	春木	36	119
樽井村		55	141
尾崎村		13	126
信太村・南王子村		248	689
南池田村	和田	33	251
千代田村	向野	4	18
堅下村	安堂領	12	53
龍華町	安中	82	123
矢田村	富田・枯木	50	293
牧野村	禁野	60	247
吹田町	御旅町・新町	160	391

전거: 大阪府警察部特別高等課, 『昭和8年度 朝鮮人に関する統計表』, 1933년.

[표 3-11] 「조선일보」 게재 재일조선인 명함 광고의 부현별·연차별 점수 (단위: 점)

연도	도쿄부	가나가와현	아이치현	교토부	오사카부	효고현	와카야마현	히로시마현	기타	합계
1930	0	0	0	7	0	0	0	0	0	7
1931	21	0	0	0	0	0	0	0	0	21
1932	12	0	0	0	16	25	0	0	0	53
1933	34	11	0	0	0	5	0	0	0	50
1934	41	1	0	0	0	19	0	0	1	62
1935	16	0	0	24	89	50	0	0	1	180
1936	26	1	0	0	116	75	0	0	2	220
1937	0	0	0	36	242	42	0	0	0	320
1938	19	3	0	0	140	104	8	0	2	276
1939	0	0	46	0	160	2	0	25	1	234
1940	0	0	53	36	0	24	0	0	0	113
합계	169	16	99	103	763	346	8	25	7	1,536

전거: 본문 참조.

것에 대한 어느 정도의 단서가 되기 때문에, 아래에서는 '명함광고'를 분석의 축으로 삼기로 하겠다.

여기에서 말하는 '명함광고'는 사업소명과 경영자의 성명, 사업소의 주소 등을 간단하게 나타낸 광고를 가리킨다. 1930년 이후 게재가 확인되는 재일조선인의 명함광고는 물론 그리 자주 발견되지는 않으며 신년 축하의 의미를 담아서 1월에 집중되어 있다. 그러한 재일조선인의 명함광고를 확인할 수 있는 것은 「조선일보」, 「동아일보」, 「중외일보中外日報」의 모든 '민족지民族紙'의 지면이다. 그 민족지들에서 실린 모든 재일조선인 명함광고를 소사한 다음에 중복 여부 등을 확인하여 분석을 하는 것은 상당히 번거로운 작업이다. 이 때문에 여기에서는 「조선일보」에 게재된 것에 한해서 분석해 나가겠다.

「조선일보」의 재일조선인의 명함광고는 다음 일자의 지면에서 찾을 수 있다. 1930년 1월 3일, 1931년 1월 9일, 1932년 1월 1일, 3일, 9일, 1933년 1월 3일, 12일, 13일, 21일, 1934년 1월 4일, 12일, 13일, 17일, 1935년 1월 1일, 3일, 16일, 1936년 1월 1일, 3일, 17일, 1937년 1월 1일, 3일, 14일, 8월 27일, 1938년 1월 3일, 4일, 6월 10일, 9월 1일, 1939년 1월 3일, 6일, 5월 24일, 8월 27일, 1940년 1월 3일, 4일, 12일이다. 이 명함광고는 신년을 축하하기 위해 1월에 게재된 것은 지국별로 한꺼번에 게재되었고, 그 밖의 달의 것은 '오사카 소개판'이라는 특집기사 페이지에 게재되었기 때문에 역시 지역적으로 정리되어 있다. 상기 일자의 명함광고는 단체, 종교 관계의 경우도 있고, 단순히 개인 이름만인 광고도 있는데, 대개는 공장·상점 등의 광고이고, 이 상공·서비스업의 사업소 광고는 1536점에 달한다.[43] 그 부현별, 연차별 점수는 [표 3-11]과 같다.

---

43 상공·서비스업의 사무소와 그 밖의 것의 구별을 어떻게 할 것인가는 어렵지만, 여기에서는 유치원 등의 교육시설, 기독교회, 불교 포교소, 각종 단체는 사업소로 간주하지 않았다. 단, 각종 단체 중 소비조합은 각종 물품을 판매하고 있기 때문에 사업소의 범주에 넣었다. 또 전술한 바와 같이 재일조선인의 명함광고는 한꺼번에 게재되어 있는데, 분명히 재일조선인과는 관계가 없는 광고가 섞여 있는 경우가 있기 때문에 그것은 제외했다. 예를 들면 저명한 회사의 시계, 사전 등의 광고다. 원칙적으로 사각틀 안의 부분을 1건으로 했지만, 본점과 지점이 나란히 실려 있는 광고 중에서 지점의 주소, 점주의 이름이 올라 있어 독립성이 강하다고 보이는 것 등은 예외적으로 각각을 1건으로 세었다.

이 표에서 알 수 있듯이 명함광고 게재 건수는 연차에 따라 많을 때도 있고 적을 때도 있으며, 지역적으로는 탄광지대를 포함하는 부현이 없는 등의 문제도 있다. 또 어떠한 사업을 하고 있던 조선인 사업주 모두가 명함광고를 게재했던 것도 아니어서,[44] 신문사 측의 영업 담당자가 특별히 열심히 하지 않으면, 명함광고의 게재 건수는 적어진다. 따라서 당연히 재일조선인의 상공·서비스업의 전체상을 그려내는 것은 불가능하다.[45]

그러나 1000건이 넘는 광고를 통해서 1930년대 재일조선인이 전개한 상공·서비스업을 대략적으로 파악할 수는 있을 것이다. 그리고 명함광고의 성질상 같은 사업소의 광고가 다른 해, 혹은 같은 해의 다른 일자에 게재되어 있는 경우도 드물지 않다. 그러한 중복을 제외하고, 인물에 입각하여 명함광고 건수를 세어보았더니 1134명분이었다.[46] 또 명함광고에서 알 수 있는 사업소의 수를 파악해 보면, 같은 인물이 2개 이상의 사업을 전개하고 있거나 전업하는 경우도 있기 때문에 광고주의 수보다 많은 1178건에 이른다.

이상의 사실들을 바탕으로 구체적인 분석으로 옮겨가겠다. [표 3-12]는 명함광고에서 알 수 있는 사업소 1178건의 구체적인 직종을 전국 및 부현별로 나타낸 것이다. 여기에서 재일조선인이 경영한 사업은 제조업과 비제조업으로 나눌 수

---

44 단, 1936년경의 오사카부에서는 "포목상이 120여곳 한약상이 370여곳"(「조선일보」 1936년 5월 1일자, "경판신 조선인문제좌담회[京阪神朝鮮人問題座談會]"의 이원도[李元道]의 발언)이라고 되어 있기 때문에, 뒤의 [표 3-12] 등의 숫자로 보아 명함광고를 올린 것이 극소수라고 할 수 없다는 것도 확인할 수 있다.

45 예를 들면 조선 요리 음식점에 대해서도 1930년대 중반 경의 오사카에서는 "료리집도 상당히 만흐며 녀급만이 한 2700여명 된다"(「조선일보」 1936년 5월 1일자, "경판신 조선인문제좌담회"의 이원도[李元道]의 발언)라고 되어 있는 것과 "대동경시내 각 처에 산재하여 잇는 조선요리점은 무려 37개소나 잇다"(「동아일보」 1938년 8월 27일자, "조선 요리계 패자 춘향방")라고 한 것, 식료품점에 관해서도 1935년 시점에서 "대판에 거주하는 20만 조선인 일반의 식료품을 취급하는 소매상인은 약 500명에 달하는데"(「민중시보」 1935년 6월 15일자, "대판 식료품 소매상 조합 선우회[鮮友會] 출현")라고 되어 있는 것 등을 생각하면, 이하에서 보이는 바와 같이 명함광고에 기록이 남아 있는 재일조선인 사무소가 전체 중의 일부라는 것은 부정할 수 없다.

46 같은 사업주인지 아닌지는 조선인은 동성동명이 많기 때문에 성명으로는 판단할 수 없고, ① 사업소의 명칭, ② 주소, ③ 기타 특수한 기재사항에 대해서 검토하고 이들 중 어느 하나가 일치했을 경우 영업종목이 전혀 다른 경우를 제외하고는 동일 사업주에 의한 광고라고 판단했다.

[표 3-12] 「조선일보」 게재 재일조선인 명함 광고에서 파악된 사업 내용 (단위: 건)

분류	도쿄부		아이치현		교토부		오사카부		효고현		기타		전국	
	사업소수	조선관계	사업소수	조선관계	사업소수	조선관계	사업소수	조선관계	사업소수	조선관계	사업소수	조선관계	사업소수	조선관계
제조업 · 금속기계	10		12		1		58		2				83	
제조업 · 고무가공	1						9		4				14	
제조업·셀룰로이드가공							11	1					11	1
제조업 · 유리제품							4						4	
제조업 · 섬유제품	5				17		17		7		1		47	
제조업 · 식료품	1	1	1		1		6	2	2				11	3
제조업 · 목공	2		3				2						7	
제조업 · 피혁							5						5	
제조업 · 인쇄출판	8	5	1	1			5	3	3				17	9
제조업 · 복수의 품목			2				3						5	
제조업·품목 불명 기타	3		3		4		50		14		1		75	
판매 · 식품	2	1	6	3	8		57	11	23	2	1		97	20
판매 · 의복 옷감류	7	3	7	6	4		32	17	26	18	5		81	48
판매 · 신발	1	1				3	1		5		1		8	1
판매 · 서적	2	1				4							2	1
판매 · 레코드 악기	1	1	1	1		8	7	6	2	2			11	10
판매 · 신문	2	2					9	9	2	2	1	1	14	14
판매·복수의 품목 취급	7	7	2	2	8		28	19	12	6			57	42
판매·취급품 불명 기타	12	1	3		4	9	28	4	8		6	1	61	6
노동 하숙·토건합숙소	1		5		2		15		21		1		45	
폐품회수 등	13		9		24		49		31		16		142	
한방약국	7		7		10		55		39		3		121	
음식점	22	14	14	6	9		34	27	38	26	9	5	126	87
세탁							7		2				9	
도장업(塗裝業)			2				2						4	
보험대리점			2				6		4				12	
이용	1	1			1		12		3				17	3
운수	1		1		2		3		2		4		13	
사진	2						1						3	
의원	1						12	2	3				16	
대서(代書)							2		2				4	
변호사 · 행정서사 등	3						1						4	
서비스업·상기(上記) 외					2		6		1		2		11	
분류 불가능	3		5				19		13		1		41	
합계	118	38	86	19	97	24	556	101	269	56	52	7	1,178	245

전거: 본문 참조.

주: '조선관계'는 재게(再揭)로, 조선인을 대상으로 한 사업을 전개한 것이라고 판단할 수 있는 사업소의 수를 나타낸다. 분류 불가능은 예를 들면 '○○합명회사'라는 명칭만이 기록되어 있는 광고다.

있고, 후자는 또 일반적인 물품 판매와 노동 하숙·토건 합숙소의 경영, 폐품 회수 등, 한약방, 음식점, 기타 서비스업으로 분류할 수 있다.

이 분류의 기준과 구체적인 사업 내용에 대해서 약간 상세하게 서술하면, 우선 노동 하숙·토건 합숙소 경영은 '토건청부', '노동 하숙', '인부 공급' 등의 말을 게재한 광고를 이것으로 분류하였다. 이미 언급한 바와 같이 1920년대 초두부터 시작되는 이른바 재일조선인 사회에 나타낸 가장 원초적인 사업이고, 그 '고객'(이라기보다 하숙인과 배하의 노동자라고 하는 것이 타당하겠으나)은 조선인 노동자였다.

'폐품 회수 등'이라는 항목으로 정리한 것은 당시의 행정당국에 의한 용어로 말하자면, '고물상古物商', '폐지원료製紙原料', '설물屑物'(폐품), '고철古鐵', '고동철古銅鐵', '원료상原料商' 등으로 기록되어 있는 것을 여기에 분류했다. 이 사업은 매출인과 폐품을 골라내어 파는 '도매상'에 의해 운영되었는데, 명함광고를 게재할 정도의 경제적 여유가 있는 것은 후자였다고 보이며, 실제로 광고 중에도 그 글자를 여러 차례 확인할 수 있다. 그리고 그들의 배하에서 일하는 매출인은 역시 조선인인 경우가 일반적이었다고 보인다. 이 점은 폐품 회수의 노동에 대해서 언급한 재일조선인의 회상기 등으로도 뒷받침된다.[47]

한약방은 광고 중에 '한약'이라는 글자가 보이거나 사업소명으로 '한약방' 등의 말이 들어가 있는 것을 여기에 분류했다. 표에 보이는 것처럼 한약방은 음식점과 일상적인 물품의 판매점과 비슷할 정도로 많다. 이것은 조선 문화에 익숙하지 않은 사람들에게는 의외이겠지만, 조선 민족의 생활상으로 말하면 별로 이상할 것도 없는 사실이다. 조선 민족은 건강을 잃었을 때뿐만 아니라 일상적으로 건강을 유지하게 위해서 '보약'(가장 대표적인 것으로는 인삼)을 쓰는 습관을 갖고 있기 때문이다. 이와 함께 한약방이 많았던 것은 재일조선인 중에는 당시 서양 의학보다도 동양 의학을 신뢰하는 사람, 언어 때문에 일본인 의사에게 진찰 받지 못하는 사람이 있었던 것과도 관련 있다. 애당초 이 한약방들은 치료도 겸하여 영업하는 것이 있어,[48] 재일조선인에게 있어서는 일반 의원을 대신하는 역할을 하고 있었

---

47 예를 들면 앞의 『우리 아리랑 노래』 110~142쪽의 '폐품장사수행(屑屋修行)' 항목 등을 참조.

다. 즉, 조선인이 경영하는 한약방은 조선인의 특수한 수요에 대응했던 것이다.

'음식점'은 토건합숙소와 노동 하숙과 함께 일찍부터 확인되는 재일조선인의 사업이다. 단, 광고를 게재할 정도의 가게는 물론 하숙집 한 귀퉁이에서 영업하는 것이 아니라, 독립된 점포를 갖춘 보다 발전된 형태를 띠고 있었을 것이다. 이 '음식점'들에는 도쿄의 간다神田와 와세다早稻田에 가게를 두고 학생을 대상으로 한 대중식당으로 볼 수 있는 것에서부터 여급을 둔 카페, '다 그럿타는 것은 아니지만 밀매음굴 비슷이 되여 잇다"[49]고 했던 '조선 요리점'까지 포함하고 있다. 이러한 점에서 같은 '음식점'이라고 해도 내용은 다양했다. 그러나 그 대부분은 조선 요리를 제공했고, 조선인을 상대로 경영하고 있었다. 광고 속에 '조선 요리'라는 말이 기재되어 있거나 가게 이름으로 판단하여 조선인이 고객일 것으로 보이는 경우('조선식당'이라고 명확하게 조선을 의식하고 있는 것 등)는 126개의 음식점 중 87곳에 달한다(물론 광고로 판단할 수 없는 것 중에도 조선인 상대로 경영하는 경우가 있었을 것은 당연하다).

기타 서비스업으로는 보험대리, 이용, 의원 등(산파를 포함)이 약간 많다. 이 중 이용은 '조선식 미발美髮'이라고 선전하고 있는 것, '조선이용관', '조선미용실'이라는 이름으로 영업하고 있는 것이 각각 1건으로, 이들은 조선인을 대상으로 영업하고 있었음을 확인할 수 있다. 또 의원으로는 '고려의원', '반도의원'의 명칭으로 영업하고 있는 것이 1건씩 있고, 그 밖에 대서업도 일본어 능력이 부족한 조선인에게 도항증명과 호적 등의 수속을 대신하여 주는 특수한 수요가 있었던 것으로 보아,[50] 이 사업들도 자주 조선인을 상대로 영업하고 있었다고 생각된다. 그리고 드문 서비스업으로서는 관상소가 1건, 가무단이 1건 확인된다. 후자는 '반도가무단'이라고 기록되어 있어서 명확하게 조선인 대상의 오락을 제공하고 있었다고

---

48 「민중시보」 1936년 3월 1일자, 사설 "기술을 배호라".

49 「조선일보」 1936년 4월 29일자, "경관신 조선인문제좌담회"의 김경중(金敬中)의 발언.

50 杉原達, 『越境する民』, 新幹社, 1998년, 9~20쪽이 소개하고 있는 가미가타라쿠고(上方落語) 「대서(代書)」는 일본인의 대서소에 '도항증명'을 얻고자 의뢰한 조선인 이야기가 있는데, 이미 1932년에는 조선인 대서인도 생겨나고 있었던 것을 확인할 수 있다. 「오사카아사히신문」 1932년 4월 28일자, "전국에서 처음으로 조선 출신 사법대서인(全国に魁けて朝鮮出身司法代書人)"에 따르면 경성법학전문학교 졸업 후, '내지의 조선인을 위하여 대서인에 뜻을 두고' 도일, 일본 내지의 변호사사무소에서 수업(修業)하고 있던 임용봉(林龍鳳)에게 대서인 허가가 주어졌다.

보이고, 전자도 오늘날의 한국 사회에서도 결혼 전 '궁합'을 보는 것이 지극히 일반적인 것으로 보아, 역시 조선인들만의 수요에 대응하고 있었던 것으로 볼 수 있다.

다음으로 각종 물품을 판매하는 사업, 상업에 대해서 살펴보도록 하겠다. 이것은 도매, 소매를 다 포함하지만, '××제조 판매'라고 명함광고에 기록되어 있는 것은 제조업으로 분류했다. 명함광고에서 확인할 수 있는 물품 판매 사업소는 합계 328건이 있고, 단독 품목을 취급하는 가게(물론 광고로 알 수 있는 범위에서 판단한 것이지만)로는 식품 판매가 97건, 의복 의류 판매가 81건으로 많다. 여러 품목을 취급하는 가게도 식품과 잡화, 의류와 신발 같은 경우가 많기 때문에, 결국 식품과 의류가 조선인 상업의 중심이었다고 할 수 있을 것이다. 이러한 생활필수품 외에 [표 3-12]에서는 서적, 레코드, 신문 등 교양 오락과 관련된 상업도 있었음을 확인할 수 있다. 그리고 이들 역시 대개가 조선인을 대상으로 하여 사업을 전개하였던 것도 알 수 있다. 민족지에 게재된 명함광고라는 사료의 성질상 굳이 조선인을 대상으로 하고 있음을 표시한 예는 적지만, ① 상품명 등에 '조선인용 ○○'라는 기재가 있다, ② 조선 식품, 조선 잡화와 같이 상품 등에 굳이 '조선'이라고 못박고 있다, ③ 고추, 명태 등 조선인들이 많이 이용하고 반대로 당시의 일본인들이 그다지 이용하지 않던 상품을 품목으로 올리고 있다, ④ 의료품 판매 품목명에 일본인들에게 익숙하지 않은 '포목', '주단'이라는 용어를 사용하고 있다는 것들을 기준으로 조선인 대상 사업이라고 판단했을 때, 이에 해당하는 것은 식품판매점 97건 중 20건, 의료판매점 81건 중에서는 48건, 레코드 악기 판매점 11건 중에서 10건, 신문판매점 14건 중 14건 등이다(표 3-12] 중 '조선 관계'의 숫자 참조). 또 복수의 물품을 취급하는 판매점 중 식품을 취급하는 가게는 43건, 의류를 취급하는 가게는 34건이며, 그 중 조선인 대상의 식품, 의류를 취급했던 것이 확인되는 경우는 각각 13건, 24건이다. 이것은 어디까지나 명함광고의 기술로 판단할 수 있는 것이므로 실제로는 더 많은 사업소가 조선인들의 수요에 대응하고 있었다고 생각해도 좋을 것이다.

마지막으로 제조업에 대해서 서술하면, 우선 그 중에서도 금속기계류의 생산에 종사한 공장이 많다는 것을 알 수 있다. 보다 구체적으로는 볼트, 너트, 지퍼, 나사 등의 부품 종류를 취급하는 공장이 많고, 명함광고에서 이 점을 확인할 수 있는 것은 46건 있다. 금속기계류에 이어 47건 확인할 수 있는 섬유제품 제조는 더 세세하게 말하자면, 우선염友禪染(방염 풀을 사용하여 비단 등에 화려한 무늬를 염색하는 방법) 관계가 15건, 제면製綿이 6건, 메리야스 4건, 양복 제조 4건 등이다. 그밖에는 출판인쇄, 고무 가공, 셀룰로이드 가공, 식료품 등이 눈에 띈다. 그리고 '품목 불명 기타'로 분류한 것은 구체적으로 제조하는 물품이 무엇인지는 알 수 있지만, 분류가 어려운 경우가 상당히 포함되어 있다. 예를 들면 '제화'인데, 고무신을 만드는지 가죽신을 만드는지 판단하기 어려운 사업소 등이 여기에 포함된다. 그리고 여기로 분류되는 사업소가 제조하는 제품의 대부분은 일상적으로 사용하는 자잘한 물품, 잡화다. 구체적으로는 신발이 21건, 빗자루·솔이 7건, 완구, 우산, 조화造花가 각 3건, 문구, 끈이 각 2건 등이다. 즉, 재일조선인이 경영하는 제조업은 부품 종류, 일용품 등을 제조하는, 따라서 가내공업적인 영세공장의 경향이 상당한 비중을 차지하고 있었던 것을 엿볼 수 있을 것이다. 동시에 제조업에서는 교토부의 공업에서는 우선염 관계의 섬유제품 제조가 대부분이고, 오사카부와 아이치현에서는 금속기계 제품 제조가 많으며, 오사카시의 히가시나리구에서는 고무공장, 니시나리구에서는 신발과 피혁공장, 고베시에서는 고무제품 제조, 신발 제조, 도쿄시 시나가와구에서는 전구 제조(분류에서는 금속기계로 하였다) 등이 눈에 띈다는 것도 확인할 수 있다. 그리고 각각의 지방 행정당국에 의한 사회조사에서는 이 제품들을 다루는 공장에 조선인이 많이 일하고 있었던 점도 파악되고 있다. 이 점에서 이 조선인의 공장들은 조선인 노동자를 고용하면서 경영되고 있었다고 추측된다. 이러한 점은 조선인 경영 공장의 증가 경향을 보도하는 신문기사가 조선인 경영의 금속, 셀룰로이드 공장에 대해서 "거기에서 일하는 사람은 1명도 빠짐없이 조선인 직공이다"라고 기술한 것으로도 뒷받침된다.[51] 그리고 취급하

---

51 「경성일보」 1935년 8월 11일자, "조선인 경영 공장 약진". 이 기사는 인용하는 말에 이어서 "임금도 싸기 때문에 도매로 넘기는 것도 염가여서 내지인 공장은 따라가지 못하고 다달이 약간씩 (조선인 공장에) 밀리고 있다"고 서술하고 있다.

[표 3-13] 「조선일보」에 게재된 명함 광고에서 파악한 도쿄시정별 재일조선인 상공·서비스업의 전개

구 이름	町 이름	제조 금속 기계	제조 섬유 제품	제조 기타	판매 식품	판매 의류	판매 서적	판매 기타	노동 하숙 토건 청부	폐품 수집 등	한방 약국	음식 점	변호 사 등	의원 등	서비 스 기타	불명	합계
荏原	下神明町							1									1
	戸越町	1						1		1							3
	上神明町			1(1)								1(1)					2(2)
	中延町	1		1(1)													2(1)
王子	豊島町							1									1
下谷	金杉							1(1)									1(1)
	上車坂町							1									1
蒲田	羽田町									1		1(1)					2(1)
	女塚町										1						1
	北糀谷									1							1
	本蒲田									1							1
	六郷									1							1
京橋	銀座			1													1
	銀座西							1(1)									1(1)
	小田原町														1		1
	新富町												1				1
	西八丁堀									1							1
	伝馬町					1(1)											1(1)
	湊町											1(1)					1(1)
向島	吾嬬西		1														1
	不明	1		1													2
荒川	*三河島*							1		2							3
	南千住町							1									1
	日暮里町									1							1
	尾久町			1						1							2
	不明											1					1
麴町	山王下											1(1)					1(1)
四谷	新宿											1(1)					1(1)
芝	高輪南町										1						1
	新橋			1													1
	新堀町										1						1
	神谷町							1(1)									1(1)
城東	亀戸町			1				1(1)									2(1)
	南砂町											1(1)					1(1)
深川	猿江町							1(1)									1(1)
	住吉町							1(1)									1(1)
	東森下町			1													1
	富吉町							1		1							2

	富川町							2(1)										2(1)
	万年町					1(1)												1(1)
	木場町			1														1
神田	猿楽町				1													1
	錦町												1					1
	佐久間町		1															1
	三崎町			1			1		1					3(2)					6(2)
	神保町												3(2)					3(2)
	仲猿楽町					1								1(1)					2(1)
	仲町		1(1)															1(1)
	同朋町							1(1)										1(1)
	表猿楽町		1(1)											1(1)					2(2)
	豊島町					2													2
浅草	橋川町														1			1
	向柳原町		1															1
中野	小滝町													1(1)					1(1)
	不明		1						1(1)									2(1)
日本橋	通塩町		1															1
	箱崎町									1								1
品川	五反田													1					1
	大井寺下町							1										1
	大井森下原							1										1
	大井南浜川	4						2(1)										6(1)
	大井水神町	2																2
	南品川			1				1(1)										2(1)
	不明	1									1	1(1)					1	3(1)
豊島	高田町雑司ヶ谷											1						1
	西巣鴨					1												2(1)
	不明															1		1
本郷	田町														1			1
本所	吾妻橋			1														1
	向島町															1(1)		1(1)
	東駒形							1										1
麻布	新広屋町									1								1
淀橋	戸塚町			1(1)			1						1(1)	1				4(2)
	上落合町							1										1
	不明											1	3(2)					4(2)
板橋	不明		1															1
不明	不明			1														1

전거: 본문 참조.

주: 명함 광고 자체에 기재된 주소가 불완전한 것 등은 지명사전 등을 참조하여 정정하였다.

기울어진 글자체는 조선인 밀주지를 동일 정내에 포함하는 정이다.

'제조 기타'는 기계금속, 섬유제품 이외의 제조업, '판매 기타'는 식품, 의류, 서적 이외의 판매업이다.

복수의 사업을 전개하는 경우와 동일인물로 연차에 따라서 다른 사업을 하는 것으로 된 경우는 각각을 계산에 넣었다.

괄호 안의 숫자는 일정 조건의 부분값으로 조선관계의 사업소 수이다.

[표 3-14] 「조선일보」 게재 명함 광고에서 파악된 교토시정별 재일조선인 상공·서비스업의 전개

구 이름	町 이름	제조 금속 기계	제조 섬유 제품	제조 기타	판매 식품	판매 의류	판매 기타	노동 하숙 토건 청부	폐품 회수 등	한방 약국	음식 점	서비스 기타	합계
右京	下桂春日町						1(1)						1(1)
	嵯峨北堀町									1			1
	山之內北ノ口			1									
	清水町							1				1	2
	西院今田町								1				1
	西京極河原町		1										1
	西京極溝端町											1	1
	西京極大門前		1										1
	西大路松原上ル西側								1				1
	嵐山上海道町											1	1
下京	岩本町				1				2				3
	吉祥院新田一之段町堤外	1											1
	吉祥院菅原町						1(1)						1(1)
	上島羽唐戸町						1(1)						1(1)
	須原通上之町	1											1
	西九条比永城町						1(1)						1(1)
	西九条柳內町						1(1)		1				1(1)
	西九条油小路十条上ル								1				1
	西七条西野町											1	1
	中堂寺鑑田町		1										1
	中堂寺北町								1				1
	唐橋高畑町						1						1
	東九条宇賀辺町						1						1
	東九条河辺町										1(1)		1(1)
	東九条岩本町								3		1(1)		4(1)
	東九条札ノ辻町										1(1)		1(1)
	東九条山王町								1		2(2)		3(2)
	東九条松ノ木町										1(1)		1(1)
	東九条松田町								1				1
	東九条上殿田町			1		1(1)			2				4(1)
	東九条東寺通上ル西側									1			1
	東九条北川原町								1				1
	東九条明田町	1											1

区	町名										計
	東九条柳下町	1	1	2					1		5
	東七条屋形町							2			2
	東七条上之町		1								1
	東七条星形町			1							1
	八条通高倉町								1		1
	北河原町							1			1
上京	大徳寺南門前				1(1)						1(1)
中京	綾小路通東新道西入ル	1									1
	四条通太宮西入	1									1
	四条通中新道東入南側								1(1)		1(1)
	新千本松原北入	1									1
	壬生下溝町			1(1)							1(1)
	壬生相合町	1									1
	壬生中川町							1			1
	壬川五条上ル	1									1
	西ノ京南原町				1(1)			1			2(1)
	西ノ京伯楽町							1			1
	西ノ京樋口町							1			1
	西ノ京北小路町								1		1
	西院大竹町						1				1
	中御門町							1			1
	任生賀陽御所町								1		1
	任生森前町					1(1)					1(1)
東山	石川三条北入	1									1
	白川三条北入口泉院町	1									1
伏見	雁金町							1			1
	深草西河原町								1		1
	竹田七瀬川町								1		1
不明		4	1	2(1)	2(2)	3		2	1(1)	1	16(4)

전거: 본문참조.

주: 명함 광고 자체에 기재된 주소가 불완전한 것 등은 지명사전 등을 참조하여 정정하였다.

기울어진 글자체는 조선인 밀주지를 동일 정내에 포함하는 정이다.

'제조 기타'는 기계금속, 섬유제품 이외의 제조업, '판매 기타'는 식품, 의류 이외의 판매업이다.

복수의 사업을 전개하는 경우와 동일인물로 연차에 따라서 다른 사업을 하는 것으로 된 경우는 각각을 계산에 넣었다.

괄호 안의 숫자는 조선관계의 사업소 수다.

[표 3-15] 「조선일보」 게재 명함 광고에서 파악된 오사카시정별 재일조선인 상공·서비스업의 전개

구 이름	町 이름	제조 금속 기계	제조 고무 가공	제조 섬유 제품	제조 기타	판매 식품	판매 의류	판매 음반	판매 기타	토건 청부 등	폐품 원료	한약 한의	식품 점	서비스 기타	의원 등	기타 불명	합계
東	左官町						1										1
	東雲町							1(1)									1(1)
西	阿波座上通															1	1
	京町堀通								1							1	2
南	元屋町				1												1
	高津五番町											1					1
北	上本町				1												1
	国分寺町												1(1)				1(1)
	善源寺町											1					1
	池田町														1		1
	中野町				1												1
	南錦町															1	1
	南扇町										1						1
	樋之口町										1						1
	北同心町										1						1
	与力町												1(1)				1(1)
	浪花町									1							1
東成	鷗野町													1			1
	蒲生町					1(1)											1(1)
	空堀通				1												1
	黒門町															1	1
	勝山通										2						2
	森町南						2(2)										2(2)
	深江中	1			1												2
	深江町	2	1			1											4
	生野田島町				1												1
	大今里町				1								1(1)			1	3(1)
	東今里町												1(1)				1(1)
	中川町	2			1(1)												3(1)
	中通黒門町						1(1)										1(1)
	中道本通	1										1					2
	中道元町	1							1								2
	南中道町				1(1)	1			1								3(1)
	北中道町											1			1		2
	白山町				1								1(1)		1		3(1)
	北中浜町	1													1		2
	中浜町								1(1)						1		2(1)
	南中本町									2							2
	北中本町	1															1

	町名															計
	中本町							1								1
	猪飼野大通			1	1(1)								1			3(1)
	猪飼野西	3	1		1	2(2)			2		6		1		2	18(2)
	猪飼野中	4	2		4(1)	3(1)	9(6)	2(2)	2(2)		5	2(1)	1	2		36(13)
	猪飼野東		4	1	2					1	1		1			10
	鶴橋北之町	2			1								1		1	5
	東小橋北之町	1														1
	東小橋南之町	1									1					2
	本庄中通							1								1
	林寺町				1											1
	不明				1									1		2
旭	蒲生町							1(1)		2						3(1)
	鴫野町					1(1)		1(1)								2(1)
	今津町												1			1
	新喜多町					1										1
	森小路町			1			2									3
	赤川町			1												1
	大宮町						1									1
	毛馬町					1(1)										1(1)
港	高尾町	1														1
	三条町														1	1
	市場通						1		1(1)							2(1)
	石田外村町											1	1			2
	千代見町				1											1
	田中元町											1				1
	八雲町										2					2
	抱月町							1(1)								1(1)
大正	小林町						1(1)		1(1)			1	3(2)	1		7(4)
	泉尾浜通						1(1)					1		1		3(1)
	北恩加島町										1	3	1			5
	不明													1		1
此花	吉野町						1					1				2
	江成町															1
	今開町											1				1
	四貫島宮居町										1			1(1)		2(1)
	西九条下通	1										1				2
	西九条上通														1	1
	上福島南				1											1
	新家町														1	1
	正岡町												1			1
	大開町	1			1		1(1)									3(1)
	茶園町						1(1)		1(1)		1					3(2)
	大野町						1(1)									1(1)
	不明						1									1

浪速	栄町	1			6(1)				2			1	1	1	12(1)
	稲荷町				1							1			2
	勘助町				2										2
	元町								1						1
	櫻川					1									1
	三島町										1				1
	西浜南通				1										1
	大国町				2										2
	東神田町				1										1
	立葉町			1	1							1		1	4
住吉	庭井町													1	1
西成	旭南町												1		1
	出城通			1	1										2
	中開			1		3		2(2)	2				1		9(2)
	長橋通	3			2	3		1(1)	1	1	1		1		13(1)
	津守町				1					1					2
	鶴見橋通					1(1)	1(1)	1(1)			1(1)				4(4)
	鶴見橋北通							1(1)		1					2(1)
	南開	5			2	1		1(1)		1		1		1	12(1)
	北開				8	1		3(1)		2	1	1			16(1)
東淀川	国次町			1	1										2
	三国町									2		2			4
	山口町				1					1		2			4
	十三木川西之町					1				2		1			4
	新高町南通										1(1)				1(1)
	崇禪寺山口町												1		1
	大神橋筋			1											1
	中津南通			1		1		1(1)	1	2					6(1)
	中津浜通	2				1				2	1(1)	1(1)			6(2)
	長柄西通												1		1
	長柄中通									1					1
	天神橋筋					1	1	1(1)			1(1)	1	1		6(2)
	田川通				1										1
	南浜町				1						1				2
	飛鳥町				1	1(1)									2(1)
	豊崎西通	1								2					3
	豊崎東通												1		1
	本庄川崎町						1				1				2
	本庄中通			1				2(1)		1					4(1)
	本庄東通			1											1
西淀川	浦江上					1							1		2
	浦江北	3			1					3	1(1)				8(1)
	加島町	2						1	1	1					5
	御幣島町									1					1

江本通			1												1
海老江下									1						1
海老江上					1(1)		1							1	3(1)
海老江中			1				1(1)								2(1)
大仁本町					1		1			2	1	1			6
大和田町	1			1	6(2)	4(1)	6(2)	4		3	5(4)	4		3	37(9)
佃町									2						2
伝法町南								1							1
野里町							1		1						2
不明							1					2			3

전거: 본문참조.

주: 명함 광고 자체에 기재된 주소가 불완전한 것 등은 지명사전 등을 참조하여 정정하였다. 기울어진 글자체는 조선인 밀주지를 동일 정내에 포함하는 정이다. '제조 기타'는 기계금속, 섬유제품 이외의 제조업, '판매 기타'는 식품, 의류, 음반 이외의 판매업이다. 복수의 사업을 전개하는 경우와 동일인물로 연차에 따라서 다른 사업을 하는 것으로 된 경우는 각각을 계산에 넣었다. 괄호 안의 숫자는 조선관계의 사업소 수다.

는 물품 자체가 조선인과 관련성을 갖고 있는 경우가 제조업의 경우에도 약간 존재한다. 구체적으로는 고춧가루 등을 제조하는 식품관계의 공장, 한글에 대응한 인쇄소와 조선인 대상의 잡지 등을 만드는 출판사 등이다.

이상으로부터 당시 재일조선인이 전개하고 있던 상공·서비스업은 조선인을 고객으로 하여 물자의 판매 및 서비스 제공을 하거나 조선인 노동자를 고용(혹은 통솔)하고 있다는 점에서 모두 다 다른 조선인과 연결되어 전개되었다는 점을 알 수 있다. 구체적으로는 전자는 민족의 독자적인 식품과 의류 등을 다루는 상점, 조선 요리를 제공하는 음식점, 의원, 대서, 한약방, 한글 인쇄 등의 각종 상업, 서비스업 등이고, 후자는 장시간 저임금 노동과 위험, 불결하다는 이유로 일반 사람들이 기피하여 조선인 노동자가 종사하고 있던 영세 가내공업과 토건공사 청부, 폐품 회수 등이다.

따라서 재일조선인의 상공·서비스업은 지역적으로는 조선인 인구가 많은 공간에서 전개되었다. 각도를 바꾸어서 말하면 단순히 조선인 인구가 많고 조선인 인구 비율이 높았던 것만이 아니라, 조선인 고용 기회도 많고 고용자도 포함하여 조선인 속에서 노동하고 또 민족의 독자적인 물자를 입수하고 서비스를 받을 수 있는, 노동과 일상생활의 대부분을 조선인에게 둘러싸여서 지내는 공간이 생겨났던 것이다.

[표 3-13]에서 [표 3-15]는 도쿄, 교토, 오사카의 각 시에 대해 명함광고로 알수 있는 재일조선인이 경영하는 사업소의 전개를 정町 차원에서 본 것으로 정명町名이 기울어진 글자체로 된 것은 앞의 항에서 본 조선인 밀집지가 정내에 존재하고 있는 것을 나타낸다(구체적으로는 [표 3-13]에서는 1934년 조사된 '밀주지역', 1939년 조사된 '반도출신 노동자 집단지구', [표 3-14]는 1937년 조사된 '조선 출신 동포 밀집개소', [표 3-15]는 1933년 조사된 '조선인 밀집지역' 과 대조했다). 여기에서 어느 시에서나 조선인 밀집지와 그 주변이 조선인을 고용하는 공장 및 조선인을 대상으로 한 각종 상업·서비스업이 전개되는 공간이 생겨난 경우가 종종 있었다는 것을 확인할 수 있다.

그렇다고는 하나 그러한 조선인 상공·서비스업의 전개도 앞항에서 살펴본 바와 같은 조선인 밀집지의 양상과 조선인 인구 비율의 차이 등으로 규정되어 각 시에서 약간 다른 양상을 보였다. 도쿄시와 교토시의 경우에는 동일 정내에 몇 개나 되는 조선인 상공·서비스업이 전개되는 경우는 그다지 많지 않다(물론 명함광고로 확인할 수 없다고 해서 없었다는 것은 아니다). 그리고 도쿄시의 경우 유학생을 대상으로 했다고 생각되는 간다구 미사키초三崎町, 진보초神保町, 요도바시淀橋구 와세다 주변([표 3-13]에서는 '요도바시구 불명'으로 되어 있지만 명함광고 속에서 '와세다 대학 정문 앞' 등의 기재가 있는 것)이라는 학교 근처에서의 음식점 경영과 긴자銀座, 신주쿠新宿 등 일반 일본인들도 모이는 번화가에서 사업이 전개된 것도 특징적이다.

이에 반하여 일본 내지 최대의 조선인 인구를 안고 있는 도시였던 오사카시의 경우 동일 정町 내에 몇 개의 조선인 사업소가 존재하는 경우가 드물지 않았다. 특히 이카이노오도리猪飼野大通, 이카이노나카猪飼野中, 이카이노니시猪飼野西, 이카이노히가시猪飼野東 등을 중심으로 하는 히가시나리구 일대와 니시나리구 쓰루미바시도리鶴見橋通, 쓰루미바시키타도리鶴見橋北通, 나카히라키中開, 기타히라키北開, 미나미히라키南開, 데시로도리出城通 주변은 조선인이 경영하는 공장, 상점, 각종 서비스업이 집중되어 있었던 것을 [표 3-15]로 알 수 있다.

그러한 가운데 1930년대의 오사카시에는 조선 요릿집이 밀집된 '조선유곽'

[표 3-16] 오사카시내의 '조선시장' 등의 소재지와 영업 상황

호칭	주소	영업 상황
조선시장	東成区猪飼野3丁目 (猪飼野中3丁目와 猪飼野西3丁目?)	영업자 80명 외에 서서 파는 사람 80명
조선시장	東成区中道町3丁目	영업자 50명
조선시장	東成区森町2丁目	'조선물산 알선소'의 영업자 23명
조선시장	東淀川区豊崎東通3丁目	영업자 19명
조선시장	西成区鶴見橋通7丁目	영업자 25명 외에 서서 파는 사람 8명
조선시장	港区幸運橋付近	영업자 23명
조선유곽	北区浪花町	37곳, 80수명의 조선인 소녀가 취업

전거: 「오사카아사히신문」 1932년 12월 22일자, "조선유곽에 돌연 영업정지(『朝鮮遊郭』に突如営業禁止)";
같은 신문 1936년 5월 26일자, "조선시장에 제한(朝鮮市場に制限)"; 「조선일보」 1937년 1월 1일자, "일양상
회(日陽商会)", "노성옥상점(魯成玉商店)" 등의 명함 광고.

과 조선인을 대상으로 물자를 판매하는 가게가 즐비한 '조선 시장' 또는 '조선인 시장'이라고 불리는 곳도 출현했다(표 3-16 참조). 그 중 가장 컸던 히가시나리구 이카이노에 있던 조선시장은 1930년대 후반에는 다음과 같은 상황을 보여주었다.

> 그들은 부락을 지어 살고 그 생활 방식은 조선서 하든 모든 것을 그대로 하고 잇답니다. 그리하야 그 중에는 무당, 판사로부터 한약방, 빈대떡, 순대를 파는 곳이 잇고 그 중에는 공장, 의원, 포목점 등을 가진 이도 만타합니다. 우리는 조선부락의 하나인 저사야정(猪飼野町)을 일순하얏는데 시장이 열리고 그 중에는 두부, 무, 백채, 순대 삶은 것, 콩나물 등을 조선옷을 입은 조선부인네가 파는 것을 보앗습니다.[52]

기자가 실제로 답사한 히가시나리구 이카이노마치의 조선인 시장은 조선인의 생활용품을 판매하는 상점만 200호로 여기에는 명태, 고춧가루 등의 식료품이 있는가 하면, 비녀, 가락지, 심지어는 혼례용품인 족두리까지 놓여 있었다. 한약방도 여기저기 있고, 어떤 젊은 여성은 '모사毛紗'를 사고팔고 있었다. 어디를 보더라도 고향 생활의 연장이라고 할 수밖에 없다.[53]

---

52 「조선일보」 1936년 5월 6일자, 함상훈(咸尙勳), "상공의 도시 대판".

이 인용에서 보이는 바와 같이 이 시기의 오사카는 민족적 수요에 맞춘 다양한 물자를 다루는 시장이 있고, 나아가 조선인을 대상으로 하는 각종 서비스업이 이루어지고 조선인이 경영하는 공장이 존재하여 경성부에 다음가는 조선인 인구를 갖는 도시[54]에 걸맞는 활황을 보여주고 있었다.

각종 단체의 조직 상황

1920년대에 노동 하숙 한 귀퉁이에서 시작된 술과 식사를 제공하고 식료품을 판매하는 행위가 이윽고 점포를 갖춘 식당과 상점을 본격적으로 경영하면서 다양한 수용에 대응할 수 있게 되어 간 것처럼, 1930년대에는 재일조선인이 만든 단체도 자연발생적인 상호부조단체만이 아니라 조직성을 갖추고 여러 목적을 가진 것이 등장했다.

이렇게 재일조선인 단체가 우후죽순처럼 생겨난 사실을 전하는 사료로는 내무성 경보국이 매년 작성한 『사회운동의 상황社会運動の状況』 중 「재류조선인관계주요단체현세일람표在留朝鮮人關係主要團體現勢一覽表」가 있다. 이밖에는 재일조선인 단체의 조직 상황을 매년 상세하게 정리한 사료가 없다. 이 사료에 실려 있는 정보는 그리 많지는 않은데, 단체의 명칭, 주요 인물, 결성 연월일, 조직 인원 등이 기록된 것에 지나지 않는다. 또 1930년대에 들어와서는 파악된 단체 수가 많아짐에 따라서 모든 단체명을 열거하지 않고 '외 9개 단체'라는 식으로 생략하였다. 단, 치안유지를 목적으로 공산주의계, 사회민주주의계, 국가주의계 또는 국가사회주의계, 무정부주의계, 민족주의계, 융화친목계와 같은 분류기준으로 사상경향별로 단체수, 조직 인원이 정리되어 있는 것이 이 사료의 특징이다.

이러한 가운데 이 당시의 재일조선인에 초점을 맞춘 지금까지의 연구는 앞에 쓴 내무성 경보국 사료에 의거하여, 예를 들면 공산주의계로는 어떠한 단체가 언제 결성되었는가, 혹은 공산주의계, 융화친목계 등등 각각의 사상계통의 조직

---

53 「조선일보」 1939년 7월 6일자, 곽복산, "백만도항동포생활보고②".
54 오사카시와 평양부의 인구 동향에 대해서는 1장 참조.

인원이 어떠한 것이었으며 어떠한 증감 추이를 보였는가 하는 것에 논의의 초점을 집중시켜 왔다. 그러나 이러한 작업은 분명 재일조선인의 사상 경향을 파악한다는 점에서는 어느 정도 의미가 있겠지만,[55] 재일조선인 사회의 구조를 파악하는 데에는 거의 효력이 없다.

원래 재일조선인의 대부분은 생계수단을 찾아 바다 건너 도일한 후에도 그날그날 먹고 살 식량을 얻기 위해서 고투했던 사람들이다. 그러한 사람들이 특정 이데올로기적 입장을 선택한 결과로서 특정 단체에 가입하는 행동을 취한다고는 생각하기 어렵다. 오히려 이데올로기 이외의 여러 가지 계기를 통해서 어떤 단체를 만들거나 혹은 거기에 가담한 경우가 대부분일 것이다. 따라서 재일조선인 사회의 구조와 관련지어 재일조선인단체를 논한다고 한다면, 일본 경찰당국의 분류에 의존하여 단체의 이데올로기적 경향의 이모저모를 논할 것이 아니라, 재일조선인 자신이 어떠한 목적을 가지고서 단체를 결성했는지 어떠한 결합 계기가 있었는지에 초점을 맞추어야 한다.

이 점에 대한 고찰도 주로 내무성 경보국이 작성한 「재류조선인관계주요단체현세일람표」 등에 따를 수밖에 없지만, 이것은 전술한 바와 같이 일부 정보가 생략되어 있는 결점이 있다. 단, 1933년 말 시점의 오사카부에 관해서는 경찰당국이 파악한 재일조선인단체의 명칭 등을 생략하지 않고 정리한 오사카부 경찰부 『쇼와 8년 조선인에 관한 통계표』 중의 「재류조선인단체조在留朝鮮人団体調」가 있다(오사카부 경찰부가 내무성 경보국에 보고하기 위해서 정리한 사료라고 생각되며, 「재류조선인관계주요단체현세일람표」와 동일한 서식의 사료다). 그래서 이하에서는 이 사료를 중심으로 하면서 「재류조선인관계주요단체현세일람표」와 신문 사료 등에서 다른 부현과 다른 연차도 포함한 재일조선인 단체의 조직 상황에 대해서 살펴 나가기로 하겠다.

우선 「재류조선인관계주요단체현세일람표」에 따르면 1933년 말 시점에서

---

55 이것은 문자 그대로 '어느 정도' 밖에 안 된다. 경찰당국의 조직 인원 파악이 얼마나 정확한 것인지도 모르고, 예를 들면 출신지를 같이 하는 향우회 같은 종류(후술할 바와 같이 이러한 단체는 적지 않다)에 대해서 경찰청은 '민족주의계'로 파악하는 경향이 있는 데 반해, 오사카부 경찰부에서는 '융화친목계'로 본 것이 많아서 단체의 이데올로기에 대한 분류 기준도 통일되어 있지 않다.

경찰당국이 파악하고 있는 재일조선인 단체는 전국적으로 984개의 단체가 있고, 조직 인원 합계는 13만 3923명이다(그 중 오사카부의 단체는 231개 단체, 조직 인원 5만 5109명). 물론 이 통계 수치가 엄밀한 정확도를 갖는다고는 도저히 말할 수 없다. 단체 수는 어떠한 것을 단체로 볼지(경찰당국도 명확하게 강령과 규약이라는 것이 없더라도 단체로 간주한 경우가 있는 것 같지만, 기준은 명확하지 않다) 지부 같은 것을 어떻게 계산할지에 따라서 숫자가 바뀌게 되고, 조직 인원도 대표자가 그 수를 헤아려서 신고했던 것도 아니며, 동일인물이 몇 개 단체에 관련되어 있는 경우도 있을 수 있기 때문이다. 그러나 같은 시점의 재일조선인 인구가 전국적으로 45만 6217명(오사카부에서 14만 277명)이고, 극히 한정된 관계만으로 이루어진 단체에 대해서는 경찰당국이 전부 파악하지 못했던 곳도 적지 않았을 것이라고 생각하면, 대부분의 재일조선인이 어떤 단체, 혹은 적어도 그와 유사한 '모임'에 관계되어 있었을 것으로 보인다.[56]

그러면 「재류조선인관계주요단체현세일람표」와 「재류조선인단체조」에는 단체 규약과 강령 등을 일일이 기록하고 있었던 것이 아니기 때문에, 이 단체들이 어떠한 계기로 사람들이 모이고, 또 어떠한 목적을 갖고 있었는지를 상세하게 파악할 수는 없다. 그러나 그 명칭으로부터 추측한 것에 따라 다음과 같은 점을 지적하는 것은 가능하다.

우선 단체의 목적에 대해서 살펴보면, 이 시점에서도 역시 친목과 상호부조를 거론한 것이 많았다. 오사카부의 경우 단체 명칭에 '친목'이라는 말을 포함한 것이 22개 단체, '상조相助', '친조親助', '구제救濟', '동정同情', '구조救助', '부조扶助', '공조共助' 등의 말을 포함하는 것이 합쳐서 23개 단체로 확인되고, 기타 부현에서도 이러한 친목부조단체를 연상시키는 명칭을 가진 단체가 눈에 띈다.

---

56 이 점은 각종 지방행정단체에 의한 재일조선인을 대상으로 한 사회조사에서는 전혀 다른 경향의 통계수치가 나타나고 있다. 예를 들면 같은 시기의 오사카부에 의한 오사카시에 거주한 조선인 세대주에 대한 조사에서는 "정치단체인지 수양(修養) 단체인지 또는 간친(懇親)을 목적으로 하는 소위 정내회(町內会)와 같은 것인지를 불문하고 모두 단체에 가입한 자 일체를 조사했다"고 하지만, 단체에 가입하지 않은 사람이 90%를 넘고 있다(大阪府, 『在阪朝鮮人の生活状態』, 1934년, 77쪽). 이것은 행정당국의 조사에 대한 경계심이 작용하여 '가입단체 없음'이라고 답한 경우도 있을 것이고, '입회 신고'와 '회비' 같은 것과는 관계없는 명확한 조직성을 띠지 않은 단체가 많아서 가입해 있다는 의식이 그다지 없었다는 점과도 관련이 있을 것이다.

이와 함께 주목되는 것은 '계' 조직의 존재다. 계는 전근대부터 조선 민중들 사이에서 활발하게 만들어졌던 것으로 그 구성원이 얼마씩 돈을 출자하고, 그것을 바탕으로 이자를 늘려서 소정의 급부를 행하는 조직이다. 그 회원은 어떤 거액을 지출할 필요가 있을 때를 대비하기 위해서 계를 이용하고, 또 친한 관계에 있는 신뢰할 수 있는 사람들끼리 계를 조직하는 경우가 많다. 이 점을 생각하면 이것도 일종의 친목부조단체임에는 틀림없다. 조직의 성격으로 보아 아마도 경찰당국이 파악·보고하지 않은 계가 상당히 많았을 것이지만, 그렇다 하더라도 오사카부의 사료에서는 '계'라는 명칭을 갖는 것이 4개 단체가 있고, 같은 사료에 기록된 부산동심대부저축회釜山同心大富貯蓄會, 사관도부인저축친목회四貫島婦人貯蓄親睦會, 동화친목저축회東華親睦儲蓄會도 역시 계의 일종이었을 것이라고 생각된다. 또 「재류조선인관계주요단체현세일람표」에서 다른 부현에도 계가 존재했던 것이 확인된다.

따라서 이 당시에도 재일조선인들 사이에서 조직되었던 단체는 친목부조를 목적으로 한 것이 많았다는 점을 확인할 수 있다. 그 배경으로는 재일조선인에 대한 사회정책이 부재했던 점[57]과 거주 형태가 유동적이거나 언어 문제로 일본인과 그다지 접촉하지 않는 사람들이 존재했던 점, 여전히 생활상의 어려움을 조선인들끼리 서로 도움으로써 해결해야 했던 상황 등이 있을 것이다.

그리고 이와 같은 친목부조단체를 조직한 계기는 1920년대 전반과 마찬가지로 이 시기에도 주로 지연과 혈연을 바탕으로 한 것이었다. 예를 들면 1933년의 오사카부의 상황에 대해서 정리한 「재류조선인단체조」에 이름이 보이는 호남구성회湖南九姓會와 배친족회裵親族會, 같은 해의 「재류조선인관계주요단체현세일람

---

57 오사카부에서는 인보관(隣保館), 신용구매이용조합, 주택경영, 직업소개 등을 하고 있었다. 그러나 1935년 시점에서 주택경영은 150호, 신용구매이용조합의 조합원이 1404명인 상황으로 보아(『社会運動の状況』, 1935년판, 1513~1514쪽), 부내 거주 조선인에 대해서 이러한 사회사업(이라고 해도 통합정책과 일체된 것이지만)이 충분히 이루어지고 있었다고는 생각할 수 없다. 또 구호가 필요한 세대에 대해서도 조선인 세대의 경우 구제의 손길이 그다지 뻗치지 않았던 것은 許光茂, 「戦前期貧困者救済における朝鮮人差別: 『二重基準』の背景を中心に」, 『歴史学研究』 제733호, 2000년 2월이 지적하고 있다.

[표 3-17] 도쿄부에서의 지연을 기초로 한 재일조선인 단체(1934년)　　　　　(단위: 명)

명칭	출신지라고 생각할 수 있는 지역	조직 인원
在東京山淸郡人會	경상남도 산청군	28
在東京陝川郡人會	경상남도 합천군	140
在東京南海親睦會	경상남도 남해군	80
在東京義成郡人會	경상북도 의성군	191
康津郡人會	전라남도 강진군	46
高內靑年會 東京支部	전라남도 제주도 신우면 고내리	80
在東京順天郡人契	전라남도 순천군	75
麗水郡人會	전라남두 여수군	31
在東京井邑鄕人會	전라북도 정읍군	60
西湖親睦會	함경남도 서호?	36
在東京文川親睦會	함경남도 문천군	34
在東京定平定友會	함경남도 정평군	74
在東京新寧鄕友會	불확실	85

전거: 內務省警保局, 『社会運動の狀況』, 1934년판, 1463~1464쪽.

표」 가운데 교토 이씨대동종약소李氏大同宗約所는 명칭으로 보아 분명히 혈연에 기반을 둔 조직이다. 또 지연이 결합 계기가 된 것으로 보이는 단체는 보다 많이 확인된다. 경찰당국이 파악한 사료로 지연에 기반을 둔 재일조선인 단체를 1933년 오사카부와 1934년 도쿄부에 관해서 보면(1933년의 「재류조선인관계주요단체현세일람표」는 도쿄부에 대해서도 생략이 많기 때문에 1934년에 대해서 살펴보았다), [표 3-17], [표 3-18]과 같다. 이 밖에 현재 살고 있는 곳에서의 이웃관계와 직장에서의 관계를 기초로 한 친목부조단체도 적지 않았다고 생각해도 좋을 것이다. 1933년의 오사카부에 대한 경찰당국의 사료에 다시 한 번 의거하면, 거주지의 이름(오사카시의 구 이하, 그 밖에는 시정촌 이하의 지명)을 붙인 친목부조단체는 15개 단체, 직장을 기초로 하고 있는 것으로 보이는 것은 이토법랑종업원구제회伊藤琺瑯從業員救濟會와 동아자동차종업원협성회東亞自動車從業員協成會의 2개가 있다. 그렇기는 하지만 동향이면서 동시에 친족인 사람들의 결합도 생각해 볼 수 있고, 연쇄형 이민이었기 때문에 어떤 조선인 밀집지와 직장이 대부분 동향인 사람으로 구성되어 있는 경우도 드물지 않았다고 보인다. 이러한 것들을 고려하면 지연에 의한 단체이지만 그 회원은 친족 관계에

[표 3-18] 오사카부에서의 지연을 기초로 한 재일조선인 단체(1933년) (단위: 명)

명칭	출신지라고 생각할 수 있는 지역	조직 인원
釜山同心大富貯蓄會	경상남도 부산부	31
在阪巨昌親睦會	경상남도 거창군	170
固城同志會	경상남도 고성군	80
大阪古城郡親睦會	경상남도 고성군?	50
在大阪南海親睦會	경상남도 남해군?	50
大邱一光靑年會	경상북도 대구부	100
湖南九姓會	전라도	15
湖南親睦會	전라도	70
湖南修養団	전라도	41
古今親友會	전라남도 완도군 고금리	23
西好里靑年會大阪支會	전라남도 제주도 우면 서호리	127
龍水里協和靑年団	전라남도 제주도 구우면 용수리	100
金寧里靑年會	전라남도 제주도 구좌면 김녕리	255
細花靑年會	전라남도 제주도 구좌면 세화리	100
在日本吾羅里教化革新會	전라남도 제주도 제주면 오라리	85
三陽里親睦會	전라남도 제주도 제주면 삼양리	60
道頭親成會	전라남도 제주도 제주면 도두리	150
新右日親會	전라남도 제주도 신우면	100
新興里靑年會 大阪支部	전라남도 제주도 서중면 신흥리	170
濟州島西中面泰興里靑年団	전라남도 제주도 서중면 태흥리	150
在日本荷衣共励會	전라남도 신안군 하의리	50
長興親友會	전라남도 장흥군	50
在大阪珍島靑年會	전라남도 진도군	170
宝城親睦會 本部	전라남도 보성군	57
沃川同情會	전라남도 옥천군	70
錦城新興會	전라남도 나주군?	10
麗水親和會	전라남도 여수군	250
忠淸道親睦會	충청도	50
咸鏡人親睦會	함경도	40
堂里有信會	당리	40

전거: 大阪府, 『昭和8年度 朝鮮人に関する統計表』 중의 「朝鮮人団体調」.

있는 경우가 많다든가, 거주지 이름을 붙인 단체이지만 지연과 혈연적인 계기도 동시에 존재하고 있는 등의 복합적인 요소를 가진 단체도 당연히 있었을 것이다.

이상과 같은 친족부조단체 외에도 이 시기 재일조선인들은 여러 가지 단체를 조직하게 되었다. 그것은 구체적으로는 ① 재일조선인의 생활 문제에 대응한 단체이지만 일반적인 상호부조가 아니라 특정 목적을 내세운 단체, ② 어떤 종류의 직업과 사업, 동업자의 이익에 관련된 직능단체, 상공업자단체, 동업자조합, ③ 학생단체, ④ 예술단체, ⑤ 스포츠, 오락 등의 공통 취미를 즐기기 위한 단체, ⑥ 종교단체, ⑦ 정치활동과 특정의 이데올로기를 연구하는 단체 등으로 나눌 수 있다.

우선 생활 문제에 대응한 특정 목적을 가진 단체로는 노동자의 생활을 지키기 위해서 조직된(여러 차례 정치투쟁이 중심활동이 되는 경향이 있었던 것은 부정할 수 없지만) 노동조합 외에 소비지출을 억제하고 민족적 수요에 대처할 수 있는 물자를 구입하기 위해서 만들어진 소비조합, 주택을 빌린 사람들의 이익을 지키기 위한 차가인借家人조합 등이 있었다. 1933년 시점의 오사카부에서는 노동조합이 18개 단체, 소비조합이 8개 단체, 차가인조합이 1개 단체 확인되고, 도쿄부, 교토부, 효고현, 아이치현 등 대도시가 포함된 부현에서는 이 단체들이 상당수 만들어졌다. 또 1930년부터 1934년에 걸쳐서는 조합원이 출자하여 선박을 빌려서(나중에는 구입) 오사카·제주도 간 등을 운항시켰던 동아통항조합東亞通航組合58과 역시 조선인이 돈을 내서 운영하고 있던 오사카조선무산자진료소,59 혹은 조선인을 위한 학교,60 술을 밀조하는 것이 발각되었을 때를 대비한 '벌금보험'의 조직61 같은 아주 독특한 것도

---

58 이 단체에 대해서는 朴慶植, 「東亞通航組合の自主運航」, 『在日朝鮮人: 私の靑春』, 三一書房, 1981년에 상세히 기술되어 있다.

59 진료소 개설은 1931년 2월로(「조선일보」 1931년 2월 21일자, "대판재류조선인 무산자진료소"), 내부 대립과 경찰 탄압으로 같은 해 9월 진료를 할 수 없게 되었다(「조선일보」 1931년 9월 20일자, "대판무산진료소 단체경영을 금지"). 조선인이 출자하여 의료기관을 경영한 경우가 사료적으로 확인되는 것은 이 오사카조선무산자진료소뿐이지만, 이에 유사한 것은 그밖에도 있었다고 생각된다. 예를 들면 김사량 「빛 속으로(光の中に)」에는 "자금이 조선의 노동자들의 빈약한 호주머니에서 나온 만큼 조선인에게는 여러 특전이 있다", 조선인 의사가 근무하고 있는 '빈민구제의원'(金史良全集編集委員会 編, 『金史良全集』제Ⅰ권, 河出書房新社, 1973년, 20쪽)이 나오는 등 실제로 그러한 의원이 있었다는 것을 엿볼 수 있다.

60 이 점에 대해서는 伊藤悦子, 「1930年代を中心とした在日朝鮮人敎育運動の展開」(『在日朝鮮人史硏究』제15호, 1985년 10월)에 자세히 나와 있다. 또 이 논문에서는 언급하지 않았지만, 「조선일보」 1931년 12월 9일자, "재대판조선인교육협회 설립"에 따르면, 이 무렵 "조선인이 경영하는 노동학원, 야학원, 유치원이 대판부내에 30곳 남짓 있다"고 했다.

61 「동아일보」 1933년 11월 29일자, "조선주 밀조단 대판에서 검거"는 다음과 같이 전하고 있다. "벌금형에 처하엿을 때에 상호부조단체인 벌금보험회사를 설립한 조선주 밀조단의 간부 45명은 25일에 대판 중본서(大阪中本署)에 검거되엇다는데 관계자는 약 150명가량이나 되고 그들은 일종을 공조계(共助契)를 설립하야 매월 매호에 1원씩을 걷우어 그것으로 기본금을 삼아가지고 밀조를 한것인듯

포함한 조선인들의 다양한 생활상의 과제에 대처한 조직이 만들어졌다.

직능단체와 동업자, 상공업자의 단체는 그만큼 다수는 아니었지만 도쿄에서는 재도쿄조선인운전수협회,[62] 도쿄공업가협회,[63] 조선상공협회,[64] 도쿄셀룰로이드정세精洗상업조합,[65] 오사카에는 오사카조선약업藥業조합,[66] 재오사카조선인상공단,[67] 선우회鮮友會(식료품 소매상인 단체),[68] 오사카조선인의사회[69]가 있었고, 그 밖에 나고야한약업조합,[70] 재고베상공업번영회,[71] 재교토조선인기자단,[72] 재교토포목상조합[73]의 존재가 확인된다. 이 단체들의 구체적인 활동은 확실치 않은 점이 많지만, 도쿄셀룰로이드정세상업조합의 경우는 2000엔의 출자금을 가지고 설립되어 당국의 인가를 얻은 것 등이 신문기사에 기록되어 있는 것으로 보아 원료 등의 협동 구입 같은 것도 하였던 것으로 보인다.

학생단체는 유학생이 많았던 도쿄와 교토 등에서 학교별로 만들어진 것이 대부분이다.

예술단체도 대개는 인텔리와 예술가가 많았던 도쿄와 교토에 거점을 두었다. 또 1930년대 전반까지는 프롤레타리아 학술운동의 영향하에서 활동한 경우가 적지 않았다. 1920년대 후반에는 이미 존재하고 있던 조선프롤레타리아학술동맹(카프) 산하 재일조선인의 문학, 연극, 영화, 음악 등의 단체가 생겨났고, 1930년대에는 그 흐름을 이은 조선인이 일본프롤레타리아학술연맹(코프)에 합류하면서, '작가동맹조선위원회'라는 형태로 조선인으로서의 예술 활동을 전개하고

하다고 한다."
62 「조선일보」 1933년 6월 4일자, "재동경조선인 운전수협회 조직".
63 「조선일보」 1934년 11월 16일자, "우리 공업가들이 동경에서 협회 조직".
64 「조선일보」 1933년 1월 29일자, "동경재류동포 상공협회의 탄생".
65 「조선일보」 1938년 4월 2일자, "동경에 처음으로 조선인상조 설립".
66 「조선일보」 1933년 9월 14일자, "대판동포약업조합 창립총회 성황".
67 「동아일보」 1934년 1월 2일자, "재대판동포들이 상공단 조직".
68 「민중시보」 1935년 6월 15일자, "대판식료품소매상조합 선우회(鮮友會) 출현".
69 「조선일보」 1939년 3월 23일자, "조선인의사회 대판에서 조직".
70 「조선일보」 1936년 9월 15일자, "고토재민(故土災民)에게 보내는 구호의 연금(捐金) 속도(續到)".
71 「조선일보」 1931년 12월 26일자, "척사(擲柶)대회 신호(神戶)상공회 주최".
72 「조선일보」 1931년 6월 11일자, "경도(京都)조선인기자단 창립".
73 「조선일보」 1935년 5월 2일자, "재경도(在京都)조선인포목상조 창립".

있었다.[74] 1930년대 중반 이후는 탄압 속에서 코프 자체는 거의 괴멸상태가 되지만, 프롤레타리아예술운동계의 조선예술좌朝鮮藝術座 등 조선어극단은 존속했다.[75] 이 밖에 프롤레타리아예술운동과의 관계는 분명하지 않지만, 재도쿄조선음악가협회[76]와 도쿄조선영화협회[77]도 조직되었다. 또 앞항에서 언급한 바와 같이 「조선일보」의 명함광고로 오사카에도 '반도가무단'이라는 상업적일 것으로 추측되는 조선인극단이 있었던 것을 알 수 있다.

스포츠 등의 취미 단체는 그 성격 때문이지 경찰당국의 사료만 아니라 조선어지에도 그다지 기록이 없다. 그러나 1933년의 오사카부의 상황을 기록한 「재류조선인단체조」에는 오사카근화청년체육회, 체육회, 오사카스포츠단, 재오사카니시나리조선인체육회의 이름이 보이고, 한때는 오사카의 조선인 축구팀이 30개 이상 있어 축구대회가 연중행사였다고 전한다.[78]

종교단체는 경찰당국도 특별히 주시하고 있어, 사료로도 확인하기 쉽다. 「재류조선인관계주요단체현세일람표」에 따르면 1933년 말의 경우 도쿄부 19개 단체, 교토부와 오사카부에 각각 8개 단체, 아이치현과 후쿠오카현에 각각 6개 단체, 가나가와현에 2개 단체가 존재하고, 종파로서는 조선기독교, 조선불교 외에 동학을 잇는 천도교 단체가 있었다.

정치단체는 당연히 단속 대상이 되었기도 해서, 「재류조선인관계주요단체현세일람표」를 비롯한 경찰당국의 사료에서 공산주의계 말고도 민족주의계, 아나키즘계, 국가사회주의계 내지 국가주의계 등 여러 가지 사상계통의 재일조선인단체가 있었던 것을 확인할 수 있다. 이중 공산주의계와 민족주의계의 정치결사는 탄압 속에서 1930년대 중반이후 합법적인 활동을 할 수 없게 되어 갔지만, 아나키스트계, 국가사회주의 내지 국가주의계의 정치단체는 1930년대 중반까

---

74 内務省 警保局, 『社会運動の状況』, 1932년판, 1476~1487쪽.
75 「동아일보」 1936년 1월 1일자, "재동경조선예술가단체".
76 「동아일보」 1936년 1월 1일자, "재동경조선예술가단체".
77 「동아일보」 1937년 7월 15일자, "동경재류예원인(藝苑人)조선영화협회 창립".
78 「조선일보」 1937년 8월 27일자, "재대판조선인 활약 전모". 단, 이 시기에는 이미 축구팀은 '간판조차 보이지 않는' 상황이 되었다고 한다.

지 존속했다.[79]

　그러나 지금까지 서술해 온 것과 같은 여러 단체의 분류는 어디까지나 편의적인 것이다. 상기의 기준으로는 서로 다른 단체로 분류되지만 실제로는 거의 비슷한 활동을 했던 경우도 상정할 수 있고, 어떤 목적을 가지고 결성된 단체가 점차 다른 성격을 띠게 되는 경우도 드물지 않았다. 구체적인 예를 들자면, 직장에서 만들어진 친목부조단체와 노동조합은 상당히 비슷한 점이 많은 존재이며, 실제로 그것이 노동조합과 마찬가지 활동을 한 사례도 확인된다.[80] 또 어떤 종류의 학생단체와 노동조합이 민족독립의 선전활동과 사회주의 이론학습을 하는 정치단체로서의 역할을 담당하게 되는 경우도 있었고,[81] 친목단체가 정치성을 띤 단체로 바뀌는 일은 드물지 않았다.[82] 또 신앙으로 연결되어 있는 기독교회 조직에서 직업소개나 주택 알선 같은 생활상의 부조와 계몽교육 등의 활동이 이루어지기도 했다.[83]

　동시에 이러한 다양한 단체들은 여러 차례에 걸쳐 여러 가지 형태로 서로 관계를 맺고 있었다. 즉, ① 어떤 목적을 가진 단체가 다른 결합을 바탕으로 하는 작은 단체를 그 안에 포함하고 있다, ② 비슷한 성격을 가진 복수의 단체가 모여서

---

79 경찰당국의 분류로 '극좌계', '우익계', '아나키즘계' 등등의 이데올로기적 분류에 넣어진 단체로는 ××노동조합, ○○소비조합라는 것이 대부분인데, 적어도 표면상으로는 이는 본래 정치단체로서 결성된 것이 아니라 어떤 경제적 이익을 지키기 위한 조직이어서, 여기에서는 정치단체로 간주하지 않는다. 그리고 정치단체로 생각할 수 있는 단체는 공산주의계와 민족주의계로는 1930년대 중반에는 확인할 수 없게 되지만, 기타 이데올로기로는 예를 들면 1936년 말 시점의 「재류조선인주요단체현세일람표」에서 대일본생산당 간사이(關西)본부 도쿠안(德庵)분회, 대일본정의단규슈선인부(鮮人部)라는 국가사회주의 내지 국가주의계 단체와 혹기(黑旗)노동자연맹이라는 아나키즘계의 정치단체로 볼 수 있는 조직의 명칭을 찾아볼 수 있다.
80 예를 들면 1931년 5월에 일어난 교토부 우치화약제조소 건설공사현장의 쟁의에서는 아마도 그 공사에 종사하는 노동자로 만들어졌을 것으로 보이는 '조선인친목회'가 쟁의단의 모체가 되었다(「조선일보」 1931년 5월 11일자, "우치화약제조소 종업 7백동포 결속항쟁".
81 예를 들면 内務省 警保局, 『社会運動の状況』, 각 연도판에 기록되어 있는 일본노동조합 전국협의회의 활동은 일상적인 노동자의 경제투쟁보다도 사상 선전이 중심이다.
82 『社会運動の状況』 중의 「재류조선인주요단체현세일람표」에서 '공산주의계'로 분류되어 있는 단체라도 이름으로 보아 원래는 친목단체였을 것으로 보이는 경우가 있다. 심지어는 '공산주의계'로 분류되어 있는 '저축계'도 있다(『社会運動の状況』, 1936년판, 1406쪽).
83 「조선일보」 1936년 5월 8일자, "경관신 조선인문제좌담회"의 기독교회 목사인 문종수(文宗洙)의 발언에 따름.

협의체가 만들어졌다, ③ 어떤 단체의 간부 회원 각각이 다양한 성격을 가진 다른 단체에서도 간부였기 때문에 결과적으로 그 단체들이 전체적으로 느슨하게 연결되어 있다, ④ 특정한 정치 방침으로 결속된 단체가 있고 그 단체의 회원이 각각 다른 개개의 단체에서 활동하고 있다는 등의 사례가 보이는 것이다. 구체적으로는 ①에 대해서는 어떠한 생활상의 문제에 대처하기 위한 명확한 목적을 가진 조직 속에 실제로는 지연적 결합을 바탕으로 한 친목단체가 존재하는 경우, ②는 커뮤니티 차원의 작은 친목부조단체가 모여서 부현 차원의 협의체를 만든 경우가 있고, ④는 두말할 것 없이 전위당前衛黨과 대중단체와의 관계다. ③은 예를 들면 오사카조선무산자진료소의 운영을 담당하는 간부가 각각 노동조합, 소비조합, 차가인단체 등의 리더였다는 사례 등이 해당된다.

이상과 같이 이 시기의 재일조선인단체의 조직 상황, 바꾸어 말하면 재일조선인 사회 내부의 사람들의 결합 양상은 다양한 목적과 기능을 갖고 상호 관계를 맺는 것이었다. 이것은 인구 증가 및 인구 구성이 단순히 남자 단신노동자 중심이 아니게 된 것, 그리고 앞항에서 살펴본 바와 같은 상공·서비스업이 활발히 전개되어 갔던 것과도 무관하지 않을 것이다.

단, 그러한 어떤 의미에서는 복잡해진 재일조선인 사회 내부 사람들의 관계의 양상에서 있어서 이 시기에도 역시 기초가 되었던 것은 지연과 혈연을 기반으로 한 친목부조단체였다고 생각된다. 지금까지 서술해 온 바와 같이 조선인이 새롭게 도일하는 과정, 그리고 그 후 주거와 일자리 소개 등 기본적인 생활기반을 확립하는 데 있어서 지연과 혈연을 매개로 한 결합은 중요한 요소였기 때문이다. 게다가 지연과 혈연에 의한 단체는 직업영역이나 거주 지역에서 서로 도와주는 단체이기도 했고, 그것은 회원의 출자를 바탕으로 한 공제활동과 어떤 사업을 운영하는 조직이 되기도 해서, 생활에 밀착된 과제에 대응한 여러 조직들이 지연과 혈연을 바탕으로 한 친목부조단체를 기초로 하는 경우가 많았을 것이다. 다른 관점에서 말하자면, 재일조선인 사회 내부에서 특히 지연과 혈연에 의한 결합이 강한 집단 중에 단순한 공제에 그치지 않는 여러 가지 활동을 목적으로 하는 단체가 생겨나는 것이 용이했기 때문이다.

이 점과 관련하여서 주목되는 것은 소비조합과 동아통항조합 그리고 오사카 조선무산자진료소라는 조선인의 생활상의 여러 가지 문제에 대응한 여러 단체의 조직은 특히 오사카에 많았고,[84] 또 제주도 출신자들의 경우, 1만 명이나 되는 회원을 거느린 동아통항조합을 조직했다는 점이다.[85] 이것은 지연과 혈연을 기반으로 한 단체가 도쿄보다 오사카에 많고, 출신지로는 제주도 출신자들 사이에서의 조직이 눈에 띄는 경향이라는 것과 대응하고 있다(표 3-17과 표 3-18). 특히 제주도 출신자들이 만든 향우회는 식민지 시대의 발단 행성단위인 '면' 혹은 그보다 더 작은 범위인 '리'가 같은 경우가 일반적이다. 도와 군 차원보다도 면과 리에서의 향우회가 도일 전부터 구체적으로 관계를 더 많이 갖고 있었을 가능성이 높은 것은 당연하다. 그러므로 제주도 출신자들의 향우회의 경우 특히 결속력이 강하고 나아가 다른 여러 단체의 기초가 되었다고 추측된다. 실제로 동아통항조합의 조직 준비는 오사카에서도 '리' 대표자 회의로 이루어지고 있어 향우회 내지 그 유사 조직을 바탕으로 하고 있었음이 틀림없다.[86]

그리고 이상과 같은 각종 조선인 단체의 지역적 전개는 역시 조선인 집주지를 거점으로 한 경우가 많았다고 보인다. 예를 들면 오사카시 히가시나리구 이카이노 주변에는 각종 친목부조단체,[87] 소비조합,[88] 동아통항조합의 지부[89]를 비롯

---

84 1933년을 예로 들면, 경찰당국의 파악에 의한 소비조합은 오사카부에 8개 있었던 것에 반해 다른 부현에서는 도쿄부의 조후쿠(城北)소비조합, 가나가와현의 다마가와(多摩川)무산자소비조합, 쇼난(湘南)소비조합, 쓰루미소비조합준비회(후2자는 대표자가 일본인), 효고현의 한신(阪神)소비조합, 후쿠오카현의 모지(門司)구매저축조합, 도바타(戶畑)구매저축조합의 7개 밖에 확인되지 않는다.
85 「社会運動通信」 1933년 1월 31일자, 오사카 C·K생(生) "동아통항조합의 연혁·지위·임무(東亜通航組合の沿革·地位·任務)(1)"에 따르면 이 단체는 원래 오사카에서 열린 제주도민대회의 결의에 기반을 두고 '제주통항조합'로서 조직 준비가 추진되었는데, 창립대회에서는 "제주도민 형제로만 국한하면 운동의 완전한 발전을 기대할 수 없을 뿐 아니라 그것은 지방열(地方熱)을 고취한다"고 하여 동아통항조합라고 명칭이 결정되었다고 한다.
86 「조선일보」 1929년 11월 28일자, "제주 95촌 대표로 통운조합 월례회".
87 예를 들면 「조선일보」 1934년 8월 23일자, "삼남(三南)수해 의연금품"에 따르면 성동소라친우회친우회(城東韶羅親友會)가 이카이노오도리 2초메(猪飼野大通 2丁目)에 사무소를 두고 있다.
88 「민중시보」 1936년 1월 1일자의 "명함광고"에 따르면 동오사카소비조합이 이카이노히가시 4초메(猪飼野東 4丁目)에 사무소를 두고 있다.
89 「社会運動通信」 1933년 6월 27일자, "동아통항조합 현유세력(現有勢力)"에 따르면 동조합 동남지

한 조선인단체와 조선불교의 포교소,[90] 조선인유치원[91]이 있었고, 아라카와구 미카와시마의 경우 조선인크리스트교회,[92] 조선인유치원,[93] 조선인 보호 구제를 내세운 단체들이 존재[94]했던 것을 확인할 수 있다.

정보의 유통

이제까지 살펴보아 온 바와 같이 이 시기의 재일조선인들의 사회적 결합을 생각할 때 상공·서비스업의 전개, 각종 단체의 조직과 함께 무시할 수 없는 것이 독자적인 정보 유통의 존재다. 이것은 구체적으로는 ① 조선에서 발행되고 있던 신문 등이 재일조선인 사이에서 유통되었던 것, ② 재일조선인이 직접 간행을 담당한 신문 등이 유통되었던 것, ③ 기타 신문 등의 미디어에 의존하지 않고 정보가 유통되었던 것으로 나눌 수 있다.

우선 한반도에서 발행되고 있던 신문 등에 관련된 상황을 서술하겠다. 1920년대부터 1930년대에 걸쳐서는 한반도에 본사를 두고 간행을 계속하고 있던 한글 신문으로는 조선총독부에 비판적인 태도를 취했던 조선인 자본의 「조선일보」, 「동아일보」및 「시대일보」, 「중외일보」, 「중앙일보」, 「조선중앙일보」(이 4지는 동일 계통의 신문으로 판권 인수와 개제[改題]가 행해졌던 것이다. 이하에서는 번거로움을 피하기 위하여 이 계통을 신문을 「중앙일보」 등이라고 표기)와 같은 이른바 민족지와 조선총독부의 어용신문 같은 존재였던 「매일신보每日申報」(1938년부터는 「每日新報」)가 있었다. 이 신문들에 대해서

부가 '이카이노마치(猪飼野町) 6~7'에 설치되어 있었다.

90 「조선일보」 1936년 1월 1일자 명함광고에 따르면 이카이노히가시 4초메 이카이노히가시 3초메에 대승선종(大乘禪宗) 고려사(高麗寺) 불이원(不二院), 같은 신문 1937년 1월 1일자의 명함광고에서는 조선불교포교소의 존재를 확인할 수 있다.

91 「조선일보」 1935년 1월 1일자의 명함광고에 따르면 히가시나리구 히가시오바세 기타노초(東小橋北之町)에 근화(槿花)유치원이라는 명칭을 갖는 유치원이 존재한다.

92 内務省 警保局, 『社会運動の状況』, 1933년판, 1426쪽에 따르면 미카와시마 조선기독교회가 존재한다.

93 「동아일보」 1938년 8월 27일자, "재동경조선인 활약 전모" 중에 미카와시마 유치원의 기술이 보인다.

94 東京府 社会課調査, 「東京府下に於ける朝鮮人の密集地域に関する調査; 100世帯以上密集と認むる地域」, 『社会福利』 1934년 7월호에 따르면 미카와시마 7초메에 공정회(公正会), 같은 곳 5초메에 영상협회(栄尚協会)라는 명칭의 조선인이 대표자인 '상호부조를 목적으로 하는 자조적 조합'이 있다.

[표 3-19] 한반도에 본사를 둔 조선어 신문의 일본 내지 배포 상황 (단위: 부)

연도	동아일보	조선일보	중외일보·중앙일보·조선중앙일보	매일신보 (每日申報·每日新報)	4紙 합계
1930	3,290	1,702	164	379	5,535
1931	3,809	1,458	14	396	5,677
1933	4,519	1,820	988	665	7,992
1934	5,392	2,819	3,998	576	12,785
1935	6,702	3,181	2,177	187	12,247
1936	6,655	4,379	2,553	187	13,774
1937	2,114	3,295		338	5,747
1939	1,138	2,854		317	4,309

전거: 朝鮮總督府, 『出版警察槪況』, 각 연도.

는 조선총독부 경무국이 발행한 『조선출판경찰개요朝鮮出版警察槪要』로 일본 내지도 포함해서 그 배포 상황을 할 수 있다. 이 사료에 의거한 [표 3-19]에 보이듯이 이 한글 신문들의 일본 내지의 배포 부수는 4지를 합계하여 1930년 초에는 5000부 대였지만, 1930년대 중반에는 1만 부 대를 넘고, 그 후 다시 5000부 전후라는 추이를 보였다. 1937년 이후의 부수 감소는 베를린 올림픽에 대한 보도와 관련한 '일장기 말소사건'에 따른 정간 등의 타격과 「조선중앙일보」의 폐간 외에 일본 내지에서도 동화정책이 심화되어 갔던 것(다음 장에서 다룰 것이다)도 영향을 끼치고 있었다고 보인다.

그러나 4지를 합계한 한글 신문 배포 부수가 최대였을 때에도 1만 부 남짓이라는 숫자는 재일조선인 인구를 생각했을 때(오늘날 각 세대가 신문을 1개 이상 보고 있는 것이 당연하게 생각되는 사회에 살고 있는 사람으로서는) 그렇게 많지 않은 것처럼 느껴질 것이다. 1935년 말의 합계를 바탕으로 하면 재일조선인 인구 100명 당 배포된 한글 신문의 부수는 2부 정도에 지나지 않는 셈이다. 그래서 한반도에서 나오고 있던 한글 신문이 일본 내지에서는 그렇게 큰 영향력을 갖지 못했을 것이라고 생각하는 사람도 있을지 모른다.

그렇지만 그러한 견해는 잘못된 것이다. 원래 당시 조선인의 식자 비율이 높지 않아서 1935년 말의 재일조선인 인구 59만 1040명 중 한글 및 어느 정도 한자를 읽을 수 있다고 생각되는 사람(내무성 경보국, 『사회운동의 상황』 중 「재류조선인교육정도조」에서

[표 3-20] 일본 내지에서의 조선일보사 지국 등의 설치 상황

명칭	설치시기	주소
東京 총판매소	38년 이전	東京市 芝区 神谷町
向島 판매소	38년 이전	東京市 向島区 吾嬬町東3
深川 판매소	38년 이전	東京市 深川区 利倉町
芝区 판매소	38년 이전	東京市 芝区 三田豊岡町
板橋 판매소	38년 이전	東京市 板橋区 5丁目
名古屋 분국→名古屋 지국	39년 1월 이전	名古屋 昭和区 白金町3
京都지국	31년 이전	京都市 下京区 九条柳町
大阪 지국	22년 12월 25일	大阪市 外海老江1218→大阪市 西区 京町 堀上通3
大阪 총판매소→大阪 총판매지국	29년 7월	大阪市 此花区 大開町1→旭区 蒲生町
東大阪 판매소	29년 7월	大阪市 東成区 東桃谷町2→旭区 鴫野町→東成区 東小橋北之町3→猪飼野西3
大和田 판매소	29년 7월	大阪市 西淀川区 大和田町
西大阪 판매소	35년 이전	大阪市 西淀川区 大和田町→西淀川区 浦江北2
南大阪 판매소	29년 7월	大阪市 港区 鶴町4→西成区 中開町4→西成区 長橋通7
北大阪 판매소	29년 7월	大阪市 東淀川区 中津本通3→東淀川区 中津南通4
東北 판매소	29년 7월	大阪市 東成区 野江町2
港正区 판매소	35년 이전	大阪市 大正区 北恩賀島町→港区 石田元町2
南区 판매소	36년 이전	大阪市 南区 上本町2
旭区 판매소	37년 이전	大阪市 旭区 蒲生町
布施 판매소	35년 이전	大阪市 布施町 東足代→大阪市 東成区 深江町→東成区 猪飼野西2→布施市 荒川町1
枚岡 판매소	37년 이전	大阪府 枚岡村 額田
堺市 판매소	35년 이전	大阪市 堺市 三寶町 南島→戎島町
八尾 판매소	37년 이전	大阪府 八尾駅前
和泉 판매소	37년 이전	大阪市 南王子村
大阪府中河内 판매소	35년 이전	大阪府 中河内郡 矢田村 大字豊田
徳庵 판매소	38년 이전	大阪府 諸堤村 大字横堤
神戸 지국	32년 2월 이전	兵庫県 神戸市
尼崎 판매소	38년 9월 15일	兵庫県 尼崎市 築地本町4
東神戸 판매소	39년 9월 14일	神戸市 葺合区 北本町5
広島 판매소→広島 지국	38년 12월 2일	広島県 広島市 東観音町2
岡山 지국	39년 3월 15일	岡山県 財田村 大字長岡
宇部 지국	39년 6월 이전	?→山口県 宇部市 東区 松山通7

전거:「조선일보」1922년 12월 25일, 29년 7월 19일, 31년 5월 30일, 32년 1월 23일, 2월 5일, 37년 8월 28일, 38년 6월 10일, 38년 9월 1일, 9월 15일, 12월 2일, 39년 1월 15일, 3월 17일, 3월 26일, 6월 30일, 9월 14일, 40년 6월 1일,「민중시보」1935년 6월 15일.
주 : '→'는 명칭 변경, 주소 이전을 나타낸다.

[표 3-21] 일본 내지에서의 동아일보사 지국 등의 설치 상황

명칭	주소
東京 지국	東京市 京橋区 銀座西5
大阪 지국	大阪市 東区 仁右衛門町
大阪 총판매소	大阪市 西成区 長橋通4→西成区 出城通8
南大阪 판매소	大阪市 西成区 出城通8
大阪東 판매소	大阪市 東区 東雲町
東大阪 판매소	大阪市 東成区 北生野町5
大阪北区 판매소	大阪市 北区 佐藤町
北大阪 판매소	大阪市 東淀川区 山口町
大阪西部 판매소	大阪市 西淀川区 浦江北2
大阪港区 판매소	大阪市 港区 尻無川北通3
大阪大正区 판매소	大阪市 大正区 小林町
大阪旭区 판매소	大阪市 旭区 鴫野町
大阪堺市 판매소	大阪市 堺市 向陽町

전거:「민중시보」 1935년 6월 15일, 12월 15일, 「조선신문」 1936년 2월 1일.
주: '→'는 주소 이전을 나타낸다.

[표 3-22] 일본 내지에서의 조선중앙일보사 지국 등의 설치 상황

명칭	주소
東京 지국	東京市 神田区 仲町
大阪 지국	大阪市 西成区 靭北通3
大阪 총판매소	大阪市 西成区 靭北通3
此花区 판매소	大阪市 此花区 西九条朝日橋通1
西北 판매소	大阪市 北区 沢上江町
東淀川区 판매소	大阪市 北区 南錦町
東成区 판매소	大阪市 東成区 猪飼野東9
旭区 판매소	大阪市 旭区 鴫野町
大正区 판매소	大阪市 大正区 大正通

[표 3-23] 창간 연차별, 관계단체 분류별로 재일조선인이 간행한 신문·잡지 수

창간 연도	관계단체의 분류									관계단체 없음	합계
	친목 부조	노동 조합	동업자 단체	소비 조합	학생 단체	종교 단체	문예· 취미 등	정치· 사상	기타· 불명		
00~19	0	0	0	0	2	1	0	1	0	1	5
20~24	0	0	0	0	4	1	0	0	1	1	7
25~29	3	10	0	0	6	2	2	1	7	15	46
30~34	26	9	3	3	4	10	2	2	11	43	113
35~40	20	1	3	0	0	7	3	0	7	22	63
40~42	0	0	0	0	0	1	0	0	0	0	1
합계	49	20	6	3	16	22	7	4	26	82	235

의 '소학교 정도', '중학교 정도', '전문학교 또는 고등학교 정도', '대학 정도'의 합계 수)은 20만 4742명이다. 따라서 이 조선인들 100명당 앞의 네 신문의 배포 부수를 산출하면 약 6부에 달한다. 그리고 신문을 읽은 사람이 주위 사람에게 정보를 전달했을 것이라는 점과 그것을 텍스트로 한 교육활동이 합숙소 등에서 이루어지고 있었다는 점을 생각하면,[95] 한반도에서 나오던 한글 신문은 역시 일본 내지에서도 그 나름대로 영향력을 갖고 있었다고 보아도 지장이 없을 것이다. 참고로 1935년 시점의 통계를 보면 앞의 4지의 조선 내에서의 배포 부수는 합계 14만 3055부이며, 조선에 거주하는 조선인 인구는 2124만 8864명이었다. 여기에서 조선의 조선인 인구 100명당의 한글 신문 배포 부수를 산출하면 1부에도 못 미친다. 즉, 어떤 의미에서는 조선보다도 일본 내지의 조선인들 사이에 한글 신문이 더 많이 보급되었다고도 할 수 있는 상황이었던 것이다.[96]

그리고 이 한반도를 본거지로 하는 각 한글 신문사들은 일본 내지에 지국과 판매소를 두고 있었다. 주소 등이 확인되는 것에는 [표 3-20]에서 [표 3-22]와 같은 것들이 있다. 이 표들에서 알 수 있듯이 판매소가 설치된 것은 오사카시에서는 히가시나리구 이카이노 주변과 니시나리구 데시로도리出城通와 나카히라키中開, 미나토구 고바야시초小林町 등의 조선인 집주지, 밀집지가 있는 지역이며, 기타 도시에서도 도쿄시 무코지마向島구 아즈마초히가시吾妻町東, 고베시 후키아이葺合 구 등 역시 조선인 인구가 많은 곳에 설치되어 있는 경우가 있다.

그리고 지국의 운영과 판매소 경영을 맡고 있던 조선인 중에는 여러 재일조

---

[95] 예를 들면 「朴廣海氏 労働運動について語る (3)」, 『在日朝鮮人史研究』 제22호, 1992년 9월, 110쪽에 그러한 기록이 있다.

[96] 그러나 지방 행정당국의 사회조사에서는 종종 조선어지가 거의 읽히지 않고 있다는 결과가 나타나 있다. 예를 들면 1932년 오사카부가 실시한 오사카시에 거주하는 조선인 세대주 1만 1835명에 대한 조사에서는 상독(常讀) 신문잡지를 가진 사람은 933명에 불과하고, 게다가 그중 조선어 신문을 거론한 사람은 겨우 19명이다(大阪府, 『在阪朝鮮人の生活状態』, 1933년, 71쪽). 그렇지만 후술할 바와 같이 판매소가 존재했던 것 등으로 보아도 조선어지가 거의 읽히지 않았다고는 도저히 생각할 수 없다. 원래 '상독'의 개념이 어떻게 받아들여졌는지 검토해야겠지만, 조선어신문을 읽고 있는 것을 행정당국에 파악당하는 것에 대한 경계심(이른바 민족지를 읽는 것 그 자체가 위험시되었던 상황이 확실히 존재했다)이 작용하여, 조선어지 구독자가 실제보다 적게 보고되었을 가능성이 높다.

선인 단체의 간부가 되었던 사람의 이름을 찾아볼 수 있다. 1922년에 조선일보사 오사카지국장이 되었던[97] 송장복末章福은 같은 시기 오사카조선노동동맹회에서 활동했으며 그 후에도 노동조합, 소비조합의 간부였고,[98] 1929년에 조선일보사 오사카총판매소 책임자였던 윤혁제尹赫濟, 동북판매소장이었던 마희규馬喜奎도 소비조합과 노동조합에 관여하였고,[99] 1930년대에 조선일보사 고베지국과 관련이 있었던 박봉주朴鳳柱도 소비조합 활동에 참여했다.[100] 이러한 점도 재일조선인 사회에서의 한글 신문의 보급과 영향력의 증대에 기여하고 있었다고 생각된다.

이 밖에 한반도에 본사를 두었던 미디어의 일본 내지에서의 활동으로서는 잡지『개벽』이 도쿄지사를,[101]『비판』지가 오사카지사를 두고 있었던 사실을 확인할 수 있다.[102]

다음으로 일본 내지를 거점으로 나왔던 재일조선인 자신들이 간행한 신문과 잡지에 대해서 서술하겠다. 이에 대해서는 경찰당국이 조사하여 내무성 경보국 『사회운동의 상황』에 포함된「재류조선인관계간행물발행상황조」로 정리되어 있다. 이 사료에 따르면 전전에 재일조선인이 간행을 담당한 신문과 잡지는 235종 있었다. 시기적으로는 1920년대 후반 이후 재일조선인 사이에서 신문과 잡지 창간이 늘어나기 시작하여, 특히 1930~1934년의 5년 사이에 창간된 신문·잡지는 100종류를 넘을 정도로 많았다([표 3-23]).

그렇기는 하지만 재일조선인이 간행한 신문과 잡지는 여러 단체의 회보와 동인지 같은 것이 대부분이었다. 이 점은 [표 3-23]에서 보이는 바와 같이 235종의 신문·잡지 중에서「재류조선인관계간행물발행상황조」중의 '단체와의 관계'라

---

97 「조선일보」 1922년 12월 25일자 "사고(社告)".
98 內務省 警保局 保安課, 『大正14年中に於ける在留朝鮮人の狀況』, 1925년;「조선일보」 1925년 7월 6일자, "재일본조선노동대판연합회"; 같은 신문, 1929년 4월 28일, "재대판노동자소비조합을 창립" 등.
99 「조선일보」 1929년 7월 19일자, "사고";「社会運動通信」 1928년 8월 3일, "재일본조선노동조합의 교화운동", 1929년 11월 1일; "오사카조선노동소비총회 성황".
100 「조선일보」 1932년 1월 23일자, "신호(神戶)지국장 석방"; 같은 신문, 1933년 1월 11일, "신호(神戶)에도 소비조합 준비".
101 「조선일보」 1932년 1월 9일자, 명함광고.
102 『비판』 1932년 2월호에 게재된 사고.

는 항목이 공란으로 되어 있는 것이 82종에 그치고 있는 것으로도 확인될 것이다. 또 '단체와의 관계'가 공란인 경우라도 실질적으로는 비슷한 역할을 하고 있었던 것도 있다고 보인다.

또 '단체와의 관계'에 기재되어 있는 단체명을 친목부조(단, '내선융화'를 내세운 단체도 여기에 포함한다), 노동조합, 동업자단체 등으로 분류하면 친목부조가 가장 많고 그 밖에 종교단체, 노동조합, 학생단체가 눈에 띈다.

이 단체들의 기관지 종류는 물론 게재되었던 정보의 양도 그다지 많지 않으며 정보의 내용도 내부적인 것이었다. 그리고 배포 부수를 보더라도 100부 단위 또는 그 이하였던 경우가 대부분이며, 당연한 말이겠지만 재일조선인 중에서도 한정된 범위에서만 정보가 유통되었다. 그렇다고는 하나 여러 단체의 회원끼리 결속을 강화하는 데에 있어서는 이 신문·잡지가 한 역할이 적지 않았던 것은 틀림없다.

한편 단체와 관계가 없다고 되어 있는 신문·잡지도 그 제목으로 보아 널리 일반적인 독자를 상정하고 나온 것이 아니라 동업자와 같은 취미를 가진 사람들을 대상으로 했을 것으로 보이는 것이 많다. 그것도 일부 상업적인 것을 제외하고 대부분은 배포 부수가 100부 이하인 수준에 그쳤다.

그러나 그 중에는 재일조선인 사회 내부의 동향을 보도 내용의 중심에 놓고 재일조선인 일반을 독자로 상정하여 간행되고 있던 신문도 확인할 수 있다. 현재 부분적이기는 하지만 그 내용을 알 수 있는 것으로는 「조선신문」, 「도쿄조선민보」, 「동아신문」, 「민중시보」 등이 있다. 이 신문들에 대해서는 뒤에서 상세히 살펴보겠지만, 역시 배포 부수는 2000부에서 3000부 정도였고, 간행이 지속된 기간은 일본 국가의 시책에 협력적이고 일본어로 간행되었던 「동아신문」을 제외하면 각 1년 정도였다. 또 기사 내용도 「민중시보」는 게이한신, 「조선신문」과 「도쿄조선민보」는 도쿄의 조선인에 대한 동향이 중심이었고, 반드시 일본 내지 전체를 아우르는 것은 아니다. 그렇지만 바꾸어 말하면 이 신문들은 커뮤니티 차원의 조선인 단체의 활동을 비롯한 자신들과 관련이 깊은 정보가 많이 실려 있었다.

또 2000에서 3000부 정도라는 배포 부수도 주요 배포처가 「민중시보」는 게이한 신, 「조선신문」과 「도쿄조선민보」는 도쿄 주변이었던 점을 생각하면 그리 적은 숫자라고는 할 수 없을 것이다. 참고로 앞에서 서술한 한반도에 본사를 둔 민족지 1개 신문당 일본 내지의 부현 차원에서의 배포 상황을 보더라도 가장 많은 오사카부가 1000에서 2000부 정도다. 이러한 점에서 역시 재일조선인의 동향을 전하는 신문이었던 「민중시보」 등은 한반도에서 간행되고 있던 한글 신문과 비교해도 재일조선인 사회에 더욱 밀착되고 그 안에서 영향력을 갖는 미디어였다고 할 수 있을 것이다.

이상에서 언급한 것 이외의 신문 등과 상관없이 이루어졌던 정보의 유통에 대해서는 글로 남아 있지 않아 상세히 알 수 없다. 그러나 도시를 중심으로 조선인 집주지가 형성되고 있었던 것과 그 안에서도 글자를 모르는 사람들이 적잖이 있었다는 점을 생각하면 재일조선인들 간에 특정 정보가 구두로 유포되는 상황도 있었을 것으로 생각해도 될 것이다.

그리고 좁은 커뮤니티 차원을 넘은 재일조선인들 간에 미디어를 통하지 않은 정보 전달도 자주 이루어지고 있었다고 생각된다. 앞 절에서 언급한 바와 같이 토건공사에 종사하는 조선인 노동자들 가운데는 취직자리를 확보하기 위해서 거리적으로 약간 떨어진 곳에 있는 사람들끼리도 연락을 취하고 있었다. 그때 취직 정보 이외의 것도 포함하여 일상적으로 정보가 교환되었을 것으로 추측하기란 어렵지 않다. 이 점은 예를 들면 산간벽지의 공사현장에서 발생한 조선인에 의한 노동쟁의에 상당히 떨어져 있는 곳을 거점으로 한 조선인 노동조합의 활동가가 달려가서 지도한 사례가 있는 것으로도 설명될 것이다.[103]

---

103 예를 들면 1930년에 아키타현 가즈노하나와(鹿角花輪)・이와테현 다야마(田山)간 철도공사현장에서 발생한 조선인 노동자 26명이 관련된 비교적 소규모의 노동쟁의에서도, '니가타노동조합'(아마도 니가타현 조선노동조합)이 응원하러 달려갔다(「社会運動通信」 1930년 5월 3일자, "임금 인상을 요구하며 태업"). 이 밖에 1933년 나가노현 시모이나군(下伊那郡) 야스오카무라(泰阜村) 소재 야하기(矢作)수력발전소 공사현장에서 일어난 노동쟁의에서는 그 이전에 사이타마현 가와구치(川口) 역 부근 공사현장에서 일하고 있던 조선인 '노동 브로커'가 '전국 각지 동지들에게 초전(招電)을 발하여' 쟁의에 들어간 것("조선인토공분의 상황", 『特高月報』 1933년 7월) 등에서도 떨어져서 사는 조선인들끼리 일상적으로 연락을 취하고 있었던 상황을 엿볼 수 있다.

물론 신문 등을 매개로 하지 않는 정보의 전달은 몇 만이나 몇 천 단위의
사람들이 아니라 안면 있는 사람들 사이에서 이루어지고 있었던 것에 지나지
않는다. 그러나 이러한 형태의 커뮤니케이션도 한반도에서 나오고 있던 신문과
재일조선인이 직접 간행한 신문의 존재와 함께 재일조선인 사이에서 독자적인
정보가 유통되는 데에 있어 중요한 역할을 해내고 있었다고 해야 할 것이다.

한반도와의 유대

앞 항까지에서 살펴본 바와 같이 재일조선인은 이 시기 일본 내지에서 독자
적인 사회적 결합을 유지하고, 여러 활동을 하고 있었다. 그러한 재일조선인의
동향은 결코 일본 내지에만 국한되었던 것이 아니었음에 주목할 필요가 있다.
이하에서는 이 시기 재일조선인과 한반도와의 유대에 대해서 서술하겠다.

이 시기의 재일조선인과 한반도와의 관계를 생각함에 있어 우선 조선인들이
빈번히 한반도와 일본열도 사이를 왕래하고 있었던 것을 간과할 수 없다. 한반도
와 일본열도를 잇는 이 '인류人流'에는 ① 처음 일본으로 건너오는 것과 최종적으로
일본을 떠나는 것뿐 아니라, ② 이미 일본 내지에 어느 정도 생활기반을 쌓은
조선인의 일본으로의 재도항을 예정한 이동, ③ 수개월을 예정한 일본 내지에서
의 계절적 노동에 종사하는 사람의 이동도 포함되어 있다. ②는 경찰당국에 의한
도항관리정책에 의해 제한되어 있었던 것은 사실이지만 전혀 불가능했던 것은
아니었다. ③도 적어도 1930년대 중반까지 제주도민들 사이에서 농번기에는 제
주도에서 농한기에는 내지에서 적시적소에 활동하는 형태의 노동이 있었던 것이
확인된다.

이러한 가운데 1920년대 후반부터 1938년까지 전시동원정책이 전개되지
않은 시기에도 10~20만 명이 한반도에서 일본열도로 향하고, 10만 명 남짓이
일본열도에서 한반도로 이동하는 상황이 이어지고 있었다. 이것은 대략적으로
말하면 매년 재일조선인 사회 안에서 20~30%나 되는 사람들이 한반도와 일본열
도 사이를 이동하고 있었던 것을 의미한다. 또 제주도에 대해서 살펴보면, 1933년

에 제주도에서 오사카항으로 향한 조선인은 3만 5973명, 오사카항에서 제주도로 향한 것은 2만 768명이다. 이 시기의 제주도에 거주하는 조선인 인구가 약 25만 명, 일본 내지에 거주하는 제주도민 인구는 약 5만 명이었던 것을 생각하면, 제주도민의 일본 왕래는 흔한 현상이라고까지 할 수 있을 정도였다.

따라서 이 시기의 많은 재일조선인에게 있어 한반도는 두 번 다시 돌아갈 수 없는 소원한 땅이 아니었다. 물론 간단하게는 귀향할 수 없었던 재일조선인이 있었던 것도 분명하지만, 그런 사람들에게 신규 도일자와 한반도를 왕래해 온 사람이 주위에 종종 있음으로 해서 한반도는 가깝게 느껴지고 있었다고 생각할 수 있다.

이와 함께 이 시기의 재일조선인 사이에서는 고향에 있는 가족들에게 송금을 하는 것이 그리 드물지 않은 일이었던 점에 주목할 필요가 있다. [표 3-24]에 보이는 바와 같이 1932년의 오사카시 및 1935년의 도쿄시에 거주하는 조선인을 대상으로 한 조사에서는 고향으로 송금하는 것이 꼭 일반적이라고는 할 수 없다는 것을 나타내는 결과가 보고되었지만, 그 밖의 조사로부터는 세대를 갖고 있는 사람이라 하더라도 10~20% 정도의 사람들이 고향으로 송금하고 있는 것을 알 수 있다.

그리고 앞에서 보아온 이 시기의 재일조선인 내부에서의 각종 상업·서비스업의 활성화, 여러 단체의 조직과 정보의 유통도 한반도와의 밀접한 관계를 갖는 것이었다.

우선 조선인을 대상으로 한 각종 사업에 대해서 보면 그것은 곧 한반도와의 상거래 등이 늘어나는 것을 의미했다. 조선인 상점에 진열된 식료품과 의류, 서적과 레코드 등의 상품은 한반도의 산지에서 사들여온 것이었기 때문이다.[104] 또 한반도의 영화와 연극이 일본 내지로 들어오는 경우도 있었다.[105]

---

104 예를 들면 「조선일보」 1937년 8월 27일자, "재대판조선인 활약 전모"에는 "전사입(全仕入)에 잇서서는 직접 무역하는 외에 조선원산지로부터 위탁판매물품이 일증(日增)하는 상태라고 한다. 듯는 바에 의하면 작년도 무역액이 50만원을 돌파하엿다는 바 아마 금년쯤은 100만원대를 넘으리라"라고 할 정도의 활황을 보이고 있는 식료품도매업자와 "일본 내지 원산지에서 무역은 물론 조선 내 각 원산지에서 직이입(直移入)함으로 매년 거대한 이익을 본다"는 포목상에 대한 내용이 소개되어 있다.
105 「오사카아사히신문」 1933년 6월 6일자, "조선인극단"에 따르면 '태양극단'이라는 조선인극단이

[표 3-24] 재일조선인의 고향 가족 등으로의 송금 상황

조사년차	조사 대상자		송금 상황
1926	고베시	유세대자	전체의 8.9%, 가계에 잉여금이 있는 사람 중 15.4%가 송금
		독신자	전체의 41.9%, 가계에 잉여금이 있는 사람 중 57.2%가 송금
1927	일본 내지로부터의 귀환자		59.9%가 송금. 1인 평균 27엔 남짓
1928	도쿄 시	유세대 노동자	전체의 19.6%, 가계에 잉여금이 있는 사람 중 29.7%가 송금 1인 평균 8.76엔
		독신 노동자	전체의 48.75%, 가계에 잉여금이 있는 사람 중 66.5%가 송금 1인 평균 9.43엔
1932	오사카시 · 세대		3.57%가 전월까지 송금, 그 중 59.55%는 송금액 10엔 이하
1935	도쿄시	유세대자	전체의 1.6%, 가계에 잉여금이 있는 사람 중 5.0%가 송금
		독신자	전체의 10.4%, 가계에 잉여금이 있는 사람 중 21.0%가 송금
1935	고베시	유세대자	14.54%가 전월까지 송금
	고베시	독신자	48.66%가 전월까지 송금
1935	교토시		전체의 28.5%, 가계에 잉여금이 있는 사람 중 53.1%가 송금

전거: 慶尙南道 警察部, 『內地出稼鮮人勞働者狀態調査』, 1928년; 神戶市 社會課, 『朝鮮人の生活狀態調査』, 1936년; 神戶市 社會課, 『在神半島民族の現狀』, 1927년; 東京府 社會課, 『在京朝鮮人勞働者の現狀』, 1929년, 1936년; 大阪府 學務部 社會課, 『在阪朝鮮人の生活狀態』, 1934년; 京都市, 『市內在住朝鮮出身者に関する調査』, 1937년.

정보의 유통에 대해서는 이미 서술한 바와 같이 한반도에 거점을 두고 발행되고 있던 신문이 일본 내지에서도 다수 배포되고 있었다. 동시에 이것과는 반대로 일본 내지에서 조선인이 출판하고 있었던 신문과 잡지가 한반도로 보내진 경우도 있었다. 내무성 경보국 『사회운동의 상황』에서 확인되는 재일조선인이 간행한 신문·잡지에서 배포 범위가 확인되는 186종 중 한반도에도 배포되었던 것은 60종이나 되었다.

재일조선인 단체의 조직 양상에 관해서도 원래 지연을 계기로 만들어진 것이 적지 않았고 그것들은 한반도의 고향과의 연결을 유지하고 있었다고 보인다. 또 그러한 동향 사람들의 단체가 고향의 사회 자본을 정비하고 교육시설을 충실하게 위해서 기부활동을 하는 것도 1930년대에는 활발하게 이루어지고 있었다(다

오사카시 히가시나리구 이마자토(今里)극장에서 '춘향전' 등의 공연을 하고 있는 것 외에도 「동아일보」 1936년 7월 24일자, "조선 영화상영금지"에서는 이때는 금지되었지만, 역시 오사카에서 '홍길동전'의 상영이 이루어질 전망이었다.

음 장에서 상술).

보편적으로 식민 집단과 송출 사회와의 관계에 대해서는 시간의 경과와 함께 이민간 곳에서의 정주 경향이 심화되고, 송출 사회와의 연결은 미약해진다고 파악되는 경향이 있다. 그러나 이 시기의 재일조선인 사회에 대해서 보면 정주층은 분명 늘고 있지만, 한반도와의 유대는 잃지 않았던 것을 확인할 수 있다. 이것은 정주하는 사람이 증가하는 한편 한반도와 일본 내지와의 사이에서 사람들의 이동이 상존하고(이른바 '유동성'이 존재하고 있었다), 또 정주층의 여러 가지 수요에 대응하는 형태로 상거래 등이 활발해졌다는 것이 배경이 되었다. 바꿔 말하면 정주층을 중심으로 하는 재일조선인 사회의 형성이 실은 한반도와의 결합을 어떠한 의미에서는 강화시키고 있었던 것이다. 그리고 그 경우의 결합이라는 것은 민족해방투쟁으로의 공명共鳴과 지지라는 추상적, 이념적인 것이 아니라(물론 그러한 점도 없었던 것은 아니지만), 사람과 물자, 정보, 서비스가 왕래한다는 구체적이고 또 일상적인 것으로서 존재하고 있었다.

일본인과의 접촉

이제까지 서술한 바와 같이 1920년대 후반부터 1930년대에 재일조선인은 독자적인 사회적 결합을 강하게 유지하고 있었다.

그러나 물론 모든 재일조선인이 일본인과 거의 접촉하지 않고 생활하고 있었던 것은 아니다. 조선인 집주지 형성은 거의 도시에 국한되어 있었고, 게다가 도쿄 등에서는 에스닉 커뮤니티로서의 성격이 옅은 곳도 적지 않았다. 그리고 조선인 인구가 많았던 오사카시 등에서도 커뮤니티 차원에서의 조선인 인구 비율이 100%인 공간은 생겨나지 않았고, 노동 현장에서도 일본인이 고용자인 경우가 오히려 일반적이었을 것이다.

따라서 재일조선인과 일본인의 생활과 노동 현장에서의 접촉이 있었던 것은 틀림없다. 그 경우의 접촉이라는 것은 어떤 종류의 사건을 계기로 한 대립, 충돌이라는 것이 포함된다. 간토대지진 같은 때에 일본인이 조선인을 학살하는 사건이

[표 3-25] 재일조선인의 혼인 형태(1932~1935년)

조사대상	조선인 남편·일본인 처 세대(A)	일본인 남편·조선인 처 세대(B)	조선인 가족 세대(C)	A/C (%)	A/(B+C) (%)	B/(B+C) (%)	A+B/(B+C) (%)
1932년 오사카시	85		10,593	0.80			
1933년 오사카시	301	20			1.36	0.09	1.46
1935년 교토시	94		7,422	1.30			
1935년 고베시	78	3	3,651	2.14	2.13	0.08	2.22

전거: 大阪府 学務部 社会課, 『在阪朝鮮人の生活状態』, 1934년; 大阪府 特別高等課, 『昭和8年度朝鮮人に関する統計表』, 1933년; 京都市 社会課, 『市内在住朝鮮出身者に関する調査』, 1937년; 神戸市 社会課, 『朝鮮人の生活状態調査』, 1936년.

주: 1933년 오사카부는 원표상의 '배우자가 있는 사람'에서 '동거자'의 항을 B+C라고 생각했다. 공란은 확실치 않음을 나타낸다.

일어났던 것은 잊을 수 없는 사실이며, 이를 둘러싼 일본인과 조선인과의 시비도 종종 신문을 통해 전해졌다.

그러나 그러한 비우호적인 관계뿐만 아니라 이웃과 직장 동료로서의 일상적인 교제나 협력도 물론 있었다. 실제로 재일조선인과 일본인 이웃주민과의 친목이 생겨난 사례를 전하는 당시의 사료를 발견하기란 어렵지 않다.[106]

그렇지만 역시 당시의 사료 중에서는 일본인과 조선인과의 접촉이 그다지 없었다는 기술을 발견할 수도 있는데,[107] 결국 재일조선인과 일본인과의 접촉이 어느 정도 있었는가, 우호적인 것인가 그렇지 않은가 하는 점은 간단하게 말할 수 없다.

단, 이 시기의 재일조선인에게 있어 일상적인 인간관계는 역시 조선인들

---

106 예를 들면 1924년에 실시된 조사를 바탕으로 한 조선총독부 『한신·게이힌 지방의 조선인노동자(阪神·京浜地方の朝鮮人労働者)』는 다음과 같이 기술하고 있다. "한신 지방 및 게이힌 지방에 조선인 노동자가 많이 거주하는 군부(郡部) 또는 변두리의 정에는 내지인과 나란히 벽으로 칸막이를 해서 여러 가구가 살 수 있게 만든 긴 집에 거주 또는 동숙하고 있으며, 조선인이 매우 많다는 것을 인지할 수 있다. 그리고 같은 우물이나 수도를 사용하고 혹은 동일 가옥에 기거하는 이 내지인과 조선인 노동자의 사이는 결코 나쁜 편이 아니다. 개중에는 공사장 등에 판잣집을 짓고, 부부가 살거나 공동생활을 하는 사람도 있으며 가재도구를 가지고 이 사람들이 전전하고 있는 것도 자주 볼 수 있다"(『集成』 제1권, 413쪽).

107 예를 들면 내무성 경보국의 『社会運動の状況』, 1934년판, 1433쪽에는 다음과 같이 기록되어 있다. "이들 선인은 대개 대도시의 변두리 또는 공사(公私)의 합숙소 및 돈벌이 현장의 합숙소 등에 군거, 생활하는 것이 보통이다. 그 주요 원인은 언어, 풍속, 습관 기타 생활양식이 다른 관계로 내지인과 여러 부분에서 융화하지 못한다. 자연히 향당(郷黨)이 서로 모이는 현상을 보여주는 점도 인지된다."

사이에서 맺어지고 있었다고 추측하는 것은 가능하다. 노동현장의 고용자가 일본인이라고 하더라도 구체적인 작업을 지시하는 것은 조선인 십장이나 감독인 경우가 드물지 않았을 것이고, 이웃 주민에 일본인이 있었다고 하더라도 조선인끼리의 협력이 보다 중요했던 경우도 있었을 것이다.

이 점과 관련하여 주목되는 것이 재일조선인의 일본어 이해율과 일본인과의 결혼 비율(통혼율)의 상황이다. 전자는 성별과 정주층인지 아닌지에 따라서도 상당히 차이가 있는데, 다음 절에서 살펴볼 바와 같이 1930년대 중반의 경우, 30% 정도의 재일조선인은 일본어에 능통하지 못했다고 보고 있다. 또 후자도 1932년의 오사카시, 1933년의 오사카부, 1935년의 교토시, 고베시 거주자를 대상으로 조사한 바에 국한시켜서 보면, 이 시점에서의 재일조선인이 관계된 부부 중(사실혼을 포함) 일본인과 조선인 부부의 가정은 전체의 1~2% 정도다([표 3-25]). 게이한신 지방은 조선인 인구 비율이 비교적 높고 남녀비도 전국 평균에 비하면 불균형성이 눈에 띄지 않는다는 점과 이 시기에 결혼했던 재일조선인은 이미 한반도에서 결혼한 다음에 일본 내지로 온 경우가 많다는(즉, 새롭게 일본 내지에서 결혼하거나 유소년기부터 일본 내지에서 생활했던 사람이 결혼하는 경우는 적다) 것도 고려해야 하지만, 일본인과 조선인의 결혼은 일반적이지 않았다.[108]

물론 일본어 이해율과 통혼율만으로 재일조선인과 일본인과의 접촉 정도를 판단할 수는 없다. 그러나 상기와 같은 통계로부터 이 시기의 재일조선인은 적어도 일본인과 거의 접촉 없이 생활하는 것도 가능하였고, 일본인들과 접촉이 있었다고 하더라도 약간 거리를 둔 관계였다고 보아도 지장이 없을 것이다.

이상으로 이 절에서는 1920년대 후반부터 1930년대에 걸친 재일조선인의 사회적 결합에 대해서 고찰했다. 지금까지 서술한 바와 같이 이 시기 도시에는 조선인 밀집지와 집주지가 출현했다. 그것은 단순히 조선인 인구가 많다는 것만

---

108 부언하면 일본 내지에 단신으로 건너온 조선인들 사이에서는 미국의 일본인 이민자를 사이에 이루어졌던 것과 같은 '사진결혼'(즉, 사진만을 보고 결혼이 정해져서 여성이 시집가는 형태의 결혼)도 이루어지고 있었던 것 같다. 김사량의 소설 「십장 꼽새(親方コブセ)」에 그려진 조선인 합숙소장은 "고향에서 어느 이혼녀의 사진으로 선을 보고 (일본으로) 불러들이고" 있다(앞의 『金史良全集』 제II 권, 210쪽).

을 의미하는 것이 아니라 조선인을 대상으로 하는 각종 상업·서비스업이 전개되고, 조선인을 고용하는 공장 등이 집중된 공간, 즉 에스닉 커뮤니티로서의 성격이 짙은 공간이 되었다는 것이다. 그리고 조선인들 사이에서는 여러 목적을 가진 단체가 만들어지고 독자적인 정보가 유통되는 이른바 에스닉 네트워크가 확립되었으며, 조선인 밀집지·집주지에 살지 않았던 사람들도 그 속에 포괄하고 있었다. 동시에 그러한 독자적인 사회적 결합을 유지하고 있던 재일조선인들은 한반도에 있는 조선인과도 다양한 결속을 구체적으로 유지하고 있었다. 그리고 이러한 사회적 결합의 존재는 재일조선인과 일본인과의 접촉이 많지 않도록 만들었던 것이다.

　　이상의 내용을 바탕으로 하여 다음 절에서는 재일조선인 조선인의 문화적 상황이 어떠했는지를 생각해 나가기로 하겠다.

3. 민족문화의 유지와 변용

언어

　　문화의 모습을 크게 규정하는 요인은 무엇보다도 언어다. 그래서 재일조선인의 문화를 생각하는 데 있어 가장 먼저 언어에 대해서 서술하기로 하겠다.

　　우선 일본어 이해율부터 살펴보겠다. 1920년대부터 1930년대에 걸쳐서 실시된 지방 행정당국 등의 의한 재일조선인에 관한 사회조사에서는 일본어 능력에 대해서도 조사했는데, 그 결과는 [표 3-26]과 같이 정리된다. 이 표에 보이는 바와 같이 어느 조사에서나 대체로 조사대상의 50~80% 정도의 사람들은 일본어를 다소나마 이해하고 있었던 것을 알 수 있다. 일본 내지에서 생활하고 있었으니 당연한 이야기지만, 이것은 한반도에 거주한 조선인의 일본어 이해율보다 높은 수치다.[109]

---

109 한반도에 거주한 조선인의 경우 인구 1000명 중 일본어를 이해하는 사람의 수는 1930년에 83.09명, 1938년에 123.81명 등으로 되어 있다(朝鮮厚生協会 編, 『朝鮮に於ける人口に関する諸統計』, 朝鮮厚生協会, 1943년, 118쪽).

[표 3-26] 재일조선인의 일본어 이해 상황   (단위: 명)

조사년차	대상자		정통·잘 이해 등	약간 이해·보통 등	이해 못함	합계	이해 못하는 비율
1926	고베시	독신자		816	398	1,214	32.80%
		유세대자		387	83	470	17.70%
1927	시모노세키항 상륙자		2,990	3,823	4,331	11,154	38.80%
	부산항 귀환자		463	470	601	1,534	39.20%
1929	고베시	남자	1,687	956	1,396	3,772	37.00%
		여자	244	490	1,278	2,012	63.50%
		남녀	1,931	1,446	2,674	5,784	46.20%
1932	오사카시 세대주		2,671	6,419	2,745	11,835	23.20%
1935	교토시	남자	9,055	2,226	3,311	14,592	22.70%
		여자	3,207	2,358	6,393	11,958	53.50%
		남여	12,262	4,584	9,704	26,550	36.50%
	전국		167,842	213,589	209,609	591,040	35.50%
1936	전국		187,583	233,647	195,549	616,779	31.70%
1937	전국		211,081	267,305	197,322	675,708	29.20%
1938	전국		230,573	288,131	211,092	729,796	28.90%

전거: 神戸市 社会課, 『在神半島民族の現状』, 1927년; 山口県 警察部, 『来往朝鮮人特別調査状況』, 1927년; 慶尙南道 警察部, 『内地出稼鮮人労働者状態調査』, 1928년; 神戸市 社会課, 『神戸市在住朝鮮人の現状』, 1930년; 大阪府 学務部 社会課, 『在阪朝鮮人の生活状態』, 1934년; 京都市 社会課, 『市内在住朝鮮出身者に関する調査』, 1937년; 内務省 警報局, 『社会運動の状況』, 각 연도판.
주: 1927년 고베시의 조사 이외에는 조사대상에 유아·아동을 포함하지 않는다고 여겨진다. 1926년 고베시의 조사는 거의가 직업을 갖고 있는 것으로 보아 남자만을 대상으로 한 조사라고 추측된다.

그러나 어느 조사에서나(남녀 합쳐서 생각해도) 적어도 20~30%의 조선인이 일본어를 이해하지 못한 상태에서 생활하고 있었다는 점은 주목할 만하다. 이것은 앞 절에서 본 바와 같은 공고한 재일조선인의 사회적 결합이 배경이 되고 있다.

단, 시기나 성별, 세대구성의 속성에 따라서도 일본어를 이해하는 상황에는 차이가 존재한다.

우선 시기의 문제에 대해서 서술하겠다. [표 3-26]에 있는 전국의 재일조선인을 대상으로 한 1935년부터 1938년까지의 통계는 내무성 경보국 『사회운동의 상황』에 게재된 것이기 때문에, 같은 기준에서 일본어 능력을 판단하고 있다고 보인다. 이에 다르면 1935년 시점의 일본어 이해율은 35.5%였는데, 이후 매년 저하하여 1938년에는 28.9%가 되었다. 이것은 주로 일본 내지에서 출생했거나 유·소년기에 일본 내지로 도항한, 일본어 환경 속에서 자란 사람이 성장하여 이 조사의 대상이 되었고, 그 이전의 조선인들 중에서도 일본 내지에서의 체재가 장기화됨에 따라서 일본어를 습득한 사람이 늘어났기 때문일 것이다.

또 성차라는 면에서 보면 여성보다 남성이, 세대주와 독신자 중에서는 전자가 일본어 이해율이 높은 경향을 보인다([표 3-26]의 1929년 고베시 조사, 1935년의 교토시 조사, 1926년의 고베시 조사 참조). 일 관계로 여성보다 남성이 일본인과 자주 접촉했던 점, 세대주는 일반적으로 독신자보다 일본 체재기간이 길었다는 점으로 보아 당연한 결과다.

다음으로 이 시기의 재일조선인이 일상적으로 사용하는 언어는 무엇이었는지를 생각해보면, 한반도에서 나고 자란 사람의 경우는 조선어였다고 보인다. 그러나 일본 내지에서 유·소년기를 보낸 아이들의 경우는 그렇지 않았다. 어느 조선인이 1938년경에 기록한 다음 글에서는 조선인 인구 비율이 높아서 에스닉 커뮤니티로서의 성격이 가장 짙은 오사카시 히가시나리구 이카이노 주변의 아이들조차 일본어 사용이 일반적이었다는 것을 나타내고 있다.

> 내가 오사카에 있었을 때 이카이노마치에 머물렀는데, 그 근처에 조선 아이가 많다. 대개는 모두 소학교에 다니고 있는 것 같은데, 학교 다닐 나이가 되지 않은 아이들은 아직 다니지 않는 것 같다. 그들은 같은 조선 아이들과 놀고 있어도 조선어를 조금도 안 쓴다. 그들에게 물어보니 조선말을 잘하지 못한다는 것이다. 그들은 집 안에서 노는 시간보다도 밖에 나와서 노는 시간이 많다. 그들은 부모들과 말할 기회보다도 친구끼리 말할 기회가 많다. 이리하여 그들은 국어를 차츰 익혀 가는 동시에 조선어는 점점 잊어가는 것이다.[110]

또 거의 같은 시기에 일본 내지에서 중학교와 전문학교를 마친 사람 등이 조선어를 잊어가는 경향이 있고, 대학을 나와도 조선어로 감상문 하나 제대로 쓸 수 있는 사람이 없다고 하는 것으로 생각해 볼 때,[111] 10대 후반에서 20대의

---

110 앞의 『大阪と半島人』, 26쪽. 인용 중의 '국어'는 일본어를 가리킨다.

연령이었던 사람이라도 조선어 능력이 충분하지 않은 조선인이 있었다고 보인다.

이 때문에 아이가 있는 재일조선인 가정에서는 부모가 힘들게 일본어를 사용해야만 하는 상황이 점차 많아졌다. 또 조선인 어른끼리도 "조선사람이 모힌 곳에서 보통은 조선말을 쓰지마는 쏘 일본말도 쓴다. 조선말을 할 째 일본말을 하엿다고 하야서 그것은 꾸지렴하지는 아니하는 모양이다. 반조선말 반일본말이 통용되는 지경이다"[112]라고 한 것처럼 일본어를 섞어서 대화를 나누는 일이 드물지 않은 것 같다.

이러한 상황은 일본 내지에서의 체재가 장기화된 재일조선인들은 일본인과 접촉할 기회가 증가했고, 일본 내지에 살고 있는 이상 아이들에게 일본어를 습득시키고 싶어 하는 부모가 있었으며,[113] 그 밖에 동화정책도 강화되었기 때문에 생겨난 것이라고 할 수 있다. 1933년 말에는 오사카에서 조선인 아동을 대상으로 한 사설교육기관이 일제히 폐쇄되었고, 조선인의 집회에서 조선어를 사용하는 것도 금지되는 등[114] 행정당국이 주도한 '국어 상용' 교화[115]가 1930년대 중반 이후에 이루어졌던 것이다.

이름 · 상호

재일조선인의 문화를 논할 때에 이름에 관해서 거론해야만 하는 것은 두말할 것 없이 일본인풍의 통명通名[116]을 가진 사람들이 있기 때문이다. 그리고 그것은

---

111 「조선일보」 1936년 5월 5일자, "경판신 조선인문제좌담회" 중의 김준옥(金俊玉)의 발언.

112 「조선신문」 1936년 3월 1일자, "일본에 잇는 우리들의 문화생활".

113 조선인을 대상으로 하는 유치원 교원은 "엇던 부모는 와서 조선말만 잘 가라처달라고 부탁하고 엇던 부모는 와서 이곳 말만 가라처주라 하야서 매우 곤난한 점도 업지 안합니다"라고 했다(「조선일보」 1936년 5월 6일자, "경판신 조선인문제좌담회" 중의 이경숙[李景淑]의 발언).

114 조선인 보육원을 운영하는 어떤 조선인은 "학부모회나 이사회를 하는데 순사들이 와서 이곳 말로만 회의를 하라고 하니" "기맥히는 일도 잇습니다"라고 했다(「조선일보」 1936년 5월 6일자, "경판신 조선인문제좌담회" 중의 고광모[高光模]의 발언).

115 1939년에 전국적으로 정비된 재일조선인통제조직인 협화회의 사업의 모델이 된 오사카부의 교풍회(矯風會)에는 1937년도의 사업지침에 '국어의 사용'지도가 들어 있다(樋口雄一, 『協和会 戦時下朝鮮人統制組織の研究』, 社会評論社, 1986년, 58쪽).

일본 국가가 행한 창씨개명정책에 기인하는 것으로 여러 차례 이야기되었다.[117] 즉, 행정당국의 강력한 압력으로 재일조선인들은 본의 아니게 일본풍의 이름을 쓰게 되었고, 그것이 그 후로도 이어졌다고 생각되어 온 것이다.

일본 국가가 조선인에게 여러 가지 정신적 고통을 준 것을 결코 잊어서는 안 되는 사실이고, 창씨개명도 그 중 하나인 것은 분명하다. 또 실제로 창씨개명을 계기로 일본인풍 통명을 쓰게 되었다는 조선인이 적지 않을 것이다.

그것을 인정하면서도 주의해야 할 것은 일본 국가에 의한 강제가 작용하지 않았고, 거꾸로 조선인이 일본적인 이름으로 변경하는 것을 법적으로 인정하지 않았던 시기에도[118] 재일조선인들 사이에서 일본인풍의 통명을 가지는 일이 그다지 드물지 않았다는 점이다. 예를 들면 1932년 오사카시에 거주한 세대를 구성한 조선인을 대상으로 한 조사에서는 세대주의 6.31%, 세대종속자의 5.87%가 통명을 갖고 있다고 되어 있고,[119] 그 밖에 1935년 교토시에 거주하는 조선인에 대한 조사에서는 세대주로서 통명을 가진 사람은 45.1%로 과반수에 가까웠다.[120] 이것은 아마 성씨에 대한 조사겠지만, 이름에 관해서도 문화인류학자인 이즈미 세이치泉靖一가 1950년경에 실시한 도쿄 X지구에 거주하는 제주도 출신

---

116 무엇을 가지고 일본인풍의 이름이라고 하는지는 사실은 매우 애매하다. 일단 여기에서는 2자 이상의 성이나 조선인의 성에서는 쓰이지 않는 한 글자 성 및 南, 林, 西, 柳 등 조선인 성으로서 존재하는 한 글자 성이기는 하지만 일본인에 있어서도 드물지 않은 것으로 해 둔다.

117 1940년에 실시된 창씨개명이라는 것은 조선민사령(朝鮮民事令)을 개정하여 같은 호적에 들어가는 조선인에게 한 개의 성씨를 설정한다는 이에(家) 제도를 일본인의 그것과 비슷하게 하는 것이었는데(그 이전에는 예를 들면 같은 호적이라도 남편의 성은 김인데 아내의 성은 이인 것처럼 각각 다른 경우가 일반적이었다), 새롭게 제정하는 성씨의 경우 일본인풍 성이 강요되고, 동시에 그에 맞추어서 이름도 일본인풍으로 고치도록 지도하였다.

118 「조선일보」 1937년 5월 10일자, "재류조선인 중에 변성명(變姓名) 계출(屆出)이 속출"에 따르면, 1922년 11월 17일 조선총독부 법무국장의 통첩에 따라 조선인이 일본인과 같은 성명으로 하는 신고는 접수하지 않는다고 했었다고 되어 있다. 이 조치는 창씨개명이 실지되는 1940년까지 지속되었다고 생각된다.

119 大阪府 学務部 社会課, 『在阪朝鮮人の生活状態』, 大阪府, 1934년, 75; 92쪽.

120 京都市 社会課, 『市内在住朝鮮出身者に関する調査』, 京都市, 1937년, 단, 『集成』 제3권, 1208쪽. 그리고 오사카부 조사와 수치가 크게 벌어지는 이유는 확실하지 않다. 통상 사용하는 이름만을 통명으로 생각할지, 특정 상황에서만 사용하는 이름이라도 통명을 보유한 것으로 생각할지 등 기준의 차이 때문으로 추측된다.

조선인에 대한 조사에 따르면, 1940년 2월 이전 출생자의 이름은 남자 28.6%, 여자 56.5%가 '일본식'이었다고 되어 있다.[121]

물론 창씨개명 이전에 보이는 통명을 사용하는 것도 재일조선인 본인들의 적극적인 의지에 기반을 둔 것이라고 하기는 어렵다. 거기에는 일본인으로부터 받는 차별 문제가 작용하고 있었다. 민족지가 전하고 있는 바와 같이 재일조선인이 "일본 내지 사람들과 같은 성명을 쓰려고 하는 이유는 회사 사무원과 상점의 점원, 공장의 직공 등이 직업 생활을 하는 데 있어 조선인 성명을 사용하는 것보다 일본 내지 사람의 성명을 사용하는 것이 대우와 대접이 훨씬 좋다"는 것이었다.[122]

개인의 이름과 관련해서 재일조선인이 경영하는 각종 사업소의 상호에 관해서도 언급해 두겠다. [표 3-27]은 앞 절에서 상공·서비스업의 전개를 분석했을 때 이용한 「조선일보」에 게재된 명함광고의 데이터로 작성한 것이다. 이것은 상호가 기록되어 있는 사업소 801건(동일인물의 사업소로 연차에 따라 상호가 바뀌어 간 13개 사례와 '○○일보××판매소', '△△생명보험대리점'과 같은 종류는 분석대상으로 하지 않았다)을 명명命名 유형별로 분류한 것이다. 분류 기준은 ① 무궁화, 춘향, 아리랑 등 조선 문화에서 가져온 조선문화형, ② 조선의 지명을 사용한 것을 조선지명형, ③ 조선 인명을 사용한 것을 조선인명형, ④ 조선, 해도, 고려, 삼천리, 청구, 대동 등 조선의 국명이나 아칭雅稱 혹은 선鮮, 반도半島 등 조선을 연상시키는 명명을 조선국명형, ⑤ 오사카, 한신, 시나가와 등 일본의 지명을 사용한 것을 일본지명형, ⑥ 일본인풍의 이름을 사용한 것을 일본인명형, ⑦ 조일朝日, 일선日鮮, 내선內鮮이라는 말이 사용되어 있는 것을 조일복합형, ⑧ 그 밖의 것을 분류 불능 기타로 했다. 그리고 林(임, 하야시), 柳(류, 야나기) 등 조선인의 성에도 있지만 일본인 이름으로도 드물지 않은 것을 사용한 상호는 ⑧에, 平山(평산, 히라야마), 江原(강원, 에하라) 등 일본인 이름이라고도 생각할 수 있는 조선지명에서도 군명, 도명으로 존재하는 것은 ②로 분류했다. 조선지명형으로 분류한 것 중 일본인풍의 이름이라고도 생각할 수 있는 것의 건수를 나타

---

121 泉靖一, 『済州島』, 東京大学出版会, 1966년, 252쪽. 단, 무엇을 가지고 '일본식'이라고 하는지의 기준은 확실하지 않다.
122 「조선일보」 1937년 5월 10일자, "재류조선인 중에 변성명 계출이 속출".

[표 3-27] 「조선일보」 명함광고를 게재한 재일조선인 사업소의 이름 유형별 분류 (단위: 건)

분류	제조업	판매업	폐품회수 등	한방약국	음식점	기타	합계
조선문화형	1	3	0	0	5	0	9
조선지명형	4	12	4	4	23	5	52
조선인명형	11	30	10	2	0	4	57
조선국명형	5	9	1	14	11	5	45
일본지명형	8	3	1	0	2	7	21
일본인명형	110	62	57	1	1	14	245
조일복합형	0	5	0	1	1	8	15
분류 불능 기타	66	78	14	83	73	43	357
합계	205	202	87	105	116	86	801

전거: 본문 참조.

내면 江原 1건, 光山(광산, 미쓰야마) 1건, 平山 2건이다.

표에서 보이는 바와 같이 801건의 상호 중 '분류 불능 기타'를 제외하고 가장 많은 것은 일본인명형으로 245건이며, 전체의 30.6%를 차지하고 있다. 여기에서 분석대상으로 하는 명함광고는 전부 창씨개명을 실시한 1940년 2월 이전에 게재된 것이다. 따라서 일본 국가의 강제에 의해 일본인 상호를 붙인 경우가 드물지 않았던 것을 알 수 있다. 그러나 한편으로 조선인명형 57건, 조선지명형 52건을 비롯하여 조선과 관련성을 연상시키는 상호도 적지 않다.

그리고 상호 명명 형태는 직종에 따라서 상당히 다르다. 즉, ① 제조업과 폐품 회수 등에서는 일본인명형의 사용이 현저히 많다. ② 판매업에서는 일본인명형이 가장 많기는 하지만 조선인명형 등 조선과 관련된 상호도 적지 않다. ③ 음식점에는 조선과 관계된 상호는 많은 반면, 일본인명형·일본지명형은 적다. ④ 한약방에서는 '분류 불능 기타'가 80% 정도를 차지하지만 그 밖에서는 조선 관련 명명이 많고, 일본인명형, 일본지명형은 거의 없는 경향을 보인다. 이 점은 제조업과 폐품 회수 등에서는 고객이나 거래처가 주로 일본인인 데 반해, 판매업, 음식점, 한약방은 조선인을 대상으로 사업을 전개하는 경우가 많았던 배경이 있었을 것이다.[123]

---

123 판매업 중 조선관계의 상품을 다루고 있는 것을 알 수 있는 77건의 상호에는 조선문화형 1건, 조선지명형 6건, 조선인명형 19건, 조선국명형 5건, 일본지명형 2건, 일본인명형 14건, 조일복합형 3건, 분류 불능 기타 27건이 있으며, 분류 불능 기타를 제외하면 조선 관련 상호가 일반적이다. 음식점

이상으로 창씨개명을 실시하기 전인 1930년대에 이미 일부 재일조선인이 일본인풍의 이름을 통명으로 하거나 상호를 사용한 것을 확인해 보았다. 그것은 노동현장에서의 동료나 사업상의 고객, 거래처와의 관계 등을 이유로 택한 선택이었다. 바꿔 말하면 이 시기의 재일조선인의 통명 사용은 적극적인 문화적 동화의 선택이라고는 하기 어려운 것이었다. 또 조선인 집주지의 사업소에서도 공장뿐 아니라 심지어는 조선인을 대상으로 한 물품을 판매하는 상점에서도 일본인명형 상호를 사용하는 사례를 확인할 수 있는 것 등은[124] 조선인이라는 것을 완전히 숨기고 있는 것이 아니라, 이른바 생활을 위한 전략이라는 상황에서만 통명을 사용하는 경우가 있었다는 것을 나타낸다고 할 수 있을 것이다.[125] 그리고 본명을 쓰거나 사무소에서 조선을 연상시키는 상호를 쓰는, 즉 조선인임을 숨기지 않는 사람도 그다지 드물지는 않았다.

의식주

의식주는 생활의 가장 기본적인 요소다. 그렇기 때문에 한 개인의 몸에 베인 의식주에 관련된 문화는 다른 환경에 놓여 있다고 하더라도 변화하기 어렵다고 할 수 있을 것이다.

그 중에서도 식사는 생활의 근본이며, 식재료, 조리법, 식사 방법 등등 민족에 따라 상당히 차이가 있다. 일본 요리와 조선 요리의 경우 식재료에서는 공통되거나 대용할 수 있는 유사한 것이 상당히 있었던 것도 분명하지만, 역시 일본인이 일반적으로는 먹지 않는 것을 조선인이 먹는 경우도 많았다. 조선 요리에서 많이

중 조선 요리를 제공하고 있는 것이 명확한 85건을 분류하면 조선문화형 2건, 조선지명형 17건, 조선국명형 11건, 일본지명형 2건, 일본인명형 1건, 분류 불능 기타 52건으로 음식점 전체와 비교했을 경우 약간이기는 하지만 조선 관련 상호의 비율이 높다.

124 「조선일보」에 게재된 명함광고의 데이터에서는 오사카시 니시나리구 나가하시도리(長橋通) 8초메에서 조선어 레코드를 판매하고 있었던 대도상점(大島商店)이 해당된다(「조선일보」 1939년 1월 6일자). 이 밖에 「조선일보」 1936년 5월 8일자 "경관신 조선인문제좌담회" 중의 '이마후쿠(今福)조선시장'의 사진에서는 '금산상점(金山商店)'의 간판이 보인다.

125 단, 완전히 조선인임을 숨기고 생활하는 사람도 이 시기에 없었던 것은 아니라고 생각된다. 김사량의 소설 「빛 속으로」(앞의 『金史良全集』 제Ⅰ권에 수록)에서는 '미나미(南)'라고 불려서 일본인인 것처럼 주위 사람들이 접하고 있는 '남(南)'의 고뇌가 그려져 있다(5장에서 상세히 기술한다).

쓰이는 고추를 보더라도 일본열도에서 생산되는 것은 한반도산보다 매웠다는 차이도 있었다.

앞 절에서 보아 온 바와 같은 1930년대의 조선인을 대상으로 한 식료품점의 출현은 말할 것도 없이 이러한 상황에 대응하여 조선의 독자적인 식재료 등의 수요를 충족시키는 것이었다. 또 같은 시기에 각지에서 결성된 조선인만의, 또는 조선인이 중심이 된 소비조합도 저렴하게 물자를 구입하는 것뿐 아니라 일본 내지의 식료품점에서는 입수하기 어려운 식재료를 얻는다는 목적이 있었다고 볼 수 있다.

이리하여 재일조선인 사회가 형성 도상에 있었던 1920년대 중반까지 '그들은 내지에 있는 재료로 가능한 조선식 요리를 만들고 있다', '그렇기는 하나 조선 고추는 내지시장에 나타나지 않는다, 그들은 너무 매운 내지 고추에 만족하지 못했지만 어쩔 수 없었다'[126]는 상황이었던 데에 반해서 1930년대에는 한반도와 마찬가지의 식재료를 구비하는 상황(적어도 조선인 인구가 많은 도시에서는)이었다.

또 가정 밖에서의 식사로는 오늘날 일본에서 대중적이 된 조선 요리의 루트를 갖는 '야키니쿠야燒肉屋'(숯불고기집)가 이미 1930년대 후반에 존재했다는 것이 확인된다. 오사카시에는 "야키니쿠야, 센마이야センマイ屋(처녑집) 등이 도처에 있고 이런 곳에 가서 그날 하루의 피로를 잊고 가는 일도 적지 않다"고들 했다.[127]

그러나 물론 1930년대의 재일조선인의 식생활에 일본 내지의 문화가 반영되었던 경우도 보인다. 「조선일보」에 게재된 명함광고에서 확인할 수 있는 조선인이 경영하는 음식점 중에는 '간토니関東煮'(어묵국의 오사카 사투리) 가게를 2건 확인할 수 있고,[128] 당시의 사회조사 보고서에 게재된 사진에 찍힌 조선인이 경영한 것으로 보이는 식당의 메뉴에는 '조선간토니朝鮮関東煮'라는 글자도 보인다.[129]

---

126 大阪市 社会部, 『朝鮮人労働者問題』, 弘文堂, 1924년, 단 『集成』 제Ⅰ권, 381쪽.
127 앞의 『大阪と半島人』, 92쪽. 단, 조선인 인구가 적은 다른 도시에서 이러한 가게가 어느 정도 있었는지는 불명확하다. 그리고 이 문장은 아마 '야키니쿠야'라는 말이 처음 나온 것일 것이다.
128 「조선일보」 1935년 1월 1일자 및 1938년 1월 3일자, "명함광고".
129 大阪市 社会部, 『毛馬都島両橋間に於ける家舟居住者の生活状況』, 大阪市 社会部, 1937년, 13쪽. 조선간토니가 무엇을 의미하는지, 요리명이라면 어떠한 것이었는지는 확실하지 않다.

그리고 경찰당국은 1930년대 중반에는 조선인을 대상으로 식료품을 판매하는 조선시장과 조선인 요릿집, 음식점의 단속 방침을 내세웠다.[130] 그러나 1930년 대 말에도 그것이 철저하게 지켜지지는 않았다는 것은 「조선일보」의 명함광고 등에서도 분명히 알 수 있다.

다음으로 복장에 대해서 보면, 일반적으로 남성들은 조선 옷을 그다지 입지 않았던 데에 반해서 여성의 경우는 조선 옷을 계속 착용하고 있었던 경우가 많았다고 보인다.[131] 남성이 조선 옷을 입지 않았던 것은 일 관계 말고도 양복 내지 일본 옷을 착용하는 것이 근대적으로 가치를 갖는다고 여겨졌기 때문이기도 하다. 당시의 조선 농촌에서는 가령 '색난(빛바랜) 양복'이라도 '꽤 훌륭하다'고 여겨졌고,[132] '유카타에 게다'(일본의 여름철 평상복에 일본 나막신) 차림으로 일본 내지에서 돌아온 청년이 '내지 문화의 현란함을 설득하는' 경우가 있었다.[133]

이에 반해서 여성이 조선 옷을 계속 착용했던 것은 "내지의 부인 복장이 너무나도 개방적"[134]이라고 생각했던 기호의 문제와 "일본 옷은 조선 복장보다 비용이 많이 든다"[135]는 경제면에서의 이유와 함께 일본인과의 접촉이 상대적으로 적었던 것이 작용했다고 추측된다. 그리고 앞 절에서 서술한 바와 같이 조선 옷감을 취급하는 상점은 일본 내지에도 많이 존재했기 때문에 일본 내지에서 조선 옷을 만드는 것은 어렵지 않았을 것으로 보인다. 경제적인 문제도 있겠지만, 조선인 집주지의 여성들의 복장에 대해서 이 시기의 어느 르포에서는 "얼핏 조선 내의 농촌 부인과 조금도 다르지 않은 것처럼 보이지만, 그러나 자세히 점검해보면 발에는 게다를 신고, 치마와 그 아래의 속옷은 일본 옷감으로 만든 것이 눈에

---

130 「大阪府の在住鮮人同化方策に就て」, 『特高月報』 1936년 6월.
131 앞의 『朝鮮人労働者問題』, 단 『集成』 제 I 권, 381쪽.
132 '192×년 가을'을 무대로 하는 유치진의 희곡 「토막」에서는 그러한 조선 농촌의 모습이 그려져 있다(이 희곡이 처음 선보인 것은 『文芸月刊』 1931년 12월·1932년 1월호, 양민기[梁民基]의 일본어 역, 이승옥[李丞玉] 외 감수, 『20世紀民衆の世界文学7 朝鮮文学(1) 解放 前篇』, 三友出版, 1990년에 수록).
133 앞의 『朝鮮人労働者問題』, 단 『集成』 제 I 권, 370쪽.
134 앞의 『朝鮮人労働者問題』, 단 『集成』 제 I 권, 381쪽.
135 앞의 『大阪と半島人』, 51쪽.

띤다”고 기록되어 있다.[136]

구체적으로 어느 정도의 재일조선인이 조선 옷을 착용했는지에 대해서는 1937년 니시노미야시·아마가사키 등에 거주한 조선인을 대상으로 효고현이 실시한 조사가 있다. 그에 따르면 ‘내지 복장을 한 사람’이 75.67%인 데 반하여 ‘조선 복장을 한 사람’이 24.33%였다고 되어 있다.[137] 남녀 각각의 통계는 나와 있지 않은데, 조사 대상인 2만 2218명은 남자 1만 3200명, 여자 9018명이기 때문에 여자라도 ‘내지 복장’은 적지 않았던 셈이다.

단, ‘내지 복장’이 많은 것은 행정당국의 지도도 영향을 미쳤을 것이다. 1930년대 중반 이후 조선인 인구가 많은 지역에서는 복장까지 포함한 동화정책이 전개되고 있었기 때문이다.[138]

주택에 대해서는 재일조선인의 대부분이 셋집이나 셋방 내지는 판잣집에 거주하고 있었던 것으로 보인다. 따라서 거주생활에서 조선 문화를 유지할 여지가 그다지 없었다고 볼 수밖에 없다. 그렇더라도 강가에 ‘집 구조가 조선 내의 농가와 그리 다르지 않은’ 주거를 세우고 사는 조선인도 없지는 않았다.[139]

이상으로 1920년대부터 1930년대에 걸친 재일조선인의 의식주를 보면 주택은 어떻든 간에 식사와 복장에서는 일본 내지의 문화에 동화되었다고는 할 수 없는 상황이었던 것을 알 수 있다. 그리고 그러한 조선 문화는 조선인의 수요에 맞춘 식료품점, 음식점, 의료점衣料店의 존재로 유지된 면도 컸다. 그러나 식사와 복장에서도 당시 한반도에 거주하는 조선인과 완전히 똑같지는 않았던 것도 분명한 사실이다.

---

136 張赫宙,「朝鮮人集落を行く」,『中央公論』1937년 6월호.

137 앞의 『朝鮮人の生活状態』, 122쪽.

138 예를 들면 오사카부에서는 다른 부현에서의 동화정책의 모델이 되었던 정책이 ‘교풍사업(矯風事業)’으로서 1934년부터 시행되고 있지만, 1936년도의 사업계획에는 ‘일본 옷의 장려’, ‘흰 옷 착용 또는 특이한 장신구 착용 금지’ 등이 들어 있다(樋口雄一,『協和会 戦時下朝鮮人統制組織の研究』, 社会評論社, 1986년, 56쪽).

139 앞의 「朝鮮人集落を行く」. 그리고 東京府 学務部 社会課,『在京朝鮮人の現状』, 東京府, 1936년의 권두화(卷頭畵)에는 ‘조후초(調布町)’의 조선인주택 초가집 사진이 실려 있다. 이 르포의 필자 장혁주가 인용한 것과 같은 감상을 느꼈던 것도 조후의 조선인 집주지로 아마도 같은 장소일 것으로 보인다.

오락 · 예술

재일조선인의 대다수가 경제적으로 여유가 없는 생활을 했던 것을 생각하면 취미를 즐기거나 예술 활동을 하는 사람은 그다지 없었을 것이라고 생각할 수 있다. 그러나 이 시기의 재일조선인이 오락이나 예술과 전혀 연이 없었던 것은 아니다. 그리고 그것은 역시 조선 문화에서 나온 것이었다고 할 수 있다.

우선 오락으로는 전통적인 놀이나 예능 종류는 일본 내지에서도 친숙했다고 봐야 할 것이다. 조선어 신문의 기사를 보아도 단오나 구정 등에는 조선인 단체가 씨름이나 윷놀이 대회를 열고 있는 것을 알 수 있다.[140]

그리고 「조선일보」에 게재된 명함광고에서는 1930년대에는 일본 내지에 조선어 레코드나 서적을 취급하는 가게가 있고,[141] 오사카에 본거지를 둔 조선인 '가무단'이 존재했던 것도 확인되었기 때문에, 재일조선인들도 조선어 책과 유행가, 연극 등을 즐겼을 것으로 추측된다. 자금난으로 실패로 끝났지만, 오사카에 거주했던 조선인이 조선영화제작소 설립을 도모한 사실도 확인할 수 있다.[142]

또 1930년대 전반부터 중반에 걸쳐서는 프롤레타리아 문화운동 속에서 문학 창작이나 연극 상연 등도 재일조선인들 사이에서 시도되었다. 1930년대 중반 이후에는 무용가인 배귀자와 최승희, 작가 장혁주, 김사량, 성악가 김영길 등이(전원이 계속해서 일본 내지에 생활기반을 두고 있었던 것은 아니지만) 일본 내지에서도 활약하고, 높은 평가를 얻게 되었다.

한반도를 거점으로 활동하고 있는 극단과 가수의 공연과 조선에서 만들어진 영화 상영도 일본 내지에서 이루어지고 있었다. 언제부터 그랬는지 상세하지는 않지만, 연극은 1931년에 오사카시 히가시나리구의 '이마자토今里극장'에 '조선배우신흥극단'이 출연한 것을 확인할 수 있고,[143] 영화도 1933년에는 '장한가長恨歌',

---

140 「조선일보」 1934년 6월 12일자, "단옷날 동경에서 씨름대회 개최"; 「조선일보」 1931년 12월 26일자, "척사대회 신호상공회 주최".

141 「조선일보」에 게재된 명함광고에서 확인할 수 있는 조선어 레코드를 취급하는 가게는 14건, 조선어 서적을 판매하는 가게는 5건이다.

142 『特高月報』 중의 '운동일지' 란 '재류조선인의 운동' 항목, 1935년 4월 30일자의 기술. 단 『集成』 제Ⅲ권, 838쪽.

'아리랑' 등이 일본 내지에서 상영되고 있었던 것을 알 수 있다.[144]

이처럼 한반도를 거점으로 하는 극단 등이 어느 정도의 빈도로 일본 내지에 왔었는지는 확실치 않다고 하더라도 도시의 조선인 집주지에 사는 사람들이 그에 접할 기회는 드물지 않았다. 1930년대에 오사카시 다이쇼구 고바야시초小林町의 조선인 집주지에서 생활하고 있던 어느 재일조선인은 다음과 같이 기록하고 있다.

> 일제하의 조선인은 '목포의 눈물'이라든가 '타향살이'와 같은 애수에 젖은 가요를 좋아했습니다. 경성에서 남인수라는 인기가수가 왔다고 해서 센니치마에(千日前)의 극장까지 어른 뒤를 따라 구경하러 간 적이 있었는데, 부락의 광장에도 가끔 광대들이 와서 육자배기랑 판소리를 부르거나 장구를 격렬하게 치면서 춤을 추었습니다. 이 극단들은 아마 고베의 나가타(長田)라든가 미나토구의 후나마치(船町), 각지의 조선 부락을 순회하면서 흥업하고 있었다고 생각됩니다.[145]

그렇지만 한편으로는 예를 들면 「로쿄쿠게이주쓰浪曲芸術」(일본 대중 예능의 한 가지. 샤미센 반주로 주로 의리·인정을 주제로 하는 창)라는 신문을 간행했던 조선인도 있었고,[146] 실제로 로쿄쿠시浪曲師가 된 조선인,[147] 그리고 스모 선수[148]나 일본 극단에 소속된

---

143 「오사카아사히신문」 1931년 3월 17일자 "입장료가 비싸다고 극장에 밀어닥치다(『入場料が高い』と劇場へ雪崩込む)".

144 「社会運動通信」 1933년 2월 25일자, "맹렬한 탄압 하에 있는 선어극단(鮮語劇團)의 현세(現勢)"는 "내지에 거주하는 수만 명의 조선인 노동자가 그들 자신의 문화적 욕구를 충족하기 위한 어떠한 수단이나 시설도 주어져 있지 않은 것이 대부분이라는 것은 두말할 것도 없다. 그럼에도 불구하고 그들의 열렬한 욕구는 '장한가', '아리랑', '쌍옥루(雙玉淚)' 등의 반동적인 영화가 그들 사이에 반입되는 엄청난 요인을 형성하고 있다"고 기술하고 있다.

145 崔碩義, 「私の原体験 大阪, 小林町朝鮮部落の思い出」, 『在日朝鮮人史研究』 제20호, 1990년 10월, 53쪽.

146 内務省 警保局, 『社会運動の状況』, 1931년판, 1169쪽.

147 野崎充彦, 『朝鮮の物語』, 大修館書店, 1998년, 196~197쪽.

148 「경성일보」 1940년 5월 15일자, "반도출신역사(力士)평판기"에서는 8명의 스모 선수가 소개되어 있다. 그리고 같은 신문에 4일 후에 실린 "우리의 역도산 빛나는 2번 출세"라는 기사는 후에 프로레슬러가 되는 역도산의 입문 경위 등을 보도하고 있다. 이 기사에서는 역도산이 조선인이라는 것을 조금도 숨기지 않았다.

여배우[149] 등 조선 문화와는 관계없는 예술·오락 분야에서 활약하는 사람도 이 시기부터 있었다.

동시에 앞에서 언급한 김사량이 일본어로도 창작하고, 최승희가 이시이 바쿠石井漠의 지도를 받고 있었던 사실에서 알 수 있듯이 조선 문화에서 유래한 예술도 일본 문화와 전혀 관계가 없었던 것은 아니었다(주지의 사실처럼 재일조선인의 예술에만 한정된 문제가 아니라, 근대 조선의 여러 예술에서 일본 문화의 영향을 받은 경우는 적지 않다. 덧붙이자면 애초에 '순수한 민족 문화' 같은 것은 다른 여러 민족의 경우도 존재하지 않는다. 이것은 예를 들면 '일본 문화'라고 불리는 것이지만, 전근대에는 중국, 조선 기타의 지역에서 가져온 요소를 수용하고 근대 이후에는 서양의 영향을 받아서 발전을 이룩했던 것을 보더라도 명백하다).

그리고 오락과 예술에 관해서도 1930년대 중반 이후 동화주의 입장에서 통제를 가하려고 했다. 1936년에는 오사카부 경찰부가 "일본과 조선의 동화운동에 지장이 잇는 것과 또는 대중의 조선인이 집합하므로서 여러 가지 불결한 점이 잇다"는 이유로 영화 "홍길동전"의 상영을 금지하였다.[150] 1940년대에는 연극 등에서 조선어를 사용하는 것도 금지하는 방침이 명확해졌는데,[151] 1930년대

---

149 나가이 가후(永井荷風)의 일기 1940년 3월 12일자 기술에는 다음과 같은 글이 보인다. "오페라관 분장실에 이르러 '스미다가와(隅田川)'를 본다. 게이샤 오이토로 분하는 여배우 쓰쿠바 유키코(筑波雪子)라는 사람은 에도풍으로 어딘가 요염한 얼굴이지만, 실은 조선인이라고 연극계 소식에 밝은 사람의 이야기를 듣고, 뭔가 말로 표현할 수 없는 기이한 생각이 들었다"(永井荷風, 『斷腸亭日乘』 하권, 岩波書店, 1987년, 89쪽).

150 「동아일보」 1936년 7월 24일자, "괴(怪)! 대판경찰당국 조선 영화 상영금지".

151 앞의 『斷腸亭日乘』 하권, 127쪽, 1941년 2월 4일에는 이 시기에는 조선어로 공연하는 것을 경찰당국이 금지하고 있었던 것과 그에 대한 나가이 가후의 비판이 다음과 같이 기록되어 있다. "저녁 무렵 아사쿠사(浅草)에 가서 오페라관 무용수와 모리나가(森永)에게 저녁밥을 먹였다. 분장실에 이르니 조선 무용수 극단이 있어 일본 유행가를 부른다. 목소리에 일종의 애수가 있다. 조선어로 조선 민요를 부르게 한다면 좋을 것이라 생각되어 그 이유를 물으니, 공개적인 장소에서 조선어를 쓰거나 또는 민요를 부르는 것은 엄금되어 있다고 답하며 분개하는 기색도 없다. 나는 말할 수 없는 비통한 마음이 들지 않을 수 없었다. 그의 나라의 임금은 도쿄에 유폐되어서 다시 그 나라로 돌아갈 기회도 없고, 그 국민은 조상 대대로의 언어와 가요를 금지당한다. 슬프기 한이 없는 일이다. 나는 일본인의 해외발전에 대해서 환희의 감정을 느끼지 못하고, 오히려 혐오와 공포를 느끼지 않을 수 없다. 내가 예전에 미국에 있을 때 미국인은 쿠바 섬의 백성이 그 나라 말을 사용하고 그 민요를 부르는 것을 금지시켰다는 말을 듣지 못했다. 나는 자유의 나라에 영원한 승리와 영광이 있을 것을 바라는 것이다." 단, 후에 서술할 바와 같이 적어도 도쿄 이외에서는 그 후에도 조선어를 사용한 노래나 연극 공연이 실제로는 이루어지고 있다.

중반에 일반적인 집회 등에서도 조선어를 사용하지 못하도록 경관이 나와서 압력을 가했던 것을 생각하면 같은 무렵부터 계속해서 제한되고 있었다고 보아도 무리가 없을 것이다. 단, 조선 영화에 관해서는 상영을 완전히 금지하는 방침이 확립되었던 것이 아니며,[152] 또 조선어를 사용한 연극의 상연도 1930년대에는 아직 가능했다.

정신세계 · 의례

정신세계에 관해서도 재일조선인은 일본인과는 다른 것을 유지하고 있었다. 우선 종교에 대해서 서술하면 앞 절에서도 서술한 바와 같이 조선크리스트교회, 조선불교사원과 천도교의 종무원宗務院이 일본 내지에도 설립되어 포교를 하고 있었다.

민중에게 침투되었던 조선의 샤머니즘도 일본 내지에 들어와 있었다. 재일조선인 사회 속에는 무당도 있고 병의 치료와 행운을 부르기 위한 굿이 성행하고 있었다. 그러나 물론 모든 조선인이 그러한 신앙을 갖고 있었던 것은 아니다. 재일조선인이 간행했던 조선어지는 "돈버리가 마음대로 아니되면 축재제蓄財祭를 지내고 질병에 걸니면 의약을 구하기 전에 복가卜家를 차저 굿을 치고" 있는 조선인이 있는 상황을 비판하고,[153] "무녀 점술자는 사회 인심을 좀먹는 기생충이다"라며 '미신 타파'를 통렬히 호소하는 투고도 게재하였다.[154] 재일조선인 사회에서도 근대적 가치관을 가진 인텔리와 그렇지 않은 민간신앙을 포함하는 전통적인 관념을 유지하는 사람의 차이가 생겼던 것이다.

그리고 샤머니즘의 영향력의 차이는 성별과도 관계를 갖고 있었다. 그것을 믿는 사람은 특히 여성이 많았던 것은 '미신 타파'를 주장하는 투고가 '특히 부녀자의 자각'을 언급하고 있는 것으로도 알 수 있다.[155]

---

152 「동아일보」 1936년 7월 27일자, "문제된 조선 영화 대판에서 해금 회답".
153 「민중시보」 1936년 6월 21일자, "생활을 과학화하자".
154 「민중시보」 1935년 8월 1일자, "미신을 타파하자".
155 「민중시보」 1935년 8월 1일자, "미신을 타파하자".

또 관혼상제 등의 의례도 '뭐든지 조선식'이었다고 보이며,[156] 일본 내지에서
죽은 조선인이 시신 그대로 고향으로 옮겨져서 매장된 경우도 있었다.[157] 연중행
사는 어느 정도 이루어지고 있었는지는 알 수 없지만, 설날은 당시의 한반도와
마찬가지로(현대 한국 사회에서도 그렇지만) 신정이 아닌 구정을 축하하는 것이 보통이었
다.

단, 이러한 상황에 대해서도 인텔리들은 비판을 가하고 있었다. 그것은 매장
보다 화장이 위생적이며 음력보다 양력이 과학적이라는 근대주의적 가치기준이
비판 근거의 하나였다.[158] 그러나 그렇게 비판하는 두고가 게재되었던 재일조선
인 신문이 한 사회주의 활동가였던 재일조선인의 시신이 고향으로 옮겨지는 것을
전하는 기사도 찾아 볼 수 있다.[159] 사후의 장례에는 개인의 의지가 반영된다고만
은 할 수 없지만 이 사실은 일종의 철저한 근대합리주의 사상인 마르크스주의를
받아들인 사람들에게라도 전통적인 가치관이 뿌리 깊게 존재하고 있었다는 것을
엿볼 수 있을 것이다.

이상에서 서술한 것으로 알 수 있듯이 1920년대 후반부터 1930년대에 걸쳐
서 재일조선인의 문화는 당시의 일본인과 상당히 다른 요소를 가지고 있었다.
그 배경에는 일본열도에 거주하는 조선인 인구가 무시할 수 없는 수로 늘어났고,
앞 절까지에서 보아 온 바와 같은 독자적인 민족적인 사회적 결합이 유지되고
한반도와도 연결이 유지되고 있었던 것, 그리고 민족의 독자적인 수요에 대응하
는 상업·서비스업이 전개되고 있었던 점이 있었다. 당시 일본 내지에는 한반도에
서 온 신문기자가 "고향 생활의 연장"[160] "그 생활양식은 조선에서 하던 것 그대

---

156 앞의 「私の原体験 大阪, 小林町朝鮮部落の思い出」, 『在日朝鮮人史研究』 제20호, 53쪽.
157 「민중시보」 1935년 7월 15일자의 'PS생'투고 "화장을 려행(勵行)하자". 현대 한국에서도 통상적으
로 죽지 않은 사람들을 화장하는 것이며, 매장이 일반적이다. 단, 이 기사에 따르면 "고국에 토장하러
간다는 것은 언으 특수한 섬의 사람들"(제주도 출신자를 가리키는 것으로 보인다)의 문제라고 되어
있기 때문에, 제주도 출신자 이외의 조선인이 일본 내지에서 사망한 경우는 화장되고 있었다고 생각된
다.
158 「민중시보」 1935년 7월 15일자, "화장을 려행하자" 및 같은 해 12월 15일자의 김추수(金秋水),
"이중과세를 청산하자", 그리고 "화장을 려행하자"는 시신을 고향으로 가지고 돌아가는 비용 등도 문제
시 되어 있다. 아마 '이중과세'도 경제합리주의의 입장에서 문제 삼았던 것이라고 생각된다.
159 「민중시보」 1935년 10월 1일자, "정우생(鄭友生) 마침내 절명!".

로"[161]라고 표현하고, 재일조선인 자신이 "한가롭고 게다가 민족색이 넘쳐나는 풍경"이라고 회상하는 세계가 확실하게 존재하고 있었다.[162]

　　그러나 재일조선인의 문화가 당시에 한반도에 거주하는 조선인과 완전히 같은 것이었다고 하기는 어렵다. 이 시기에도 재일조선인의 문화는 균질적이지 않고, 생활환경과 그 속성에 따라 달랐다. 예를 들면 여성이 조선 옷을 자주 착용했던 데 반해 남성은 그렇지 않았고, 어른은 조선어로 일상생활을 했지만 아이들은 일본어를 썼던 것처럼 재일조선인의 문화는 성별과 세대에 따라서도 달랐다. 동시에 커뮤니티 속에서의 조선인을 대상으로 한 사업이나 사회적 결합에서의 민족적 요소는 조선인 인구의 많고 적음이나 한반도와의 사람들의 왕래가 어느 정도 활발했는가에 의해 규정되어 차이가 생겨났다는 것에도 주목해야 한다. 조선인 집주지 이외의 곳에서는 민족문화를 유지해 나가는 조건이 충분하지 않았던 것이다.

　　그리고 한반도 그 자체로 혼동될 것 같은 상황이었다는 조선인 집주지에서도 그곳 사람들의 생활은 여러 가지 면에서 일본 문화적 요소가 있었던 것을 알 수 있다. 그것은 ① 생활의 근대화와 일본인과의 접촉으로 인한 이른바 자연적인 현상으로서 일어났다, ② 일본 문화가 뛰어난 가치를 가진다고 간주하여 적극적으로 받아들였다, ③ 사회적인 차별을 피하기 위해서 본의 아니게 선택했다, ④ 행정당국의 압력으로 제한되거나 변화할 수밖에 없었다는 등의 이유 때문이었다. 구체적으로는 ①은 공장이나 토목건축공사현장에서 일하는 사람이 조선 옷이 아니라 서양식 옷을 입거나 특정 상황에서는 일본 음식을 먹는 변화, ②는 어떤 사람이 일본 옷을 입는 경우, ③은 일 관계로 일본인풍의 통명을 사용하는 것 등에 해당된다. ④는 조선 옷 착용을 할 수 없게 되거나 조선인을 대상으로 한 물품의 판매나 조선어를 사용한 연극 등의 규제라는 행정 교화·지도와 창씨개명이라는 명확한 법적 근거를 가진 조치로 나눌 수 있다. 단, 창씨개명은 1940년에

---

160 「동아일보」 1939년 7월 6일자의 곽복산, "백만도항동포생활보고②".
161 「조선일보」 1936년 5월 6일자의 함상훈, "상공의 도시 대판".
162 앞의 「私の原体験 大阪, 小林町朝鮮部落の思い出」, 『在日朝鮮人史研究』 제20호, 53쪽.

실시되었던 것이고, 행정의 동화 지도가 본격화되는 것은 1930년대 중반 이후이기 때문에 1930년대 전반에는 ④가 배경이 되었던 문화의 변화는 그다지 보이지 않았다고 볼 수 있다. 아무튼 재일조선인의 생활 속에서는 민족문화가 그대로 유지되어 간 것이 아니라 일본 문화의 영향을 받으면서 한쪽에서는 변용되어 갔다.

그러나 변용되는 부분이 있었다고 해도 전체적으로 보면 이 시기의 재일조선인의 생활은 역시 앞서 언급한 바와 같이 한반도에서 온 특파원이 놀랄 정도로 조선 문화가 유지되고 있었다. 특히 식사나 관혼상제 등의 사적인 생활 부분에서는 그러한 측면이 강했다고 할 수 있겠다. 그리고 조선 인명, 조선 지명을 상호로 이용하고 조선인을 대상으로 한 물자 등을 취급하는 사무소나 조선 옷을 일상적으로 착용하는 사람도 있었던 것처럼 재일조선인이 일본인과는 이질적인 문화를 갖는 존재라는 것은 어느 정도 가시적이었다(어느 정도라고 한정한 것은 당시의 일본인들 대부분은 재일조선인이 살고, 일하고, 조선인을 대상으로 한 각종 사업이 전개되어 갔던 공간과는 관계없이 생활하고 있었다고 생각할 수 있기 때문이다).

그렇지만 이러한 상황은 그 후에도 지속되었던 것은 아니다. 전시하 나아가 전후의 여러 조건들의 변화에 따라 재일조선인 사이에 점차 일본 문화가 침투하고 이질성도 가시적으로 보이지 않게 변해갔다. 그 구체적인 변용의 모습과 그 배경에 대해서는 5장에서 서술하기로 하고, 다음 장에서는 1920년대부터 1930년대에 걸친 재일조선인의 의식과 활동에 초점을 맞추어 가겠다.

4장
전간기 재일조선인의 의식과 활동

여기에서 말하는 전간기戰間期는 1차 대전 후부터 중국과의 전쟁이 전면화·장기화되어 일본이 전시체제를 확립하기까지인 1920년대부터 1930년대 중반까지를 말한다. 주지의 사실대로 당시 일본에서는 치안유지법 등의 탄압법규로 철저히 제한되었음에도 불구하고 여성, 노동자, 농민, 피차별 부락민 등 여러 사회계층의 사람들이 억압으로부터의 해방을 요구하며 활발한 운동을 전개하게 되었다. 재일조선인도 예외는 아니어서 차별 반대와 민족 독립을 위한 활동을 펴나갔다.

이제까지의 역사 연구에서도 그러한 전간기의 재일조선인운동에 초점을 맞춘 논고가 적지 않다. 그러나 선행연구는 여러 운동단체별로 그 방침이 어떠했고, 어떠한 활동을 했는지를 기록하는 형식을 취하고 있다.

물론 이러한 작업은 그 운동단체의 활동의 의의와 방침의 유효성과 한계를 밝히기 위하여 필요한 작업이다. 그러나 재일조선인 총체의 동향을 파악하고자 할 때, 이러한 방법에는 다음과 같은 문제점이 있다.

민중운동이라는 것은 꼭 운동단체의 이념과 방침대로만 움직이는 것이 아니다. 어떤 운동의 내실을 보면 '지도'받는 민중의 자주적인 활동이나 본래의 방침에서 벗어난 움직임이 그 안에 포함되어 있는 경우가 왕왕 있고, 동시에 운동단체의 조직과 방침 자체도 이른바 아래로부터의 움직임에 영향을 받는 경우가 있다.

덧붙이자면 애초부터 사회운동에 무관심하거나 사회운동과 접점이 없는 사람들도 존재한다. 식민지기 조선인의 동향을 보더라도 민족해방을 위해서 운동단체가 조직되고 활발한 활동이 전개되었던 것은 분명하지만, 그러한 활동에 참여하고 싶어도 하지 못했던 사람들도 있었는가 하면 '해방운동'의 의미가 무엇인지조차 모르는 사람들이 있었던 것 또한 사실이다.[1]

물론 그러한 다양한 민중의 동향을 모두 파악하는 것은 불가능하다. 그러나 여기에서는 가능한 한 운동에 참가하지 않았던 사람들도 시야에 넣어서 재일조선인의 의식과 활동을 폭넓게 파악하는 것을 목표로 하겠다. 그를 위해서 이하에서는 1개의 단체를 축으로 설정하고 그 방침과 활동을 살펴보는 방법이 아니라 이제까지 살펴보았던 재일조선인 사회의 여러 속성들을 기본으로 해서 고찰해 가겠다.

우선 1절에서는 재일조선인 사회의 리더 계층, 즉 직장이나 거주지에서 다른 조선인에게 영향력을 갖거나 적어도 그럴 가능성을 가진 사람의 동향에 초점을 맞추어서 그 의식과 활동의 특징을 찾아보기로 한다.

2절과 3절에서는 구체적인 재일조선인의 사회운동 전개에 대해서 서술하겠다. 전자에서는 조선인이 일본 내지에서 생활하면서 직면했던 여러 과제에 대한 대응, 후자에서는 한반도와 관련해서 전개된 활동들을 다루도록 한다.[2] 거기에서 당시 재일조선인 사이에 영향력이 강했던 이데올로기에 기반을 둔 단체, 구체적으로 말하면 코민테른 계통의 여러 조직들의 활동에 대해서도 언급하는 것은 물론이다. 그러나 주로 재일조선인 사회 속에서 생겨났던 자주적인 활동에 초점을 두고, 그것이 이데올로기에 기반을 둔 단체와 그 활동가와 어떻게 연결되었는

---

1 '192×년'의 조선 농촌을 무대로 설정한 희곡인 유치진의 「토막」(처음 나온 것은 『文芸月刊』 1931년 12월호, 같은 책 1932년 1월호, 梁民基 譯, 李丞玉·李恢成 監修, 『20世紀民衆の世界文学 朝鮮文学選(1) 解放前編』, 三友出版社, 1990년에 수록)에는 실제로 해방운동이 무엇인지를 몰라, '훼방운동'이라든가, 일종의 아교(邪敎) 같은 것으로 밖에 파악하지 못하는 마을 사람이 등장한다.
2 이처럼 재일조선인운동의 구체적인 동향을 2개로 나누어 고찰하는 것은 가지무라 히데키가 말하는 "재일조선인운동의 이중의 과제", 즉 "일본에서의 여러 가지 차별·억압에 노출되어 있으면서 살아가는 기본적인 생활권을 지키면서", 이와 함께 "조선 본국에 있는 민중운동과 어떠한 의미에서 일체되고, 큰 의미에서의 조선의 해방운동의 일환을 일본에서 담당한다"는 과제가 있었다는 지적(梶村秀樹, 『解放後の在日朝鮮人運動』, 神戸学生青年センター出版部, 1980년)에서 힌트를 얻었다. 단, 가지무라의 지적은 해야 할 과제로 그 두 가지가 있었다는 것이고, 현실에 항상 그러한 과제가 민중들 사이에 의식되고 전개되었다는 것은 아니다. 그리고 후에 서술할 바와 마찬가지로 고향에 대한 여러 기부활동은 민족해방운동과 관련되지 않는 것은 아니지만, 그 일환이라고는 하기 어렵다. 3절에서 한반도와 관련된 여러 활동이라는 항목으로 정리하는 것은 그 때문이다.

지를 생각해 보겠다. 다시 말해 재일조선인 사회의 실상과 관련해서 운동의 대중적인 기반과 구조를 명확히 하겠다는 것이다.

그리고 4절에서는 1930년대 중반에 점차 일본 내지에서의 체재기간이 장기화된 사람들이 늘어가는 가운데 재일조선인이 어떠한 의식을 가지고 있었는지를 소설과 수필, 신문 같은 활자 사료를 통해서 알아보기로 한다.[3]

1. 리더 계층의 동향

존재 형태

먼저 전전기 재일조선인 사회의 리더 계층이 구체적으로 다른 사람들과 어떠한 관계를 바탕으로 존재했었는지에 대해서 서술하겠다.

재일조선인의 리더 계층의 존재 형태는 크게 두 가지로 나뉜다. 우선 첫 번째는 노동과 거주를 같이 하는 소집단을 통솔하는 존재로서의 리더다. 다시 말해 합숙소 및 그와 유사한 집단 속에서 조선인 노동자를 통솔했던 조선인 합숙소장과 공장 감독, 노동 하숙 주인 등이다. 이상과 같은 리더들(이하에서는 '소집단의 리더'로 부름)은 단신노동자가 중심이었던 재일조선인 사회의 형성기부터 존재했다.

두 번째는 1930년대에 출현하는 상공·서비스업을 전개하여 경제적으로 성공한 사람들이다. 그들은 소집단보다 확대된 사업을 전개하는 커뮤니티 속에서 조선인에 대한 영향력을 갖고 있었다. 그들에 대해서는 소규모 리더와 구별하여 '커뮤니티 리더'라고 부르기로 한다.

이 두 유형 중 소집단 리더들의 직업은 노동자인 동시에 합숙소, 하숙 등의 경영자였다. 거주지로 보면 노동 하숙 주인과 공장 감독의 경우에는 대부분 도시였지만, 토건공사에 종사하는 노동자 합숙소의 십장, 탄광 합숙소장 등 도시가

---

3 단, 여기에서의 분석으로는 엄밀하게는 전간기라고는 할 수 없다. 즉, 일본과 중국 간의 전면적인 전쟁이 이미 전개되고 있었던 1937년 7월 이후의 사료도 분석의 대상으로 하고 있다. 이것은 분석의 대상이 될 수 있는 사료가 적어서이기도 하지만, 1938년경까지는 재일조선인 통제조직인 협화회도 전국적으로는 정비되지 않았고, 그 이전의 시기와의 연속성이 강하다고 생각되기 때문이다.

[표 4-1] 조선어신문 등에 게재된 소개기사로 본 커뮤니티 리더의 직업·경력 등

번호	성명	직업	주소	경력	사회적 활동
1	姜信吉		枚岡村	10여 년 枚岡村에 거주	村會 의원
2	姜信永	가구제조판매, 토목사업	蒲田区 東蒲田 5丁目	다이쇼기에 도일, 지금(地金) 중개, 가구제조, 토건으로 부를 얻음	
3	姜鍊	생명보험외판	東京	23년 도일, 31년 입사, 山脇 씨의 소개로 수만의 계약을 얻음	
4	姜永德		東京	25년 도일	조선인 사회를 위해서 활동
5	姜正根	자물쇠 공장	大阪		
6	康龜範	자전거부품 제조	布施市 南井出町	도쿄외국어학교 졸	
7	康安生	고무공장	巽村	광부, 막노동으로 고투 후 성공, 50엔의 자본으로 성공	
8	康豊年	자전거부품 제조	東京	26년 아버지와 함께 도일, 일하면서 야간소학교 졸, 형제와 합명회사 설립	
9	康興玉	고무공장	大阪	도일 후 고무직공, 저축해 가정공업적으로 개업	
10	高行珍	고무공장	布施市 永和町, 東城区 大今里	보통학교 졸업 후 25년 도일, 고무공장에 취업 후 33년 독립	고향 소학교 증축에 기증 *1
11	權斗龍	라트 공장	東城区 深江町	동래중 졸업 후 도일	시의선에 입후보, 주택경영, 자치청년단
12	權閏逢	택시회사 경영	板橋区 板橋町	24년 도일	운전수 동우회
13	金貴朝	토목청부업	西淀川区 伝法町		사회사업에도 포부
14	金南出	나사공장 경영	布施市 大連	18년 도일, 직공으로서 기술 취득, 33년 독립	
15	金年豊	제지원료업	龍華町大字植松	29년 도일, 35년부터 경영	
16	金大鑛		大阪	학식 있음, 金宗鉉·宣鉉 형제의 사업 외판을 행함	
17	金東錫	전기기구 제조	品川区 大井寺下	25년 도일	
18	金東一	유리회사 주임	東京	26년 고보 졸업 후 도일, 33년 도쿄대 졸업	
19	金得溶		荒川区 南千住町		구의회 의원 출마
20	金百黙	銅鐵地金商	東京	소학교 졸업 후, 도일 5년 만에 상점을 세움	愛隣會 임원
21	金炳龍	한약국	東城区 中道		
22	金秉敦	汽船 취급	大阪市 築港	1920년대에 阪濟 항로를 개척	
23	金秉鉉	자물쇠 공장	布施市	1920년경 도일	
24	金鳳俊	양복점 경영	神田区 岩本町	평양에서 양복점을 경영하다가 34년 도일	기독교회 장로
25	金錫浩	단밤 판매	淀橋区 淀橋	29년부터 현업	
26	金宣鉉	거울제조공장	住吉区 平野町	십수 년 분투	
27	金淑斗	製綿業	大阪府 龍華町	28년 도일, 7년간 직공생활, 저축하여 근소한 자금으로 독립	
28	金順成	직물 수출상	群馬県 相生市	상업학교 졸업 京城三井에 근무 후 도일, 직물에 대해서 연구	
29	金楊玉	진주공장주	南王子村	경상북도에 分工場 설치	직공 실업자를 동정한 자선가

번호	성명	직업	주소	경력	사회적 활동
30	金良瓏	理化學연구소근무	東京	고보 졸업 후 도일, 六高, 도쿄대·대학원 졸업	
31	金榮敏	치과의사	東城区 大今里	경성치과의전 졸업 후 도쿄에서 연구, 37년 오사카에서 개업	
32	金永根	네임플레이트제조	芝区 本芝	25년 도일, 네임플레이트 공장에서 직공으로 일한 후 독립, 조선에 공장	
33	金永吉	성악가	東京	平高 졸업 후 도일, 육군戶山학교를 수료	
34	金永曔	변호사	東城区 大今里	니혼대에서 법률 배움, 35년 변호사 시험 합격, 조선에서 개업 후 오사카로	
35	金英兒	운송업	東京	고향에서 한문학 배움, 23년 도일, 그 다음해 형과 운수회사 설립	
36	金玉南	해산물상	神田区	배재학교 졸 25년 도일, 법대 중퇴, 외판원 생활 후 30년부터 현업	조선기독교회에 공헌
37	金玉律	액자제조업	神田区 元佐久間町	玉南의 동생, 소학교 졸업 후 도일, 액자제조점에서 4,5년 기술을 배움	
38	金龍植	제철원료,토목청부	蒲田区 南六郷	소학교 졸업 후 27년 도일	
39	金龍在	천정판 가공업	深川区 冬木町	한문을 배운 후 토건 사업에 종사, 24년 도일	
40	金宇東	가구, 동철연료상	本所区 錦糸町	명문가 출생, 와세다대 졸업	
41	金章炫	製綿業	大阪府 八尾駅前		
42	金在植	조선물산 판매	小石川区久堅町	26년 도일, 메이지대 졸업 후 개업	
43	金在元	지갑제조업	東京	학교 졸업 후 고향의 기독교회에서 활동, 직공생활로 기술을 배워 독립	
44	金正成/姜萬善	고무공장 경영	東城区 猪飼野東4丁目	동향 동년배, 근소한 자금을 합작하여 개업	
45	金正雲	철공소 경영	品川区 東大崎1	도일 후 철공소 직공 등 이후에 30년 5엔의 자본금으로 공장 경영 개시	
46	金鼎敏	고무공장	大阪		
47	金宗鉉	가구 제조	浪速区 稲荷町 3丁目		
48	金琮鎬	실업가	東京	23년 도일, 31년 니혼대 졸업, 清浦伯의 후원, 해운용달	
49	金鍾煥	실업가	水戸市 西原町	24년 도일	東亜更正會 회장, 교육사업에 노력
50	金鎭玉	인쇄회사 경영	芝区 新橋町	어려서 부모를 잃고 도일, 인쇄기술 취득, 23년에 독립	
51	金燦瑜	한방의	名古屋市南区 入熊町		
52	金贊實	시계상	杉並区 阿佐ヶ谷	도일 후 중학교 졸업, 일본의 村사무소의 측량기사를 하다가 상경	
53	金昌植	조선식품 도매	東城区 猪飼野	학업 후 28년경 도일, 기계상에 종사한 후 38년부터 현업	
54	金昌鉉	한약상	東城区 中道本通 1丁目	어려서 한의학을 배워 27년 도일	오사카 조선약업조합 평의원
55	金喆浩	나사공장	西成区 出城通 5丁目	고향에서 학업 후 도일, 직공생활로 기술 취득, 29년 개업	
56	金泰烈	상업가	東京	도일하여 26년 학교 졸업 후, 조선에	

번호	성명	직업	주소	경력	사회적 활동
				서 교원, 33년에 재도일, 기독교 신자	
57	金學元	지갑 제조	向島区 吾嬌町 東1	32년 도일	
58	金瀅琪	포목상	西成区 鶴見橋北通	26년 도일, 포목상 개업, 그후 경영 확장	조선인 사업을 음으로 양으로 지원
59	金厚敎	셀룰로이드 가공	布施市 北蛇草	고향에서 5,6년 육영사업, 28년 도일, 고베에서 고무공장 경영 후 현업	한때는 다각적 활동, 西神소비조합 *2
60	金興甲	실업가	愛知		통신기관에도 중요임무, 동포를 위해 분주
61	羅斗七	셀룰로이드 가공	布施市 足代北 2丁目		
62	羅興烈	전구재료 제조	荏原区 小山町	24년 도일, 한때 인쇄업 경영 후 27년부터 현업	도일한 직공을 위해서 자택에서 야학
63	南臺元	철공공상	川崎市 浜町 3丁目	24년 도일	
64	盧次用	고무공장	東成区		相愛会, 在大阪東萊親睦會, 야학 원조*3
65	木山善吉	식당, 식료품상	本所区 緑町	38년 도일	육영사업, 고향 학교에 기증
66	木村公太郎	토목청부업	愛知	11년 도일	
67	閔丙燮	물리요법의학사	大阪	고향의 사립학교에서 교원, 27년 도일, 오사카物療학교 졸업	
68	朴聖吾	한약상	東成区 猪飼野町	가업으로 한약상을 경성 등에서 하다가 32년 도일	
69	朴齋星	레코드상	下谷区 金杉 2丁目	26년 도일하여 수년 간 학창생활	
70	朴贊鳳	신문판매소 주임	東京	33년 도일, 학자금을 위해서 신문배달	
71	朴海鍾	진주상	南王子村	29년부터 南王子村에 거주	구호사업 목적의 協成契 조직
72	朴煥玉	인조진주업	大阪	32년부터 독립	실업동포 구제
73	方一	성악가	東京	성악을 연구, 성악학원 설립	도쿄조선음악가협회 간사
74	方煥龜	王子製紙 근무	東京	結城豊太郎 추천으로 입사, 大倉邦彦의 신임	
75	邊知豊	종교가	巽村西足代	불교 연구, 포교사로서 활동, 31년 도일	
76	夫南熙	인쇄업	此花区 上福島南 2丁目		시의선에 입후보, 東亞通組 원조*4
77	徐學祚	제과공장 경영	本所区 豊橋 1丁目	27년 도일, 제과공장에서 4년간 기술 습득	善和會 총무로 조선인 생활을 위해서 노력
78	成大基	조선 요리업	名古屋市 西区 南押町		
79	宋鳳憲	철물상	茨城県 太田町	27년 도일, 고학으로 중학교 졸	
80	宋点成	製繩業	大阪府 龍華町	30년 도일, 토목업에 종사하여 저축, 소자금으로 개업	
81	宋太三	직공	大正区 北恩加島	철공장에서 근무 십수 년, 1일 10엔을 벎	
82	申奉燮	자전거 제조판매	布施市	도쿄에서 학업	
83	申正湜		南王子村		조선인을 위한 봉사활동, 시의선 입후보, 村會議員
84	申炯湜	한방의	南王子村	33년부터 南王子村에서 개업	
85	安康生	고무공장 경영	巽村西足代	도일해서 4,5년 직공, 기술습득, 27	

번호	성명	직업	주소	경력	사회적 활동
				년 가정공업으로서 개시	
86	安性中	제면업	大阪府 龍華町	26년 도일, 정유소 직공 10년으로 자금축적, 공장주의 후원으로 독립	
87	梁尙林	고철상	浪速区	고향에서 한문교사, 도일 후 고철상에 종사, 그 후 독립	
88	楊周赫	제유회사 인사계	大阪府 龍華町	29년부터 八尾에 거주	八尾內鮮共愛會 부회장, 납세조합장
89	吳根伯	토목청부업	龍華町 竹淵	21년 도일	노동자 구제, 주택건설, 위생조합 설립
90	吳晩㞷	레코드 침 제조	荒川区 南千住町	가정 사정으로 보통학교를 졸업하지 못하고 28년 도일, 34년부터 현업	
91	吳宣煥	고물상	西淀川区 御幣島町	33년 도일	
92	禹漢龍	운수업	東京	28년 도일, 와세다대 중퇴 후 독립	사회대중당
93	元容乾	등나무의자 판매	深川区	한문을 배운 후 26년 도일, 그 다음해 개업, 경성에 지점	區會의원에 입후보
94	元鎭煥	타이어 판매	王子区 王子 4丁目	배재학당 졸업 후 도일, 주오대 졸	
95	尹廣夏	제면업	大阪		八尾內鮮共愛會 반장
96	尹槿	종교가	東京	여자교육, YMCA에서 활동 후 도일	종교 및 문화운동에서 활약
97	李光德	택시회사 경영	板橋区 板橋町 4丁目	보통학교 졸, 26년 도일, 운전수로서 10여년 고투	
98	李圭洪	의사	大阪	규슈의전 졸업 후 오사카에서 개업	인접동포의 살아있는 부처라고 평가받음
99	李基鶴	진주상	南王子村	고향에서 미곡상을 경영, 29년에 도일	
100	李南植	회사원?	東京	소학교 졸업 후 속기술을 배워 통신사 근무	도쿄협화소년단 이사 외
101	李木聖	택시업	板橋区 板橋町	24년 빈손으로 도일	운전수 동우회
102	李石會	자물쇠 공장	東成区 猪飼野町 5丁目	형수의 자금원조로 개업한 공장을 형 사후에 인계	
103	李英植		愛知		동포를 위해 동분서주
104	李禮鎬	시계부속품 도매	四谷区 番衆町	빈곤한 환경에서 자라서 29년 도일	
105	李用德	크롬도금업	東成区 東小橋南之町	보통학교졸업 후 도일, 직공생활로 기술 습득, 30년 개업	
106	李殷聖	제철원료상	蒲田区 南六郷	32년 도일	
107	李仁柱	鐵管 도매업	本所区 江東橋 1丁目	27년 도일	
108	李在煥		枚岡村	29년부터 枚岡村에 거주	村會 의원, 枚岡村內鮮博愛會 회장
109	李廷禧	토목청부업	愛知	16년 나고야에	전 민우회 회장, 그후 사회사업에 공헌
110	李鍾萬	실업가	茨城県 助川	24년 도일, 고학으로 중학교 졸	
111	李鍾昌	운송업	板橋区 板橋町 5丁目	소학교 졸업 후 25년 도일, 고학으로 중졸, 경찰 등의 후원으로 회사 설립	납세조합, 협화회 임원
112	李鍾澤	塗裝業	東成区 猪飼野町 1丁目	고보 졸업 후 7년간 교원 지낸 후 도일	
113	李重烈	지갑 제조업	向島区 吾妻町東 3丁目	21년 도일, 지갑제조업에서 기술 습득, 독립	
114	李瓓浩	양복점 경영	神田区 三崎町 2丁目	상업학교 졸업 후 고향에서 교원, 소	

번호	성명	직업	주소	경력	사회적 활동
				비조합, 농기구회사를 경영, 33년 도일	
115	李進	포목상	深川区 住吉 1丁目	아버지가 19년 포목상 개업, 아버지 귀향 후 경영 인계	
116	李漢明	셀룰로이드 공장	布施市 長堂 2丁目	한문을 배운 후 24년 도일, 직공으로서 기술 습득	感化園 설립에 희사, 啓明會 이사 등
117	李海山		東京	20년 도일, 와세다대, 니혼대에서 배움. 한때 三河島에서 유치원 경영	
118	李炫範	철물상	本所区 菊川町2	취학을 못하고, 26년 도일, 철물상에서 노동하여 점주의 신뢰를 얻음, 33년 개업	
119	李浩烈	금속공장	東成区 深江町 5丁目	28년 도일, 직공 경험 후 독립	
120	李繪榮	위생공사청부	本所区 緑町	26년 도일	
121	林茂	화장품제조 경영	麻布区 弁天町	25년 도일, 화장품제조회사 근무, 5~6년간 기술 습득하고 독립	
122	林世龍	조선인삼 판매	大阪市 北区 南扇町	松高졸업후, 개성인삼업계에서 활약 35년 도일 개업	
123	林正業	가죽제품,해산물상	浪速区 栄町 4丁目	주오대 졸, 피혁회사에 근무 후 29년 독립	
124	張士潤	토목업	愛知	18년 도일	愛善會 회장
125	張長東	금속공장 경영	巽村西足代 1丁目	빈농 집안에서 태어나 교육 못받고 25년 도일	
126	張在寬	미곡상	浪速区 桜川町 2丁目	20년대에 도일, 미곡상에 고용됨	
127	田仕淳	포목, 잡화, 한약	名古屋市 八熊町		곤란한 동포에 대해서 숨은 업적
128	鄭性鎬	지퍼 제조업	布施市 北蛇草	27년 도일, 3년간 직공생활로 저축한 근소한 자금으로 개업	
129	鄭安根	렌즈 제조업	大阪府 八尾駅前	30년 도일, 3년간 직공생활, 저금하고 근소한 자금으로 독립	
130	鄭用貴	일용품 제조	東京	26년 도일, 33년부터 일용품 발명품 제조	
131	鄭鎔鎬	塗裝業	大阪	16년 도일, 도장의 기술 습득 후 도장 청부를 개시	
132	鄭宗文	금속공장 경영	布施市 荒川 2丁目	보통학교 졸업 후 도일, 도쿄에서 학업도 결실 맺지 못함	
133	鄭仲禮	종교가	大阪	중학 졸업 후 도일, 게이오의숙에서 배움	東亜連盟
134	鄭洪錫	시계귀금속상	品川区 大井倉田町	고보 졸업 후 29년 도일, 니혼대 입학, 32년 개업	
135	曺守奎	한약상	東成区 中川町, 大正区 小林町	가업인 한의학을 배워서 의료에 종사, 33년 도일, 34년 개업	
136	曺又憶萬	실업가	東京	중졸 후 도일, 니혼대 중퇴	
137	趙臺齋	프레스 공장	本所区 石○町		
138	趙龍文	천정판가공공장	深川区 木場町	20년 도일, 천정판가공공장 직공 후, 독립	
139	趙鏞玉	제과업	名古屋市 西区 江川○下	立志伝中의 사람, 고향에 지점 설립	

번호	성명	직업	주소	경력	사회적 활동
140	朱敬燮	동철상	向島区 寺島町	23년 도일, 공장에서 기술습득 후 독립하나 실패, 현업에	
141	池光全	제철원료 판매	東京	고등보통학교 졸업 후 도일, 제철회사에서 기술 배워서 8년 후 독립	日鮮會 부회장
142	池源達	철물상	蒲田区 桃谷町	직공, 토목청부업으로 저축하여 독립	日生會 부회장
143	車瑢學	신문판매소 주임	深川区 森下町, 荒川区 尾久町	25년 도일	
144	蔡甲龍	자물쇠 공장	東成区 鶴橋北之町		
145	崔明元	토목청부업	愛知		조선인 생활향상에 노력
146	崔秉萬	쇠장식도금 가공	向島区吾 妻橋東3	25년 도일	
147	崔性文	잡화상, 채토업	愛知県 瀬戸市		
148	崔成珍	電機공장	荏原区 中延町	소학교 졸업, 31년 도일, 공과학교에서 배우면서 직공, 기술 배워 저축	
149	崔永基	실업가	愛知	16년 도일	相愛會, 日光청년단 임원, 자녀교육
150	崔應千	동철제지원료 중개	川崎市	28년 도일, 토목 기타 공업에 종사	
151	崔亨澤	의사	東成区 猪飼野町 一条通	소학교 졸업 후 도일, 규슈의전 졸, 37년 개업	사회사업에도 뜻을 둠
152	韓哲道 / 李鎬九	조선식료품 판매	東成区 猪飼野	동향, 어려서부터 수산업에 관계	
153	韓雄東	공장 경영	東京	工학교 중퇴, 귀향 후 도일, 노동 후 독립	교회활동
154	韓晛相	사회사업단체이사	東京	21년 도일, 니혼대 등에서 배움, 신학 연구	
155	韓亨錫	양복점	旭区 森小路町	중학 졸업 후, 도일 양복학교 졸업, 기술 습득 후 개업	
156	咸貴泰	교육 무용가	東京	도일하여 음악학교 졸, 교원검정 합격, 石井漠 문하에서 무용 배움	
157	許道石	휘장제조업	東成区 鶴橋 北之町	상업학교 졸	
158	黃東昌	철물업	東京	보통학교 졸업 후, 23년 도일, 십여 년 전에는 사회운동에도 관계	
159	黃月世	채토업, 운송업	愛知県 瀬戸市	19년 도일	사회적 방면으로도 제일선
160	黃周東	과자제조 판매	本所区 錦糸町 3丁目	부산에서 제과 견습, 24년 도일하여 모리나가제과 입사 30년에 50엔의 자금으로 독립	

전거:「동아일보」1935년 6월 29일자, "애지현(愛知縣)에서 활동하는 조선인"; 같은 신문, 1938년 8월 27일자, "재동경 조선인 활약 전모";「조선일보」1937년 8월 27일자, "재대판 조선인 활약 전모"; 같은 신문, 1938년 6월 10일자, "재대판 상공업가 소개판"; 같은 신문, 9월 10일자, "동경 재류 조선인 활약상";『조광(朝光)』1942년 1~3월호 게재「도쿄 재류 조선인 활약상」; 高權三,『大阪と半島人』, 東光商会, 1938년, 113~122쪽.「조선일보」,「동아일보」의 기사는 마이크로필름판을 보았기 때문에 일부 판독이 불가능한 것이 있었다.

주: *1은「조선일보」1939년 7월 14일, *2는「민중시보」1935년 9월 15일, *3은「조선일보」1929년 8월 26일, *4는「조선일보」1938년 2월 7일, *5는『社会運動の状況』, 1932년판 및「조선일보」1925년 8월 1일에 따름. 64의 노차용(盧次用)은『大阪と半島人』에서는 盧次龍으로 되어 있는데,「조선일보」1939년 1월 6일자의 마쓰모토(松本)고무공장의 명함광고에서는 盧次用이다. 龍과 用은 발음이 같은 것으로 보아 동일인물이라고 판단된다.

아닌 곳이 거주지인 경우도 있었다.

한편 커뮤니티 리더에 관해서는 조선어 신문 등에 게재된 '성공한 사람'을 소개하는 기사의 내용을 정리한 [표 4-1]에서 그들이 거주하거나 사업을 전개한 장소를 보면, 오사카시내 거주자로는 히가시나리구 이카이노, 쓰루하시키타노마치鶴橋北之町, 오이마사토大今里, 히가시오바시東小橋(합계 13), 니시나리구 쓰루미바시키타도리鶴見橋北通, 데시로도리出城通(각 1), 다이쇼구 고바야시초小林町(2), 오사카부에서는 류게초龍華町(6), 미나미오지무라南王子村(5) 등 역시 조선인 밀집지가 포함된 정내들이다. 또 도쿄시에서도 아라카와구 미나미센주南千住(2), 고이시카와小石川구 히사카타초久堅町(1) 등 역시 조선인 밀집지에서 사업을 전개하고 있는 경우를 확인할 수 있다. 직업으로는 공장 경영이 많은 중에서도 금속기계부품류(13)와 목재 가공(8), 고무제품 가공(6), 피혁제품 제조, 제면업(각 4), 인조진주 제조, 철공업, 셀룰로이드 가공(각 3) 등이 많고, 그 밖에는 폐품 회수 등(13), 토건공사 청부(10) 및 한약방 경영(8)이 눈에 띈다. 또 판매관계로는 조선 옷감 판매(4), 조선물산 판매(3)가 포함된다. 즉, 조선인을 고용하든가 조선인을 고객으로 사업을 전개했던 사람들이다. 또 변호사와 의사, 종교가들도 조선인 집주 지역에 개업하거나, 조선인을 대상으로 했다는 것을 기사 속에서 파악할 수 있는 경우가 대부분이다(6). 다시 말해 [표 4-1]에 나타낸 재일조선인은 사무직, 예술과 연구에 종사하는 사람을 제외한 대부분의 사람이 어떤 형태로나 어느 정도 조선인과 접촉하면서 일을 하고 있었던 셈이다.

다음으로 위의 리더계층이 가진 영향력의 범위를 생각해 보겠다. 이것은 기본적으로는 지역사회와 직장이 기반이 되었다. 우선 소집단의 리더의 경우는 그 영향력이 각각이 통솔하는 합숙소와 노동 하숙 등에 미치고 있었다. 구체적으로 말하면 그곳에 모여서 생활하고 있던 수 명에서 수십 명의 노동자들이 그 범위에 들어 갔다.[4] 한편 커뮤니티 리더들의 경우나 자신들이 경영하는 사무소에서

---

4 大阪市 社会部, 『朝鮮人労働者問題』, 弘文堂書房, 1924년; 東京地方職業紹介事務局, 『土工紡績工鉱夫としての鮮人労働者』, 1925년 등에 기록되어 있는 노동 하숙 내지 합숙소의 차원에서의 노동자 수는 그 정도다.

고용한 조선인의 인원이나 후술하는 바와 같이 토목청부업의 경우를 제외하면 십수 명에서 수십 명 정도였다. 그러나 조선인 집주지에서 여러 사람들과 접촉하는 커뮤니티 리더의 영향력 범위는 그 정도에 그치지 않았을 것이다. 그 구체적인 인원을 파악하는 것은 어렵지만, 시정촌 의회에 입후보한 사람의 득표수와 [표 4-1]의 인물이 임원을 맡은 단체의 인원으로 보면 대략 50~500명 정도라고 할 수 있을 것이다.[5] 단, 다른 노동자와 직장과 거주지를 같이 하는 소집단의 리더계층과 비교했을 때, 커뮤니티의 리더가 지역사회의 조선인들에게 미치는 영향력은 당연히 약했을 것으로 생각된다.

그리고 이 리더계층들과 다른 조선인들 사이에서는 출신 지역의 지연과 혈연으로 그 결속이 보다 강해지고 있었다. 일반적으로 친척과 동향 사람이 한 합숙소나 노동 하숙 또는 일정 지역에 집중되어 거주하는 경향이 있었기 때문이다.

다음으로 일본 사회 안에서의 위치 맥락에서 이 리더계층과 다른 조선인들과의 관계를 살펴보겠다.

가장 먼저 지적해야 할 것은 리더계층도 민족차별 속에서 경제적인 압박을 받고 있던 존재였으며 그러한 의미에서는 다른 조선인과 마찬가지 입장이었다는 것이다. 우선 조선인 합숙소장과 노동 하숙 주인의 경우 일반적으로 본인들도 토건공사나 중소공장에서 노동에 종사하였다. 그리고 원래 토건공사에서의 조선인 합숙소는 대개 하청·재하청 구조의 말단에 위치했기 때문에 청부금액으로는 불가능할 것 같은 공사를 할 수밖에 없거나, 원청인元請人이 돈을 지불하지 않아서 생계 유지가 어려운 경우도 드물지 않았다(다음 절 참조). 마찬가지로 노동 하숙의 경영도 하숙비가 들어오지 않는 경우도 있어(하숙인의 실직 등에 의한 것으로 보인다)[6] 불안정했다. 이 때문에 배하의 노동자가 적은 합숙소와 노동 하숙의 경우 합숙소장과 하숙 주인은 생활비를 많이 긴축했기 때문에 생활에 여유가 없었다.[7]

---

5 조선인의 친목단체의 조직 인원이나 시정촌 의회선거 입후보자의 득표수는 内務省 警保局, 『社会運動の状況』, 각 연도판을 참조.

6 앞의 『朝鮮人労働者問題』, 『集成』 제1권, 382쪽.

7 예를 들면 警視庁 特別高等課 内鮮高等係, 『大正13年9月末調査 事務概要』(東京経済大学図書館, 「桜井義之文庫」 중에 포함된다)에 기록된 조선인의 동향에는 배하의 노동자 십수 명을 거느리고 있는

상공·서비스업자의 경우도 상당한 재산을 모은 사람도 있기는 했지만, 역시 경영규모는 대부분 영세하였다. [표 4-1]에 올린 인물이 경영하는 공장·상점 등에서 고용자 수를 알 수 있는 것을 추출해서 분류하면, 20명 미만인 예가 3개, 20명 이상 30명 미만인 예가 5개, 30명 이상 50명 미만인 예가 5개, 50명 이상 100명 미만인 예가 4개로, 100 이상인 예는 1개 밖에 없다(기타 '수십 명'이라고 표현한 예가 3개 있다. 또 토목청부에서는 '120명', '400명', '수백 명'인 예가 각각 1개이기는 하나, 이것은 하청·재하청의 합숙소 노동자를 포함한 수로 직접 고용하고 있었던 것은 아니었을 것이라 생각된다). 신문에 성공한 사람으로 소개될 정도의 사람들의 경영 규모가 이 정도인 것으로 보아 일반적인 조선인 상공·서비스업자의 경영 규모는 더욱 영세했다고 추측할 수 있다. 그리고 상공서비스업자의 경우도 민족차별과 무관하지 않았으며 사업상으로도 조선인이라는 이유로 신용을 얻지 못해 금융기관의 융자를 받지 못하는 장애에 부딪혔다.[8]

그렇지만 다른 조선인과 마찬가지로 차별과 압박을 받고 있었다고 하더라도 역시 격차가 존재했다. 상공·서비스업자와 거기에서 일하는 조선인은 고용자·피고용자의 관계였고, 합숙소와 노동 하숙 경영자도 합숙소비·하숙비 형태로 배하의 노동자로부터 '중간착취'를 하고 있었기 때문이다.

그리고 리더계층은 그 생활을 유지해 가기 위해서 일본인과 결속하여 다른 조선인을 억압하는 위치에 섰던 경우도 있었던 것에 주의해야 한다. 조선인 합숙소장의 대부분은 일본인 토목청부업자 아래에서 현장을 감독했고, 노동 하숙 주인의 경우도 종종 일본인 공장주와 결탁해서 배하의 노동자를 취직시켰다. 또 [표 4-1]에 보이듯이 공장 경영도 대부분은 부품 종류의 하청 제조로 일본인 대공장과 거래가 있었을 것으로 생각되며, 상업 경영도 일본인이 경영하는 기업

어떤 합숙소장이 '빈곤생활'을 보내고 있는 것을 전하고 있다. 노동 하숙 주인에 대해서도 앞의 『朝鮮人勞働者問題』가 기록하고 있는 하숙을 경영하는 조선인 가정의 가계는 일단 흑자이기는 하지만, 하숙 경영 이외의 일을 하고 있는(하숙은 아내가 경영하고 있다고 간주된다) 세대주가 실직하면 적자가 날 정도였다.

8 「조선일보」 1936년 4월 29일자, "경판신 조선인문제좌담회"에서는 조선인이 "대체로 본토인들이 신용을 아니하여서 우리는 100원 가지면 100원 장사 1000원 가지면 1000원 장사 제것 가진 것 밧게는 장사도 못하게 되니" "소규모 경영이 이중의 곤난을 밧고 잇습니다"라는 발언이 보인다.

과 관공청을 납품 상대로 했던 경우가 종종 있었다. 즉, 그들은 거래처 등 위에 있는 일본인의 신뢰가 없으면 일을 얻지 못하는 존재였다. 따라서 그들은 일본인 고용자의 입장에 서서 다른 조선인의 노동 강화를 도모하거나, 때로는 비용을 감소시키기 위해서 고용했던 노동자의 임금을 보다 싸게 억제하였다.[9] 이처럼 리더계층과 배하의 노동자들 사이에서는 대립하는 측면도 있었고, 그 때문에 배하의 노동자가 합숙소비·하숙소비와 대우에 대해 불만을 갖거나 조선인이 경영하는 공장에서 노동쟁의를 일으키는 일도 발생했다.

이상 서술해 온 바와 같이 전전기 재일조선인의 리더계층은 재일조선인 사회 속에서 다른 조선인과 관계를 유지하면서 생활하고 있었다. 그리고 그들은 일본 사회 안에서 다른 조선인과 마찬가지로 일본인으로부터 압박을 받았지만, 다른 한편에서는 일본인과 결합하여 다른 조선인과 대립하는 입장에 서기도 한 이른바 양면적인 성격을 갖는 존재였다는 것을 확인할 수 있다.

경력의 특징

리더계층의 경력에 대해서 서술하는 데 있어 가장 먼저 출생에서 도일과 생활기반 확립이라는 시간적 흐름을 대략적으로 파악해 보겠다. [표 4-2]는 [표 4-1]의 인물에 대해서 그러한 부분을 알 수 있는 수치를 정리한 것이다. 이것으로 알 수 있듯이 출생연도로는 1900년대, 도일 시기로는 1920년대, 독립해서 사업을 전개하게 된 시기는 1930년대가 중심이 된다. 다시 말하면, 1900년대에 태어나서 10대 후반 내지 20대의 청소년기에 도일하여, 10년 정도 재일기간으로 생활 기반을 확립하고 사업을 확대해 가는 것이 흔히 보이는 패턴이었다. 단, [표 4-1]은 상공·서비스업자가 중심이고, 그 근거 사료가 작성된 연차는 1935년부터 1942년에 걸쳐서이다. 따라서 보다 이른 시기부터 존재했던 소집단의 리더의 경우 출생 연도와 도일 연도는 이보다 앞설 것이라고 생각된다. 실제로 [표 4-1]의 인물로 처음에는 아마도 소규모 합숙소장이나 노동 하숙을 경영하는 것에서부터 출발했

---

9 「조선일보」 1935년 8월 12일자, "조선인 경영 공장 대판서 146개소".

[표 4-2] 커뮤니티 리더의 출생연도 · 도일연도 · 사업독립연도 (단위: 명)

	1889년 이전	90~94년	95~99년	00~04년	05~09년	10~14년	1915년 이후
출생	2	4	2	8	13	9	1

	1919년 이전	20~24년	25~29년	30~34년	35~39년	1940년 이후
도일	7	30	28	12	4	0
사업독립	0	2	3	15	8	0

전거: [표 4-1]과 같음.

을 것으로 보이는 토목청부업자의 경우 다른 사람보다 이른 단계에 태어나서 도일한 경향이 있다.

이상으로 보면 리더계층이 소년기부터 청장년기로 나이가 들면서 경제적으로 상승해 가는 과정과 재일조선인 사회의 형성 발전 시기는 거의 일치했다고 볼 수 있다. 또 바꿔 말하면 이것은 전전기에는 리더계층 중에 이른바 2세가 포함되지 않았다는 것을 나타내고 있다. 자립하여 성장한 2세가 하나의 층을 형성하고, 사회의 중심적 위치에 등장하는 사람이 나타나는 것은(리더계층 중에서 연령이 높은 사람이 1890년대생에 해당하고, 1910년대에 도일한 것으로 생각하면) 패전 전후의 시기에 해당했다.

다음으로 리더계층의 교육정도에 대해서 생각해 보겠다. 이 점은 리더계층 모두가 교육정도가 높다고는 할 수 없지만, 그 가운데 학력이 높은 사람이 많이 포함되어 있는 경향이 있었다는 것을 지적할 수 있다. 우선 소집단의 리더에 대해 구체적인 수치로 나타낸 조사는 없지만, 1924년에 정리된 도쿄지방소개사무국 『토공 · 방적공 · 광부로서의 선인 노동자土工紡績工鉱夫としての鮮人労働者』는 합숙소장에 대해서 "선지鮮地에서는 상당한 교육을 받은 자가 많다"고 했다. 또 같은 사료 중에는 방적공장의 조선인에 대해서 일반 노동자가 서당 수료와 "무교육", "언문양독諺文諒讀 정도"인 데에 반해서 감독의 경우는 소학교 졸업 정도라는 기술도 보인다.

커뮤니티의 리더의 경향에 대해서는 다시 [표 4-1]의 인물들로 살펴보겠다. 그들 중 최종학력이 판명되는 사람을 분류하면, 대학 · 전문학교졸 정도(중퇴 포함)가 17명, 중학 · 고등보통학교 정도(실업학교 등 포함)도 같은 17명, 소학교 · 보통학교 정도가 9명, 서당이 2명이다. 기타로 확실치는 않지만 학교에 다니는 것으로 보이는 사람도 9명 있다. 이에 반해서 보통학교에도 취학하지 못했다고 기재되어 있는 사람은 2명에 그친다.

그렇기는 하지만 [표 4-1]의 근거 사료의 기사에는 교육 정도에 대해서 기록하지 않은 것이 많다. 이것은 그 인물이 교육을 받지 않았거나 혹은 저학력이었기 때문이라고 추측할 수 있다.

그렇지만 그것을 어림잡아서 생각하더라도 리더계층의 교육정도는 높은 수준이었다고 할 수 있다. 1930년대의 재일조선인의 남자 청년층의 교육정도는 대학·전문학교 정도가 0.31%, 중학·고등보통학교 정도 2.58%, 소학교·보통학교 정도 21.20%, 서당 정도 15.12%이고, 기타 각종 학교 졸업자가 약간 있지만, 학력이 없는 사람은 61.55%를 헤아렸다.[10] 이 숫자로 보아 설령 [표 4-1]에 학력이 기재되지 않은 사람을 모두 무교육이라고 보더라도 고등교육, 중등교육을 받은 사람의 비율을 웃돈다. 그리고 이 고학력자들은 의사, 변호사, 연구직, 사회단체 직원, 종교가, 예술가 등 전문적인 지식이 필요한 사람 또는 화이트칼라만이 아니다. 중학·고등보통학교 졸업 정도 이상으로 그러한 자리에 있는 사람은 합계 9명에 그치고, 상공·서비스업자라도 중등교육·고등교육을 받은 사람은 드물지 않았다.

이어서 리더계층의 도일 전의 출신계층에 대해서 서술하겠다. 일반적으로 대부분의 재일조선인은 몰락 위기에 처한 농민 출신으로 그리 유복했다고는 생각할 수 없다. 그리고 [표 4-1]의 인물을 보더라도 빈곤 때문에 미취학(90, 125), 어려서 부모를 읽고 고향 산하를 유랑(50)했다는 등의 사실이 확실하게 기재된 경우도 있어, 최하층 출신자가 포함되어 있는 것은 부정할 수 없다.

그러나 제1장에서도 서술한 바와 같이 일본으로의 도항자는 최하층보다는 위의 계층이 중심이었고, 거기에는 비율적으로는 소수이지만, 중보다 위 계층의

---

10 大阪府 学務部 社会課, 『在阪朝鮮人の生活状態』, 大阪学務部, 1934년, 67쪽. 조사 시점은 1932년, 대상은 오사카시에 거주하는 세대주다.

출신자가 포함되어 있었다. 그리고 경상남도 울산군 울산면 달리에서 도일한 사람에 관한 분석에 따르면 조선에서의 계층이 중 이상인 자가 도일 후에 안정적인 직종에 종사하는 경향을 보였다. 특히 그 조선 농촌에서 도일하여 일본에서 토목청부업자 즉, 합숙소장이 된 사람은 전부 상층 출신자였다.[11] 또 [표 4-1]의 인물은 전술한 바와 같이 일반 조선인에 비해서 학력이 높은 경향이 있다. 게다가 진학을 목적으로 도일한 것으로 보이는 경우(최종 학력이 일본의 대학 등인 사람 등)를 25명 확인할 수 있고, 학교를 나온 후에 조선에서 교원을 지냈던 사람도 6명으로 약간 눈에 띈다. 이상으로부터 리더계층이 된 조선인은 중·상층의 계층 출신으로 고향의 지역사회에서도 중심적인 역할을 했던 사람이 비교적 많았다고 할 수 있을 것이다.

그러나 이것은 리더계층의 대부분이 당초부터 여유를 가지고 도일해서 생활을 시작했다는 것을 의미하는 것은 아니다. [표 4-1]의 인물로 도일 전부터의 직업을 계속 유지한 예는 6개이고, 그 내역은 종교가 2, 한약방·한방의 2, 변호사, 양복점 경영이 각 1개다. 그 밖에 도일 후의 직업과 관련된 직업에 종사했다고 할 수 있는 경우(표의 28, 152, 160)와 다른 직종에서 사업을 했던 경우(표의 114)도 있지만, 그것은 소수다. 즉, 특수한 기능과 지식을 갖는 직종 이외의 리더계층은 대다수가 제로에서부터 시작해서 일본에서의 삶을 일구어 갔던 것이다.

그러면 그들이 일본에서 생활 기반을 다지고 일정한 사회적 상승을 달성해 갔던 과정은 어떠한 것이었을까?

소집단의 리더에 대해서는 그것을 시사하는 사료는 거의 없다. 단, 합숙소장의 경우 "내지에 오랫동안 체류하여 내지 사정과 일본어에 능통한 것이 특징"이라고 되어 있다.[12] 일본인과 접촉할 기회가 많은 노동 하숙 주인과 공장의 감독도 언어가 통할 정도로 오랫동안 일본에 거주했다고 볼 수 있을 것이다. 그리고 노동 하숙 주인이 되기 위해서는 셋집을 얻을 만큼의 어느 정도의 자금, 공장 감독의

---

11 梶村秀樹, 「1920~1930年代朝鮮農民渡日の背景」, 『在日朝鮮人史研究』 제6호, 1980년 6월.
12 앞의 『土工紡績工鑛夫としての鮮人労働者』, 『叢書』 제12권, 35쪽.

경우는 공장주의 신뢰가 필요했을 것으로 추측된다. 이러한 점에서 일개 노동자에서 소집단의 리더로 상승하려면 근면하게 일하고 어느 정도 저축이 모일 정도로 절약을 장기간 계속하는 것이 최소한의 조건이었다고 할 수 있다. 왜냐하면 당시 재일조선인들이 처했던 상황이 가족을 부양할 정도의 생계를 유지하는 것 자체가 어려웠기 때문이다.

한편 상공·서비스업자의 경우 독립하기 위해서는 자본과 기술이 동시에 필요했다. 그리고 대개 그 자본과 기술은 일개 노동자로서 일하는 과정에서 축적되었다. [표 4-1]의 인물 중에서 독립하기 전에 일했던 공장 등에서 기술을 배워서 동일제품을 제조하거나 같은 사업을 하는 사례가 20개 확인된다. 또 상공·서비스 업자로서 독립하기까지의 일본에서의 경력을 알 수 있는 사람 중에서는 30명이 공장과 토목공사현장 등에서 노동자로 고용되어 있던 입장이었다.

독립자금에 대해서 보더라도 [표 4-1]의 인물 중에는 인척관계로 일본인 원조를 얻거나(102), 행정당국의 원조를 얻은 사람도 있지만(111, 구체적인 원조 내용은 불확실), 역시 다수를 차지하는 것은 근면절약으로 자금을 만들어 냈던 경우다(10개의 예, 8, 9, 27, 43, 50, 80, 128, 129, 142, 148). 그리고 독립자금을 보더라도 '처음부터 상당한 자금을 가지고' 경영을 개시한 것은 1개 예(123)뿐이고, 대개는 놀랄 만큼 영세한 규모였다. 구체적으로 그것을 알 수 있는 경우로는 50엔이 2개, 5부 이자로 20엔을 빌려서 개업한 것이 1개, 그리고 5엔이라는 믿기 어려운 경우도 1개 확인된다. 그 밖에도 '근소한 자본', '소자본'이라는 표현으로 기록된 것이 4개, '가정공업적으로 개업', '다다미 4장 반 크기(2평 남짓)의 공장에서 개업'이라고 기록되어 있는 경우가 각 1개다.

그리고 독립자금의 조달에 관해서 주목할 것은 개인적인 노력으로 자금을 저축해가는 방식과 함께 형제 혹은 동향 사람이 같이 출자한 '지연·혈연 협력형'이라고 할 수 있는 방식도 존재했다는 점이다. [표 4-1]의 인물로는 3형제가 합명회사를 설립하거나(8), 같은 고향의 동갑인 사람들이 상호부조처럼 근소한 자금을 모아서 합자회사를 만든 사례(44)가 있다. 이 밖에도 공동으로 사업을 운영하는 사람이 같은 고향사람인 경우가 1개(152), 형제인 경우가 6개(9, 10, 16, 26, 35, 47) 확인되며, 자금 조달 시점에서의 관계는 상세하게 알 수 없지만 이것도 '지연·혈연 협력형'이다. 이 점은 개인의 노력으로는 적은 자금 밖에 모을 수 없었고, 재일조선인 사회 안에서 의지할 말한 상대는 지연과 혈연을 계기로 한 결합 속에 있었던 상황을 반영하고 있다고 볼 수 있다.

그리고 이상과 같이 일개 노동자에서 상승한 리더계층도 그 후의 생활이 반드시 편했던 것만은 아니었다. 전술한 바와 같이 합숙소장과 노동 하숙의 경영은 임금 체불이나 하숙비가 들어오지 않는 경우 등으로 인해서 경제적으로 불안정했다. 이러한 점은 상공·서비스업자도 마찬가지였는데, 일단 독립했다 하더라도 실패하는 사람도 드물지 않았고(실제로 140은 그러한 경력을 가진다), 대부분의 리더계층은 '부단한 노력'(9, 27) '분투노력'(28)을 계속할 수밖에 없었다.

이상으로부터 재일조선인의 리더계층의 경력에 대해서 다음과 같이 정리할 수 있을 것이다. 리더계층 중에는 조선에서 출신계층이 비교적 높고, 당시로서는 드문 고등·중등교육을 받았던 사람들도 포함되어 있었다. 그리고 그들은 수년에서 10년 정도를 일개 노동자로서 보낸 후에 자금과 기술을 습득하여 생활기반을 다져갔다.

의식의 특징

다음으로 리더계층의 의식의 특징을 알아보겠다.

사회운동사에 무게를 두고 있던 이제까지의 연구에서 재일조선인의 의식으로 주목되었던 것은 민족 독립의 과제였다. 그러나 과연 고도의 정치적 과제인 민족 독립에 대해서 민중이 일상적으로 의식하고 있었는지는 의심스럽다. 예를 들면 1924년에 정리된 오사카시 사회부『조선인 노동자 문제』는 조선인의 사상 경향에 대해서 "조선 독립 요구 등을 말하는 것은 노동자들 사이에서는 생각할 수 없는 것 같다. 그들은 일해서 돈을 얻는 것에만 노심초사하고 있다"고 기술하고 있다.

물론 거기에는 민족적인 편견을 가진 일본인이 표면적으로 관찰한 것이라고 해야 할 요소가 다소 포함되어 있을 것이다. 그렇지만 생계 수단을 찾기 위해 도일한 조선인이 일상적으로 의식하고 있던 것은 민족 독립보다는 생계 유지였다고 보는 견해가 자연스럽다. 그리고 이제까지 서술해 온 리더계층의 존재 형태와 경력을 고려하더라도 그들의 주요 관심은 다른 조선인과 마찬가지로 생활의 안전과 향상이었을 것으로 추측할 수 있다.[13]

그러한 그들에게 있어 민족차별은 강한 불만의 대상이 되었을 것이다. 왜냐하면 그것은 그들의 생활을 곤란하고 불안정하게 하는 큰 요인이었기 때문이다.

실제로 소집단의 리더인 조선인 합숙소장은 "(일본인이) 항상 차별대우를 해서 늘 탄식하고 있다"고 한 말이 남아 있고,[14] 커뮤니티의 리더인 상공·서비스업자도 전술한 바와 같이 조선인이기 때문에 금융기관의 융자를 받을 수 없는 것에 대해 비판하거나, 조선과의 왕래시 조선인들에게만 필요한 도항증명제도, 주택임대 차별, 일본인 특히 경찰의 조선인에 대한 차별적 태도에 강한 분노를 표명하였다.[15]

게다가 민족차별은 모든 조선인들에게 공통되는 문제였다. 이 때문에 리더계층은 여러 차례 민족적인 결단으로 이 문제를 해결해야 한다고 호소했다. 예를 들면 도항증명의 문제에 대해서 한 한약상은 "종교가나 비종교가나 상업가이나 공업가이나 노동자이나 조선사람이면 다 목표가 갓트니" "재일본조선인동맹을 조직하고 정당합법적으로 투쟁"할 것을 호소했다.[16] 이러한 언동으로부터 리더

---

13 단, 물론 이 시기의 재일조선인 사회의 리더계층은 한반도에서 인격이 형성된 후에 도일했고, 일본에 생활기반이 생긴 시점에서도 조선과의 연관을 강하게 의식하고 있었던 경향은 부정할 수 없다. 예를 들면 [표 4-1]을 보더라도 5명이 고향에 분공장(分工場)을 세우거나, 학교시설의 정비를 위해서 금전이나 물품을 기부하고 있다. 그러나 이 행위들은 소박한 애향심의 발로라고 보아야 하며 정치적인 의식으로서의 민족독립 추구와는 거리가 멀다고 할 수 있을 것이다.

14 앞의 警視庁 特別高等課 內鮮高等係, 『大正13年9月末調査 事務槪要』.

15 예를 들면 「조선일보」에 1936년 4월 29일부터 5월 9일에 연재된 "경관신 조선인문제좌담회"에서의 각각의 발언.

16 「조선일보」 1936년 5월 3일자, "경관신 조선인문제좌담회" 중의 정태중(鄭泰中)의 발언. 그리고 필자는 예전에 이 사료를 번역하면서 『在日朝鮮人史研究』 제22호, 1992년 9월에 소개한 적이 있는데, 그때 이 부분의 발언을 김택수(金澤洙)의 발언이라고 했다. 이것은 원문에서의 정태중의 발언 전에

계층이 자신들보다 하층의 노동자에게 민족적인 연대감을 갖고 일본인과 대항할 의식이 갖고 있었다는 것을 확인할 수 있다.

그렇지만 생활의 불안정과 차별 존재는 꼭 모든 리더계층의 의식을 그러한 방향만으로 향하게 한 것은 아니다. 전술한 오사카시 사회부의 보고에 수록되어 있던 한 '성공한 사람'(그렇다고 해도 5명을 하숙시키면서 자기도 유리공장에서 일하고 있는 정도의 '성공'이지만)의 진술에서는 도일 후의 경험을 다음과 같이 이야기하고 있다(참고로 여기에서의 인용 중의 '……'은 원문대로다).

(도일하고 나서) 4일째에 저는 이 공장에 고용되었습니다. 처음에는 하루에 60전이었습니다. 그래도 하숙이 50전이었기 때문에 매일 10전은 남았습니다─술이나 담배요?─저는 술도 담배도 싫어합니다. …… 담배는 조선에서는 피웠는데, 일본에 와서 어느샌가 끊었습니다. 그리고 야근이 있었기 때문에 한 달에 5엔 이상은 남았습니다. 일은 초자(硝子)제품을 닦거나 운반하는 것이었습니다. 저는 조금도 힘들다고 느낀 적이 없었습니다. 그러는 동안 겨울이 왔는데 일본의 겨울은 정말로 따뜻했습니다. 저는 물속에 손을 넣는 일도 그리 괴롭지는 않았습니다. 그러다가 내지인 직공의 일을 돕게 되었습니다. [……] 그리고 3년 만에 저는 초자기구 제조에 대해서 전체적인 지식과 경험을 얻었습니다. …… 마침 그때였습니다. 그 공장에 인원 감축이 있었던 것은 …… 작년 3월의 일입니다. 저는 주인에게 급료가 아무리 적더라도 괜찮으니 써달라고 부탁했습니다. [……] 다행히 저는 계속 일하게 되었습니다. 당시 수입이요?─글쎄요 …… 한 달에 60엔 가까이 되었을 겁니다. 능력별로 임금이 지불되는 일을 하고 있었기 때문에. [……] 내지인 직공이요? …… 모두들 친절하게 대해 주었습니다. 저는 가능한 얌전히 무슨 일이 있어도 화내지 않으려고 노력했습니다. …… 이런저런 화나는 일도 울고 싶은 일도 없지만은 않았습니다. 그러나 저는 우리 동포가 이것저것 불평하거나 허세를 부리는 것을 보면 항상 기분이 좋지 않았습니다.

김택수 간단히 서로 요령만 들어 말합시다'라는 문장이 들어가는 것을 잊고 잘못 번역하여 생긴 실수에 따른 것이다.

한 달 중 가장 즐거운 날은 급료를 받아서 그중에서 처자에게 얼마간의 돈을 보내줄 때의 마음입니다. —매달 얼마 정도 보내냐고요?—처음에는 5엔이나 6엔이었습니다. …… 1년 지나서는 10엔 정도 보낼 수 있게 되었습니다. 그리고 바로 20엔 정도 보내게 되었습니다. [……] 이제 저는 내지에서 죽고 싶을 정도로 내지가 좋습니다…….

위의 인용에서 알 수 있듯이 화자인 조선인 노동자는 당초 일급 60전이라는 아주 적은 임금 밖에 받지 못하고, 공장의 '인원 감축'에 직면하거나 '화가 나는 일', '울고 싶은 일'도 체험했다. 확실하게 쓰여 있지는 않지만, 그것은 민족적 차별에서 기인했을 가능성이 있다. 그런데 그러한 일들은 다른 조선인과의 연대하여 일본인에게 대항하고자 하는 의식을 만들어내지는 않았다.

그는 그런 대로나마 생활을 유지할 수 있는 현실을 받아들이고, 그 안에서 자신과 가족의 생활을 조금씩이라도 향상시켜 가려는 노력을 거듭했다. 담배를 끊고, 야근을 하고, 수당으로 조금이라도 많은 수입을 얻고자 했던 것이다. 그리고 '인원감축' 때에도 임금이 적더라도 써달라고 (아마 일본인이었을) 공장주에게 부탁하고 있다.

즉, 생활의 안정과 향상에 대한 집착은 다른 조선인과 의식을 같이 하여 일본인의 민족차별에 반대하는 쪽이 아니라 사람들의 의식을 개인적으로 더욱 근면하게 일해서 일본인과 연결됨으로써 생활의 안정과 향상을 실현하고자 하는 쪽으로 향하게 한 것이다. 그리고 이미 살펴본 바와 같이 상공·서비스업자로서 독립한 리더계층은 자금을 얻기 위해서 근면하게 일하고 저축하였던 것이 일반적이었으며, 공장주의 후원과 행정당국의 원조가 있었던 경우도 있었다. 그 점을 생각하면 리더계층 사이에서는 후자의 의식이 결코 특수한 것이 아니었으며, 오히려 일반적이었다고까지 생각할 수도 있다. 보다 하층인 조선인과 고용자나 하청업자·거래처였던 일본인의 중간에 위치하는 리더계층은 종종 그러한 입장을 반영하여 의식면에서도 양면성을 갖고 있었던 것이다.

또 리더계층 경력의 특징인 비교적 높은 출신계층과 학력도 어떤 경우에는 다른 조선인들의 의식과 거리를 두게 만들었다. 출신계층과 학력이 높다는 것은 여러 면에서 근대적인 가치관을 갖고 있었다는 것을 의미한다. 이에 반해 대부분의 재일조선인은 농촌 출신으로 근대 교육을 받지 못한 사람들이었고, 근대사회에 적합한 가치관과는 다른 관념 속에서 살고 있었다. 일본에서 발행된 조선어신문 등에서 일반 조선인이 미신타파와 태양력 사용, 위생관념과 노동자로서의 규율·시간관념을 확립해야 한다고 주장한 경우가 여러 차례 있었던 것은 그 때문이다.[17]

물론 그러한 생활습관과 의식의 근대화의 제언은 대개의 경우는 지식인과 리더계층이(적어도 주관적으로는) 민중 측에 섰기 때문에 했던 것이었고, 민중의 이익을 위해서 달성하고자 한 것이었다. 그렇지만 일부 리더계층 중에는 근대적인 가치기준과 관련해서 다른 조선인을 '뒤처진 존재'로서 멸시하는 것 같은 의식이 생겨나고 있었던 것도 부정할 수 없다. 예를 들면 어떤 조선인 의사는 협화사업(행정지도의 조선인통합정책으로 실시된 것)에 대한 간담회 석상에서 "반도인은 모두 지저분해서 진찰하러 가려면 반드시 더러워진 옷을 입고 가야지, 안 그러면 더러운 것이 옮아서 아주 곤란하다", "협화사업은 반도인의 위생관념부터 고쳐 나가야 한다"고 한 것이 전한다.[18] 여기에서는 명백히 다른 조선인에 대한 우월감과 차별 관념을 찾아볼 수 있다.

이상으로 리더계층의 의식에 대해서 생활의 안정·향상에 대한 회구, 거기에서 파생된 민족차별에 대한 반감과 함께 일본인에게 부탁하는 양면성, 근대적 가치기준에서 오는 다른 조선인에 대한 차별의식 등에 대해서 지적했다. 이러한 점들을 고려하면서 다음 절에서는 리더계층의 사회적 활동에 대한 고찰을 해나가기로 하겠다.

---

17 예를 들면 「민중시보」의 투고란이나 사설, 앞의 "경판신 조선인문제좌담회"에서의 발언 등.
18 「동아신문」 1941년 9월 30일자, "가두풍문록(街頭風聞錄)".

사회적 활동에의 참여

하층사회에 놓이고 민족차별을 받아 온 전전기의 재일조선인은 그 때문에
발생한 문제에 대응하여 여러 가지 자주적인 활동을 펴고 있었다.

3장에서 살펴본 바와 같이 재일조선인 인구가 본격적으로 증가하고 있었던
1920년대 초에는 이미 각지에서 상호부조를 목적으로 하는 조선인단체가 조직
되었다. 이 단체들은 실직이나 병이나 부상에 대비한 공제활동을 비롯하여, 직업
소개, 실비實費 진료, 노동하는 데 있어서의 문제 해결, 위생사상 보급·인격의
도야·식자 등의 계몽활동을 목적으로 하였다. 그리고 다음 절에서 살펴볼 바와
같이 1920년대 후반 이후에는 차가인조합과 소비조합, 아동 교육기관도 조선인
들이 설립하고 운영하게 되었다.

이상과 같은 활동의 중심이 되었던 것은 이제까지 보아온 리더계층이었다.
재일조선인이 생활하는 공간이 토건공사의 합숙소나 노동 하숙 등으로 한정되어
있던 1920년대 전반까지는 그곳에서 주로 활동한 것은 당연히 합숙소장이나 노
동 하숙 주인이었다. 이 점은 전술한 『토건·방직공·광부로서의 선인 노동자』에
서 소개된 상호부조단체의 임원이 합숙소장이었던 것과 조선인노동조합의 간부
에도 노동 하숙 주인 등이 포함되어 있는 것으로도 확인할 수 있다.[19]

다음으로 커뮤니티의 리더에 대해서 보더라도 역시 이미 서술한 바와 같이
재일조선인의 생활문제에 대한 대응에 관여한 경우가 적지 않은 것을 알 수 있다.
[표 4-1]의 인물들이 한 사회적 활동에 대한 구체적인 내용을 확인할 수 있는 것을
분류해서 정리하면 [표 4-3]과 같다(1명이 여러 가지 활동을 하고 있는 경우는 중복하여 세었다).

여기에서 보이듯이 커뮤니티 리더의 활동은 다양하다. 그렇지만 야학이나
아동교육, 실업 구제, 임대 문제·위생 문제에 대한 대처, 소비조합 등 역시 독자적
인 생활문제와 관련 있는 활동이 중심이었다. 또 동업자단체나 종교단체도 그러
한 활동에 주력하는 경우도 있다. 즉, 도쿄자동차운전수동우회(12, 101)는 환난상

---

19 예를 들면 신봉채(申奉彩)라는 인물은 조선인 노동 하숙 주인이었지만, 동시에 재일노총 이즈오(泉
尾)조선노동자조합의 간부이기도 했다(「조선일보」 1927년 6월 23일자, "재대판노동조합 4단체 합동
대회"; 7월 1일자, "재대판조선인숙주[宿主]조합조직").

[표 4-3] 커뮤니티 리더의 사회적 활동   (단위: 건)

분류	건수
야학·아동교육	8
실업규제	5
고향의 학교 등으로의 기부	5
종교활동	4
동업자단체	4
시정촌 의회 의원	3
주택의 관리·제공	2
청년단	2
소비조합 등	2
납세조합	2
위생조합	2

전거: [표 4-1]과 같음.

조를 목적으로 하고,[20] 조선인 교회도 그 활동이 단순한 포교에 그치지 않고, 직업 알선, 주택 알선, 식자, 유치원 경영 등도 하고 있었다.[21] 또 시정촌 의회 의원에서는 조선인 학무위원과 구장區長을 각 1명씩 선출시키도록 노력한 사람을 확인할 수 있다(83). 이것도 지역주민의 생활에 밀착한 활동이라고 할 수 있을 것이다.

이상과 같이 리더계층은 재일조선인의 독자적인 생활 문제에 대응한 활동의 중심 역할을 맡고 있었다. 동시에 그들은 내선융화운동과 사회주의운동의 기반을 생각하는 데에 있어서도 중요한 존재였다. 왜냐하면 위에서 기술한 소집단의 리더들이 운영하는 상호부조단체 중에는 행정당국과 일본인 유력자의 원조하에 내선융화를 내세우게 된 것도 존재하며, 한편에서는 전술한 재일노총과 같은 사회주의계의 노동조합에 참여하는 경우도 있었기 때문이다. 또 [표 4-1]의 인물로는 가장 세력이 큰 내선융화단체였던 상애회나 행정당국이 관여한 지역적인 내선융화단체에 참여한 인물이 있는 한편, 사회주의계로 간주되었던 단체나 그 활동과 접점을 갖는 사람도 확인할 수 있다. 나아가 리더계층 중에는 사회주의계 단체와 내선융화단체 양쪽에 동시에 관여했던 사람도 존재했다.[22]

이러한 리더계층의 동향은 얼핏 보면 기묘한 현상이라고도 할 수 있다. 말할

---

20 「조선일보」 1938년 9월 1일자, "환난상조하는 운전수동우회".
21 「조선일보」 1936년 5월 8일자, "경판신 조선인문제좌담회" 중의 문종수(文宗洙)의 발언.
22 앞의 警視庁 特別高等課 内鮮高等係, 『大正13年9月末調査 事務概要』가 전하는 김열봉(金烈鳳)의 예.

것도 없이 내선융화운동과 사회주의운동은 이데올로기적으로는 서로 대립하는 것임에 틀림없기 때문이다. 그러나 내선융화를 내세운 단체와 사회주의자들이 지도했을 것으로 보이는 단체도 구체적인 활동에 들어가서는 주택임대 문제나 의료위생 문제, 노동 문제에 대한 대응과 식자계몽, 공동구매(소비조합) 등 공통된 부분도 있다. 이것을 보면 재일조선인 독자적인 생활 문제를 해결하려고 했던 리더계층이 내선융화계·사회주의계 단체 양쪽에 접점을 갖고 있었던 것은 그리 이상할 것도 없다.

그렇지만 각각의 단체의 활동을 보다 자세하게 보면, 내선융화와 사회주의라는 입장의 차이는 역시 컸다고 하지 않을 수 없다. 후자가 계급적 단결을 기초로 민족해방을 전망하고 자본가와 일본인 지배층에게 저항했던 데에 반하여, 전자는 일본인 유력자와 행정당국과 연결되면서 조선인의 민족적 또는 계급적인 운동을 억제하려고 한 것이었기 때문이다.

그러면 그러한 차이를 갖는 두 운동이 기반을 같이 하고 있었던 것은 무엇 때문일까? 이 점은 이제까지 서술해 온 리더계층의 입장과 의식에 있어서의 양면성 혹은 유동성이 원인이라고 볼 수 있다.

민족차별 속에서 어려운 생활을 보내고, 그것이 더 하층에 있던 조선인도 포함한 민족적인 연대감으로 이어졌던 경우, 리더계층은 사회주의계의 노동운동 등에 참여하는 선택을 하게 되었을 것이다. 그러나 리더계층 중에는 민족적인 연대감을 잃고 일본인에게 의지하여 안정된 생활을 하겠다는 의식을 가진 사람도 있었다. 내선융화단체에 접근한 것은 그러한 의식을 매개로 하였던 것이라고 생각할 수 있다. 왜냐하면 청부업자들과 같은 일본인 유력자나 경찰당국이 관여하고 있던 내선융화단체에 가입하는 것은 '정부의 관업官業 노동을 청부받는 편의'를 얻거나,[23] 도항증명 발행을 쉽게 받게 된다는 것을 의미했기 때문이다.[24]

동시에 리더계층의 경력을 보면 교육 정도가 높은 경우가 많았던 점도 일면

---

23 金斗鎔, 「川崎乱闘事件の真相」, 『戦旗』 1929년 7월.
24 「조선일보」 1924년 5월 17일자, "부산에 호읍(號泣)하는 노동동포의 참상"; 같은 신문, 5월 30일자, "노동동포의 도일제한 문제로 내무성과 조선총독부에 항의할 터".

에서는 내선융화의 입장에 다가가는 요인이 될 수 있었다. 이 점은 전술한 바와 같이 종종 리더계층이 다른 조선인을 뒤처진 존재로 간주하는 의식을 만들게 되었다. 그리고 그것은 '앞서가는 존재'인 일본인 쪽에 접근하는 계기가 되는 경우도 있었다고 생각된다. 내선융화단체에서 여러 차례 '위생관념의 보급'이나 '품성의 향상'을 내세운 것은 어떤 면에서는 그러한 리더계층의 의식이 배경이 되었을 것이다.

단, 교육 정도가 높은 것이 리더계층과 다른 조선인들과의 연대의식을 없애는 소위 부정적인 영향만을 가져 왔던 것은 아니다. 어느 정도 교육을 받고 근대적인 지식과 이해능력을 가진 리더계층은 사회 정세를 냉정하게 분석·인식하고 당시의 새로운 사회 사조에도 민감한 경향을 가질 것이다. 다시 말해 교육정도가 높은 것은 한편으로는 리더계층이 일본 국가의 선전의 허위성을 간파하거나 사회 변혁의 유력한 무기로 간주되고 있던 사회주의사상을 수용할 가능성을 갖고 있었던 것을 의미했다.

이상으로 리더계층의 활동은 생활 문제에 대한 대응을 기초로 하여 종종 내선융화운동이나 사회주의운동과도 연결되었던 것을 확인할 수 있었다. 그러면 그들의 활동은 어느 정도로 확대되어 갔던 것일까? 이것은 당연히 그들의 영향력이 미치는 직장이나 지역사회가 기초가 되며, 그밖에 출신지의 지연결합이 계기가 되는 경우가 있었다고 보인다. [표 4-1]에서 알 수 있듯이 커뮤니티의 리더 중에서는 종교나 동업자조합 등 지역이나 직장이 아닌 것을 기반으로 한 경우도 확인할 수 있는데, 눈에 띄는 것은 정촌町村 의회 의원이나 납세조합과 위생조합의 임원, 거주하는 정촌의 이름을 딴 단체의 임원이다. 이 밖에 지연에 기반을 둔 단체로 보이는 경우(64의 재오사카동래친목회)나 지연을 기초로 한 고향에 기부하는 사업 활동에 참여하는 것도 확인할 수 있다(22와 58의 제주중학기성운동).

또 재일노총과 같은 전국적인 조직의 경우도 이른바 '기초단위'는 리더계층을 중심으로 한 지역이나 혈연이 결합 계기였던 소집단이었다. 재일노총의 간부는 그 조직이 "일종의 우정적 결합, 향토적 관계가 그 집단의 중심이 되었다"는 것을 지적하고 있었다(그러한 경향은 극복해야 할 과제로서 이해되고 있었지만).[25] 그리고 이와 같은 경향은 전국적인 내선융화단체인 상애회에서도 보인다. 예를 들면 [표 4-1] 속의 상애회 관계자도 다른 한편으로는 지역적인 조선인단체를 운영하거나(149) 상애회에서 탈퇴한 후에는 지연결합에 의한 단체의 활동을 하고 있다(64).

즉, 리더계층의 활동에는 그들을 중심으로 하는 소집단 속에서의 강한 결속이 보이지만, 재일조선인 전체의 결속으로 이어지기 어려운 경향이 있었다. 리더계층이 여러 차례 출마한 지방의회의원 선거에서 조선인 후보들이 난립하여 모두 패하게 된 것도 그러한 상황이 배경이었을 것이다.[26]

그러면 이처럼 리더계층의 활동이 '소집단이 할거하는 성향'[27]을 띠고 있었던 이유는 무엇일까? 우선 조선인의 자주적인 활동에 대한 행정당국의 개입과 탄압이라는 외적인 압력과 관계있을 것이다. 또 그 활동이 자연발생적인 것이면서, 때에 따라서는 지연이나 혈연이 결합의 기초가 되었기 때문에 확대되어 가기 어렵다는 것도 이유가 되었다. 동시에 다른 사람에게 지지 않겠다는 생각을 가지고 개인적 노력을 거듭해서 사회적 상승을 달성한 리더계층에게 있어 타인과의 협조나 자신이 먼저 양보함으로써 단결을 다진다는 의식이 생겨나기 어려웠을 것이라는 추측도 가능할 것이다.

이상을 바탕으로 하여 선행연구가 밝혀낸 여러 사회운동단체의 방침과 지배층의 통치정책과의 관계에서 리더계층의 사회적 활동의 시기적인 변천을 밝히고자 한다.

우선 재일조선인 인구가 급증하기 시작했던 1920년대에는 내선융화 대책이 일본인 지배층 사이에서 강구되고 있었다. 특히 1923년의 간토대지진 때의 조선인 학살사건은 내선융화사업의 필요성을 행정당국에 의식시켰다. 그렇지만 이 시기는 구체적으로는 '행정당국으로서는 전혀 지도적 태도를 보이지 않고, 오로

---

25 崔雲擧, 「在日本朝鮮労働運動の最近の発展」, 『労働者』 1927년 9월.
26 재일조선인의 각급 선거에서의 입후보와 당락에 대해서는 松田利彦, 『戦前期の在日朝鮮人と参政権』, 明石書店, 1995년을 참조할 것.
27 앞의 글, 「在日朝鮮勞働運動の最近の發展」의 용어.

지 민간 독지가의 임의적 사업에 맡겨서 아주 적은 보조금을 교부'하는 정도로 내선융화사업은 '거의 성과를 거두지 못하는 양상'이었던 것이 지적되고 있다.[28]

그러한 가운에 리더계층의 마음을 사로잡은 것은 오히려 같은 시기에 전개되었던 유학생들과 인텔리에 의한 사회주의운동이었다. 사회주의사상은 일단 내선융화단체에 참가하였던 리더계층에게까지 영향을 끼쳐서 1920년대 중기에는 가장 악랄한 어용단체로 간주되는 상애회의 지방지부대회에서조차 "계급의식과 경제의식에 눈 떠야 한다"는 연설이 나올 정도였다.[29]

이렇게 해서 당초 인텔리인 사회주의자를 중심으로 준비된 재일노총은 내선융화단체의 간부였던 사람들도 포함해서 리더계층을 파악하는 것으로 조직을 확대해 갔다. 이 점은 [표 4-1]의 인물 중에도 상애회의 간부를 지낸 후에 재일노총계의 야학의 자금을 모으는 활동을 했던 사람이 있는 것으로도 확인할 수 있다(64).

그렇지만 사회주의계 운동의 중심인 인텔리들이 지향하는 방향과 합숙소장 등의 리더계층의 의식에는 미묘한 차이가 있었다. 예를 들면 1926년에 재일노총에 가입한 자갈채취청부업을 하는 조선인은 "본인은 현재의 노동자 옹호를 중심으로 순수한 노동운동을 이상으로 하는 반면, 총동맹 측은 너무나도 광범위한 사상 문제로 나갈 뿐 아니라 회원도 실제 노동자가 아닌 사람들이 많이 가입하여서 청년운동인지 학생운동인지 구별조차 판단하기 어렵다"(총동맹은 재일노총을 가리킨다)며 바로 탈퇴하였다.[30] 이 말을 통해 인텔리 간부가 급진적인 정치투쟁을 전개하려던 것에 반해서 합숙소장 등의 리더계층이 생활 문제에 대한 대처를 중심에 두려고 했던 상황이었음을 엿볼 수 있다.

그리고 1930년대 전반은 사회주의운동에 대한 탄압이 강화되는 한편으로 코민테른 계열 단체의 운동방침은 더욱 급진성을 띠게 되었다. 특히 1929년 12월에는 재일노총의 일본노동조합 전국협의회(전협)로의 재편이 결정되고, 공산당은 비합법활동도 포함하는 정치적 선전을 중심으로 한 활동을 전협에게 맡기려고

---

28 中央協和会, 『協和事業』, 1941년, 단, 『集成』 제4권, 1277~1278쪽.
29 「名古屋相愛会春季大会記」, 『東亜時報』 제5호, 1924년 5월.
30 「朝鮮思想通信」 1927년 11월 26일자, 박상희, "도쿄조선인제단체역방기(18)".

하였다.

이러한 점들을 배경으로 1930년대에는 리더계층이 급진적인 공산당계의 여러 운동에서 이탈하였다. 그 역할의 담당자는 유학생 등의 인텔리와 공황의 여파를 가장 심각하게 받아들인 보다 하층에 위치한 노동자에 한정되었다.[31]

이에 반해서 리더계층 쪽은 조선인의 생활에 대응한 활동을 유지했지만, 그것은 소집단의 분산적인 형태로 돌아가고 있었다. 정치적으로는 일부 리더계층은 다시 내선융화의 입장으로 돌아섰다.[32] 그러나 커뮤니티 차원에서 영향력을 가진 친목단체, 소비조합 등의 활동에 대해서는 여러 차례 공산당계의 활동가가 그에 개입하는 움직임이 보였다.

그리고 1930년대 중기에는 공산당이 괴멸상태에 빠지게 되어 공산당계 활동가들 사이에 리더계층을 중심으로 하는 조선인 친목단체 등을 기초로 민족해방운동을 전개하고자 하는 방침이 취해지게 되었다. 이러한 움직임과 재일조선인에 대한 통합정책에 대한 대항을 목적으로 이 시기에는 친목단체나 소비조합 등을 기초로 한 재일조선인운동의 통일이 시도되었다. 그렇지만 이들도 탄압 속에서 영향력을 확대하지 못하고 실패로 끝난다. 이후 전시체제의 구축이 진행되고 그 일환으로서 조선인을 통합하는 협화회가 정비되는 가운데, 1945년 8월 15일까지 재일조선인의 자주적인 활동은 거의 질식당하게 된다.

이상에서 서술한 바와 같이 리더계층의 사회적 활동은 재일조선인의 독자적인 생활 문제에 대처한 것으로 직장이나 커뮤니티에서의 접촉 혹은 출신지의 지연을 계기로 한 결합을 기초로 하였다. 그들의 활동은 행정당국에 의한 재일조선인에 대한 사회사업이 부족했던 가운데 영향력을 가지고 생활을 도와주고 민족 독자의 사회적 결합, 문화를 지키는 데에 있어 큰 힘이 되었다. 그리고 리더계층의

---

31 西川洋, 「在日朝鮮人共産党員・同調者の実体: 警保局資料による1930年前半期の統計的分析」, 『人文学報』 제50호, 1981년 3월.

32 예를 들면 상애회에 관여하고 있었던 이상운(李相雲)은 그 후 재일노총의 간부가 되고, 1930년대에는 다시 지역적인 내선융화단체를 이끈다(앞의 『東亜時報』 제5호, 内務省警保局, 『大正15年中に於ける在留朝鮮人の状況』, 단 『集成』 제1권, 216쪽. 및 「『聞書き』 朴広海氏労働運動について語る(3)」, 『在日朝鮮人史研究』 제22호, 1992년 9월).

양면적인 성격—최하층의 조선인과의 민족적인 연대감을 가짐과 동시에 일본인과 연결되면서 사회적 상승을 도모하려는 경향—을 반영하여 그들이 주도하는 단체는 종종 일본 국가, 행정당국에 대항적이기도 했지만, 반대로 내선융화를 표방하는 세력과 연결되는 움직임도 보였다. 또 1920년대 중반에는 사회주의운동이 활발해져서 리더계층들에게도 그 사상이 수용되고, 거기에 참여하는 사람이 늘어났다. 그 과정에서는 재일조선인의 전국적인 단결의 단서도 보였지만, 1920년대 후반 이후 정치투쟁이 점차 급진성을 강하게 갖게 되면서 리더계층의 일부는 사회주의운동에서 이탈하였고, 동시에 탄압으로 조직적인 통일성을 잃게 되었다. 이러한 가운데 리더계층을 중심으로 하는 재일조선인의 생활 문제에 대처한 여러 활동들은 대개의 경우 직장이나 커뮤니티 차원에서의 분산적인 수준에 그쳤고, 일본에 거주하는 조선인 총체가 전국적인 연락하에 통일적으로 행동하고 영향력을 갖는 데까지 이르지는 못했다.

2. 민족적 생활권 투쟁의 전개

민족적 생활권 투쟁과 그 조직

재일조선인이 전개한 사회운동은 이제까지 사회주의자가 주도한 노동조합 등의 활동을 중심으로 파악되어 왔다. 선행연구가 확립해 온 역사상을 대강 나타내면, 사회주의사상의 침투 → 1925년 재일본조선노동총동맹(재일노총)의 결성 → 코민테른, 프로핀테른의 방침 전환의 영향을 받은 1930년 재일노총의 일본노동조합 전국협의회(전협)로의 해소, 전협 속에서의 노동운동·반제국주의 투쟁의 전개 → 탄압을 받은 전협의 붕괴 → 1930년대 중반 코민테른의 반제국주의 민족통일전선, 인민전선전술 채용에 따른 합법조직에 의거한 재일조선인운동의 재결집 기도 → 탄압에 의한 운동의 두절이라고 말할 수 있을 것이다.[33]

---

[33] 전전기의 재일조선인운동에 대한 이러한 역사상은 岩村登志夫, 『在日朝鮮人と日本労働者階級』, 校倉書房, 1972년; 朴慶植, 『在日朝鮮人運動史 8·15解放前』, 三一書房, 1979년; 谷合佳代子, 「1930年代在阪朝鮮人労働者のたたかい」, 『在日朝鮮人史研究』 제15호, 1985년 10월 등에서 확인할 수 있다.

그렇지만 전간기의 재일조선인운동에 대한 위와 같은 정리는 사회주의자가 민중을 지도한다는 것을 전제로 하여 이데올로기에 기반을 둔 단체의 방침을 여러 가지 분석의 중심에 놓고 있다는 점에서 문제가 있다. 심하게 말하면 이제까지의 연구에서 부각된 재일조선인운동의 모습은 어떤 때는 민족해방, 또 다른 시기에는 계급해방에 역점을 두고, 민족의 독자적인 조직에 의거해야 할지, 조선과 일본의 합동조직으로 해야 할지 등에 대해서 '전위前衛'를 자칭하는 세력의 일방적 방침으로 우왕좌왕해 왔다는 것이다.

그러나 재일조선인 전체가 의식적인 활동가들만 있었던 것도 아니고, 사람들의 일상생활의 영위가 사회주의자의 활동이나 그 방침과 직접 연동하지 않았을 것은 당연하다. 따라서 재일조선인운동의 구조를 파악하려면 '전위'가 아니었던 재일조선인들의 이른바 자주적, 자연발생적인 움직임을 시야에 넣을 필요가 있다.

이 점과 관련하여 주목되는 것은 조선인이 일본 내지에서 생활하면서 직면한 여러 생활상의 문제를 해결하기 위한 활동들이다. 일본열도에 건너온 조선인들이 추구했던 것은 무엇보다도 생활의 유지였다. 그러나 그 자체가 실제로는 어려운 일이어서 재일조선인들은 싫든 좋든 생활기반을 확립하기 위한 활동을 하였고 그것이 종종 사회운동으로 전개되어 갔던 것이다.

그러면 구체적으로 재일조선인이 직면한 생활상의 문제들은 어떠한 것이었을까? 그것은 다음과 같이 정리될 수 있겠다. ① 노동현장에서 생기는 임금, 노동조건, 고용의 존속·확보 등과 관련된 문제, ② 임대주택의 확보, 차가인의 권리와 관련된 문제, ③ 소비생활상의 문제, ④ 의료혜택을 받을 수 있는 환경의 확립과 위생 개선, ⑤ 아동교육 및 성인에 대한 계몽의 필요성 등이다. 이 문제들은 하층민중이기에 생기는 문제였던 동시에 민족적인 문제로서 나타나는 것이기도 했다. ① 조선인에 대한 특히 낮은 임금, 열악한 노동조건, ② 조선인이기 때문에

단, 1930년대 중반 이후의 상황에 대해서 다니아이(谷合)는 코민테른의 반제국민족통일전선의 영향으로 조선인운동의 대동단결이 도모된 것이 아니라, "스스로의 힘으로 새로운 국면을 개척해 나가려고 하는 주체적 계기가 있었다"고 지적하고 있다.

집을 빌릴 수 없어 일본인 이름으로 빌렸다가 쫓겨나는 상황, ③ 조선인을 대상으로 하는 식재료를 구입할 필요성, ④ 언어가 통하지 않기 때문에 의료 혜택을 받을 수 없음, ⑤ 조선어로 된 교육에 대한 열망 등의 사정이 있었기 때문이다.

이 문제들에 대한 대응은 예를 들면 고용된 노동자에 대해서 수당을 지급한다거나 합숙소에서 야학을 여는 형태로 합숙소의 십장이나 노동 하숙 주인을 중심으로 하는 결합 안에서 충분하지는 않지만 어느 정도 이루어지고 있었을 것으로 생각된다. 또 조선인 친목부조단체들 사이에서는 야학이나 촉탁의에 의한 진료, 노동쟁의의 조정 등이 종종 이루어졌다.[34] 그리고 1920년대 후반 이후에는 노동조합, 차가인조합, 소비조합, 조선인을 대상으로 한 의료기관, 조선인 아동교육기관 및 성인에 대한 야학 등이 결성되어 보다 본격적인 운동으로 전개되어 갔던 것을 확인할 수 있다.

그러한 운동—이하에서는 그것을 '민족적 생활권 투쟁'이라고 부르기로 한다—을 한 재일조선인을 주체로 하거나 재일조선인이 다수 참가한 조직으로는 다음과 같은 것이 있었다.

우선 노동조합으로서는 1925년에 재일본조선노동총동맹(재일노총)이 결성되었다. 이 조직은 결성 당초에는 친목부조단체를 포함하는 조선인단체를 규합했던 것으로 보이지만, 1927년에는 1개 부현에 1개의 조선노동조합으로 조직·정비되어 보다 본격적인 노동조합으로서의 기능을 갖게 되었다. 참고로 1927년 이후 정리된 산하 조직은 도쿄 조선노동조합, 가나가와현 조선노동조합, 아이치현 조선노동조합, 오사카 조선노동조합, 효고현 조선노동조합, 니가타현 조선노동조합이며, 조선인이 많은 주요 부현에 조직을 두었던 것을 확인할 수 있다.[35] 또 그 조합원은 2만 3530명으로 당시의 일본 내지에서 유수의 규모라고 할 수 있는 노동단체가 되었다.[36] 그렇지만 1929년 말에 재일노총은 전협으로의 해소

---

34 「朝鮮思想通信」1927년 11월 25일자, 박상희, "동경조선인제단체역방기(17)"에 전하는 재일본조선노동일심회의 예 등.

35 재일노총의 조직적 운동의 경과에 대해서는 졸고, 「在日朝鮮労働総同盟に関する一考察」(『在日朝鮮人史研究』 제18호, 1988년 10월)도 참조하기 바란다.

36 内務省 警保局, 『社会運動の状況』, 1929년판, 1161쪽. 일본인을 주체로 한 노동조합의 연합조직에

를 결정하고 그 조직은 소멸된다. 그러나 전협으로 재조직된 조선인은 1930년 말에 2663명으로 적었다.[37]

단, 재일노총 해체 후에도 조선인의 독자적인 노동단체가 없어진 것은 아니었다. 1930년대 이후에도 조선인의 독자적인 노동단체로서 오사카화학노동조합(1930년 결성, 활동 중심이 되었던 곳은 불확실),[38] 센슈일반노동조합泉州一般労働組合(1930년 결성, 사카이시를 기반으로 했다),[39] 한난노동자자조회阪南労働者自助會(1933년 결성, 오사카시 니시나리구에 본거가 있었다),[40] 오사카노우회大阪勞友會(1933년 결성, 오사카시 히가시나리구를 기반으로 했다),[41] 나고야합동노동조합(1935년 결성),[42] 요코하마노동자동맹(1934년 결성)[43] 등의 존재를 확인할 수 있다. 이 단체들의 조직 인원은 내무성 경보국의 파악에 따르면 수천 명에서 수백 명 정도였다.[44]

차가인운동은 1929년 3월에는 오사카조선노동조합 센슈 지부·스미요시住吉 지부 공동주최, 오사카차가인동맹 후원으로 '조선인주택문제연설회'가 개최되었던 것[45]과 같은 해 오사카조선노동조합 미나토구 지부 내에 '차가인동맹분회'가 설립되었던 것이 전하고 있고,[46] 재일노총 산하의 노동조합들에서 이 운동을 벌였던 것을 알 수 있다. 조선인을 주체로 한 차가인조합으로서는 오사카시 히가시나리구를 기반으로 한 동오사카차가인동교회東大阪借家人同交會(1928년 결성, 같

대해서 같은 시기에 조직 인원을 보면, 일본노동총동맹 2만 8343명, 일본노동조합 전국협의회 1만 261명, 일본노동조합동맹 9648명, 노동조합 전국동맹 5040명, 해군노동조합연맹 4만 2803명, 관업노동총동맹 1만 4877명 등이다(內務省 警保局, 『社会運動の状況』, 1929년판, 381~396쪽). 그리고 朝鮮總督府 警務局, 『治安状況』, 1930년판에 따르면 같은 시기 조선내의 노동단체의 조직 인원의 합계는 6만 1730명이다.

37 內務省 警保局, 『社会運動の状況』, 1930년판, 1161쪽.
38 內務省 警保局, 『社会運動の状況』, 1931년판, 1134쪽.
39 內務省 警保局, 『社会運動の状況』, 1936년판, 1480쪽.
40 「阪南労働自助会創立準備会の結成」, 內務省 警保局, 『特高月報』 1933년 1월.
41 「조선일보」 1932년 12월 27일자, "대판 노우회(勞友會) 창립 대회 준비".
42 內務省 警保局, 『社会運動の状況』, 1936년판, 1406쪽; 1471쪽.
43 內務省 警保局, 『社会運動の状況』, 1934년판, 1469쪽.
44 內務省 警保局, 『社会運動の状況』, 각 연도판.
45 「조선일보」 1929년 3월 14일자, "조선인 주택문제 연설회 개최".
46 內務省 警保局, 『特別高等警察資料』, 1929년 12월, 「在日朝鮮労働総同盟の状況」, 단 『集成』 제2권, 98쪽.

은 해에 오사카차가인동맹과 합동),[47] 동오사카차가인조합(1929년 결성),[48] 아마도 사카이시를 기반으로 했을 것으로 보이는 오사카 센슈조선인차가인조합(1929년 결성),[49] 거점이 된 장소는 확실하지 않지만 역시 오사카부내에 조직이 있었던 차가인조합통일동맹내선통제부(1932년 결성),[50] 오사카일반차가인동맹(1932년 결성)[51] 등의 차가인조합 외에 지주들의 퇴거 요구에 대항하기 위해 만든 단체 등도 있었다. 효고현 아마가사키시 히가시무코지마히가시노초東向島東之町의 공터에 거주한 조선인에 의해서 조직되었던 동아동주회東亞同住會(1935년 결성)[52] 등이다. 조직 규모에 대해서는 오사카일반차가인동맹이 80명, 차가인조합통일동맹 내선통제부가 50명으로 전해지는데,[53] 그 밖에는 확실하지 않다.

조선인의 소비조합으로는 1929년 4월에 설립된 오사카조선노동소비조합이 최초의 것으로 이것은 다음해 명칭을 대동소비조합大同消費組合으로 개칭한다. 사무소가 오사카시 니시요도가와구 에비에초海老江町에 있었기 때문에 지역적으로는 그 주변이 기반이었을 것으로 보인다.[54] 같은 해 6월에는 오사카조선노동조합 센슈지부의 사무소에서 역시 소비조합 결성 준비회가 열렸던 것도 확인할 수 있다(혹은 『社会運動の狀況』, 1932년판에 이름이 보이는 센슈무산자협동소비조합이 그것이라고 추측된다).[55]

그 후에도 소비조합의 설립은 각지에 전개되었다. 특히 오사카, 고베에 거주한 조선인들 사이에서는 소비조합운동이 활발하고, 오사카시 히가시요도가와구 덴진바시天神橋에 사무소를 둔 공신소비조합共信消費組合(1930년 결성, 후술하는 바와 같이 교토에서 같은 시기에 같은 이름의 소비조합이 결성되지만, 양자 사이에는 특별한 제휴관계 같은 것을 확인할

---

47 「日本労働通信」1928년 6월 17일자, "조선차가인동맹동교회의 활동"; 7월 4일자, "동차가인동교회(東借家人同交会)는 합동으로 해체하고 새로이 히가시나리 분회를 설치".

48 「東大阪借家人組合創立総会報告書」, 1929년 2월, 法政大学大原社会問題研究所 所藏.

49 「조선일보」1929년 10월 7일자, "대판조선인차가(借家)조합 창립".

50 内務省 警保局, 『社会運動の狀況』, 1932년판, 1397쪽.

51 内務省 警保局, 『社会運動の狀況』, 1932년판, 1397쪽.

52 「朝鮮人の土地立退紛議」, 内務省 警保局, 『特高月報』 1935년 7월.

53 内務省 警保局, 『社会運動の狀況』, 1932년판, 1397쪽.

54 「조선일보」1929년 4월 28일자 "재대판노동자소비조합을 설립"; 1930년 4월 29일자, "대판조선인 노소조(勞消組)정기총회 성황".

55 「조선일보」1929년 7월 18일자, "계(堺)시에 조선노동소비조합".

수 없다),[56] 오사카시 스미요시구에서 활동한 것으로 보이는 스미요시소비조합,[57] 효고현 아마가사키시에 사무소를 두고 오사카·고베를 기반으로 한 한신소비조합(이상은 1931년 결성),[58] 오사카시 고노하나구에 기반이 있었던 근애소비조합槿愛消費組合,[59] 니시나리구 쓰모리초소비조합津守町消費組合, 오사카소비조합, 교난소비조합京南消費組合, 영신소비조합永信消費組合, 공성소비조합共醒消費組合(이상은 1932년 결성),[60] 오사카시 히가시나리구 이카이노마치에 사무소를 둔 동오사카소비조합,[61] 역시 히가시나리구의 조선인들이 이용했던 오사카소비조합 동부출장소,[62] 오사카부 다카쓰키초高槻町가 기반이었을 것으로 보이는 다카쓰키초조선소비조합高槻町消費組合,[63] 고베시에 있었던 세이신소비조합西神消費組合과 도신소비조합東神消費組合을 통합한 고베합동소비조합,[64] 고베조선인소비조합(이상은 1933년 결성)[65] 등이 설립되었다.

오사카와 고베 이외의 지방에서도 아이치현에서는 나고야시에 가까운 쇼나이마치庄内町에 본거를 둔 애명소비조합愛名消費組合(1932년 결성)[66]이 활동하였고, 나고야시 나카中구의 조선인들 역시 소비조합으로 보이는 '협동상회'[67]가 있었다(1934년 결성, 중간착취 방지를 목적으로 한다고 되어 있는 점에서 소비조합이었다고 보아도 좋을 것이다). 가나가와현에서도 다마가와무산자소비조합(1931년 결성)[68]과 가와사키시의 임해공업지대 거주자들이 조직했던 '구매조합'(정식 명칭 불명, 1936년 결성),[69] 실업구제공사에

---

56 「동아일보」 1930년 10월 7일자, "대판조선노동자가 공신소조(共信消組) 창립".
57 内務省 警保局, 『社会運動の状況』, 1931년판, 1141쪽.
58 堀内稔, 「阪神消費組合について」, 『在日朝鮮人史研究』 제7호, 1980년 12월.
59 内務省 警保局, 『社会運動の状況』, 1932년판, 1395쪽.
60 内務省 警保局, 『社会運動の状況』, 1932년판, 1396쪽.
61 「조선일보」 1933년 9월 6일자, "동대판의 소조(消組) 개업".
62 「社会運動通信」 1933년 10월 24일자, "오사카소비조합 동부출장소를 신설".
63 内務省 警保局, 『社会運動の状況』 1933년판, 1423쪽.
64 内務省 警保局, 『社会運動の状況』 1933년판, 1574쪽.
65 「조선일보」 1933년 9월 2일자, "신호조선인소비조합 제1회 정기총회 성황".
66 「조선일보」 1932년 2월 23일자, "명고옥(名古屋)동포소비조합 창설".
67 「동아일보」 1934년 10월 25일자, "중간상(中間商) 방지코저 동포기관 조직".
68 内務省 警保局, 『社会運動の状況』, 1933년판, 1422쪽.
69 「조선신문」 1936년 3월 1일자, "가와사키 재류동포 구매조합을 결성".

종사했던 조선인 있었던 쇼난 지구를 기반으로 한 쇼난소비조합(1933년 결성)[70]이
있었다. 이 밖에 역시 임해공업지대인 요코하마시 쓰루미구에서도 소비조합 결
성의 움직임이 보였다.[71]

　　도쿄와 교토에서도 조선인의 소비조합운동이 전개되고 있었다. 단, 그 조직
은 일본인과 공동이었다. 교토시에서는 1930년에 조선인들 사이에 공신소비조
합이 결성되었는데, 다음해 일본인을 주체로 한 소비조합과 합동해서 교토소비
조합이 되었다.[72] 도쿄에서도 조선인 중심이 되어서 결성된 일반소비조합이 있
지만,[73] 일본인과 합동 방침을 내세워서 스가모巢鴨, 닛포리, 오지王子 등을 기반으
로 하는 조호쿠무산자소비조합城北無産者消費組合은 '일본인과 조선인 협력으로' 조
직,[74] 시바우라 주변의 조선인들 사이에서는 독자적인 소비조합 설립 준비가 추
진되기는 했으나 '일본 동지가 시바소비조합芝消費組合으로 대거 참여'라는 방침이
선택되었다.[75]

　　이 조선인들로 구성된 소비조합의 인원들은 작은 것은 20명 정도, 대규모인
것은 400명 정도였다.[76]

　　또 오사카에 거주하는 제주도 출신 조선인을 중심으로 한 동아통항조합도
일종의 소비조합이었다. 이것은 조선인을 대상으로 한 식료품 등 물자를 공급하
는 것이 아니라 조합원의 출자로 저렴한 운임으로 이용할 수 있는 배를 오사카
항과 한반도의 항구 간에 취항시키는 것을 목적으로 한 단체다. 조합 설립은 1930

---

70 「消新朝鮮語版늬우스」 1932년 7월 14일자, "쇼난 지구에 소비조합운동 진전", 단, 早稲田大学図書
館所蔵, 『米軍没収資料』, MJ143, reel. 20, 5951에 수록, 원문 한글, 内務省 警保局, 『社会運動の状況』
1933년판, 1422쪽.
71 「消新朝鮮語版늬우스」 1932년 7월 14일자, "쓰루미 조선마을에서도 소비조합 준비회를 가졌다",
단 早稲田大学図書館所蔵, 『米軍没収資料』, MJ143, reel. 20, 5951에 수록. 실제로 결성되었는지는
확실하지 않지만, 内務省 警保局, 『社会運動の状況』 1933년판, 1422쪽에 '쓰루미소비조합준비회'가
존재하는 것이 기록되어 있다.
72 「조선일보」 1930년 11월 14일자, "경도(京都)에서 공신소조(共信消組) 창립"; 「消費組合新聞」,
1932년 3월 20일자 기사.
73 「消費組合新聞」, 1931년 7월 21일자, "도쿄의 일반소비".
74 「消費組合新聞」, 1931년 11월 15일자, "조호쿠무산자소비조합".
75 「消費組合新聞」, 1931년 10월 14일자, "일선(日鮮)소비자의 조직 진행되다".
76 内務省 警保局, 『社会運動の状況』, 각 연도판에 따름.

년 4월이고 실제로 취항은 같은 해 11월부터 계속되었다. 그 조직은 오사카, 제주
도 외에 기항지로 시모노세키, 아마가사키, 사카이시, 전라남도 완도 등에 지부를
두었고, 조합원은 자칭 2만 명, 경찰당국의 파악으로는 1만 명 이상을 헤아렸다.[77]

의료위생 문제의 대응에서도 조합원의 출자로 진료소를 설립하여 운영하는
활동이 이루어졌다. 우선 조선인의 독자적인 조직으로서는 1931년 2월에 창설된
오사카시 기타北구 소재의 오사카조선무산자진료소가 있다.[78] 이 진료소는 의사
2명과 간호사, 약제사 모두가 조선인인 체제였고 의료비도 저렴했기 때문에 멀리
에서 기차나 전철을 타고 오는 조선인도 포함해서 매일 80명의 환자가 찾는 성황
을 이루었지만, 탄압 및 기타 여러 문제로 이 진료소는 1년도 존속되지 못하고
폐쇄되었다.[79] 그렇지만 그 후에도 조선인들 사이에서 진료소 설치 등의 노력이
이어졌다. 오사카시 히가시나리구, 고난港南지구, 나고야시 등에서의 무산자진
료소설치운동에 조선인도 참여하였고, 한신소비조합에서도 의료부 설치의 움
직임이 있었던 것이 확인된다(실제로 설립되었는지는 불확실).[80]

조선인에 대한 교육을 하는 조직은 예를 들면 합숙소의 한쪽 구석에서 밤에
한글과 간단한 계산을 가르치거나, 친목단체, 노동조합, 소비조합 등이 그 단체의
회원을 대상으로 계몽활동을 펴는 것도 포함하여 상당히 다수가 있었던 것은
틀림없다. 이토 에쓰코伊藤悦子의 연구에 따르면 전전기에 재일조선인 교육을 맡

---

77 이상 內務省 警保局, 『社会運動の状況』, 각 연도판, 「社会運動通信」 1933년 1월 31일~2월 2일자,
大阪C·K生, "동아통항조합의 연혁·지위·임무", 1933년 6월 27일자, "동아통항현유세력(現有勢力)",
동아통항조합, 『제3회 정기대회 의안초안』, 1932년 5월(원문 한글, 『叢書』 제12권에 수록).

78 「조선일보」 1931년 2월 21일자, "대판재류조선인무산자진료소".

79 「조선일보」 1931년 2월 21일자, "대판재류조선인무산자진료소"; 9월 20일자, "대판무산진료소
단체경영을 금지"; 1932년 2월 20일자, "재대판무산자진료 재산관리회 해산". 오사카조선무산자진료
소의 설립에서 해산에 이르기까지의 경위에 대해서는 졸고, 「大阪朝鮮無産者診療所の闘い」, 『在日朝
鮮人史研究』 제20호, 1990년 10월을 참조.

80 『無産者同盟ニュース』, 1931년 11월 26일호, 法政大学大原社会問題研究所 所蔵, 「社会運動通信」
1933년 7월 8일자 "労教医同共同ニュース", 1933년 10월 5일자, "노구(労教) 나고야 지준(支準)무진
(無診)설립운동 진전"; 1934년 11월 17일자, "협동조합을 목표로 일소련(日消連)의 활동 주목되다"에
따른다. 나고야의 운동에 조선인이 관여한 것은 그것을 전하는 기사 속에 조선인 단체인 '문화보급회'
(이 단체에 대해서는 「朴廣海氏労働運動について語る(3)」, 『在日朝鮮人史研究』 제22호, 1992년 9월
을 참조하길 바란다)가 운동에 참여하고 있는 것으로 확인할 수 있다.

았던 조직은 68개 단체에 달한다.[81] 이것은 예를 들면 노동조합이 식자교육을 한 경우, 그 노동조직도 1개 단체로 계산에 넣었기 때문이지만, 교육만을 목적으로 하여 운영되었던 기관도 상당수 있었던 것으로 보인다. 1931년 무렵의 오사카 부 내에는 '조선인이 경영하는 노동학원, 야학원, 유치원'이 30개 남짓 존재했다고 전한다.[82] 또 조선인이 독자적으로 운영하고 학교로서의 설비를 갖추었던 것을 엿볼 수 있는 기관으로 한정해도, 오사카의 동광학원東光學院(1927년 이전 설립),[83] 나니와학원浪華學院,[84] 신흥학원新興學院(이상 1928년 설립),[85] 동명학원東明學院,[86] 유치원과 아동 대상의 야학 과정을 가진 근화학원槿花學園(이상 1929년 설립),[87] 공제학원共濟學院,[88] 공명학원共鳴學院(이상 1931년 설립),[89] 고베시 하야시다林田구 소재의 효고조선보육원(설립연도 불명),[90] 교토의 향상관보육원向上館保育院(당초 교토 중앙보육원이라는 명칭, 1934년 설립),[91] 조양유치원朝陽幼稚園(1935년 설립),[92] 도쿄의 미카와시마유치원(1928년 설립),[93] 다카다학원高田學園(1933년 설립),[94] 후카가와유치원(1936년 설립),[95] 나고야에 있는 보급학교(1933년 설립), 신성학원新成學院(1935년 설립)[96]을 확인할 수 있다. 그리고 아

---

81 伊藤悅子,「1930年代を中心とした在日朝鮮人教育運動の展開」,『在日朝鮮人史研究』제15호, 1985년 10월에 실려 있는 '学校一覧表'(内務省 警保局,『社会運動の状況』와「동아일보」등에서 확인할 수 있는 조선인의 교육활동 조직을 정리한 것)를 따른다. 그 소재지는 도쿄, 가나가와, 오사카, 효고, 교토, 히로시마, 후쿠이, 야마구치 등의 각지다.
82 「조선일보」1931년 12월 9일자, "재대판조선인교육협회 창립".
83 「조선일보」1928년 1월 14일자, "일시 비운의 동광학원"; 2월 6일자, "대판조선청총 동성맹발회식(朝鮮青総東成盟發會式)".
84 앞의 伊藤悅子 논문.
85 「조선일보」1929년 8월 4일자, "무산아만 가르치는 대판 신흥학원".
86 「조선일보」1933년 5월 4일자, "대판 동명학원에 폐쇄 명령".
87 「조선일보」1933년 2월 17일자, "이역의 어린 동포 조선 향해 호소".
88 「조선일보」1931년 12월 23일자, "재대판 공제학원 낙성식을 거행".
89 앞의 伊藤悅子 논문.
90 「조선일보」1937년 7월 15일자, "경영난에 직면한 병고(兵庫)조선보육원".
91 「동아일보」1935년 6월 13일자, "경도 조선아동 교양 문제";「조선일보」1936년 1월 28일자, "향상관 보육원".
92 「조선일보」1935년 12월 29일자, "조양유치원에 유지의연(有志義捐)이 답지".
93 「동아일보」1938년 8월 27일자, "삼하도(三河島)유치원".
94 앞의 伊藤悅子 논문.
95 「동아일보」1938년 8월 27일자, "심천(深川)유치원".
96 모두 앞의 伊藤悅子 논문.

동 학생 수는 신흥학원이 50여 명,[97] 근화학원의 유치원이 50명, 야학이 140명,[98] 간사이공명학원이 150명, 나니와학원이 2년간 300명의 졸업생이 있었다고 전한다.[99]

이상으로 과제별로 민족적 생활권 투쟁의 조직에 대해서 설명했다. 그러나 이러한 민족적 생활권 투쟁의 조직은 각각의 과제별로 나뉘어서 활동을 전개했던 것은 아니었다는 점에 주목할 필요가 있다. 이제까지의 설명으로도 알 수 있듯이 노동조합과 소비조합이 야학을 열거나 의료위생 문제 해결에도 노력했던 것과 같은, 본래의 목적과는 다른 과제도 포함해서 민족적 생활권의 확립을 지향하게 되었던 단체가 여럿 존재했다.[100]

동시에 이 조직들의 상호관계를 보더라도 전혀 연결이 없지는 않았다는 점도 유의할 필요가 있다. 물론 그럴 경우의 연결은 공간적으로는 기껏해야 같은 부현이나 근처의 부현을 범위로 하며, 특정 이데올로기에 따른 결속이나 중앙 지령부와 하부 조직으로서 통제한 것이 아니라 주로 개인적 차원의 느슨한 관계였다. 그러한 관계의 특성은 여러 단체의 중심 간부가 다른 단체에도 관여했다는 것으로 파악할 수 있다. 예를 들면 오사카조선무산자진료소의 후원 조직의 중심 회원은 동아통항조합, 오사카화학노동조합, 센슈일반노동조합, 대동소비조합, 공신소비조합, 나니와학원, 간사이공명학원, 동명학원 등의 단체에도 참가한 조선인들로 구성되어 있었다.[101] 또 같은 과제에 매달린 조선인단체들은 재오사카조선인교육협회 설립 준비[102]와 대동소비조합과 근애소비조합의 통일 움직임[103]이 보였던 바와 같이 연락협의기관의 설치와 조직합동을 여러 차례 모색하였다. 이상으로부터 보면 민족적 생활권 투쟁은 통일적이고 계획적으로 전개되었던

---

97 「조선일보」 1929년 8월 4일자, "무산아만 가르치는 대판 신흥학원".
98 「조선일보」 1933년 2월 17일자, "이역의 어린 동포 조선 향해 호소".
99 앞의 伊藤悦子 논문.
100 예를 들면 한신소비조합의 예 등(앞의 堀内稔 논문 참조).
101 졸고, 「大阪朝鮮無産者診療所の闘い」, 『在日朝鮮人史研究』 제20호, 1990년 10월, 128~129쪽.
102 「조선일보」 1931년 12월 9일자, "재대판조선인교육협회 창립".
103 「조선일보」 1934년 3월 6일자, "대판 근애소조(槿愛消組)의 제3회 정기총회".

것은 아니지만, 그것을 담당했던 조직은 전체적으로 네트워크를 형성하고 있었다고 할 수 있다. 따라서 민족적 생활권 투쟁에 참여하고 있던 조선인은 결코 일부 소수에 그친 것이 아니었고, 많은 재일조선인들이 어떠한 형태로든 접촉을 갖고 있었다고 할 수 있다.

단, 상기와 같은 여러 단체의 활동에는 어려움이 따라서, 설립해도 2~3년 혹은 그 이하의 짧은 기간 밖에 존속하지 못하는 경우가 많았던 것도 사실이다. 이것은 첫 번째로는 소비조합, 교육기관 등의 운영을 계속하고 싶어도 금전이 모이지 않았던 경제적 사정과 후에 언급할 바와 같이 운동 노선을 둘러싼 대립 등의 이른바 내부적 문제가 배경이 되었다. 그러나 동시에 외부의 압력, 즉 경찰당국에 의해서 운동이 단절될 수밖에 없었던 경우도 적지 않았다. 특히 조선인 아동을 대상으로 한 교육기관에 대하여 1935년경에는 "이들 대부분은 표면상으로는 단순한 문맹퇴치를 표방하고 있지만 [……] 조선어를 기초로 하여 오로지 조선 역사 기타 민족적 교육을 하고 있어서 [……] 경찰 단속의 견지에서 상당히 대책을 강구할 필요가 있다"고 완곡하게 말하면서 경찰당국으로서는 이것을 인정할 수 없다는 태도를 내비치고 있고,[104] 이에 앞서 1933년 말에는 오사카부 당국이 조선인이 경영하는 야학에 대해서 일제히 폐지 명령을 내린 사실도 확인할 수 있다.[105] 그리고 노동조합, 소비조합, 동아통항조합, 조선무산자진료소 등의 중심적 활동가들에 대해서도 여러 차례 탄압을 가했다. 이상과 같은 내적·외적 요인에 따라 민족적 생활권 투쟁은 1930년대 중반에는 조직적으로 전개하기가 어려워졌다. 그리고 중일 전쟁 전면화 이후에는 민족적 생활권 투쟁에 관련된 조선인의 자주적인 활동은 거의 전하지 않는다. 즉, 합법적으로 그것을 전개할 수 없게 되었다는 것이다.

그러면 이상에서 서술한 바와 같은 민족적 생활권 투쟁을 뒷받침했던 구조는 어떠한 것이었을까?

---

104 內務省 警保局, 『社会運動の状況』, 1935년판, 1436쪽.
105 「동아일보」 1933년 12월 15일자, "조선인의 야학 전폐를 엄명".

우선 먼저 민족적 생활권 투쟁의 장에는 분명 사회주의자들이 존재했고, 중요한 역할을 하고 있었던 것을 지적하지 않을 수 없다. 예를 들면 재일노총의 조직을 만들고 운동을 지도한 것이 일월회一月會라는 사상단체와 조선공산당으로 결집된 사회주의자였다는 것은 이제까지의 연구에서 지적되어 온 그대로다.[106] 오사카조선무산자진료소, 동아통항조합, 조선인교육기관과 대부분의 소비조합도 대회의 결의사항과 중심 간부의 동향을 보거나, 내무성 경보국 『사회운동의 상황』에서 단체의 이데올로기적 경향을 '공산주의계'라고 분류한 것으로 보아 사회주의자가 참여했고 때로는 주도권을 잡기도 했던 것은 분명하다.

그러나 동시에 민족적 생활권 확립투쟁은 사회주의자의 준비로 시작되었던 것도 아니며, 항상 사회주의자들의 지도를 받아서 전개되었던 것도 아니라는 점을 확인해 두어야 한다. 당초에 민족적 생활권 투쟁은 절실한 생활상의 요구에 대응한 것이었고, 사회주의자들의 호소로만 시작될 성질의 것이 아니었다. 그것은 종종 자연발생적인 협조의 연장에서 이루어지고, 원래는 사회주의자들과는 인연이 없던 친목부조단체를 기초로 전개된 것이다. 이 점은 앞 절에서 서술한 바와 같이 재일노총의 산하 조직이 합숙소의 십장층을 중심으로 하는 친목부조단체인 경우가 종종 있었다는 것과 조선인교육기관이 지연단체의 자금모금으로 지탱되었다는 것으로도 알 수 있다. 또 소비조합과 오사카조선무산자진료소, 동아통항조합 등에도 사회주의자가 관여하고 있었던 것은 사실이지만, 민중 차원의 조선인의 요구가 원동력이 되어 조직되었고, 사회주의자들을 움직이게 만들었다고 보아야 할 것이다.

그리고 민족적 생활권 투쟁을 담당한 조직 가운데 사회주의자들이 제기한 방침은 어떤 경우에는 민중 차원의 요구에서 벗어나거나 현실 정세로 보아 실현 불가능한 급진적인 것들이었기 때문에, 그 방침이 관철되지 않거나 사회주의자의 지도로부터 이탈하는 조선인들이 생겨 조직이 분열·해체되는 사태가 벌어지는 동향도 보였다. 1920년대 후반부터 이미 그러한 일들이 반복되었다. 재일노총

---

[106] 朴慶植, 『在日朝鮮人運動史 8·15解放前』, 三一書房, 124쪽; 131쪽 등.

이 조선총독정치를 비판하는 투쟁 방침을 내세우고 실행했을 때에 경제투쟁을 중시하는 산하 조직이 재일노총으로부터 탈퇴하거나,[107] 조선인노동자의 취업 실태를 무시하고 산업별로 조직을 재편하라는 지령이 내려졌던 것(실행되지 못했다고 보인다)[108] 등이 그러한 사례다.

이러한 사회주의자와 대중과의 엇갈림이 아주 큰 문제로 나타났던 것은 코민테른에 따른 민족별 조직의 부정, 민족주의자·사회민주주의자 배격, 급진적인 정치투쟁에 동원 등의 방침이 재일조선인 사회주의자들 사이에도 침투해서 확립되었던 1930년 이후의 일이었다. 이미 서술한 바와 같이 이 방침에 기반을 둔 재일노총 해체 후 전협으로 재조직되었던 조선인은 소수에 그쳤다. 당연히 천황제 타파 등 당시로서는 그 자체가 즉각 탄압의 대상이었던 정치 방침을 내세우고, 민족을 불문한 계급 운동을 내세운 전협의 활동은 민족적인 사회적 결합 속에서 생활하고 있으며 공황으로 생활 유지가 무엇보다도 우선되었던 여러 조선인들에게는 참여하기도 어렵거니와 그 의의도 인정할 수 없는 것이었다. 그리고 오사카 조선무산자진료소의 경우에도 운영에 참여했던 사회주의자가 "민족주의적 우익분자"를 공격하고, "조선인진료소를 따로 세우는 것은 민족적 대립을 만들어낸다"며 일본공산당계의 의료조합운동에 조선인이 참여하도록 기도했던 것이 조직 해체의 한 요인이 되었다.[109] 이 밖에 도쿄의 조선인 소비조합운동이 일본인과 "일체의 민족적 의식과 소위 경제적 특수성을 초월하여 동등하게 피압박민족으로서 자각해야 한다면서 쌍방이 다소 불편함을 참고 제휴해서"[110] 전개 되었던

---

107 앞 절에서 서술한 노동일심회의 경우.
108 재일노총 상임집행위원회의 지령 제7호로서 1928년 7월 11일자로 '산업별 정리에 관한 방침 산업별 위원회 구성에 관한 지령'이 발표되었다(早稲田大学図書館所蔵, 『米軍没収資料』, MJ143, reel. 12, 2763, 원문 한글). 1930년 이후의 재일노총의 전협으로의 해소 시점에서 산업별 정리를 지도받은 것으로 이것이 실행되지 않았다는 것은 확실하다. 도시 잡업층(雜業層)과 영세공장의 직공, 일용직 노동자 등이 많아서 이동도 어려웠던 조선인들의 경우 산업별 조직으로의 재편이 애당초 불가능함과 동시에 의미가 없었다는 것은 명백했다. 그것을 굳이 실시하려고 한 것은 산업별 조합이 "가장 혁명적이고 전투적인 조직"(전술한 지령 중의 말)이라는 관념적이고 기계적인 견해에 따른 것이었다.
109 無産者病院設立実行委員会, 『無産者病院ニュース』 제24호, 1931년 9월 19일자, 法政大学大原社会問題研究所 所蔵, 「조선일보」 1931년 9월 20일자, "대판무산진료소 단체경영을 금지".
110 「消費組合新聞」 1931년 10월 14일자, "일선(日鮮) 소비자의 조직 진전".

것도 분명 공산당계 방침의 영향이다. 일본인과 합동소비조합을 만든 경우 일본
어를 못하는 조선인들이 이용하기 어렵고, 조선인들이 좋아하는 식재료를 취급
하는 일이 적어진다는 것을 고려하면 조선인들이 그 조합에 참여할 계기를 좁혔
다고 생각할 수 있다.

이상과 같이 보면 코민테른계열 사회주의자들의 방침이 민족적 생활권 투쟁
을 요구하는 재일조선인의 활동에 부정적 영향을 주었다는 사실은 부정할 수
없다. 그 때문에 재일조선인운동사를 다룬 이제까지의 연구에서도 코민테른·
일본공산당은 비판의 대상이 되어 왔다.[111]

그렇지만 공산당의 방침 변화가 재일조선인운동에 결정적으로 부정적 영향
을 준 것처럼 기술되어 온 이제까지의 연구 견해도 '전위'의 영향력에 대해 또
다른 의미에서 다소 과대평가한 것에 기인하는 것이다. 본 장의 첫 부분에서도
언급했지만, 모든 조선인이 '전위'들의 방침에 항상 따랐던 것은 아니다. 반복해
서 말하지만 민족적 생활권 투쟁은 '전위'에게 지도를 의뢰해서 시작되었던 것이
아니라, '전위'가 아닌 사람들이 자주적으로 활동한 것이라는 성격을 갖고 있었
다.

이 시기의 재일조선인운동을 논할 때 오히려 주목하고 강조해야 할 것은
'전위'들이 민족별 조직 부정이라는 코민테른의 방침을 받아들인 후에도 민족별
조직에 의한 여러 운동이 전개되었다는 사실이다. 그것은 분산적이고 지역적인
활동에 그치는 경향이 있었다고는 해도 대중적 기반을 가졌었다. 동시에 그것을
맡은 사람들 중에는 재일노총의 중심적 활동가가 있었으며, 그 조직도 재일노총
의 지부같은 것을 기초로 하였다. 그러한 움직임은 1930년 이전부터 연속되었다.

이상으로 전간기의 조선인들의 활동은 예를 들면 민족별 조직의 부정과 같은
코민테른의 방침대로 이루어지고 있었던 것이 아니라 그 독자적인 사회적 결합과
생활상의 요구에 입각한 민족적 생활권 투쟁을 일관되게 전개해 갔다는 것이
확인될 것이다. 그러한 민족적 생활권 투쟁에서 민중 차원의 자발적인 활동과

---

111 예를 들면 앞의 朴慶植, 『在日朝鮮人運動史』, 224쪽 등.

사회주의자들의 움직임은 때로는 합치했다가 어떤 경우에는 이반되는 형태로 교착을 계속했다.

부언하면 그러한 민족적 생활권 투쟁에 있어 조선인의 독자적인 사회적 결합이 강하게 존재하고 있었던 오사카의 경우 민중 차원의 자발적인 움직임의 비중이 상대적으로 컸고 사회주의자들의 관념적인 방침이 반드시 관철되지는 않았던 것에 반해서, 도쿄의 운동에서는 반대로 민족적인 사회적 결합이 그다지 강하지 않아서 사회주의자들의 지도가 강하게 작용하는 경향을 낳았다고도 할 수 있겠다. 이러한 추측은 오사카에서는 민족별로 독자적인 노동조합이 재일노총 해체 후에도 존속되거나 결성되었고 민족별 소비조합이 다수 생겨났으며 동아통항조합(이 조직은 제주도 출신자의 지연단체를 기초로 하였던 것이 분명하다)과 오사카조선무산자진료소 등의 운동이 있었던 것에 반해서, 도쿄의 경우 그러한 조선인들의 독자적인 움직임이 눈에 띄지 않고 소비조합도 일본인과 합동으로 만들어졌던 점들이 뒷받침한다고 할 수 있겠다.

노동쟁의의 원인과 경과의 특징

재일조선인의 생활 문제 중에서 가장 큰 비중을 차지한 것은 노동 문제였다. 재일조선인의 대다수는 노동자였으며 게다가 저임금과 열악한 노동조건을 강요 당하고 권익 보증도 매우 불충분했기 때문이다.

이 때문에 재일조선인운동을 다룬 연구 중에서도 노동운동에 초점을 맞춘 연구가 특히 많다. 그러나 그 연구는 재일본조선노동총동맹(재일노총) 및 이 단체가 합류한 일본노동조합전국협의회(전협)의 조직이나 방침의 변천 등을 중심으로 고찰하여 그 단체들의 활동을 언급하는 형식을 취해 왔다. 즉, 어떤 방법으로 조선인 노동자를 조직하고 방침을 세웠으며, 그것의 관철 여부는 어떠했는가를 고찰해왔다.

그러나 그러한 방법에는 다음과 같은 문제점이 존재한다. 재일노총은 약 2만 명, 전협은 약 5000명의 조선인을 조직했지만 이것은 수십만 명이었던 당시 조선인 노동자 전체로 보면 역시 소수다. 따라서 대부분의 재일조선인 노동자들은 재일노총이나 전협의 방침에 따라 자신들이 지도받아야 한다고 의식할 수도 있었다. 덧붙이자면 공산당계, 사회민주주의계, 내선융화계라는 분류로 사실을 발굴해 나가더라도 작은 틀인 '단체사'가 나열될 뿐 조선인 노동자의 동향 총체를 파악하게 되는 것은 아니다.

이에 따라 여기에서는 이제까지의 연구와는 다른 방향에서 고찰을 시도하기로 한다. 즉, 활동가가 아닌 사람들이 노동현장에서 어려움에 직면했을 경우 그것을 해결하기 위해서 어떠한 행동을 취했는지 그리고 그것이 노동조합의 활동과 어떻게 연결되었는지 하는 관점에서 재일조선인 노동자의 동향에 초점을 맞추는 것이다. 구체적으로는 재일조선인의 노동쟁의 및 재일조선인 실업자가 직업소개소나 행정당국에 취업보장을 진정하는 등의 행동을 했던 것을 전하는 신문·잡지 기사를 수집하고, 그것으로부터 얻은 정보를 이용하여 행동의 특징을 분석하고자 한다.

분석의 대상으로 한 기사의 조사는 「사회운동통신」(不二出版 복각판), 「무산자신문」, 「산업노동시보」, 「산업노동통신」(이상 法政大学 原社会問題研究所 복각판), 「일본노동통신」(法政大学 原社会問題研究所 소장분), 내무성 경보국 『사회운동의 상황』, 내무성 경보국 『특고월보特高月報』(이상 朴慶植 編, 『在日朝鮮人関係資料集成』 제2~4권에 수록), 오사카시 사회부 『노동월보』, 「조선일보」, 「동아일보」에 대해서 전시동원이 실행되는 1939년 9월 이전을 대상으로 했다. 여기에서 ① 조선인의 참가에 대한 기술이 있다, ② 조선인만으로 구성되어 있는 단체가 관여하고 있다, ③ 요구 중에 '내선인 차별 철폐' 등의 조선인의 독자적인 과제가 기록되어 있다는 것 중 어느 것엔가 들어맞는 쟁의를 조선인이 관여한 것이라고 분석했다. 그 수는 435개이다.

435건의 쟁의를 직종별로 분류하면 토목건설 관계 110건, 공장 270건, 기타 노동현장 21건, 직업소개소 등에 진정한 것 34건이며, 연차별로는 1927년까지가 21건, 1923년 26건, 1929년 60건, 1930년 74건, 1931년 54건, 1932년 45건, 1933년 62건, 1934년 31건, 1935년 27건, 1936년 22건, 1937년 이후 13건이다. 물론 이것은 재일조선인관계 쟁의의 일부로 보아야 할 것이지만, 1930년에 실업구제 진정이 20건으로 유난히 많은 점과 분명히 조선인이 다수 일하고 있었을 탄광이 3건으로 적은 것을 제외하면 극단적인 왜곡은 없으며 조선인 노동자의 동향을 분석할 만한 데이터라고 생각할 수 있다.

그러면 구체적으로 재일조선인의 쟁의는 무엇을 계기로 일어났던 것일까? 이 점에 대해서 서술하기 전에 원래 노동자란 그렇게 빈번하게는 쟁의를 일으키지 않는다는 것을 고려해야 한다. 특히 피차별 부락 출신자나 오키나와현 출신자들같이 보다 더 많이 학대받아 왔다고 생각할 수 있는 사람들이 오히려 노동쟁의에 소극적인 태도를 취하는 경향도 있었다(물론 이 사람들이 권리의식에 눈 떠서 전투적으로 운동을 전개했던 경우가 종종 있었던 것도 사실이다). 그러한 사람들이 도시의 공장에서 일하면, 현재의 기준으로 생각하면 열악하지 않다고 할 수 없더라도 그곳에서의 대우에 불만 없이 불안정한 경제 환경에 있는 고향의 가족을 살리기 위해서 근면하게 일하고, 자본가로부터 평가받는 노동력이 되었던 경우가 있었다.[112]

조선인들도 마찬가지 경향이었다는 것을 확인할 수 있다. 예를 들면 제주도 출신 노동자들은 '절대로 노동쟁의에 가담하지 않는 자부심을 가진' 시기가 있었다고 되어 있고, 어느 방적공장에서는 조선인 여공의 출근율이 매우 좋으며 명령을 지키고 순종적으로 일을 한다고 평가받고 있었다.[113]

그러나 그러한 조선인 노동자라 하더라도 순종적이고 근면한 노동자일 수 있었던 것은 스스로의 노동으로 보다 많은 임금을 받을 수 있고, 그것으로 생활을 향상시킬 수 있는 조건이 만들어졌을 때에 한해서였다. 그런데 현실에서는 그러한 조건이 없어지는 사태도 생겨났다. 조선인이 일했던 곳은 대개가 토목건축 공사현장이거나 공장인 경우 가내공업적인 영세공장, 대공장이라고 하더라도 임시 고용직의 미숙련 부문이었다. 그러한 직장에서 일하고 있던 조선인들은

---

112 金子マーティン, 「戦前期繊維産業における被差別集団出身の女性労働者」, 『歴史学研究』 제664호, 1994년 10월.

113 「오사카마이니치신문」 1929년 3월 1일자, "내지에서 일하는 조선인(内地で働く 朝鮮人)". 이 기사에는 근면한 조선인 여공이 3년 반의 노동으로 1000엔이나 저금을 하여 귀향하는 사람조차 있었던 것도 기록되어 있다.

근면하게 일해서 돈을 벌려고 해도 그 전에 해고되는 사태에 직면하고 생계유지 수단을 잃게 되는 경우가 드물지 않았다.

수집한 노동쟁의 사례 중에서도 해고와 근로일수의 감소 등과 관련된 것이 적지 않다. 우선 토건공사현장의 경우 해고에 관련된 쟁의가 16건 있었다. 그 내역은 청부주가 자금사정이 곤란하여 공사를 중지한 것이 5건, 직무태만 등을 이유로 한 해고가 3건, 기타 사유·확실치 않은 이유로 해고한 것이 8건이다. 또 토건공사현장 관계의 쟁의로는 근로일수 감소가 원인인 사례가 10건, 자금 조달 이 어려웠던 중간청부인이 임금을 체불하게 된 것이 발단이 된 쟁의도 17건 있었 다.

다음으로 공장에서의 쟁의에 대해서 보면 해고와 관련된 경우가 전체에서 76건 있다. 이 중 사업부진을 이유로 한 것이 28건(대개의 경우 전원해고=공장폐쇄), 바쁜 철이 지났기 때문에 임시고용한 조선인을 해고한 사례가 6건, 직무태만·조합 활동을 이유로 한 것이 19건, 기타·확실치 않은 이유가 23건이다. 또 사업부진 때문에 일시휴업, 조업단축을 계기로 그에 반대하거나 수당지급을 요구한 경우 가 18건 있고, 임금체불 관계 쟁의도 8건(단, 동일공장에서 2번 쟁의가 있었기 때문에 공장 수로 말하면 7개 공장)을 헤아린다.

또 토건공사현장이나 공장 이외의 직장에서도 사업 중지·해고와 관련된 쟁의가 3건, 임금 체불이 2건 확인된다.

따라서 해고나 근로일수 감소, 임금체불과 관련된 노동쟁의는 토건관계가 43건, 공장이 101건(해고된 데다 임금도 체불된 경우가 1건), 기타의 직장 5건으로 각각 전체 의 39.1%, 37.4%, 23.8%를 점하고 있다. 그리고 직업소개소나 행정당국에 실업 자 진정 행동을 한 것이 34건 있었는데, 이것은 말할 것도 없이 근로보장을 요구한 것이었다.

한편 해고와 근로보장 요구 등과 관련 없는 노동쟁의로는 임금인상 요구와 임금삭감 반대, 기타 대우개선이 주요한 쟁점이었다. 사료의 정보량의 한계 때문 에 분명하지는 않지만,[114] 이 쟁의들로 당시가 임금으로는 생활할 수 없었던 상황이었다는 것을 미루어 짐작할 수 있을 것이다. 즉, 재일조선인의 노동쟁의는 대개의 경우가 문자 그대로 살기 위한 투쟁이었으며 어쩔 방도가 없어 취했던 수단이었다고 볼 수 있는 것이다.

이와 함께 재일조선인의 노동쟁의 중 민족차별을 배경으로 한 경우가 종종 있었던 것도 특징이다. 요구 항목 중에 '민족차별 철폐' 등을 확인할 수 있는 것은 토건공사 관계에 5건, 공장 관계에 42건, 기타로 1건 있고, 직업소개소 등에 진정한 것으로 5건이 민족차별 관계인 것을 확인할 수 있다. 이 밖에 공장 관계에는 요구 항목에는 올라 있지 않지만 전후 문맥으로 보아 민족차별이 원인이라는 것을 알 수 있는 쟁의가 9건 있다. 따라서 민족차별이 확실한 배경이었던 노동쟁의는 토건 관계에서 전체의 4.6%, 공장 관계에서는 18.9%, 기타 직장에서 4.8%, 직업소개소 등에 진정 행동을 한 것 중의 14.8%를 점하였다(단, 같은 상대에게 2번 행동한 경우가 1개 행정기관, 같은 공장에서 2번 노동쟁의를 일으킨 것이 2개 있다).

구체적인 차별 내용은 파악할 수 있는 33건 중에서는 임금과 관련된 것이 22건으로 대부분이지만 조선인만 해고한 경우와 조선인을 고용하지 않거나 조선인만을 임시공으로 한 것, 조선인에게 위험한 작업을 시킨 것도 문제가 되었다. 이것은 역시 같은 직장에서 일하는 노동자라도 일본인과 조선인을 차별해서 대우한 것이 드문 일이 아니며 그에 대한 조선인의 불만도 강했다는 것이 확인되는 것이다.

그리고 노동현장에서도 조선인이 일본인과 구별되는 환경에 있었던 것은 제3장에서도 서술했지만, 이 점은 노동쟁의 기사로도 확인할 수 있다. 토건공사 현장의 경우 조선인 합숙소를 확인할 수 있는 사례는 17건, 조선인만 특정 공구工區에서 일하고 있는 현장이 7건 있고, 반대로 일본인 합숙소장의 배하에 조선인이 일하는 사례는 찾아볼 수 없다. 또 공장의 경우로는 조선인 감독의 존재가 4개 공장에서 확인되며, 조선인 노동자를 그곳의 공장주가 직접 고용하지 않고, 하청

---

114 여기에서의 분석에 이용한 신문기사 등은 대개가 이른바 한 단 표제로 나오는 작은 기사여서 구체적인 노무 관리 등의 실태, 노동자의 생활 상황에 대한 정보는 적다.

·재하청의 형태로 고용되어 조선인이 집단적으로 같은 곳에서 일하고 있는 경우가 있었다. 예를 들면 요코하마시의 아사노浅野조선소에서는 조선인이 '사카모토坂本 조'에 고용된 '용광로 인부'로 일하고 있었고,[115] 고쿠라小倉시 동양시멘트공장의 조선인도 '선인 합숙소장' 아래에서 일반노동자들과는 별도로 채석 인부로 일하고 있었다.[116] 그리고 전체 70명이 근로하는 가운데 조선인이 35명 정도인 오사카시의 쓰다津田법랑공장에서도 조선인 노동자는 공장주와는 다른 청부업자에 고용되는 형태로 일본인 노동자와 구별되어 있었다.[117] 또 토건공산 공장 이외의 직장에서도 미쓰비시 나마즈타鯰田탄광에서는 조선인 합숙소장이 통솔했고, 해녀가 어패류를 채취하는 노동현장(2건)의 고용 형태도 사업주—조선인 감독—조선인 해녀로 이루어졌다.[118] 즉, 토건공사현장의 경우 조선인을 모아서 작업시키는 것이 일반적이고, 공장 기타에서도 한 직장에서도 고용 형태나 작업에 있어 조선인이 일본인과 구별되는 경우가 있었던 것을 확인할 수 있다.

이상의 사실을 고려하면서 다음으로 노동쟁의에서의 구체적인 행동 특징을 살펴보기로 하겠다. 우선 가장 먼저 일본인과의 관계에 대해서 서술하겠다. 전술한 바와 같은 대우·고용 형태에서의 차별과 구별을 생각하면, 당연히 그것은 일본인과의 공동투쟁보다 조선인의 독자적인 행동으로서의 쟁의가 많았다고 미루어 짐작할 수 있을 것이다.

실제로 [표 4-4]에서 볼 수 있듯이 토건공사현장, 공장, 직업소개소에 진정, 기타 어떤 것을 보더라도 조선인의 단독행동이 많았던 것을 확인할 수 있다(복수의 기사에서 다른 기술이 있는 경우는 분류하지 않았다. 또 그 직장의 노동자가 아닌 노동조합 활동가 같은 일본인이 협력하여 조선인과 행동을 같이 한 경우는 공동 쟁의로 분류하지는 않았다). 그러한 조선인의 단독행동 중에는 일본인이 그에 적대하는 경우마저 있었다. 전술한 쓰다법랑공장에서는

---

115 「무산자신문」 1928년 10월 10일자, "아사노 조선파업".
116 「동양시메트 고쿠라공장에서의 노동쟁의(東洋セメント小倉工場に於ける労働争議)」, 『特高月報』 1936년 6월.
117 「日本労働通信」 1928년 7월 15일자, "쓰다법랑공장 쟁의 해결(津田琺瑯工場争議解決)".
118 「社会運動通信」 1936년 7월 27일자, "해녀의 투쟁(海女の争議)"; 8월 28일자, "해녀쟁의 해결(海女争議解決)".

[표 4-4] 일본인과의 관계별, 직장별 재일조선인의 노동쟁의 건수 및 비율   (단위: 건)

분류	토건공사현장		소개소 등		공장		기타		합계	
	실수	비율	실수	비율	실수	비율	실수	비율	실수	비율
일본인·조선인 공동쟁의	18	21.4%	6	42.9%	44	29.9%	6	33.3%	74	28.1%
조선인 단독쟁의	60	71.4%	8	57.1%	93	63.3%	1	5.6%	171	65.0%
조선인만이 취로	6	7.1%	0	0.0%	10	6.8%	11	61.1%	18	6.8%

전거: 본문 참조.

같은 직장의 일본인이 다른 노동조합(일본노동총동맹=총동맹)으로 조직되어 조선인과 대립하였고,[119] 아사노조선소의 쟁의에서도 '오키나와 인부'를 사용하거나 와해가 기도되었던 일이 있다.[120]

한편 같은 직장의 조선인들끼리의 관계에 대해서 보면, 그 직장의 조선인 전원이 참가한 예가 눈에 띈다. 토건공사현장의 경우는 어디까지를 하나의 직장으로 간주할 것인지 판단하기 어려운 경우가 있지만, '조선인 직공 전원이 참가', '조선인 토공 전원이 결속'이라는 표현을 포함하여 조선인 전원 참가를 확인할 수 있는 쟁의는 19건에 달한다. 또 공장에서는 47건, 기타 직장에서는 5건이 '조선인 전원 참가형'이다. 반대로 그 직장의 조선인 일부밖에 쟁의에 참가하지 않은 경우는 토건공사현장 9건, 공장 10건, 기타 직장 0건이다.

위처럼 조선인의 결속이 공고하였던 것은 토건공사현장의 경우 조선인 합숙소장이 배하의 노동자를 통솔하고 있었던 것과 관련 있을 것이다. 1932년 8월의 나가노현 쓰에쓰키신도杖突新道공사현장 쟁의 때 수 명의 조선인 합숙소장이 협의하여 각 합숙소의 조선인 일동에게 통보해서 공사 사무소로 몰려갔던 예[121]나 1933년 야하기矢作수력발전소 공사현장쟁의에서 조선인 합숙소장이 모여서 협의하여 청부인에게 요구를 제출한 예,[122] 1932년 사쿠테쓰코우미코부치선佐久鉄小海小淵線 공사현장 쟁의에서 조선인이 조직했던 전협일본토건노동조합의 대표

---

119 「日本労働通信」 1928년 7월 15일자, "쓰다법랑공장 쟁의 해결(津田琺瑯工場争議解決)".
120 내무성 경보국이 몰수한 재일노총 가나가와현 조선노동조합본부 『神組ニュース』 제10호의 역문 (한글 원문 없음), 早稲田大学図書館所蔵, 『米軍没収資料』, MJ143, reel. 12, 2908장면.
121 「社会運動通信」 1932년 8월 31일자, "선인 토공 몰려들어 사무원과 대난투(鮮人土工押よせ事務員と大乱闘)".
122 内務省 警保局, 『社会運動の状況』, 1933년판, 1624쪽.

자가 주로 합숙소장이었던 것[123] 등으로부터도 알 수 있듯이 토건공사현장의 노동쟁의에서 중심적 역할을 담당했던 것은 합숙소장이었다.

이에 반해서 공장의 경우 조선인 감독이 노동쟁의에 적극적이지 않고 그 배하의 노동자와 대립한 경우가 있다. 1929년 7월에 발생한 사와무라沢村아연공장에서의 쟁의에서는 조선인 감독보가 중간착취를 하고 있다고 해서 습격당했고,[124] 같은 해 11월의 후타미사쿠유진모二見搾油人毛제조소의 쟁의에서는 '선인 감독'이 공장주의 뜻을 수용하여 노동자를 설득했다.[125] 토건공사현장의 경우 청부인과 합숙소장의 연결이 강하지 않았던 데에 반해 계속해서 고용되었던 공장 감독은 공장주에게 반항하지 못하는 경향이 있었을 것이다. 단, 전술한 아사노조선소의 쟁의에서는 합숙소장을 포함한 쟁의가 일어났고,[126] 또 공장 감독이 노동조합에 관계하고 있던 경우도 확인할 수 있다.[127]

그리고 조선인 노동자가 합숙소장 등을 중심으로 노동재해나 병에 대비하여 상호부조단체를 조직하였던 예가 적지 않았던 것은 이미 지적했지만, 직장에서 만들어진 그러한 단체가 노동조합이나 쟁의단의 기초가 되었던 사례도 있다. 1931년 4월에 발생한 교토부 후시미伏見시 우지화약공장 건설현장의 쟁의에서는 '조선인친목회'가 쟁의단의 모체가 되었다.[128] 그 강령은 동포의 친목과 단결과 자유평등의 인식, 인사문제의 해결을 주장하는 것이었고, 조직 안에 공제부共濟部가 있었던 점을 보더라도[129] 계급적 입장에 섰다기 보다 친목과 상호부조를 목적으로 했던 것이 분명하다. 또 효고현 스미요시무라住吉村의 하야시제분소 쟁의의

---

123 「社会運動通信」 1932년 4월 5일자, "조선인동지들이 서로 일거리 쟁탈(朝鮮人同志で仕事奪合ひ)".
124 「조선일보」 1929년 8월 26일자, "격앙한 동포 아연공장 습격".
125 「社会運動通信」 1929년 12월 9일자, "후타미사쿠유진모제조소 투쟁(二見搾油人毛製造所争議)".
126 앞의 「神組ニュース」 제10호.
127 예를 들면 김경선(金敬善)이라는 '방적공장 조선인 감독'은 조선인을 주체로 한 노동조합인 센슈일반노동자조합의 지지로 시의회 선거에 출마했다(内務省 警保局, 『社会運動の状況』, 1936년판, 1503쪽).
128 「조선일보」 1931년 5월 11일자, "우치(宇治)화약제조소 종업 7백동포 결속 항쟁".
129 「조선일보」 1930년 6월 15일자, "경도부(京都府)하에서 동포 친목회 설립".

경우도 아마도 직장 단위의 친목부조단체일 것으로 보이는 '유린구락부有隣俱樂部'
가 조선노동조합과 합동하여 노조가 쟁의를 지도했다.[130]

이상으로 조선인 노동쟁의가 일본인과 구별되는 독자적인 고용 형태 속에서
민족적인 결속을 기초로 하였던 것을 확인했다. 이번에는 직장이라는 단위가
아니라 조금 더 넓은 공간으로 시야를 넓혀서 쟁의에서의 행동 전개를 살펴보겠
다.

우선 조선인이 일하던 공장의 경우 대개는 도시에 있고, 조선인이 다수 거주
하고 있는 커뮤니티에 위치한 경우도 종종 있었다. 그 때문에 노동조합과 연락을
취하기도 쉬웠고, 더욱이 한 공장의 쟁의가 조선인이 일하고 있는 다른 공장에도
파급되는 동시에 그 커뮤니티에 거주하는 조선인 전체가 지원하는 경우가 있었
다.

예를 들면 '쓰루바시鶴橋서 관내 70여 고무공장의 종업원 1000명'으로 일컬어
지며,[131] 그 대부분이 조선인이었던 오사카시 히가시나리구 이카이노 주변에서
의 쟁의를 살펴보겠다. 여기에서는 1929년 11월 7일에 '각 고무공장'의 노동자가
일제히 5분 동안 파업을 단행하였고, 그 후에도 근처의 쓰지무라辻村고무공장의
조선인 노동자의 쟁의가 이어졌다.[132] 그리고 다음해 1월 아이자와挨沢고무공장
이 쟁의에 들어 갔을 때에도 '쓰루바시서 관내의 고무공장 선인 직공 약 300여
명'이 동정파업을 기도하려다가 경찰에 진압되었다. 이어서 1931년 4월에는 하
리마야播磨屋고무공장이 무기한 휴업에 들어간 것이 쟁의가 되어,[133] 5월 8일에는
가나야마金山고무공장에서 임금삭감과 관련해 파업에 돌입, 13일까지 다른 몇
군데의 공장도 동정파업이나 개별 요구를 내세워 쟁의를 전개했다.[134] 이 쟁의

---

130 「社会運動通信」 1929년 8월 26일자, "하야시제분소투쟁(林製粉所争議)".
131 「오사카아사히신문」 1931년 5월 11일자, "고무 직공의 3대 공장을 습격하다(ゴム職工の3隊工場
を襲ふ)".
132 「조선일보」 1929년 11월 15일자, "대판 고무직공 7일에 5분간 파업", 24일자, "6백여 명 맹휴(盟休)
로 대판 고무공 승리".
133 「日本労働通信」 1931년 5월 5일자 "하리마고무의 임시휴업으로 고무공을 규합(播磨ゴムの臨時
休業よりゴム工を糾合)".

대부분은 경찰의 탄압을 초래했지만, 그 때에는 검속자檢束者의 석방을 요구하면서 그의 처자와 동료들이 경찰서로 몰려가는 광경도 보였다.[135] 또 하리마야고무공장의 쟁의에서는 쟁의단이 주최하는 연설회에 수백 명의 조선인이 몰려와서 경찰의 연설중지명령에 대해 항의하는 데모를 감행했다.[136]

역시 '조선인 밀집지구'가 존재했던 오사카시 니시나리구 데시로도리出城通 9초메에 소재하는 이즈오고무공업소에서의 1932년 7월 쟁의에서는 쟁의단원과 경관대가 충돌했을 때에 부근 공장에서 조선인 노동자 200명이 달려와 쟁의단을 도와서 경관대가 철수하지 않을 수 없는 상황을 만들어 냈다.[137]

다음으로 도시를 제외하고 가장 많았던 토건공사현장에서의 노동쟁의의 전개에 대해서 생각해 보겠다. 토건공사현장에서도 세대를 갖춘 조선인들도 조선인 합숙소를 중심으로 그 주변에 모여 살고 있는 것이 보통이어서, 쟁의를 할 때 여성이나 어린이들도 함께 행동하는 경우가 있었다.[138] 그리고 산간벽지의 합숙소 쟁의도 고립된 형태가 아니라 멀리 떨어진 곳에서 조선인의 노동조합 활동가가 달려와서 지도하는 일도 종종 있었다. 예를 들면 니가타현 조선노동조합은 니가타현 내 뿐 아니라 아키타현 하나와·이와테현 다야마 간의 철도공사장과 아이치현 미와무라三輪村의 산신三信철도부설공사장과 같은 상당히 떨어져 있는 곳의 쟁의에도 관여했다.[139] 또 전술한 나가노현 쓰에쓰키신도 개수공사장의

---

134 「社会運動通信」 1931년 5월 22일자, "900명의 고무 종업원 전협 지도하에 총파업에(900名のゴム従業員 全協指導下にゼネストへ)".

135 「오사카아사히신문」 1930년 1월 13일자, "고무공장 쟁의(ゴム工場争議)"; 「社会運動通信」 1931년 5월 22일자, "900명의 고무 종업원 전협 지도하에 총파업에".

136 「労働通信」 1931년 5월 5일자, "하리마고무의 임시휴업으로 고무공을 규합".

137 「社会運動通信」 1932년 7월 12일자, "이즈오고무공업소 쟁의(泉尾ゴム工業所争議)", 「日本労働通信」 1932년 7월 8일자, "쟁의단과 경찰 대난투를 연출(争議団と警官大乱闘を演ず)". 그리고 데시로도리 7초메에서 9초메의 '조선인 밀집지구'는 1933년에 조선인 128호, 610명이 거주하고 있었다고 되어 있다(大阪府, 『昭和8年度 朝鮮人に関する統計表』, 『叢書』 제3권에 수록).

138 예를 들면 전술한 우지화약공장 건설공사현장의 쟁의에서는 '부인, 어린이까지 총동원'하는 데모 방침이 결정되었다(「社会運動通信」 1931년 5월 24일자, "육군우지화약제조소의 쟁의해결 보고[陸軍宇治火薬製造所の争議解決報告]").

139 순서대로 「社会運動通信」 1930년 5월 3일자, "임금상승을 요구하며 태업(賃金値上を要求して怠業)", 8월 28일자 "산신투쟁해결(三信争議解決)".

쟁의를 비롯하여,[140] 전협의 조선인 활동가가 도쿄에서 와서 합숙소에 들어가 쟁의를 지도하는 경우도 몇 건 확인할 수 있다.

이러한 토건공사현장의 노동쟁의의 동향은 아마도 서로 다른 현장에서 일하는 조선인 사이에 독자적인 정보교환이 이루어지고 있었던 것이 배경이 되었을 것이다. 이 점은 합숙소장들이 일자리 확보를 위해서 다른 합숙소와 연락을 취하고 있던 것과 1933년 7월 야하기수력발전소 공사장의 쟁의에서는 다른 곳에서 온 '노동브로커'인 조선인이 "또 다시 전국 각지 동지에게 초전招電을 발하여" 쟁의를 확대하려고 한 것[141] 등으로 미루어 짐작할 수 있다. 또 조선인 행상인의 존재도 정보의 유통에 일정한 역할을 했던 것으로 보인다. 예를 들면 1934년 7월의 후쿠이 현 아소즈무라麻生津村의 아소즈신메이麻生津神明연합경지정리조합 공사현장 쟁의에서는 "동 합숙소 부근에 사는 일용잡화 행상인 오스기 난파大杉難波와 최낙찬崔絡贊(35) 외 10명의 좌경분자가 합숙소를 돌며 토공을 선동하여" 3곳의 조선인 합숙소 노동자가 하는 "일과 장소를 이유로 다른 합숙소보다 임금이 적은 것에 불복하여" 임금인상을 요구했다.[142]

이상에서 알 수 있듯이 재일조선인의 노동쟁의는 고용·대우면의 차별을 배경으로 조선인의 독자적인 결속에 기초하여 일어났고, 동시에 도시에서는 그 부근의 조선인 주민과 다른 공장의 조선인 노동자의 지원을 받고 도시 밖에서도 조선인의 독자적인 연락 속에 전개되었던 것이 특징이다.

마지막으로 이러한 재일조선인의 행동과 노동단체와의 관계에 대해서 서술하겠다. [표 4-5]는 여기에서 고찰 대상으로 한 노동쟁의를 지도단체별로 분류한 것이다. 여기에서 알 수 있듯이 노동조합이 관여한 쟁의 중에는 1929년까지는 재일노총 관계가 가장 많고, 동 단체가 전협에 합류했던 1930~1933년에는 전협

---

140 「社会運動通信」 1932년 12월 2일자, "나가노현 쓰키쓰에고개 난투사건 공판(長野県杖突峠乱闘事件公判)".
141 "조선인 토공 분의 상황(朝鮮人土工紛議状況)", 『特高月報』 1933년 7월분.
142 「社会運動通信」 1934년 7월 13일자, "저임금에 불만 품은 300명의 토공 동요(低賃金に不満昂じ300名の土工動揺)".

[표 4-5] 연차별 관여단체별로 본 재일조선인의 노동쟁의 건수 (단위: 건)

관여 단체	~27년	28년	29년	30년	31년	32년	33년	34년	35년	36년	37년~	합계
재일노총	12	17	31	25	1	0	0	0	0	0	0	86
전협 등	0	0	1	13	12	10	18	1	1	0	0	56
기타 노조	8	16	20	33	40	32	34	14	21	21	1	240
친목부조단체 등	1	1	1	1	1	2	1	4	5	3	0	20
불명·관여 없음	5	2	16	15	7	11	14	13	6	7	12	108
합계	26	36	69	87	61	55	67	32	33	31	13	510

전거: 본문 참조.
주: 전협 등은 전협 외에 일본공산당계의 실업자동맹, 일본노동구원회(勞農救援會)를 포함한다.
친목부조단체 등은 노동조합이 아니라고 판단되는 조선인 단체다.
합계가 435건이 되지 않는 것은 하나의 쟁의에 복수의 단체가 관여했던 일이 종종 있었기 때문이다.

이 지도한 쟁의가 눈에 띈다. 그러나 그 밖의 노동조합이 지도한 쟁의도 적지 않고, 1931년 이후는 전협·재일노총이 관여한 것의 합계를 상회했다. 따라서 재일노총에서 전협으로라는 흐름, 즉 공산당계의 운동을 재일조선인운동의 주류라고 간주하는 이제까지의 일반적인 견해는 타당하다고 할 수 없음을 알 수 있다.

그러나 여기에서 서술하고자 하는 것은 공산당계, 사회민주주의계, 그리고 그 우파, 좌파, 중간파로 구별하여 어느 것이 주류였는지, 어느 계통이 보다 많은 쟁의를 조직했는지 하는 것이 아니다. 당초 조선인 노동자가 쟁의를 일으킨 것이 특정 이데올로기를 선택해서 노동조합에 가입했기 때문이었을까? 처음에 서술한 바와 같이 조선인 노동쟁의는 대개의 경우 생활에 어려움을 느껴서 취한 행동이었다. 그리고 쟁의를 일으키는 단계가 되어서야 비로소 노동조합과 연락을 취하고 그에 가입한 경우도 있었다. 또 한 번 어떤 단체의 지도로 쟁의를 일으킨 적이 있는 직장의 노동자가 다음 쟁의에서는 이데올로기적으로는 대립할 것 같은 다른 단체의 지도를 받는 사례도 드물지 않다.[143] 즉, 쟁의 지도단체와 노동자는 이데올로기를 매개로 하여 연결되었던 것이 아니라는 점이 확인되는 것이다. 다시 말해 어느 단체가 지속적으로 직장 노동자를 조직하고 그 방침에 따라 통제

---

[143] 예를 들면 오사카시의 미야바야시(宮林)니켈회사의 노동자는 좌파계의 오사카조선노동조합의 지도로 쟁의를 한 수개월 후에 우파계의 관업(官業)노동총동맹 아래에서 다시 쟁의를 전개하였다(『勞働月報』 1928년 5월호 및 9월호의 '勞働日誌'란).

가 이루어진 행동을 전개하는 경향은 희박했다.

따라서 이제까지의 연구에서 재일조선인운동의 큰 획으로 다루고 있는 1929년 말의 재일노총의 전협으로의 합류 결정, 즉 민족별 활동을 부정하고 '같은 노동자계급'으로서 일본인과 함께 투쟁해야 한다고 한 방침도 모든 조선인 노동자에게 영향을 주었던 것은 아니었고, 노동쟁의에서의 행동 양상을 변화시키지 않았다고 할 수 있다. 애초에 전협이 지도했던 노동쟁의에 국한해도 일본인과 조선인의 공동투쟁 9건, 조선인 단독투쟁 20건, 조선인만 일하던 직장에서의 투쟁 4건으로 일본과 조선 두 민족의 공동투쟁은 적다.

단, 당연히 조선인 노동자는 일본인보다도 조선인 노동조합 활동가와 접촉을 갖기가 쉬웠을 것이다. 그 때문에 조선인 노동자의 쟁의를 지도했던 조직으로는 조선인이 구성한 단체가 많은 경향을 확인할 수 있다. 재일노총이 합류했던 전협은 그 산하 조직과 지부에 따라서는 거의가 조선인인 경우도 있었고 1930년 이후에 조선인 노동쟁의를 지도한 전협 이외의 노동조합에는 재일노총 해체 후에 그에 소속되었던 조선인 활동가가 중심이 되어서 만든 단체가 포함되어 있다. 구체적으로 그 단체명과 확인할 수 있는 쟁의 건수를 나타내면, 일본노동조합총평의회 오사카화학노동조합 6건, 대일본생산당 도쿠안 지부 2건, 센슈일반노동자조합 4건, 간사이화학노동조합 2건, 나고야합동노동조합 6건, 도즈東豆노동조합 2건이다.[144]

---

144 오사카화학노동조합, 센슈일반노동조합은 모두 구 재일노총 오사카조선노동조합의 활동가가 조직(内務省 警保局,『社会運動の状況』, 1931년판, 1936년판), 간사이화학노동조합의 김광(金光)도 이전에 재일노총에서 활동했었다(「社会運動通信」 1928년 8월 3일자, "재일본 오사카 조선노동조합의 교화활동(在日本大阪朝鮮労働組合の教化活動)"; 1931년 11월 26일자, "야마모토초자의 파업 해결(山本硝子の罷業解決)". 나고야합동노동조합은 재일노총 니가타현 조선노동조합의 일원이었던 박광해(朴廣海)가 중심적 활동가이고(「朴広海氏労働運動について語る」,『在日朝鮮人史研究』제19, 20, 22호, 1989년 10월~1992년 9월), 도즈노동조합은 이전의 재일노총 가나가와현 조선노동조합에 소속되었던 최남수(崔南守)가 지도자였다(「無産者新聞」 1928년 7월 15일자, "朝鮮労働寒川支部"; 内務省 警保局,『社会運動の状況』, 1933년판, 1422쪽). 대일본생산당 도쿠안 지부는 그 간부 강두석(姜斗錫)이 일찍이 오사카화학노동조합에 소속되어 있다(「社会運動通信」 1931년 5월 17일자, "총평오사카화학노동조합(総評大阪化学労働組合)", 「日本労働通信」 1935년 7월 23일자, "막바지 위기를 벗어나서 가까스로 타협되다(ドタン場の危機を脱し漸く妥協なる)".

그러나 지도단체가 어떠한 조직이든 조선인 노동자의 노동쟁의의 배경에는 항상 조선인끼리의 결속이 있었다고 생각된다. 일본인이 주체가 된 노동조합의 지도로 쟁의를 전개한 경우도 이러한 점은 마찬가지였다. 예를 들면 조선인 친목회가 쟁의단의 모체였던 우지화약공장 건설현장과 주변의 공장에서 일하던 조선인 노동자가 지원한 이즈오고무공장소의 쟁의를 지도했던 것도 일본인 주체의 노동조합이다.[145]

덧붙이자면 노동조합의 지원을 받지 않고 쟁의를 일으킨 경우에는 조선인 친목단체나 때로는 본래 일본인 자본가와의 협조를 목적으로 했던 것이 분명한 내선융화단체를 움직이게 한 일도 있다. 조선인 노동자가 전개한 노동쟁의는 민족차별을 받으면서 일하고 생활이 곤궁했던 조선인의 자연발생적인 연대의식이 그 무엇보다도 큰 원동력이 되었던 것이다.

이상으로 이 절에서는 재일조선인들의 생활상에서 직면한 문제에 대응한 여러 운동, 즉 민족적 생활권 투쟁에 대해서 서술했다. 이제까지 고찰해 온 바와 같이 그것은 사회주의계의 활동가들의 노력과 민중 차원의 자연발생적, 자주적인 활동이 이른바 교착하면서 전개되었다. 사회주의계의 활동가들이 노동조합을 비롯한 여러 단체의 조직화나 그 운영, 노동쟁의 등 구체적인 운동의 지도에 큰 역할을 했던 것은 틀림없다. 그러나 그들은 어떤 경우에는 정치적으로 과도하게 급진적이거나 재일조선인의 생활실태를 무시한 방침을 적용하려 하여 운동의 전개에 부정적인 영향을 주기도 했다.

그렇지만 민족적 생활권 투쟁은 애초에 민중 차원의 생활상의 요구에서 생겨났던 것이어서, 설령 사회주의자들이 잘못 지도했다 하더라도 직장이나 지역에서는 어떤 형태로든 계속되었던 것으로 보인다.

그러한 재일조선인의 자주적인 활동은 물론 이 시기에도 일본 국가 입장에서 보면 탄압의 대상이었다. 그리고 전시체제의 확립을 지향했던 1930년대 후반부

---

145 각각 전국노동조합동맹 교토부련(府連), 일본노동조합총동맹 오사카합동노동조합이 지도하고 있다(「社会運動通信」 1931년 5월 21일자, "육군우지화약제조소의 쟁의 해결 보고"; 1932년 7월 12일, "정민이 쟁의단을 성원(町民が争議団を声援)".

터는 탄압은 한층 심해져서 민족적 생활권 투쟁을 합법적, 조직적으로 전개할
여지는 거의 사라져 갔다.

3. 타향과 고향을 연결하는 여러 활동

지연 단체의 조직과 의연 활동 · '향리사업'

이 절에서는 한반도와의 관계 속에서 재일조선인의 여러 가지 활동에 대해서
살펴보고자 한다. 이 점에 대해서 생각할 때 다음과 같은 것에 유의할 필요가
있을 것이다.

우선 3장에서 서술한 바와 같이 1920년대 이후에 형성되었던 재일조선인
사회는 한반도와 분리되지 않은 것이었다는 점을 지적해야 한다. 그것은 추상적,
관념적인 관계가 아니라 여러 가지 물자 · 정보 · 사람들이 한반도와 일본열도
사이를 이동하는 물질적 기반으로 유지되었다. 그리고 전간기 대부분의 재일조
선인들은 한반도에서 인격이 형성된 사람들이었고, 자신들이 원래 있었던 곳에
대한 관심을 적잖이 갖고 있었다고 볼 수 있다.

또 재일조선인들의 인간관계가 도일 전과 마찬가지였거나, 고향에 머물고
있던 사람들과도 매우 밀접한 상태를 유지하고 있었다는 점에도 주목해야 한다.
이미 서술한 바와 마찬가지로 도일하는 조선인이 한 고향 사람의 루트를 이용하
였고, 도일 후에도 거주지나 직장에서도 같은 고향 사람들에게 둘러싸여 지내는
일이 드물지 않았으며, 지연을 계기로 하는 단체가 결성되는 경우가 있었던 것이
다. 게다가 도일을 선택했던 것은 고향사회의 저변에 위치한 사람들이나 아웃사
이더뿐만이 아니라 오히려 그 중핵에 위치한 사람들도 포함되어 있었다. 개중에
는 이장을 지낸 조선인이 자기 마을의 청년들을 데리고 도일하여 하숙집을 열고
하숙을 치는 경우도 있었다.[146] 이처럼 많은 고향사람들에게 둘러싸여서 일본에

---

146 「오사카아사히신문」 1929년 5월 11일자, "별종의 선봉 선인 하숙의 주인공(変り種の一番槍 鮮人
下宿の主人公)".

서 생활하던 재일조선인들은 일본 내지에 와 있지만 현재도 고향사회의 이른바 현역 구성원이라는 의식을 갖고 있었고, 반대로 고향사회의 사람들은 도일한 사람 및 일본 내지에서 귀향한 사람들에 대해서 거리감을 갖지 않는 상황도 존재 했다. 예를 들면 지연단체 중에 '신흥리청년회 오사카지부'라는 명칭을 가진 것이 있는 것과(신흥리청년회 도쿄지부와 고베지부라는 조직은 발견되지 않기 때문에 한반도의 신흥리에 본부가 있고 그 회원이 오사카에 와서 고향 단체의 일원이라고 하여 만든 조직이라고 생각된다)[147] 오사카 거주 조선인들의 사회운동의 리더를 지낸 문창래文昌來가 고향인 제주도의 마을로 돌 아가서 면장이 되었다[148]는 사실도 이를 뒷받침한다.

이러한 가운데 재일조선인들 사이에 한반도에 거주하는 조선인과 관련된 어떤 활동이 이루어지는 것은 매우 자연스러운 현상이었다고 할 수 있겠다.

특히 [표 4-6]으로 정리한 한반도에서의 재해 이재민에 대한 의연금 모집과 고향의 학교에 기부하는(당시의 재일조선인들 사이에서는 '향리사업'이라고 부르고 있었다)[149] 일들 이 빈번했다. 표에서 보는 바와 같이 조선 전체 내지는 도 차원에서의 재해에 대한 의연활동의 경우 신문사 등이 주도하거나 재일노총과 같은 큰 단체가 중심 이 되어서 전개되었다. 그러나 어느 리나 면의 학교 등에 대한 기부행위의 경우 개인이나 그 리나 면의 지연단체가 중심이 되는 일도 많았다. 이것은 전술한 도일 한 사람과 고향사회와의 밀접하고 구체적인 연결을 배경으로 했다고 보아도 틀림 없을 것이다.

그리고 이러한 활동이 나아가 재일조선인들의 한반도에 사는 사람들에 대한 의식을 강하게 했을 것이고, 고향 상황에 대한 관심을 높이는 것으로 이어졌다고

---

147 大阪府警察部, 『昭和8年度 朝鮮人に関する統計表』 중에 신흥리청년회 오사카지부의 명칭이 보이는데 그 전후의 해도 포함해서 内務省 警保局, 『社会運動の状況』에는 신흥리청년회 도쿄지부와 고베지부라는 단체는 확인할 수 없다.
148 김원식(金源植)·이익우(李益雨)의 대담 「근대의 제주도와 일본(近代の済州島と日本)」, 『済州島』 제2호, 1989년 12월, 32쪽 속의 김원식의 증언에 따른 것이다.
149 제주도에서의 중학기성운동을 논한 「민중시보」, 1935년 10월 1일자 사설, "지방인사의 착각" 중에 '향리사업'이라는 말이 보인다. 참고로 이 사설은 향리사업을 비판한 것이며, 그 논지는 "향리사업 의 기획을 남발하야 일반민중의 생활난에 박차를 가한다"는 것이었다. 이 점에서 역으로 이 시기 향리사 업이 상당히 일반적으로 이루어지고 있었던 것이 파악된다.

[표 4-6] 조선 재주 조선인에 대한 재일조선인의 의연활동 등

실시 시기	대상이 되었던 지역	활동을 전개한 집단 등	활동 내용
23년 11월	전라남도 여수 삼산면 거문도	거문도 출신자	거문보통학교의 학생용 운동기구 기증
24년 8월	전라남도 무안군 암태면	재일 태안도민회	암태소작회에 170.50엔 송금
25년 8월	조선	재일노총, 기독교회 외	수해 및 기근구제활동
26년 3월	전라남도 완도군 소안면	오사카 소안노조	사립 소안학교에 44엔 상당의 서적 기증
28년 10월	조선	가나가와현 거주 조선인에 의한 구제회	수해 구원 의연금 모집
29년 6월	조선 경상도	개인, 학우회 등	한해 구원 의연금 모집
29년 8월	전라남도 제주도 우면 하효리 외	下孝청년회, 新孝共親會, 吐坪청년회	수도 설치를 위한 자금 원조
30년 6~9월	조선	재일노총, 소비조합, 친목부조단체 등	수해 구원 의연금 송부
31년 9월	경상남도 고성군	고성 출신자	고성농민조합이 경영하는 야학에 동정금
33년 7~9월	조선 경상도	소비조합, 노동단체, 동래부인회 등	수해 구원 의연금 송부
33년 7월	경상북도 의성군 안계	재교토 조선인단체	우박 피해 구제
34년 3월	경상북도 울릉도	재도쿄 조선인단체, 민족지 지국	대설 이재민 구제
34년 8월	경상·전라·충청도	개인, 각 종교, 친목부조단체, 소비조합 외	수해 구원 의연금 모집
35년 3월	전라남도 완도군 청산면 여서리	재오사카 여서리친목계	간이학교 인가 위해 1500엔을 고향 학원에 제공
35년 3월	전라남도 제주도	제주도 출신자	제주중학기성을 위한 모금활동
36년 6월	경상남도 고성군 수현면 연화리	오사카에서 일하는 연화리 출신자	연화리 야학에 41엔 기증
36년 6월	전라남도 제주도 조천리 외	조천리 출신 黃瞬河	조천리교육사업회에 1000엔, 남원면 위미리교육사업에 1000엔
36년 8~11월	조선	개인, 각 종교, 친목부조단체, 소비조합 외	수해 구원 의연금 모집
36년 11월	함경남도 정평군 귀림면	定友會=정평군 출신 재도쿄 조선인	폭풍우 피해를 입은 귀림면민에게 5엔의 의연금
37년 9월	경상남도 창선도	창선도 출신자로 만든 재고베 昌進會	200여 엔을 각출해서 사이렌, 시계, 거울 기증
38년 9월	함경북도	조선기독교회 외	수해 구원 의연금 모집
39년 7월	전라남도 제주도 조천리	조천리 출신 高行珍 형제	조천소학교 교실 확장 및 증축 위해 2500엔 기증
39년 12월 ~40년 2월	조선 남부	개인, 協和會 등	한해 구원 의연금 모집

전거:「조선일보」1924년 8월 23일, 25년 8월 1일, 28년 10월 12일, 29년 6월 9일, 17일, 8월 16일, 1930년 8월 7일, 10일, 9월 16일, 33년 7월 10일, 33년 8월, 36년 6월~9월, 11월 12일, 38년 9월 6일, 39년 7월 14일, 39년 12월, 「동아일보」 1923년 11월 2일, 26년 3월 5일, 31년 9월 27일, 33년 7월 8일, 35년 3월 23일, 36년 6월 21일, 28일, 37년 9월 15일, 「민중시보」 1935년 9월 15일, 『社会運動通信』, 1934년 3월 2일.

생각할 수 있다.

민족해방투쟁과 그 기반
: 전남 완도군 소안면 출신자와 학교폐쇄사건에 대한 대응을 둘러싸고

그런데 재일조선인들의 한반도 사람들에 대한 손길은 앞 항에서 본 것과 같은 재해 등의 구원활동과 향리사업에 그치지 않았다. 민족해방을 목표로 한 정치적 활동도 전개되었기 때문이라는 것은 두말할 필요도 없다.

그러나 재일조선인 한 사람 한 사람이 민족해방을 자신의 과제로 항상 생각하고 행동하지는 않았다는 것도 사실이다. '전위'를 가지고 임하는 사회주의자를 비롯한 의식적인 활동가는 다르지만, 대부분의 조선인들이 치안유지법의 단속 대상인 민족해방투쟁에 그렇게 쉽게 참여할 수는 없었다.

그와 동시에 하루하루 식량을 얻기에 고심했던 사람들에게 '민족해방'이나 '독립국가 건설'이라는 요구가 과연 얼마만큼 자신과 관련된 문제로 받아들였을 지도 의문이다. 물론 일본의 한국병합 전에 이미 조선 민족이나 근대 국가로서의 조선(또는 한국)의 형성은 어느 정도 진전해 있었다는 것에도 주의할 필요가 있을 것이다. 따라서 자신이 조선인이라는 의식이 완전히 결핍되었거나 조선은 본래 하나의 국가라는 것을 전혀 생각하지 않는 조선인은 소수였을지도 모른다. 그러나 공장과 노동 하숙, 혹은 토건공사현장과 합숙소를 왕복하는 이른바 좁은 공간에서 생활을 하던 사람들이 민족해방이나 독립국가 건설의 과제를 자신과 가깝게 느끼지 못했을 가능성도 있다.

그렇지만 실제로는 1920년대부터 1930년대에 걸쳐서 조선 식민지 지배를 비판하고, 민족해방을 지향하는 운동이 여러 차례 대중적인 기반을 가지고 일어났던 것도 사실이다.[150] 그러면 왜 그러한 운동이 가능했을까?

이 의문을 푸는 열쇠는 고향과의 연결과 지연단체의 동향에 있다. 앞 항에서 본 바와 같이 어떤 재일조선인들에게 있어서는 고향사회의 동향이 자신과 매우

---

150 朴慶植, 『在日朝鮮人運動史』, 三一書房, 1979년 등을 참조할 것.

가까운 일이었다. 즉, 조선 식민지 권력이 고향사회에 가한 압박은 자신들과 밀접하게 관련된 문제로서 받아들여졌던 것이다. 그리고 지연단체는 종종 노동조합 등보다 다수의 재일조선인을 결집시킨 단체의 기초가 되기도 했다. 이것이 어떤 경우에는 민족해방의 정치투쟁에 다수의 재일조선인을 동원하는 계기를 만들어 냈다. 이하에서는 그러한 고향사회와 연결된 지연단체와 민족해방투쟁가 관련된 사례로서 전라남도 완도군 소안면 출신자와 그 고향에서의 학교폐쇄사건에 대한 대응을 살펴보기로 하겠다.

이 사례는 고향에 설립한 사립학교가 식민지 통치 권력에 의해 폐쇄되었을 때 일본 내지에 있는 소안면 출신자들이 폐쇄반대운동을 전개하였고 그것이 나아가 재일노총의 조선총독 정치를 비판하는 운동으로도 이어진 것이다. 고향사회의 청년운동, 사립학교의 운영에 도일한 사람들도 관여했던 것에 그 배경이 있었다. 따라서 이러한 동향을 파악하려면 소안면에 있었던 조선인의 움직임도 시야에 넣을 필요가 있다. 그래서 다소 이야기가 길어지지만, 먼저 1920년 이후의 소안면의 상황에 대해서 설명해 두겠다.

우선 지지적地誌的인 설명을 대략적으로 하면 다음과 같다. 소안면은 동경 126.45도, 북위 34.05도에 위치하는 소안도를 중심으로 주변의 작은 섬을 포괄하는 행정구역으로, 완도군청이 있는 완도로부터 약 17.8㎞ 정도 남서쪽의 해상에 있다. 면적은 전체 28.7㎢, 인구는 1920년대부터 1930년대에 걸쳐서는 6000~7000명 정도였다.[151] 이 중 일본인 인구는 수십 명으로 적었다. 산업은 반농반어라고 하지만, 통계상으로 근로자의 직종은 농업이 90% 이상을 차지했다.

이처럼 이른바 작은 낙도에 지나지 않는 소안도에서 3·1운동 후 조선 전체의 움직임과 보조를 맞추어서 변화가 일어났다. 새로운 형태의 민족운동이 전개되려고 했던 것이다. 그 활동을 담당했던 사람들로 이름이 전하는 것은 정남국鄭南局,

---

151 이상, 소안항일운동사료편찬위원회, 『소안항일운동사료집』, 소안항일운동사료편찬위원회, 1990년, 원문 한글; 染川覚太郎, 『全南事情誌』, 全羅南道事情誌刊行會, 1930년; 朝鮮總督府, 『簡易国勢調査結果表』, 1926년; 朝鮮總督府, 『朝鮮国勢調査報告』, 1934년; 朝鮮總督府, 『朝鮮国勢調査報告』, 1937년.

최평산崔平山, 박홍곤朴興坤, 신준희申畯熙, 신광희申光熙, 신동희申東熙, 신만희申晩熙, 김경천金景天, 송내호宋乃浩, 송기호宋琪浩, 강정태姜正泰(별명 강사원[姜仕遠]), 최형천崔亨天 등이었다.[152]

　　이 사람들 중에는 이미 3·1운동 당시 면내에서의 시위행동에 큰 역할을 했던 사람들도 포함되어 있어,[153] 강한 민족의식을 가졌었다고 추측된다. 그리고 비교적 고등교육을 받고 근대적인 지식을 갖고 있었던 점도 그들의 특징이었다. 김경천, 송내호, 송기호, 강정태, 최형천은 후술할 사립학교의 교원을 지냈고, 강정태, 최형천, 신준희 3명은 사회주의를 연구하고 상당한 학식을 갖고 있었던 것이 후의 탄압사건에 대한 재판 판결문에 기록되어 있다.[154] 또 정남국은 완도공립보통학교에서 배운 후 광주농업학교에 진학했다가 중퇴하고 그 후 도쿄의 니혼日本대학에 일시적으로 학적을 둔 학력을 갖고 있다.[155] 그들과 동세대의 조선인들 대다수는 보통학교(일본 내지의 소학교에 해당)의 교육조차 받지 못하는 경우가 적지 않았고, 특히 1910년대에는 소안면에 애당초 보통학교가 없었던(당시 소안면에 사는 부모들이 어린이를 보통학교에 넣으려고 생각했다면 17㎞ 이상 떨어진 완도에 있는 군내 유일의 공립보통학교에 갈 수밖에 없었다)[156] 것을 생각하면 그들은 당시 조선 농촌사회에서는 보기 드문 지식인층이었다고 할 수 있다.

　　또 그러한 점들로 생각해 보면 그들의 출신계층은 결코 낮지 않았을 것이다. 후의 탄압에서의 재판문서를 보면 그들의 직업은 '농업'이라고만 기록되어 있거나 혹은 '무직'이다.[157] 그렇지만 아마도 소작이나 농업노동자 등의 저변층을 나타내는 것은 아닐 것이다. 경제적으로 하층의 가정이 배로 건너가야 하는 떨어진

---

152 앞의 『소안항일운동사료집』에 수록된 소안항일운동기념탑의 '비명(碑銘)'(이하 '비명'으로 줄임).
153 '비명'.
154 앞의 『소안항일운동사료집』, 81~87쪽의 '배달청년회사건 재판기록'(이하 '재판기록'으로 줄임). 이 사료는 후술할 1927년 11월의 탄압에 대한 공소심의 판결이며, 원래는 일본어였을 것이지만, 그 원문을 볼 수 없었기 때문에 여기에서는 『소안항일운동사료집』의 텍스트에 의거한다.
155 『소안항일운동사료집』에 수록된 "임재갑(任在甲) 선생이 작성한 정남국 선생의 연보".
156 앞의 『全南事情誌』.
157 앞의 '재판기록'.

섬에 아이들을 보내서 교육을 시킬 수 있다고는 생각할 수 없기 때문이다.

이상으로부터 1920년대의 소안면에서 새로운 사상조류의 영향하에 민족운동을 전개했던 사람들은 새로운 지식을 익힌 중中 이상 계층의 청년들이었다고 정리된다. 다시 말해 그들은 지역사회의 중핵이 되어서 그것을 발전시키는 역할을 담당해야 할 존재였다.

그러한 입장에 있었던 그들은 사립학교의 교원으로서 또는 청년회의 리더로서 지역사회에 영향력을 갖고 있었다. 사립학교라는 것은 면내에 보통학교가 없는 것에 불만을 갖고 설립한 사립 소안보통학교(소안학교)를 말한다.[158] 이 학교는 폭넓은 면민의 자금과 노동력 제공으로 중화학원中和學院이라는 사설학원을 확충하여 1922년에 보통학교로 인가를 얻은 것이다. 또 청년회는 1920년 4월에 약 100명의 회원으로 설립되어, 조선의 아호를 딴 배달청년회라는 이름이 붙여졌다.[159] 그리고 그들은 야학 등의 운영과 소년단 및 여성단체의 지도도 담당했다.[160]

이러한 조직을 통해서 이루어진 활동의 첫 번째는 민족의식을 함양하는 것이었다. 소안학교 등에서 불리고 소안면의 노인들이 지금도 기억하고 있는 몇 가지 노래에는 '독립가', '애국가'와 같은 제목이 붙어 있고, 조선과 그 민족을 찬양하는 가사를 가진 것이 많았다. 또 분명하게 독립투쟁에 참여할 것을 호소하는 '독립군가'라는 노래까지 보급되어 있었다.[161]

이러한 민족주의의 선양과 함께 주력한 것은 면민들에 대한 계몽과 인격수양, 그리고 그것을 통한 지역의 진흥이라는 과제였다. 배달청년회의 발족 때 내세운 목적은 '지덕체의 육성'이었고,[162] 교육기관의 설립운영 자체도 계몽활동의 일환이라고도 할 수 있을 것이다. 그리고 거기에서 배운 창가에는 근대적 지식

---

158 「조선일보」 1927년 5월 17일자, "전남 완도에 돌발한 괴사건 진상".
159 앞의 '재판기록'.
160 앞의 '재판기록'.
161 이 노래들은 김경배, 윤태인이 발굴 채보(採譜)하여, 앞의 『소안항일운동사료집』에 수록되어 있다.
162 앞의 '재판기록'.

을 섭취하고, 노동을 장려하며, 사회의 진보 발전에 기여할 것을 주장하는 내용을 가진 것이 많았다.

이상과 같은 활동은 계층을 불문하고 널리 면민들의 지지를 얻었다. 배달청년회가 발족할 때에는 면장까지 관여했고,[163] 소안학교 개설을 위한 교사를 신축할 때에는 1만 400원 남짓의 의연금이 모였다.[164] 그리고 소안학교의 아동 수는 약 150명, 야학생이 남자 230명, 여자 180명으로 다수에 달했다.[165]

그렇지만 1920년대 중반 경에는 상황이 변하였다. 그 변화는 민족운동의 지도자였던 청년들 사이에 사회주의사상이 침투한 것이 계기였다.

배달청년회의 회관에는 사회주의 문헌이 다수 놓이게 되고, 소안학교 등을 장소로 한 독서회나 강화회講話會가 여러 차례 열리게 되었다.[166] 그리고 1924년 2월에는 배달청년회의 간부와 소안학교의 교원들이 중심이 되어 소안노농연합대성회所安勞農聯合大成會(노농대성회)가 결성되고, 이 단체는 사회주의계의 조선노농총동맹에도 참여하게 되었다. 같은 해에는 배달청년회도 역시 사회주의계인 조선청년총동맹에 가담했다.[167]

그러한 가운데 배달청년회와 노농대성회의 중심 회원은 면내의 일부 지주층과 대립하게 되었다. 대립은 우선 소안학교의 경영과 관련된 문제로 나타났다. 1924년 3월에 열린 학교회의 때에 학교비는 유산무산의 등급에 따라서 결정하고 여자 및 극빈가정 남자의 수업료를 무료로 해야 한다는 최형천의 의견과 수업료·학교비 모두 빈부에 상관없이 같은 금액을 모을 것을 주장한 김명륜金明倫의 주장이 충돌했던 것이다. 그리고 이 회의에서 최형천의 의견이 통과한 것에 반대해서 김명륜은 이강채李康彩와 이한재李漢宰 등의 '재산가의 후원을 얻어' 소안학교를 비난하는 선전을 시작했다.[168]

---

163 앞의 '재판기록'.
164 「조선일보」 1927년 5월 17일자, "전남 완도에 돌발한 괴사건 진상".
165 「조선일보」 1923년 12월 6일자, "배달청년회 문예회"; 1927년 5월 17일자, "전남 완도에 돌발한 괴사건 진상".
166 앞의 '재판기록'.
167 이상은 앞의 '재판기록'.

이어서 4월에는 노농대성회 설립에 대해서 큰 불만을 갖고 있던 전술한 이강채가 마을의 술집에서 "노농회를 향하야 갑오년 동학당이니 엇던 불량배 당파이니" 하면서 심한 모욕을 하여, 이에 분개한 노농대성회의 회원들이 이강채와 절교하는 사태도 발생했다. 그리고 그 후 이강채가 자신의 소작인에게 무리한 계약을 강요한 사실도 폭로되어서 이 해 9월에 노농대성회 측은 그를 징계할 목적으로 각 리의 게시판을 통해 절교 사실을 면민에게 고지했다.[169]

이상과 같은 조선인 사회 내부의 대립이 심화되는 가운데 가해졌던 것이 식민지 통치 권력에 의한 탄압이다. 그 대상은 말할 것도 없이 배달청년회와 노농대성회의 간부들이었다. 경비선으로 소안도에 들어온 완도경찰서원이 그들을 일제히 검거한 이유는 이강채에 대한 '협박죄' 말고도 노농대성회 정기대회에서의 임석 경관에 대한 공무집행 방해, 미신타파를 위해 상방喪房을 철폐한 것에 대한 '예배소에 관한 죄' 및 '현 제도를 부인하는 것'에 관련된 보안법 위반의 네 가지였다.[170] 이것으로 이 탄압은 소안면 민족운동의 활성화에 대한 관헌 측의 경계와 면내의 일부 유력자가 관헌과 결탁되었던 것을 배경으로 하여 일어난 것이라고 보아도 좋을 것이다.

이상에서 서술한 것과 같은 1920년대 소안면의 상황은 실은 일본 내지에 있는 이 면 출신자들과도 관련이 있었다. 그러한 점에서 다음에서는 이 면에서 도일한 사람들의 동향에 대해서 설명하겠다.

이 시기 소안면에서 도일한 사람이 실제로 어느 정도였는지는 정확히는 파악할 수 없다. 그러나 1927년에는 소안면을 포함한 완도군에서 도일한 사람은 오사카만으로도 약 1700명이나 되었다고 전한다.[171] 그리고 완도군 중에서도 소안면 출신자가 특히 많았던 것을 다음 통계 수치로 추측할 수 있다.

이 시기 도일자의 대부분은 청년 남자였다. 따라서 도일한 사람들의 출신

---

168 「조선일보」 1927년 5월 17일자, "전남 완도에 돌발한 괴사건 진상".
169 「조선일보」 1924년 9월 29일자, "소안노농회에서 무리한 지주들 비난".
170 「조선일보」 1924년 10월 28일자, "4조의 소위 죄명".
171 「조선일보」 1927년 11월 4일자, "재대판 완도동포 경고".

[표 4-7] 소안면 남녀별 인구 및 남녀비의 추이 (단위: 명)

연도	인구	남자	여자	남녀비
1925	5,857	2,877	2,980	0.97
1930	6,416	3,083	3,333	0.93
1935	7,292	3,475	3,817	0.91
1944	7,785	3,561	4,224	0.84

전거: 朝鮮総督府, 『簡易国勢調査結果表』, 1925년; 『朝鮮国勢調査報告』, 1930년, 1935년; 『人口調査結果報告』, 1944년.
주: 남녀비는 여자 1에 대한 남자의 수치다.

[표 4-8] 소안면의 연령 계층별 남녀비 (단위: %)

연령	1930년	1935년
0~4세	1.04	1.00
15~19세	1.02	0.86
20~24세	0.89	0.89
25~59세	0.81	0.85
60세 이상	0.79	0.76

전거: 朝鮮総督府, 『簡易国勢調査結果表』, 1925년; 『朝鮮国勢調査報告』, 1930년, 1935년; 『人口調査結果報告』, 1944년.
주: 남녀비는 여자 1에 대한 남자의 수치다.

지역의 인구 구성은 남자 비율이 여자에 비해서 낮아지는 것이 당연했다. 그리고 국세조사의 통계를 보면 완도군 전체에서의 여자 1에 대한 남자의 비율은 1925년에 0.99, 1930년에는 0.98, 1935년에는 0.97이 되었다. 이에 반해 소안면의 경우는 [표 4-7]에서 보이는 바와 같이 남자가 적었던 것이 눈에 띈다. 그리고 군내의 다른 면과 비교했을 때에는 소안면은 1925년에는 청산면, 노화면 다음으로 3번째로, 1930년과 1935년에는 청산면에 이어 2번째로 남자 비율이 낮다. 게다가 [표 4-8]에서처럼 같은 연령의 여자에 비해 남자가 소수인 것이 눈에 띄는 것은 25~59세의 청장년층이다. 그리고 이 시기의 소안면의 남자 청장년층이 일자리를 구하는 곳으로서는 서울보다도 일본 내지가 일반적이었다고 보인다. 왜냐하면 소안도는 제주도를 거쳐서 일본 내지로 연락되는 항로의 기항지였기 때문이다.

이상으로 소안면에서 다수의 사람들이 도일했던 것이 대략 확인될 것이다. 동시에 [표 4-7]에 보이듯이 남녀비에서 남자가 감소해 가는, 즉 도일하는 사람이 증가해 가는 것은 1920년대, 특히 그 후반이었다는 것도 알 수 있다.

도일한 사람들은 완도군 내지 소안면 출신이라는 공동의식을 일본에서도 유지했다. 오사카, 도쿄, 요코하마에는 완도군 출신자들로 조직된 완도향우회가 결성되었다.[172]

또 소안면에서 도일한 사람들은 1925년경까지는 오사카시 미나토구 주변을 기반으로 한 이즈오泉尾조선노동조합이라는 단체로 결집되어 있었던 것도 확인할 수 있다. 이것은 다음과 같은 것으로 알 수 있다. 우선 소안면에서 일본으로 건너와서 노동운동을 전개했다고 전하는 인물로 실제로 조선어지의 기사 등으로 활동했던 것을 알 수 있는 김영식金永植, 김홍섭金洪燮, 신봉채申奉彩, 이수산李洙山의 4명을 비롯하여 정창남鄭昌南(별명 鄭東波 또는 鄭東坡)과 최평산崔平山이라는 같은 면 출신의 조선인은 모두 이즈오조선노동조합에 소속되어 있었다.[173] 그리고 이 인물들 중 신봉채는 노동 하숙 주인이었고,[174] 그가 경영하는 하숙에 같은 고향사람들이 더 많이 모여 있었을 것이라는 것도 미루어 짐작할 수 있다.

그리고 이처럼 도일 후의 거주지에서도 단합해서 향우회나 노동조합의 형태로 결속되어 있던 소안면 출신자들 중에는 전술한 바와 같은 고향사회에서의 청소년들에 대한 교육지도활동에 종사했던 사람들이 포함되어 있었다. 정창남은 소안학교 내지는 그 전신인 중화학원의 교원을 지냈었다고 하며,[175] 또 최평산은 앞에서 언급한 것처럼 배달청년회의 유력한 회원이었다.

또 그러한 사람들을 포함해서 동향 사람의 모임을 갖고 있던 소안면 출신자들은 일본에 거주하면서 고향의 학교와 청년운동과 관계를 유지하려고 했었다. 소안면으로부터의 도일자로 구성되었다고 보이는 '재일본오사카소안노동조합'(확실한 것은 아니지만 전술한 상황으로 보아 이즈오조선노동조합의 별명 내지는 그 전신이 아닐까 추측됨)은 "매년 그 고향에 있는 사립소안학교에 대한 동정이 적지 않아" 1926년 3월에는

---

172 「동아일보」 1927년 5월 31일자, "재일향우 분기".
173 '비명' 및 「조선일보」 1925년 7월 6일자, "재일본 조선 노동 대판연합회", 8월 27일자, "대판노동동포 동정", 1927년 1월 10일자, "천미(泉尾) 노동조(勞動組) 정총(定総)", 3월 20일자, "재대판동포 노동야학 경영".
174 「조선일보」 1927년 7월 1일자, "재대판 조선인숙주(宿主)조합 조직".
175 앞의 '비명'.

"소안배달청년회에 44원 상당의 서적을 보냈다"는 것이 전한다.[176]

그러면 그처럼 도일자의 원조로도 유지되었던 소안학교는 당시 어떠한 상황에 있었을까? 여기에서 다시 소안면의 상황에 대해서 살펴보겠다.

1924년 10월 배달청년회 간부들에 대한 탄압으로 소안면에서는 민족운동의 지도자 부재가 이어졌다. 이 때 검거로 예심에 붙여진 12명 중 강정태, 신만희, 박홍곤은 면소免訴되었지만 나머지 9명은 광주지방법원 공판에 넘겨졌다. 그리고 다음해 5월에 언도된 판결에서는 송내호는 징역 1년, 신교희, 최형천, 정남국에게는 징역 6개월의 실형이 내려졌다.[177]

이러는 동안 소안학교는 존속의 위기라고 할 사태에 직면하게 되었다. 전술한 김명륜 등은 "소안학교는 학교가 아니라 ○○군과 사회주의자를 양성하는 곳이니 사립을 폐지하고 공립을 세워 달라"(○○는 '독립'일 것이다)는 청원을 각 관청에 내었고, 이 때문인지 1925년 2월경 완도군수는 교장 김경천에게 소안학교를 공립으로 이관할 것을 요청하였다.[178] 물론 이것은 소안학교로부터 사회주의사상의 영향을 받은 민족운동을 전개하는 교원들을 배제하려고 하는 의도에서 나온 제안이다.

김경천은 이 때 군수의 제안을 거절했지만, 그 후 소안학교를 공립으로 하자는 움직임은 오히려 강해졌다. 그것은 관청의 관리가 소안면에 출장을 갔을 때 교장과 학무위원의 동향을 무시하고 면민대회를 소집하여 소안학교를 공립으로 '승격'시키는 결의를 하려고 하는 행동으로 나타났다. 그렇지만 소안 면민들은 이와 반대로 소안학교를 사립학교로 유지하기로 결의했다.[179]

그러나 이처럼 대부분의 면민들이 사립 소안보통학교에 대한 지지가 두터웠던 것에 반해 군 당국은 1925년 6월경에 이번에는 사립에서 공립으로의 이관이 아니라 새로운 공립보통학교를 설치한다는 결정을 하게 되었다. 그 장소는 소안

---

176 「동아일보」 1926년 3월 5일자, "다수 서적 기증, 대판 소안노조서 고향 소안 배달청년회에".
177 「동아일보」 1925년 5월 26일자, "소안면 노농간부 판결".
178 「조선일보」 1927년 5월 17일자, "전남 완도에 돌발한 괴사건 진상".
179 「조선일보」 1927년 5월 17일자, "전남 완도에 돌발한 괴사건 진상".

학교에서 불과 200m 밖에 떨어져 있지 않은 곳이었다는 점을 생각하면,[180] 사립과 대항한다는 목적이 명백했다.

이상과 같이 면내의 지주들 일부 세력의 책동과 결탁한 군 당국의 압력에 놓인 소안학교는 일시 휴교 상태에 빠졌다.[181] 또 지도자가 없어진 배달청년회와 노농대성회도 활동이 정체되었던 것 같다.

그렇지만 소안학교를 지지했던 면민들 측은 1925년 10월 이후 다시 힘을 얻었다. 광주형무소에서 복역했던 정남국, 신준희, 최형천 3명이 출옥하고, 소안면으로 돌아온 것이다. 지도자가 돌아온 배달청년회와 노농대성회는 "악덕지주에 대한 대항책을 연구할 것"을 결의하고, 또 소안학교 유지책 궁리를 위한 면민대회도 정남국 등이 중심이 되어서 개최되었다. 그리고 정남국 등은 그 후에도 배달청년회가 순회강연을 계획하는 등 면내에서의 영향력 확대와 결속 유지에 힘을 기울였다.[182]

그러나 한편으로는 공립보통학교 건설의 움직임이 착착 진행되었다. 그리고 1926년 6월 4일에는 완도군청에서 학무계원學務係員이 출장 가서 소안면의 각 리의 구장區長들을 모아서 근시일 내에 공립보통학교의 건축공사에 착수한다고 선언하였다.[183]

면민들은 이에 대해서도 같은 달 11일의 면민대회에서 공립보통학교 건설의 움직임에 대한 대항책을 협의하였고, 그 후에도 바라지도 않는 공립보통학교를 왜 건설하느냐며 면장과 전라남도 당국을 추궁했다. 그렇지만 그러한 반대의 목소리에도 불구하고 소안공립학교가 개교하게 되었다.

그러나 이로 인해서 당국의 의도대로 사립 소안보통학교의 영향력이 약해지지는 않았다. 사립 소안학교는 그 후에도 150명의 아동을 유지했는데, 공립보통학교의 통학생은 30명에 불과했다.[184]

---

180 「조선일보」 1927년 5월 17일자, "전남 완도에 돌발한 괴사건 진상".
181 「동아일보」 1926년 3월 5일자, "소안교 유지방침에 쌍방 의견 충돌".
182 「동아일보」 1925년 10월 5일자, "소완도 노농회 출옥동지 환영"; 30일자, "소안노련위원회"; 1926년 1월 26일자, "배달청년회 정총(완도)".
183 「동아일보」 1926년 6월 16일자, "공보교(公普校)는 불필요".

이러한 사태에 대해서 소안학교를 공격해 온 면내의 일부 세력은 1927년 초 마침내 소안학교의 폐교를 관계 당국에 진정하는 행동에 나섰다. 진정에서는 폐교해야 할 이유로서 소안학교가 경축일에 학교를 쉬지 않고, 국장國葬(다이쇼 천황의 장례를 가리킴) 때에 상장喪章을 달지 않으며 '국기', 즉 일장기를 게양하지 않고 게다가 그것의 실시를 반대하고 있다는 것을 들었다.[185] 소안학교의 민족주의적인 경향을 공격 대상으로 한 것이다.

그리고 이 진정을 받아서 같은 해 5월 11일 완도군수는 소안학교에 사립학교령 제16조에 의거하여 폐쇄령을 내렸다.[186] 사립학교령 제16조는 "안녕 질서를 문란하게 하거나 풍속을 괴란시킬 우려가 있을 때"나 부적당한 교원·수업내용 등에 대한 감독관청의 변경명령을 위반했을 경우에 사립학교의 폐쇄를 명하는 것을 내용으로 하고 있다. 따라서 이 강제 폐쇄에서는 면내의 일부 세력들이 낸 진정에 기록되어 있던 일본 국가의 지배를 거부하는 소안학교의 입장이 문제가 되었던 것이 확실할 것이다. 이상과 같이 식민지 통치 권력과 그에 따르는 면내의 일부 조선인들에 의해서 소안학교는 문을 닫지 않을 수 없었다.

그렇지만 이러한 조치에도 불구하고 면민 대부분은 소안학교를 계속해서 지지했다. 경비선으로 들어온 완도 경찰서 대원에 의한 엄중경계태세 속에서 열린 5월 15일의 면민대회는 폐교처분 취소를 전라남도 당국에 진정할 것을 결정했다.[187] 그렇지만 면민을 대표해서 26일 광주로 간 김경천과 최형천이 며칠을 협상한 끝에 겨우 면회한 전라남도 도청의 학무과장은 "공립보통학교에 반대하는 자는 가르치지 안어도 좃타", "오천만 일본사람이 조아하는 터이니 그러한 민원즘은 상관이 업다"고 내뱉으며 취합하려 하지 않았다.[188]

---

184 「조선일보」 1927년 5월 17일자, "전남 완도에 돌발한 괴사건 진상".
185 「동아일보」 1927년 5월 17일자, "소안학교 돌연 폐쇄"; 「조선일보」 1927년 5월 17일자, "전남 완도에 돌발한 괴사건 진상".
186 「동아일보」 1927년 5월 17일자, "소안학교 돌연 폐쇄"; 「조선일보」 1927년 5월 17일자 "전남 완도에 돌발한 괴사건 진상".
187 「중외일보」 1927년 5월 26일자, "소안학교사건 속보".
188 「동아일보」 1927년 6월 4일자, "전남 학무과장 방언(放言)".

그리고 면민들이 이러한 활동을 펼칠 무렵 소안면에서 멀리 떨어진 곳에서도 소안학교폐쇄사건에 대한 행동이 개시되었다. 그곳은 물론 많은 사람들이 생계를 위해서 소안면으로부터 건너가 있던 일본 내지였다.

이 사건에 대한 오사카완도향우회의 대응은 빨랐다. 폐쇄통지가 전해진 1주일 후인 5월 18일에는 소안면 출신의 김영식을 파견하여 상황을 조사하게 할 것을 결정하고, 그 달 중으로 요코하마, 도쿄의 완도향우회와 함께 격문을 각지에 배포했다.[189]

그리고 5월 22일에는 오사카에서 소안학교폐쇄 반대를 위한 조선인대회가 개최되어 앞으로의 문제에 대해서 여러 단체의 후원을 얻어서 전국적인 운동을 전개할 것이 결의되었다. 이 대회도 물론 소안면 출신자가 중심적 역할을 했다. 개회사는 소안학교의 교원을 지냈던 경험을 가진 김창남이 하고, 결의실행위원 10명 중 소안면의 신봉채와 이형인李亨仁이 포함되어 있었다.[190]

그러나 이 집회는 소안면 혹은 완도군 출신자들만의 단결로 이루어진 것이 아니었다. 집회에서 선출된 실행위원에는 소안면, 완도군과 어떤 관련이 있는지 확인할 수 없는 재일본조선노동총동맹(재일노총)의 활동가들도 들어 있었다. 이것은 소안면 출신이 결집한 이즈오조선노동조합이 상부단체인 재일노총을 통해서 소안학교폐쇄 반대운동의 확대를 꾀했던 것을 보여주는 것이다.

그리고 22일 집회의 결의를 바탕으로 오사카에서 개최되었던 6월 1일의 연설회는 소안학교사건을 거론하면서도 조선통치 전체를 문제시하게 되었다. 이 연설회는 "이번의 문제(소안학교폐쇄사건)를 한정된 일부의 것이 아니라 조선 전체로 확대해서 4월에 일어난 경성 제일고보第一高普, 제이고보第二高普, 해남영흥사건, 통영 김홍정사건을 포함하여 오사카에 있는 조선인을 망라한 당국실정 탄핵실행위원회"가 주최하고, 후원단체로는 재일노총 관서연합회 외에 재일노총이 제휴하고 있는 노동농민당(노농당), 전국수평사全國水平社, 일본농민조합, 일본노동조합

---

189 「중외일보」 1927년 6월 9일자, "소안교 문제 대책 강구"; 「동아일보」 1927년 5월 31일자, "재일향우 분기".
190 「중외일보」 1927년 5월 27일자, "소안학교 폐지 반대코자 재일동포 시위운동".

평의회, 전국무산청년동맹 등의 단체가 이름을 올렸다.[191]

이상과 같이 해서 일본 내지에서의 소안학교폐쇄 반대운동, 완도군 내지 소안면 출신자들의 지연에 기초한 단체의 노력은 재일노총 및 일본의 사회주의운동단체와 공동으로 민족해방을 지향하는 운동의 성격을 갖게 되었다.

단, 이 시점에서도 완전히 소안면 출신자의 지연결합을 기초로 한 활동이 해소된 것은 아니라는 것도 확인할 수 있다. 전술한 6월 1일의 오사카에서의 연설회에서 단상에 오른 사람들 가운데는 소안면 출신자가 많았던 이즈오조선노동조합 소년부원이 포함되었고, 그리고 소안학교폐쇄사건의 진상을 보고한 재일노총 중앙집행위원장도 실은 소안면 출신자였다. 그 인물은 소안면의 청년운동과 노농운동을 지도하고 소안학교 유지를 위해 진력했던 정남국이었다.[192]

1926년 7월의 면민대회에서도 사회를 맡아서[193] 적어도 이때까지는 소안면 내에서의 운동의 선두에 서 있었던 정남국은 그 후 도일하여 1927년 3월에 도쿄 서부조선인노동조합의 위원장으로 선출되었다.[194] 그리고 같은 해 4월의 재일노총 제3회 정기대회에서 중앙위원장으로 선출되고,[195] 그 직후에 고향의 소안학교 폐쇄 소식을 접하였다. 이후 정남국은 한편으로는 소안면민의 지연결합을 기반으로 하는 학교폐쇄반대운동을 전개하면서, 한편으로는 재일노총의 식민지통치 전체를 비판하는 정치투쟁을 지도하게 되었다.

정남국은 '소안사립학교 복교동맹에 참가하는 동시에 적극적으로 활동을 개시할 것' 등의 8개조를 결의한 7월 20일의 완도향우회에 참석하고,[196] 8월에는 700명의 소안면민들로 구성된 사립소안학교복교동맹의 결의에 따라서 문부성에 항의문을 제출했다.[197] 이어서 8월부터 9월에 걸쳐서 정남국이 위원장을 맡은

---

191 「조선일보」 1927년 6월 6일자, "대판에 개최된 총독 실정 공격대회".
192 「조선일보」 1927년 6월 6일자, "대판에 개최된 총독 실정 공격대회".
193 「조선일보」 1926년 7월 20일자, "원치 안는 공보교 설립 이유 질문".
194 「조선일보」 1927년 3월 12일자, "동경서부 조선노조 군국교육 배척 결의".
195 「조선일보」 1927년 5월 1일자, "재일조선노총 제3회 정기대회".
196 「동아일보」 1927년 7월 26일자, "8대 문제 결의 완도 향우회".
197 「동아일보」 1927년 7월 6일자, "방침을 전환하야 복교운동에 매진", 8월 7일자, "대표를 파송 문상(文相)에게 항의".

재일노총은 도쿄, 요코하마, 교토, 오사카 등 각지에서 조선총독 폭압정치 반대운동이라는 이름하에 연설회를 전개하였다. 그 자리에서 여러 차례 정남국이 연사로서 단상에 올라 소안학교폐쇄사건을 거론하면서 식민지통치를 비판했다.[198]

그리고 9월에는 조선공산당사건의 공판 출석을 위해 자유법조단의 후세 다쓰지布施辰治, 후루야 사다오古屋貞雄 두 변호사와 함께 서울로 건너간 정남국은 조선공산당사건 피고의 구원활동을 전개하는 한편, 소안학교복교동맹으로서의 활동도 정력적으로 해나갔다. 정남국은 9월 4일에는 완도군수, 22일에는 조선총독부 학무국장, 그리고 29일에는 전라남도 학무과장을 방문하여 소안학교의 복교를 촉구하였다. 이 행동도 소안면의 복교동맹과 연락을 취하면서 이루어졌고, 당국자를 방문한 정남국은 소안학교폐쇄명령의 즉시철회 등을 요구한 670여 명 면민들의 서명이 담긴 진정서를 가지고 갔다.

그렇지만 소안면민의 뜻을 받든 정남국의 이러한 노력에도 상황은 호전되지 않았다. 완도군수는 면회를 거절, 다른 두 사람도 소안학교 복교를 인정하지 않아, 정남국은 성과 없이 10월 14일에 일본으로 돌아갔다.[199]

그러나 아마도 정남국 등의 진력으로 11월 2일에는 전술한 조선공산당 재판 변호를 위해 한국에 있던 후루야 사다오가 소안면 현지를 찾아가서 조사가 실시되었을 것이다. 그리고 서울로 돌아온 후루야는 소안학교 학생들의 탄원서를 가지고 24일 학무국과 교섭을 실시하였다. 이때 학무국 측은 "그곳 진상을 엄밀히 조사한 후 빨리 좃토록 해결을 짓겠다"고 약속했다고 전한다.[200]

그렇지만 그 해결이라는 것은 소안학교 학생들이 바라던 학교의 부활은 아니었다. 그리고 소안면민들의 복교운동 자체가 압살되어 가게 되었다. 학무국

---

198 예를 들면 「조선일보」 1927년 8월 11일자, "비판의 조상(俎上)에 올은 조선정치"가 전하는 요코하마에서의 연설회 등.
199 이상의 정남국의 행동에 대해서는 「동아일보」 1927년 9월 24일자, "완도 소안교 부활 교섭위원 입경(入京)", 10월 10일자, "완도 소안교 복구운동 전말", 10월 25일자, "재일노총대표 정남국 씨"에 따른 것.
200 「동아일보」 1927년 11월 4일자, "각 단체 대표 완도사건 조사"; 25일자, "고옥(古屋) 씨 교섭에 노력".

이 해결을 꾀하겠다고 표명한 며칠 후 소안면에서의 운동의 중심이었던 최평산, 최형천, 신준희, 강정태 등 13명에 대한 검거가 시작되었다.[201] 죄명은 치안유지법, 출판법, 다이쇼 8년제령 제7호에 대한 위반으로 배달청년회 등의 활동이 '범죄 사실'이었다. 이후의 소안학교복교운동의 전개에 대해서는 확인할 수 없다. 그리고 다음에 5월에는 정남국도 조선공산당 재건 움직임과 관련하여 치안유지법 위반으로 검거된다(이 사건에서는 소안면에서 일본으로 건너왔던 정동파와 위경영[魏京永] 두 사람도 연좌되었다).[202] 이렇게 해서 소안학교 복교를 촉구하는 활동은 완전히 종식을 맞이하였다.

이상에서 서술해 온 전라남도 완도군 소안면에서의 학교폐쇄사건 및 일본 내지로 건너왔던 소안면 출신들의 그에 대한 대응에서 다음과 같은 것을 지적할 수 있을 것이다.

우선 첫 번째로는 소안면 출신의 조선인들이 도일 후에도 매우 공고한 지연적 결합을 유지하고 있었다는 것이다. 이것에는 정남국, 정창남, 최평산을 통해 알 수 있듯이 교육정도도 비교적 높고 근대적인 지식을 가졌으며 도일 이전에 고향의 지역사회에서 여러 활동에 있어 중핵적인 역할을 해 왔던 사람들이 도일해 있었던 것과 관련 있다고 생각할 수 있다.

두 번째로는 도일했던 소안면 출신들은 고향사회에 관심을 계속 갖고 있으면서 그 동향을 항상 파악하고 정보를 공유하고 있었던 것이 파악된다. 학교폐쇄가 통지되었던 것은 1927년 5월 10일로 17일자 「동아일보」, 「조선일보」가 그것을 보도하고 있는데, 오사카완도향우회가 조사원 파견을 결정한 것은 18일이다. 당시 한반도에서 발행된 신문이 오사카에 도착하기까지는 상당한 시일이 걸렸을 것이므로 이 사이에 사건의 상황은 신문을 통해서가 아니라 소안면으로부터 직접 전달되었다고 보아도 될 것이다. 또 5월 중으로는 도쿄, 요코하마의 완도향우회

---

201 앞의 '재판기록'에 따름. 이 문서에 따르면 11월 26일에 배달청년회가 배포한 삐라가 문제가 되고 있기 때문이 이날 이후로 체포자가 나왔다고 생각할 수 있다.
202 「조선일보」 1928년 5월 3일자, "동경서 검거된 인물"; 「조선일보」 1929년 6월 5일자, "조선공산당 사건 진상".

에게도 사건의 정보가 전달되었고, 그 후 열린 도쿄 완도향우회에서는 그때까지 신문 등에 보도되지 않았던 정보도 파악하고 있었다.[203]

세 번째로는 학교폐쇄사건에 대한 항의 및 학교재개를 요구하는 운동은 소안면에 있는 사람과 도일한 소안면 출신자들이 거의 일체가 되어서 전개되었던 것을 알 수 있다. 일본 내지에 있는 소안면 출신자들은 연설회, 격문 배포 등을 실시하면서 반대로 소안면에 있는 사람이 일본 내지로 건너온 정남국을 통하여 항의 행동을 전개할 것을 지시하는 움직임이 있었다. 이것은 상기와 같은 도일한 사람들과 고향에 머무르고 있는 사람들 사이의 밀접한 연결 및 거기에서 생겨나는 의식이 배경이 되었다. 도일한 소안면 출신들에게 있어 소안면에서 일어난 문제는 자신들과도 관련 있는 과제이며 그 해결에 참여하는 것은 극히 당연한 것으로 받아들여졌고, 동시에 소안면에 머물고 있는 사람들에게 있어서는 현재 일본 내지에 있는 소안면 출신자들도 소안면 사회를 구성하는 구성원이라고 생각되었던 것이다.

그리고 네 번째로는 그러한 소안면 출신자들의 활동은 단순히 좁은 마을의 작은 문제에 그치지 않고 식민지 통치 전체를 비판하는 움직임으로 연결되어 갔던 것도 확인할 수 있다. 소안면 출신자들이 결집되어 있던 조직 및 그 지도자는 재일노총과 연관을 갖고 있고, 그들을 통하여 학교폐쇄사건에 대한 항의 행동이 마침내 재일노총이 주도하고 다른 지역 출신의 조선인(나아가서는 사회주의운동단체로 결집된 일본인)과 함께 전개한 조선폭압정치 반대운동의 일환으로 자리하게 된 것이다. 단, 그 이후에도 소안면 출신자는 전적으로 조선 식민지 통치 일반의 문제로서 행동한 것은 아니었다. 한편으로 완도향우회, 소안학교복교동맹의 지시를 받아서 개별 소안학교의 문제에 관한 행동을 계속하고 있었다.

그리고 이상과 같은 소안면 출신자와 그 학교 폐쇄와 관련된 일련의 행동을 보면 이 시기의 재일조선인들의 민족해방운동에 대해서 다음과 같은 특징을 파악

---

203 도쿄완도향우회에 대해서는 「동아일보」 1927년 7월 26일자, "8대 문제 결의 완도 향우회"에서 보도되었는데, 거기에서 결의된 군내의 야학과 수리조합 문제 등은 그 이전에는 신문 등에 보도되지 않았다.

할 수 있을 것이다. 그것은 지연단체를 기초로 하여 대중적 기반을 획득하였고, 게다가 출신마을에서 발생한 문제에 대해서 그 향리 사람들과의 인적 결합을 바탕으로 전개되었다는 것이다. 다시 말해 멀리 떨어져 있는 땅에서 추상적·관념적으로 '민족해방', '조선독립'의 슬로건을 외치는 것이 아니라 자신들이 참여하고 관련된 구체적인 과제를 매개로 하면서 조선 식민지 지배 전체를 비판하는 운동이 구축되는 구도가 존재했다.

물론 전간기의 재일조선인 모두가 그러한 형태로 민족해방투쟁에 참여한 것은 아니다. 이 항의 모두에서도 서술한 바와 같이 원래 민족해방투쟁은 즉각 탄압을 받을 위험이 따르는 것이며 그에 참여하고 싶어도 할 수 없었던 사람들이 더 많았을 것이다. 또 지연결합이 그 정도로 밀접하지 않은 환경 속에서 생활했던 재일조선인도 존재하고 인텔리의 경우는 출신 마을의 문제를 매개로 하지 않고도 민족해방운동에 참여하는 경우가 보통이었을지도 모른다.

그러나 이 항에서 살펴본 바와 같이 지연결합에 바탕을 두고 식민지 권력의 압정에 대한 항의나 향리 사람들과 도일한 조선인이 일체가 되었던 사회운동의 전개는 결코 특수한 사례는 아니었다고 생각할 수 있다. 이것은 앞 절에서도 언급하였던 바와 같이 지연단체에는 고향 사회에서도 리더계층이었던 사람이 참여하는 경우가 상당수 있고, '향리사업' 등으로 도일한 사람들과 고향 사람들이 연결되었던 것, 거기에서 일상적인 정보의 유통이 있었던 것 등으로 추측할 수 있다.[204]

단, 반복되지만 식민지통치를 비판하는 것 자체가 전간기에는 탄압의 대상이 되었기 때문에, 그것은 일상적으로 펼쳐진 활동은 아니었다. 그리고 1930년대 후반 이후에는 원천적으로 한반도에서도 일본 내지에서도 조선인이 어떠한 자주적인 활동을 하는 것이 어려워졌고 대중적인 기반에 입각한 민족해방투쟁을 전개할 여지는 없어졌다.

---

204 참고로 이제까지의 역사 연구에서 재일조선인과 그 고향사람들이 일체가 되어서 식민지통치에 저항했던 운동으로 이 항목에서 서술한 소안면 학교폐쇄사건 외에도 1932년 일어난 '제주도 해녀사건'에 오사카에 거주하는 제주도 출신자들이 관여한 것과 같은 사례가 발굴되고 있다(예를 들면 후지나가 다케시[藤永壯], 「1932年済州島海女のたたかい」, 『朝鮮民族運動史硏究』 제6호, 1989년 12월 등).

4. 일본 내지 체재의 장기화와 재일조선인의 의식

이 절에서는 재일조선인들의 의식, 그 중에서도 자신의 존재방식과 앞으로의 생활을 어떻게 전망하고 있는지에 관련한 의식에 초점을 맞추고자 한다. 즉, 아이덴티티의 문제에 직면한 재일조선인들이 어떠한 생각을 가지고 있었는지에 대하여 고찰할 것이다.

고찰하는 데 있어 대상이 되는 시기를 1930년대 중반으로 한정한다. 재일조선인 사회의 형성이 1920년대로 거슬러 올라감에도 불구하고 그러한 시기적인 한정을 하는 것은 첫 번째로는 1930년대 중반에는 상대적으로 이 문제에 관련된 사료의 정보량이 많기 때문이다. 그러나 보다 중요한 이유는 1930년대 중반의 재일조선인 자신의 그리고 그들과 관련된 상황의 변화다. 보다 구체적으로 말하면 일본에 체재하는 기간이 장기화되어 가족과 함께 일본에서 생활하는 조선인이 많아지고, 그 때문에 2세들의 장래에 대해서도 당사자 및 부모들이 생각해야 했으며, 그러한 가운데 일부 지역에서는 행정당국에 의한 동화정책도 이미 이 시기에 개시되어 재일조선인의 생활에도 영향을 미치고 있었다(다음 장 참조).

또 분석 재료는 소설이나 수필, 신문의 논설 등 타자他者에게 공표할 것을 전제로 한 활자사료 차원에 그치고 있다. 본래 사람들의 의식, 특히 자신의 생각을 정리해서 발표하는 수단을 갖지 못한 민중 차원의 의식을 분석하려면 청취라는 방법도 필요할 것이다. 그러나 그 방법을 여기에서 사용하지 않은 것은 1930년대 중반의 상황에 대해서 이야기할 수 있는 증언자를 다수 찾아내는 것이 오늘날에 있어서는 어려운 일이어서 청취의 방법적 어려움을 고려한 결과다.[205]

따라서 이하에서 부각시킬 수 있는 것은 인텔리들의 눈에 비친 민중의 동향과 그를 바탕으로 한 인텔리들의 주장에 그치며, 그것도 정보량의 차이로 규정되

---

205 방법적인 어려움이라는 것은 ① 탐문해서 알아내는 내용이 질문하는 사람=연구자 측의 문제의식에 의해 규정되기 쉽다는 것, ② 화자 자신이 말하는 내용이 그 후 살아오는 가운데 학습된 지식과 현재 처한 입장 등의 영향을 받아서 이른바 그 시점에서의 과거에 대한 해석에 지나지 않는 경우가 있는 것 등으로 인해 그 시기의 실태를 파악하기 어렵다는 것을 의미한다.

어서 주로 후자 쪽이다. 그런 의미에서는 상당히 부분적인 고찰이 되어 버린다는 것을 부정할 수 없다. 그러나 이제까지 이 점에 관련된 연구가 거의 없어서 굳이 고찰을 시도하는 것이다.

문화와 귀속 문제의 대상화와 고뇌: 장혁주의 「우수인생」, 「골목」에서

어느 일정의 역사를 가진 이민들의 의식을 논할 경우 귀속과 문화에 관련된 문제가 상당히 큰 비중을 차지할 것이다. 재일조선인이라는 사회집단도 예외는 아니다. 체재가 장기화되어서 이제는 고향으로 돌아갈 수도 없는 상황에 처한 사람과 일본에서 아이를 키우고 있는 조선인들은 자신들의 문화가 이제는 한반도에 사는 조선인의 문화와 달라지고 있는 것과 자신들과 아이들이 이제부터 어떠한 사람들과 사회관계를 맺으며 어떠한 문화를 습득해야만 하는가 하는 문제를 의식하기 시작하였다.

예를 들면 재일조선인이 간행하고 있던 신문인 「조선신문」 1936년 3월 1일자 "일본에 잇는 우리들의 문화생활"은 다음과 같이 기록하고 있다.

……일본 땅에 와서 있는 조선사람들은 일본에 와서 있는 관계상으로 한편으로는 일본의 문화의 영향을 밧고 있고 또 한편으로는 조선 ○사의 그것을 밧고 있다. 자례를 든다면 언어의 문제이다. 조선사람이 모힌 곳에서 보통은 조선말을 쓰지마는 또 일본말도 쓴다. 조선말을 할 재 일본말을 하엿다고 하야서 그것을 꾸지렴하지는 아니하는 모양이다. 반조선말 반일본말이 통용되는 지경이다. 주목되는 것은 어린 아해들의 용어 문제이다. 여게 와서 잇는 어린 아해들은 일본 어린 아해들하고 노는 관계상 부지불식간에 일본말을 배우게 된다. 집에 들어와서 제 부모에게서 조선말을 배우지마는 그것이 불충분한 재에는 일본말을 쓰게 된다.

또 조선일보사가 주최하여 1936년에 열린 '경판신 조선인문제좌담회'에서는 일본 내지에서 수학한 젊은 조선인이 "일본사람과 접촉을 만히 하는 관계상 조선말을 만히 이저버립니다", "엇던 째는 조선사람으로서 조선사람 아닌 척하는 수가 잇습니다. 그 리유는 조선말을 잘 몰라서 그리하는 수도 잇습니다"라는 말이 소개되어 있으며, 그 밖에도 조선인을 대상으로 한 유치원 교원이 "엇던 부모는 와서 조선말만 잘 가라처달라고 부탁하고 엇던 부모는 와서 이곳 말만 가라처주라 하야서 매우 곤난한 점도 업지 안합니다"라고 발언한 것도 확인할 수 있다.[206] 즉, 어디까지나 어린이들에게도 조선 문화를 유지해 가길 바라는 부모가 있는가 하면, 아마도 일본 내지에서 성장해서 그곳에서 생활을 계속하게 될 것이라는 인식에서 일본 내지의 문화에 동화되는 것을 바라는 사람도 있었던 것이다.

그리고 이러한 귀속과 문화에 관한 고민은 1930년대에 적지 않은 수에 달했던 일본 내지에서 자란 조선인에게 있어 보다 심각한 문제가 되었을 것이다.

이러한 재일조선인들의 문화와 귀속에 관련된 문제의 복잡성을 주시하고 있던 인물로 장혁주가 있다. 장혁주는 『개조改造』지의 현상소설에 입선한 것을 계기로 1932년에 일본 문단에 데뷔하여 주로 일본어로 작품을 발표했던 조선인 작가다. 창작활동은 정력적이며 다수의 단행본이 간행되는 등 전전기의 일본 내지에서도 가장 저명한 조선인 문화인이 되었다. 그러나 전시하에 황민화정책을 지지하는 소설을 발표하고 전후 일본 국적을 취득하여 조선을 제재로 한 소설을 그다지 쓰지 않았기 때문에, 오늘날 '민족 반역자'로 규탄 받는 것 말고는 그다지 떠오르지 않는다고 할 수 있겠다.[207]

장혁주는 당초 조선에 거주한 채 작가활동을 했지만 1935년에 영주를 결의하고 도쿄로 옮겨 왔다. 생계수단을 찾아서 건너 올 수밖에 없었던 사람들과는 경우가 다르다 하더라도 재일조선인의 일원이 되었던 것이다. 그의 그 이전의 작품에서는 재일조선인을 제재로 한 것이 없었지만, 이 이후 몇 작품을 썼다. 우선 소설은 아니지만 『개조』 1937년 6월호에는 「조선인취락을 가다」가 발표된

---

206 「조선일보」 1936년 5월 6일자, "경판신 조선인문제좌담회".
207 단, 그의 문학 활동과 그 의미가 이제까지 전혀 연구되지 않았던 것은 아니다. 白川豊, 『植民地期朝鮮の作家と日本』, 大学教育出版, 1995년의 「張赫宙研究」가 가장 잘 정리된 것이다. 이하의 장혁주에 대한 문장도 이 논고를 참고하고 있는 부분이 많다.

다. 이것은 조선인 집주지를 실제로 취재한 르포다. 그리고 재일조선인을 주인공
으로 하는 장혁주의 단편소설로서는 첫 작품이 그 직후에 정리되었다. 『일본평론
日本評論』 1937년 10월호에 게재되었던 「우수인생憂愁人生」이 그것이다.

　　「우수인생」은 조선인을 아버지로 두고 일본인을 어머니로 두면서 일본 내
지에서 나고 자란 소년을 주인공으로 한 소설이다. 그 줄거리를 보면 다음과 같다.
주인공 김영일金英一은 유아기부터 차별을 받고 자라서 소학교에서는 일본 이름
고사카 에이치小坂英一이라는 이름으로 차별을 회피하지만 그것도 얼마 가지 않는
다. 그리고 토건노동자인 아버지가 상하이사건에 연루되어 투옥되고 어머니와
여동생이 자살해서 조선의 백부가 데려가지만 일자리가 없어 일본 내지로 돌아오
지 않을 수 없었다. 게다가 출옥해서 일하고 있던 아버지도 사고로 죽어 버린다.
그리고 아버지 장례를 치르고 난 후 일찍이 살았던 동네에서 옛날 일을 떠올리면
서 주위가 어둑해 졌을 때에 자리에서 일어서는 장면으로 이 소설은 끝나고 있다.

　　「우수인생」에는 주인공이 귀속되어 있어야 할, 혹은 귀속하려고 하는 집단
이나 사회에서의 당연한 문화와 그가 습득한 문화와의 차이, 그리고 주위 사람들
이 생각하는 그의 문화나 귀속과 그 자신의 의식과의 엇갈림이 그려져 있다.

　　우선「우수인생」의 주인공은 일본에서 태어나서 일본어를 하는데 일본 사
회(및 조선의 일본인 사회)로부터는 배제당하고 있다. 어렸을 때부터 아이들끼리 놀고
있어도 '선인의 자식'이라고 괴롭힘을 당했다. 일본인인 어머니에게 "나는 훌륭
한 일본인이야. 우리 어머니는 너희와 똑같은 일본인이라고 그렇게 말해 줘라"라
는 소리를 듣고서 친구들에게 그렇게 말해도 친구들은 "어머니가 일본이라도
아버지는 조선인이야"라고 잘라 말했다. 그 후 학교를 졸업한 후의 상점이나 관공
서에 취업을 희망해도 성이 김이고 호적이 조선 호적이라는 이유로 이룰 수가
없었다.

　　그렇지만 조선에 대해서도 주인공은 귀속의식을 가질 수 없는 상황이었다.
아버지의 고향이 있고 호적을 두고 있다(그 때문에 법적으로는 그는 명확히 '조선인'으로 구분되었
던 것인데)고 해도, 조선은 나고 자란 땅이 아닌 타향이었다. 동시에 주위 조선인들이

봐도 그는 '조선인 김영일'이 아니라 '일본인 고사카 에이치'였다. 이것은 주인공이 백부에게로 가기 위해서 태어나서 처음으로 조선을 찾는 장면에 다음과 같은 묘사로 나타나 있다.

> 부산에 내려졌을 때 나는 처음 보는 조선의 풍경에 기이한 느낌이 들었다. 나무가 드문드문한 산도 맑은 하늘도 사람들도 모두 색다르게 보였던 것이다. 나는 어렴풋이 솟아오르는 그리움을 느끼면서도 기차가 달려감에 따라 말할 수 없는 불안에 휩싸였다. [······]
>
> 내 옆에는 검은 갓을 쓴 백발의 노인이 가끔씩 나에게 말을 걸었는데, 나는 웃을 수밖에 없었다. 그러자 노인은 무언가 잘못 생각했는지 심하게 화를 내며 알 수 없는 말로 나를 꾸짖었다. 나는 그런 일을 당해도 꼼짝도 못하고 입을 다물고 있었다. 그러사 노인은 더더욱 화를 내며 나에게 소리를 질러댔다. 나는 어쩔 수 없이 일본어로 사과했다. 그러자 그는 '어, 일본인이야?' 하는 얼굴로 겸연쩍게 웃었다.

또는 조선에서 다시 일본 내지로 돌아올 때에 도항증명을 어떻게 할지 묻는 주인공에게 아는 조선인이 말하는 "뭐야, 너는 내지인이잖아? 고사카라고 말하면 되잖아. 네 얼굴은 내지인하고 똑같고 말도 잘하고, 아무 문제없이 속을 거야. 아니 속이는 것도 아니지. 너는 원래 내지인이잖아? 내지인이 내지에 가는데 뭐가 나빠? 이런 제길"이라는 말에도 김영일=고사카 에이치의 문화와 귀속의 미묘함이 나타나 있다.

그렇지만 「우수인생」은 일본 내지에서 출생한 혼혈아의 문화와 귀속에 관련된 문제는 어떻게 해결될 것인지 하는 점에 대해서는 명확한 해답을 제시하고 있지 않다. 단, 일본 내지에서 다녔던 소학교의 교원이 주인공을 고사카 에이치라고 부른 것, 그것을 주인공은 부정적으로 생각하지 않는 것, 게다가 끝 장면에서 주인공이 그 소학교가 있었던 땅을 찾아가서 옛날을 그리워하고 있는 것 등을 보면 일본으로의 동화가 장혁주가 보여준 해결 방향이라는 것을 시사하고 있다는

해석도 성립될 수 있다. 실제로 이제까지의 문학연구에서는 이 작품이 동화주의
적이라는 평가도 내려지고 있다.[208]

그러나 「우수인생」을 보았을 경우 반대로 작자에게 있어 조선으로의 귀속
이 보다 중시되었던 것은 아닐까하고 추측하게 하는 부분도 있다. 즉, 조선과
일본 어느 한쪽에도 완전하게 귀속될 수 없는 주인공에게 상대적으로 따뜻하게
응대하고 있는 것은 실은 조선이다. 아버지가 투옥 중일 때 의지하려고 했던 외가
친척이 주인공에게 차가운 태도를 취했던 데에 반해서 조선에 있는 백부는 경제
적 어려움에도 불구하고 주인공을 학교에 보내고 졸업시키는 아주 대조적인 태도
를 취했다. 그리고 먼저 인용한 주인공이 처음에 조선 땅을 밟았을 때의 마음을
묘사한 것에서 "어렴풋이 솟아오르는 그리움을 느꼈다"는 어구가 삽입되어 있던
것에도 주목할 필요가 있을 것이다. 여기에서는 주인공이 조선과의 연결을 부정
하지 않고 오히려 귀속을 확인하고자 했다고 볼 수 있다.

그렇지만 처음으로 방문한 땅에서 한편으로 '색다름'을 느끼고 있는 사람의
마음에 '그리움'이 솟아오른다는 것은 현실적으로 있을 수 없을 것이다. 이 점으로
집약되는 바와 같이 결국 장혁주는 재일조선인이 떠안고 있는 문화와 귀속의
문제의 복잡함을 직시했지만, 그 해결 방향을 찾아내지 못하고 그 자신도 고뇌를
안고 있었다고 볼 수 있지 않을까?

「우수인생」에 이어서 장혁주는 또 「골목路地」이라는 재일조선인을 테마로
한 단편소설을 『개조』 1938년 10월호에 발표했다. 「골목」의 줄거리는 다음과
같다. 주인공 허진許晋은 좌익운동에 참여하다 전향한 후 동포의 생활향상을 위해
노력하여 재일조선인을 위한 순간旬刊 신문 발행을 계속했다. 그러나 다시 탄압이
가해지고 신문 간행조차 못하게 된다. 그러한 가운데 허진은 예전의 동지였던
인텔리 여성 안경희安景姬로부터 자신과 결혼하여 운동을 그만두고 행정당국의

---

208 임전혜(任展慧)는 「우수인생」의 주인공이 조선인으로서 학대받는 것에 대해서 "쓴 굴욕감"을
맛보고, 그것이 "마침내 일본인화에 대한 동경으로 변해 간다"는 것, 소학교 선생님인 그에게 일본풍의
성을 붙인 것을 친절이라고 받아들이고 있는 것 등으로 "장혁주에게 있어 조선인인 것은 더 이상 '우수(憂
愁)'에 지나지 않았던 것이다"라고 지적하고 있다(任展慧, 『日本における朝鮮人の文学の歴史』, 法政
大学出版局, 1994년, 209쪽).

동화정책에 협력했으면 좋겠다는 제안을 받는다. 그렇지만 허진은 조선인 집주지에 사는 괴롭힘을 당하는 사람들을 버릴 수가 없어 의지할 곳 없어진 가난한 여성 성순영成順英과 결혼하여 재일조선인을 위한 인쇄사업으로 생계를 꾸려갈 것을 결의한다. 덧붙이자면 조선인 집주지의 상황에 대해서는 그 전년도에 갔던 르포 집필을 위한 취재가 참고가 되었고, 주인공에 대해서도 실제 모델이 있었다는 것을 저자 자신이 밝히고 있다.[209]

그러면 이「골목」의 주인공은 조선에서 태어나서 그곳에서 인격을 형성한 조선인 청년이며「우수인생」의 주인공인 일본과 조선의 혼혈아이며 일본에서 자란 소년과 비교했을 경우 귀속이나 문화에 대해 상대적으로는 덜 고민해도 되는 조건에 놓여 있었다고 할 수 있다. 그러나「골목」에서도 재일조선인의 문화와 귀속에 대한 문제의 복잡성은 몇 장면의 묘사에서 부각되고 있다.

우선 일본 재류가 장기화된 허진과 그의 주위에 있는 많은 조선인들은 이제는 조선의 고향과 연결고리를 가질 수 없는 상황에 있는 것이 기록되어 있다. 예를 들면 아버지가 돌아가셔서 홀로 조선인 집주지에 살게 된 성순영을 찾아간 허진은 그녀와 다음과 같은 대화를 나누고 있다.

"고향으로 돌아가는 게 어때요?"

어느 날 허진이 찾아와서 말했다.

"돌아가도 아무 것도 없어요."

순영은 자포자기한 듯이 말했다.

그도 그렇겠다고 허진은 생각했다. 그의 신상을 생각해 봐도 알 수 있는 일이었다. 친척이라 한들 동네 사람들이라 한들 무슨 정이 있으랴. 이제는 이미 옛날 사람들이 가지고 있던 인정은 어디에도 남아있지 않지 않은가? 그도 이 도쿄가 훨씬 더 친숙하게 느껴질 정도인 것이다.

---

209 장혁주, 「엽서수필」, 『개조』 1938년 11월. 주인공인 허진은 좌익운동에 참가, 탄압을 받아 전향, 도쿄에서 조선인을 대상으로 한 순간지를 간행하고 있었다는 설정으로 되어 있다. 이것으로 생각해서 후술할 「도쿄조선민보」나 「조선신문」의 관계자가 모델이 된 것이라고 볼 수 있다.

그렇지만 그렇다고 해서 재일조선인이 일본 사회에 받아들여져서 그 일원으로서 인정받고 있었는가 하면 그렇지 않았다. 치마저고리를 입은 안경희와 함께 거리를 걷는 허진의 내면을 묘사한 다음 문장은 재일조선인이 그것을 항상 의식하면서 생활해야만 했던 상황을 나타내고 있다고 할 수 있을 것이다.

……통행인 몇 사람은 경희의 새하얀 모습을 신기한 듯 보고 지나갔다. 경희가 일본 옷이나 양장을 입고 있다면 저렇게 신기한 듯 쳐다보지 않겠지 하고 허진은 생각했다. 언젠가 양재학교의 반도 여성과 긴자를 걸은 적이 있었는데 눈치 빠르게 알아보고 쳐다보는 눈에 몇 번이나 부딪힌 적이 있었다. 게다가 그 눈들은 중국인이나 필리핀인을 보는 것과도 다른 것이다.

이상과 같은 상황 속에서, 그러나 일본 내지의 조선인 집주지는 주인공에게 있어 마음을 편안하게 하는 장소였던 것이 그려져 있다. "도쿄의 한 구석에 잊혀진 이민 부락 가운데에서도 가장 더러운 곳으로 여겨지는" 장소를 찾은 허진의 모습은 다음과 같이 기술되어 있다.

……허진은 부락의 집들로 통하는 유일한 입구에 하얀 몇 사람의 모습을 보자 저절로 친숙하고 즐거워 보이는 표정이 그의 눈과 입가에 나타났다.
이 종기처럼 추한 부락들도 그에게는 그리운 마음의 고향이었다. [……]
그는 조선에 돌아가서도 친밀한 얼굴로 말을 거는 사람도 농담을 주고받는 사람도 없다. 그는 무언가 그의 일신상의 큰 변동이 있을 때나 신문 용지를 살 수 없을 때에는 자주 여기에 와서 스스로를 위로했다.

그렇지만 그 조선인 집주지에도 더 이상 조선 그대로의 문화가 남아 있지 않았다는 것도 이 작품에는 기록되어 있었다. 조선인 집주지에서 서서 이야기를 하고 있는 부인들 중 어떤 사람은 '치마' 아래로 '게다'가 보이게 신었다고 되어 있다.210 그리고 이러한 가운데 주인공은 점차 재일조선인이 문화적으로 일본인과 같아져 갈 수밖에 없다는 전망도 부정하지 못했다. 동화정책에 가담한 예전의 동지 김삼달金三達에게 동조할 것을 권유하는 안경희의 말에 대해서 허진은 다음과 같은 감상을 품는다.

> ……목전의 사실로 보면 이민들의 동향은 좋든 싫든 김삼달의 지도를 기다릴 필요도 없이 그쪽으로 움직여 갈 것에 틀림없었다. 조선으로 귀환한다 한들 생계의 방도가 전혀 없어진 이민의 대부분은 옛날 고려나 백제의 이민이 일본인이 되었던 것처럼 수백 년 후에는 동화될 것임에 틀림없다고 생각했다.

그러나 허진은 최종적으로는 동화정책을 추진하는 입장에 서지 않았다. 그리고 전술한 바와 같이 그는 안경희가 아니라 성순영과 결혼하여 재일조선인을 상대로 하는 인쇄사업을 경영하기로 결정하기에 이른다.

「우수인생」이 출구가 보이지 않는 어둠에 싸인 채 끝난 것에 반해 이처럼 「골목」에서는 주인공이 스스로 길을 개척하려고 하는 희망을 느끼게 하는 결말이 나타나 있다. 또 동화정책에 대한 동조 권유를 받아들이지 않은 것은 장혁주가 (적어도 이 시점에서는) 일본에 대항하는 민족주의적 입장을 유지하고 있었던 것을 증명한다고 할 수 있겠다.211

그렇지만 다시 말하면 그럼에도 장혁주는 조선에 단순히 귀속되지 못하고 문화적으로도 일본 사회의 영향을 받고 있는 재일조선인의 실정을 그리지 않을 수 없는, 어차피 일본인에게 동화되어 가는 것이 아닐까 하는 감상을 「골목」의

---

210 여기에서 '게다'가 나오는 것은 의미심장하다. 식민지기 조선인들은 게다를 신고 활보하는 모습을 가지고 일본인을 '쪽바리'(='발굽이 나뉜 놈'이라는 의미)라고 멸시하여 불렀다. 그리고 조선 옷을 입고 있지만 게다를 신고 있는 조선 여성의 이야기는 전년도에 발표한 장혁주의 르포에도 등장한다(張赫宙, 「朝鮮人聚落を行く」, 『中央公論』 1937년 6월호).
211 「골목」를 실은 잡지는 "간다(神田) 부근에서도 학생들 사이에 유명해져서 작은 서점에서는 잡지가 다 팔렸다"고 한다(장혁주, 「엽서수필」, 『문예』 1938년 11월). 학생(아마도 조선인 유학생)에게 유명했던 것은 아마도 이러한 점도 관련이 있을 것이다.

주인공을 통해 말하게 한 것이다. 그리고 우선 강제적인 동화정책에는 반대한다
해도 재일조선인의 문화와 귀속에 관련된 문제가 어떻게 해결될지는 말하고 있지
않다.

이 점들을 고려한다면 장혁주는 이 시점에서도 재일조선인의 문화나 귀속이
앞으로 어떻게 되어야 하는지에 대해서는 명확한 해답을 내놓지 못하고 고뇌하고
있었던 것은 아닐까 생각할 수 있다. 그 고뇌라는 것은 아마 재일조선인, 특히
2세 세대의 한반도의 조선인과는 다른 문화를 가지고 앞으로 일본에 동화되지
않을 수 없을 것이라는 전망을 가지면서도, 다른 한편으로는 민족문화나 조선으
로의 귀속을 부정해서는 안 된다는 생각을 버릴 수 없는 점에서 생겨난 것이었다
고 추측된다.

제국 속의 국지적인 다문화주의의 승인 요구: 고권삼 『오사카와 반도인』에 관련하여

앞항에서는 1930년대 중반 재일조선인의 귀속과 문화 문제의 복잡함과 어려
움이 점차 현재화懸在化했던 것과 작가 장혁주가 그 문제를 대상화하면서도 명확한
해답을 보여주지 못한 채 고뇌하고 있었던 것은 아니었을까 하는 것을 서술했다.

그러나 이 시기에 이미 재일조선인이 스스로의 귀속과 문화에 대해서 심각한
고뇌를 품고 있었는가 하면 꼭 그렇지만도 않다. 민족해방을 바라고 그것이 실현
되었을 때는 귀국하겠다고 굳게 결의하고 있던 사람은 설령 업무상, 그밖의 이유
로 일본어를 하고 일본인과 같은 행동거지를 몸에 익혔다고 해도 일본 사회로의
귀속의식을 갖지는 않았을 것이다. 반대로 일본 국가의 이데올로기적 교화를
받아들여서 자신은 일본인과 다름없다는 입장에 있던 재일조선인도 없지는 않았
다. 이 사람들은 조선(혹은 조선 국가나 조선 민족), 일본(혹은 대일본제국 신민) 중 어느 하나를
선택해서 그것을 이른바 고정화함으로써 안정적인 아이덴티티를 얻고 있었다.

그렇지만 이러한 사람들 말고 귀속과 문화에 심각한 문제의식을 갖지 않고
일본 내지에서 생활하는 조선인도 있지 않았을까? 앞 장에서 살펴본 바와 같이
1930년대에는 조선인 집주지를 중심으로 에스닉 비즈니스가 흥륭하고 한반도에

서 물자나 정보가 유입되며 고향과 연결을 유지하고 있던 상황이 일부에 존재했다. 그러한 상황이 보이는 지역에 있는 사람들, 구체적으로 말하면 오사카에 사는 제주도 출신자 같은 사람들은 일본 내지에서 생활하면서도 한반도에 있었을 때와 그다지 다르지 않은 문화나 귀속의식을 유지하는 것도 가능했을 것이다. 또 그러한 가운데 일본 내지에서 경제적인 기반을 쌓고 사회적 상승을 실현해 나가고 있던 사람들에게 있어서는 일본 사회에 적극적으로 참여하고 그 일원다워지려고 하는 의식이 더해지는 경우도 있을 수 있을 것이다.

즉, 호스트 사회에서 지배적인 문화와는 다른 문화를 가지고 들어와서 그것을 유지하면서 호스트 사회에 귀속하는 오늘날에 말하는 다문화주의적인 상황이 이 시기에도 일부에서 존재했던 것이다. 그것은 생계수단을 찾아서 일본 내지로 온 조선인들 자신이 만들어낸 것이며, 다른 각도에서 보자면 이 시기까지 행정당국이 거의 재일조선인을 방치해 오거나 적어도 일상생활의 세세한 부분까지 관여하지 못했기 때문에 나오게 된 결과였다.

1938년에 발표되었던 고권삼高權三의 『오사카와 반도인大阪と半島人』은 이러한 이른바 실재하는 다문화사회에 주목하고 그것을 긍정했던 독특한 저작이다. 저자인 고권삼은 제주도에서 태어나 1927년에 와세다대학교를 졸업하고, 정치사 연구와 저널리즘의 세계에서 주로 활동했다. 사상적으로는 대일본제국과 '대륙정책'을 지지하였고, 이 저작 자체도 동양 평화의 기초로서 '아시아민족 결속'이 필요하며 그를 위해서는 '내선의 융화'가 전제가 되며, 따라서 '다수의 내지인과 다수의 반도인이 접촉하는' 오사카에서 팔굉일우八紘一宇(천하를 한 집처럼 통일함, 2차 대전 때 일본이 '대동아공영권' 건설을 내세워 해외 침략을 정당화하는 표어로 쓰인 말—역자)의 대정신을 실현해야 한다는 입장에서 쓰인 것이었다. 대학 졸업 후에는 한반도에서 활동했던 것으로 보이기 때문에 그는 재일조선인이라고는 할 수 없지만 오사카의 조선인 사회에 지인이나 친척 등이 많아서 저서를 집필할 때는 조선인 집주지에 오랫동안 숙박하며 취재를 했다. 그리고 이 저서를 세간에 내놓은 동광상회東光商會는 오사카시 이카이노나카 3-4에 소재한(즉, 조선인 집주지 속에 있는) 아마도 전문적인 출판사가

아닌 조선인을 대상으로 하는 상점이었을 것이다.[212]

이 저서는 "오사카의 반도인은 평양의 인구보다 많다"는 소제목에 이어 다음과 같은 무장으로 시작된다.

일본 제일의 생산도시, 아니 동양 제일의 생산도시 오사카, 오사카는 세계적으로 이름 높다. 이 오사카에서 반도 동포를 철수시키면 오사카의 대공장의 기계는 거의 운전을 멈추게 될 것이라고들 한다. 과연 오사카에서는 전차 안에도 기차 안에도 또 자동차 안에도 조선 옷을 입은 동포가 보인다.

또 오사카의 어느 길을 가더라도 어느 백화점에라도 조선 옷을 입은 여자 모습이 보이지 않는 곳은 없다.

덴노지(天王寺) 공원에도 양복을 입은 남자와 조선 옷을 입은 여자가 나란히 걷는 모습이 보이고, 또 오사카에서 조금 떨어진 다카라즈카(宝塚)공원의 식당 안에도 조선 옷을 입은 여자가 식사하는 모습이 보인다.

특히 오사카의 히가시나리구 이카이노마치 부근의 길에서는 어떤 때는 지나가는 사람의 3분의 2가 조선 사람이다.

고권삼은 이렇게 길거리에서 조선인이 눈에 띄는 것을 기록하면서 생활 차원에서의 조선 문화가 오사카에 들어와 있는 사실도 기술하고 있다. 조선인 노동자가 하루 일의 피로를 푸는 '갈비집·처녑집'이 있었고,[213] 다음의 인용에 나타나 있듯이 일상의 생활물자를 얻기 위한 조선인을 위한 시장이 북적거리고 있는 것을 전하고 있었다.

가게 앞에는 조선산 물건이 여러 가지 진열되어 있다. 특히 조선인들이 항상 신는

---

212 「조선일보」 1934년 1월 3일자에 같은 주소의 '동광축음기상회'의 광고를 확인할 수 있다.
213 高權三,『大阪と半島人』, 東光商会, 92쪽. 현재의 일본에 있는 갈비집(焼肉屋)은 한반도의 문화에 뿌리를 두고 있으면서도 일본화된 것이라고 할 수 있는데(森枝卓士,「日本化した朝鮮の食」,石毛直道 ほか編,『外来の食の文化』, ドメス出版, 1988년 등에서 이미 지적되었다), 식민지기의 한반도에서도 '갈비구이' 등은 음식점에서 제공되고 있었다.

고무신, 조선인의 식료품 중 가장 좋아하는 명태 더미는 그리운 조선을 생각나게 하기에 충분했다. 바깥쪽 길에는 내지인의 가게도 있어 경성의 남대문시장까지는 아니겠지만 분명 동대문시장 정도는 될 것이라고 생각된다. 안쪽 길에는 갓 삶아낸 돼지고기, 순대, 돼지머리 등이 나와 있고, 개성의 시장과 비슷하여 식료품뿐 아니라 포목점, 잡화점, 생선 가게, 푸줏간 등 각종 가게가 섞여 있는 것은 해주의 시장과 비슷하다.[214]

그런 다음에 고권삼은 이러한 조선인을 위한 시장을 행정당국 자체가 적극적으로 인정해야만 한다는 것을 다음과 같이 분명하게 주장했다.

그들은 역시 어릴 때부터 먹어 왔던 음식을 원한다, 그들은 역시 어릴 때부터 입어 왔던 옷을 입어보고 싶다, 그것을 구하는 것은 이 조선 시장이 아니면 용이하지 않다. 조선시장은 그들에게 있어 어디까지나 필요한 곳이다.
오사카부 혹은 오사카시 당국은 조선 사람의 이 시장을 어떻게 생각하고 있는지 모르지만, 나의 의견으로는 부나 시 당국이 이 시장들을 보조하든가 혹은 공설 시장으로 승격시켜서 신설하든가 해서 세계 제8위의 대오사카의 이름에 부끄럽지 않도록 미관을 정비할 필요가 있다고 생각한다.[215]

한편 오사카에서 조선인이 각 방면으로 진출하여 활약하고 있는 것도 이 책은 자랑스러운 듯 전하고 있다. 공장이나 상점의 경영자로서 재산을 모은 '성공한 사람'이 소개되어 있으며, 그 밖에도 "서비스 걸, 또는 타이피스트, 또는 산파, 간호부, 또는 사무원, 또는 교원"으로서 "눈부신 활약을 하고 있는 여성"의 존재에 대해서도 언급했다.[216] 또 앞서 모두 부분에서의 인용에서 조선인이 철수하면 공장의 기계가 멈춘다고들 한다고 서술했던 바와 같이 조선인 직공들도 오사카에

---

214 『大阪と半島人』, 33쪽.
215 『大阪と半島人』, 36쪽.
216 『大阪と半島人』, 45쪽; 111~122쪽.

서 없어서는 안 될 중요한 존재가 되었다는 것, 그리고 어린이들 중에는 전오사카 소학교 스모대회에서 준결승까지 진출한 조선인과 "우등생도 있는가 하면 싸움 대장도 있다"는 것도 기록하고 있다.[217]

그리고 이 저서에서 고권삼이 고대에 조선으로부터 오사카로 건너온 사람들이 많아서 "오사카 출신의 사람들 중에는 조선 사람의 피를 이어받지 않은 사람은 거의 없다"[218]는 것, 구다라百濟역이나 고라이바시高麗橋 같은 "반도 귀화인들이 살던 것에서 유래한" 지명이 있는 것,[219] "시텐노지四天王寺 절도 조선 사람이 세운 것"이라는 것[220] 등등의 역사적 사실을 소개하고 있는 것은 조선인들의 오사카에 대한 애착을 창출하는 계기가 됨과 동시에 오사카에서의 조선인의 지위를 확립하는 소위 역사적인 근거를 만들어내려고 하는 것이었다고 볼 수 있다.

그런데 이러한 고권삼의 다문화주의적인 주장에는 '일본'이나 '조선'이라는 국가적인 차원의 틀 안에서의 발상이 희박한 것이 특징이다. 제목도 그렇지만 이제까지 살펴 본 문장으로부터도 고권삼이 의식하는 지금 있는 생활의 장=호스트 사회는 '일본'이 아니라 어디까지나 오사카인 것이다. 동시에 조선 속의 국지적인 틀에 대한 의식의 존재도 확인할 수 있다. 자신이 제주도 출신이어서인지(물론 오사카에 제주도 출신 조선인이 많았던 것이 주요한 이유겠으나) 고권삼은 이 책 속에서 '제주도 출신의 이 기개'라는 항목을 두고 있다. 거기에는 "지금부터 약 1250년 전에 탐라국(제주도)의 왕족 고씨가 종자從者와 함께 오사카에 오셨다는 [……] 의심할 여지없는 사실"이 존재하며, 그로부터 관계가 시작되어 "오사카 사람과 제주도 사람은 특별한 친밀감을 갖고 접촉하게 되었다"고 기록하였고,[221] 나아가 '조선팔경'을 선정하는 투표를 할 때 한라산이 제1위가 되었던 것은 오사카에 거주하는 조선인들의 노력에 의한 것이었고, 그들은 "이 기개와 이 노력으로 더욱더 제주도의 명예를 생각하고, 자중自重하여 모든 것에 적용시키려 하고 있다"고 소개하였다.[222]

---

217 『大阪と半島人』, 27쪽.
218 『大阪と半島人』, 13쪽.
219 『大阪と半島人』, 14쪽.
220 『大阪と半島人』, 14쪽.
221 『大阪と半島人』, 92쪽.

여기에서 볼 수 있듯이 고권삼의 주장은 이른바 국가적인 차원의 귀속의식이나 문화를 전제로 하지 않는 국지적인 다문화주의였다. 지연에 기반을 둔 사회적 결합과 고향에서 가져온 문화를 유지하며 하루하루를 보내고 있는 사람들로서는 조선이든 일본이든 추상적인 민족이나 국가를 의식화하기가 어렵다. 오히려 몸에 익숙한 문화이든 애착을 느끼는 대상이든 예전에 있었던 마을이나 지금 살고 있는 동네가 단위가 되는 경우 많이 있을 수 있다. 그렇게 생각했을 때 고권삼은 민중 차원의 재일조선인의 움직임의 일단을 확실하게 포착하여 대변하고 있다고 할 수 있겠다.

그렇지만 그러한 국지적인 다문화주의를 가질 수 있는 것은 일부의 사람들에게 국한되어 있다는 것도 또한 사실이다. 고향과의 유대가 더 이상 없고 그렇다고 해서 일본 사회 속에서도 확고한 지위를 차지하기는커녕 노골적으로 배제의 대상이 되었던 조선인들이라면 그러한 의식이 형성될 리가 없었다. 부언하자면 이 저서에서는 재일조선인의 아이들이 대부분 조선어를 모르거나 잊어버리고 있다는 사실을 말하고 있지만, 그들의 귀속과 문화와 관련된 갈등에 대해서는 전혀 언급하고 있지 않다. 장혁주가 대상화하고 있었던 이러한 사람들의 고뇌를 고권삼은 시야에 넣고 있지 않았던 것이다.

그리고 처음부터 대일본제국의 권력의 존재를 앞에 두고 국지적인 다문화주의가 실현될 수 있을까를 말한다면 그것은 불가능한 것이었다. 게다가 이 『오사카와 반도인』이 발표되었던 1938년의 시점에서 오사카부의 동화정책은 강화되고 있었다. 이 저서 속에서 고권삼은 조선시장에 대한 원조를 주장하고 있지만, 이미 1936년에 행정당국은 "조선인을 위한 식료품을 판매하는 시장의 신설에 관해서는 이를 인가하지 않고, 기존의 조선인 시장은 [······] 이를 폐지할 것", "조선인들을 위한 수육獸肉(소나 돼지의 머리, 내장 등) 판매는 다른 것으로 전업시키고 앞으로 이러한 영업을 하지 못하게 할 것", "조선인 요릿집과 음식점은 [······] 엄중하게 단속을 하고 [······] 악질적인 자에 대해서는 영업금지처분을 내림과 함께 송환할 것" 등의

<hr>

222 『大阪と半島人』, 100~101쪽.

방침을 확인했다.[223] 또는 조선 옷 착용 금지와 '국어'(=일본어) 상용 장려 등도 행정당국에 의해서 계속 지도되고 있었다. 그렇지만 대일본제국을 지지하는 입장에 있는 고권삼에게 있어서는 이러한 시책들에 대한 명확한 비판이 없었다. 고작 "내선 동포가 정말로 자각을 한다면 옷이나 언어는 아무래도 상관없지만, 같은 국민이면서 차별 관념을 갖고 있기 때문에 협화회 쪽에서도 여러 가지 미묘한 연구와 상당한 노력을 기울이고 있는 것 같다"라고 그야말로 '미묘한' 문장에 그치고 있다.[224]

그리고 조선인 시장에 행정당국이 원조를 하는 것이야말로 내선일체의 실현을 표현하는 것이라며,[225] 소학교의 교원이 된 조선인의 존재를 "내선무차별 관념의 황도일본皇道日本을 건설"하는 데에 의의가 있는 것으로 연결시켰던[226] 고권삼의 주장이 설령 탄압을 회피하면서 전진하려고 하는 전략적인 것이었다고 하더라도, 대일본제국 안의 권력관계를 생각한다면, 객관적으로는 재일조선인을 일본 국가로 통합해 가기 위한 언설의 하나에 지나지 않았던 것이다.

민중적 결합에 따른 생활권 확립과 민족해방의 전망
: 마르크스주의자 · 리더계층의 동향

다음으로 이 항에서는 민중 차원의 재일조선인과 함께 있고자 했던 조선인 마르크스주의자와 커뮤니티 차원의 조선인 리더계층들의 동향을 알아보기로 하겠다.

1930년대 중반 마르크스주의자들이 급진적인 정치이념을 전면에 내세워서 활동하는 것은 곧바로 탄압의 대상이 되어 사실상 불가능해졌다. 동시에 리더계층을 중심으로 하는 민족적 생활권 투쟁에 대해서도 여러 가지 압력이 가해졌지만, 상호부조 등의 활동은 지속되었다. 이러한 가운데 조선인 마르크스주의자는 예를 들면 일본인과 함께 천황제 타도를 주장하는 정치선전투쟁을 벌이는 대신

---

223 「うめくさ」, 『特高月報』 1936년 11월.
224 『大阪と半島人』, 54쪽.
225 『大阪と半島人』, 36쪽.
226 『大阪と半島人』, 49쪽.

커뮤니티의 조선인 리더계층과 함께 민족적 생활권 투쟁을 전개하게 되었다. 이른바 보다 민중에 뿌리를 내린 운동을 담당하게 되었던 것이다. 동시에 그들은 자신들의 주장을 전달하고 폭넓은 사람들을 결집시키기 위해서 여러 차례 조선인을 대상으로 한 합법적인 신문을 발행하였다.

그러한 신문 중 현재 찾아볼 수 있는 것으로서는 「도쿄조선민보」「조선신문」「민중시보」가 있다. 또 게이한신 지역의 커뮤니티의 리더들이 모여서 실시한 좌담회의 기록이 '경판신 조선인문제좌담회'로서 「조선일보」에 1936년 4월 29일에서 5월 9일에 걸쳐 게재되었다. 이하에서는 이 사료들로부터 마르크스주의자와 리더계층의 의식에 초점을 맞추어 가고자 한다.

가장 먼저 분석의 대상이 되는 사료의 기초적인 데이터를 소개해 두겠다. 우선 「도쿄조선민보」는 1934년 11월 1일에 창간되어 1937년 8월 17일에 발행금지처분을 받을 때까지 약 3년간 간행을 계속했던 신문이다(단, 1936년 9월에 「도쿄조선신보」로 개칭). 간행 간격은 당초 월 2회, 후에는 월 3회이며, 부수는 1936년 시점에서는 2000부였다고 되어 있다. 그 편집을 담당한 것은 일찍이 재일본조선노동총동맹에서 활동하고 있던 김호영金浩永이며, 조선일본 도쿄지국, 동아일보 도쿄지국, 기타 재도쿄 조선인 유력자의 출자를 얻고 있었다.[227] 발행금지처분을 받을 때까지 48호가 간행되었다고 되어 있는데,[228] 유감스럽게도 1935년 5월 25일자인 제11호 밖에는 찾아볼 수가 없다.[229]

「조선신문」은 1936년 2월에 창간되었는데(단, 1935년 12월 31일자로 창간준비호를 냈다), 같은 해 7월에 관계자가 검거됨에 따라서 폐간되었다. 발행 간격은 당초 월 1회에서 월 2회로 바뀌었고 관계자들이 검거되었을 당시에는 8호 간행을 준비하고 있었다. 간행을 담당한 중심 멤버는 이운수李雲洙, 박태을朴台乙, 김천해金天海 등으로 일찍이 재일본조선노동총동맹 등에 참여했던 사회주의자들이었다. 배포처는 본사가 있었던 도쿄시 외에 지국(및 그 준비회)이 있었던 가나가와, 나가노, 아이치,

---

227 内務省 警保局, 『社会運動の状況』, 1937년판, 1490~1491쪽.
228 内務省 警保局, 『社会運動の状況』, 1937년판, 1491쪽.
229 早稲田大学図書館 所蔵, 『米軍没収資料』, MJ143, reel. 29에 수록.

[표 4-9] 「민중시보」 관계자의 경력 등

성명	직무 등	관계 단체 등
康元範	동오사카 판매소	전협, 조선일보 고베 지국, 西神消組
姜興伊	민미구 판매소	
金敬中	동인, 아마가사키 판매소	재일노총, 신간회, 阪神消組
金光洙	동인	조선일보 오사카 지국장
金達桓	동인	재일노총, 신간회, 조선無診, 센슈일반노동자조합
金文準	동인(대표간사)	재일노총, 신간회, 東亜通組, 전협
金美東	사카이 지국 통신판매원	
金時中	기자	
金廷國	동인	동아일보 오사카지국장
金雄根	아사히구 판매소	共鳴學院
朴魯聖	아마가사키 주재 기자	阪神消組
朴鳳柱	동인, 고베 지사장	전협, 조선일보 고베 지국, 西神消組
朴尹錫	동인	조선중앙일보 오사카 지국장
朴亨緒	교토 지사 기자	
裵基汶	북오사카 판매소장	
李庚生	미쿠니 판매소	
李信珩	기자	
李鎬泰	동인	毎日申報 오사카 지국장
鄭在英	동인	大同消組
鄭泰重	동인, 교토 지사장	교토조선인친목회
趙寶一	사카이 지국장	
韓辰爕	기자 / 총판매부	
洪淳日	동인	재일노총, 신간회

전거: 「民衆時報発刊趣旨及び綱領」, 「민중시보」 1935년 7월 15일, 8월 15일, 9월 15일, 36년 1월 21일; 『社会運動の状況』, 1929년판 1137쪽, 31년판 1111쪽, 33년판 1526쪽, 36년판 1480쪽.
「조선일보」 1925년 4월 21일, 27년 12월 8일, 28년 2월 5일, 5월 3일, 29년 4월 28일, 9월 1일, 32년 1월 26일, 31년 8월 26일, 8월 27일, 32년 1월 26일, 2월 5일, 33년 1월 11일, 35년 2월 20일; 『社会運動通信』 1929년 4월 29일.

이시키와, 도야마, 니가타, 나라 등으로 배포 부수는 약 4000부 정도였다.[230] 이 신문도 현재 남아 있는 호는, 1호(1936년 2월 1일)와 2호(1936년 3월 1일)뿐이다.[231]

「민중시보」는 1935년 6월 15일에 창간되어 다음해 9월에 관계자가 탄압받음으로써 폐간하지 않을 수 없게 되었다.[232] 간행 간격은 당초 월 2회였는데 후에 열흘에 한 번 발행 되었다. 현재 찾아볼 수 있는 것은 창간호부터 1936년 9월

---

230 内務省 警保局, 『社会運動の状況』, 1936년판, 1460~1461쪽, 1541쪽.
231 『叢書』 제5권, 634~641쪽에 수록.
232 「在阪諺文新聞民衆時報社の策動」, 『特高月報』 1936년 11월.

21일자인 27호까지 중 5, 9, 11, 21, 22, 24~26호를 제외한 19호분이다.[233] 발행부
수는 2500부 정도고 배포처는 본사가 있던 오사카시 외에 사카이시, 교토시와
고베시, 와카야마 등이었다고 되어 있다.[234] 이 신문의 관계자의 경력 등은 [표
4-9]와 같다.

여기에서 알 수 있듯이 「민중시보」는 마르크스주의자와 커뮤니티의 리더계
층들에 의해서 담당되었다. 동인同人의 대표간사이면서 편집인쇄 겸 발행인을
맡았던(단, 1936년 5월에 병사) 김문준金文準은 오사카의 조선인 사회에 막대한 영향력을
갖고 있었던 사회주의자였다고 한다.[235] 「민중시보」에 대해서는 다음과 같은
'발행취지 및 요령'이 존재하는 것도 확인된다.

현하(現下) 일본 내에 거주하는 조선인은 경판신 지방만하여 30만 명을 산(算)하고
잇다. 그런대 언어 습속의 상이와 무지와 문맹과 빈곤과 분산과 무권리(無權利)와
특수성에 따르는 생활 문제에 잇서서 조선인 자체로서의 언론기관을 요구함이야말
로 실로 절실한 것임은 누구나 긍정하리라. 그러나 그 출현은 언제나 자력(資力)의
결핍에 제약되고 잇다. 어시호(於是乎) 우리 동인 일동은 좌기(左記) 강령하에 미충
(微衷)을 경도(傾倒)하야, 본보(本報)를 발행하려 한다. 다행히 만천하의 민중적 절
대(絶大)한 지원과 편달이 잇기를 바란다.

1. 우리는 일본 내에 거주하는 조선인 민중의 생활 진상과 여론을 보도하는 불편부당
(不偏不黨)적 언론기관으로의 존립과 성장발전을 기함.

1. 우리는 일본 내에 거주하는 조선인 민중의 생활 개선과 문화적 향상을 촉진함을
기함.

1. 우리는 일본 내에 거주하는 조선인 민중의 생활권 확립과 그 옹호 신장에 자(資)함
을 기함.[236]

---

233 이 신문은 『叢書』 제5권, 531~633쪽에 수록되어 있다.
234 內務省 警保局, 『社会運動の状況』, 1935년판, 1598쪽.
235 김문준과 같은 고향이면서 사상적으로는 반대의 입장을 취하고 있던 고권삼은 "그가 오사카에서
사회주의운동을 좌지우지하고 있었을 때는 오사카의 반도인들 사이에 사회주의사상이 상당히 퍼져
있었다"고 서술하고 있다(『大阪と半島人』, 東光商会, 1938년, 2쪽).

[표 4-10] 경판신 조선인문제좌담회 참석자의 경력 등

부현	성명	직업 / 직무	경력 및 사회적 활동
교토	盧震鉉	기독교 목사	
	鄭泰重	교토 한약상조합 이사	교토조선인친목회, 「민중시보」동인, 조선민중당
	高光模	向上館 보육원장	교토조선인친목회, 조선민중당
	洪命用	해산물상	
	郭尙洙	자동차 운전수	교토조선인친목회, 조선민중당
	盧壽一	고무 직공	조선민중당
오사카	高麗偉	기독교 목사	
	文宗洙	기독교 목사	「민중시보」에 신년 소감
	李元道	기독교 청년회 이사장	
	金琦石	조선불교 포교사	
	林正業	제혁공장주	「민중시보」에 신년 소감
	金澤洙	주단포목상	
	朱翼淳	의사	「민중시보」에 신년 소감
	金俊玉	신문 배달	
	申暖熙	고물상	
	鄭南局	고물상	재일노총위원장, 조선민중당
	李信珩	민중시보 사원	「민중시보」
	李景淑	鷄林유치원 보모	
	李善姬	가정부인	「민중시보」에 年頭 소감
	金敬中	阪神소비조합장	재일노총, 阪神消組, 「민중시보」동인
고베	崔時豊	조선물산상	조선인消組, 37년 시의선 출마
	金亮才	조선인소비조합장	조선인消組
	李載昊	藥種商	神戸合同消組
	崔東植	길거리 노동자	조선인消組
	鄭重孝	직공	
	李民善	직공	神戸合同消組, 「민중시보」에 신년 소감
조선 일보사	金炯元	본사 편집국장	
	方建斗	본사 판매부장	
	金光洙	오사카 지국장	「민중시보」동인
	朴永壽	오사카 지국원	
	金禮錫	교토 지국장	
	薛東鑽	고베 지국장	조선인消組

전거:「조선일보」 1936년 4월 29일자, '경판신 조선인문제좌담회'.

'경판신 조선인문제좌담회'는 조선일보사가 주최한 것으로 1936년 3월 14일, 조선일보사 편집국장과 판매부장의 오사카 방문을 기회로 이루어졌다. 그 참석자는 [표 4-10]에서 보이는 바와 같다.

---

236 『叢書』 제5권, 531쪽, 원문은 물론 한글이다.

그러면 구체적으로 재일조선인의 의식에 관련된 점을 서술하겠다. 우선 이 사료들의 특징으로서 한반도의 동향에 대한 관심이 컸다는 것을 들 수 있다. 이것은 단순히 자신들의 고향의 일상적인 이모저모를 알고 싶다는 것이 아니라 일본 제국주의로부터의 조선 민족의 해방이라는 염원과 관련된 것이었다.

예를 들면 「민중시보」에서는 물론 재일조선인 사회 내부의 여러 단체들의 움직임과 그에 관한 논설이 지면의 많은 부분을 차지했는데, 한편으로는 일반적인 사회 정세에 관한 기사도 게재하고 있었다. 그 중 사회 정세에 관한 기사는 역시 한반도의 동향을 전하는 것이 많았다. 게다가 그 내용은 도시노동자의 실업, 저임금의 상황, 농촌경제의 악화와 이민의 증가를 전하는 기사나, 농민운동, 공산당사건 관계의 재판 등에 대한 보도가 상당한 비중을 점하고 있었다. 예를 들면 「민중시보」 1935년 6월 15일자에서 "고국소식"으로 정리되었던 3면은 "전선全鮮 농가의 추이와 수입 상황", "물가 폭등―임금 저렴으로 평남 강동에 이주한 3천 광부의 참상", "조선의 취직률 실업군 속에서 임시고, 일용이 최다" 등이며, 다음으로 1935년 7월 15일자에서는 "조선공산당재건협의회 예심 종결", "울진 적농赤農 사건 금 1일에 공판 속개" 등의 기사가 게재되어 있다. 즉, 식민지 통치하에서 민중이 경제적으로 궁핍해짐과 동시에 정치적 압박이 심해지고 있는 사실을 강조하고 있는 것이다. 「도쿄조선민보」도 마찬가지여서, 현존하는 1935년 5월 25일자에는 "강릉공산당 예심 회부", "소작쟁의 격증" 등의 기사가 있다. 「조선신문」의 현존하는 2호에 대해서는 한반도의 기사는 확인할 수 없지만, 만주국에 거주하는 조선인에 대한 압박을 전하는 기사가 게재되어 있다.[237]

그리고 한반도와 재외조선인의 동향과 직접적으로는 관련이 없는 일반적인 국제정세나 국내 정치의 보도도 조선 민족의 해방을 바라는 사람들에게 용기를 주기 위해서 구성에 넣었다. 파시즘 세력의 횡포나 제국주의 간의 대립에 의한 전쟁의 위기를 보도하면서,[238] 반파시즘 세력의 동향을 전했다.[239] 특히 「민중시

---

[237] 「조선신문」 1936년 3월 1일자, "거주동포 470호 일제히 방화 축출 만주 집안현에서".
[238] 「민중시보」 1935년 7월 15일자, "폭(暴)! 나치스 쏘 유태인의 국적 치탈(褫奪)"; 1935년 9월 15일자, "포학한 나치스 유태인 차별 조령(條令)을 독일국회에서 가결"; 1935년 10월 1일자, "진대고(陣大鼓)에

보」1935년 9월 15일자 "국제적 항의를 야기한 코민테른대회 내용 판명"에서는
반파시즘 인민전선의 방침을 표방한 코민테른 제7회 대회의 동향을 전했다. 또
에티오피아에서의 이탈리아 침략에 대한 투쟁과 이집트의 반영 투쟁,[240] 필리핀
의 독립 문제,[241] 아이누 민족에 대한 정책,[242] 나치스의 유대인 박해 등에 대한
기사[243]를 싣고 있는 것은 피차별·피압박민족끼리의 연대를 촉구하는 의미를
갖고 있었다고 생각할 수 있다.

　　마르크스주의자나 그 주변에 있었던 리더계층들은 이상과 같은 조선 민족의
일본 제국주의로부터의 해방을 전망하고 있었다. 동시에 이러한 입장에서는 당
연한 것이겠지만, 같은 시기에 '교풍회' '협화회'의 이름하에서(후에 '협화회'로 통일된다)
시작되고 있었던 동화정책에 강하게 반대하고, 일본 내지에서 성장하고 있는
아이들의 민족성 유지도 필요불가결하다고 생각하고 있었다.

　　예를 들면 조선 옷 착용금지 지도에 대해서「민중시보」1935년 10월 15일자
사설은 "재래의 의복을 버리고 새로운 복장에로 일변한다는 그것이 인정상 경제
상 도저히 불가능한 것임은 너무나 빤한 문제 아닌가. 그런데 요즈음 위정자로부
터 일부 어용단체를 통하야 조선복을 버리고 오복(화복)을 입으라는 제창과 강제를
일삼고 잇으니 기괴천만한 정치적 현상이 아니고 무엇이랴"하고 지적했다. 또
조선어를 교수하는 야학에 대한 탄압이 강화되는 가운데「민중시보」1935년
8월 1일자 "가정과 부인 여름철과 아동"은 다음과 같이 주장하고 있었다.

응하야 에국토민군(國土民軍) 속속 궐기"; 1936년 4월 1일자, "「팟쇼」 이태리의 연명책 못소리니 수상
산업 국유 역설"; 1935년 7월 15일자, "명년도 예산편성 방침", 1935년 12월 15일자, "혼돈한 북중(北中)
정국" 등;「조선신문」1936년 3월 1일자, "나치스와 선거 독일「팟쇼」시작할 째".
239「민중시보」1935년 10월 1일자, "진대고에 응하야 에국토민군 속속 궐기"; 1936년 2월 21일자,
"시국 속에서 신장하는 반만항일열(反滿抗日熱)";「조선신문」1936년 2월 1일자, "중국 학생운동의
격화" 등.
240「민중시보」1935년 11월 15일자, "타도 영국을 절규하고 애급(埃及)에 반영(反英) 대학생단 궐기".
241「민중시보」1935년 11월 15일자, 김동식(金東植), "비도(比島, 필리핀)공화국 출현" 등.
242「민중시보」1935년 11월 15일자, "아이누보호 개정법률안 제출".
243「민중시보」1935년 7월 15일자, "폭! 나치스 또 유태인의 국적 치탈"; 1935년 9월 15일자, "포학한
나치스 유태인 차별 조령을 독일국회에서 가결".

아해들의 일정한 장소에 모혀서 학과를 복습케 하는 동시에 각각 그 동내에 잇는 중학 이상의 학력을 가진 사람의게 부탁하야 지도하게 하며 특히 조선사람이닛가 조선국문만이라도 이러한 방학 쌔를 리용하야 가리켜야 합니다. 압흐로 조선에 도라가서 살너는 사람들은 말할 것도 업거니와 이 고장에서 그대로 일생을 보내려는 사람이라도 조선사람과의 접촉을 써나지 못하고 조선사람의 환경을 써나지 못하면 조선국문이 절대로 필요합니다.

비슷한 의견은 「민중시보」 1936년 1월 1일자에 게재된 '각계 인사의 연두年頭 소감'에서도 확인할 수 있다. 이것은 조선인소비조합 간부와 종교단체, 친목단체의 지도자 등의 기고로 구성된 것으로, "조선말은 조선 민족이 잇는 한 업서질 수 업는 것입니다", "조선 민족이 잇는 곳에 조선 정신이 잇는 것처름 조선사람의 감정에 맞는 의복은 조선옷입니다", "야학 등에 대한 탄압이 장래 조선인으로 하여곰 그 민족에 독특한 언어까지 상실캐하는 수작인지 모르나, 피가 혈관을 돌고 숨결이 조선인의 비공鼻腔을 통하는 이상, 간단히 되는 것이 안이며 과거 모든 민족의 역사가 잘 증명하여 줍니다. 그러나 우리는 이 문제에 무관심할 수 업는 것이며 […] 조선어 교육에 진력하야 일상생활의 벗이 되고 실무에 지장이 업도록 하는 것이 무엇보다도 급선무라고 생각합니다" 등의 말이 실려 있었다.

즉, 마르크스주의자나 그 주위에 있었던 커뮤니티의 리더계층들에게 있어서 조선에 대한 확고한 귀속의식이 존재했었다는 것이다.

그러나 동시에 그들은 이제부터 생활해 나갈 장은 다름 아닌 일본 사회라는 의식도 가지고 있었다(물론 전술한 '가정과 부인 여름철과 아동'에 보이는 바와 같이 조선으로의 귀환도 부정되고 있었던 것은 아니지만). 단, 그러한 일본 사회로의 귀속의식은 확고한 생활기반을 다진다든가 호스트 사회로부터 따뜻하게 받아들여지고 있는 상황에서 생겨난 것은 아니었다. 그것은 고향으로 돌아갈 수도 없는 이상 설령 일본인들로부터 배제당하더라도 이 땅에서 살아갈 수밖에 없다는 상당히 비통한 생각이 섞여 있는 것이었다.

예를 들면 '일기자一記者'에 의한 「민중시보」 1935년 10월 15일자 "이것을 정시正視하자!"는 "이 쌍을 안주의 지地로 한다면 비상시 바람으로 대외문제에 정신이 쏠니는 사람은 「조선놈의 버르쟁이란! 남들은 인구문제, 식량, 국방 기타 범백국사凡百國事에 죽을판 살판 애들을 쓰고 잇는데 이 쌍을 안주의 지? 헹!」하고 모욕을 할는지도 모르겟지만은 더 갈 곳 업는 우리들 자신이 이 쌍을 안주의 지로 함에 잇서서 구태여 시국문제까지 끌어대일 이유는 업슬까 한다"고 서술하고 있다. 같은 인물일 가능성도 있지만, '경판신 조선인문제좌담회'에서도 민중시보 사원인 이신형李信珩의 "이전에는 돈을 벌면 귀국하려 했지만, 요즘은 가능하면 여기에 영주하려고 하고 있습니다", "가난한 사람은 고향으로 돌아가도 별 수가 없기 때문에 이 땅의 토착민이 되려고 하고 있다"는 발언을 확인할 수 있다.

그리고 적극적으로 선택한 것이 아니라고 하더라도 일본 내지에 계속 살려면 그곳에서의 생활의 기반을 다져 나가는 것이 과제다. 이 점 때문에 「민중시보」를 비롯한 이 시기에 간행되었던 재일조선인의 신문에는 생활권의 확립에 관한 기사나 논설이 많이 게재되어 있었다. 처음부터 「민중시보」에서 생활권의 확립이 강령으로 되어 있던 것은 이미 살펴본 바와 같다.

그러면 일본 내지에서의 생활권의 확립을 위해서는 무엇이 필요한가 하면 우선 여러 차별의 시정, 폐지를 들 수 있다. 조선인이기 때문에 공장 등에서 고용을 거부당하고, 일자리를 얻으려고 해도 민족 차별 임금을 강요당하는 것,244 조선인 이라는 사실이 알려지면 집을 빌릴 수가 없고, 게다가 행정당국은 조선인에게 집을 빌려주지 말 것을 결정했던 가주협회家主協會에 대하여 "추수적追隨的 태도를 취하여"245 왔을 뿐이며, 조선인의 거주권을 지켜주는 법규나 보호시설이 없는 점,246 '밀항'으로 온 조선인을 영장도 없이 호출하여 강제송환하거나, "경호警護가 잇슬적마다 조선인에게는 반다시 가택수사와 대중적 예비검속이 잇고 현해탄이

---

244 「민중시보」 1936년 1월 1일자, 김추수(金秋水), "재대판 조선인의 제문제"; 「도쿄조선민보」 1935년 5월 25일자, "연재만화 코주부".
245 「민중시보」 1935년 11월 15일자, 사설 "차별 정책과 주택 문제".
246 「민중시보」 1936년 2월 1일자, 사설 "주택난과 보호시설".

하필 조선사람에게만 한정하여서 엄정한 국경이 되고 마는 도항 조지阻止", "「일시 귀선증」조차 좀처로 엇기 어려운 현상"[247] 등 생활의 근간에 관련된 차별은 「민중시보」 등에서 반복해서 거론되고 있었다. 또 기류寄留신고를 제출하지 않았고, 언어 소통이 안 된다는 등을 이유로 소학교 입학을 거부하거나 학교에서 교원이 조선인 아동을 차별하는 것에 대한 비판도 확인할 수 있다.[248]

그러나 스스로의 생활기반을 닦기 위해서 필요하다고 생각된 것은 이러한 행정당국이나 일본인에 대한 비판만이 아니었다. 이와 함께 재일조선인 자신의 자조노력과 의식의 근대화를 포함한 문화적 향상으로도 생활문제의 해결을 도모해야 한다는 것이 촉구되고 있었다. 「민중시보」의 각 호에는 ① 위생의 개선이나 미신의 타파, 관혼상제의 간략화, 화장의 실시, 이중월년二重越年(양력과 음력으로 2번 지내는 설)의 폐지 등 생활의 근대화, 합리화를 추진할 것, ② 시간 엄수에 힘쓸 것, 기술 습득, 과학사상, 지식의 보급 등 근대적 주체·합리적 정신을 확립해야 할 것을 논하며, 그 실천을 독자들에게 호소하는 논설이 게재되어 있었던 것을 확인할 수 있다. 또 「조선신문」 창간호의 한 면에 게재되었던 논설 "새해 초두에 창간호를 내면서 제군들아 노력하라"에서도 재일조선인 아동의 취학률이 낮은 것과 식자율이 낮은 것을 지적하면서 지식수준의 향상을 도모함과 동시에 배운 지식을 생활에 응용해 나가야 한다고 주장하고 있었다. 또 '경판신 조선인문제좌담회'에서는 "밀매음굴 비슷이 되여" 있는 조선 요리점에서의 유흥에 대한 비판, "우리의 위생관념이 다소 박약하기 때문에 이곳의 사람들에게 배척을 받고 있고, 주택 임대 문제의 한 요인이 되고 있으므로, 우리가 반성하고 고쳐야 할 것은 하루라도 빨리 고쳐야 합니다"라고 언급되었다.

동시에 마르크스주의자나 리더계층들은 그러한 문화적 향상을 실현하고 나아가 차별이나 압박에 대항해 가기 위해서는 민중 차원에서의 아래로부터의 통일과 단결이 필요하다고 주장했다.

---

247 「민중시보」 1935년 9월 15일자, "조선인에 대한 강제송환을 단연 폐지하라!".
248 「민중시보」 1936년 2월 21일자, 사설 "조선인 아동과 신학기"; 1936년 4월 1일자, "좌충우돌"란.

예를 들면 도항관리제도가 재일조선인의 생활에 부자유를 강요하는 것에 대해서 '경판신 조선인문제좌담회'에서는 "이 문제에 대하야는 종교가나 비종교가나 상업가이나 공업가이나 노동자이나 조선사람이라면 다 목표가 갓트니, 한둘의 일노서는 아니될 일이므로 재일본조선인동맹을 조직하고 정당 합법적으로 투쟁을 하지 아니하고서는 도저히 해결키 어렵다"는 제기가 이루어졌다.[249] 전술한 「민중시보」에 게재된 "각계 인사의 연두 소감"에서도 "경제적 권리와 정치적 자유가 잇다면 별문제이어니와 우리는 아모 것도 가지지 못한 적수공권赤手空拳으로 풍습과 언어가 다른 만리이역에서 누구를 의뢰하고, 누구를 신뢰하겟습니까? 백난百難을 무릅시고 우리의 사회적 모든 역량을 집중강화하야 서로 악수하고 서로 맹세하는 동시에 옹호하고 구제하는 대서만이 의의가 잇고 의미가 잇다고 생각합니다", "조선인 유지有志 일반은 계급의 차이와 사상의 좌우를 물론하고 조선인 전체의 발전을 도성圖成하기 위하야 재일본 전 조선인의 사회적 세력 획득에 궐기하여야 될줄 생각합니다", "민족적 대동단결이 필요합니다"라는 주장을 확인할 수 있다.

또 「민중시보」 등에서는 이러한 '민중적 결합'을 실현하는 데 장해가 되고 있는 세력에 대해서 비판이 가해지고 있었다. 구체적으로는 우선 일본인 유력자와 연결되어 그 선거 머신이 되거나 직업 소개나 주택 알선을 내세우면서 실제로는 사리사욕을 채우고 있을 뿐인 내선융화단체를 배제하고, 출신 지방에 따른 감정적 대립, 운동의 불통일을 극복해야만 한다는 것이 반복해서 주장되고 있었다.[250] 그리고 행정당국의 통제교화를 위해서 조직하려고 하고 있었던 단체에 대해서도 명확하게 '민중적 결합'과 대립하는 것으로 이해하고 있었다. 「민중시보」 1936년 4월 11일자 "이 위기를 관철하자!"에서는 "강제적 동화를 수행하는 교풍회는 대체로 보아서 조선인의 민중 결합을 부정하는 것"이라고 명확하게

---

249 「조선일보」 1936년 5월 3일자, 정태중(鄭泰重)의 발언. 이 인물은 실제로 그 후 조선민중당이라는 합법 정당을 결성하려고 했지만, 1937년 7월 20일에 경찰당국의 '설유(說諭)'를 받아서 그 활동을 중지하였다(『特高月報』 1937년 7월분).
250 「민중시보」 1935년 9월 15일자, "지방적 차별 관념을 타파하자"; 1936년 4월 11일자, "이 위기를 관철하자!" 등.

지적하였다.

부언해 두면, 이러한 '민중적 결합'은 일본 내지에 있는 조선인들 사이의 결합에만 국한되어 있었던 것은 아니었다. 「민중시보」의 마지막 호가 되었던 1936년 9월 21일자에 실린 조선 내의 대수해 피해와 그에 대한 의연활동을 논한 사설 "수난에 대한 우리의 태도"의 다음과 같은 문언은 그것을 잘 나타내고 있다.

현금(現今) 조선인 민중은 말할 수 업는 난경(難境)에 부닥치고 잇다. 조선 내지에는 과반 전고미중유의 대수해로 인하야 일순간에 1억원 이상의 생활 근거를 씨서 보낼 분 아니라 풍찬노숙하는 백만 생령(生靈)이 노상에 방황하고 잇고 이곳에는 조선인에 국한한 특수정책이 수행되여 우리의 안주공작(安住工作)을 위한 통일적 민중적 노력을 전적으로 파괴하면서 잇다. [……]
우리의 고난은 우리 스스로 정복하고 복구발전하기에 전적 노력하여야 할 것이며 민중적 통일적 결합만이 고난을 극복할 수 잇다는 것을 이저서는 아니 된다.

이상으로 이 항에서는 마르크스주의자나 그 주변에 있었던 커뮤니티의 리더들의 동향을 신문 등으로 알아보았다. 이미 살펴보았듯이 그들은 일본의 지배로부터의 해방을 전망하면서 동시에 조선인끼리 서로 돕고 결속함으로써 일본 내지에서의 생활권을 확립하고자 하고 있었다. 그리고 이것은 최하층에 위치하고 있던 인텔리가 아닌 많은 재일조선인들의 바람이기도 했다고 생각된다. 말할 필요도 없이 재일조선인의 대다수는 한반도에서 경제적 압박을 받아서 어쩔 수 없이 도일하였고, 일본 내지에서도 민족차별을 받아서 생활고에 신음하고 있었던 존재였다. 그러한 가운데 마르크스주의자·비마르크스주의자, 인텔리·비인텔리, 계층을 불문하고 피압박민족이면서 하층에 위치한 민중의 생활 속에서 생겨나는 연대감과 해방에 대한 바람―이른바 소박한 내셔널리즘―은 많은 사람들이 공유하는 것이었다. 그런 의미에서는 「민중시보」 등에 결집되어 있던 마르크스주의자나 리더계층은 민중 차원의 재일조선인과 가장 가까운 곳에 있었다고 말해도 좋을 것이다.

　단, 마르크스주의자나 리더계층과 그렇지 않은 민중들의 의식이 완전히 같
은 것은 아니었다는 점 주의해 둘 필요가 있다. 그 차이는 우선 귀속의식의 형태에
도 존재했다. 즉, 앞항에서 본 바와 같이 민중 차원의 조선에 관련된 귀속의식은
종종 국가가 아니라 자신의 고향인 마을이라는 단위가 되었다. 그러나 이에 반해
서 마르크스주의자들에게 있어서는 「민중시보」의 '조선국문'이라는 말이 상징
하는 것처럼 어디까지나 귀속의 대상은 한 나라를 구성해야 할 조선이었다. 그리
고 지연에 바탕을 둔 단체나 자신들의 고향에 기부하는 등의 활동에 대해서도
비판적인 논설이 「민중시보」에 종종 게재되고 있었다.[251] 물론 지연에 기반을
둔 단체의 대립이 재일조선인 사회의 폐해였던 것은 사실이었고, 그 점은 비판받
아야 할 것이다. 그러나 그것은 국지적인 단위로의 귀속의식에 대한 억압으로
전화될 수 있는 것이었다.[252]

　또 마르크스주의자나 커뮤니티의 리더들과 인텔리가 아닌 민중 사이에서는
근대적인 가치 기준의 도입이라는 점에 있어서 명확한 간극이 있었다는 것도
확인할 수 있다. 이미 서술한 바와 같이 「민중시보」 등에 생활권 확립을 위한
자조노력으로서 강조되었던 것은 위생관념의 확립, 미신의 타파, 관혼상제의
간략화, 이중월년의 폐지, 시간 엄수에 힘쓸 것 등이었다. 이 점도 물론 재일조선
인의 생활을 개선을 위해 필요한 지적이었다고 추측된다. 그러나 이 점들과 관련
해서 마르크스주의자나 커뮤니티 리더들이 민중을 뒤처진 존재로 간주하게 될
가능성도 있었다.

　그리고 이러한 근대적 가치기준에 기반을 둔 재일조선인에 대한 교화를 통한

---

[251] 「민중시보」 1935년 9월 15일자, "지방적 차별 관념을 타파하자"; 1935년 10월 1일자, "지방 인사의
착각" 등.

[252] 부언하면 「민중시보」 1935년 7월 15일자, "화장을 려행하자"에서 "고국에 토장하러 간다는 것은
언으 특수한 섬사람들 외에는 문제도 안 된다. [……] 그 지방 출신 노동자들은 노여워 할는지도 모르지만
은 명색이 눈쓰고 살녀는 노동자라면 지방열(地方熱)과 회향병(懷鄕病)을 거더쳐 버려야 된다"는 비판
이 게재되어 있는 것은 시신을 고향으로 가지고 돌아가서 매장을 하는 일이 종종 제주도 출신자에
대한 차별을 조장할 가능성을 갖고 있었다고도 할 수 있다.

생활 개선은 같은 시기에 행정당국이 전개하고 있던 것이기도 했다. 「민중시보」 등의 활동이 행정당국의 정책에 분명하게 반대했던 것은 사실이지만, 근대적 가치기준의 교화라는 점에서는 어떤 의미에서는 비슷한 입장에 있었다는 것도 부정할 수 없는 것이다.[253]

그러나 그러한 문제점을 내포하고 있었다고 해도 마르크스주의자나 그 주위에 있었던 커뮤니티의 리더들은 최하층의 재일조선인들과 연결을 유지하면서 일본 내지에서의 생활을 개척하고 민족해방을 전망하고자 했던 것은 틀림없었다. 이것은 즉, 그들이 침략전쟁을 수행하는 체제를 다지고 그 안에 재일조선인을 끌어들이려고 했던 일본 국가와 가장 첨예하게 대결하고 있었던 것을 의미했다. 1936년 중반에 「조선신문」과 「민중시보」의 관계자에 대한 잇단 탄압이 가해져서 노구교盧溝橋사건(중일전쟁의 발단이 되었던 사건. 1937년 7월 7일 밤 중국 베이징의 남쪽 근교에 있는 다리, 노구교 부근에서 연습 중이던 일본군이 총격을 받아, 이것을 불법이라 하여 다음날인 8일 중국군을 공격하여 교전이 시작되었다—역자) 후인 1937년 8월에 「도쿄조선신보」(「도쿄조선민보」의 후계지)에 발행금지처분이 내려져 부활하지 못했던 것은 그들의 영향력 확대를 일본 국가 측이 철저하게 경계하고 있었다는 증거이기도 하다.

이 절에서는 1930년대 중반 일본 내지에서의 체재가 장기화되었던 상황에서의 재일조선인의 의식에 대해서 고찰해 보았다. 장혁주 및 고권삼의 언설과 「민중시보」 등의 기사·논설 등으로 알 수 있는 것은 물론 어디까지나 그 일단에 지나지 않는다. 그러나 이 사료들을 통해서라도 재일조선인의 의식이 다양했다

---

253 그러한 일이 다음 장에서 서술할 바와 같이 리더계층의 일부가 1940년대에는 행정당국의 동화정책에 협력하게 된 것의 한 요인이었다고 생각할 수 있다. 또 이러한 상황은 장혁주의 「골목」에서도 그려져 있다. 동화정책에 협력해야 한다고 하는 안경희는 다음과 같은 의견을 개진하고 있다. "……이민(移民)들의 저 지저분한 생활, 무지한 일상을 보면 옛날 우리가 일신(一身)을 희생해서 저 사람들을 위해서 싸웠다니—", "일하고 돌아오면 술을 마시고, 도박에 빠지고, 금방 격앙되어서 와—하고 앞뒤 가리지 않고 난폭해지고, 그런 것들을 생각하며 저런 사람들을 구제하는 것은 옛날 우리들이 열중했던 운동이 아니라 목전의 무언가 다른 방법을 강구해야 되는 것이 아닌가 하고 그런 생각이 들어요. 김삼달 씨는 그 점에 착안해서 교풍회를 일으켰다고 해요. 주민의 일본화, 그것을 기초로 즉, 정부의 힘을 빌려서 생활 개선을 도모한다는 거예요. 부락의 판잣집도 부수고, 시에서 아파트 같은 주택을 세우는 계획도 있다고 하고요—".

는 것을 확인할 수 있다. 현주지에 대한 귀속에 관련된 의식에서 보면, 물론 조선으로의 귀환이라는 희망을 가진 사람과 실제로 그럴 예정이었던 사람이 존재할 것이다. 그러나 대부분의 경우는 어쩔 도리 없이 그곳을 삶의 터전으로 삼지 않을 수 없다는 생각을 품고 있었다고 생각되며, 한편으로는 적극적으로 그 땅의 일원이 되고자 하는 의식을 가진 사람도 있었다고 볼 수 있다. 그리고 조선과의 연관에 관해서는 유대의 구체적인 기반을 잃은 사람, 그러면서도 강한 귀속의식을 유지하는 사람, 거꾸로 국지적인 차원에서의 유대를 기초로 하는 관계 속에서의 생활을 계속하는 사람 등이 있었다.

그러나 그러한 가운데에서도 대체로 이 시기의 청년층 이상의 재일조선인들은(즉, 1세들은) 자신들의 문화를 부정하지 않고 현재 있는 장소에서의 생활을 유지해 나가려고 하고 있었다고 추측된다.

그 때문에 고권삼의 경우에는 대일본제국 속의 조선 민족이라는 틀을 부정하지 않고 오히려 다문화주의의 실현이 제국의 기반을 확고히 한다는 논리로 그것을 실현할 것을 촉구했다. 이에 반해서 마르크스주의자나 그 주위의 커뮤니티 리더들은 민중적 결합을 공고히 하여 일본 국가에 대항해 감으로써 조선 문화를 유지한 생활권의 확립을 쟁취하려고 했다. 그러나 이미 1930년대 중반부터 일본 국가는 그러한 요구를 부정했을 뿐 아니라 조선인이 자신들의 문화를 유지하면서 일본 내지에서 생활해 가기 위한 물질적 기반 자체를 파괴해 가고 있었다.

그러한 가운데 다음 장에서 살펴볼 전시하에서는 이제까지 여러 가지 운동을 전개해 왔던 청년층 이상의 재일조선인들은 침묵할 수밖에 없게 되거나 양보나 변절을 강요당해 가게 된다. 나아가서는 이보다 젊은 세대의 재일조선인들은 귀속과 문화의 차이 혹은 어디에도 귀속할 수 없다는 문제에서 생겨난 고뇌를 떠안은 채 일본 내지에서 청년기를 맞게 되었다.

전간기 재일조선인과 일본 국가 · 일본인

이제까지 서술해 온 바와 같이 전간기에 일본열도로 조선인들이 유입된 것은 일본열도에 일본인들과는 이질적인 문화를 갖는 사람들의 사회와 독자적인 활동을 만들어냈다.

이 사태는 근대일본 국가 건설을 담당한 사람, 국가 운영의 중추에 있던 사람에게 있어 예상치 못했던 사건이었을 것으로 생각된다. 국민국가로서의 근대일본은 균질적인 문화를 갖은 '일본인'에 의해 구성되고, 사회제도도 그것을 전제로 하고 있었기 때문이다. 물론 이미 식민지로서 타이완 및 조선을 영유하고, 대일본제국의 판도 속에는 일본 민족과는 다른 사람들이 존재하고 있었지만, 일본 내지로 대량의 이민족이 유입되어서 독자적인 사회를 형성하기 시작했던 것은 그 이전에는 볼 수 없었던 현상이다. 게다가 조선인들은 일본인과 완전히 분리되지 않고 당연히 어느 정도는 일본인과 접촉하면서 생활하고 있었다. 많은 조선인은 일본인에게 고용되고, 일본인 노동자와 같은 노동현장에서 일하고 있었고, 그 중에는 "시골 또는 변두리에 내지인과 섞여서 한 집을 칸막이해서 여러 가구가 살거나 동숙생활을 하는" 사람도 있었다.[1]

그러면 그러한 사태에 대해서 일본인이나 일본 국가는 어떻게 대응했을까?

이 질문에 대한 답은 그리 단순한 것이 아니다. 원래 어떠한 상대이든 타자에 대한 의식이란 복잡하기 마련이다. 개인이 놓여있는 환경이나 입장·경험의 차이에서 각각의 인식은 매우 다양하며 동시에 동일인물 안에서도 상호 모순되는

---

[1] 朝鮮総督府,『阪神·京浜地方の朝鮮人労働者』, 朝鮮総督府, 1924년;『集成』제1권, 43쪽. 이 사료는 인용 부분에 이어서 그처럼 일본인과 동거하는 조선인이 드물지 않다고 하고 있는데, 이 후의 시기에는 조선인 노동 하숙이 증가하고, 조선인 집주지의 형성이 진전되어 간다.

것 같은 감정이 존재하는 경우도 있다. 따라서 일본인의 재일조선인에 대한 의식이라 하더라고, 일면적─面的, 고정적인 것이 아니라 여러 가지 요소가 동일인물 안에 포함되어 애매한 형태로 혼재하고 있었다고 보아야 한다.

실제로 많은 일본인들은 재일조선인이라는 존재를 어떻게 받아들이고 있었는가 하는 근본적인 문제에 대해서도 상호 모순되는 의식을 갖고 있었다. 한편으로는 조선인을 같은 국가의 국민으로서 인식하고 있었지만, 다른 한편에서는 '외국인' 혹은 그에 가까운 존재로서 보고 있었다.

예를 들면 고베시 사회과가 1927년에 간행한 『재고베 반도민족의 현상在神半島民族の現狀』라는 사회조사보고서는 그 제목에서는 독립된 국가를 형성하고 있었던 시기의 호칭인 한국인이나 조선인이라는 말 대신에 '반도민족'이라는 용어를 사용하고 있다. 이것은 조선인도 같은 '제국신민' 즉, 일본의 국민이라는 것을 나타내는 '배려'라고 할 수 있겠다. 그러나 이 보고서 안에서는 다음과 같은 기술을 찾아낼 수 있다.

> 조선인 문제는 [……] 결국 단지 심리적으로 내재되어 있는 일본인의 인습 관념이 먹는 것조차 제대로 먹지 못하는 불경기 때문에 어쩔 수 없이 발동한 것에 지나지 않는다는 것이 터득된다. 일등 국민이라는 존대한 우월감─병합된 국민이라는 일종의 멸시 관념─ 하층 노동자가 많은 사회적 존재에 대한 천시 관념─이러한 몇 가지 착오가 많이 겹쳐서 불경기라는 불씨에 생각지 않게 폭발하여 심리적으로 일본인에게 조선인 배척 행동을 하게 하기에 이르렀음에 틀림없다. [……]
> "조선인 중에 대체 글자를 쓸 수 있는 사람이 있겠느냐." [……] 이러한 조선통의 사람들에 의해서 호의의 사주를 받으면서 양국의 민족적 호감이 누누이 위기의 정점에 세워지게 된다…….

여기에서 조선인은 일본과는 다른 국가, 국민인 듯한 의식이 표출되어 있는 것을 확인할 수 있을 것이다. 인용문 중에도 있듯이 이러한 견해는 병합 이전에는

외국이었다는 역사적 경위 및 외지·내지의 구별이라는 통치형태에 기인했다고
생각할 수 있다.

그리고 구체적인 생활 현장에서의 접촉으로 다음과 같은 의식이 생겨났다.

우선 일본인은 조선인에 대해서 차이를 가진 존재라는 것을 인식하고 있었
다. 그 차이라는 것은 첫 번째로는 전술한『재고베 반도민족의 현상』이 서술한
"내지에 와 있는 선인이 그 젓가락질부터—살림살이 만반에 걸쳐 모조리 조선식
을 강행해 가는" 문화의 차이가 있었다. 동시에 근대적 가치 기준에서 보았을
때의 '뒤처진' 섬에서 나른, 즉 조선인은 비위생적, 나태하고, 교양이 없나는 인식
도 일본인들 사이에 퍼져 가고 있었다. 그리고 일본인은 이러한 점도 조선 민족의
민족성이나 역사와 관련된 것으로 생각하고 있었다.『재고베 반도민족의 현상』
가운데 조선인을 고용하고 있는 사업주의 인식을 정리한 기술에는 다음과 같은
대목이 있다.

……위생사상에 관해서 묻자니, 지극히 유감스럽게도 선인은 비위생적인 민족이라
고 예기치 않게 대답할 정도로 으레 더럽기 마련이다. 이씨조선 다년간의 비정(秕政)
이 이렇게까지 민족적 추락을 불러 온 것인가 하고 생각하면 우리는 폭정악치(暴政惡
治)가 호랑이보다도 무서운 까닭을 알 수 있는 것이다.

그런데 이러한 견해를 갖는『재고베 반도민족의 현상』에는 일본인과 조선
인은 문화적으로 가까운 존재라고 하는 다음과 같은 인식도 제시되어 있었다.

……우리는 무엇보다도 조선인과 내지인의 차이를—미국인과 일본인 정도로 너무
멀지는 않다는 것을—소리 높여 역설하고 싶은 것이다. 과연 생활양식도 관습도
표면적으로는 상당한 차이가 있는 것처럼 보이지 않는 것도 아니다. 그러나 그 양식
이든 습관을 형성하고 있는 유래—계기에 이르러서는 다행히도 양자는 일맥의 연계
에 의해 유지되고, 영서(靈犀) 상통하는 혈연에 놓여 있는 것을 꿈에라도 잊어서는

안 된다. 먼 뿌리의 나라의 예로부터의 역사와 전통은 결국 피는 물보다 진하다고
가르쳐 준다.

또 이 보고서에는 "조선인은 비위생적이라고 배척하는 일파에 대해서는 과
연 그렇다면 일본인은 꼭 조선인 이상으로 결벽한 것일까. [……] 시내에 있는
다수의 비위생지구의 존재는 우리의 예스라고 하는 대답을 좌고우면左顧右眄 주저
하게 한다"는 기술도 볼 수 있다. 즉, 근대적 기준으로 본 '뒤처짐'도 민족성에서
나온 차이가 아니라 일본인 하층 민중과 그다지 다르지 않다고 하는 견해도 한편
에서는 나오고 있었던 것이다.

나아가 지역사회에서 조선인들의 존재를 어느 정도로 생각하는지에 대해서
도 다음과 같은 두 가지 측면이 일본인들 사이에 존재하고 있었다. 그 하나는
조선인이 같은 지역의 구성원이라는 의식이 희박한 것이다. 이것은 당시의 조선
인 대부분이 이동성이 컸고 판잣집이나 불량주택에 동거하며 생활 기반을 충분히
다지지 못한 것처럼 보였던 것도 작용하고 있다. 조선인은 "'동가식서가숙東家食西
家宿'이라고 해서 물과 풀을 따라 옮겨 다니는 것에 익숙한 인종"[2]이며 "대부분은
일정한 주소조차 갖지 못하고 단지 일자리를 찾아서 오사카시 내외를 떠돌아다니
는"[3] 존재에 지나지 않았다. 그러나 다른 한편으로 "살고 있는 곳에 애착을 가지고
안정된 직무에 종사하며, 일시적으로 돈을 벌기 위해 나왔다는 의식을 버리고
일개 시민으로서, 공민으로서"[4] 생활하기를 호소하고 있었던 것과 같이 조선인도
지역주민의 일원이어야 한다고 하는 견해도 있었다.

이것들을 정리하면 일본인 재일조선인에 대한 인식에는 다음과 같은 상호
모순되고 분열된 요소가 포함되어 있었던 것을 알 수 있다.

---

2 「오사카마이니치신문」 1924년 4월 24일자 기사, "밀물처럼 흘러들어오는 선인의 무리(潮のやうに
流れ込む鮮人の群れ)(1)".
3 「오사카마이니치신문」 1924년 4월 24일자 기사, "밀물처럼 흘러들어오는 선인의 무리(3)".
4 東京府 学務局 社会課, 『在京朝鮮人労働者の現状』, 東京府, 1929년, 『集成』 제2권, 961쪽.

외국인/같은 민족

문화적 차이를 가진 존재/가까운 존재

일시적으로 체재하는 다른 지역 사람/같은 지역의 주민

이 중 후자는 행정당국의 공식 견해와 '그래야만 하는 모습'이며, 전자는 민중 차원의 의식 실태에 가까웠다고 볼 수 있겠다.

이러한 의식의 배경에 재일조선인에 대한 행정당국의 대응도 동화와 평화를 표면에 내세우면서 실제로는 차이와 차별을 유지·이용하려고 하는 양면석인 것이었다.

즉, 일본 국가의 통합적 그물망에서 조선인이 제외되는 것에 대한 경계와 전술한 바와 같이 조선인과 일본인과의 문화적 차이가 그다지 크지 않다는 것, 지역사회의 일원이어야 한다는 의식에서 동화를 요구하는 정책이 추진되었다. 오사카시 사회부는 1924년에 실시한 조선인 노동자에 관한 사회조사에서 다음 과 같은 제언을 하고 있다.

……조선에서의 조선인에게 급격한 동화정책을 실시하는 것에 대해서는 이론(異 論)이 없는 것도 아니지만, 한번 내지에 와서 거주하여 내지 사회의 일원이 될 수 있는 조선인에 대해서는 충분이 동화정책을 실시하는 것이 마땅하다. [……] 조선인 노동자도 ① 내지에 영주할 각오를 가지고, ② 스스로 분리해서 사회를 만들지 말고 되도록 자유롭게 내지인 사이에 섞이며, ③ 내지인의 풍속 습관을 채용하고, ④ 충실한 내지인 같은 마음가짐을 가져야 한다.[5]

그렇지만 1920년대의 행정 대응의 실태를 보았을 때 동화정책이 적극적으 로 추진되었다고는 하기 어렵다. 예를 들면 학령기의 재일조선인 아동에게 일본 인과 똑같은 교육을 하는 것은 동화를 추진하는 데 있어서 아주 중요한 효과가

---

5 大阪市 社会部, 『朝鮮人労働者問題』, 弘文堂書房, 1924년, 『集成』 제1권, 395쪽.

나타날 것이 분명하며, 실제로 행정당국도 그것을 적극적으로 추진해야만 한다고 했다. 그럼에도 현실에서의 취학률은 1930년대 중반에도 지역에 따라서는 50% 이하의 낮은 수준에 그쳤다.[6] 이러한 점들을 보면 오히려 재일조선인이 행적당국에 의해서 방치되어 있었다고 할 수도 있을 것이다. 또는 이 시기 조선인이 출생한 자식에게 일본 내지인 같은 이름을 지어도 출생신고를 받아주지 않았던 것 등[7] 행정당국은 민족적 차이를 유지하려는 대응까지 하고 있었다.

그리고 권리의 향유 면에서는 재일조선인은 일본인과 다른 존재라는 것을 이유로 제한이 가해졌다. 참정권은 "타이완인, 조선인은 그 주소지에서는 자치능력을 인정할 수 없는데, 내지에 있다고 해서 그것을 인정할 만한 이유가 없다"며 애초부터 부여되지 않았고,[8] 심상소학교를 수료하지 않은 학령 아동을 고용할 때, 공장주는 그들의 취학에 관한 필요사항을 정해서 인가를 받아야 한다는 공장법시행령 제26조에 대해서도 이 조문은 "의무교육을 전제로 하는 것이라면 의무교육제도 대상이 되지 않는 조선인에 대해서는 그것을 적용할 필요가 없다"는 판단을 농상무성農商務省이 내렸다.[9] 즉, 외지인은 내지에 거주한다고 하더라도 외지와 같은 수준의 권리로 제한해야 한다는 논리였던 것이다.

이와 같이 행정 대응도 어떤 국면에서는 일본인과 조선인과의 차이나 차별은 인정하거나 온존시키고, 다른 한편에서는 일본인으로의 동화를 요구하여 대일본제국 신민으로서 평등하게 대우한다는 양면성을 지니게 되었다. 물론 여기에서도 표면적으로 그래야만 하는 것으로 생각되고 있었던 것은 후자 쪽이었다. 그리고 참정권에 대해서 그 후 일본 내지에 거주하는 한은 외지인에게도 부여된다는 해석을 하는 등 행정 대책은 점차 평등·동화의 방향으로 비중이 기울었던

---

6 예를 들면 교토시의 1935년 조사에서는 7~17세 조선인 중 소학교 미취학자는 44.3%에 달한다(京都市社会課, 『市内在住朝鮮出身者に関する調査』, 京都市, 1937년, 『集成』 제3권, 1200쪽).

7 「조선일보」 1937년 5월 10일자 기사, "재류조선인 중에 '변성명(變姓名)' 계출이 속출".

8 松田利彦, 『鮮前期の在日朝鮮人と参政権』, 明石書店, 1995년, 20쪽에서 언급된 「오사카마이니치신문」 1926년 6월 18일자 기사에 소개되었던 1918년 2월 9일자 내무성 통첩.

9 「오사카마이니치신문」 1917년 8월 17일자, "조선인 노동자 내지유입과 그 장래(朝鮮人労働者内地流入とその将来)".

것도 분명한 사실이다.[10]

그러나 예를 들면 조선인에게만 적용된 도항관리제도가 1920년 이후 거의 계속 존재했던 것에서 볼 수 있듯이 노동력의 조정과 민족운동대책이라는 점에 관해서는 당연한 듯이 차별 대우가 이루어졌다. 그 경우의 차별은 앞의 공장법시행령 등의 논의에서 볼 수 있는 것과 같은 왜곡된 법률 해석이나 '법적 근거에 바탕을 두는 것이 아닌', '순전한 정책'으로써 실시되고 있어서, 그런 의미에서는 애매하며 박약한 근거에 바탕을 두고 있었다.[11] 그럼에도 그러한 차별 대우가 가능해진 것은 전술한 바와 같이 조선인과의 차이를 인정하는 의식이 일본인들 사이에 뿌리 깊게 존재하고 있었기 때문이라고 볼 수도 있다.

이상의 재일조선인 사회의 형성에 대한 일본인의 대응을 다시 한 번 확인해 두면 다음과 같았다고 할 수 있을 것이다. 다른 문화적 배경을 가진 사회집단이 일본에서 생활하게 된 사태에 대해서 행정당국은 문화적 차이를 인정하고 그 권리를 보증하는 대응을 취하지 않았다. 같은 '제국신민'이며 일본인에 동화되어야 할 존재로서 취급하고 있었다. 그러면서도 민중의식에서는 일본인과의 차이가 오히려 더 뚜렷하게 확인되면서 조선인들이 같은 사회를 구성하는 존재라는 의식이 형성되지 않았고, 행정당국도 재일조선인을 방치하는 대응을 취했다.

1920년대부터 1930년대에 걸친 재일조선인의 민족적인 결합의 유지와 독자적인 상업·서비스업과 사회운동 등 여러 가지 활동의 전개도 이러한 행정당국의 태도가 배경이 되었다고 할 수 있겠다.

그렇지만 이제까지 서술해 온 바와 같이 1920년대부터 1930년대에 걸친 재일조선인의 동향을 볼 때 단순히 독자적인 문화와 사회적 결합이 유지되고 있었다고는 하기 어려운 요소가 있었던 것도 사실이다. 일본인과 다를 바 없는 복장으로 조선어를 사용하지 않고 일본풍의 통명을 쓰는 조선인도 이미 존재했다. 동시에 사회적 결합에서도 합숙소의 십장들을 중심으로 하는 상호부조단체

---

10 앞의 『戰前期の在日朝鮮人と參政権』, 21쪽.
11 樋口雄一, 『協和会 戰時下朝鮮人統制組織の研究』, 社会評論社, 1986년, 239~256쪽.

중에서는 결국 일본인 유력자를 고문으로 둔 내선융화단체로 바뀐 것도 나타났다. 이러한 변화는 근대 문명=일본이라는 견해의 영향과 일본인에 대한 동화를 통한 차별로부터의 탈출, 일본인 유력자와 연결됨으로써 이룰 수 있는 생활의 안정, 사회적 상승의 기도 등에 의한 것이었다.

단, 일본인과 다를 바 없는 외양을 꾸민 사람도 이 시기의 재일조선인 사회와 전혀 관계없는 생활을 하고 있었던 것은 아니었다. 조선인이라는 사실이 알려졌을 경우 셋집을 얻기가 대체로 어려웠던 상황에서 역시 그들이 거주하고 살아가는 곳은 조선인 집주지였다고 생각할 수 있다. 또 일본인 유력자들과 연결을 가진 조선인 합숙소의 십장과 노동 하숙 주인, 공장주들도 다른 조선인을 고용한다는 점에서 재일조선인 사회와의 관계를 유지하고 있었다. 그리고 일본인 유력자를 고문으로 맞이했다고 하더라도 내선융화단체의 대부분은 조선인만을 회원으로 하는 민족별 단체였다.

따라서 동화와 일본인과의 연결이 심화된다는 것이 반드시 재일조선인 사회의 해체와 그로부터 이탈하는 사람이 증가한다는 것을 의미하는 것은 아니었다. 1920년대부터 1930년대에 걸쳐서 조선인 집주지가 증가하고 그곳에서 조선인을 대상으로 한 사업·서비스업이 발전했으며 조선인 단체의 활동이 활성화되었던 것과 풍속·언어 등이 일본에 동화되고 일본인과의 연결이 심화되어 가는 변화는 재일조선인 사회에서 동시에 진행되고 있었다고 보아야 할 것이다. 바꿔 말하면 재일조선인 사회는 한편에서는 성숙해 가면서도 다른 한편에서는 일본인과의 관계의 심화, 일본 문화에 대한 동화라는 변용이 시작되었던 것이다.

그리고 그러한 상황은 일본인과 비교해서 조선인이 다른 집단이라는 것을 강하게 인식시키는 것으로 이어지고 있었다고 생각할 수 있다.

이상에서 살펴본 바와 같이 전간기의 일본 내지에서의 일본인과 조선인의 의식·행동은 각각의 내부에서 살펴보면 복잡했으며, 쌍방을 나란히 놓고 본다면 대칭적인 것이었다. 일본인은 표면적으로는 조선인에게 동화를 요구하면서, 현실에서는 차이·차별을 온존시키고 여러 가지 사회 참가에서 배제시키는 태도를 취했으며, 반대로 조선인은 민족의 독자적인 문화와 사회적 결합을 여러 부분에서 남겨 놓았지만 일부에서는 일본인과의 결합의 심화와 동화 지향을 나타내고 있었다.

그리고 양자의 의식과 행동은 서로 대응하는 것이면서 또 그 때문에 거리감이 줄지 않는 관계에 있었다. 차별하면서 한편으로는 동화를 요구하는 일본인의 태도는 조선인의 동화지향을 촉진했고, 배제와 방치라는 대응은 재일조선인 사회를 형성·발전시키고 있었다. 그리고 일본인과 같은 외양으로 일본인과의 연결을 갖게 되었던 조선인들 중에도 한편으로는 민족의 독자적인 문화와 사회적 결합을 유지하고 있는 경우가 있었기 때문에, 일본인은 그 차이를 발견·확인하고, '외부인'이라는 인식을 유지했다.

따라서 1920~1930년대 조선인 도일자의 급증은 분명 이문화를 유지하는 집단의 출현이라는 일찍이 없었던 상황을 만들어냈지만, 그것은 '해방구'와 같은 공간을 만들어낸 것은 아니었다는 것을 알 수 있다. 그에 반해서 일본인들 안에서는 일본은 일본인만이 구성한다는 의식을 바꾸거나 이민족에 대하여 열린 사회제도로 개혁하겠다는 움직임은 거의 찾아볼 수 없었다. 그리고 일본인이 위와 같은 대응을 취한 것은 재일조선인이 다문화주의적 정체성을 확립하는 데 있어 장애가 되었다.

최근의 연구에서는 식민지 영유 후의 대일본제국이 여러 민족으로 구성되었다는 견해가 일부 이데올로기뿐만 아니라 일본 국가에 의해서도 인정되고 있었던 것이 종종 지적되고 있다.[12] 그러나 이제까지 살펴본 바로부터 전간기에도 일본 사회가 다양한 민족으로 구성되어 있는 것을 받아들이고 서로가 그 문화를 존중하겠다는 의식은 사회적으로 희박했다고 할 수 있다. 오히려 이 시기에도 훗날 전후 일본에서의 확고한 단일민족국가 이데올로기로 이어지는 요소가 존재했다고 보아야 할 것이다.

---

12 小熊英二, 『単一民族神話の起源』, 新曜社, 1995년 등.

5장
전시하의 재일조선인 사회

1937년 7월의 노구교사건을 계기로 일본과 중국 양국은 전면전에 돌입했다. 민중의 내셔널리즘을 기초로 한 중국 측의 저항에 의해 전쟁은 장기화되고 일본은 장개석 정권을 지원하는 미국·영국 등과의 대립이 심화되었다. 이어서 1941년 12월에 일본은 장개석은 미국·영국 등 연합국과의 전쟁을 개시, 전역戰域은 동남아시아와 태평양 지역 등으로도 확대되었다. 이러한 과정에서 일본 내지 및 식민지에서는 국가총동원정책이 전개되어 물자 및 민중 각층의 노동력 전부가 침략전쟁 수행에 동원되게 되었다.

말할 필요도 없이 아시아태평양전쟁과 그것을 수행하기 위한 여러 시책은 조선인 민중 생활에도 큰 영향을 미쳤다. 일본 내지의 탄광·토목공사현장 등으로의 연행과 그곳에서의 노예적인 노동의 강제, 병력과 종군위안부로서의 동원 외에도 전쟁 수행을 뒷받침하기 위한 이데올로기 주입, 언어·풍속·생활습관에 이르기까지 일본화＝황민화가 조선인을 대상으로 실시되었다. 이 시기에 조선인이 받은 정신적·육체적 피해는 헤아릴 수 없고, 오늘날에도 문제로 남아 있음은 많은 사람들이 알고 있는 바다.

그런 이유들로 인해 1930년대 말 이후 일본 패전까지의 시기에 대한 재일조선인에 관련된 연구는 주로 강제연행＝전시동원과 황민화정책의 실태에 집중되어 왔다.

이 중 전시동원에 대해서는 박경식의 『조선인 강제연행의 기록』을 비롯하여 정책 그 자체 혹은 각 지역에서의 동원 및 노동의 실태에 대해서 논한 연구 등이 많이 축적되었다. 동시에 운동사의 접근에 따른 연구 중에서는 연행과 노예적 노동을 강요받은 노동자가 학대를 견디기 어려워 일으킨 쟁의나 도망 등의 사례를 들면서 일본 제국주의에 대한 저항으로 평가하고 있다. 그러나 전시동원 정책으로 일본 내지에서 일하게 되었던 조선인과 그 이전에 형성되었던 재일조선 인 사회와의 관련성은 깊지 않다. 이미 일본에 있는 지연·혈연 관계자들이 도일이 나 도일 후의 생활을 보살펴주었던 것도 아니고, 대개의 경우 연행되어 간 곳에서 는 격리·감시 속에서 노동을 강요당하고 있었다(물론 도망한 후에 조선인 합숙소나 집주지에서 생활하는 경우도 있었기 때문에 그 이전부터 형성되어 있었던 재일조선인 사회와 전혀 관계가 없었던 것은 아니다). 그래서 이하에서는 우선 전시동원정책으로 인해 일본 내지에 거주하고 있었던 조선인의 동향은 고찰에서 제외하기로 한다.

그러면 전시동원정책으로 일본에 배치되었던 사람들을 제외한 재일조선인 에 관련된 선행연구로서는 어떠한 것이 있을까? 가장 주목해야 할 연구로서는 히구치 유이치의 『협화회: 전시하 조선인통제조직의 연구協和会: 戰時下朝鮮人統制組 織の研究』(社会評論社, 1986년)와 『황군병사로 만들어진 조선인皇軍兵士にされた朝鮮人』 (社会評論社, 1992년)이 있다. 이 두 저작은 전시하 재일조선인 통합을 위해서 만들어진 협화회의 조직 및 그를 통한 이데올로기 교화, 풍속·생활습관에 이르기까지의 동화, 침략전쟁과 그것을 뒷받침하기 위한 생산 활동에 동원하는 등의 정책을 밝혀낸 것이다. 동시에 협화회의 시책과 관련해서 재일조선인 사회의 상황에 대해서도 약간 다루고 있다.

또 박경식의 『재일조선인운동사 8·15 해방 전在日朝鮮人運動史 8·15解放前』(三一書 房, 1979년), 이와무라 도시오岩村登志夫의 『재일조선인과 일본노동자계급在日朝鮮人と 日本労働者階級』(校倉書房, 1972년) 등의 운동사 연구 중에도 이 시기의 재일조선인에 관한 언급이 있다.

사료가 부족한 이 시기의 재일조선인에 대해서 여러 가지 사실을 발굴해낸 이 연구들은 큰 의의를 갖고 있다. 그러나 다음과 같은 문제점이 있는 것도 인정해 야 한다.

우선 선행연구에서의 사실 발굴은 일본 제국주의의 억압과 그에 대한 저항이라는 관점에서 출발한다. 따라서 재일조선인 측의 동향으로 거론되는 것은 황민화정책과 가혹한 탄압 속에서 그들이 어떻게 대항하고 싸웠는가 하는 것이다. 이 점은 운동사의 연구에서 특히 현저하며, 거기에서 소개된 것은 인텔리와 학생들이 만든 서클을 중심으로 한 민족의식의 선양이나 독립을 위한 활동이 있었다는 것 등이다. 운동사적 접근이 아닌 히구치의 연구도 이러한 경향을 극복했다고 하기는 어렵다. 재일조선인 사회의 동향에 대해서는 협화회의 시책에도 불구하고 조선인 집주지에서 독자적인 문화가 유지되고 있었던 것, 의식면에서는 황민화시책이 젊은 세대에 영향을 주기는 했으나, 많은 조선인이 일본 국가의 교화 이데올로기와 거리를 두고 전쟁에 비협력적이었던 것 등 전체적으로 민족성을 지켜낸 사실을 골라내는 스타일을 취하고 있다. 그렇지만 그러한 사실만이 이 시기 재일조선인 동향의 전부였다고는 도저히 볼 수 없다. 민중이라는 것은 어떤 종류의 이념을 확고하게 유지하는 것이 아니라, 생계를 유지해 나가는 것을 기본으로 설정하고 있는 존재다. 따라서 일본 국가의 이데올로기적 교화에 영향 받거나 황민화시책에 어느 정도 타협하면서 이 시기를 보내고 있던 사람들에 대한 주목이 필요할 것이다. 그러나 선행연구에서는 그러한 민중 차원의 재일조선인의 다양한 동향이 파악되지 않았다.

그리고 일본 제국주의의 억압과 그에 대한 저항이라는 틀 때문에 선행연구에서는 협화회와 재일조선인과의 관계에 대해서 충분히 분석되지 않았다. 협화회라는 존재는 조선인들이 원해서가 아니라 기본적으로는 물리적인 탄압체제를 배경으로 유지되었던 것이라는 사실을 부정할 수는 없지만, 아무리 강권적인 정책이라고 하더라도 민중의 협력과 동의가 없다면 추진할 수 없다. 즉, 적어도 어느 정도 재일조선인들의 요구를 바탕으로 그들의 참여를 촉구하는 정책이 시행되었고, 또 재일조선인들 중에 그에 호응한 사람들이 있어 협화회의 활동을 뒷받침해 주었다고 보아야 할 것이다. 그러나 선행연구는 전술한 틀 안에서 협화회와 재일조선인을 대립적으로만 파악하였으며, 위와 같은 점에 대한 고찰은 거의 이루어지지 않았다고 해도 과언이 아니다.

또 그 이전의 시기와의 연속성에 대해서 거의 고려하지 않고 전시하의 상황을 파악한 것도 선행연구의 큰 문제점이다. 즉, 1930년대 중반까지의 재일조선인 운동을 이끌어 갔던 사람들은 황민화정책이 추진되는 것에 어떻게 대응했는지, 그들의 의식이 이 시기 어떻게 변화했는지, 당초 재일조선인 사회가 형성된 이래 긴 시간이 경과하고 전시라는 조건이 더해진 가운데에서 어떠한 변용을 거쳤는지 하는 점은 밝혀지지 않았다.

이러한 선행연구의 문제점에 대한 인식을 바탕으로 이하에서는 전시하의 재일조선인 사회에 대해서 다음과 같은 형태로 논지를 전개해 가고자 한다. 우선 재일조선인의 의식과 활동을 이해하는 전제로써 그 사회적 결합과 문화에 대해서 그 이전의 시기와 비교하면서 밝혀나가고자 한다. 그 다음에 의식과 활동에 관해서는 황민화정책에 대한 저항만이 아니라 반대로 그에 동조했던 재일조선인도 포함하여 폭넓게 민중 차원의 움직임을 파악하겠다. 그리고 1930년대 중반까지의 재일조선인의 동향과의 연속성에도 유의하면서 황민화시책에 대한 동조와 그에 대한 반발과 저항이 어떻게 전개되었는지에 대한 고찰을 제시하기로 하겠다.

1. 전시하 재일조선인 사회의 변화와 연속

인구 구성과 인구 이동

1장에서 서술한 바와 같이 중일전쟁이 전면화된 이후 재일조선인 인구는 계속해서 급격히 증가하였다. 1938년에 약 80만 명이었던 재일조선인 인구는 1945년에는 200만 명 이상이 되었다. 이 중에는 전시동원정책으로 일본에 끌려온 사람도 포함되어 있다. 그러나 그 이전과 마찬가지로(식민지 지배정책과 연관되어서 생겨난 생활의 궁핍화가 전제가 되었던 점은 강조해야 하겠지만) 자신의 의지로 도일을 선택했던 사람도 적지 않았다. 그리하여 일본 내지에서 일하게 되었던 사람의 처나 자식이 함께 또는 시간차를 두고 도일하는 현상도 보였다.

따라서 전시동원으로 일본 내지의 노동현장에 배치되었던 사람을 제외하고
도 재일조선인 인구는 계속해서 증가하였고, 또 정주층의 절대수도 계속 증가하
고 있었다. 동일 시정촌에 90일 이상 거주하는 가족이 있는 사람은 1938년 시점에
서 56만 6993명이었지만, 1942년에는 102만 1703명을 헤아리게 되었다. 그러나
그 이외의 사람 즉, 신규로 도일한 사람과 어느 정도 기간을 정해놓고 일본 내지에
서 노동하는 사람들도 늘어나고 있었다(2장 참조).

이 시기의 인구 구성의 특징으로서는 일본 내지에서 출생하거나 일본 내지에
서 인격이 형성된 조선인이 증가하고 있었다는 점에 주목할 필요가 있다. 통계
수치를 나타낸 사료가 남아있지 않기 때문에 구체적으로 그 수를 파악할 수는
없지만, 계속해서 일본 내지에 거주하고 있었던 사람이 존재했고, 거기에 전시하
에 새로이 출생한 사람과 부모에게 이끌려서 도일한 어린이들이 더해졌던 것은
틀림없다. 그리고 가족을 형성하고 일본 내지에 거주하는 조선인이 눈에 띄기
시작하는 것이 1920년대 후반부터였다는 것을 생각하면, 가장 이른 단계에 태어
나거나 도일했던 조선인의 자식들은 전시하에는 10대 후반에서 20대에 접어드
는 연령에 달해 있었던 셈이 된다. 이는 일본 내지에서 성장하고 나아가 그곳에서
취직과 결혼을 하는 조선인이 나오기 시작했다는 것을 나타낸다. 1939년에 기록
된 어느 조선인 신문기자의 르포에 의하면 "동포들 중의 가슴에는 은근히 남모르
는 념려가 잇으니 자녀들의 혼인 문제이다. 이주 30년 여기서 생장되고 여기서
초등교육을 받고 점차 결혼기에 들은 청년 남녀가 수만 명을 헤인다"는 상황이
생겨나고 있었다.[1]

단, 일본 내지에서 인격이 형성된 조선인 중 가장 위의 연령층이 10대 후반에
서 20대였다는 것은 그들이 가정이나 지역사회에서 중심적인 역할을 하게 된
것은 아니라는 점도 나타내고 있다. 즉, 이 단계의 재일조선인 사회에서는 일본
내지에서 자란 새로운 세대가 등장하고 있었던 것은 분명하지만, 세대교체라고

---

1 「동아일보」 1939년 7월 10일자, 곽복산, "백만 도항동포 생활보고 ⑤ 경시 못할 교육의 실정 자녀의
혼인 문제도 두통꺼리". 곽복산은 '본사 특파원'이며, 일본 내지 거주자가 아니다.

할 만한 현상은 아직 발생하지 않았다고 보아야 한다.

그리고 일본 내지 거주자 수의 증가와 관련해서 일본 내지로 도항한 사람 및 조선으로 귀환한 사람의 수도 많았다. 1940년대에는 매년 40만 명 전후의 사람들이 일본 내지로 건너와서 이십 몇 만 명이 일본에서 조선으로 향했다. 신규 도일과 최종적인 귀환과 함께 일본 내지에 생활기반을 둔 사람의 일시 귀향과 재도일로 구성된 이러한 이동 중에 후자의 이동은 전시하에도 활발했다. 일시귀선중명서의 발급 수는 1938년에 5만 3350장이고, 1942년에는 9만 1363장이었다.[2] 다시 말하면 재일조선인 사회의 유동성은 유지되고 있었고, 고향과 일본 내지를 연결하는 사람들의 흐름은 여전히 크게 존재하고 있었던 것이다.

경제활동

전시하 일본 내지의 민중생활은 일반적으로 비참하고 어둡다는 이미지가 있다. 재일조선인에 대해서도 이 시기 암흑 같은 나날을 보내고 있었다고 간주될 것이다. 실제로 일상생활에 대한 통제, 적극적인 동원정책, 물자의 결핍을 겪고 있었고, 원래 전쟁이라는 것이 죽음과 가까이 있는 것이기 때문에 전시하의 생활이 밝고 즐거울 리 없다. 특히 군수산업과 관계없는 사업에 종사했던 사람은 전·폐업을 하게 되어 생활상 어려움에 직면해야 했다. 재일조선인들 중에도 그러한 영향을 받은 사람이 적지 않았다고 볼 수 있다. 예를 들면 오사카에서는 유리공장이 1941년에 폐쇄되어 그곳에서 일하고 있던 여러 조선인들이 토건노동자가 되거나, "교토에서는 전전에 3000명 남짓하던 넝마주이가 현재 수백 명으로 감소했다"는 등의 움직임을 볼 수 있었다.[3]

그러나 어느 재일조선인은 전시하의 상황에 대해서 조선인 집주지에 사는 가족들은 건강하고 안색도 좋아져서 "조선인은 발랄하고 활기찼다"고 회상했다.[4] 강권적인 동원과 감시, 민족성을 부정하는 교화활동, 통제경제에 의한 물자

---

2 内務省 警報局, 『社会運動の状況』, 1938년판, 같은 책, 1942년판.
3 法政大学大原社会問題研究所所蔵, 思想対策研究会, 『半島人問題: 思想対策研究会報告書第2輯』, 1944년 8월, 5쪽.

의 궁핍, 죽음과 가까이 있는 위험과 같은 사태에 직면했음에도 어째서 이러한
회상이 기록되어 있는 것일까? 이 점은 다음과 같이 설명되고 있다.

> 왜냐하면 전시체제하는 극도로 일손이 부족하여 징용만 잘 피한다면 일거리는 얼마
> 든지 있었기 때문이다. 게다가 가장 수지가 맞는 일을 골라서 할 수 있었다. 수지가
> 맞는다는 것은 임금이 높을 뿐 아니라 암거래되는 물자를 잘 받아 올 수 있다는 의미
> 다. 배급품 제조공장, 군수공장, 그 하청공장이 가장 수지가 맞았다. 히가시나리의
> 중소공장은 거의가 군수공장으로 전환하고 있었다.
> 지금까지 조선인을 거부했던 곳도 아무 말 없게 되었다. 소개(疏開)하거나 시골 고향
> 으로 돌아가는 사람들로 셋집도 빈집이 많아져서 조선인이라도 환영받게 되었다.
> 통상의 생활에서는 정규 직업을 갖지 못하고 차별받고 압박당해서 필사적으로 살아
> 가야 하는 조선인들은 음지에서 살아가는 수단을 머리와 몸으로 습득하고 있었던
> 것이었다.[5]

즉, 그 이전에 궁핍한 생활을 강요당하고 왕성한 생활력을 몸에 익힌 재일조
선인에게 있어서 전시하의 경제생활은 꼭 나쁜 것만은 아니었다. 상기의 인용은
실감나게 보여주고 있는 것인데, 1944년에 정리된 사상대책연구회 『반도인문제』
에서는 구체적 수치를 들어 다음과 같이 서술했다.[6]

> 그들의 일상생활에도 사변 이래 상당한 여유가 생겨났다. 생각건대 종래 반도인들
> 중에는 실업자가 많아서 실업구제사업에 일하러 나가도 고작 1엔 내지 1엔 30전의
> 임금 밖에 지급되지 않았지만, 현재 그러한 사람은 1명도 없다. 쇼와 7, 8년경(1932,

---

4 韓晳曦, 『人生は七転八起: 私の在日70年』, 岩波書店, 1997년, 57쪽.
5 앞의 『人生は七転八起』, 57쪽.
6 思想対策係, 『半島人問題』는 부제목으로서 '사상대책연구회 보고서 제2집'의 문언이 기록된 등사판
쇄(謄寫版刷) 문서다. '사상대책연구회'의 조직 실태는 확실하지 않지만 '서문'에 따르면 경시청, 내무
성, 후생성, 석탄통제회 등의 관계자를 강사로 하는 연구회에서의 보고를 정리한 것이 이 문서라고
되어 있고, 실려 있는 데이터는 행정당국에 의한 조사에 입각한 것으로 보아도 좋을 것이다.

33년)의 인텔리 실업자의 조사서에 따르면 반도인의 월수입은 35, 6엔에서 55, 6엔 정도였다. 구호법(救護法)의 대상은 반도인이 많았다. 즉, 실업구제사업의 적용을 받고 있던 것이 지금은 완전히 그림자도 없어지고, 수입이 급격히 증가해서 교토에서는 토공이 일수입 5~8엔, 월수입 128엔, 공장노동자가 일수입 4~7엔, 월수입 100~150엔, 광산에서 일수입 3~8엔, 월수입 180엔 남짓이 되어 1세대 당 1.66명의 비율로 일하고 있는 상황이다.

그리고 전시하에는 경제적으로 성공을 거두어서 재산을 모은 조선인도 늘어났다. 『반도인문제』는 조선인 "도쿄도 하에도 100만 엔 이상의 자산가가 수명 있다. 10만, 20만, 30만 정도의 사람에 이르러서는 아주 많고, 그 대부분이 사업으로 돈을 모은 사람으로 밑바닥에서부터 올라갔다"고 기록하고 있다. 또 도쿄 이외의 지역에 관해서도 어느 정도의 활황을 누리고 있었던 것을 확인할 수 있다. 우선 오사카에서는 "조선인이 경영하는 공장이 약 400개, 그 중에서는 직공 100명 이상을 사용하는 공장이 80여 곳이나 된다. [……] 100만 엔 이상의 재산을 모은 사람이 3명, 10만 엔대 이상이 약 400명, 1만 엔 이상이 약 3000명"이라고 되어 있고,[7] 나고야에서도 조선인 중 "공장 경영자가 약 300명에 달하고 있고 200여명을 사용하는 대공장도 수십 곳 [……] 상점 중에는 수십만의 자본으로 당당히 나고야시가에 간판을 달고, 나고야 시민은 물론 부근에까지 판매망을 넓히는" 경우도 있었다.[8]

이러한 경제적 상승도 전쟁이 초래한 것이라고 추측된다. 원래 이 시기 생산활동의 대부분은 군수와 연결되어 있었다고 할 수 있겠다. 그리고 재일조선인 중에서 비교적 눈에 띄었던 금속기계부품 등을 제조하는 공장의 경영자나 토건공사 청부업자 등은 군과 관계가 있다면 사업을 얼마든지 확대할 수 있었다.

따라서 전쟁이 재일조선인의 생활에 여러 가지 부정적인 영향을 미쳤던 것은

---

7 沈貞燮, 「大阪通信」, 『朝光』 1942년 5월호.
8 「동아일보」 1939년 7월 8일자, 곽복산, "백만도항동포생활보고③ 시국풍(時局風)에 직공으로 급전 (急轉) 경도에선 현상유지, 명고옥에선 자업(自業) 진출".

분명하지만 이상의 내용에서는 이 시기에 다음과 같은 상황도 있었던 것도 확인할 수 있다. 즉, 전시하 대부분의 재일조선인에게 있어 경제생활은 그 이전과 비교했을 때 그런대로 괜찮게 변화했다는 것이다. 공황기에 일자리를 찾는 것 자체가 어려워서 먹고 살기조차 어려운 생활을 강요당했던 사람들도 전쟁이 확대된 이후에 노동력 부족 때문에 최저한의 생활을 할 수 있는 임금을 받을 수가 있게 되었던 것이다. 그리고 일부 조선인은 군수생산의 확대를 기회로 경제적 상승을 이루어내고 있었다.

사회적 결합

다음으로 전시하의 재일조선인의 사회적 결합에 대해서 살펴보겠다.

이미 서술한 바와 같이 1920~1930년대에는 민족적인 결합이 재일조선인의 생활에 매우 중요한 위치를 점하고 있었다.

그러나 전시하에서는 일본 체재기간이 10~20년 정도로 장기화된 조선인이 점차 늘고 있었던 것도 사실이었으며, 그 과정에서 일본인과의 관계가 중요해진 경우가 있다는 것도 충분히 추측할 수 있을 것이다. 더구나 이 시기 일본인과 조선인 간의 협력·친선 즉, '내선융화'와 '내선일체'는 미덕으로 생각되고 있었다.

그렇지만 결론부터 말하자면 이 시기에도 많은 조선인들은 주로 민족적인 사회적 결합하에서 생활을 하고 있었다고 할 수 있다.

우선 거주 상황에 대해서 서술하겠다. 전간기에 형성되었던 재일조선인 사회가 일본인 사회와 어느 정도 구별되어 존재할 수 있었던 것은 앞의 4장까지 살펴본 바와 같이 조선인 집주지의 존재와 관련되어 있었다. 따라서 조선인의 동화·통합을 추진하려 했던 이 시기의 일본 국가의 입장에서 보면 조선인의 집주는 부정되어야 할 것이었다고 생각할 수 있다. 또 조선인 집주지는 '불량주택'을 형성하는 경우도 많아서, 위생 관점에서 그것이 문제시되기도 했다.

그 때문에 전시하 행정당국은 협화회를 통해서 1호에 복수의 조선인 세대가 동거하지 말 것을 지도하거나 다른 주택으로 이사할 것을 권유하는 시책을 펴고 있었다. 이러한 가운데 "밀집거주는 최근 점차 감소하고" 있고, 특히 "오사카 방면에서는 지난번에 2천 몇백 호가 신축되어 지금은 불결한 밀주 주거도 대부분 고쳐지고 있다"고도 하였다.[9]

그러나 협화회를 통해서도 모든 조선인을 강제적으로 분산시켜 살게 하는 시책이 시행되었던 것은 아니다. 따라서 이 시기에도 조선인 집주지가 없어졌던 것은 아니었다. 오히려 대부분의 조선인 집주지는 유지되고 있었다고 보아야 한다. 경시청 산하 즉, 도쿄도에서는 "반도인 밀집지는 150개소가 있고, 50세대 이상의 곳이 5곳, 그 밖에는 2, 30세대의 곳으로 그것이 2825세대 존재한다"고 하였고,[10] 그 밖에 조선인 비율이 아주 높은 구나 정촌町村도 존재했다. 오사카시 히가시나리구의 경우 전 인구의 24%가, 도쿄부 오노무라大野村에서는 46%가 조선인이었다.[11]

그리고 전시체제의 구축 과정에서도 조선인끼리의 사회적 결합은 완전히 파괴되지 않았다.

협화회의 조직과 그곳에서의 여러 사업이 조선인의 자주적인 활동을 대부분 부정하는 것이었던 것은 확실하다. 협화회의 조직망이 구축되는 과정에서 '내선융화'를 내세운 단체도 포함해서 조선인 단체가 모두 해산당하게 된 것 등은 이 사실을 가장 극단적으로 보여준다. 그러나 지연과 혈연을 통한 상호부조 등은 '단체'라는 형태를 취하지 않아도 어느 정도 지속되었다고 보는 것이 자연스러울 것이다. 또 조선인 합숙소나 조선인 노동 하숙의 존재, 조선인이 경영하는 공장에서의 조선인의 노동에 대해서도 협화회가 그것을 해체·배제하려고 한 사실을 보여주는 사료는 확인할 수 없다. 오히려 뒤에서 살펴보겠지만, 협화회도 그러한 조선인의 결집을 전제로 하여 조직 구성을 추진하고 있었다.

그리고 커뮤니티 차원에서 만들어진 정내회町内會, 부락회部落會, 도나리구미隣組(2차 대전 당시 국민 통제를 위해 만든 최말단 지역 조직―역자)의 조직도 조선인의 사회적 결합

---

9 앞의 『半島人問題』, 37쪽; 39쪽.
10 앞의 『半島人問題』, 39쪽.
11 앞의 『半島人問題』, 3~4쪽.

에 큰 영향을 끼치는 일은 없었다. 히로시마현 협화회가 실시한 1940년 7월 시점에서의 조사에 따르면, 히로시마현의 58곳의 조선인 집주지에서는 원래 도나리구미가 조직되어 있지 않았던 지역도 4곳 존재했다. 반대로 조선인이 도나리구미의 장을 맡고 있었던 것도 9곳 있는데, 그 중 2곳에서는 일본인 세대가 전혀 없었고, 5곳은 조선인 세대보다 일본인 세대가 적은 지구였다. 그리고 조선인 집주지의 도나리구미의 장을 모아서 열었던 협의회에서는 "한결같이 언어·풍속·습관을 달리하는 밀주지구의 도나리구미 상회常会 운영이 곤란하다고 호소하여" 조선인에게 '하루라도 빨리 도나리구미에 융화될 것', '정町의 행사에 참가' '정비町費 납입' 등을 요망하였다.[12] 즉, 도나리구미나 정내회에 이름이 오른 조선인도 그 속에서 일본인과의 관계를 강화하고 있었다고는 보기 어려우며 일상적인 교제는 조선인들끼리 하고 있었던 것이다.

단, 모든 재일조선인이 일본인과 접촉하지 않고 생활하고 있었던 것은 아니다. 지역에서의 인구 구성 실상과 세대와도 관련해서 일률적이지는 않지만, 일본인과의 접촉이 많아져 가는 경향이 일부에서 있었던 것은 부정할 수 없다. 이 점과 관련해서 이 시기의 재일조선인의 혼인 형태에 대해서 살펴보면 [표 5-1], [표 5-2]와 같다.

[표 5-1]은 신규 신고가 아니라 1939년 12월 말 시점에서 배우자와 생활하고 있는 세대(사실혼을 포함)에 대한 통계다. 여기에서 보이는 바와 같이 전국적으로 보면 재일조선인과 일본인이 결합한 부부는 이 시점에서는 절대적인 수에서나 비율에서나 그리 많다고는 할 수 없다. 그러나 신규 혼인신고의 동향을 정리한 [표 5-2]에서는 1930년대 말부터 1940년대 초에 걸쳐서 혼인신고를 한 사람, 바꿔 말하면 이 시기에 이른바 '결혼적령기'였던 젊은 세대 사이에서는 일본인과의 혼인이 그리 드물지 않았다는 결론을 이끌어낼 수도 있다. 그렇지만 여기에서 조선인 남녀 각각이 어떠한 민족의 배우자를 선택했는지를 보여주는 숫자에 주목하고 싶다. 남자는 조선인 여자를 배우자로 선택한 사람은 60% 정도, 즉 40%

---

12 平野才一, 「隣組常会に見る協和会の真精神」, 『協和事業』 1941년 3월호.

[표 5-1] 재일조선인의 혼인 형태(1939년)

도부현	조선인 남편·일본인 처 세대(A)	일본인 남편·조선인 처 세대(B)	조선인 가족 세대(C)	A / C (%)	A/(B+C) (%)	B/(B+C) (%)	A+B/(B+C)(%)
전국	9,577	183	217,380	4.41	4.40	0.08	4.49
홋카이도	887	28	3,048	29.10	28.84	0.91	29.75
도쿄부	1,806	30	13,279	13.60	13.57	0.23	13.80
교토부	240	4	11,741	2.04	2.04	0.03	2.08
오사카부	617	9	87,739	0.70	0.07	0.01	0.71
가나가와현	313	2	4,045	7.74	7.75	0.05	7.78
효고현	182	5	16,872	1.08	1.08	0.03	1.11
아이치현	370	11	13,946	2.65	2.65	0.08	2.73
후쿠오카현	482	17	14,219	3.39	3.39	0.12	3.51

전거: 內務省警保局,『社会運動の状況』, 1939년;「内鮮通婚に対する朝鮮人の動向」,『特高月報』1940년 9월.

주: 여기에서의 혼인은 혼인신고를 하지 않은 사실혼도 포함한다.

[표 5-2] 조선인이 관련된 일본 내지에서의 혼인 형태별 신고 건수의 추이(1938~1942년)

연도	조선인 부부		조선인 남편·일본인 처		일본인 남편·조선인 처		조선인 선택률(%)	
	실수	비율(%)	실수	비율(%)	실수	비율(%)	남	여
1938	1,328	62.09	802	37.49	9	0.42	62.3	99.3
1939	1,463	62.26	860	36.60	27	1.15	63.0	98.2
1940	1,358	55.61	1,068	43.73	16	0.66	56.0	98.8
1941	1,674	57.09	1,228	41.88	30	1.02	57.7	98.2
1942	1,695	54.45	1,284	41.25	134	4.30	56.9	92.7

전거: 朝鮮総督府,『朝鮮人口動態統計』, 각 연도판. 단 森田芳夫,『数字が語る在日韓国·朝鮮人の歴史』, 明石書店, 1996년, 76쪽을 참조.

전후가 일본인 여자와 결혼했다. 이것은 재일조선인의 인구 구성의 특징, 즉 남자 청년층이 많아서 '결혼적령기'의 조선인 여자를 항상 웃도는 불균형한 상황이었던 것을 생각하면 어떤 의미에서는 필연적이라고 할 수 있다. 이에 반해서 조선인 여자는 90% 이상, 1941년까지는 100% 가까이가 조선인 남자와 결혼했다. 이 사실은 젊은 세대와 그 부모가 역시 조선인끼리의 결혼을 바라고 있었고, 그 바람을 이룰 수 있게 정보가 유통되고 사람들이 연결되어 있었다는 점을 뒷받침한다.

단, 민족적인 사회적 결합에도 지역적인 차가 존재했다. 이러한 점도 혼인 상황으로 추측할 수 있다. [표 5-1]에 나타낸 바와 같이 오사카부에서는 조선인과 일본인 부부 세대가 가족이 있는 재일조선인 세대에서 점하는 비율은 1% 이하,

교토부와 효고현에서도 1~2%에 불과하다. 특히 오사카시에서는 1932년 시점의 조사에 따르면 이 숫자는 0.8%이기 때문에,[13] 그동안 거의 변화가 없다는 것을 알 수 있다. 이에 반해서 홋카이도에서는 일본인과 조선인 부부로 된 세대는 가족이 있는 재일조선인 세대의 30%에 약간 못 미치며, 도쿄부, 가나가와현에서도 10%를 넘고 있었다. 즉, 홋카이도나 도쿄, 가나가와에 비해서 게이한신 지방의 경우는 조선인끼리의 사회적 결합이 밀접했다는 것이다. 이것은 게이한신 지방의 경우 조선인 인구 비율이 높아 조선인 집주지가 다수 형성되었고 그것이 분산되어 있지 않았던 점이 영향을 미쳤을 것이다.

문화 유지 상황

이 시기의 조선인에 대한 행정 시책의 특징은 무엇보다도 철저한 동화주의에 있었다. 잘 알려진 바와 같이 조선인에 대한 일본풍의 성을 갖고, '국어'=일본어를 상용할 것이 강요되었다.

그리고 일본인에게 둘러싸여서 생활하고 있던 재일조선인에게는 협화회를 통해서 이름과 언어뿐만 아니라 복장, 음식, 생활습관, 관혼상제 등에 이르기까지 '일본화'해야 할 것을 지적하고 있었다. 전시하의 강권적인 정치체제를 생각하면 이를 거스르고 조선 문화를 유지하는 데 어려움이 따랐을 것을 상상하기 어렵지 않다. 동시에 일본 내지에 장기간 거주해 온 사람, 특히 어릴 때 일본 내지로 건너온 사람들에게는 생활 차원에서도 일본 문화를 수용하는 것은 어떤 의미에서는 당연한 것이었다.

그러나 한편으로는 히구치 유이치가 앞의 저서 등에서 언급한 것처럼 조선인 집주지 등에서는 어느 정도의 독자적인 문화가 유지되고 있었던 것도 사실이다.

그러면 구체적으로 전시하의 재일조선인의 언어생활이나 이름, 의식주 등은 어떠한 상황에 있었을까?

---

13 大阪府 学務部 社会課, 『在阪朝鮮人の生活状態』, 大阪府, 1934년, 79쪽. 이 조사는 1932년에 오사카시에 거주하는 1호를 구성하는 조선인 1만 1835세대를 대상으로 이루어졌다.

[표 5-3] 재일조선인의 일본어 이해 상황(1935~1942년)   (단위: 명)

연도	정통	약간 이해	이해 못함	합계	이해 못하는 비율
1935	167,842	213,589	209,609	591,040	35.46%
1936	187,583	233,647	195,549	616,779	31.70%
1937	211,081	267,305	197,322	675,708	29.20%
1938	230,573	288,131	211,092	729,796	28.92%
1939	273,581	341,252	251,652	866,485	29.04%
1940	360,125	419,041	327,904	1,107,070	29.62%
1941	494,306	477,214	369,736	1,341,256	27.57%
1942	504,890	521,921	385,511	1,412,322	27.30%

전거:『社会運動の状況』, 각 연도판.
주: 1938년에 대해서는 오류라고 생각되는 부분을 다시 집계했다. 유아·아동은 통계 대상에서 제외된 것으로 보인다.

우선 언어에 대해서 살펴보겠다. 조선 내에 거주하는 조선인과 비교했을 때 재일조선인들 중에 일본어를 이해하는 사람의 비율이 높았다. 조선 내에 거주하는 조선인의 경우 일본어를 이해하지 못하는 사람의 비율은 1930년대 중기에 90% 정도, 1939년 시점에서 86.1%였던 데에 반해서 재일조선인의 경우는 [표 5-3]에서 보는 바와 같이 30% 정도에 그쳤다.

그러나 재일조선인에게 있어서 일본어가 노동과 생활의 장에서 자주 필요했고, 유아·아동이 학교 등에서 다른 아이들과 접촉하면서 일본어를 습득해 가는 경우가 많았던 것을 생각하면(〔표 5-3〕의 통계의 대상에서는 유아·아동은 제외되어 있지만, 일본에서 성장하고 학령연령 이상이 되었던 사람은 포함된다) 이 수가 꼭 적다고만은 할 수 없다. 게다가 주목해야 할 것은 1930년대 말 이후 일본어를 이해하지 못하는 비율은 그만큼의 저하를 보이지 않는 것이다.

일본어를 이해하지 못하는 비율을 높인 요인으로 신규 도일의 증가가 있으며, 특히 이 시기에 전시동원정책으로 유입되었던 사람들은 대부분이 상대적으로 교육정도가 낮고 일본어를 이해하지 못했다는 점에 주목해야 한다. 그러나 이때는 일본의 학교 교육을 받고 성장한 재일조선인의 젊은 세대가 증가하고, 성인 대상으로도 협화회를 통한 커뮤니티 차원에서의 일본어 교수가 실시되고 있기도 한 상황이었다. 이 두 가지 요인 중 어느 것이 강했는지, 혹은 상쇄되고 있었는지에 대해서 판단을 내리기는 어렵다. 그러나 어떻든 간에 [표 5-3]의 일본어를 이해하지 못하는 비율의 동향에서는 노동 현장과 지역에서 일본인과의 접촉을 통해서나 동화정책과 관련해서 일본어를 알게 된 사람들이 있었는가 하면, 일본 체재가 어느 정도 길어졌음에도 조선어만 쓰면서 생활하는 사람도 결코 드물지 않았던 것을 확인할 수 있다. 이것은 전술한 것과 같은 조선인끼리의 사회적 결합이 이 시점에도 공고했던 것과 관련 있다는 것은 두말할 필요도 없다.

언어와 더불어서 일본 국가의 동화정책의 대상이 되었던 것이 이름이다. 주지의 사실대로 일본 국가는 1940년에 조선인의 이름을 바꾸는 이른바 창씨개명정책을 실시했다. 이 정책의 근간은 조선의 가족제도를 일본의 가족제도에 가깝게 만들고 각 가문에 하나의 씨를 창설하는 것을 법률로 의무화하는 것이며, 순수하게 법적인 해석으로 만든다면 어느 집의 호주가 '박'이나 '이'라는 성을 그대로 쓰는 것도 가능했다(그럴 경우에도 호주의 아내나 어머니는 남편의 성으로 강제적으로 바뀐다).[14] 그러나 대개의 경우 행정당국의 압력이 가해져서 일본풍(이 규정은 상당히 어렵지만 당시의 일본인 성에 많이 있으며 일반적으로 기이한 인상을 주지 않는 것으로 해두겠다)의 성으로 만들어지게 된다. 또 이름도 그에 맞추어서 일본풍의 것으로 변경해서 신고하게 되었다. 따라서 창씨개명은 실질적으로 조선인의 독자적인 이름을 부정하고 일본풍의 것으로 바꾸는 것을 강요한 것이었다.

오늘날 이 창씨개명은 일본 국가의 식민지 지배정책이 비인도적인 것이었음을 상징하는 것으로서 비판받고 있다. 동시에 당시 조선 문화에서는 성명이 얼마나 중요한 것으로 생각되었고, 그것을 바꿀 것을 강요하는 것이 얼마나 모욕적인 일인지도 아울러서 이야기되는 경우가 많다.

이 비판이 옳다는 것은 말할 필요도 없다. 그러나 실은 창씨개명이 이루어지지 않았던, 다시 말하면 조선인이 일본풍의 이름으로 변경하는 것이 법률적으로는 접수되지 않았던 시점에서도 재일조선인 중에는 일본풍의 이름을 사용하는

---

14 이러한 창씨개명의 메커니즘에 대해서는 宮田節子 ほか, 『創氏改名』, 明石書店, 1992년; 金英達, 『創氏改名の硏究』, 未来社, 1997년을 참조하길 바란다.

사람이 있었다는 사실에도 눈을 돌릴 필요가 있다. 여기에는 조선인 노동자를 고용하는 일본인이 편의상 마음대로 붙이는 역시 인격을 무시한 행동에 의한 것이었던 경우도 있다.

그렇지만 재일조선인이 스스로의 선택으로 일본풍의 이름을 쓰는 경우도 전혀 없지는 않았다. 그것은 물론 사회적 차별을 배경으로 하고 있으며, 적극적인 선택이라고는 할 수 없는 것이었다. 즉, 「조선일보」의 1937년 5월 10일자 기사 "재류조선인 중에 '변성명變姓名' 계출屆出이 속출"에 따르면 "일본 내지인과 가튼 성명"은 "회사의 사무원 상점의 점원, 공장의 직공 등의 직업생활을 하는 데 조선 성명을 쓰는 것보다 일본 내지 성명을 쓰면 대우와 접촉이 훨신 나름으로 부득이" 사용하고 있다고 되어 있다(그리고 이 기사는 이제까지 '다이쇼 11년 11월 17일 조선총독부 법무국장이 발한 일본 내지인과 같은 성명을 인정하는 것은 불가능하다는 통첩'이 존재하여, 자녀에게 일본풍의 이름을 붙여서 신고하는 것도 인정되지 않았던 것이 이 시점에서 척무성과 조선총독부 등이 협의하여 일본풍의 이름 신고를 인정하는 방향으로 움직이고 있다는 사실도 전하고 있다).

그러면 구체적으로 전시하의 재일조선인의 이름은 어떻게 변화했던 것일까? 1940년 2월 이후는 창씨개명으로 일본풍의 성을 쓰는 사람이 태반이었다고 볼 수 있다. 그러나 이름에 대해서는 그 이전부터 사용하고 있던 것을 그대로 사용하는 사람이 더 많았다고 생각할 수 있다. 단, 전시하에 출생했던 조선인의 작명은 변화하고 있었다. 전후가 된 이후의 조사이기는 하지만, 이즈미 세이치가 실시한 도쿄도의 어느 조선인 집주지에 거주하는 조선인의 출생 연도별 이름에 대한 상황은 다음과 같다. 남자의 경우 1940년 2월 이전의 출생자 중에서는 28.6%, 그 이후 일본 패전까지의 출생자 중에서는 75.0%가 '일본식 이름'이었고, 여자의 '일본식 이름'의 비율은 1940년 2월 이전 출생자 중 56.5%, 그 이후 일본 패전까지의 출생자 중 85.2%였다.[15] 여기에서의 '일본식'이라는 기준도 명확하지 않지만 전시하에서는 일본풍으로 작명하는 경우가 늘고 있었던 것이다.

다음으로 의식衣食과 오락 등에서의 상황에 대해서 서술하겠다. 이 점에 대해

---

15 泉靖一, 『済州島』, 東京大学出版会, 1966년, 252쪽.

서도 행정당국은 조선인의 독자적인 문화를 부정하고 일본으로의 동화를 진행시키고자 하고 있었다. 이른 단계에서는 1936년에 "조선인을 대상으로 한 식료품을 판매하는 시장의 신설은 그것을 인가하지 않고, 기존의 조선인 시장은 [……] 그것을 폐지할 것", "조선인을 대상으로 한 육고기(소·돼지의 머리, 내장 등) 판매"는 "다른 것으로 전업시켜서 앞으로 그러한 영업을 하지 못하도록 할 것", "조선인요리점 음식점은 [……] 엄중단속을 독려하고 시행하여 [……] 악질적인 자에 대해서는 영업금지처분에 처함과 함께 송환할 것" 등의 방침을 오사카부 경찰부가 확인했다.[16] 이 단계에서는 어느 정도의 '점진주의'도 주창되고 있었던 이러한 생활 차원에서의 동화정책은 전시체제의 강화에 따라서 보다 철저한 것으로 바뀌었다. 예를 들면 복장에 대해서는 조선 옷을 착용한 사람에게 가두에서 감시하고 있던 협화회 관계자가 먹을 뿌리기도 하고,[17] 조선 옷감 판매업자의 전·폐업이 실제로 이루어지기도 했다.[18]

그러나 적어도 1942년경까지는 조선인을 대상으로 한 물자를 취급하는 소매업 등이 영업하고 있었던 것 같다. 어느 조사에 따르면 예를 들면 시모노세키의 경우 시의 서부에 '조선시장'이 있고, "명태, 조선산 건어물, 절임 기호품, 옷감으로는 부인 취향의 산뜻한 색의 것, 언문서적(소설, 민요), 기타 일반 잡화 등으로 모든 반도인의 요구를 대상으로 하는 것"의 판매가 이루어지고 있었다.[19] 또 오락면에서는 조선인을 대상으로 한 레코드를 판매하는 가게는 적어도 1943년 3월까지는 영업을 계속하고 있었다.[20] 그리고 조선인을 대상으로 한 가극 등도 조선어 사용에 관한 단속이 엄해졌던 것 같기는 하지만 역시 1943년 시점에서는 공연이 계속

---

16 「うめくさ」, 『特高月報』 1936년 11월.
17 樋口雄一, 『協和会: 戦時下朝鮮人統制組織の研究』, 社会評論社, 1986년, 168쪽.
18 예를 들면 「동아신문」 1941년 10월 2일자, "아마가사키의 한복감 장사 10월 중순 전업을 서약"에 따르면 아마가사키 지부 관하의 "옷감 판매업자에게 회합을 요구하여 간담회 식으로 의견을 교환한 결과", "10월 중순까지는 재고품을 전부 처분하고 전업 또는 일본 옷 및 서양식 옷 등에 쓰는 옷감만을 판매하기로 결정"하였다. 물론 간담회 식의 의견교환의 결과가 아니라 강제력이 작용했다고 보아야 할 것이다.
19 朝鮮銀行 京城総裁調査課, 『内地, 支那各地在住の半島人の活動状況に関する調書』, 1942년, 『集成』 제4권, 1292~1293쪽.
20 「동아신문」 1943년 3월 5일자, "조일상회(朝一商会)"의 광고.

되고 있었다.[21] 참고로 전시동원에 의한 배치를 포함한 일본어를 사용하지 않는 조선인 노동자의 증가 속에서 노무 관리상의 문제로서도 조선어 오락의 필요성이 있었던 것과도 관계가 있었는지, 이 시기에는 오사카시에 본거를 둔 조선인 연극 단이 시모노세키시와 규슈 탄광지대의 각 지역을 순회하고 있던 것까지 확인할 수 있다.[22]

그 후 시기가 내려와서 전쟁 말기에는 동원체제의 강화와 물자의 결핍 속에 이러한 조선인을 위한 물자의 판매와 서비스는 거의 정지되게 되었다고 추측된 다. 그렇지만 1944년에 정리된 『반도인문제』에는 다음과 같은 글도 보인다.

> 의생활에 대해서는 우선 모양부터 바꾸어야 하며, 얼핏 보아서 반도인이라고 알 수 있을 것 같은 모습을 하는 깃은 좋지 않기 때문에 기능한 내지 복장을 착용시키도록 지도해야 한다. 남자는 괜찮지만 여자는 아직 그다지 보급되어 있지 않다. 그러나 19년 4월부터는 표준복으로 바꾸게 되어 있다. 식생활에서 마늘, 돼지 내장 등을 섭취하는 것은 그것을 그만두게 하도록 힘쓰고, 배급식으로 바꾸게 하고 있다.[23]

즉, 이 단계에서도 의식 생활 차원에서는 완전한 '일본화'는 실현되지 않았다 는 것이 확인된다고 하겠다.

---

21 「동아신문」 1943년 2월 10일자, "조선악극단"의 광고. 그러나 이 시점에서는 공연도 일본어로 하게 되었다("전 장면 국어[일본에]로 연출하여 조선 정조[情調]를 고조시킨다"는 어떤 의미에서는 통렬하게 비아냥거리는 것 같은 선전 문구를 내세우고 있다). 단 같은 날의 지면에서 조선인 극단의 공연에서도 일본어를 사용해야 하는 것을 논한 칼럼(칼럼의 이름이 '오사카 사투리'인 것도 묘하기는 하지만)이 이번에 조선에서 온 조선악극단은 1명이라도 보아야 한다고 운운하며 논하고 있는 것으로 보아서 그 이전의 오사카에서의 조선어 연극은 역시 적어도 일부에서 조선어를 쓰고 있었다고 생각할 수 있다.
22 内務省 警保局, 『特高月報』 각호 중의 '운동일지'의 재일조선인 관련 기술을 발췌한 "재류조선인운 동일지"에 따르면 1943년 7월 1일에 시모노세키시에서 오사카시 니시나리구 와카야마초(若山町)의 창촌(唱村)가극단이, 같은 달 7일에 오사카시 시칸지마(四貫島) 마쓰노미야초(松宮町)의 조선가극단 이 오무라시, 나가사키시 등에서 각각 공연을 하고 있었는데, 조선어로 하는 공연인데다 내용에 문제가 있다고 하여 해당 지역 경찰이 '계고(戒告)'하였다. 참고로 6월 19일에도 요코하마 시의 쓰루미 연예장 에서 이루어진 도쿄도 요쓰야(四谷)구 아사히초(旭町)의 영창사(永昌社)연예부(반도악단)의 공연도 연출이 조선어로 조선색이 농후하다 하여 그 지역 경찰이 경고하였다(『集成』 제5권, 599~600쪽).
23 앞의 『半島人問題』, 39쪽.

이상에서 알 수 있는 바와 같이 1920년대에 형성되었던 재일조선인 사회는 시간의 경과와 경제적 조건의 변화에 더해서 일본 정부의 동화정책이라는 큰 요인이 작용하여 변화해 가고 있었다. 젊은 세대 중에서는 일본인과의 혼인도 늘어나는 등 일본인과의 접촉이 일부에서는 확대되었고 일본풍의 이름을 쓰는 사람도 나타났다. 그리고 1940년대 이후는 창씨개명으로 인해 이름은 일본풍으로 바뀌는 경우가 많았고, 전시체제의 강화에 따라서 의식과 오락에서도 조선인의 독자적인 요구를 충족시키는 것이 어려워졌다.

그러나 동시에 전시하의 재일조선인 사회가 그 이전부터 연속되었던 측면을 상당히 유지하고 있던 것도 확인된다. 조선인 인구 비율이 높은 집주지가 형성되어 있던 지역을 중심으로 조선인끼리의 사회적 결합이 유지되고, 조선인을 위한 물자를 구입하는 가게도 1942년경까지는 영업하고 있었다. 그러한 가운데 일본어를 모르는 채 생활하고 조선 옷을 착용하고 조선 음식을 먹고 있던 사람들도 적지 않았던 것이다. 이 점은 나고 자란 문화를 버리기란 어렵다는 사정뿐 아니라 재일조선인 사회의 인구 증가가 이어지고, 게다가 대량으로 신규 도일한 사람과 일시적으로 귀향하는 사람의 존재로 인해서 유동성이 유지되었던 점도 영향을 끼치고 있었다고 생각할 수 있다.

2. 협화회의 정비와 재일조선인 사회

협화회 조직과 협화사업의 개요

다음으로 전시하 재일조선인을 통합한 협화회의 조직과 협화사업의 실태, 그에 대해 재일조선인 측이 어떻게 관련했는지를 살펴보겠다.

재일조선인에 대한 행정당국의 시책은 그 이전에도 전혀 없었던 것은 아니다. 간토대지진에서의 조선인 학대사건을 계기로 '내선융화사업'이라는 이름으로 행정당국이 조선인을 대상으로 하는 사회사업을 실시하거나 내선융화를 내세운 민간단체에 대한 원조 등도 이루어지고 있었다. 그러나 그 실시는 일부지역에 그쳤고 사업의 규모도 그다지 크지 않았다. 이에 반해서 협화사업은 명백히 보다 철저한 재일조선인 관리정책이었다. 그것은 지역과 직장 단위에서 모든 재일조선인을 협화회에 편입시키고, 일상생활 차원까지 관리·지도한 것이다.

이 협화사업은 다음과 같은 상황을 배경으로 개시되었다. 이제까지 살펴본 바와 같이 재일조선인은 독자적인 사회적 결합과 문화를 유지하고 있었고, 일본 국가에 대해서 비판적인 의식을 가진 사람도 적지 않았다. 실제로 1930년대 중반까지 일본 내지에서도 민족해방을 내세운 운동이 전개되고 있었고, 탄압체제의 강화에 의해서 공연과 운동을 전개할 수 없게 된 후에도 민족해방을 위한 활동이 완전히 소멸되었던 것은 아니었다. 또 1937년 7월 이후 일본과 적으로서 싸우고 있었던 중국 측 진영에는 조선인 민족주의자가 가세하고 있기도 했다. 즉, 일본 국가가 수행하는 침략전쟁에 대해서 재일조선인이 반대하거나 비협력적인 움직임을 보일 가능성은 항상 존재했던 것이다.[24] 동시에 그러한 조선인의 동향에 대해서 일본인이 반감을 가지고 '내선이간內鮮離間'이 야기될 가능성도 있었다.[25] 이러한 사태를 방지하고 재일조선인을 침략전쟁에 협력·동원시켜 가는 것이 협화사업의 목적이었다.

그러면 협화회의 조직 및 협화사업의 실태는 어떠한 것이었을까? 이 점은

---

[24] 행정당국은 그 점에 대해서 크게 염려하여 조선인 인구 비율이 높은 오사카시 다이쇼구의 기타오카지마(北恩加島)소학교에 재학한 조선인 아동을 대상으로 "이번 사변이 일어난 원인은?", "일본과 중국 중 어디가 나쁜가?", "집의 식구들은 이번 사변을 어떻게 보고 있는가?"하는 설문조사를 하였다(굳이 소학교 학생을 대상으로 조사를 한 것은 금후 장기전을 해나가는 데 있어서 현재의 아이들 세대가 중요하며 그들을 통해서 역으로 어른을 황민화시키겠다는 의도와도 관련 있겠지만, 동시에 조선인의 본심을 알고 싶다는 점도 있었을지 모른다). 그 조사 결과가 '조금 다른 것이 20%, 불량이 20%였던 것'은 일본 국가의 교화가 꼭 의도했던 대로 받아들여지지 않았다는 것을 보여주는 것일 것이다. 참고로 그 사실을 보도하고 있는 「동아일보」 1937년 10월 20일자 기사의 제목은 비아냥거리는 것인지 '오사카 조선인 시국인식 철저'이다.

[25] 1937년 9월에는 재일조선인 집주지가 있었던 오사카부 사카이시 고요초(向陽町)에서 일본인 공장주가 "비상시에 지나사변이 시일을 끌어 많은 장년 남자가 출정하는 경우에 조선인의 불온행동에 대해서는 미리 대책을 수립해 둘 필요가 있다"고 하며 '자경단(自警團) 조직', '죽창 1000자루를 준비해 둘 것', '자경단 단복을 조제할 것'이 결의되었기 때문에 이 사실을 안 관할 경찰서는 "중대한 경고를 하여 […] 타일러서 장래를 엄계할 상황이 있었다"고 한다("내지인의 조선인에 대한 불온계획[內地人の朝鮮人に対する不穩計画]", 『特高月報』 1937년 9월분). 일본인 민중 차원에서의 배외주의는 행정당국에서도 문제시되었고, 예측불허의 것이었다.

전술한 히구치 유이치의 연구에서 밝혀졌기 때문에 여기에서는 그것을 간단히 정리하는 형태로 소개해 두겠다.

협화사업으로 시행되었던 것은 첫째는 동화와 교화의 시책이었다. 일본어의 보급, 풍속과 생활습관의 동화, 천황제 이데올로기의 주입과 일본이 수행하는 전쟁 의의 선전 등이 그것이다. 동시에 조선인 노동자의 훈련, 징용 실시 협력, 지원병 모집, 징병제 시행을 위한 호적 정비와 청년의 단련, 기타 조선인의 국방헌금과 근로 봉사 등 전쟁수행을 위한 동원 내지 그 보조적인 활동도 협화회를 통해서 이루어졌다. 이 밖에 위생과 불량주택의 개량 등 사회사업적인 활동도 사업계획으로서 내세우고 있었다.

이 사업들을 수행하는 협화회의 조직 정비는 1930년대 중반부터 조선인이 많은 부현에서 시작되었다. 그리고 1939년에는 오키나와를 제외한 각 도부현에서 협화회 설치가 완료, 그 상부단체인 중앙협화회도 발족했다. 이 결과 중앙협화회를 정점으로서 그 아래에 각 도부현 협화회, 경찰 관할구마다의 지회, 직장과 지역(커뮤니티) 단위의 분회 조직이 거의 전국적으로 정비되었다. 그리고 분회는 지역에서는 10~20세대, 직역職域에서는 노동자 10명으로 구성되는 보도반補導班 등을 두고 사업을 실시하였다.

협화회의 임원에는 이른바 민간 유력자도 있었는데, 중앙 차원에서는 후생성·내무성·척무성·조선총독부 등과 연락하면서 사업 입안이 이루어지고, 도부현 협화회에서는 도부현 지사가 그 회장을, 경찰부장과 사회부장들이 임원을 맡았다. 그리고 지회장은 경찰서장, 분회에서도 특고과 내선계 즉, 조선인 담당 경찰관이 임원으로서 관계되어 있었다. 이것으로 알 수 있듯이 협화회는 반관·반민 단체이기는 하지만, 실질적으로는 내무성과 경찰이 중심이 되어서 운영되었던 관제官製 통합교화 조직으로서의 성격이 강한 것이었다.

협화회의 조선인 임원

이상과 같은 협화회의 조직 정비 과정에서는 앞 절에서도 언급한 바와 같이

'내선융화'를 내세운 단체도 포함해서 조선인 단체는 모두 해산당했다. 즉, 협화회에서는 민족의 독자적인 결합과 자주적 활동이 부정되고, 행정당국, 구체적으로는 일본인 경관이 재일조선인을 직접관리·지도하는 것이 지향되었다.

그러나 민족의 독자적인 사회적 결합을 기초로 한 재일조선인 사회가 존재하고 있는 이상 그러한 형태로 조직을 운영하는 것은 어려웠을 것이다. 그러면 협화회는 어떠한 형태로 재일조선인 사회와 접점을 가지고 그것을 장악하려 했을까? 이하에서는 선행연구에서는 밝혀내지 않은 이 점에 대해서 살펴보도록 하겠다.

이 문제와 관련해서 주목되는 것이 협화회의 조직에서 커뮤니티 차원에서의 활동 단위가 되는 분회 안에 일본인을 보좌하는 조선인 임원이 있었다는 점이다. 이것은 보도원補導員이라고 불리며(일부의 부현 협화회에서는 지도원이라고 호칭), "조선인 중 사상이 온건하고 비교적 내지화된 자"가 상부 임원의 지명으로 선정되었다. 이 밖에 '찬조원贊助員'이라는 이름으로 협화사업에 협력하는 조선인이 지회 차원의 임원으로 설치된 경우도 보인다. 그리고 협화회의 분회 차원에서 무언가를 행할 때는 이 보도원들과 찬조원들이 소집되어 일본인 임원의 설명을 듣거나 실행에 따른 구체적인 협의가 이루어졌다. 단, 보도원만의 강습회도 종종 열렸고, '시국 인식'을 철저히 할 것을 요구하는 훈련이 실시되고 있었다. 이러한 점들로 보아서 보도원과 찬조원도 협화사업 수행상 중요한 존재이며, 특히 보도원은 지역과 직장에서 가장 일상적으로 조선인과 접촉하면서 협화회가 시행하려고 하는 여러 가지 사업과 이념을 전달할 것이 기대되고 있었던 것을 알 수 있다.[26]

그러면 이 협화회의 조직의 말단에 자리 잡고 있었던 것은 어떠한 조선인이었을까?

협화회의 임원 이름이 판명되는 사료로는 1938년 단계의 교토부 협화회의 임원 명부가 있고, 그 중 31명에 대해서 『사회운동의 상황』과 한글 신문의 명함 광고 등으로부터 관련 있었던 단체와 직업을 알 수 있다. 또 다른 부현 협화회의

---

[26] 이상의 보도원과 찬조원의 규정 등에 대해서는 앞의 『協和会』, 124~128쪽 및 京都府 協和会, 『京都府協和会要覧』, 1938년(樋口雄一 編, 『協和会関係資料集』 제3권, 緑蔭書房, 1991년에 수록), 『協和事業』 각 호의 '색보란(彙報欄)'에 따름.

[표 5-4] 협화회의 말단 간부를 맡은 재일조선인의 직업·관계단체 등

성명	부현	직함	직업	단체 관계	기타
柳原義光	아이치	보도원	고물상		
長谷川辰夫	아이치	보도원		相愛會	
金潤秀	도쿄	보도원	자갈 채취, 토목청부업	東光一心會	立川町議
金鍾在	도쿄	보도원	신문 외판		調市町議
羅正玟	도쿄	보도원	토목청부업	東亜自治會	
李海東	도쿄	보도원	자갈판매업		調市町議
岡本貴奉	도쿄	보도원	공장 경영		
新井幸一	오사카	지도원	농업		町内會 간사
鳳谷光泰	오사카	지도원	거울상		町會 부회장
西原正雄	오사카	지도원	양산 제조판매		
吉川清	오사카	지도원	토목청부업, 합금공장, 음식점		
横山松太郎	오사카	지도원	셀룰로이드 공장		
姜洛日	교토	보도원		深草共栄會	
姜在源	교토	찬조원		태양청년단	
權五爕	교토	찬조원		京都朝鮮相助會, 鶏林少年団	
金甲得	교토	보도원		内鮮相助會	
金桂石	교토	찬조원	염색 공장	京都向上館	
金斗守	교토	찬조원	乾物商, 요리업		学區委員
金永秀	교토	찬조원	염색 공장		
金永祚	교토	보도원	토건업?	伏見市 相助會	火薬廠쟁의참가
金玉成	교토	찬조원	伸銅직공		
金元守	교토	찬조원		江原同志會	
金宗洙	교토	찬조원	비료업	国民同仁會, 朝陽保育園	学區委員
金泰元	교토	보도원	고물업		
朴庚得	교토	찬조원	고물상	교토조선노조	学區委員
徐允洙	교토	보도원		国民同仁會	
申章爕	교토	찬조원	직물상	韶羅親友會	
安次甲	교토	보도원	고철업		
吳平泳	교토	보도원		京東상조회	
吳海根	교토	찬조원	자갈 채취, 자동차 운반업	親和會, 同志會, 武陵청년회	
柳錫烈	교토	찬조원		親和會, 京都向上館	
李東雨	교토	찬조원	염색 공장		
李萬兆	교토	찬조원	신문 판매	成親會	
鄭夢林	교토	보도원		慎正會	
鄭龍桓	교토	찬조원	市常雇人夫	東亜博愛會, 야소교남부협회, 鶏林소년단	
崔孟浩	교토	찬조원	토건업?	慎正會	火薬廠쟁의참가
崔英錫	교토	보도원		伏見市 상조회	
崔有石	교토	찬조원	조선 요리업		
洪達振			조선 요리업		
洪命用	교토	보도원	식품판매(고추 등)		경판신 조선인문제좌담회 출석
洪承用	교토	찬조원		교토조선노조, 교토조선인친목회, 京都向上館	
洪仁吉	교토	찬조원	빗자루 제조업	천도교 청년당 교토지부	
黃鳳洙	교토	찬조원	友仙		
大島□	야마구치	보도원	토목업		

전거:「조선일보」1927년 6월 1일, 28년 2월 22일, 30년 1월 8일, 1월 30일, 5월 11일, 35년 1월 1일, 11월 16일, 37년 1월 14일, 40년 1월 3일;「동아일보」1935년 11월 1일;「朝鮮思想通信」, 1927년 11월 24~26일;「동아신문」1941년 10월 4일, 42년 9월 27일, 11월 5일, 18일, 43년 2월 6일, 7일, 14일, 27일, 3월 5일;「京都府協和会要覧」, 1938년; 内務省警保局,『社会運動の状況』, 각 연도판; 金鍾在,『渡日韓国人一代』, 図書出版社, 1978년.

지도원에 대해서도 경력 등이 판명되는 사람이 13명 있다. [표 5-4]는 그에 대해서 정리하여 나타낸 것이다.

여기에서 알 수 있듯이 그들의 직업은 최하층의 노동자가 아니라 그보다 약간 위층에 위치하고 있는 것을 알 수 있다. 표 안에는 신동직공伸銅職工, 상용인부 常傭人夫처럼 명확하게 고용된 입장에 있는 사람도 있기는 하나 소수이고, 대부분 은 자영업 내지 타인을 고용하는 입장에 있다. 그리고 약간 위의 계급이라고 해도 재일조선인의 대다수가 위치하고 있었던 하층사회와 분리되어 있었던 것은 아니 라는 것도 확인할 수 있다. 즉, 橫山松太郎, 西原正雄, 柳田義光, 吉川淸, 岡本貴奉 은 모두 오랫동안 공장과 탄광의 일개 노동자로서 일하고서 경영자가 되었다. 즉, 성공하기까지는 조선인이 많이 일하고 있었다고 생각되는 직장에서 남의 밑에서 일한 경험을 갖고 있는 것이다. 동시에 그들이 경영하는 자갈 채취, 토건청 부업, 고물상, 염색, 셀룰로이드 가공 등의 공장에서는 조선인을 고용하고 있었다 고 보는 것이 자연스러울 것이다. 조선 요리업과 고추 등의 식품 판매도 당연히 그 지역의 조선인과 접촉이 많은 입장에 있었을 것이다.

또 그들 중에는 상대적으로 다른 조선인보다 교육 정도가 높다고 보이는 사람이 포함되어 있다. 新井幸一은 도일 전에 향리에서 서당의 선생으로 일하고 있었고, 大島□는 거주하는 모지門司의 조선인 중에서 지식 계급으로 간주되고 있었다.

동시에 [표 5-4]에 보이는 바와 같이 그들 중 여럿은 협화회의 정비 이전에 조선인 단체에 관련되어 있었다. 『사회운동의 상황』에서 알 수 있는 이 단체들의 설립 연도를 보면 1920년대 후반부터 30년대 초에 걸쳐서 만들어진 것이 많다. 따라서 협화회의 정비 시기까지 존속한 단체는 수년에서 10년 정도 활동한 셈이 다. 또 『사회운동의 상황』에 기재된 조직 인원을 보면 430명의 단체도 있지만, 나머지는 50명 이하가 3개 단체, 51~100명이 2개 단체, 101~150명이 5개 단체, 151~200명이 4개 단체다. 즉, 수십에서 백 수십 명 정도의 조직이 태반이었다(이상 의 내용은 표의 인물이 『사회운동의 상황』에서 중심인물로 기재되어 있는 단체에 한한다). 이 조직 인원의 숫자로 보아서 그들은 일상생활 속에서 서로 직접 접촉할 수 있는 범위의 사람들로 구성되는 정도의 단체들을 통합하는 존재였다고 생각할 수 있다.

이들 단체에는 종교단체와 노동조합 외에 명칭에 '친화'와 '부조'라는 말을 사용하는 것이 많다는 점이 주목된다. 대부분이 친목과 상호 부조를 목적으로 하는 단체였을 것으로 추측된다. 이 중 실제의 구체적인 활동을 알 수 있는 것에 대해서 기록하면 다음과 같다.

우선 동광일심회東光一心會의 경우는 무료 숙박소의 경영, 노동자에 대한 야학(식자 교육), 촉탁의에 의한 무료 진료, 노동쟁의의 조정, 관혼상제의 주선 부조, 위안 오락 등의 사업을 했다.[27] 신정회愼正會도 마찬가지로 야학 강습소와 무료 숙박소의 설치를 계획하고 있고, 조직 안에 지육부智育部, 덕육부德育部, 교풍부矯風部, 상담부相談部가 설치되어 있었던 것으로 보아 계몽운동과 상호 부조가 중심이었다고 볼 수 있다.[28] 또 교토조선인친목회는 교토에 거주하는 조선인의 품성 향상과 생활권 옹호를 강령의 주축으로 하고 있고, 가미쿄上京지부 대회에서는 자녀교양 문제, 도박 퇴치, 허례 폐지, 아편환자 퇴치 등을 결의하였다.[29] 교토향상관京都向上館은 이 교토조선인친목회가 모은 모금으로 1936년에 건설되었던 것으로 '경제적 보호'를 하는 공제부와 법률, 직업, 신상 상담을 접수하는 인사상담부, 건강 상담과 육아 지도를 하는 보건부가 있었고, 그 밖에 아동의 교육 노동자 대상의 야학 등을 운영하고 있었다.[30]

이상으로 협화회 조직의 말단 조선인 임원은 상당수가 계몽과 공제, 보건, 아동교육문제 등의 활동을 이어나가면서 커뮤니티 차원에서 다른 조선인을 통솔하는 리더들이었던 것이 확인된다고 하겠다.

---

27 「朝鮮思想通信」 1927년 11월 24일~26일자, 박상희, "도쿄조선인제단체역방기". 이 기사에서는 '재일본조선노동일심회'라고 되어 있지만, 대표자와 기반 등으로 보아 이것은 동광일심회와 같은 단체라고 생각할 수 있다.
28 「조선일보」 1927년 6월 1일자, "재경도 노동동포 야학강습소 설치".
29 「조선일보」 1935년 11월 16일자, "재류동포집회기관 조선인회관 건설"; 「동아일보」 1935년 2월 23일자, "재경도조선인친목회 설립"; 「동아일보」 4월 20일자, "친목회 결의를 보고".
30 「민중시보」 1936년 6월 21일자, "사회사업에 치중하는 경도향상관".

다음으로 협화회 조직 말단의 조선인 임원의 의식과 정치적 입장에 대해서 살펴보겠다. 이 점에 대해서는 당연한 말이지만, 협화회 임원이 되기 전부터 일본 국가의 시책에 협력적인 입장을 취하고 있었다고 추측되는 인물이 있다. 우선 하세가와 다쓰오長谷川辰夫는 "민족운동 파괴를 위한 친일단체로서 당국에 의해서 가장 많이 이용되었던"[31] 단체인 상애회에 참가하고 있었다. 또 교토부의 심초공영회深草共栄會, 동인회同仁會, 친화회親和會, 성친회成親會, 강원동지회江原同志會도 1935년에 "일본정신을 발양發陽하고, 국력의 강화에 일단의 노력 봉공의 지성을 다한다"는 교토조선인단체연합회에 참가하고 있었던 것으로 보아,[32] 그 관계자는 천황제의 지지와 국책 협력의 태도를 보이고 있었다고 생각할 수 있다.

그러나 [표 5-4]로는 일본 국가권력과 대항하는 세력과 관련을 갖고 있었던 경력을 가진 인물을 발견할 수 있다. 우선 김윤수는 간토노동일심회關東勞動 ·心會(동광일심회의 전신이라고 생각된다)를 이끌고 1926년에 재일본조선노동총동맹(재일노총)에 가입하고, 간토연합회의 중앙집행위원을 지냈다.[33] 홍승용과 박경득도 1927년경에 이 재일노총 산하의 교토조선노동조합에 참가하고 있다.[34] 또 김영조와 최맹호는 1931년 전국노동조합동맹의 지도로 투쟁했던 교토부 우지 화약창 건설공사장 쟁의의 쟁의단원이었다.[35] 이러한 사회주의계의 노동운동만이 아니라 1930년대 중기 생활권 옹호를 축으로 하면서 민족해방을 전망하고 있었던 「민중시보」 등의 활동과 관련을 맺고 있었던 사람도 확인할 수 있다. 홍승명이 관계하고 있었던 교토조선인친목회의 위원장은 「민중시보」 동인이기도 했고, 동 친목회와 교토향상관의 동향은 이 신문에서 여러 차례 보도되었다.[36] 또 홍명용은

---

31 姜東鎭, 『日本帝国主義の朝鮮支配政策史研究』, 東京大学出版会, 1978년, 244쪽.

32 '在京都朝鮮人団体連合会結成状況', 『特高月報』 1935년 11월.

33 「朝鮮思想通信」 1927년 11월 24일자, 앞의 기사, 단 이 시점에서 이미 노동일심회는 재일노총으로부터 탈퇴해 있었다.

34 「조선일보」 1928년 2월 22일자, "경도조선노조 서진(西陣) 지부대회"; 「조선일보」 1930년 1월 8일자, "경도노동동포 신년 간친(懇親)".

35 「조선일보」 1931년 5월 11일자, "우치화약제조소 종업 7백동포 결속항쟁".

36 졸고, 「1930年代中期の在日朝鮮人運動: 『民衆時報』・京阪神地域を中心として」, 『朝鮮史研究会論文集』 제28집, 1991년 3월.

이 「민중시보」의 주간 등이 모여서 도항증명 문제를 비롯하여 재일조선인이 직면한 문제에 대해서 이야기하고 행정당국을 비판한 '경판신 조선인문제좌담회'(앞장 4절 참조)에 참가하였다.

따라서 협화회의 임원이 되었던 것은 처음부터 일본 국가의 시책에 협력하였던 조선인만이 아니었다고 할 수 있다. 적어도 한 때는 재일조선인의 입장에서 행정당국을 비판하면서 생활을 지키는 활동을 이끌어가고 있었던 사람도 협화회 내부에 편입시키고 있었다.

생활 개선 활동과 협화사업

그러면 이 조선인들이 협화회 임원이 될 것을 선택한 계기와 의도는 무엇이었을까? 물론 행정당국 주도의 조직인 이상, 처음부터 적극적으로 선택했던 것이 아니라 위로부터 지명되어 거절할 수 없었던 사람도 적지 않았을 것이다.

그러나 한편으로 협화회 임원이 되는 것을 스스로 선택한 경우도 있었다고 볼 수 있다. 그 가운데에는 이데올로기적인 교화에 물들어서 일본 국가를 지지하고 있었던 사람도 있었고, 그 밖에 자기의 이익과 편의를 위해서 협화회 임원이 되었던 조선인도 있었다. 이 시기에서는 상거래와 생산·배급을 포함한 민중생활의 구석구석에 걸쳐서 행정당국의 통제가 이루어지고 있었고, 동시에 앞 절에서 살펴본 바와 같이 군수생산과의 관계로 조선인들에게도 경제적 상승의 기회가 확대되고 있었다. 그러한 가운데 협화회와 깊이 관련되어서 "경찰당국과 손을 잡고 있으면 어떤 일에서건 유리하다는 단순한 타산打算에서 보도원이 된 사람이 많았고"37 실제로 "보도원이 됨으로써 일반의 신용을 얻었기 때문에" 경제적으로 성공을 거둔 사람이 생겨났다.38

그렇지만 이렇게 그들의 의도와 전혀 무관하거나 자기의 이익을 따져서 협화회 임원이 된 조선인만 있었던 것은 아니었다는 점에도 주목할 필요가 있다. 이

---

37 曺寧柱, 「京都に於ける內鮮協和運動の手記」, 『東亞連盟』 1942년 3월.
38 앞의 『內地, 支那各地在住の半島人の活動狀況に關する調書』, 1942년, 『集成』 제4권, 1296쪽.

점과 관련해서 검토해야 할 것은 협화사업에서 관혼상제의 간이화와 화장火葬의 장려, 도박과 백의白衣·더러운 옷의 착용 금지, 미신 타파, 음력에 따른 생활 폐지, 주택과 집주지의 위생 개선, 위생 관념을 몸에 익혀야 한다는 것 등 근대적 가치 기준에 따른 생활 개선이 주장되고 있었다는 점이다.[39]

이미 앞에서 살펴보았듯이 같이 협화회의 임원이 되었던 조선인은 종종 친목 부조단체에서 조선인의 생활 개선에 주력하고 있었다. 또 4장에서 서술한 바와 같이 당시의 재일조선인의 의견과 의식을 엿볼 수 있는 얼마 많지 않은 사료인 「민중시보」와 '경판신 조선인문제좌담회'를 볼 때, 재일조선인 사회의 리더계층 사이에서도 같은 주장이 이루어지고 있었던 것이 확인된다. 물론 그들의 주장은 행정당국에 의한 지도를 기대하는 것이 아니라 조선인 스스로가 노력해야 한다고 호소하는 것이었다. 그리고 「민중시보」는 조선인에 대한 동화정책과 파쇼 세력 의 전시체제 구축을 비판하였고, 협화회와 양립되지 않는 입장에 있었다.

그렇지만 1930년대 중반에는 이러한 언론활동도 탄압의 대상이 되어서 「민 중시보」는 폐간에 몰렸다. 또 교토조선인친목회의 임원 등이 '내선융화'를 내세 위 합법성을 유지하면서 생활 옹호 활동을 목적으로 조직하고자 한 조선민중당의 결성도 저지당했다. 그리고 협화회의 조직 정비 과정에서는 '내선융화'를 내세운 단체도 포함해서 해산 당했고, 재일조선인의 자주적인 생활 개선 활동의 전개는 거의 불가능해졌다.

이러한 상황 속에서 조선인의 생활 개선을 위한 활동을 하려면 협화회의 임원이 될 수밖에 없다고 판단했던 재일조선인 사회의 리더들이 있었을 것은 쉽게 추측할 수 있겠다. 실제로 도쿄부 조후에 살고 있었던 김종재金鍾在는 1941년 에 협화회의 보도원이 되었던 경위를 다음과 같이 회상하고 있다.

이때부터 조후 주재소장인 오카다 마사루(岡田勝) 순사부장이 끊임없이 나한테 와

---

39 예를 들면 전국적인 협화사업의 모델이 된 오사카부에서의 '교풍회'의 사업계획에서 그런 것들이 포함되고 있다(앞의 『協和会』, 56~57쪽).

서 도쿄협화회 후추(府中) 지부의 보도원을 해달라고 설득했다. [……]

나는 "그럴만한 그릇이 못되고, 인권옹호의 입장에서 운동을 하고 있는 나로서는 경찰서에 출입하는 것은 취지에 맞지 않는다"며 계속 고사했다. 그런데 어느 날 다마가와(多摩川) 강변에 살고 있는 동포들이 5~6명 함께 왔다. 들어보니 "우리도 모두 보도원이 되기로 승낙했다. 김 씨도 꼭 승낙해서 보도원이 되어 달라"며 담판을 지으러 온 것이다.

그들은 "우리는 일본 경찰에게 협력하는 것이 아니다. 이 조직을 이용해서 어떻게든 조선인 노무자들을 돌보아 주겠다는 것 아닌가? 모든 민족운동이 무너져 버린 지금에 와서는 민족을 지키기 위해서 이러한 방법 밖에 없지 않은가?" 하며 저마다 다그쳤다. 나도 결국에 그들의 열의에 눌려서 마지못해 보도원을 받아들이기로 했다.[40]

그리고 실제로 협화회하에서 재일조선인이 통합되게 되었다고 해도 보도원들이 그 이전에 관련되어 있던 재일조선인의 생활에 관련된 사업을 계속한 사례도 확인할 수 있다. 위의 김종재의 경우 조후에 거주하는 조선인이 조직하고 있었던 "명태·조기 등의 생선을 비롯해서 콩나물·고비 등의 절임을 들여와서 이것을 조선인과 일본인에게 판매하는" "일종의 소비조합"과 관련되어 있다.[41]

또 조선인 생활 옹호 활동을 계속하고 있었던 교토향상관도 협화회의 조직 정비 후에도 존속했다. 물론 그 활동은 전시체제에 편입된 것으로 바뀌었다. 해군 소장小將인 일본인을 관장을 두고, 경영방침도 "쇼와 43년에 발포된 한일합병의 조칙詔勅에 입각하여 교토에 거주하는 조선동포로 하여 일시동인一視同仁의 황은皇恩을 입어서 내선일체의 열매를 구현화하는 것을 신조로 한다"고 하여 식민지 지배를 긍정하고 천황제를 지지하는 것을 명확히 했다.[42] 그러나 그 사업은 조선인 소년, 노동자, 여성들을 대상으로 하는 야학, 산파, 육아 지도, 위생 지도, 공제,

---

40 金鍾在 述, 玉城素 編, 『渡日韓国人一代』, 図書出版社, 1978년, 103쪽. 물론 이것은 보도원이었던 것을 이유로 후에 규탄을 받은 인물이 전후에 회상한 것으로 어느 정도 변명적인 요소가 포함되어 있을 가능성은 부정할 수 없다.
41 앞의 『渡日韓国人一代』, 117쪽.
42 「京都向上館」, 『社会時報』 1940년 5월.

취학 알선, 인사 상담 등으로(거기에서도 황민화를 교화하는 내용이 포함되어 있었을 가능성은 있지만) 그 이전과 마찬가지로 조선인의 생활을 원조하고 있었다.[43]

이상에서 서술해 온 것으로 협화회와 재일조선인 사회 및 그곳에서 계속되고 있었던 여러 활동은 전혀 접점이 없이 대립하는 것이었다고 볼 수 없다. 재일조선인 사회 측에서 보면 협화회의 조직 정비가 이루어진 후에도 그 이전부터 이루어지고 있었던 생활 개선을 위한 여러 활동은 제한적으로나마 계속되고 있었다. 그러나 뒤집어서 행정당국 쪽에서 보면 그러한 활동의 중심이 되고 다른 조선인에게 영향력을 갖는 리더계층을 협화회의 말단 임원에 위치시킴으로써 재일조선인 사회에 대한 통합정책에 실효성을 가져올 수 있었다고 할 수 있다.

3. 전시하 재일조선인의 의식

일본 국가에 대한 협력과 거리: 「동아신문」의 기사에서

이 절에서는 전시하 재일조선인이 일본 국가의 시책과 조선과의 관계에 대해 어떠한 의식을 갖고 있었는지에 대해서 고찰하겠다. 이 점에 대해서는 이미 서술한 바와 같이 이제까지 박경식 등의 운동사 연구에서는 이 시기에도 재일조선인이 민족해방을 전망하고 민족성을 유지하려고 했다는 점이 강조되어 왔다. 물론 그러한 의식을 계속 가졌던 사람들이 있었던 것은 분명하며 이하에서도 그러한 점에 대하여 언급할 것이다.

그러나 이 시기에는 황민화정책에 초연한 태도를 취하거나 민족주의적 입장을 표명하는 것 자체가 허락되지 않았다. 앞 절에서 서술해 온 바와 같이 그 이전에 일본 국가와 대항하면서 생활권 확립을 위해서 활동해 왔던 재일조선인 리더계층들도 협화회 내부에 편입되어 있었다. 따라서 이하에서는 협화사업에 대해서 재일조선인, 특히 이제까지 주목해 온 커뮤니티 차원의 리더계층이 어떻게 대처

---

43 「동아신문」 1941년 9월 30일자, "반도소년 교화에 정신 활약하는 교토향상관을 들여다보다(半島少年敎化に挺身活躍する京都向上館を覗く)".

하고 있었는가 하는 점을 우선 논해 가기로 하겠다.

이에 대해서 단서를 주는 사료는 극히 적지만(그렇다기보다도 애당초 조선인의 목소리를 전하는 사료 자체가 적고, 특히 전시하에는 거의 없다), 여기에서는 재일조선인에 의해서 1943년 까지 계속 간행되었던 「동아신문」의 기사에 의거해서 분석하기로 한다.

먼저 이 신문에 대해서 간단하게 설명하겠다.[44] 「동아신문」은 나고야에 본 사를 두고 있던 조선인을 대상으로 한 일본어 신문으로 1935년부터 1943년까지 간행되었다. 이 신문은 조선인을 대상으로 하는 신문으로서는 비교적 본격적인 것이었다. 이것은 ① 당초부터 활판인쇄로 간행되었고, 신문의 형태도 1939년까 지는 타블로이드판이었는데, 그 후에는 일반 신문과 마찬가지였다는 점, ② 간행 간격이 당초 월 3회, 그후 주간으로 바뀌고, 1940년 8월 이후 일간지로 바뀌었다는 점, ③ 부수는 당초 2500부, 1942년에는 5000부였던 점을 통해서 확인할 수 있다. 또 배포지역은 본사가 있었던 나고야 외에도 도쿄, 오사카, 교토, 고베, 시모노세 키 등 일본 내지의 도시 외에 조선 내의 부산, 울산, 경주, 경성, 평양, 함흥 그리고 만주, 중국에까지 미치고 있었다고 되어 있다. 그런 이유 때문인지 지면에는 조선 내 및 만주국, 중국 거주 조선인의 동향을 전하는 기사도 실려 있다. 그러나 중심이 되었던 것은 역시 재일조선인과 관련된 기사, 논설이었다.

신문의 사상적 경향에 대해서 서술하면 일본 국가의 국책을 지지하는 입장을 선명하게 드러내고 있었다고 할 수 있다. 환언하면 침략전쟁을 지지하고 조선인 의 황민화를 추진하는 주장을 내세우고 있었다. 이 점은 전시하에 간행이 가능했 던 것을 생각하면 어떤 의미에서는 당연하다고 할 것이다.

또 경영에 참여하고 있던 조선인의 경력 등을 보더라도 국책 협력이라는 이 신문의 경향은 분명하다. [표 5-5]는 동아신문사를 주식회사로 바꾸는 과정에 서 주식 모집 발기인 등의 경력을 나타낸 것이다. 여기에서 나타나 있는 인물 중 우선 상담역의 박춘금은 조선총독부와 내무성 관료와 결탁해서 민족운동에

---

44 이 신문에 대해서는 졸고, 「「東亞新聞」解説」, 『戰時下在日朝鮮人新聞資料 東亞新聞』, 綠蔭書房, 1997년도 참고.

[표 5-5] 동아신문사 경영관계자의 직업 등

성명	직함 등	주소	직업	단체 관계 등
任龍吉	사장	名古屋市 中区	교원, 신문기자 경력	부산청년회, 신간회
朴春琴	상담 역	東京市 本所区	代議士	상애회
朴重華	발기인	조선 경성부		
宋在球	발기인	조선 충청북도		
鄭寅學	발기인	東京市 江戸川区		
盧次用	발기인	大阪市 東城区	고무공장 경영	상애회, 노조가 경영하는 야학의 모금에 출연
姜已文	발기인	大阪市 東区		布施 시의선거 입후보(낙선)
申奉燮	발기인	大阪市 布施区	자전거 제조 판매	경판신 조선인문제좌담회 참가
洪命用	발기인	京都市 下京区	해산물상	상애회
金連壽	발기인	神戸市		
南福商	발기인	名古屋市 昭和区		
金連洙	발기인	下関市		
李鐘澤	발기인	大阪市 東城区	塗装業	
河海宗	발기인	名古屋市 中川区		
木村公太郎	발기인	名古屋市	청부업	

전거: 「동아신문」 1939년 7월 15일, 39년 12월 16일; 졸고, 「「東亜新聞」解説」, 『戦時下在日朝鮮人新聞資料 東亜新聞』, 緑蔭書房, 1997년.
주: 기무라 고타로(木村公太郎)는 주식회사화 이전에 사망.

적대적인 상애회를 이끌어온 인물이다. 이밖에 노차용과 김연수도 상애회와 관련을 맺고 있었다.

그러나 「동아신문」에 관여했던 조선인이 모두 처음부터 일본 국가에 협력적이고 다른 조선인들을 억압하는 입장에 있었던 것은 아니다. 우선 사장인 임용길은 1920년대에는 부산에서 청년단체와 신간회(사회주의자와 민족주의자의 합동전선에 의한 민족운동단체)에도 참가했고, 도일 후인 1930년대에는 민족주의계인 동아일보사의 나고야지국과 관련을 맺고 있었다. 노차용은 1920년대 상애회와 관련되어 있었고, 한편으로는 사회주의계인 조선인노동조합이 운영하던 야학의 자금을 모금했던 사실도 있다. 그리고 전술한 바와 같이 홍명용은 '경판신 조선인문제좌담회'에 참가하고, 신봉섭은 "조선인의 생활 향상을 위하야는 침식을 억이면서 봉사적 활동을 하고 잇다"[45]고 전해진다.

이 밖에 이전에 「민중시보」에 광고를 냈던 공장·상점 등이 「동아신문」에도

---

45 「조선일보」 1938년 6월 10일자, "재대판상공업가 소개판".

광고를 낸 사실도 확인할 수 있다. 따라서 이 신문은 역시 생활권 옹호에 노력해 온 재일조선인 사회의 리더계층도 어느 정도 관여해서 간행했다고 할 수 있다.

그래서인지 이른바 관헌의 어용신문인 이 신문에도 그 이전부터 리더계층인 조선인이 주장하고 있었던 의견도 게재되어 있다. 구체적으로는 관혼상제의 간략화와 '이중월년'의 폐지, 미신 타파, 시간 엄수에 힘쓸 것 등 생활의 '근대화'에 대한 제언이다.

그러면서도 이러한 문제도 그 이전처럼 재일조선인의 생활향상의 관점에서만 논의되고 있었던 것은 아니었다. 예를 들면 이중월년 폐지에 대한 「동아신문」의 주장은 다음과 같다.

> 내지에 거주하고 있는 조선인들 사이에는 협화회 등의 노력도 성과를 가져와서 관혼상제 습관도 거의 개량되고 내지화되어 가고 있지만, 일부 소수계급에서는 아직 포기하지 못한 사람도 있는 것 같다. 그렇지만 이러한 습관들도 당연히 전체적으로 개량해서 내지화해 나가야 한다는 사실은 말할 필요도 없지만, 기자는 연말이 다가오면 매년 절실하게 생각나는 것이 있다. 그것은 내지 거주 조선인의 이중월년이다. [……] 조선에서는 정월의 설날에 조상을 기리기 위해 가문 일족이 모여서 큰 제사를 지내는 습관이 고대부터 이어지고 있다. 이것을 지금 내지에서도 거의 구정으로 행하고 있는 경신숭조(敬神崇祖)의 관념으로 보아도 그 제사를 지내는 것에 대해서는 별로 크게 이론(異論)을 갖지 않지만, 왜 그것을 신정으로 고치지 않느냐는 것이다. 실로 낭비다. 특히 지금과 같은 비상 시국에는 물자 절약이 고조되어 가고 있는 때이기 때문에 올해부터는 무슨 일이 있어도 고치길 바란다. 표면적으로는 일본 옷을 입고 국어를 사용하면서도 가정 내에서의 일체의 행사는 조선의 구습에 얽매여 있다면 완전한 내지화라고 할 수 없다.[46]

이중월년의 폐지가 '비상 시국'에서의 절약과 '내지화'의 문제로서 논의되고

---

46 「동아신문」 1942년 12월 11일자, "이중월년을 폐지하자!(二重越年を廃止せよ!)".

있는 것이다.

또 위에서도 알 수 있듯이 「동아신문」이 당연히 동화정책을 추진하는 입장에 있었던 것은 틀림없지만, 그럼에도 어느 정도 조선 문화의 독자성에 배려를 바라는 것 같은 주장도 실려 있다. 예를 들면 1942년에는 시모노세키시의 조선인 협화회 임원들이 명란 등 조선인을 대상으로 한 식재를 조선으로부터 사들여서 판매하는 소비조합을 만든 것(전술한 바와 같이 조후시에서도 같은 움직임이 있었다)에 대해서 「동아신문」은 긍정적으로 평가하고 있다. "반도 출신자의 부식물副食物의 왕좌"이며 "자양 운운하기보다 일상생활 식료품으로서의 불가결한 것"인 명태를 비롯하여 조선인들을 위한 식품이 부족한 상태가 이어지고 있다고 말하고 다음과 같이 말하고 있다.

> 조선의 산지에서 상품 부족을 초래했다고는 아무래도 생각되지 않는다. 조선의 산지와 당국도 시국상 만족하지는 못하더라도 상당한 물품은 들여올 수 있을 것이다. 특수한 반도 출신 소비자의 입장은 충분히 관계당국도 인식하고 있을 것이다. 아니 이러한 특수적인 입장을 잘 알고 있기 때문에 이번에 시모노세키협화소비조합을 결성하는데에 있어서도 현 본부의 간절한 지도하에 결성이 이루어진 것이다. [……] 2만 3000 시모노세키 반도 출신자 여러분들이여. 여러분들의 소비조합이 아닌가? 힘껏 성원해 주시길![47]

즉, 조선인에 의한 독자적인 식재료의 요구는 존중되는 것이 마땅하며 그에 대해서 일본 행정당국도 그 점을 고려해야 한다는 견해가 나타나 있다.[48]

---

47 「동아신문」 1942년 9월 19일자, 豊川生, "협화소비조합 결성을 보고(協和消組結成を見て)".
48 그러나 이 협화소비조합 결성에 대해서는 비판이 있었던 것 같다. 전술한 기사를 집필한 豊川生은 1942년 10월 14일에 다시 붓을 들어 "협화소비조합연합회 탄생!"이라는 기사를 썼는데, 거기에서는 다음과 같이 후퇴한 논조로 변해 있었다. "대국적(大局的)인 입장에서 이 협화소비조합의 결성은 이른바 과도적인 존재로서 역력한 존재성과 합리성이 있는 것은 논할 필요도 없다. [……] 협화사업의 입장에서 이 조합은 결성된 것이다. [……] 일반 협화회원은 물론 그 중에도 반도 산업 전사로서 부식물, 명태, 다른 조선의 부식물 문제 등 분명 재고의 여지는 충분히 있는 것으로 생각된다, 아니 이번에 생활 개선 문제에서도 단연 그러한 특수적인 것은 폐지해 주는 것이 좋다, 아울러 아직 그들에게 있어 이것은

그리고 옛날의 조선 문화와 조선의 고향과의 연결을 부정하는 것 같은 태도를 취하지 않은 것도 주목된다. 1940년 2월 15일의 '반도란 특집'에서는 "음력설을 마지막으로 귀선歸鮮하는 인사의 수송 방편을 계획하고, 겨울 조선의 온천을 소개"하고 있고, 그 밖에 "회고적 정서 면면 구정 기분은 맛볼 수 없다"는 것을 아쉬워하며 예전의 '조선의 설' 행사나 그 모습을 기록한 글이 실려 있다. 그리고 "고향 마을에 있는 아버지의 환갑을 맞이하여 일시 귀선"한 재일조선인이 고향의 간이학교가 "자금난에 봉착하여 수리도 못하고 비바람을 이기지 못하는 것을 보고만 있을 수 없어서 돈 50엔을 그 수리비로 기부했다"는 것도 긍정적으로 소개되었다.[49]

그렇지만 「동아신문」 지면상에는 위와 같은 어느 정도 조선 문화를 존중하는 입장에 있는 논설이나 기사는 그다지 많이 보이지는 않는다. 역시 반복적으로 나타나는 것은 "좋고 나쁨은 차치하고라도 내지에 존주存住하는 이상 '오伍에 들어가서 오伍를 따른다'로 내선의 구별이 되지 않도록 하나가 되는 것이 당연하다", "내지에 사는 이상 뼈를 내지에 묻는다는 각오가 되어 있어야 한다",[50] "조선 옷·마늘도 끊어야 하지 않나"[51]하면서 덮어놓고 철저한 동화를 주장하는 것이었다.

이 점은 일본 국가의 시책에 협력하는 이 신문의 입장에서 보면 당연한 것이다. 단, 그 주장은 행정당국의 명을 받아서 그것을 아래로 밀어붙이는 식의 단순한 것이 아니었다는 점에 주목해야 한다. 일본인으로부터의 차별을 받지 않도록 하기 위해서 필요하다는 인식하에 리더계층이 다른 조선인들에게 호소하고 있었던 것이다.

예를 들면 70호 남짓의 셋집을 가지고 '내선인'(이 말은 일본인과 조선인을 의미하는

또 절대적인 음식이고 전시하 식료의 확보라는 점에서도 계속해서 조선으로부터의 산업 전사가 날마다 건너오는 것에 대응해서 이 문제는 더더욱 관민 사이에 연구되어야 하는 것이라고 생각하는 바다".
49 「동아신문」 1941년 10월 26일자, "향리의 실정 보고 빈곤자 구제금 경북도의 야마자키 씨(鄕里の実情見て貧困者救濟金慶北道の山崎氏)".
50 「동아신문」 1939년 11월 25일자, "반도인의 생활 내지화를 서둘러라(半島人の生活內地化を急げ)".
51 「동아신문」 1941년 9월 11일자, "한담방단(閑談放談)".

경우와 재일조선인을 의미하는 경우 두 가지가 있는데, 이 시기는 재일조선인의 의미로는 '반도인'이라는 말이 보통 사용되고 있기 때문에 전자라고 생각된다) 800명의 집주인이었다는 김태운金泰云은 다음과 같이 말한다.

> 언제나 내선일체론이 나왔다 하면 반도인은 내지인에게 차별받고 있다고 흔히 말하지만, 저는 차별을 하는 내지인보다도 차별받는 반도인에게 잘못이 있는 것이 아닌가 생각합니다. 차별을 한다고 불평하지 말고 차별 당하지 않도록 노력하면 되지 않을까 생각합니다. [……]
> 예를 들면 최근 반도의 부녀자 복장 개량 문제로 매우 시끄러운 것 같은데, 반도 부인의 복장이 가두 같은 데서 눈에 띄기 때문에 일부 상인 등에게 차별을 받는 일이 있다면 차별을 받지 않기 위해서 당장 복장을 개량하면 되지 않습니까? 차별 문제보다도 전시하에서 모두가 통일되는 시대이기도 하니 반도의 부인도 당연히 내지인과 같은 일본 옷을 입게 해야 하는 것이 옳지 않을까 생각합니다.[52]

이상과 같은 논리로 동화나 국책 협력을 주장하는 재일조선인 리더계층 사이에서는 반대로 그것을 추진하고 있음에도 불구하고 차별이 개선되지 않을 경우 큰 불만으로 축적되게 된다. 실제로 "내선일체의 실현"을 위해서 "우선 내지에 거주하는 반도인 일반에게 풍속을 개선시킬 것과 황도皇道정신을 고취하는 것이 무엇보다도 중요하다고 생각하며 표리 모두 내지화를 도모할 것"을 주장한 "명실공히 재오사카 반도인 중의 원로격의 한 사람"이었던 이재학李在鶴은 다음과 같이 지적한다.

> 필요한 것은 다른 한편으로는 내지인에게 조선 및 반도인의 재인식을 외치는 것입니다. 힘들게 선량한 황민이 된 반도인이라도 내지인의 한마디로 인해서 엉망이 되어

---

52 「동아신문」 1941년 10월 9일자, "완전한 황민운동은 제2세의 가정교육부터(完全なる 皇民運動は 第2世の 家庭教育から)".

버리는 경우가 있다, 꼭 생각해 봐야 할 문제라고 생각합니다. 정회장(町會長), 도나리구미(隣組)의 장 등을 한자리에 모아서 내선 문제에 이해가 있는 내선유지(內鮮有志)로 하여금 애절하게 내선 문제를 호소하고 그 사람들을 통해서 도나리구미 상회(常會) 등에서 내선론을 이야기하게 하는 방식으로 하면 아주 효과를 보지 않을까 생각합니다. 기타 작은 문제는 내선인 동포가 대승적 정신으로 서로 협력일치해서 해나가면 모두 해결될 것이라고 생각합니다. 또 이것은 도항 문제에 대한 이야기입니다만, 내지에 3년 이상 거주하고 그에 상응한 상업이라도 하고 있는 사람에게는 관할서가 신분증명이라도 주어서 이것으로 왕래할 수 있게 해 주면 좋겠다고 생각합니다.

이상으로부터는 재일조선인 리더계층은 전시하에도 단순히 자신의 의지와 관계없이 국책에 복종하고 있었던 점이 아니라는 것이 확인될 것이다. 협화사업 중에는 생활의 근대화라는 그 이전부터 그들이 주장해 온 것과 일치하는 과제도 담겨 있었다. 또 철저한 동화를 주장했다고는 하지만 일부에서는 조선 문화와 조선과의 연결을 존중하고, 식사 등에 대한 배려를 촉구하는 태도도 보였다. 그리고 전자의 입장을 취하는 사람에게 있어서도 차별적 상황이 해소되지 않는 것에 대한 불만이 있었다. 즉, 협화사업을 추진하는 입장에 자리 잡고 있었던 재일조선인 리더계층에게 있어서도 일본이라는 국가와의 거리가 의식되고 있고, 그것이 확대될 가능성은 항상 존재하고 있었다고 할 수 있을 것이다.

민족 해방과 조국과의 연대 희구: 김사량의 소설과 관련하여

이제까지 살펴본 바와 같이 전시하에서는 민족적 생활권 투쟁을 담당하고 있었던 커뮤니티 리더계층 중에서도 (일본 국가의 국책을 진심으로 지지하고 있었던 것은 아니라고 하더라도) 황민화정책에 동조하는 사람이 출현하고 있었다.

그러나 황민화정책에 대한 동조가 이 시기의 재일조선인의 동향의 전부는 아니었다. 1939년부터 1941년에 걸쳐서 집필된 김사량의 소설 중 몇 편은 어려운 제약 속에서 더욱 민족해방과 조국과의 유대를 추구하는 재일조선인의 모습을 시사하고 있었다.

김사량은 1914년 평양에서 태어나서 1932년에 사가佐賀고등학교에 입학하고, 도쿄제국대학에서 공부한 소설가다. 학생시절부터 창작활동을 하여서 1939년에 발표된 「빛 속으로光の中に」가 아쿠타가와상 후보가 된 것을 계기로 일본 문단에 본격적으로 데뷔했다.[53] 그는 경력으로 말하면 유학생이며 그 중에서도 엘리트 중의 엘리트라고 할 수 있는 존재였지만, 그의 작품에서는 하층 민중들이 살아가는 모습이 애정을 갖고 그려져 있었다. 그리고 1942년 초에 조선으로 귀환하지 않을 수 없게 되기 전까지, 즉 일본 내지에 살고 있었던 시기에 발표되었던 작품에는 「빛 속으로」 외에 「벌레蟲」, 「무궁일가無窮一家」, 「십장꼽새親方コブセ」라는 재일조선인을 제재로 한 것들이 있었다(단, 「빛 속으로」를 집필한 것은 도쿄대를 졸업한 뒤에 단기간 체재했던 경성부에서다).

그의 소설의 의미를 생각할 때 우선 먼저 「빛 속으로」에 대해서 약간 자세히 언급하겠다. 그 줄거리는 다음과 같다.

도쿄시 고토江東에 있는 세틀먼트에서 교사를 하고 있는 '나', '남南'은 조선인이기는 하지만 학생과 동료들로부터 '미나미'(南의 일본식 발음)라고 불리고, 민족적 출신을 밝히지 않는 주인공이다. 그러나 그가 조선인이라는 것을 알아차린 성인부 학생인 이李는 왜 '남'이 조선인임을 밝히지 않는지 캐묻는다. 그런 말을 주고받는 것을 들은 아동부의 학생 야마다 하루오山田春雄는 "선생님은 조선인이야!"하고 떠들어대며 그를 업신여기기 시작했다. 그러던 어느 날 세틀먼트에 학생 이李가 칼에 찔린 조선인 여성을 데리고 뛰어들어 온 사건이 일어난다. 사실 그 여성은 야마다 하루오의 어머니인 정순貞順인데, 어머니를 맞닥뜨린 하루오는 "조선인 따위가 우리 어머니 아냐", "나는 조선인이 아냐"라며 당황한다. 어머니 정순은 야쿠자인 남편 '반헤이半兵衛'에게 찔린 것인데, 조선인이라는 말조차 싫어하는

---

53 「빛 속으로」의 집필은 1939년 4월경으로 같은 해 10월에 『문예수도(文芸首都)』에 게재되어, 그 다음해에 『문예춘추(文芸春秋)』에 전재(轉載)되었다. 김사량의 문학 활동에 대해서는 金史良全集編集委員会, 『金史良全集』 제IV권, 河出書房新社, 1973년에 게재된 '김사량 연보'와 安宇植, 『金史良; その抵抗の生涯』, 岩波書店, 1972년 등에 상세히 나와 있으며, 이하에서는 그것을 참조하고 있다.

남편이 이李의 어머니와 왕래하던 정순에게 화가 났기 때문이었다는 것이 밝혀진다. 그러한 사정은 알게 된 남은 정순의 병상을 찾아가서 '하루오 군이 다니고 있는 협회의 선생'인 '남'이라고 이름을 밝힌다. 남이 정순과 대화를 하고 있을 때 한복을 입은 이李의 어머니가 찾아와 정순에게 조선말로 아이를 데리고 고향으로 돌아갈 것을 권한다. 그러는 가운데 어머니를 거부했던 하루오가 온다. 남은 어머니를 병문안 온 하루오를 데리고 우에노로 놀러 간다. 도중에 새 차를 운전하는 이李를 우연히 만나서 이李가 차를 태워주고, 남은 하루오에게 장래의 꿈을 묻고 하루오는 무용가가 되고 싶다는 꿈을 이야기한다. 이렇게 점차 남에게 마음을 열게 된 하루오는 "선생님, 나는 선생님 이름 알고 있어요", "남이지요?"라고 하면서 뛰어가기 시작한다. 남은 그런 그의 뒤를 따라가면서 소설은 끝난다.

이 작품에서 비쳐진 재일조선인의 모습에서 주목해야 할 것은 등장인물의 몸에 배어 있는 문화의 다양성이다. 조선어로밖에 말하지 않는 한복을 입은 이李의 어머니, 조선을 싫어하는 남편 때문에 일본어로 말하지만 그 능력은 충분하지 않은 정순, 조선 이름을 쓰고 조선어와 일본어를 사용하는 이李, 세틀먼트에서는 일본어, 일본 이름을 사용하고 있지만 물론 조선어도 하는 남, 일본어 밖에 하지 않는 하루오 등 등장인물은 모두 '조선인'이지만(단 반헤이의 호적에 들어 있다고 치면 정순과 야마다 하루오는 법적으로는 '내지인' 취급을 받는 존재)[54] 습득하는 문화에는 상당히 차이가 있다. 동시에 타자와의 관계와 귀속의식도 상당히 제각기 다르다. 이李의 어머니에 관해서는 소설 속에서 특별히 다루고 있지는 않지만 일본인이 볼 때는 조선인이고, 조선인 이외에 그 무엇도 아니며, 이李도 조선 이름을 쓰고 조선인임을 적극적으

---

54 단, 이 작품 속에서 조선 남부 출생이며 그 어머니가 조선인으로 추정되는 반헤이는 '조선인'이 아닌가 하는 것이 문제가 되게 된다. 이 점에 대해서는 다음과 같은 추측이 성립되지 않을까? 당초 이 작품에서의 반헤이는 '일본'의 암유(이에 반해서 정순은 '조선'의 암유)로 되어 있는 것이다. 야쿠자로서도 "모자란 놈"으로 철저하게 폭력적인 반헤이가 '조선 요릿집'에 있던 정순을 강탈해서 처로 삼지만, 정순은 자신을 자유롭게 해주었다고 생각하고 있다는 설정은 제국주의 열강 속에서도 실제로는 힘이 없고, 그런고로 폭력적인 일본이 힘이 쇄해 있던 조선을 병합하고 그것을 봉건국가의 악정으로부터 구해주었다고 하는 견해도 있었던 것과 대응된다. 그렇다고 하면 반헤이의 어머니가 조선인이라 해도 이상할 것은 없다. '일본'의 루트=고대 문화는 한반도, 특히 그 남부의 영향을 받아서 형성되었기 때문이다. 따라서 혼혈이라도 반헤이는 '일본인'이라는 것이다.

로 밝히고 있다. 이에 반해 정순의 경우는 남편과 아들의 관계 때문에 일본인이고 자 하지만, 일본인 입장에서 본 그녀는 조선인이며, 또 예를 들면 반헤이가 수감 중에 이李의 어머니에게 의지하는 등 근본적으로는 조선인끼리의 연결고리 안에 서 생활하고 있다. 하루오는 조선인임을 부정하려 하고 있는데, 주위의 일본인 아이들과 학교의 교원들로부터는 조선인이라고 괴롭힘을 당하고 있다. 주인공 인 남은 예전에는 이李와 마찬가지의 입장을 취했지만, 현재는 일본인인 것처럼 행동하면서도 그러한 자신에게 열등감을 느끼는 인물로서 그려져 있다.[55]

이 소설을 마지막은 억압당한 조선인들의 이른바 '완전한 문제 해결'을 제시 하지는 않다. 그러나 주인공을 비롯한 복잡한 문화와 귀속의식을 가진 사람들의 민족적 연결의 회복 또는 민족문화를 유지하고 살아가는 자세를 보여준다. 주인 공이 조선인으로서의 이름을 다시 쓰는 것은 그 점을 가장 확실하게 나타내고 있다. 또 하루오도 조선인인 어머니를 병문안 오고, 주인공을 조선 이름으로 부르 게 된다. 이李와 하루오 및 주인공과의 관계를 보더라도 당초에 하루오를 '튀기'라 고 멸시하고 조선 이름을 사용하지 않는 주인공을 호되게 비판하던 데서 그들을 새 차에 태워주는 따뜻한 태도로 바뀌었다. 그리고 정순은 조선인 노동자의 출자 로 운영되는 조선인 의사가 있는 병원에 들어가서 안식을 얻고 이李의 어머니로부 터 조선으로 돌아갈 것을 권유받았다(결과적으로는 반헤이의 그늘에서 도망가지 못하지만). 이 러한 점들은 민족성을 억압당하고 어떤 경우에는 민족적 출신을 숨기고 살아갈 수밖에 없는 상황에 처한 당시의 재일조선인들에게 민족적 문화와 사회적 결합의 유지를 호소하는 의미를 갖고 있다고 생각할 수 있다.

그리고 이 소설의 제목과 연관된 것으로 남이 하루오에게 장래의 꿈을 묻는 장면은 아마도 고통 받고 있던 조선 민족의 미래에 있어서의 해방의 이미지와

---

55 이(李)로부터 조선인이라는 것을 밝히도록 채근 당하던 남은 다음과 같이 자문자답하고 있다. "물론 나는 순진한 이(李)를 이해할 수 있다고 스스로에게 말했다. 과거에 나 자신도 그런 시기를 지나왔기 때문이다. 그러나 나는 그 다음 순간 자신이 현재는 미나미라고 불리고 있는 사실이 고요히 전령(電鈴) 처럼 오관(五官) 속으로 울려 퍼져오는 것을 느꼈다. 그래서 나는 놀란 듯이 항상 하는 여러 가지 변명의 이유를 생각해 내려고 했다. 그렇지만 더 이상 안 되었다. / '위선자 놈, 너는 또 위선을 부리겠다는 거군' 내 옆에서 한 목소리가 들렸다. / '너도 이제는 끈기가 바닥나서 비굴해지기 시작한 거 아닌가'".

겹쳐지고 있었던 것은 아닐까? 하루오는 남에게 무용가가 되는 것이 꿈이며 "무용은 전깃불을 끄고 어두운 곳에서 하는 것"이라고 말한다. 그것을 듣고 남의 "눈앞에는 이 이상한 출생을 가진 상처받고 일그러져 온 한 소년이 무대 위에서 다리를 뻗고 팔을 펴서 뛰어다니는 빨강과 파랑의 여러 빛을 쫓으면서 빛 속에 춤을 추어대는 모습이 어른거리는" 장면이다.

또 재일조선인을 그린 김사량의 작품으로는 「빛 속으로」 외에 「무궁일가」[56]의 등장인물들도 역시 조선과의 귀속을 추구하는 존재로서 그려지고 있다. 신지식을 찾아서 일본 내지로 건너왔지만 오자마자 "이제는 최하층의 노예나 마찬가지인 생활을 강요당하는 몸이 되었던" 최 노인은 "이제 앞으로 1년이 가기 전에 이제 1년이 가기 전에" "나도 꼭 고향의 하늘이……"라고 중얼거린다. 그의 자식이며 "내지에서 태어나서 내지에서 컸기 때문에" "혀가 잘 안 돌아가는 조선어"로 말하는 동성東成의 방에는 "3년 전에 태어나서 처음으로 조선에 가서 사온 분홍색의 아름다운 꽃으로 빼곡하게 자수를 놓은 조선 강산의 액자가 걸려 있는" 것이다.

그 후 발표된 「벌레」[57]에서도 역시 억압당하면서 일본 내지에 사는 조선인과 조국과의 유대를 시사하는 부분이 있다. 이 소설은 도쿄시 시바우라의 조선인 합숙소를 무대로 하여 그곳에 살며 넝마주이로 생계를 꾸려가면서 그림 공부하는 학생인 '나'와 '지기미'라고 불리는 노인과의 교류를 그린 작품이다. '지기미'는 고향을 떠나서 오랫동안 모르핀에 중독되어서 이제는 자신의 진짜 이름조차 모르는 상태에 빠져 있다. 그런 이유로 "지기미에게는 일정한 숙소도 없고 또 직업도 없다. 일과라는 것이 늘 이 해안길 근처를 지기미 지기미라고 중얼거리면서 헤매고 다니는 것이다. 그러나 어디를 가도 사람들이 발길질하며, 침을 뱉고 때로는 못된 놈에게 잡혀서 목을 졸리기도 하여 버둥거린다. 합숙소 안에서도 물건이 없어질 경우에는 대체로 그것이 지기미가 한 짓으로 여기는" 인물이다. 실로 재일조선인을 상징하는 처지라고 하지 않을 수 없다. 그런 지기미가 본 고향 꿈 이야기

---

56 『改造』 1940년 9월호에 발표.
57 「벌레」는 『新潮』 1941년 7월호에 게재되었다. 그리고 거의 같은 내용으로 한글 작품 「지기미」가 『三千里』 1941년 4월호에 발표되었다.

와 관련된 '나'와의 대화가 이 소설의 중요한 요소를 이루고 있다.

지기미가 말하는 고향 꿈 이야기에 대해서 '나'는 "어쩔 수 없이 쓴 웃음을 지으면서" "지기미 할배도 고향에 가고 싶겠지. 고향 가서 죽는 게 나을지도 모르지"라고 한다. 그러나 지기미는 "고향이라는 건 꿈에도 갈 수 있는 곳이니까. 당신이나 나나 멀리서 생각하는 것만으로도 고향은 분명히 있다"고 우긴다. 그에 대해서 '나'는 좀 심술궂게 따지며 다음과 같은 말을 주고받는다(이하의 …… 은 원문 그대로다).

"그러나 지기미 영감이야 갈래두 고향이 있어야지." 했다.

"와 내가 고향이 없어."

그는 눈이 파래지며 자못 못마땅하다는 표정을 짓고는,

"별한 소리 다 하능기라. 현해탄만 건너서면 고향 아닌교." 한다.

"조선두 하구 넓은데 어디가 고향이냐 말이지?"

"횟, 얏보능기라나."하고 웃어넘기려고 했지만, 역시 당황한 기색은 감추기 어려웠다. "횟, 경상도지."

"경상도두 남도와 북도가 있는걸." 나는 웃으더 더 곤란하게 만든다.

"어느 도냐 말이지."

"횟, 그저 경상도면 알아볼 께지라. 내가 고향 살 적엔 그런 분간 없던 게라."

그리고 이에 이어서 지기미가 실은 한국병합 전에 병정으로 중국의 간섭에 싸운 '의용열사'인 것, 그것이 원인이 되어서 "바다까지 건너게 되었다"는 것이 밝혀지게 된다.

이 부분은 학대당한 재일조선인의 조선으로의 회귀를 연상시킨다고 생각할 수 있다. 게다가 그 경우의 조선이라는 것은 독립을 유지하고, 하나의 국가로 통합된 것이었다(현해탄을 건너면 어디든 고향이다!). 이상으로부터 김사량은 그 소설에 대해서 재일조선인과 조국과의 유대, 그리고 민족해방을 시사하고 있었다는 것이 확인될 것이다.

이 점과 관련해서 주목되는 것은 이「벌레」등을 수록한 김사량의 두 번째 단편소설집이『고향』이라는 제목이며,[58] 그가 그 발문跋文에서 다음과 같이 기록한 점이다.

이 두 번째 소설집을 내면서 제목을 '고향'으로 하기로 했다. 고향은 누구에게 있어서나 그립고 또 동경으로 가득 찬 곳일 것이다. 나도 자신의 고향을 둘도 없는 소중한 것으로 여기며 또 사랑한다. 어떤 의미에서는 고향을 사랑하지 않을 수 없는 숙명이 지워진 것 같은 생각마저 든다. 나도 자신의 고향을 둘도 없는 중요한 것으로 생각하고 또한 사랑한다. 그렇다고는 해도 고향인 반도는 나에게 있어서 꼭 아름답고 즐겁기만 한 곳은 아니다. 그 때문에 또 더더욱 고향을 사랑스럽고 더할 나위 없이 소중한 것으로 생각하는 것이다.

여기에 담은 소설 속의 사람들도 한두 가지 예외를 제외하고는 거의가 나와 마찬가지로 고향을 그리워하고 그 따뜻한 품속에서 쉴 것을 절실하게 바라고 있다……. 설령 그들이 각각 뿔뿔이 멀리 고향과 떨어져서 일본 내지 혹은 중국 북쪽에서 고난의 생활을 하고 있다 하더라도.

이 문장에 대해서 그와 교류가 있었던 작가 김달수는 "김사량이 여기에서 쓰고 있는 '고향'이라는 것은 '고국' 혹은 '조국'이다"라고 지적했다.[59] 이제까지 서술해 온 것으로도 이러한 지적은 타당하며 그렇게 대입해서 읽음으로써 김사량의 생각을 잘 이해할 수 있다고 할 수 있을 것이다.

그러나 황민화정책의 압력이 점차 강해지면서 민족주의적인 내용을 담은 김사량의 창작활동도 점차 제약을 받게 되었다. 조선인으로서의 이름을 회복한다는 스토리의「빛 속으로」가 발표되었던 다음해에 창씨개명이 실시되고, 재일 조선인을 그린 김사량의 마지막 작품인「십장꼽새親方コブセ」의 등장인물이 '사이

---

58 1942년에 甲鳥書林에서 발행. 제1소설집의 제목은「빛 속으로」다.
59 金達壽,「解題」(金史良全集編集委員会『金史良全集』제Ⅱ권, 河出書房新社, 1973년, 385쪽.

모토崔本'나 '리야마李山'가 된 것에도 그러한 점이 나타나 있다.[60] 그리고 김사량 자신도 미국과 일본의 개전에 따른 예방검속을 받고 석방은 되었지만 국책 협력을 강요당하게 되었다.

민족성의 회복과 귀속의 확인: 김달수의 소설과 관련하여

앞 항에서 보아온 바와 같이 김사량은 재일조선인의 귀속과 문화의 문제를 테마로 소설을 저술하였다. 그러나 그는 조선에서 태어나고 자라서 조선으로 돌아가는 것도 가능한 존재였다(실제로 조선으로 돌아갔다). 그런 의미에서는 현실에서 귀속과 문화를 둘러싸고 고뇌하고 있었던 사람들과는 다른 입장에 있었다고 할 수 있다.

그러면 현실에서 귀속과 문화의 문제로 깊이 고뇌하고 있었던 재일조선인들은 이 시기 어떠한 의식을 갖고 있었을까? 다음으로 이 점에 대해서 고찰해 가고자 한다.

그러기 위해서 우선 김사량의 이른바 후계자적 존재라고도 할 수 있는 김달수가 전시하에 발표했던 몇 작품에 착목하고자 한다. 1920년생(음력이기 때문에 1919년 생이라고 기록된 것도 있다)인 김달수는 10살 때 일본 내지로 건너왔다. 따라서 전혀 조선의 문화를 모르는 것은 아니지만 조선에서 교육을 받고서 일본 내지로 건너온 사람들과는 습득하고 있던 문화가 달랐다. 그리고 (당시 재일조선인 사이에서는 특히 드문 일은 아니었지만) 자신도 공장에서 일하거나 고물상을 돕거나 하면서 가계를 돕고 있었다. 단, 교육을 받을 기회가 없었던 것은 아니어서 일하는 한편으로 니혼대학 예술과에서 배웠다.[61] 즉, 전후 많은 소설, 평론을 써서 표현한 재일조선인문화인의 대표적인 존재가 된 그도 전전에는 무명의 학생 겸 하층 노동자였던 것이다.

그러나 김달수는 이미 1940년에 최초의 소설 「위치」를 니혼대학 예술과의 학생들이 만든 동인지 『예술과』 8월호에 발표했다.[62] 이 작품은 조선인 대학생인

---

60 「십장 꿈새」는 『新潮』 1942년 1월호에 게재되었다. 그 내용은 Y시=요코스카(橫須賀) 시를 무대로 조선인 십장이 "국책의 선(線)에 따라 이제부터 남진(南進)할" 조선인 노동자를 배웅하는 이야기다.
61 김달수의 경력에 대해서는 金達寿, 『金達寿小説全集』 제1권, 筑摩書房, 1980년에 수록.

주인공과 하숙에서 같은 방을 쓰고 있는 일본인과의 관계를 그린 것으로 룸메이트인 일본인이 주인공에게 "조선인인 것을 신경 쓰지 말라"는 태도를 취하면서 마지막에 "나는 네가 불쌍하다고 생각해서 참으면서" 같이 방을 쓰고 있었다는 말을 내던진다는 것이다. 즉, 민족차별이 테마다.

이 작품에 표현되어 있는 것과 같이 김달수는 일본 사회에서의 '위치'의 미묘함을 느끼지 않을 수 없었다. 그리고 동시에 일본 내지에서 성장했던 조선인인 그는 조선과의 관계와 스스로의 문화에 대해서도 의식하지 않을 수 없었다. 그러한 의식은 「위치」를 발표했던 해에 김달수가 형과 어머니와 함께 일시 귀향하면서 강해졌다고 볼 수 있다. 1941년에는 그때의 체험을 바탕으로 한 작품인 「족보」를 『신예술』(『예술과』 개제) 9월호에 발표했다.

「족보」는 다음과 같은 내용의 작품이다. 재일조선인인 김경태金敬泰는 형인 종태宗泰와 함께 고향 마을을 찾아가는데, 그곳에서 예상치 못한 숙부 김귀엄金貴嚴과 해후한다. 숙부는 경태가 태어나기 전에 마을을 잠깐 떠나 있어서 면식은 없었지만, 감격하면서 그들을 맞이하며 족보를 꺼내들고 기뻐한다. 이 숙부는 자신들의 가문이 양반인 것에 자부심을 느끼며 김 씨 형제에게도 양반으로서의 의례를 지키게 하고, 한편으로는 다른 집의 사람들은 '상놈'이라고 멸시하고 있다. 형제는 그 후 마을의 젊은이들이 일본 내지로 도항하려고 필사적이라는 것과 조상의 묘가 있는 산이 저당 잡힌 사실을 알게 된다. 그 다음날 형제는 성묘를 하고 면사무소에 들러서 창씨개명 수속을 한다. 그리고 형제는 숙부의 앞날도 생각해서 마을사람들을 불러서 잔치를 연다. 그런데 그 잔치에서 술을 마신 숙부는 포플러 나무에 올라가서 마을사람들에게 무언가를 호소하려고 하다가 거기에서 떨어져서 죽어 버린다. 그 때문에 숙부의 장례를 치루고 족보를 태워버린다.[63]

---

62 단, 처음 나온 글은 아직 보지 못했음. 金達寿, 『金達寿小説全集』 제3권, 筑摩書房, 1980년에 수록.
63 부언하면 「족보」는 전후에 몇 번 개작되어서 「마지막 참봉(最後の参奉)」과 「낙조(落照)」라는 표제로 발표되었다(金達寿, 『金達寿小説全集』 제3권, 筑摩書房, 1980년, 369~371쪽의 저자에 의한 「해제」). 개작은 문구 수정 같은 차원이 아니라 등장인물과 중요한 에피소드 등도 첨가되기도 하고 삭제되기도 했다. 예를 들면 「마지막 참봉」과 「낙조」에서는 후술할 젊은 조선인인 주인공이 조선으로부터 거부당하는 것이 아닐까 걱정하는 모습이 삭제되어 있다.

이상과 같은 줄거리를 보면 이 작품은 양반인 것을 자랑하는 숙부와 그가 소중하게 생각했던 족보, 즉 낡은 조선의 상징이 소멸해 가는 것을 그린 소설인 것처럼 읽을 수 있다. 그런 측면에서 본다면 내선일체의 슬로건을 내세운 행정당국에게도 구미에 맞는 작품이 된다. 그러나 잘 읽어보면 오히려 그 내용은 민족주의적인 색채를 띠는 것이며 재일조선인의 민족적인 귀속을 확인하는 것이라는 것을 깨닫게 된다.

재일조선인의 귀속과 문화에 관련된 문제로 이 소설에서 주목되는 것은 "완전히 내지에서 자라났다고도 할 수 있는" 주인공 경태에 대해서다. 그는 숙부와 마을사람 혹은 형과도 다른 문화를 익혔고, 그 때문에 조선이나 조선인과 거리를 느끼지 않을 수 없는 존재로서 그려지고 있다.

우선 숙부가 마을에 있는 것을 알게 된 형제는 "숙부가?"라고 동시에 내뱉지만, 그 말은 '형은 조선어로 동생은 일본어로'였다. 그리고 족보를 조심스럽게 다루지 않아서 "내지에서 자랐으니 어쩔 수 없겠지만 양반은 양반다워야 한다"는 말을 숙부에게 들은 경태는 "흰 저고리의 끈을 끌면서 높은 갓을 쓰고 끝없이 줄선 노인들이 황금 지팡이를 휘두르며 저마다 큰소리를 치며 덮쳐 온다. '거기에 있는 것은 이방인이다. 타자다. 이단자다'"라고 하는 환상으로 괴로워한다.

그렇지만 동시에 경태는 고향과 조상들과의 연결도 의식하고 있었다. 조상들이 묻혀있는 산을 바라보며 "장엄한 산과 그리고 족보에 따른 습관, 전통이라고 이름 붙여진 내용은 한 가닥의 길고 긴 실처럼 이어져서 살아가고 있는 것이었다. 그 실의 끝부분에 우리 형제들이 현실에 서있는 것이다"라는 생각을 품고 있다. 그리고 그러한 경태를 형은 "뭘 멍하니 서있는 거야"라고 일본어로 묻고, "너는 연락선을 탈 때 조선 땅을 밟는 것을 거부당할 것 같은 생각이 든다고 했지만, 아무도 거부하지 않아. 우리에게는 우리의 운명이 있었고 우리의 이유가 있는 거야"라고 위로했다.

그러나 이제는 조선에서조차 민족문화가 억압당하고 사라지려고 하고 있었다. 그러한 가운데 경태는 반대로 그것을 애석해 하는 태도를 보인다. 그러한 대비가 보이는 창씨개명 수속에 대한 묘사는 일본의 식민지 지배정책에 대한 통렬한 조소이기도 하며 동시에 억압당한 조선 민중의 슬픈 모습을 잘 표현한 것이기도 했다. 창씨개명을 위해서 면사무소로 향한 경태는 (성묘하러 간 김에 간 것이어서 한복을 입고 있다—그것을 제대로 잘 입지 못해서 숙부는 "아, 저 일본 사람 안 되겠네"라고 웃으면서 도와준 것인데 —) 동행했던 '마을의 지식인'인 이 씨가 일본어를 쓰고 있던 데 반해서 '어눌한 발음의 조선어'로 수속을 하려고 한다. 그런데 호적계는 "요즘 젊은 사람이 일본어도 하나도 몰라서 어쩌려고 그러냐"면서 그를 바보 취급했기 때문에 경태는 "일본 말 배워서 오겠습니다"라고 조선어로 말하고 밖으로 나와 버린다. 그 다음에 다시 면사무소로 들어간 경태는 "일본말 벌써 배운거냐"라고 호적 담당이 말하자 "직 무로 다망하신 중에 참으로 송구스러워 몸 둘 바를 모르겠습니다만" 운운하며 유창한 일본어로 창씨개명 수속을 신청한다. 그렇지만 경태는 면사무소 직원들 의 놀란 모습을 보고 '자기도 모르게 적요함'이 엄습해서 아래를 바라본다. 그리고 그는 "죄송합니다"하고 '고분고분하게 조선어로 사과했다'는 것이다.

그리고 마을 사람들을 부른 잔치를 묘사한 다음과 같은 문장은 경태와 민족 문화의 관계와 귀속 실태를 아주 상징적으로 표현한 것이다. 이것은 "너 유행가 좀 불러주지 않겠냐"고 종태가 경태에게 말하고 그것을 들은 황민화의 선봉을 짊어진 이 씨가 "여러분, 내지 노래를 부릅니다. 떠들지 말고 들어요"라고 손뼉을 치는 장면이 이어진다.

의외로 경태는 조선어 노래를 부르기 시작했다. 그것은 그가 내지에서 지금 열심히 외우고 있는 "고향을 뒤로"라는 조선의 15, 6년 전의 유행가였다. 가타카나로 번역된 러시아인 이름같이 종잇조각에 적어서 외우고 있었던 것이다.

발음이 이상한 경태의 노래가 끝나자마자 복도 위에서 귀엄이 박수치며 뛰어올라 경태 쪽으로 달려오려고 하다가 복도에서 한쪽 발이 빠져 버렸다. 때마침 아래에 있던 사람들이 와하고 무릎을 받혀서 잡아주어서 다치지는 않았다.

귀엄은 행복감이 격하게 솟구칠 때마다 막걸리 사발을 들이켰기 때문에 운동하자마자 취기가 돌았던 것이다.

여기에서 묘사된 것은 이른바 불완전한 조선 문화 밖에 익히지 못한 젊은 재일조선인이 필사적으로 민족성을 회복하고, 황민화정책이 강화되어 가는 가운데에서도 그것을 지키려 하며 한반도에 있는 조선 민족과의 연결고리를 유지하고자 하는 모습이다. 동시에 그러한 젊은 재일조선인이 이제는 부정되려는 전통적인 조선 문화를 체현하는 조선인으로부터도 따뜻하게 받아들여지고 있다는 것도 이 부분은 표현하고 있다고 생각할 수 있다.

그리고 말할 것도 없이 김경태는 작자인 김달수의 분신이며 아마도 실제로 귀향했을 때에 경험한 사실이 이 작품에 반영되었을 것으로 추측된다.[64] 김달수 자신이 이 시기 귀속과 문화에 관련된 문제를 의식하고 민족문화에 대한 억압 상황이 강해져 가는 속에서 고뇌하면서도 반대로 조선 민족으로서의 귀속을 확인하고 민족성을 회복해 가려 했다고 볼 수 있을 것이다.[65]

내선일체에 대한 기대와 실망

앞 항에서는 황민화정책이 진행되는 가운데에도 일본에서 성장했던 젊은 세대의 재일조선인이 조선과의 귀속을 확인하고 민족 문화를 회복 유지하려고 했던 것을 김달수의 사례를 통해서 살펴보았다. 그러나 이 시기의 젊은 재일조선인 모두가 일본 국가가 추진하는 정책과 선을 그으면서 조선 민족의 일원으로서 정체성을 가지려고 했던 것은 아니다.

오히려 일본인과 다를 바 없이 국책에 협력하고 충실한 대일본제국 신민이

---

64 실제로 숙부 김귀엄의 모델이 존재했다는 것은 앞의 金達寿, 『金達寿小説全集』 제3권, 369~371쪽의 저자에 의한 해설이 기록되어 있다. 참고로 김경태가 연회에서 부른 "고향을 뒤로"는 '타향살이'라는 조선말 노래가 이른바 모델이 되었다고 추측된다. 이 노래는 김능인이 작사, 손목인이 작곡하고, 고복수에 의해서 1934년에 취입되었다. '타향살이 몇 해던가, 손꼽아 보니'로 시작되는 가사와 애수에 찬 멜로디가 조선인의 마음을 사로잡아서 대히트하였던 것은 朴燦鎬, 『韓国歌謡史 1895~1945』, 晶文社, 1987년에 상세하다.
65 그렇기는 하지만 이 소설은 「오사와 다쓰오(大沢達雄)」라는 이름으로 발표되었다. 아마도 탄압을 피하기 위해 위장하려는 뜻도 있었을 것이다.

되고자 했던 젊은 재일조선인이 적지 않았다고 볼 수 있다. 치안 담당 당국 관계자가 이 시기에 작성한 극비 보고서에도 조선인의 "대동아전쟁 개시 후의 동향도 전반적으로는 결코 나쁘지 않다", "그 중에서도 내지에서 자란 반도인은 특히 바람직하다. 징병과 지원병 등에는 자진해서 응모하는 상황이고 운이 안 좋아 불합격이 되면 심히 낙담하고 있다. 지원병 같은 것도 조선에서는 다소 기피하는 경향도 있지만 내지 출생자는 오히려 매우 적극적이다"라는 문언을 확인할 수 있다.[66]

그렇지만 '일본인'화되었던 재일조선인들이 어떠한 굴절도 경험하지 않고 정체성과 관련하여 고뇌하지 않고 이 시기를 살아가고 있었다고 한다면 그것은 오류일 것이다.

예를 들면 1928년에 일본 내지에서 태어나서 그곳에서 성장한 '김희로金嬉老'로 알려진 조선인은 전시하의 자신에 대해서 일본어로 생활하고, 폭탄 3용사와 도고 헤이하치로東鄕平八郎 등을 동경하여 일본의 전승을 바라는 등 "나 자신의 마음은 조선인이 아니었다. 완전히 일본인이 되어 있었다"고 말한다. 그렇지만 그는 원래 조선인이라 놀림을 받아서 학교에 갈 수 없게 되는 등의 차별을 경험하고 있었고, 완전히 일본인이 되어 있었다는 말을 하기 전에도 "나는 [……] 조선인이다. 조선인이라고 비참한 대우를 받으면서도"라는 전제가 붙어 있었다.[67] 즉, 조선인으로서의 민족적인 자부심 내지 자각을 얻을 기회를 박탈당하고 일본인과 다름없는 문화와 의식을 갖게 되었던 사람이라 하더라도 주위 사람들로부터 차별당함으로써 조선인이라는 것을 의식하지 않을 수 없었던 것이다.

그리고 그렇게 일본 내지에서 자라면서 조선인이기에 계속해서 차별당해 왔기 때문에 한편으로는 민족의식을 환기하게 되고 '내선일체'의 실현으로 차별을 해소하고 귀속과 문화의 문제를 해결할 수 있기를 기대하는 사람도 존재했을

---

66 앞의 『半島人問題』, 1944년, 24쪽. 이 문서는 전술한 바와 같이 경찰 관계자들을 강사로 하는 내부적인 연구회의 보고를 정리한 것이다. 그렇기 때문에 그 내용은 '내선일체'의 선전이라기보다는 그것이 진전되지 않고 있는 점이나 일본 국가와 조선인을 고용하는 기업 측의 문제점이 기록되어 있고, 관계자에게만 배포할 것을 전제로 솔직하게 현황을 기술했다고 판단할 수 있다.
67 金嬉老公判対策委員会, 『金嬉老の法廷陳述』, 三一書房, 1970년, 18쪽.

것이다. 이 점에 대해서 일본 내지에서 자란 이해환李海煥이라는 재일조선인이 기록한 다음 문장은 시사하는 바가 크다.

> 나는 이미 어릴 때부터 이 땅에서 자라나서 내지인과 조선인의 상호 동향을 그 접촉면에서 봐 왔는데, 이제까지는 오히려 비관적인 생각을 품게 되는 경우가 많았다고 생각한다. 이것은 오직 나 한사람의 생각이 아니라 현재 청년기에 달한 사람, 그중에서도 내지의 여러 전문학교, 여러 대학에서 배우고 있는 청년들에게 공통된 마음이라고 할 수 있을 정도리고 생각된다. [……] 이전에는 내선동화다 융화다 하는 소리를 들으면 일종의 불쾌함조차 느꼈지만, 동아대륙에서 달성해야 할 일본의 존엄한 사명, 그것을 통한 일본의 세계적 사명에까지 생각이 미칠 때 역시 내선은 일체된 생명으로 융화되어서 같은 사명을 가지고 살아가지 않으면 안 된다는 것을 절실히 느끼게 되었다. 이러한 처지에서 보면 실로 현 총독의 제창노력(提唱努力)에 관련된 내선일체화 운동은 우리에게 있어서도 고마운 일이라고 느껴진다.[68]

명확하게는 기록하지 않았지만 일본인에게 차별을 당함으로써 오히려 민족의식이 강해지고 있었다고 생각할 수 있는 이 인물은 내선일체화 운동이 일본인과 조선인의 관계를 개선하는 계기가 될 수 있다고 믿고 있었다.

또 자신은 일본 내지에서 자란 젊은 조선인이 아닐지라도 2세 세대의 귀속과 문화의 문제에 착목했던 장혁주도 이 시기에는 '내선일체'에 기대를 걸고 있었다.[69] 그가 이해하는 '내선일체'라는 것은 일본·조선의 두 문화가 운연일체運然一體가 되어서 새로운 하나의 문화를 만들어내고, 조선인이 하나의 민족단위로 존재하지 못하고 완전히 '내지인'과 마찬가지로 일본 국가조직의 일원이 되는 것이었다.[70] 즉, 대일본제국을 그 국민이 균질한 문화와 귀속의식을 가진 상태의 국가로

---

68 鎌塚扶, 「大阪に於ける朝鮮同胞の一居住地帯を往訪して」, 『総動員』, 1940년 6월.
69 1943년에 장혁주는 재일조선인을 주인공으로 하는 작품을 몇 편 썼다(이때는 필명이 노구치 가쿠추[野口赫宙]다). 『岩本志願兵』, 興亜文化出版, 1944년에 수록되었던 그 내용들은 재일조선인 청년이 '내선일체'를 자각하고 기꺼이 대일본제국의 병사로 지원하고 심신 수련을 거듭한다는 것이다.
70 張赫宙, 「皇道朝鮮の完成」, 『中央公論』 1941년 10월.

다시 만들어내자는 것이다. 분명히 그러한 '내선일체'가 실현된다면 2세 세대의 재일조선인의 귀속과 문화에 관련된 고뇌는 해소될 것이다. 그런 의미에서는 그의 내선일체론은 재일조선인의 귀속과 문화에 관련된 문제에 대한 고뇌의 귀결이라는 측면을 갖는다는 추측이 가능하다.

그러나 일본 국가가 추진하는 '내선일체'라는 것은 결국 침략전쟁에 조선인을 동원하기 위한 수단일 뿐이었다. 게다가 그것은 조선인의 끝없는 자기 부정을 통한 일본인화를 강제하는 것이었다.

그리고 만약 개개인의 조선인이 일본인이 되려는 노력을 거듭하더라도 그 사람이 조선인인 한 차별은 계속 존재했다. 전술한 이해환과 같이 재일조선인 청년이 "내선일체의 가능성을 믿음으로써 얻을 수 있는 희망"[71]을 스스로에게 이야기한다고 하더라도 현실은, 예를 들면 "반도 출신자도 물심양면에서 내지인에게 뒤지지 않는 사람이 얼마든지" 있음에도 "내지에서 자신들의 뜻대로 관공서에 취직을 할 수 있는 예는 별로 없다기보다 거의 없는 상황"[72]이었다.

즉, 재일조선인 중 스스로를 대일본제국 신민으로 여기고 있던 사람, 그것을 의심하지 않았던 사람, 마음 속 어딘가에서 의구심을 가지면서도 내선일체의 가능성을 믿고 있었던 사람들 모두 스스로가 '내지인'과 다른 존재라는 것을 의식할 수밖에 없는 상황이 전시하에도 존속했던 것이다. 그리고 차별 해소에 대한 기대를 갖고 일본 국가에 협력하면서 그것이 이루어지지 않았을 경우 오히려 일본 국가에 반발하면서 조선인으로서 민족주의를 강화해가는 경우도 있었을 것이다.

이 점은 젊은 세대의 재일조선인은 아니지만 탄압을 받고 조선으로 귀환한 후에 한때 일본 국가에 협력하는 입장을 취했던 김사량의 언동으로도 확인할 수 있다. 김사량은 1943년에는 국책에 따른 작품을 발표했는데, 한편으로 "쌀을 내놓으라고 해서 쌀을 내놓았다. 노동력을 내놓으라고 해서 노동력을 내놓았다. 마지막에는 피를 내놓으라(조선에 징병제도가 시행되었던 것을 말한다)고 해서 피도 내놓았

---

71 앞의 「大阪に於ける朝鮮同胞の一居住地帶を往訪して」.
72 「동아신문」 1941년 10월 3일자, "반도출신 인재를 내지의 관공서에 채용하라(半島出身人材を內地の官公署に採用せよ)".

다. 그런데 일본은 조선인에게 무엇을 해 주었는가? 대학은 조선 청년을 못 들어오게 하고, 회사원과 관리는 아무리 유능한 사람이라도 어느 선 이상으로는 조선인을 승급시키지 않는다. 이래서야 조선인이 마음에서 우러나오는 협력을 할 수 있겠습니까?"라는 분노를 지인에게 토로했다.[73] 그리고 1945년 6월 조선 출신 학도병 위문단의 일원으로 중국으로 건너간 김사량은 일본군의 봉쇄선을 돌파하고 독립투쟁의 진영에 합류하였다.[74]

물론 내선일체에 대한 의문과 실망을 갖고 있다 하더라도 감시와 탄압체제에 처한 재일조선인들 대부분은 일본의 국책에 계속해서 협력해야만 했다. 그러나 전세의 악화 속에서 보다 철저한 내선일체＝조선인으로서의 자기 부정과 한층 더 일본 국가에 협력할 것이 강요되었던 것이 오히려 개개인의 재일조선인의 내면에서는 내선일체에 대한 의문과 실망을 확대시키고, 민족주의에 대한 확립 혹은 회귀를 만들어낼 가능성을 갖고 있었던 것은 분명하다.

일본 패전 전야의 재일조선인

이러한 가운데 일본 정부는 민족차별을 철폐하고 조선인의 민심을 잡으려는 정책을 내세우게 된다. 1944년 12월 19일에 「조선 및 타이완 동포에 대한 처우개선의 건」이 각의결정되었던 것이다.[75] 그 내용은 조선과 타이완으로부터도 중의원 의원을 선출하는 등의 정치처우 개선과 함께 일반 처우 개선으로 일본인의 조선인에 대한 차별적 감정을 고치기 위한 계발, 특히 경찰의 대응을 고칠 것과 조선인 학생의 진학 지도와 취직 알선, 도항제한제도의 철폐, '내지에 정주하는 조선인'에 대한 일정 조건하에서의 일본 내지로의 '전적轉籍'의 허가 등이었다. 즉, 사회적 차별을 고침과 동시에 법제도에도 조선인과 마찬가지로 취급되는 길을 여는 것이 약속되었던 것이다.

---

73 앞의 『金史良: その抵抗の生涯』, 143쪽.
74 앞의 『金史良全集』 제IV권에 수록된 '김사량 연보'에 따름.
75 1944년 12월 22일자, 閣議決定, 「朝鮮及び台湾同胞に対する処遇改善に関する件」, 集成』 제5권, 22~25쪽.

그렇지만 이제 이 단계에서는 많은 조선인들이 이 일본 정부의 발표에 대해서 환상을 갖지 않았다. 발표 후 한반도의 상황에 대해서 조선총독부 경무국은 "조선인 중에는 전쟁 수행상의 조선인 회유책에도 별다른 큰 기대를 갖지 않거나 이미 시기가 늦었다고 하는" 등 '처우 개선'에 대해 조선인이 냉담했다는 것을 전하고 있다.[76]

한편 일본인들 사이에서도 이 '처우개선'은 평가받지 못했다. 조선총독부 경무국에 따르면 일본인들의 반응은 "조선인의 전면적 무차별 요구 혹은 불량한 태도에 박차를 가한다", "내지 도항 제한 철폐 문제에 대해 치안, 풍속 혹은 민족적 관점에서 상당히 비관적 관측 농후한 것"이었다고 되어 있다.[77] 조선인과 동등한 권리를 향유하는 것과 동화되지 않은 조선인이 일본에서 생활하는 것에 대해서 노골적으로 거부하는 태도를 취했던 것이다.

이러한 상황 속에서 결국 조선인과 일본인 간의 상호 불신은 일본의 패색이 짙어감에 따라서 확대되어 갔다. 그리고 조선인 중에는 일본 국가와 거리를 두는 사람이 더욱 늘어났다. 1944년 12월부터 그 다음해 6월 말까지의 기간에 단속 대상이 되었던 조선인에 관한 유언비어에 대한 내무성 경보국의 보고는 다음과 같이 말하고 있다.

① 내지인의 조선인에 대한 유언(流言)은 조선인의 비도의적인 것 및 경제사범에 관한 것이 격감한 반면 공습에 관한 것이 약 3배로 증가하고 적국 측의 모략 공작을 한다든가 자진해서 포로가 되거나 또는 반역 행위를 한다는 것이 신규로 격증·유포되어서 공습 피해가 증대되고 오키나와 함락 등으로 전세가 수세에 몰리면서 내지인들이 초조함을 느끼고 조선인을 극도로 위험시하여 종종 마음대로 억측하는 동향을 지켜보고 있는 상황이다.

② 조선인의 내지인에 대한 유언은 그 수 또는 내용의 추이에 있어서 현저한 차이를

<hr>

76 1945년 1월 21일자, 內務省 管理局長, 「朝鮮同胞処遇改善発表に伴ふ反響に関する件」, 『集成』 제5권, 26~29쪽 수록.
77 앞의 「朝鮮同胞処遇改善発表に伴ふ反響に関する件」.

인정하지 않을 수 없는데, 전세의 부진과 관련해서 내지인을 멸시하거나 무능하게 보는 경향이 있어 일본 의존 관념의 퇴조를 시사하고 있다.

③ 조선인들 사이의 유언비어는 공습에 관한 것이 약 2배, 도주 혹은 도피적 귀선(歸鮮)에 관한 것이 3배, 이적 또는 자진 투항에 관한 것이 5배로 격증하고, 그밖에 패전 필사(必死)할 것으로 보는 것 및 비상사태 하에 내지인의 살해를 억측하는 것이 신규로 유포되어 있어 공습 격화에 따른 조선인의 불안 동요는 감출 방도 없이 패전적(敗戰的) 보신적(保身的) 태도에서 여러 가지 억측하는 경우가 종종 이어지고 있다.[78]

게다가 이렇게 일본 패전의 필연성을 예측하는 움직임은 재일조선인 어린이들에게도 미치고 있었다. 초등학교의 조선인 아동들도 일본의 패배와 조선의 독립을 이야기하는 사례가 있는 것 역시 내무성 경보국이 보고했다.[79] 이것은 가정에서 부모들의 언동 등에 의해 영향을 받아서 생겨났을 것이다.

물론 일본 내지에 있던 조선인들 모두가 일본 제국주의의 패배와 조선 독립을 강하게 믿고 있었던 것은 아니다. 동시에 일본 제국주의가 오랫동안 지배했던 영향과 생산 활동 등 일체가 전쟁과 관련되어 있었던 점을 고려하면 전쟁 종결과 조선의 해방이 가까워졌다는 판단을 하지 못한 상태에서 전쟁 협력을 강요했던 사람도 있었을 것이다. 혹은 전쟁이 끝날 것이라고 판단하고 있었어도 그 후의 자신들의 생활과 걸어가야 할 길에 대해서 확고한 전망을 갖지 못했던 조선인도 적잖이 존재했을 것이다.

그렇지만 일본 패전이 필연적인 것으로 보이기 시작하면서 조선 민족의 해방을 확신하거나 주위의 사람들로부터 듣거나 혹은 일본인의 태도의 변화에 의해서 '제국신민으로서의 반도인'이 아니라 조선 민족으로서의 자신을 되찾으려는 사람이 확실하게 늘어나고 있었던 것은 틀림없을 것이다.

이 절에서는 전시하의 황민화정책과 조선과의 유대에 관한 재일조선인의

---

78 内務省 警保局, 「特高月報原稿」, 『集成』 제5권, 504쪽.
79 内務省 警保局, 「特高月報原稿」, 『集成』 제5권, 512쪽.

의식에 대해서 알아보았다. 물론 개인의 자질과 처한 상황에 따라 그들의 의식은 천차만별이었고 어느 개인 하나만을 보더라도 명확하게 납득되지 않는 의식도 포함되어 있고, 시기가 내려옴에 따라서 변화하는 경우도 있다. 게다가 원래 이 시기의 재일조선인의 의식을 전하는 사료 자체가 극히 적다. 따라서 그것은 예를 들면 멸종한 선사시대 생물의 골격과 생태를 파편으로 발굴된 화석을 가지고 상상해 내는 작업과 비슷한 위험성을 갖고 있을지도 모른다. 그러나 이제까지 서술해 온 점들로부터 다음과 같은 점에 대해서 확인할 수는 있을 것이다.

우선 일본 국가에 의한 철저한 동화정책이 재일조선인의 생활에 영향을 주고, 또 그러한 가운데에서 상당수의 사람들이 소극적 선택이었다 해도 자신을 '대일본제국의 신민'의 자리에 놓았던 것도 사실이지만, 그럼에도 스스로가 조선인인 것을 의식하지 않았던 사람은 없었다고 볼 수 있다.

다시 말해 전시체제에 돌입하기 이전에 청년기를 맞이한 민족주의적인 신념을 가지고 있었던 지식인들(거기에는 마르크스주의자도 포함된다)과 민족적 생활권 투쟁을 전개해 왔던 리더계층은 일본 국가의 정책에 협력적인 태도를 취했더라도 내면에서는 조선 민족으로서의 자긍심과 조선 문화에 대한 애착을 유지하고 있는 경우가 많았다. 일본 내지에서 성장한 보다 젊은 세대의 재일조선인 중에도 조선으로의 귀속을 확인하고 민족성을 회복하고자 하는 사람이 있었다. 민족주의적 신념을 가진 그들보다 윗세대에 위치하는 조선인의 활동과 언동의 영향도 있었을 것이다. 한편 민족문화에 관한 교육을 받을 기회를 박탈당한 채 자신들의 민족성을 부정적으로 받아들이거나 차별 해소를 바라면서 일본인이 되고자 했던 젊은 세대의 재일조선인도 있었다. 그러나 그들도 조선인이라는 이유로 차별 당했기 때문에 스스로의 민족성을 의식하지 않을 수는 없었다.

게다가 민족 차별 해소가 실질적으로는 진전되지 않은 상태에서 일본의 전세가 악화되어 가는 가운데 자신들의 민족성을 부정하려고 했었던 사람들 가운데에서도 조선인으로서의 자신을 긍정하고 조선에 대한 귀속의식을 강화하는 사람이 점차 늘어 갔다.

그리고 그러한 경우 조선에 대한 귀속의식은 인텔리가 아닌 사람들 사이에서도 국가나 민족을 단위로 하는 것으로 바뀌어 가는 경우가 꽤 있었을 것으로 추측된다. 전시하에는 어떤 재일조선인도 일본 국가의 시책과 무관할 수는 없어서 조선인으로 통합되고 차별받고 있었다. 따라서 그에 대항해서 형성되고 강화된 정체성은 고향 마을을 단위로 해서는 존재할 수 없었기 때문이다. 단, 그러한 국가나 민족을 단위로 하는 조선에 대한 귀속의식도 관념적, 추상적인 것이 아니라 차별을 받는 최하층 민중으로서의 입장에서 발로한 연대감을 동반한 것이라고 생각된다.

그렇지만 그러한 재일조선인 개개인들의 생각이 하나로 모아져서 정치적인 힘을 갖지는 못했다. 행정당국 주도의 통합조직·감시체제가 형성된 가운데에서는 재일조선인 자신들이 자주적으로 무언가를 소리 내어 주장해서 그것을 확대시켜 가기란 도저히 불가능한 상황이었기 때문이다. 전시하의 재일조선인들의 내셔널리즘은 어디까지나 개개인의 내면에 존속하거나 혹은 (동화정책에 대항해서) 형성되는 데에 그치고 있었다.

1920년대를 기점으로 전전기 재일조선인 사회는 20년 이상의 긴 역사를 갖게 되었다. 그러나 그 마지막 수년간의 역사는 그때까지 형성되고 유지되었던 재일조선인들의 독자적인 사회적 결합과 문화, 동시에 그에 대응했던 의식이 일본 국가에 의해 파괴되고 변용을 강요당하는 것이었다. 그렇지만 이 장에서 살펴본 바와 같이 민족적인 사회적 결합은 여전히 재일조선인의 생활의 기초였고, 또 동화정책의 전개에도 불구하고 독자적인 문화가 어느 정도는 존속하고 있었다. 그리고 조선인인 자기를 부정하고 침략전쟁을 뒷받침하는 체제에 편입되면서도, 또 개인 차원에서 보면 일본 국가의 교화에 물들거나 그에 기대를 걸고 있던 사람들이 있었다고 하더라도, 대부분의 조선인들은 자신이 조선인이라는 것을 의식하지 않을 수 없는 상황이었다. 이상의 상황들은 전후 재일조선인의 역사를 형성하는 전제조건이 되었다.

6장
일본의 패전과 재일조선인 사회의 재편

1945년 8월 15일 대일본제국은 포츠담선언을 수락할 뜻을 밝혔다. 오랜 세월에 걸친 침략전쟁이 종결된 이 날을 경계로 일본의 역사는 크게 전환되게 된다. 사람들의 가치관이 크게 변화하면서 미국을 주력으로 하는 연합국군이 일본을 점령한 가운데, 정치, 경제, 사회 각 방면에 걸친 개혁이 실행되었다. 또 일본의 식민지였던 조선도 그 속박에서 벗어나서 독립국가 건설을 지향하는 사람들의 활동이 시작되었다.

그러한 가운데 재일조선인과 관련된 객관적 조건 및 그들의 주체적인 활동과 의식의 양상도 많이 변화하였다. 변화는 재일조선인과 관련된 법 제도, 행정 시책 및 그들 자신의 의식과 정치적 활동, 경제행위, 기타 모든 면에 미치고 있었다.

물론 전후에도 어떠한 연속성을 유지하는 재일조선인이라는 집단이 존재했던 것에는 변함이 없었으며, 민족적인 사회적 결합이나 생활상의 독자적인 문화는 그 나름대로 유지되고 있었다고 할 수 있다. 단, 1950년대에 이미 재일조선인들 사이에서 일본 사회로의 동화 경향이 논의되는 상황이 발생하고 있었다.[1] 그리고 1990년대 이후 젊은 세대의 재일조선인의 의식과 생활은 일본인과 다를 바 없다는 것이 일반적 견해였다.[2]

---

[1] 예를 들면 朴在一, 『在日朝鮮人に関する綜合調査研究』, 新紀元社, 1954년은 "第3章 在日朝鮮人の将来" 속에서 '동화 경향'에 대해서 논하고 있다.
[2] 예를 들면 후쿠오카 야스노리(福岡安則)는 한반도에 있는 한국인으로부터는 젊은 재일조선인이 '머리 모양, 복장, 표정, 전체적 분위기' 등에서 '완전한 일본인'으로 보이는 것 등을 들어서 "재일한국·조선인의 젊은 세대의 존재와 의식의 실상을 전체적인 경향에서 볼 때 현재 일본 사회로의 '동화'는 확실하게 진행되고 있는 것이다"라고 결론지었다(『在日韓国·朝鮮人 若い世代のアイデンティティ』, 中央公論社, 1993년, 52쪽).

그러면 재일조선인 사회는 언제 어떻게 해서 변화하였던 것일까? 다시 말해 재일조선인 사회에서의 전전과 전후의 연속성과 단절은 어디에 있으며, 또 그것을 만들어낸 요인은 무엇이었을까?

이 장에서는 이 점에 대해서 고찰해 나가기 위해서 우선 전후의 재일조선인의 인구동태, 출입국 상황, 성별·연령별 인구, 직업별 인구 등 재일조선인의 인구 구성을 살펴보고자 한다. 인구의 양상은 어느 사회집단의 본모습을 밑바탕에서 규정하고 있기 때문이다. 그런 다음에 1920~1930년대의 조선인 집주지가 전후에 어떻게 변모하였는가를 조선인이 경영하는 상공·서비스업의 동향, 사회적 결합과 민족문화의 유지 상황에 초점을 맞추어서 분석하겠다. 그리고 그러한 객관적 조건 속에서 재일조선인들의 의식과 주체적 활동의 전개가 어떠했는지를 알아보기로 한다.

단, 1945년 8월 15일부터 오늘날까지는 반세기 이상의 시간이 경과했으며 '전후'라는 시기를 일단락지어 논하는 것은 곤란하다. 그러므로 이 장에서는 1950년대 말까지의 시기에 대해서 논하기로 한다. 1950년대에서 시기 구분을 하는 이유는 전후의 사회제도의 변혁이 이 시기에는 종료되고, 정치적인 혼란도 수습되었다는 판단에 따른 것이다. 동시에 1959년 12월부터는 일본 적십자사와 조선민주주의인민공화국 적십자사 간에 맺어진 '재일조선인의 귀환에 관한 협정'에 입각한 북한으로의 귀국(이하 '집단귀국'이라고 부른다)이 실시되었던 점, 1960년대 이후 고도경제성장하에서 일본 사회가 더욱 크게 변모했던 점 등으로 인해 그 이전의 시기와 동일하게 논할 수 없는 면이 있다고 생각하기 때문이다.

1. 전후 재일조선인의 인구 구성

인구의 추이

1945년 8월 15일 시점에 약 200만 명으로 추계되었던 재일조선인 인구의 그 후의 추이를 보면, [표 6-1]과 같다(6장 및 7장의 통계에서의 공간적인 단위로서의 '일본'에는

[표 6-1] 재일조선인 인구의 추이(1945~1995년) (단위: 명)

연 도	국세조사	외국인등록	기타	연 도	국세조사	외국인등록	기타
1945			1,155,594	1970	519,854	614,202	
1946			647,006	1971		622,690	
1947	508,905	598,507		1972		629,809	
1948		601,772		1973		636,346	
1949		597,561		1974		643,096	
1950	464,277	544,903		1975	558,833	647,156	
1951		560,700		1976		651,348	
1952		535,065		1977		656,233	
1953		556,084		1978		659,025	
1954		556,239		1979		662,561	
1955	539,635	577,682		1980	557,672	664,536	
1956		575,287		1981		667,325	
1957		601,769		1982		669,854	
1958		611,085		1983		674,581	
1959		619,096		1984		680,706	
1960	520,465	581,257		1985	571,234	683,313	
1961		567,452		1986		677,959	
1962		569,360		1987		673,787	
1963		573,284		1988		677,140	
1964		578,545		1989		681,838	
1965	515,349	583,537		1990	567,598	687,940	
1966		585,278		1991		693,050	
1967		591,345		1992		688,144	
1968		598,076		1993		682,276	
1969		607,315		1994		676,793	

전거:『国勢調査報告』,『出入国管理統計年報』,『在留外国人統計』, 각 연도판. 단 森田芳夫,『数字が語る在日韓国・朝鮮人の歴史』, 明石書店, 1996년, 176쪽에 따름.
주: 1945년은 자원조사법에 의한 11월 1일 현재의 조사, 1946년은 3월 18일 현재의 조사다.

특별한 설명이 없는 한 미군정하에서의 오키나와나 아마미[奄美] 등은 포함되어 있지 않다).

이 표에서는 우선 1947년까지 재일조선인 인구가 급격하고 감소하고 있는 것을 확인할 수 있다. 그 이유는 말할 필요도 없이 다수의 조선인이 한반도로 향했기 때문이다. 조선으로의 귀환(종전 후 그때까지 일본에 살고 있었던 조선인들이 생활의 근거를 다시 한반도로 옮길 목적으로 일본에서 한국으로 이동한 것이며, 1959년 12월부터 시작된 북한으로의 집단귀국은 여기에 포함되지 않는다)은 일본의 포츠담 선언 수락이 확실해진 다음 시작되었으며, 어떤 사람들은 자발적으로 열차나 배를 갈아타고 또 어떤 사람들은 행정당국의 송환계획에 따라 준비된 교통기관을 이용하여 조선으로 향했다. 행정당국이 귀환 종료를 정식으로 발표한 것은 1950년 11월 19일이었지만,[3] 그 이전인 1950년 6월의 한국전쟁 발발로 귀환자를 운송하는 배의 운항은 정지되어 있었다.[4] 그리고 애당초 귀환을 희망했던 조선인들 대부분은 1946년까지 한국에 돌아왔으며,[5] 1946년 여름 이후의 귀환은 "아주 저조"했다.[6]

1947년 이후에도 1952년까지는 인구는 감소했지만, 이는 귀국자의 관계와 통계조사가 부정확했던 점 등과 관련 있다고 보인다. 조사의 정확도가 올라간 1953년 이후의 인구는 증가세로 돌아서기는 했으나, 1959년부터 1961년에 걸쳐서는 다시 재일조선인 인구가 감소한다. 이것은 북한으로 집단귀국한 것과 관련 있다. 그리고 이후의 재일조선인 인구는 1980년대 후반까지 계속 증가하게 되었다. 단, 그것은 '미증微增'이 이어지는 상태였다. 참고로 1960년부터 1980년에 걸친 인구증가율은 7.37%이며, 같은 시기의 일본 전체의 인구증가율 24.1%를 밑돈다(국세조사에 입각한 인구에 따름).

그런데 전후의 재일조선인 인구의 증감은 자연적 증감(출생자 수와 사망자 수의 차), 사회적 증가(신규 입국과 단순 출국의 차)와 함께 국적의 변경이라는 요인으로도 규정되고 있다. 이 중 자연 증가는 일본인을 웃도는 수치의 추이를 보이지만,[7] 사회 증가의 폭은 크지 않았다. 다음 항에서 살펴볼 바와 같이 조선인의 신규 입국자가 정주하는 경우가 1980년대 중반까지 그다지 보이지 않았기 때문이다. 여기에다가 조선적·한국적에서 일본적으로 변경하는 사람이 존재했던 것이[8] 전술한 바와

---

3 이 날 GHQ는 "비일본인의 자발적 귀환은 본인의 책임이다"라고 일본 정부에게 지시했다(法務研究所,『在日朝鮮人処遇の推移と現状』, 法務研究所, 1955년, 65쪽).

4 法務省 入国管理局,『出入国管理とその実態』, 1959년, 13쪽.

5 앞의『在日朝鮮人処遇の推移と現状』, 65~68쪽.

6 앞의『出入国管理とその実態』, 13쪽.

7 厚生省,『人口動態統計』에 따르면 1960년대 전반의 인구 1000명 당 자연 증가는 재일조선인의 경우 13.9~16.0으로 추이하고 있지만, 일본인의 경우 6.5~11.4로 어느 해나 재일조선인이 높았다(森田芳夫,『数字が語る在日韓国·朝鮮人の歴史』, 明石書店, 1996년, 113쪽).

8 한국적·조선적에서 일본 국적으로 변경하는 것은 1952년 4월 28일 이후에 가능해져서, 1966년까지 4만 1151명이 그 수속을 밟았다(앞의『数字が語る在日韓国·朝鮮人の歴史』, 119쪽). 반대로 일본 국적인 사람이 한국적·조선적으로 변경하는 경우도 있었지만, 이보다 적은 수였다.

같이 1950년대 이후의 재일조선인 인구가 거의 미증하는 추이를 보였던 배경이
되었다.

그리고 1946년 재일조선인 인구 약 50~60만 명이라는 수준은 1930년대 중반
의 일본 내지의 조선인 인구와 같은 수준이다. 또 1997년의 남북한 인구는 약
6882만 8000명, 한반도 이외의 지역에 거주하는 재외 한민족의 수는 약 554만
명으로 추계된다.[9] 따라서 1990년대 후반의 재일조선인은 세계의 한민족 총체의
1%를 약간 못 미치고, 재외한인 전체의 10% 정도를 차지하는 것이 된다.

출입국 상황

재일조선인의 출입국 상황에 대해서는 우선 1950년 11월 19일까지의 귀국
자의 통계가 있다. 귀환을 한 조선인은 일본 정부의 파악에 따르면 104만 679명
(이 중 남한으로 104만 328명, 북한으로 351명)이었는데, 실제 귀국자는 이보다 40만 명 이상
많았다고 보고 있다.[10] 시기별 귀국자(일본 정부 파악)는 1945년 8월부터 1946년 3월
까지 94만 438명, 1946년 4월부터 같은 해 말까지 8만 2900명, 1947년 8392명,
1948년 2822명, 1949년 3482명, 1950년 2294명이었다. 즉, 대부분의 재일조선인
은 1946년 봄까지는 귀환했다.

귀환 이외의 재일조선인 출입국 상황은 1952년 5월까지는 구체적인 숫자를
알 수 없다. 단, 일단 영구귀국을 선택했지만, 정세 불안과 생활 곤란 때문에 다시
일본으로 돌아가는 조선인이 적지 않았던 것을 관계자들이 여러 차례 증언하고
있다.

1952년 5월 이후의 재일조선인의 출입국에 관련된 통계는 [표 6-2]와 같다.
1959년부터 시작된 북한으로의 집단귀국을 제외했을 경우, 재일조선인의 출입
국자 수는 1955년까지 연간 1만 명 이하로 적은 수치다. 그 가운데에서도 재입국
수속이 없는 출국(대부분은 한국으로의 영구귀국으로 보인다)은 연간 1000명 이하로 해를 거

---

9 재외조선인 수는 한국 정부 외무부 재외국민 이주과 『해외동포현황』, 1997년, 남북한의 인구는 國際
連合 編, 『國際連合 世界人口年鑑』, 1997년판, 原書房, 2001년에 따름.
10 앞의 『在日朝鮮人処遇の推移と現状』, 67~68쪽.

[표 6-2] 한국·조선적인 사람 중 전전부터의 재류자 및 그 자녀의 출입국자 수 (단위: 명)

연도	입국	출국(제외·북한 집단귀국)		북한 집단귀국
		총수	그 중 단순귀국	
1952	367	710		—
1953	1,882	2,084		—
1954	1,540	2,024		—
1955	330	1,133		—
1956	363	1,152	748	—
1957	1,769	2,435	698	—
1958	2,197	1,817	591	—
1959	1,445	1,997	525	2,717
1960	3,118	4,177	526	45,094
1961	4,154	4,291	455	21,027
1962	3,950	4,413	287	3,311
1963	4,463	4,891	231	2,402
1964	5,697	5,959	201	1,722
1965	7,554	7,879	152	2,159
1966	10,279	10,730	200	1,807

전거: 法務省, 『法務統計年報』, 『出入国管理統計年報』, 『法務年鑑』 등에 따름. 단 森田芳夫, 『数字が語る在日韓国·朝鮮人の歴史』, 明石書店, 1996년, 108쪽; 110쪽 참조.
주: 1952년의 숫자는 5월~12월의 합계. 공란은 불확실함을 나타낸다.

[표 6-3] 한국·조선적인 사람의 일본 출입국(정규) (단위: 명)

연도	입국		출국(제외·북한 집단귀국)		북한 집단귀국
	총수	재입국허가	총수	재입국허가	
1949	79		99		—
1950	825		508		—
1951	1,035		734		—
1952	1,693		1,916		—
1953	3,772		4,013		—
1954	3,587		4,150		—
1955	1,320		2,223		—
1956	1,140	511	1,947	534	—
1957	2,887	1,618	3,661	1,928	—
1958	3,735	1,401	2,788	1,387	—
1959	2,530	1,493	3,090	1,527	2,717
1960	5,752	3,494	7,459	3,965	45,094
1961	7,731	4,524	8,667	4,143	21,027
1962	7,808	4,363	8,100	4,504	3,311
1963	10,551	5,100	10,681	5,365	2,402
1964	19,017	6,665	13,552	6,776	1,722
1965	17,065	8,769	17,815	9,046	2,159
1966	25,791	12,286	25,469	12,686	1,807
1970	71,790				
1975	129,186				
1985	296,708				

전거: 法務省入国管理局, 『出入国管理統計年報』, 法務省, 『法務統計年報』 등에 따름. 단 森田芳夫, 『数字が語る在日韓国·朝鮮人の歴史』, 明石書店, 1996년, 106쪽; 110쪽을 참조.
주: 1949년은 10~12월의 집계. '재입국허가'는 재입국허가를 얻은 사람의 수. 공란은 불확실함을 나타낸다.

듭하면서 감소하는 경향을 보였다. 이에 반해서 집단귀국으로 북한으로 귀국한 사람은 1959년부터 1966년 사이에 8만 6780명으로 많았다. 이 시기의 재일조선인 인구는 60만 명에 약간 못 미쳤기 때문에 전체의 약 15%나 되는 사람들이 북한으로 귀국한 셈이다. 단, 1961년까지 집중적으로 귀국하였고 이후에는 상대적으로 적었다.

재일조선인 이외의 사람들도 포함한 조선적·한국적의 외국인 법적 수속을 거친 출입국 상황은 [표 6-3]에 나타낸 대로다. 출입국자 수는 매년 늘고 있기는 했지만, 10만 명 규모가 되는 것은 1970년에 들어서부터다. 이 중의 신규 입국(재입국 허가를 얻은 사람 이외의 입국자)의 입국 목적은 통과·관광, 사업 목적이 다수를 점했다.[11]

그 밖에 한일 간에는 비정규 루트=이른바 밀항의 형태로 출입국이 종종 이루어지고 있었다. [표 6-4]에 표시한 한국적 비정규 입국자의 검거와 강제송환 건수로 그 실태의 일단을 짐작할 수 있다. 여기에 나타난 바와 같이 1940년대 후반에 발각되어 송환 당한 건수만을 보아도 정규 루트로 출입국한 건수를 웃도는 상황이었다. 그리고 밀항이 발각되지 않은 경우도 상당수 있었을 것으로 추측되므로, '비정규 루트'가 한일 간의 조선인의 이동에서 무시할 수 없는 위치를 차지하고 있었던 상황은 그 후에도 계속되고 있었을 것으로 보인다.[12]

이처럼 밀항이 종종 이루어졌던 배경에는 한일 간의 지리적 근접성과 한국전쟁을 전후로 한 한국에서의 정치적·경제적 혼란이 있었던 것은 말할 필요도 없다. 그렇지만 동시에 일본에 의한 조선식민지 지배의 역사 및 그 과정에서 생겨난 재일조선인이라는 사회집단의 존재도 밀항과 크게 관련되어 있다는 점에도 주의를 기울여야 한다. 이 점은 법무성 입국관리국이 밀항목적에 대해서 "쇼와 30년대 (1955~1964년)까지는 전전에 우리나라에 거주했던 자가 가족을 데리고 재도항하는

---

11 예를 들면 1974년의 신규입국자 4만 3267명 중에서는 통과·관광이 1만 7923명으로 가장 많고, 사업 관계가 뒤를 잇고 있다.

12 일본 정부 법무성 입국관리국은 "쇼와 20년대(1945~1954년)대의 이른바 밀항 전성기를 거쳐서 쇼와 30년대(1955~1964년) 후반부터 점차 감소하는 기미를 보이고, 한일조약 체결 후인 쇼와 40년대 (1965~1974년)에 들어서부터는 차츰 소강상태에 들어 갔다"고 했다(法務省 入国管理局, 『出入国管理: その現況と課題』, 1976년).

[표 6-4] 한국·조선적인 사람의 일본 출입국(비정규)　　　　　　　　　　(단위: 명)

연도	불법입국 검거	강제송환
1946	19,107	26,032
1947	5,906	6,222
1948	7,979	6,964
1949	8,302	7,709
1950	2,445	1,058
1951	3,495	2,172
1952	2,632	2,320
1953	2,244	2,713
1954	1,721	1,022
1955	1,395	1,162
1956	1,117	664
1957	2,060	1,074
1958	1,438	1,802
1959	1,033	998
1960	1,852	2,590
1961	1,745	1,516
1962	1,540	1,160
1963	1,295	928
1964	1,637	1,116
1965	1,467	1,437
1966	769	1,127
1967	875	1,006
1968	749	870
1969	685	505

전거:『海上保安庁統計速報』,『海上保安庁統計年報』,『法務統計年報』,『出入国管理年報』,『出入国管理と
その実態』기타에 따름. 단 森田芳夫,『数字が語る在日韓国·朝鮮人の歴史』, 明石書店, 1996년, 111; 112쪽
을 참조.
주: 1946년은 4~12월의 집계.

경우, 부모 형제 이산가족의 초청, 혹은 부모를 의지하고 입국하는 경우 등 인도주
의상 배려를 요하는 사안이 대부분을 점하고 있었다"고 했던 것으로도 뒷받침
된다.[13] 이러한 사실은 전전기에 조선인에 의해서 형성되었던 '국경을 넘나드는
생활권'이 생활인의 입장에서는 전후에 한층 더 필요해졌음에도 불구하고,[14] 국

---

13 法務省 入国管理局,『出入国管理: その現況と課題』, 1976년, 120쪽. 또 앞의『在日朝鮮人処遇の推
移と現状』, 172쪽에 따르면 1953년의 '불법입국 조선인'의 입국 동기로는 '부모 친족을 의지해서 온
사람', '소개(疏開) 또는 귀환 후 남편 또는 친족을 의지해서 온 사람' 등 일본에 있는 친족을 믿고 건너온
사람은 전체의 65.1%에 달하고 있다. 이 밖에 면학을 위해서 온 사람이 48명 등으로 비교적 많은 편이지
만 그 밖의 '전시 중 일본에 협력(군인 또는 군속)했기 때문에 있기 힘들어서 온 사람' 등도 있었다.

가는 더 이상 그것을 인정하지 않는 체제를 만들어가고 있었음을 보여준다.

그러나 정규 루트와 비정규 루트를 합쳐도 전후 조선인의 일본으로의 출입국은 전전기의 수준을 밑도는 상황이 오랫동안 이어졌다고 보아도 될 것이다. 가령 비정규 루트에 의한 출입국이 발각된 경우의 5배 정도였을 것이라고 생각해도,[15] 조선적·한국적 외국인의 출입국자 수는 정규·비정규를 합쳐도 1960년대까지는 전전의 수준에 달하지 못했다고 볼 수 있다. 그렇기는 하지만 1990년대 이후 경제 발전과 해외여행의 자유화로 한국으로부터의 입국자가 급증하고 있으며, 1998년을 보면 조선적·한국적 외국인의 정규 입국자는 100만 명 가까이 늘어나 있다.[16] 그러나 그 대부분은 관광 목적 등의 단기 체재가 점하고 있다고 생각되며, 그 수치 안에는 재일조선인의 일시 귀국을 동반한 재입국도 포함되어 있다. 따라서 1990년대 이후의 조선적·한국적 외국인의 입국자 수 급증 현상이 일본 사회 및 재일조선인 사이에 미치고 있는 여러 가지 충격은 노동을 목적으로 장기체제하는 사람이 중심이었던 전전기과 비교했을 때 역시 상대적으로 작다고 할 수 있을 것이다.

도도부현별 인구와 민족 비율

도도부현별 조선인 인구의 추이를 보면 [표 6-5]와 같다. 패전 시점인 1945년 8월과 귀환이 거의 종료되는 1947년을 비교하면 어느 도도부현에서나 조선인 인구는 감소하고 있지만 공업지대인 도쿄, 가나가와, 아이치, 히로시마, 석탄 산

---

14 약간 시기적으로는 뒤의 통계지만 1970년부터 1974년까지의 한국적 불법입국자(해안에서 검거) 740명의 출신지는 제주도 608명, 경상남도 49명, 전라남도 49명으로, 전전기의 도항자가 많았던 지역이 많은 경향을 보이고 있는 것도 이점과 관련 있을 것이다.

15 비정규 루트에 의한 출입국자 수의 실태를 파악하는 것은 당연히 불가능하다. 당국자가 검거하지 못했던 비정규 루트로 입국한 사람의 수를 어느 정도로 보고 있었는지에 대해서는 1946년의 "4월부터 12월까지 당시의 미약한 경찰력으로 검거한 사람만 보더라도 1만 7000여 명에 달했다. 아마도 그에 몇 배 이상의 사람들이 잠입했을 것이라고 미루어 짐작할 수 있다"(法務省 入国管理局, 『出入国管理とその実態』, 1964년, 13쪽)는 기술이 있다.

16 法務大臣官房司法法制調査部, 『出入国管理統計年報』, 1999년판에 따르면 1998년의 한국 국적의 정규 입국자는 96만 556명, 북한 국적의 정규 입국자는 1만 3519명이다. 참고로 정규 출국자는 한국 국적이 93만 9264명, 북한 국적이 1만 2783명이다.

지를 갖고 있는 홋카이도, 후쿠오카, 나가사키, 야마구치, 군사기지 건설과 군수공장의 이전이 진행되려고 했던 나가노, 군마, 가고시마 등의 도도부현에서의 인구감소가 현저하다(이 도도부현들의 인구감소율은 전국 평균인 이 시기 동안의 인구감소율 73.1%를 웃돌고 있다). 특히 홋카이도, 가나가와, 군마, 나가노, 히로시마, 나가사키, 가고시마의 각 도와 현은 1938년부터 1945년에 걸쳐서 인구가 2배 이상 늘어났다가 다시 80~90%의 인구가 감소하는 변화의 길을 걸었다. 이에 반해 1920년대부터 재일조선인 인구의 축적을 보이고 있던 게이한신 지역은 공업지대인 점도 작용하여 전시하에 더 많은 조선인이 유입되기는 했지만, 1945년부터 1947년 사이의 인구감소율은 교토부 40.2%, 효고현 59.5%, 오사카부 68.5%로 전국 평균을 밑돌고 있었다.

그 후의 재일조선인 인구의 동향은 북한으로의 집단귀국에 따라 1960년대 초에 약간의 인구감소를 보인 것 외에는 미증이 이어졌던 것은 앞서 말한 바와 같다. 이 북한으로의 집단귀국자에 대해서는 특별한 지역적 편중은 없었던 것 같다. 다음으로 1947년부터 1964년에 걸친 재일조선인 인구의 증감에 대해서 살펴보겠다. 우선 이 시기 동안의 전국 평균의 인구증가율은 9.2%였다. 그러나 도도부현별로 인구가 증가하고 있는 것은 도쿄도, 오사카부, 홋카이도, 미야기, 군마, 도치기, 지바, 가나가와, 기후, 아이치, 미에, 오카야마현뿐이다. 이 도도부현들 중 1만 명 이상 인구가 증가했던 곳은 오사카부와 도쿄도, 아이치, 가나가와현으로 한정되어 있다. 그 중에서도 오사카부와 도쿄도가 4만 명 증가로 눈에 띄었다. 반대로 인구 감소가 눈에 띈 것은 규슈, 시코쿠의 각 현과 야마구치, 시마네, 후쿠시마현 등이다. 또 재일조선인 인구가 많은 교토부, 효고현은 그동안 인구가 감소하고 있기는 하지만 소폭에 그쳤다. 특히 효고현의 경우 1947년부터 1959년까지는 인구가 증가했기 때문에 인구 감소의 주요인은 북한으로의 집단귀국이었다고 생각할 수 있다.

이상으로부터 전후의 부현별 인구 조선인 인구 추이의 특성은 다음과 같이 정리할 수 있다.

[표 6-5] 도도부현별 재일조선인 인구의 추이(1945~1964년)　　　　　　　　(단위: 명)

도도부현	1945년	1947년	1959년	1964년
홋카이도	96,206	6,594	10,938	9,220
아오모리	3,260	1,242	3,821	2,630
이와테	12,112	2,311	2,725	2,044
미야기	8,836	2,710	4,772	3,292
아키타	7,068	1,622	1,977	1,307
야마가타	2,206	1,463	1,066	736
후쿠시마	18,803	6,422	3,826	2,624
이바라키	13,635	4,942	4,493	3,031
도치기	10,272	2,726	2,421	2,065
군마	12,812	2,132	2,965	2,500
사이타마	11,620	3,760	4,489	5,035
지바	13,234	5,296	7,472	6,639
도쿄	101,236	21,440	60,085	65,682
가나가와	64,494	14,019	23,845	24,419
니가타	10,108	3,515	3,310	2,778
도야마	3,984	2,767	2,648	1,943
이시카와	8,850	3,953	3,839	3,283
후쿠이	20,597	6,466	6,395	5,189
야마나시	6,741	3,276	2,681	2,259
나가노	26,406	5,892	5,990	5,085
기후	29,182	9,148	11,223	10,727
시즈오카	23,245	7,852	7,549	7,547
아이치	142,484	29,569	40,792	44,331
미에	23,283	5,809	8,342	7,791
시가	13,255	8,909	7,850	6,237
교토	69,900	41,773	40,264	38,713
오사카	333,354	104,982	133,069	151,448
효고	144,318	58,416	55,193	57,034
나라	13,531	5,260	5,061	5,102
와카야마	23,709	7,331	6,105	5,055
돗토리	7,385	2,820	2,553	1,817
시마네	19,824	6,828	5,475	2,526
오카야마	36,526	7,603	12,070	8,190
히로시마	84,886	20,484	17,248	14,406
야마구치	144,302	30,821	28,212	17,867
도쿠시마	1,861	759	540	365
가가와	6,173	1,426	1,086	808
에히메	15,553	3,346	3,195	2,240
고치	10,153	1,918	1,425	1,076
후쿠오카	205,452	37,825	33,661	27,793
사가	24,512	4,128	3,174	1,955
나가사키	61,773	8,433	8,661	4,723
구마모토	19,540	5,579	4,076	2,465
오이타	31,037	10,692	7,170	4,256
미야자키	12,391	4,073	2,427	1,404
가고시마	18,592	1,575	1,353	903
오키나와	106			
전국	1,968,807	529,907	607,532	578,572

전거: 田村紀之, 「戦後在日韓国·朝鮮人人口の推計」, 『経済と経済学』 1984년 10월, 1987년 10월; 総理庁統計局, 『臨時国勢調査結果報告』, 1947년; 法務省出入国管理局, 『在留外国人統計』, 1956년판, 1964년판.
주: 1947, 1959, 1964년의 오키나와현에 대해서는 불확실.

우선 1947년까지 모든 도도부현에서 귀환과 관련해서 재일조선인 인구는 감소하고 있었다. 특히 전쟁 수행과 관련하여 석탄산지와 군수공장이 있거나 군사기지건설이 집중되었던 부현으로 이동해 온 조선인은 1947년까지 다시 그 부현에서 유출되었던 것이 확인된다. 이 조선인들의 대다수는 귀환을 선택했을 것으로 보이지만, 일부 조선인들은 일본의 다른 부현으로 이동했다. 이와 함께 1960년대 중반까지는 제조업에 취업할 기회가 적은 부현 및 채광업이 이 시기에는 쇠퇴해 갔던 홋카이도 이외의 석탄 산지를 중심으로 인구가 다른 부현으로 전출되고 있었다(동시에 1959년 이후에는 북한으로의 집단귀국도 이루어졌다). 그리고 그 경우의 이동지는 도쿄도, 오사카부, 아이치현, 가나가와현 등 대도시가 포함되어 있고, 이 시기에 새로운 공업지대가 형성되었으며 주변에 도시가 확대되어 갔던 지역들이었다.

그리고 1964년 시점의 도도부현별 재일조선인 인구를 전시동원정책 개시 전인 1938년 시점과 비교하면 아키타를 제외한 도호쿠東北 각 현, 군마를 제외한 간토 각 현, 시즈오카현, 미에현에서만 1964년 시점의 인구가 1938년을 웃돌고 있다. 그 밖의 도부현에서는 귀환 종료 후에 다시 조선인 인구가 증가한 오사카부나 아이치현도 포함해서 전시동원정책 개시 전의 인구보다 낮아졌고, 특히 오사카부는 9만 명이나 줄었다. 또 오사카부를 제외하고 전전의 조선인이 많이 거주했던 부현이었던 교토부, 효고, 아이치, 후쿠오카, 야마구치, 히로시마의 각 현도 약 1~3만 명 정도 감소했다.

다음으로 조선인 인구 비율(인구 전체에 점하는 조선인의 비율)을 보면, 우선 전국 평균으로는 1947년이 0.68%였던 것에 반해, 1959년 0.66%로 약간 낮아지고, 1964년 시점에서는 0.60%로 더욱 저하되었다. 그리고 각 도도부현별로 비율은 높은 것은 오사카부, 교토부, 효고현 등 전전기부터 조선인 인구가 다수였던 부현이며, 그러한 경향은 1945년 이후 변하지 않았다. 즉, 1947년 시점에서 조선인 인구 비율이 1%를 넘는 것은 오사카, 교토, 야마구치, 효고, 후쿠오카, 시가, 히로시마의 각 부현이고 특히 오사카 3.15%, 교토부 2.40%, 야마구치현 2.08%, 효고현

1.91%가 높고, 이 밖에는 1% 남짓이었다. 이 밖의 조선인 인구가 많이 거주하는 도부현의 조선인 인구 비율은 아이치현이 0.95%, 도쿄도 0.43%, 가나가와현 0.63% 등이었다. 그리고 1964년 시점에서는 조선인 인구 비율이 1%를 넘는 부현은 교토부, 오사카부, 효고현 및 야마구치현뿐이었다. 이들 부현에서도 오사카부 2.35%, 교토부 1.86%, 효고현 1.35%, 야마구치현 1.15%로 모든 비율이 저하되어 있었다. 이 시점에서는 이를 이어 아이치현 0.95%, 시가현 0.73%, 후쿠오카현 0.70% 등 비교적 조선인 인구 비율이 높아졌다. 또 이 동안 조선인 인구의 증가가 눈에 띈 도쿄도 및 가나가와현의 조선인 인구 비율은 각각 0.62%, 0.58%로 변화했다.

그리고 0.6% 정도였던 전후 전국의 조선인 인구 비율은1945년 8월 시점의 2.73%와 전시동원정책 개시 직전인 1938년 시점의 1.13%를 밑도는 것이다. 그러나 1932년의 전국 조선인 인구 비율이 0.59%, 1933년이 0.67%로 되었기 때문에 이 시기와는 거의 같은 수준인 것을 알 수 있다. 조선인 집주지가 형성되어서 거기에서 여러 가지 조선인을 대상으로 한 상업·서비스업이 전개되게 되었던 무렵과 같은 정도의 조선인 인구 비율이 전후에도 유지되고 있었던 것이다. 또 뒤에서 살펴볼 바와 같이 보다 작은 구역에서는 10%를 넘는 높은 조선인 인구 비율을 전후에도 유지하고 있는 경우가 있었다는 것에도 주목해 둘 필요가 있을 것이다.

출신지별 인구

재일조선인의 출신지(외국인등록에 기재된 국적이 속하는 나라에 있어서의 주소 또는 거주지를 가리킨다)에 대해서 그 구성비를 나타내면 [표 6-6]과 같다. 이 표에 보이는 바와 같이 도별로 나눈 경우에 가장 많이 점하는 것은 경상남도이고, 이것과 경상북도를 합치면 60% 이상이 된다. 이 비율은 1940년의 출신도별의 구성비와 거의 같다. 단, 1940년 시점에서는 전국의 재일조선인 중 전라남도 출신자가 19.2%였던 것에 반해서, 1959년에는 같은 영역(이 시점에서는 제주도[濟州島]가 제주도[濟州道]로 독립했기 때문에 전라남도와 제주도를 합친 영역)의 출신자는 24.6%로 비율이 늘어났던 것이 주목된다.

[표 6-6] 전국 및 주요 도도부현 거주 조선인의 출신도별 구성비(1959년)　(단위: %)

출신지	전국	홋카이도	도쿄부	가나가와현	교토부	오사카부	효고현	아이치현	후쿠오카현
경상북도	38.6	34.7	26.3	40.3	47.5	49.0	24.8	52.8	44.7
경상남도	25.6	25.7	19.6	31.9	33.6	29.3	14.9	23.8	32.7
전라남도	10.4	10.6	11.2	8.3	9.0	6.7	12.7	7.5	8.9
제주도	14.2	4.7	24.9	5.9	0.8	3.5	41.2	8.2	0.9
전라북도	2.3	3.3	3.5	2.6	1.8	1.3	1.3	1.6	3.1
충청남도	2.3	4.7	2.6	3.1	3.4	2.5	1.2	1.6	2.9
충청북도	2.1	3.1	2.0	2.4	1.7	1.8	1.4	1.9	3.2
경기도와 서울	1.6	4.0	3.5	2.3	0.9	0.7	1.3	1.2	2.0
강원도	1.1	2.7	1.2	0.3	0.4	4.4	0.4	0.4	0.2
기타 지역	1.7	6.5	5.1	2.8	0.8	0.8	0.7	1.0	1.4
합계	100.0	100.0	100.0	100.0	100.0	100.	100.0	100.0	100.0

전거: 法務省出入国管理局, 『在留外国人統計』, 1959년판.

또 주요한 도도부현의 출신도별 재일조선인 인구로는 오사카부에서 제주도 출신자가 많고, 교토부에서 강원도 출신자가 비교적 많은 경향이 있었다. 이것은 전전 이래의 특징이었지만, 1940년 오사카부에서의 전라남도 출신자가 36.5%, 교토부에서의 강원도 출신자가 3.3%였기 때문에 각각 그 비율은 전후가 되어서 높아졌던 것을 확인할 수 있다.

연령별 성별 인구

재일조선인의 연령별 성별 인구에 관해서는 1950, 1959, 1964년에 대한 통계가 있다. 그 통계에서 구성비를 산출하면 [표 6-7]부터 [표 6-9]에서 얻을 수 있다.

재일조선인의 연령별 성별 인구는 전전에는 20~30대의 남자가 높은 비율을 차지하는 특징이 있었던 데에 반해서 전후에는 유아·아동을 포함한 19세 이하의 청소년층의 구성비가 높아졌다. 말할 필요도 없이 이것은 돈벌이를 하러 나왔던 남자 단신노동자의 새로운 유입이 사라지고, 일본에 머물렀던 재일조선인의 젊은 세대가 새로운 가족을 형성하고 자식을 낳아서 기르게 되었기 때문이다.

각 세대별 남녀비를 보면 1930년 이후 출생한 세대에서는 남녀비가 거의 1 대 1이 된 것도 확인할 수 있다. 이 세대들은 1945년의 시점에서 15세 이하 또는 태어나지 않은 사람들이다. 거꾸로 그보다 윗세대의 경우 전전기의 노동을 목적

[표 6-7] 연령 5세 계급별 남녀별 인구의 구성비(1950년)　　　　　　　　(단위: 명)

생년	연령	남	여	계
1946~50년	0~4	8.80%	8.15%	16.94%
41~45년	5~9	7.13%	6.94%	14.06%
36~40년	10~14	5.73%	5.57%	11.31%
31~35년	15~19	4.35%	4.03%	8.38%
26~30년	20~24	4.18%	3.37%	7.55%
21~25년	25~29	5.84%	3.71%	9.55%
16~20년	30~34	5.18%	2.86%	8.04%
11~15년	35~39	4.60%	2.61%	7.22%
06~10년	40~44	3.89%	1.99%	5.88%
1901~05년	45~49	2.92%	1.36%	4.28%
1896~00년	50~54	2.21%	0.95%	3.15%
91~95년	55~59	1.16%	0.54%	1.70%
86~90년	60~64	0.59%	0.40%	1.00%
81~85년	65~69	0.19%	0.24%	0.43%
76~80년	70~74	0.09%	0.16%	0.25%
71~75년	75~79	0.04%	0.10%	0.15%
66~70년	80 이상	0.02%	0.06%	0.08%
불명	불명	0.02%	0.01%	0.03%

전거: 総理府統計局,『昭和25年国勢調査報告 第8巻』, 단 森田芳夫,『数字が語る在日韓国・朝鮮人の歴史』, 明石書店, 1996년, 120~121쪽에 따름.

[표 6-8] 연령 5세 계급별 남녀별 인구의 구성비(1959년)　　　　　　　　(단위: 명)

생년	연령	남	여	계
1955~59년	0~4	4.83%	4.51%	9.34%
50~54년	5~9	6.94%	6.53%	13.47%
45~49년	10~14	7.48%	6.88%	14.37%
40~44년	15~19	6.02%	5.87%	11.89%
35~39년	20~24	4.61%	4.37%	8.98%
30~34년	25~29	3.43%	3.14%	6.57%
25~29년	30~34	3.51%	2.72%	6.23%
20~24년	35~39	4.77%	2.92%	7.70%
15~19년	40~44	3.76%	2.15%	5.91%
10~14년	45~49	3.29%	1.93%	5.22%
05~09년	50~54	2.69%	1.47%	4.17%
1900~04년	55~59	1.81%	0.93%	2.75%
1895~99년	60~64	1.18%	0.62%	1.80%
90~94년	65~69	0.56%	0.34%	0.90%
85~89년	70 이상	0.32%	0.39%	0.72%
불명	불명	0.00%	0.00%	0.00%

전거: 외국인등록사표(寫票)에서 모리타가 작성한 표에 따름,『数字が語る在日韓国・朝鮮人の歴史』, 明石書店, 1996년, 41쪽에 게재.
주: 4월 시점의 조사이며, 0세는 1~3월까지만의 숫자다.

[표 6-9] 연령 5세 계급별 남녀별 인구의 구성비(1964년)　　　　(단위: 명)

생년	연령	남	여	계
1960~64년	0~4	5.07%	4.79%	9.86%
55~59년	5~9	5.47%	5.12%	10.59%
50~54년	10~14	6.60%	6.22%	12.82%
45~49년	15~19	6.42%	6.04%	12.46%
40~44년	20~24	5.27%	5.17%	10.44%
35~39년	25~29	4.13%	3.93%	8.05%
30~34년	30~34	3.13%	2.77%	5.90%
25~29년	35~39	3.41%	2.61%	6.02%
20~24년	40~44	4.28%	2.57%	6.85%
15~19년	45~49	3.21%	1.93%	5.14%
10~14년	50~54	2.70%	1.66%	4.36%
05~09년	55~59	2.05%	1.23%	3.28%
1900~04년	60~64	1.30%	0.79%	2.08%
1895~99년	65~69	0.75%	0.46%	1.21%
90~94년	70~74	0.30%	0.25%	0.56%
85~89년	75~79	0.11%	0.14%	0.25%
80~84년	80 이상	0.04%	0.09%	0.12%
불명	불명	0.00%	0.00%	0.00%

전거: 法務省, 『在留外国人統計』를 바탕으로 한 모리타의 수정치로, 森田芳夫, 『数字が語る在日韓国·朝鮮人の歷史』, 明石書店, 1996년, 120~121쪽에 따름.

으로 단신으로 도일해 온 남자가 다수 포함된 것과 관련하여 남녀비는 남자가 많아졌다. 남녀비의 불균형은 1900년대생이 가장 심하고, 1920년대생에서는 그 정도로 심하지는 않은 경향이 있다. 1920년대생인 사람들 중에는 일본 내지에서 태어났거나 어린 시절 부모에게 이끌려서 도일한 사람이 포함되어 있는 데에 반해 1900년대생의 경우 그러한 경우가 거의 없기 때문일 것이다.

또 주요 도도부현의 남녀비의 경향을 보면, 홋카이도, 도쿄도, 가나가와현에서 남자의 비율이 상대적으로 높아졌다. 1959년 시점의 여자 1에 대한 남자의수치를 보면 전국 평균이 1.23이고, 게이한신과 아이치의 각 부현은 1.16~1.17이었던 것에 반해, 홋카이도 1.89, 도쿄 1.41, 가나가와 1.38, 후쿠오카 1.27로 전국 평균을 웃돌고 있었다. 이 중 홋카이도의 경우는 전전 조선인 여성의 일자리가 거의 없었던 것과 관련 있다고 보인다.

[표 6-10] 일본 내주 시기별 재일조선인 인구(1959년)　　　　　　　　　(단위: 명)

내주 시기	인원	비율
1938년 이전 내주	100,294	16.51%
1939~44년 내주	36,157	5.95%
1944~45년 내주	4,304	0.71%
1946~59년 내주	4,414	0.73%
내주 시기 불명	75,476	12.42%
일본 출생	386,888	63.68%

전거: 法務省,『在留外国人統計』, 1959년판, 단 森田芳夫,『数字が語る在日韓国·朝鮮人の歴史』明石書店, 1996년, 40쪽.

내주 시기별 인구

내주 시기별 인구는 [표 6-10]과 같다. 여기에서 보이는 바와 같이 전시하에 일본으로 온 조선인도 결코 적다고는 할 수 없지만, 일본 출생을 제외하면 이 시점에서의 다수파는 1938년 이전에 도일한 사람들이다. 바꿔 말하면, 강제연행 =전시동원정책의 전개기에 도일해 온 사람은 상대적으로 소수인 것이다(또 1939~1945년 사이의 내주자도 전시동원정책에 의해서 어쩔 수 없이 도일한 것이 아닌 경우를 포함하고 있는 것에 주의할 필요가 있다).

물론 이 점은 전시동원정책이 오늘날까지 이어지는 재일조선인 사회의 역사에 어떠한 영향을 주지 않았다는 것을 의미하는 것은 아니다. 그러나 1945년 8월 이후에도 일본에서 계속 거주해 온 조선인은 주로 전시동원정책 이외의 경우로 도일한 사람들과 그 자손이라고 보아도 지장 없다. 애당초 전시동원정책에 의해서 도일했던 조선인은 거의가 남자 단신노동자였으며 일반 사회와 분리되어 감시를 받으면서 일하고 있었다는 점을 고려하면, 일본에서의 생활 기반을 다졌던 경우는 드물었을 것으로 보인다. 그러한 사람들이 1945년 8월 15일 이후 한반도로 향한 것은 당연한 일이었다. 이에 반해 가족과 함께 어느 정도 장기간 일본에 거주하고 생활기반도 마련했던 사람들은 오히려 조선에서의 생활 안정에 대한 전망을 얻지 못했기 때문에 일본에 계속 거주하는 것을 선택하는 경우가 종종 있었다(확인 차원에서 말해 두자면 어느 정도 생활기반을 마련했던 사람들이 모두 일본에 계속 거주했던 것이 아니라 상당수가 조선으로 귀국했고, 또 그때까지의 일본에서의 생활이 어려웠고 민족 차별 문제가 있었던 것을

[표 6-11] 출생지별 재일조선인 인구 및 구성비의 추이

연도	일본 출생		기타	
	실수	비율	실수	비율
1950	231,906	50.06%	231,371	49.94%
1959	390,098	64.21%	217,435	35.79%
1964	395,907	68.43%	182,665	31.57%
1969	437,216	72.42%	166,496	27.58%

전거: 総理府統計局, 『昭和25年国勢調査報告 第8巻』; 法務省, 『在留外国人統計』에 따름. 단 森田芳夫, 『数字が語る在日韓国・朝鮮人の歴史』 126쪽; 法務省出入国管理局, 『出入国管理とその実態』, 1971년판.

생각하면 조선으로 귀국하지 않은 사람들도 기꺼이 좋아서 일본에 머물렀다고 하기는 어려운 경우가 상당히 많다는 것을 전제로 할 필요가 있다).

출생지별 인구

재일조선인의 출생지별 인구, 즉 일본 출생인지 아닌지로 나눈 인구 구성은 [표 6-11]과 같다. 여기에서 보이는 바와 같이 일본출생은 이미 1950년 시점에서 반수를 넘고 있고, 1960년대 중반에는 70%정도를 차지하고 있었다. 전시동원정책의 전개 이전인 1936, 1937년의 시점에서의 비율이 20~25% 정도였던 것에 반해서(2장 참조) 전후는 현저히 증가하고 있었던 것을 확인할 수 있다. 어느 이민 집단이 형성되고 시간이 경과했을 경우 이민지에서 태어난 사람의 비율이 증가하는 것은 당연해서 놀랄 일도 아니다.

단, 전전과 비교했을 때 전후의 일본 출생 인구 비율이 높은 것은 다음과 같은 요인에 의한 것이라는 것을 간과할 수는 없다. 이미 살펴본 바와 같이 전전기 재일조선인 사회는 항상 새롭게 조선 출생의 청장년층의 사람들을 받아들이고 있었던 데 반해서 전후에는 한반도로부터의 신규 유입이 드물었다. 그러한 조건 속에서 1940년대 후반부터 1950년대 초에 걸쳐서 이른바 베이비붐이라고 불리는 출생률이 높은 상태가 이어지고 있었다. 이것이 일본 출생 인구 비율의 급격한 증가를 가져왔던 것이다.

그리고 태어난 해와 출생지와의 관계를 보면, 전후에 출생한 경우는 당연히 거의가 일본 출생이다. 그러나 1959년 시점의 통계에서는 1945년 9월 1일 이전

[표 6-12] 재일조선인의 직업(1956년) (단위: 명)

분류		실수			구성비
		경영자	종업원	합계	
1차 산업	농업	7,044	2,553	9,597	4.12%
	목축	3,329	1,216	4,545	1.95%
	임업	1,977	1,793	3,770	1.62%
	어업	376	680	1,056	0.45%
2차 산업	방적	1,606	5,368	6,974	3.00%
	기계	744	4,001	4,745	2.04%
	고무	475	2,255	2,730	1.17%
	사탕 과자	1,097	984	2,081	0.89%
	피혁	504	1,307	1,811	0.78%
	구두	735	571	1,306	0.56%
	인쇄	87	476	563	0.24%
	기타	2,571	15,497	18,068	7.76%
	토건	2,272	24,481	26,753	11.49%
3차 산업	고철류	9,979	5,682	15,611	6.71%
	유희(遊戲)	4,255	6,218	10,473	4.50%
	운송	1,049	5,943	6,992	3.00%
	요리·음식	4,428	2,480	6,908	2.97%
	고물상	2,572	1,598	4,170	1.79%
	브로커	1,531	561	2,092	0.90%
	여관	424	272	696	0.30%
	무역	312	297	609	0.26%
	금융	139	146	285	0.12%
	기타	7,341	6,511	13,852	5.95%
	지적 노동	228	4,240	4,468	1.92%
실업자 등				82,653	35.50%
합계		44,652	91,361	232,808	100.00%

전거: 日本赤十字社, 『在日朝鮮人の生活の実態』, 1956년.

[표 6-13] 재일조선인의 직업(1959년) (단위: 명)

분류	실수	구성비
전문적 기술적 직업 종사자	2,700	1.80%
관리적 직업 종사자	1,200	0.80%
사무 종사자	7,065	4.80%
판매 종사자	27,513	18.50%
농림어업 작업자	11,464	7.70%
채굴 작업자	1,531	1.00%
운송통신 종사자	8,803	5.90%
기능공 생산공정 작업 종사·단순노동자	78,466	52.80%
서비스 직업 종사자	9,703	6.50%
분류 불가능	98	0.10%
합계	148,543	100.00%

法務省入国管理局, 『在留外国人統計』, 1959년판.

출생에서도 45%가 일본 출생으로 되어 있다. 전전 출생에 대해서 보다 세세한 출생 연도의 구분에 따른 통계는 없지만, 물론 출생 연도가 보다 늦은 시기의 사람들에게 일본 출생인 사람의 비율이 높았을 것이다. 그리고 2장에서 살펴본 바와 같이 일본 출생의 조선인이 눈에 띄기 시작하는 것은 1920년대 후반이며, 아마도 이 시기를 경계로 일본 출생과 조선 출생의 비율이 역전된 것이 아닐까 생각된다.[17]

직업별 인구

전후 재일조선인의 직업별 인구에 대해서는 일본적십자사의 『조선인의 생활 실태朝鮮人の生活の実態』(1956년)에 기록되어 있는 것과 법무성 입국관리국의 『재류외국인통계在留外国人統計』(각 연도)의 수치가 있다. 후자는 1959, 1964, 1969년 등에 대해서 공표하였다.

우선 [표 6-12]의 1956년 시점의 통계로부터는 토건, 고철류 판매, 기타 제조업의 취업자가 많은 것을 알 수 있다. 또 지위별로는 경영자인 사람도 적지 않지만, 경영자가 많은 업종은 고철류 판매, 고물상, 요리·음식업, 유희업 등이다.

그러나 이 통계에서 무엇보다 눈길을 끄는 것은 실업자가 많다는 점이다. 8만 2653명이라는 실업자의 숫자는 표로도 알 수 있듯이 일해야 할 재일조선인의 3분의 1 이상에 해당하는 것이었다.

다음으로 법무국 입국관리소에 의한 1959년의 통계에 대해서 보면 [표 6-13]과 같다. 여기에서 보는 바와 같이 기능공 생산 공정 종사자·단순노동자가 전체의 50% 이상이며 다음으로 판매 종사자가 20%에 약간 못 미쳤다.

그리고 재일조선인의 직업 종사자의 구성비를 일본 전체와 비교하면 우선 농림업의 비율이 낮은 것이 특징이다. 이것은 조선인이 일본에서 원래부터 농지를 보유하지 않았던 점을 생각하면 당연하다. 이와 함께 일본 전체의 구성비와 비교하여 재일조선인들에게는 전문적 기술적 직업, 관리적 직업, 사무직 종사자

---

17 2장에 나타낸 [표 2-28]에 있는 것처럼 兵庫県 学務部 社会課, 『朝鮮人の生活状態』, 兵庫県, 1937년에 따르면 이 시점에서 5~9세인 자, 즉 1928~1932년생인 자 중에는 일본 출생이 반수 이상을 차지하고 있었다.

[표 6-14] 재일조선인 생활보호수급 인원과 인구 전체에서 점하는 비율 　　　　　　(단위: 명)

연월	생활보호인원(A)	외국인등록자 수(B)	A/B
1951년 10월	62,469	560,700	11,10%
1952년 12월	76,673	535,065	14,30%
1953년 12월	107,634	556,084	19,40%
1954년 12월	129,020	556,239	23,20%
1955년 12월	138,972	577,682	24,10%
1956년 6월	89,761	575,287	15,60%
1957년 12월	81,631	601,769	13,60%
1958년 10월	81,000	611,085	13,30%
1959년 12월	87,000	619,096	14,10%
1960년 7월	78,800	581,257	13,60%

전거: 厚生大臣官房統計情報部, 『人口動態統計』, 『婚姻統計』. 단 森田芳夫, 『数字が語る在日韓国・朝鮮人の歴史』, 明石書店, 1996년, 54쪽.

등의 비율이 낮고, 기능공 생산 공정 종사자·단순노동자, 판매 종사자의 비율이 높아지고 있다. 이 중 판매 종사자의 비율을 높이고 있는 것은 고물·폐품 판매 종사자가 거기에 포함되는 것에 따른 것이다.

이상과 같은 직업별 통계로부터는 1950년대까지의 재일조선인의 직업에서는 대략적으로 보면 화이트칼라가 적고, 블루칼라 및 영세 상업 경영자 등이 다수를 차지하고 있는 경향이 이어지고 있었던 것을 확인할 수 있다.

계층

전후의 재일조선인의 자산 정도와 가계 수지에 대한 사회조사는 찾아볼 수 없다. 그러나 전후의 어느 시점부터는 상당한 자산을 가진 재일조선인 기업가가 나타나게 되었던 것은 분명하다.

그렇지만 재일조선인의 대부분이 빈곤에 허덕이고 있는 상황이 전후에도 이어지고 있었던 것은 사실이다. [표 6-14]는 생활보호 인원수이며, 여기에서 보이는 바와 같이 1950년대를 통틀어서 재일조선인 전체의 10% 이상이 생활보호 대상이었다. 1950년대 중반 이후 수급자 수가 감소하는 것은 외국인인 조선인에게 생활보호를 하는 것에 대한 비판적 여론이 일고 재정이 약화되는 가운데 행정 당국이 점차 조선인에 대해서 생활보호비를 수급하지 않거나 삭감하게 되었기

때문이다.[18]

그리고 통계적 근거는 명확하지 않지만 "각종 자료로부터 재일조선인의 생활 정도를 상, 중, 하로 크게 대별하여 보면, 물론 하류가 압도적으로 많고, 이를 이어 중류, 상류가 있지만, 상류 생활자가 중류 생활자에 비해서 비교적 많다는 특징이 있다"는 것이 1950년대 중반 시점에서도 지적되고 있었다.[19]

이상으로 이 절에서는 전후 재일조선인 인구의 동향을 개관해 보았다. 이제까지 서술해 온 것으로부터는 전후 재일조선인 집단의 인구 구성이 전전과 비교해서 여러 가지 면에서 달라졌다는 것을 확인할 수 있다.

그 변화를 초래한 가장 큰 조건은 말할 것도 없이 대량 귀국의 발생에 있었다. 귀국은 1945년 8월부터 다음해에 걸친 귀환과 1959년 말부터의 북한 집단귀국 형태로 이루어졌다. 귀환은 백 몇십만 명의 재일조선인이 한반도 남부로 되돌아간 것이며, 북한 집단귀국은 그보다 규모가 작았지만 당시의 재일조선인 인구의 10%를 넘는 적지 않은 수의 인구 이동이었다. 그리고 전후에도 밀항을 중심으로 장기체재를 위한 조선인·한국인의 일본 입국이 이루어지기는 했지만, 그것은 전전기의 일본 내지 도항과 비교하면 소수였으며, 재일조선인 사회는 신규 유입을 거의 받아들이지 않았다.

이상과 같이 전후 재일조선인 집단은 예전에 가지고 있던 한반도와의 끊임없는 사람의 왕래와 같은 유동성을 잃어버리고 그 후의 역사를 이어가게 되었다. 바꿔 말하면 전후에는 재일조선인 집단의 인구 구성의 변화는 귀환 종료 후에는 주로 일본에 남았던 사람 및 그 자식들의 성장과 사망 또는 전후의 새로운 자녀의 출생에 의해서만 이루어지게 되었다. 그 결과 연령별·성별 인구 구성은 아동과

---

18 모리타 요시오는 재일조선인의 생활보호비 수급자가 많은 것이 "사회적으로 문제시되어" "그 후 생활 실태 조사의 결과 적정한 보호가 이루어지는 경향"으로 바뀌었다고 했다(『数字が語る在日韓国·朝鮮人の歴史』, 明石書店, 1996년, 31쪽). 그러나 앞의 『在日朝鮮人に関する綜合調査研究』, 149쪽은 "재일조선인의 '요보호생활상태자' 중에서 실제로 생활보호를 받고 있는 것은 그 3분의 1"로 "궁박(窮迫)이 확실한 증거로 입증되지 않는 한 조선인에게는 생활보호법이 적용되지 않는" 상황이었고, 1956년에 실시된 조선인 피보호세대의 생활 재조사로 많은 조선인이 부조비를 폐지, 감액 당하는 등 생활보호비의 "삭감정책은 조선인 피보호자에 집중되었다"고 지적하고 있다.
19 篠田藤治, 「在日朝鮮人の生活実態の概況(下)」, 『親和』 1954년 9월.

영유아가 많았으며, 1930년대 이후에 출생한 사람을 중심으로 하여 남녀비가 1대1에 가까워지는 변화가 생겨났고 나아가 1950년대 이후 일본에서 출생한 사람이 반을 넘는 상황을 만들어냈다.

이밖에 전후에 재일조선인 인구의 변화로는 지역적 분포에서는 새롭게 공업 지대를 형성하고 도시화가 진전된 도쿄, 가나가와 등으로의 이동을 찾아볼 수 있고, 직업으로는 탄광·광산노동자가 감소하는 움직임을 볼 수 있다. 단, 이러한 점은 당시의 일본인 인구 변화와 공통되는 것이며, 일본 전체의 산업구조에 의해 규정되었던 것이라고 할 수 있을 것이다.

그리고 한편으로 재일조선인의 대부분이 실업자, 블루칼라나 영세 자영업자 였으며 빈곤층이 많았다는 점 등은 전전과 연속되는 면을 보여준다.

2. 사회적 결합 및 문화 유지 상황

앞의 절에서는 전후의 재일조선인 집단의 인구 구성에서 전전과는 다른 조건 이 생겨났던 것을 확인했다. 그러면 그러한 변화 속에서 전후에 재일조선인들은 어떠한 사회적 결합하에서 생활을 하고 있었을까? 또 거기에서는 어느 정도로 민족문화가 유지되고 있었을까?

이 점을 생각하는 데에 있어 아래와 같은 네 가지 문제를 살펴보고자 한다. 첫 번째는 조선인 집주지의 상황과 그곳에서의 사회적 결합의 실태에 대해서다. 구체적으로는 커뮤니티 차원에서 조선인 인구비가 높은 지역이 어느 정도 존재했 는지, 그리고 그곳에서는 전전에 보였던 지연이나 혈연에 기반을 둔 민족의 독자 적인 사람들의 연결이 어떠했는지를 살펴보고자 한다.

두 번째로는 조선인이 경영하는 상공업·서비스업의 동향에 대해서다. 이 점을 거론하는 것은 조선인의 독자적인 수요에 대응한 물자의 제조·판매, 서비스 의 제공이 어느 정도 이루어졌는지가 민족의 독자적인 문화 유지 정도를 미루어 짐작할 수 있는 유력한 지표이며, 덧붙이자면 그러한 전개가 없다면 독자적인 문화의 유지는 불가능했다고 생각하기 때문이다.

　　세 번째로는 혼인 형태로부터 사람들의 연결 실태를 생각해 보고자 한다. 말할 필요도 없이 누가 어떠한 상대와 결혼했는지는 본인들의 자유이며, 서로 어떠한 민족적 배경을 갖고 있는지는 결혼하는 개개인에게는 그다지 중요한 문제가 아니다. 그러나 조선인끼리의 결혼이 많은지 아닌지는 사회적 결합의 문제와 상당히 밀접한 관계가 있다고 할 수 있을 것이다. 조선인끼리의 사회적 결합이 강하고 일본인과 접촉할 기회나 그 관련성이 희박한 상태에서는 조선인끼리의 결혼이 많고, 그 반대라면 일본인과 조선인과의 결혼이 증가한다고 생각할 수 있기 때문이다. 혼인 형태의 문제를 거론하는 것은 이러한 이유 때문이다.

　　그리고 네 번째로는 민족교육의 전개에 대해서도 검토하기로 한다. 이 문제를 다루는 이유는 새삼스럽게 말할 필요도 없을 것이다. 언어, 역사 등의 교육이 민족의 형성·유지에 있어서 필요불가결한 것이고, 특히 전후의 재일조선인에게는 그 이전까지 일본인에게 동화될 것이 강요되어 왔던 점과 2세가 다수를 차지하게 된 점으로 보더라도 교육 문제가 중요했기 때문이다.

조선인 집주지의 상황

　　네 가지 문제 중 가장 먼저 조선인 집주지의 상황에 대해서 살펴보기로 하겠다. 구체적으로는 도쿄 및 오사카의 상황에 대해서 서술한다.

　　우선 조선인 집주지, 즉 커뮤니티 차원의 상황을 보기 전에 도쿄(23구)와 오사카시의 구 차원의 인구에 대해서 귀환이 종료되고 북한 집단귀국이 개시되기 전 시점의 상황을 살펴보겠다. [표 6-15]는 1956년의 도쿄시, [표 6-16]은 1955년의 오사카시의 통계다.

　　이를 통해 도쿄에서는 조선인 인구는 아라카와구, 오타大田구, 아다치足立구, 다이토台東구 등의 순으로 많고, 인구 비율로는 아라카와구, 다이토구, 아다치구가 1%를 넘고 있어 상대적으로 높았던 것이 확인된다. 한편 오사카에서는 조선인 인구는 히가시나리구, 이쿠노구(1943년 4월에 오사카시에서는 구를 분할하여 늘렸기 때문에 그전까

[표 6-15] 도쿄도 각 구별 조선인 인구 및 그 비율(1956년) (단위: 명)

구 이름	조선인 수(A)	총인구(B)	A/B
千代田	469	121,728	0.39%
中央	471	164,096	0.29%
港	1,437	257,721	0.56%
新宿	1,970	373,302	0.53%
文京	1,112	247,322	0.45%
台東	3,702	304,095	1.22%
墨田	2,333	316,830	0.74%
江東	2,149	311,851	0.69%
品川	2,426	394,905	0.61%
目黒	1,314	275,818	0.48%
大田	4,691	654,263	0.72%
世田谷	1,896	590,713	0.32%
渋谷	1,328	258,474	0.51%
中野	1,502	316,839	0.47%
杉並	1,551	446,243	0.35%
豊島	1,657	324,766	0.51%
北	1,610	379,706	0.42%
荒川	5,312	266,710	1.99%
板橋	1,720	364,823	0.47%
練馬	847	205,489	0.41%
足立	4,344	368,598	1.18%
葛飾	2,870	334,895	0.86%
江戸川	1,196	281,783	0.42%
합계	47,907	7,560,970	0.63%

전거: 東京朝鮮人商工会, 『東京朝鮮人商工便覧』, 1959년도판, 1958년.

지의 히가시나리구는 히가시나리구와 이쿠노구로 나뉘었다)에 집중되었고, 이에 인접한 조토구에서도 약간 많았으며, 그밖에 니시나리구, 히가시요도가와구가 5000명을 넘고 있는 것, 인구 비율도 히가시나리, 이쿠노구가 특히 높지만, 니시나리구, 오요도大淀구, 기타구, 히가시요도가와구, 조토구도 3% 정도이며, 다른 각 구도 모두 도쿄보다 높은 것이 특징이다.

다음으로 이상과 같은 전후의 각 구별 인구를 조선인 집주지의 형성이 진전되고 또 전시동원정책이 개시되기 이전인 1935년과 비교해 보면 다음과 같은 점을 알 수 있다. 즉, 도쿄의 경우 1935년에는 무코지마구와 혼조本所구(1956년 시점의 스미다[墨田]구), 조토구와 후카가와구(1956년 시점의 고토구)에 각각 6916명, 8689명의 조

[표 6-16] 오사카시 각 구별 조선인 인구 및 그 비율(1955년) (단위: 명)

구 이름	조선인 수(A)	총인구(B)	A/B
北	2,517	82,008	3.07%
都島	1,378	82,765	1.66%
福島	1,387	90,684	1.53%
此花	1,086	65,267	1.66%
東	542	56,523	0.96%
西	338	63,896	0.53%
港	1,292	71,692	1.80%
大正	1,366	78,012	1.80%
天王寺	1,218	71,549	1.75%
南	889	68,106	1.31%
浪速	918	70,827	1.30%
大淀	1,824	55,545	3.28%
西淀川	2,325	93,953	2.47%
東淀川	5,566	208,762	2.67%
東城	11,811	132,430	8.92%
生野	25,499	223,180	11.43%
旭	1,611	125,053	1.29%
城東	4,198	168,299	2.49%
阿倍野	600	152,141	0.39%
住吉	1,381	182,660	0.76%
東住吉	1,285	215,312	0.60%
西成	6,907	188,652	3.66%
합계	75,938	2,547,316	2.98%

전거: 大阪市, 『第43回大阪市統計書』, 1956년.

선인 인구가 있었지만, 1956년에는 이 구들의 조선인 인구는 반감하거나 그 이상으로 감소하였다. 이 구들의 조선인 인구 비율도 1956년까지는 고토구 0.69%, 스미다구 0.74%이기 때문에 1935년 혼조구·무코지마구의 1.49%, 조토구·후카가와구의 2.26%와 비교하여 저하가 현저하다. 이 외에도 시나가와구(1935년 시점의 시나가와구와 에바라(荏原)구)도 조선인 인구의 감소와 인구 비율의 저하가 눈에 띄었다. 도시마구에서도 조선인 인구가 40~50% 정도 감소하고 인구 비율도 낮아졌다.

그러나 1935년 시점에서는 조선인이 적었지만 그 후 증가한 구나 1935년 시점에서 이미 다수의 조선인이 살고 있었고 그 후로 더욱 증가한 구도 존재한다. 전자로는 다이토구(1935년 당시는 시타야[下谷]구와 아사쿠사[浅草]구), 아다치구, 후자로는 아라카와구가 해당된다. 즉, 1935년 시점에서의 조선인 인구 및 인구 비율이 시타야구·아사쿠사구에서 1487명, 0.32%, 아다치구는 983명, 0.56%, 아라카와구는 4179명, 1.12%였다. 따라서 다이토구, 아다치구는 이 동안 조선인 인구가 각각 2배, 4배로 크게 늘어나고, 조선인 인구 비율을 크게 높였던 것이며, 아라카와구도 1000명 정도의 조선인 인구 증가로 인해 역시 조선인 인구 비율이 상승하고 있었던 것을 알 수 있다.

다음으로 오사카시의 각 구별 조선인 동향으로는 전전에 인구가 많았던 구 중 다이쇼구, 고노하나구, 미나토구, 아사히旭구, 나니와구의 인구 감소가 눈에 띄었다. 1935년 시점에서 아사히구는 인구 1만 명 남짓, 다이쇼구, 고노하나구, 나니와구는 8000명대, 미나토구는 7000명대의 인구이며, 이 구들에서는 각각 수천 명이 감소하였다. 또 조선인 인구 비율도 1935년 시점에서는 아사히구·다이쇼구에서 7.7%, 나니와구에서 6.1%, 고노하나구에서 4.4%, 미나토구에서 2.7%로 역시 현저하게 저하되고 있었다(단, 같은 구 이름에서도 구역은 약간 다른 경우가 있다). 또 니시요도가와구와 히가시요도가와구는 오요도구가 성립한 관계로 전전과 비교하기가 곤란하지만, 1935년 시점의 조선인 인구 및 조선인 인구 비율이 니시요도가와구에서 1만 66명, 5.9%, 히가시요도가와구는 1만 4262명, 7.1%였기 때문에 역시 조선인 인구의 감소가 현저했다고 볼 수 있다. 이에 반해서 니시나리구의 경우는 인구는 절반 가까이 감소했지만, 1935년 시점에서 5.9%였기 때문에 조선인 인구 비율 저하의 폭은 비교적 작았다.

이상과 같이 오사카시의 여러 구에서 조선인 인구가 크게 감소했던 가운데 히가시나리구와 이쿠노구는 이와는 다른 움직임을 보였다. 1935년 시점의 히가시나리구, 즉 1955년 시점의 히가시나리구와 이쿠노구에 상당하는 구역은 조선인 인구 3만 126명, 조선인 인구비 11.2%였다. 이 지역에서는 1955년 시점에서도 1935년과 같은 정도의 조선인 인구, 인구 비율을 유지하고 있었던 것이다.

그러면 구보다 좁은 커뮤니티 차원의 조선인 인구는 어떠한 동향을 보였을까? 이 점은 유감스럽지만 정정町丁 단위의 조선인 인구를 알 수 없기 때문에 상세하지는 않다. 그러나 도쿄에 대해서는 도쿄조선인상공회의『도쿄조선인상공편람』(1959년판, 1958년 12월), 오사카에 대해서는 재일조선인연맹근로알선소『재오사카조선인각종사업자명부록』(1947년 7월)으로부터 각각 1958년 시점과 1946년 시점에서의 정정 차원의 조선인이 경영하는 사업소의 존재를 밝혀낼 수 있다. 이 중『도쿄조선인상공편람』1959년판은 이 시점에서의 전체 조선인 사업소의 70% 정도의 사업소명 주소 등을 수록하고 있다고 보이는데,『재오사카조선인각종사업자명부록』은 어느 정도의 비율을 망라하고 있는지는 확실하지 않다. 단, 둘 다 이데올로기 대립의 영향이 미치지 않고 작성된 사업자 명부다(이 자료들의 성격 등에 대해서는 후술). 물론 조선인이 경영하는 사업소와 그 지역의 조선인 수는 정비례 관계에 있지는 않았기 때문에 사업소 수를 통해 정확한 조선인 인구의 상태를 파악할 수 있는 것은 아니다. 그러나 조선인 인구가 많은 지역에는 역시 조선인이 경영하는 사업소가 많은 경향이 있을 것이므로, 양자에는 일정 관계가 있다고 생각할 수 있다. 그래서 이하에서는 정정 차원의 조선인 사업소 수에 대해서 살펴보기로 하겠다.

우선 도쿄에 관해서 서술하겠다. 도쿄에 대해서는 1935년 시점에 대해서 국세조사로 정정별 조선인 인구의 상황을 확인할 수 있다. 그것을 바탕으로 조선인 인구가 150명 이상 또는 조선인 인구비가 5% 이상인 것을 기준으로 조선인 인구의 거주가 눈에 띄는 지역을 뽑아서 그 지역들에서 조선인이 경영하는 사업소가 1958년에 어느 정도였는지를 정리하면 [표 6-17]과 같이 된다. 이 표로부터 확인할 수 있는 바와 같이 1935년 시점에서 조선인이 다수였던 고토구의 에다가와枝川 1초메, 미나미스나南砂 1초메, 시오가사키초塩崎町, 미나토구 니시시바우라西芝浦, 시바다카하마초芝高浜町, 오타구 마고메초히가시馬込町東 4초메, 아라카와구의 미나미센주, 닛포리, 미카와시마 등은 1958년 시점에서도 조선인이 경영하는 사업소가 비교적 많아졌다.[20] 이 지역에서는 1930년대에 형성된 조선인 집주

---

20 사무소의 계산법에 대해서는 동일 인물이 경영하는 것으로 볼 수 있는 것이라도 관련 없는 다른 사업을 경영하고 있는 경우에는 각각 1건으로 세었다.

[표 6-17] 도쿄 23구의 조선인 집주지 등이 있었던 정정에서의 조선인 경영 사업소 수(1958년)(단위: 건)

1935년의 지명		1957년의 지명		조선인이 경영하는
구 이름	町丁 이름	구 이름	町丁 이름	사업소 수
日本橋	本石2丁目	中央	本石2丁目	0
芝	日出町	港	海岸通2丁目	0
	芝浦町3丁目		西芝浦2丁目	1
	月見町1丁目		西芝浦3丁目	2
	月見町2丁目		西芝浦4丁目	5
	高浜町		芝高浜町	10
	白金三光町		白金三光町	7
牛込	早稲田鶴巻町	新宿	早稲田鶴巻町	0
小石川	白山御殿町	文京	白山御殿町	6
下谷	入谷町	台東	入谷町	1
本所	太平町4丁目	墨田	太平町4丁目	0
	錦糸町4丁目		錦糸町4丁目	0
	菊川町2丁目		菊川2丁目	
深川	越中島町	江東	越中島町	0
	平久町2丁目		平久町2丁目	0
	塩崎町		塩崎町	5
	浜園町		浜園町	1
	枝川町1丁目		深川枝川町1丁目	10
	東扇橋町		扇島1~3丁目	
	石島町		石島町等	
	白河町1丁目		白河町1丁目	2
	白河町2丁目		白河町2丁目	2
	千田町		深川千田町	0
	高橋3丁目		高橋3丁目	2
	高橋4丁目		高橋4丁目	0
	猿江町1丁目		深川猿江町1丁目	1
目黒	上目黒4丁目	目黒	上目黒4丁目	1
	唐ヶ崎町		唐ヶ崎町	2
	道々橋町		道々橋町	2
	調布峯町2丁目		調布峯町2丁目	0
世田谷	玉川野毛町	世田谷	玉川野毛町	0
	玉川用陽町3丁目		玉川用賀町3丁目	0
	玉川町		玉川町	1
荏原	戸越町	品川	東戸越・西戸越等	
	小山町		小山・荏原等	
	中延町		東中延・西中延等	
	上神明町		豊町・二葉町等	
大森	馬込町東4丁目	大田	馬込町東4丁目	14
蒲田	蒲田町		本蒲田・東蒲田等	

	六郷町		東六郷・西六郷等	
	羽田1丁目		羽田1丁目	4
渋谷	幡ヶ谷本町3丁目	渋谷	幡ヶ谷本町3丁目	1
	代々木外輪町		代々木外輪町	0
淀橋	戸塚町1丁目	新宿	戸塚町1丁目	
	西大久保4丁目		西大久保4丁目	0
中野	広町	中野	広町	0
杉並	大宮前	杉並	大宮前	5
豊島	西巣鴨1丁目	豊島	西巣鴨1丁目	0
	高田南町2丁目		高田南町2丁目	0
滝野川	西ヶ原町	北	西ヶ原町	1
荒川	南千住町1丁目	荒川	南千住町1丁目	12
	三河島町6丁目		三河島町6丁目	6
	三河島町7丁目		三河島町7丁目	10
	町屋3丁目		町屋3丁目	7
	尾久町1丁目		尾久町1丁目	0
	尾久町2丁目		尾久町2丁目	2
	日暮里町2丁目		日暮里町2丁目	8
	日暮里町5丁目		日暮里町5丁目	14
王子	豊島町	北	豊島町	
	稲付島下町	北	稲付島下町	
板橋	練馬向山町	練馬	練馬向山町	
足立	柳原町	足立	柳原町	3
向島	吾嬬町東1丁目	墨田	吾嬬町東1丁目	0
	吾嬬町東3丁目		吾嬬町東3丁目	0
	吾嬬町東4丁目		吾嬬町東4丁目	0
	吾嬬町西1丁目	墨田	吾嬬町西1丁目	3
	吾嬬町西2丁目		吾嬬町西2丁目	0
	吾嬬町西4丁目		吾嬬町西4丁目	2
	寺島町8丁目		寺島町8丁目	0
城東	亀戸町1丁目	江東	亀戸町1丁目	1
	亀戸町4丁目		亀戸町4丁目	1
	亀戸町5丁目		亀戸町5丁目	1
	大島町2丁目		大島町2丁目	1
	大島町5丁目		大島町5丁目	0
	大島町6丁目		大島町6丁目	1
	北砂町1丁目		北砂町1丁目	1
	南砂町1丁目		南砂町1丁目	6

전거: 東京市,『東京市国勢調査府帯調査』, 東京市, 1936년; 東京朝鮮人商工会,『東京朝鮮人商工便覧』, 1959년, 1958년.

주: 공란은 분할·합병 등으로 인해 사업소 수를 확인할 수 없는 것이다.

[표 6-18] 10개 이상 조선인 사업소가 집중된 도쿄의 정정에서의 사업소 수 및 사업 내용 (단위: 건)

구 이름	町 이름	遊技	음식점	서비스 기타	판매 의류	판매 식품	판매 기타	토건	제조 금속	제조 화학	제조 섬유	제조 피혁	제조 기타	동철상 등	합계
千代田	神田鍛治町2	5	14(1)	1										1	22(7)
港	芝高浜町	1	2	2										5	10
新宿	歌舞伎町	6	15(5)	2		1									24(9)
	角筈1	4	12(7)	1											17(7)
	新宿3		9	1											10
	西大久保1		1	8		1	1(1)						8		19(1)
台東	御徒町3	1	15(12)	2		1	5(2)				1				25(14)
	上野町2	2	5			6	3				3	1			20
	浅草公園三区		10(4)		7	1	4			1		2			15
	浅草公園六区	1	10(1)	1	7(5)	2	2				2	1			26(9)
	浅草千束町2		2	5	10	2				1	2(1)		1	6	33(2)
	仲御徒町3	2	1	3		41	8							1	65
墨田	隅田町1		2				1		3	4		3		1	13
	寺島町4	2	6(3)							2	4	1			10
江東	深川枝川町1		1				1			1				6	10
品川	大井権現町	4	1						1						11(3)
大田	池上本町		2	1		1			4	2				5	14
	馬込東4		14(8)						2	2				10	14
	北糀谷町		5(1)			1			2					6	10
杉並	阿佐ヶ谷1		1	6	1	1	1								10
豊島	池袋2	1	5(3)	1		2(1)	1			1	1	2	1	3	29(9)
北	赤羽町	1	1(1)	5											11(1)
荒川	三河島町1		2	1					4	1	3		1		10
	三河島町3		6	2	1					1	7				11
	三河島町4		1		5	1(1)		1	1	3	8		1		27(4)
	三河島町7		1						1	1	8				10
	三河島町8		2	1						1	6		1		11(1)
	町屋1		3		1		1		1	1		8	1	6	20
	南千住1		3(1)	5		1	1		1	4	1	2	2	4	28
	南千住6		1	1					1		6	2	6		16
	日暮里町3		1	3		1			5		12		1		22
	日暮里町5			3	1		1		3	2	5				14
	日暮里町6		6						3	12	1	11	2	2	38
板橋	大谷口町							1	1			1		12	16
足立	興野町			1			2		1	4	2		1		12
	梅田町		2							5		2		1	10
	本木町1	2		1			1			14	1	4	5	1	31
葛飾	下小松町	2		1		1		1		2			1		11
	小谷野町							1	1	3			1	2	13(1)
	堀切町	1		1		1			2	3			2	4	14
	渋江町					1		1	1	5				1	10
	本田町				1(1)	3		1	2	1				3	15(1)

전거: 東京朝鮮人商工会, 『東京朝鮮人商工便覧』, 1959년, 1958년.

주: 괄호 안은 조선관계의 사업소 수.

[표 6-19] 오사카시의 '조선인 밀주지구'가 있었던 정정에서의 조선인 경영사업소 수(1947년) (단위: 건)

1933년의 지명		1947년의 지명		조선인이 경영 하는 사업소 수
구 이름	町 이름	구 이름	町 이름	
東	宰相山町	天王寺	宰相山町	0
東	左官町	東	左官町	0
東	餌差町	天王寺	餌差町	0
南	南桃谷町	南	南桃谷町	0
南	田島町	南	田島町	13
南	北桃谷町	南	北桃谷町	4
南	高津五番町	南	高津五番町	0
北	沢江上町10丁目	都島	沢江上町10丁目	0
旭	生江町	旭	生江町, 일부는 中宮町, 赤川町 등	
北	中野町5丁目	都島	中野町5丁目	0
北	同心町2丁目·川崎町	北	同心町2丁目·川崎町	0
北	佐藤町	大淀	佐藤町	0
北	南錦町	北	南錦町	1
東成	西今里町	東成	西今里町	0
東成	大今里町	東成	大今里町, 일부는 大今里本町 등	
東成	東小橋北之町1丁目	東成	東小橋北之町1丁目	0
東成	猪飼野大通1~2丁目	生野	猪飼野大通1~2丁目	0
東成	北中浜町1丁目	城東	北中浜町1丁目, 일부는 東区로	0
東成	中川町	生野	中川町, 단 片江町 등으로 분할	
東成	鶴橋北之町	生野	鶴橋北之町, 일부는 天王寺区로	8
東成	猪飼野西3丁目	生野	猪飼野西3丁目	12
東成	猪飼野西1丁目	生野	猪飼野西1丁目	2
東成	東桃谷3丁目	生野	東桃谷3丁目	2
東成	猪飼野東3丁目	生野	猪飼野東3丁目	8
東成	猪飼野東8~9丁目	生野	猪飼野東8~9丁目	9
東成	鶴橋南之町	生野	鶴橋南之町, 일부는 天王寺区로	
東成	猪飼野3丁目	生野	猪飼野3丁目	0
東成	東桃谷2丁目	生野	東桃谷2丁目	5
西成	中開1~6丁目	西成	中開1~6丁目	0
西成	北開1~4丁目	西成	北開1~4丁目	0
西成	南開3~8丁目	西成	南開3~8丁目	0
西成	出城通4~5丁目	西成	出城通4~5丁目	0
西成	出城通7~9丁目	西成	出城通7~9丁目	0
西成	長橋通4~6丁目	西成	長橋通4~6丁目	0
西成	鶴見橋北通4~7丁目	西成	鶴見橋北通4~7丁目	1
西成	鶴見橋通4~5丁目	西成	鶴見橋通4~5丁目	1
西成	鶴見橋通6~8丁目	西成	鶴見橋通6~8丁目	3
西成	梅通7~8丁目	西成	梅通7~8丁目	1
西成	旭北通7~8丁目	西成	旭北通7~8丁目	2
西成	潮路通3~5丁目	西成	潮路通3~5丁目	2
住吉	山王町3丁目	西成	山王町3丁目	0

西成	津守町	西成	津守町	2
東淀川	豊崎西通4丁目	大淀	豊崎西通4丁目	0
東淀川	豊崎東通3丁目	大淀	豊崎東通3丁目	0
東淀川	長柄東通1丁目	大淀	長柄東通1丁目	0
東淀川	小松町・豊里菅原町	東淀川	小松町・豊里菅原町, 일부는 분할	
西淀川	高見町2丁目	此花	高見町2丁目	0
西淀川	大仁本町3丁目	大淀	大仁本町3丁目	0
西淀川	海老江下2丁目	福島	海老江下2丁目	0
西淀川	海老江上2丁目	福島	海老江上2丁目	0
西淀川	浦江中2丁目	福島	鷺洲中	0
西淀川	浦江上1丁目	福島	鷺洲上	0
浪速	栄町6丁目	浪速	栄町6丁目	0
浪速	芦原町	浪速	芦原町	0
浪速	大国町2丁目	浪速	大国町2丁目	0
浪速	東円手町	浪速	東円手町	0
浪速	塩草町	浪速	塩草町	0
浪速	広田町	浪速	広田町	0
此花	新家町2丁目	此花	新家町2丁目	0
此花	西野上之町	此花	西野上之町	0
此花	四貫島宮居町	此花	四貫島宮居町	0
此花	西九条下通1丁目	此花	西九条下通1丁目	0
此花	四貫島宗安町	此花	四貫島宗安町	0
此花	上福島北	福島	上福島北	1
此花	吉野町1丁目	福島	吉野町1丁目	0
此花	中江町	福島	中江町	1
此花	上島町	此花	上島町	0
此花	大開町1丁目	福島	大開町1丁目	0
此花	大開町3丁目	福島	大開町3丁目	0
住吉	天王寺町	天王寺	天王寺町	0
天王寺	北日東町	浪速	北日東町	0
天王寺	下寺町3丁目	天王寺	下寺町3丁目	0
天王寺	南日東町	浪速	南日東町	1
港	寿町3丁目	港	寿町3丁目	0
大正	小林町	大正	小林町	1
大正	南恩加島町	大正	南恩加島町	1
大正	泉尾浜通2丁目	大正	泉尾浜通2丁目	0
大正	南泉尾町3丁目	大正	南泉尾町3丁目	0
旭	鴫野町	城東	鴫野町	0
旭	今福町	城東	今福町	1
旭	野江町2丁目	旭	野江西之町 등으로 분할	
旭	蒲生町	旭	蒲生町, 일부 분할	

전거: 在日本朝鮮人連盟勤労斡旋所, 『在大阪朝鮮人各種事業者名簿録』, 1947년.

주: 공란은 분할 등의 관계로 사업소 수를 정확하게 확인할 수 없는 것이다.

지를 기반으로 조선인 인구가 유지되고 있었다고 볼 수 있다. 그러나 그 이외의 지역은 조선인이 경영하는 사업소가 적다. 이 지역들에서는 이 기간 동안 조선인 인구가 감소하고 있었을 가능성이 높고, 그곳에 있었던 조선인 집주지가 해체·철거되었던 경우도 적지 않았다고 추측된다.

다음으로 1935년 시점의 조선인 인구의 상태와는 관계없이 1958년 시점에서 사업소 수 10곳 이상인 것을 기준으로 조선인이 경영하는 사업소가 많은 정정을 살펴보겠다. 그에 대해서 표로 나타낸 것이 [표 6-18]이다. 여기에 나타나 있는 정정 중 이케부쿠로池袋 2초메, 가부키초歌舞伎町, 쓰노하즈角筈 1초메, 신주쿠 3초메와 다이토구의 각 정은 당시부터 도쿄에서도 유수의 번화가였으며, 간다가지초神田鍛冶町 2초메, 아사가야阿佐々谷 1초메, 아카바네초赤羽町 1초메도 역시 이용객 수가 많은 역의 근처에 위치한다. 따라서 이 지역들에 조선인이 경영하는 사업소가 많다는 것은 반드시 그 지역에 조선인이 다수 있었다는 것을 의미하지는 않는다. 단, 다이토구의 각 정정에서는 같은 번지나 가까운 번지에 조선인이 경영하는 사업소가 집중되어 있는 특징이 있었다. 이 점과 전술한 1930년대 중반과 비교해서 1950년대 중반의 다이토구의 조선인 인구가 2배 가까이 되었다는 사실을 아울러서 생각하면, 다이토구의 이 정정이나 그 주변에 조선인 인구가 이 동안 유입했을 것이라는 추측이 가능할 것이다. 또 번화가나 상점가 이외에서는 아라카와구의 미카가와, 미나미센주, 닛포리, 미나토구 시바다카하마초, 스미다구 데라지마초寺島町 4초메의 각 정정이 1930년대 중반부터 조선인 인구가 많던가 아니면 그러한 지역과 인접해 있었던 것을 확인할 수 있다. 그러나 그 이외의 지역에는 그러한 사실은 없으며, 조선인 인구의 증가는 1930년대 후반 이후 아마도 전후에 일어난 현상이었을 것으로 보인다.

이어서 오사카에 관해서 서술하겠다. 우선, 1933년 시점에서 오사카부 경찰부가 파악하고 있는 '조선인 밀주지구'(3장 참조)를 포함하는 정에서 1947년 시점에서의 조선인이 경영하는 사무소 수를 살펴보면 [표 6-19]와 같다. 이 표로부터 확인할 수 있는 바와 같이 구 히가시나리구, 즉 1947년 시점의 히가시나리구,

[표 6-20] 5개 이상 조선이 사업소가 집중된 오사카시의 정정에서의 사업소 수 및 사업 내용 (단위: 건)

구 이름	町 이름	음식점	판매의류	판매식품	판매기타	서비스기타	제조금속	제조전기	제조셀룰로이드	제조고무	제조초자	제조비누	제조섬유	제조피혁	제조기타	합계
都島	大東町					1									1	6
南	難波新地四番町	5						1								6
西淀川	野里町					1	3	1								5
東淀川	三国町	3				3										6
東城	森町南	6					1									7
	大今里北之町	1					3								1	5
	大今里本町	1					5			4				1	1	12
	東今里				1	1	4			3					1	10
	東小橋南之町		1		4	3										8
生野	舍利寺町						1	1		3	1					6
	新今里						1	1		4				1	1	8
	生野田島町			1		1	1		1	5	1			1		11
	大瀬町									1	6					7
	大友町	1		1			7	1		6	1					17
	中川町	1					7	1		11	1					21
	猪飼野西	9(8)		1			1			14			1	1	1	28(8)
	猪飼野中	4(4)				1	7			24	1				1(1)	38(5)
	猪飼野東		1			0	5	1	2	41				1	1(1)	52(2)
	鶴橋北之町		1				3			5		2				11
	東桃谷町						3			7	2	1				13
	腹見町						2			2		2				6
旭	森小路町											5				5
	生江町											5				5
西成	鶴見橋通	1				1		4				1		1		8
	柳通											6				6

전거: 在日朝鮮人連盟労働斡旋所,『在大阪朝鮮人各種事業社名簿録』, 1947년.

주: 괄호 안은 조선 관계의 사업소 수.

이쿠노구에서는 이전에 조선인 밀주지구가 있었던 정정에 조선인이 경영하는 사업소가 있는 경우가 일반적이고, 그 수도 많다. 이에 반해서 니시나리구의 경우도 그러한 경우는 있지만 조선인이 경영하는 사업소의 수는 그다지 많지 않다. 그러나 그 이외의 지역에서는 1930년대에 조선인 인구가 많았던 옛 고노하나구, 히가시요도가와구, 니시요도가와구, 나니와구, 미나토구, 다이쇼구도 포함하여 조선인이 경영하는 사업소는 거의 보이지 않는다. 물론『재오사카조선인각종사업자명부록』은 모든 조사에 입각하여 명부 작성을 한 것은 아니라고 보이므로,[21] 이 자료에 기재되지 않았다고 해서 그곳에 조선인이 경영하는 사업소가 전혀 없었다고 판단할 수는 없다. 그러나 전술한 오사카시 각 구별 조선인 인구의 동향과 아울러서 생각하면 이들 구에서 형성되었던 조선인 집주지는 그동안 많이 소멸되었다고 생각해도 좋을 것이다.

다음으로 1947년 시점에서 조선인이 경영하는 사업소가 5곳 이상 있는 정(여기에서는 초메를 구별하지 않는다)를 살펴보겠다. 그 기준에 들어맞는 정은 [표 6-20]에 나타낸 바와 같이 대부분은 히가시나리구, 이쿠노구에 있었다. 그리고 이들 대부분은 1930년대에 이미 그 내부 내지는 근린에 조선인 집주지역이 존재하고 있었다. 이 밖에 아사히구 이쿠에초生江町, 니시나리구 쓰루미바시도리鶴見橋通에는 1933년 시점에 행정당국이 파악한 '조선인 밀주지구'가 있고, 니시요도가와구 노자토초野里町, 히가시요도가와구 미쿠니초三国町도 1930년대에 조선인이 경영하는 사업소가 있었던 것이 「조선일보」의 명함 광고로부터 확인된다. 즉, 이 정들에는 1930년대까지 조선인이 다수 있었고, 그것이 전쟁기와 전후에 걸쳐서 유지되고 있었다고 생각할 수 있는 것이다.

이상으로부터 1930년대 이후 1950년대까지의 조선인 집주지는 소멸 혹은 해체되었다고 볼 수 있는 것도 적지 않았다는 것을 알 수 있다. 그러나 그런 한편으로는 전전에 형성되었던 조선인 집주지가 그동안에 유지되고 있거나 그곳의 조선인 인구가 증가했던 경우도 일부에서 존재했다는 것이 확인될 것이다.

그러면 그 기간 동안 커뮤니티 차원의 조선인 인구의 동향을 좌우했던 조건은 무엇이었을까? 귀환이나 전시동원에 의한 유입과 함께 중요한 요소로서 고려해야 할 것은 다음과 같은 문제들이다.

우선 조선인 인구의 감소나 조선인 집주지의 소멸을 초래한 요인으로 전쟁 재해에 의한 피해를 생각할 수 있다. 그리고 전쟁 재해로 인한 부흥도 포함한

---

21 그곳에 수록된 사업자 수는 오사카부 전체에서 794명 정도이며, 시기가 약간 다르기는 하지만, 『도쿄조선인상공편람』, 1959년도판에 게재된 조선인이 경영하는 사업소의 수가 2651건인 것과 오사카부의 조선인 인구로 판단해서 여기에 게재되지 않았던 사업자는 상당수에 달했음에 틀림없다.

도시 정비와 새로운 대공장의 건설 등도 슬럼을 형성하고 있었던 조선인의 퇴거와 함께 여러 차례 추진되었을 것이다. 특히 매립지 하천부지 등의 공유지 등을 '불법 점거'하여 형성되었던 조선인 집주지의 경우는 그러한 사정으로 인해 철거된 경우가 많았다고 보인다.

다른 한편 조선인 인구의 증가를 초래한 요인은 단순하기는 하지만 조선인이 그곳에서 생활할 수 있는 환경이 갖추어져 있다는 것밖에 없다. 바꿔 말하면 조선인이더라도 일할 수 있는 상황이 되는 공간에 조선인이 유입되었던 것이다.

이제까지 살펴보았던 도쿄나 오사카의 여러 지역에 대입시켜 위의 조건과의 관련을 보면, 우선 인구가 대폭 감소하고 조선인 집주지도 여러 곳이 소멸한 것으로 보이는 오사카의 미나토구, 다이쇼구, 고노하나구의 임해부나 요도가와 강변의 히가시요도가와구, 니시요도가와구 등은 공습 피해가 컸고, 임해부에서는 항만 정비가 전후에 진행되고 있었다. 마찬가지로 전전과 비교해서 조선인 인구가 감소한 도쿄의 스미다구나 고토구도 도쿄의 지역들 중에서도 전쟁 재해의 피해가 눈에 띄는 곳이다. 이에 반해서 조선인 인구 감소의 폭이 상대적으로 적거나 증가하고 있는 도쿄의 오타구, 가쓰시카 구, 다이토구, 아다치구, 아라카와구나 오사카의 히가시나리구, 이쿠노구, 니시나리구에는 중소영세공장이 다수 존재했다. 또 금속공장과 관계해서 금속관계의 폐품 회수업·원료 판매를 하는 자도 있었고(이 점은 [표 6-18]에서도 확인할 수 있다), 조선인의 고용기회가 다른 지역에 비해서 높았다. 그리고 다이토구의 우에노, 오카치마치御徒町 주변에 형성되었던 암시장이나 일용직 노동자 거리인 산야山谷, 아다치구의 폐품회수업자가 많은 모토키초本木町 등에서는 자영업 경영 내지 취직할 기회가 특히 전후에 확대되고 있었다고 보인다. 그러한 조건이 이들 지역에서의 새로운 조선인의 유입을 가져오고 있었던 것이다.

그리고 오사카의 히가시나리구, 이쿠노구 일대나 도쿄 아라카와구의 미카와시마 등의 경우 1930년대에 조선인 집주지가 형성되어서 이미 전전부터 그곳에 조선인이 경영하는 공장이 출현했었다. 게다가 그 업종·취급 품목은 고무

·피혁 제품 등으로 전후에도 경영을 계속할 수 있는 것이어서 [표 6-18], [표 6-20]에 보이는 바와 같이 사실 상당수의 조선인이 그러한 사업을 전개하고 있었다. 즉, 이 지역들에서는 전후에도 조선인이 유입되기 쉬운 환경이 유지되고 있었던 것이 다.

이상으로 전쟁기부터 전후 초기의 사회적 변동 중에서도 조선인 집주지는 일부 존속했고, 거기에서의 조선인 인구를 유지 또는 증가시키고 있었던 것을 확인해 보았다. 그러면 조선인 집주지에서의 사람들의 사회적 결합이나 생활에 서의 민족문화는 어떠한 것으로 변화되었을까?

이 점에 대해서 단서를 주는 사료는 극히 적다. 그러나 도쿄의 아라카와구 미카와시마 주변의 조선인 집주지의 제주도 출신자 동향에 대해서는 문화인류학 자인 이즈미 세이치가 1950년에 조사를 실시하여, 그 내용이 「도쿄에 있어서의 제주도인東京における済州島人」(泉靖一, 『済州島』, 東京大学出版会, 1966년에 수록)으로 정리되 어 있다.22 그래서 이하에서는 이 논문에 의거해서 조선인 집주지의 사회적 결합 과 민족문화의 유지 상황에 관련된 몇 가지 점을 지적해 두겠다.

우선 이 논문에서 주목되는 것은 이 지역의 제주도 출신 조선인의 사회적 결합에 대해서 서술한 다음과 같은 부분이다.

X지구의 제주도 사람은 이처럼 C역 부근을 중심으로 집중적으로 분포되어 있는데 모촌(母村)의 촌락조직을 이 땅에까지 가져오지는 않았다. 즉, 마을의 기능적인 조직 (친족조직, 계나 두레와 같은 경제조직, 동회[洞會]와 같은 자치조직, 각종 신당이나 용왕부인당을 중심으로 한 제사 조직 등)은 거의 찾아볼 수 없었다.23

그리고 이 부분의 각주에서 이즈미 세이치는 재일조선인들 사이에서의 친족 조직이 "도쿄에서는 전쟁으로 완전히 붕괴되었다"는 '토박이 노인의 이야기'를

---

22 이즈미의 논문 중에서는 조사대상은 X지구로 기록되어 있는데, 지도나 다른 여러 가지 점들로 보아서 미카와시마 주변이 그에 해당한다는 것은 분명하다.
23 泉靖一, 『済州島』, 東京大学出版会, 1966년, 240쪽.

소개하고 있다. 즉, 미카와시마 주변의 제주도 출신자의 지연단체 등은 아마도 전시하의 협화사업 등의 관계로 일단 소멸되어 있었다는 것이다.

그리고 민족문화가 사라져가고 있던 상황도 몇 가지 점들을 통해서 확인할 수 있다. 예를 들면 성명 면에서는 창씨개명의 영향도 있어서 대부분이 일본식 성을 갖고 이름도 일족의 같은 세대 사람들에게 공통으로 붙였던 '항렬자'를 쓰지 않은 경우가 일본에서 출생한 사람들 사이에 늘어나고 있었다. 당초 같은 일족의 가계도인 족보를 갖고 있는 가정도 조사한 73세대 중 2세대에 불과했다. 또 전전 의 경우 일본에 거주하는 여성이라도 조선 옷을 입는 것이 일반적이었는데, 이 시점에서 여자들도 일상적으로 조선 옷을 입는 사람이 줄어들었다.

그렇지만 전후에도 민족문화가 유지되고 있었던 측면도 있었다. 예를 들면 조사 대상의 가정에서의 식사는 "조선 일반 요리인 내장요리나 여러 가지 절임 종류는 일본에서도 거의 변함없이 애용되고" "음식물은 재료에 제약이 없는 한 이주한 후에도 고향의 것이 그대로 남아" 있었다. 또 복장에 대해서도 일상적으로 는 조선 옷을 입지 않더라도, 여자의 경우 그것을 갖고 있는 경우가 많고([표 6-21] 참조) 결혼식 등의 기회에 착용하고 있었다. 그리고 이름도 [표 6-22]에 보는 바와 같이 전후에 태어난 사람들은 조선인 이름이 대다수였다(여기에서 말하는 조선식과 일본식 의 구별의 기준이 어디에 있는지는 이 논문에서는 분명하지 않다. 단, 문맥 등으로 생각해서 항렬자가 사용되고 있는지 아닌지가 아니라, 남자로는 ○郎, ×男, 여자로는 △子라는 이름을 일본식으로 하고 일본인 이름에서는 그다지 사용되지 않고, 조선인 이름에서 자주 사용되는 한자를 사용한 것을 조선식이라고 한 것이 아닌가하고 추측된 다). 이 밖에 이 지역에는 신방神房(제주도의 샤먼)이 3명 있고, 그와 관련된 사람도 적지 않았다고 되어 있는 것으로 보아 정신세계 면에서도 민족문화가 어느 정도 유지 되고 있었다고 할 수 있다.

동시에 사회적 결합에서도 민족적인 요소가 완전히 사라졌던 것은 아니라는 점에 주의해야 한다. 조사 대상이 된 제주도 출신자 73세대 중 64세대까지가 부계 를 중심으로 하는 지연·혈연관계가 있는 세대의 이웃에 거주하고 있었다. 그 사실을 기반으로 서술한 이즈미 세이치의 다음과 같은 지적은 이 시점에서의

[표 6-21] 재일조선인 및 조선인을 배우자로 둔 일본인 여성의 조선 옷 소유 상황

	소유		무소유		소유자 1인당	전 평균 1인당
	실수	비율	실수	비율	평균 소유수	소유수
조선인 남자	10	15.2%	56	84.2%	1.6	0.2
조선인 여자	53	86.9%	8	13.1%	4.5	4.0
일본인 여자	0	0.0%	6	100.0%	0	0

전거: 泉靖一, 「東京における済州島人」, 『済州島』, 東京大学出版会, 1966년, 252쪽.

[표 6-22] 출생시기별 재일조선인의 이름 상황

		1940년 2월 이전 출생	1940년 2월 ~1945년 8월 출생	1945년 8월 이후 출생
남자	조선식 이름	71.4%	25.0%	91.3%
	일본식 이름	28.6%	75.0%	8.7%
	합계	100.0%	100.0%	100.0%
여자	조선식 이름	43.5%	14.8%	83.8%
	일본식 이름	56.5%	85.2%	16.2%
	합계	100.0%	100.0%	100.0%

전거: 泉靖一, 「東京における済州島人」, 『済州島』, 東京大学出版会, 1966년, 252쪽.

이 지역 제주도 출신자의 사회적 결합을 적확하게 표현한 것이라고 할 수 있겠다.

도쿄에서의 제주도 사람의 사회 결합은 고향에서의 그것처럼 정형화된 것은 아니지만, 주로 아버지 쪽의 선을 따라서 혈연적·지연적 여러 관계의 기초 위에 서 있다. 그것은 종종 '부근에 사는' 형태를 띠며, 근린적인 협력·화교(和交) 등의 일상관계를 통해서 확실한 조직을 갖지 않는 집단으로 발전하고 있다.[24]

미카와시마 주변의 제주도 출신자에 관한 이상과 같은 동향을 볼 때, 1950년경에도 전전에 기원을 갖는 조선인 집주지에서는 지연 혈연에 기반을 둔 사회적 결합과 고향의 문화가 완전히 사라졌던 것은 아니며 오히려 어느 정도 유지되고 있었다고 보아야 한다. 단, 그곳에서는 1920~1930년대에 보였던 것과 같은 고향 사회와의 네트워크도 포함한 지연 결합은 사라졌다고 할 수 있다. 이 점은 밀항이라는 형태로 전후에 도일해 온 사람이 있는 점에서 완전하게는 사라지지 않았다

---

24 앞의 『済州島』, 243쪽.

고도 할 수도 있다. 그러나 그 수는 전전 끊임없이 계속 유입되었던 신규 도일자의 수에는 미치지 못했으며 정보나 물자도 1930년대와 같이 활발하게는 들어오지 않았을 것이다.

그리고 미카와시마를 포함한 아라카와구의 이 무렵의 조선인 인구는 4000 명 정도, 조선인 인구 비율은 2% 이하였다는 것을 생각하면, 같은 시기의 조선인 인구가 각각 1만 명을 넘고, 조선인 인구 비율이 10% 정도였던 오사카시의 히가시나리구나 이쿠노구의 조선인 집주지에서는 민족적인 사회적 결합과 문화가 보다 여러 측면에서 남아 있었다는 것도 미루어 짐작할 수 있다. 이즈미 세이치의 논문에서 오사카의 경우 제주도 출신자 사이에는 친족조직과 계도 존재했다는 토박이 노인의 증언이 소개되어 있는 것으로도 이 점은 뒷받침될 것이다.

단, 재일조선인의 지연·혈연에 의한 결합이 유지되는 경향은 특히 제주도 출신자 사이에서 강했다고 보아야 할 것이다. 왜냐하면 이제까지 본론에서 서술해 온 바와 같이 제주도의 경우는 동일의 면, 리에서 상당히 많은 사람들이 도일했고, 전전부터 면, 리 차원의 향우회가 활발한 활동을 전개하고 있었기 때문이다.

또 이 시기 재일조선인의 사회적 결합과 민족문화의 유지 상황을 생각할 때 모든 재일조선인이 이러한 조선인 집주지에 살고 있었던 것은 아니었다는 점에도 주의할 필요가 있다.

조선인의 상공업·서비스업의 동향

조선인의 상공업 및 서비스업의 동향에 대해서는 전술한 재일본조선인연맹 오사카본부 노동알선소의『재오사카조선인각종사업자명부록』와 도쿄조선인 상공회의『도쿄조선인상공편람』(1959년)라는 두 가지 사료에 의거해서 고찰해 나가기로 하겠다.

먼저 두 가지 사료의 성격 등에 대해서 약간 설명해 두겠다. 우선『재오사카 조선인각종사업자명부록』는 그 편찬자의 명칭에서 알 수 있듯이 '재류동포실업 자의 구제와 박멸'(창간사) 즉, 재일조선인의 직업소개를 주요한 목적으로 해서 만들어진 것이다. 이 명부는 794명, 814곳의 사업소에 대한 경영자의 성명, 주소, 사업 내용, 기타 데이터가 게재되어 있다(중복해서 같은 인물이 게재된 경우는 통합하고, 동일인물이 분명하게 다른 사업을 하고 있는 경우는 각각 1건으로 계산했다). 그리고 '편집 후기'에는 "최선의 노력을 다하여 오사카부에 있는 재류동포의 대·중·소 상공사업자를 전부 망라한 셈이다"라고 기록되어 있지만, 오사카부의 조선인이 이 시점에서 10만 명을 넘고 있었던 점과 전전부터 이미 중소 상공업을 경영하는 조선인이 오사카부에서는 눈에 띄고 있었던 점 등을 생각하면 역시 빠진 것이 있다고 보는 것이 타당할 것이다. 단, 이 명부는 반공주의의 관점에서 특정 사업자를 제외하는 식으로 이데올로기 면에서 편중되지는 않았다. 왜냐하면 이 시기에는 재일조선인 단체가 이데올로기 대립으로 분립해서 어느 쪽에도 관련하지 않는 상황이 생겨나기 이전의 단계이며, 재일조선인연맹(이하에서 조련[朝連]이라고 줄인다)이 많은 재일조선인에게 영향력을 갖고 있었기 때문이다.

또 하나인 『도쿄조선인상공편람』은 도쿄도 조선인 상공업자의 단체인 도쿄조선인상공회에 의해서 작성된 사료다. 거기에는 재일조선인의 상공업에 관련된 통계와 민족단체, 일본의 경제단체 등의 주소록 등도 게재되어 있는데, 가장 많은 페이지를 차지하는 것은 '각 구별 동포사업자 명부'다. 이것은 도쿄조선인상공회가 실시한 도쿄부의 조선인 상공업자에 대한 실태조사를 1958년 9월 30일 현재로 정리하여 사업자명, 사업소명, 사업 내용, 주소 등을 정리한 것이다. 이 명부에서는 수록 대상의 기준을 "제조업에서는 자가(自家) 노동력 이외의 종업원을 사용하고 있는 것, 비제조업에서 상설적인 점포=사업장을 갖고 있는 것"으로서 "동일 장소에서 동일인이 경영하고 있는 것이라도 사업의 성격·규모 등으로 2개의 사업장이라고 간주하고" 정리하였다. 그리고 도쿄조선인상공회는 전후 도쿄에 생긴 몇 개의 조선인 상공업자 단체가 통합 재편되는 과정에서 만들어진 단체이며, 1959년에는 조선민주주의인민공화국(북한)을 지지하는 재일본조선인총연합회(이하에서는 조선총련으로 줄인다)에 가맹하고 있는데, 이 사료의 편집 방침에는 그러한 정치적 입장은 들어 있지 않고, '사업자 명부'에서도 대한민국 지지자를 배제한

혼적은 보이지 않는다. 그 때문에 '사업자 명부'에 수록된 사업소 수는 2638건으로 많다('범례'에 따르면 2651건으로 되어 있는데, 필자가 실제로 세어본 결과로는 이 숫자다. 또 업종의 분류도 다시 세었다). 명부 작성자에 따르면 "도쿄도 내 전동포사업소 총수의 70%로 추정되는" 것이며, 거의 전부 조사가 이루어졌다고 생각된다.

이 사료들을 통해서 가장 먼저 조선인이 경영하는 사업의 업종에 대해서 개관해 보겠다([표 6-23], [표 6-24] 참조). 우선 1947년 시점의 오사카부의 조선인이 경영하는 사업소로는 제조업으로 고무 가공, 금속기계, 섬유제품을 취급하는 것이 많고, 비제조업으로는 음식점이 대부분이다. 보다 구체적으로는 고무신이나 고무로 된 완구, 못, 나사 등의 부품 종류와 자물쇠, 냄비 등의 가정용품을 제조하는 공장과 '일품 요리', 조선 요리를 제공하는 음식점 등이 다수를 차지했다. 이 밖에 제조업 중 비누 제조업이 다수인 것도 특징적이다. 그리고 경영 규모는 사업소 고용 인원 4명 이하가 40.9%, 100명 이상 규모는 합쳐서도 16곳의 사업소 밖에 없는 등 대부분이 영세 경영이었다.

다음으로 1958년 시점의 도쿄도의 조선인이 경영하는 사업소에 대해서 살펴보면, 제조업은 1947년의 오사카와 마찬가지로 금속기계 관계, 고무·비닐 가공, 섬유제품 제조 등이 많지만, 그 밖에 피혁공업도 적지 않은 수를 차지하고 있다. 또 비제조업에서는 음식점이 가장 많은 것이 1947년의 오사카와 공통되지만, 그 밖에 동철상銅鐵商, 고물상, 도소매업, 유기업遊技業도 다수다. 유기업으로 분류한 것은 슬롯머신(파친코)나 마작점 등이다. 도쿄에서 조선인이 경영하는 사업소의 경영 규모는 1958년 시점에서는 확실하지 않지만, 역시 영세규모가 대부분을 차지했다고 볼 수 있다. 이 점에 대해서는 『도쿄조선인상공편람』 1959년도판에 수록되었던 1956년 9월에 조사한 제조업의 조선인 사업소에 관한 통계로도 뒷받침될 것이다. 그에 따르면 종업원 3명 이하의 사업소가 전체의 46.2%, 4~5명이 16.7%로 5명 이하가 60% 이상이며, 이하 6~10명 22.4%, 11~20명 9.4%, 21~30명 2.6%, 31~40명 1.4%, 41~50명 0.9%, 50명 이하 0.6%였다.

이 사업들 중에는 전전기의 재일조선인의 취업 구조와 관련 있다고 보이는

[표 6-23] 도쿄도 조선인 경영 사업소 업종별 분류 등의 상황(1958년)

분류		사업소 수		조선 관계의	B/A	조선 관계의	C/A
		실수(A)	구성비	사업수(B)		상호(C)	
제조업	금속·기계	218	8.26%	0	0.00%	19	8.72%
	전기기구	30	1.14%	0	0.00%	1	3.33%
	피혁	194	7.35%	0	0.00%	8	4.12%
	고무·비닐	113	4.28%	0	0.00%	1	0.88%
	기타 화학제품	88	3.34%	0	0.00%	3	3.41%
	섬유제품	73	2.77%	1	1.37%	0	0.00%
	식료품	25	0.95%	2	8.00%	1	4.00%
	목제품	10	0.38%	0	0.00%	0	0.00%
	인쇄출판	31	1.18%	6	19.35%	2	6.45%
	기타	32	1.21%	0	0.00%	1	3.13%
비제조업	토건·운송	92	3.49%	1	1.09%	2	2.17%
	금융·부동산	14	0.53%	1	7.14%	0	0.00%
	무역·상사	56	2.12%	0	0.00%	8	14.29%
	동철상	381	14.44%	0	0.00%	14	3.67%
	제지원료·고물상	103	3.90%	0	0.00%	4	3.88%
	음식업	494	18.73%	98	19.84%	48	9.72%
	한방약국	8	0.30%	8	100.00%	1	12.50%
	기타 도소매업	303	11.49%	12	3.96%	11	3.63%
	여관·아파트	69	2.62%	0	0.00%	4	5.80%
	유기업(遊技業)	143	5.42%	0	0.00%	3	2.10%
	서비스 기타	139	5.27%	0	0.00%	4	2.88%
	의료시설	19	0.72%	0	0.00%	0	0.00%
	불명	3	0.11%	0	0.00%	0	0.00%
합계		2,638	100.00%	129	4.89%	135	5.12%

전거: 東京朝鮮人商工会, 『東京朝鮮人商工便覧』, 1959년도판, 1958년.

것이 몇 가지 있다. 고무제품, 피혁제품, 금속부품, 초자제품 등을 제조하는 중소 영세공장은 주지하는 바와 같이 1920년대 이후 재일조선인의 대표적인 일자리였다. 그리고 이 제품들을 제조하는 공장의 경영자가 되는 재일조선인도 1930년대 이후에 생겨났다. 또 동철상, 고물상에서도 역시 1930년대에는 재일조선인 경영자가 출현했다. 재일조선인의 상공업 경영은 전후 혼란기가 되어서 비로소 개시되었던 것처럼 말하는 경우가 많지만, 이 점으로 보아 어느 정도 전전부터 연속성을 갖고 있다고 할 수 있을 것이다.[25] 물론 전후의 새로운 조건에 의해서

---

25 종종 현재 재일조선인 부유층은 암시장의 혼란에 편승해서 돈을 벌었다는 이미지로 이야기되기도

[표 6-24] 오사카부 조선인 경영 사업소 업종별 분류 등의 상황(1947년)

분류		사업소 수		조선 관계의 사업수(B)	B/A	조선 관계의 상호(C)	C/A
		실수(A)	구성비				
제조업	금속·기계	170	20.88%	0	0.00%	5	2.94%
	전기기구	33	4.05%	0	0.00%	0	0.00%
	피혁	12	1.47%	0	0.00%	1	8.33%
	고무	188	23.10%	0	0.00%	8	4.26%
	셀룰로이드	9	1.11%	0	0.00%	1	11.11%
	비누	61	7.49%	0	0.00%	2	3.28%
	초자	32	3.93%	0	0.00%	1	3.13%
	섬유제품	104	12.78%	0	0.00%	5	4.81%
	식료품	2	0.25%	0	0.00%	0	0.00%
	목제품	5	0.61%	0	0.00%	0	0.00%
	인쇄출판	8	0.98%	3	37.05%	2	25.00%
	기타	10	1.23%	0	0.00%	0	0.00%
비제조업	토건·운송	21	2.58%	0	0.00%	0	0.00%
	음식점	103	12.65%	17	16.50%	19	18.45%
	고물상	4	0.49%	0	0.00%	0	0.00%
	기타 도소매업	33	4.05%	0	0.00%	2	6.06%
	한방약국	5	0.61%	5	100.00%	1	20.00%
	기타·불명	14	1.72%	0	0.00%	1	7.14%
합계		814	100.00%	25	3.07%	48	5.90%

전거: 在日朝鮮人連盟労働斡旋所, 『在大阪朝鮮人各種事業社名簿録』, 1947년.

재일조선인들이 경영하게 되었던 업종도 있다. 1947년 시점의 오사카에서 다수
를 이루었던 비누 제조업 등은 일상생활에서 사용되는 물자가 부족했던 상황이
영향을 미친 것이다. 또 파친코 등의 유기업도 번성하는 것은 전후다.[26]

한다. 최근에 연구에서도 전후 재일조선인 기업가와 암시장의 관계를 중시하는 주장이 보인다. 河明生,
「日本におけるマイノリティの起業者活動: 在日1世朝鮮人の事例分析」, 『経営史学』 1996년 4월은
"기업 활동을 수행하고 있던 '1세' 중 일부는 암시장에서 자본 축적을 이루었다"고 서술하고 있다(한편
전전부터의 연속성에 대해서는 언급하지 않았다). 실제로 암시장에서 장사를 하고 있었던 조선인이
있는 것, 그들에 대한 경찰당국의 단속은 일본인에 대한 단속에 비해서 엄하지 않았던 것은 이제까지의
연구자들도 지적하고 있는 것이다(예를 들면 松平誠, 『ヤミ市幻のガイドブック』, 筑摩書房, 1995년,
75~76쪽; 103쪽 등). 그러나 필자는 전후의 재일조선인의 상공업·서비스업을 이야기할 때 이제까지
살펴본 바와 같이 전전에 영세한 제조업에 종사하고 거기에서 재산을 모은 사람이 있었다는 사실을
고려할 필요가 있다는 것을 지적해 두고 싶다. 또 재산을 모은다고까지는 하지 않더라도 전전에 남의
밑에서 일하면서 습득한 기술과 노하우가 전후에 사업의 기초가 되었던 사람도 있을 것이다. 이 점들을
무시하고 연구자가 역사를 이야기할 경우 일본인의 재일조선인에 대한 차별적 인식을 조장할 우려가
있다고 생각한다.

26 미야쓰카 도시오(宮塚利雄)에 따르면 파친코 자체는 전전부터 있었지만 전시하에 일단 단절, 전후

다음으로 이 조선인들이 경영하는 상공업·서비스업이 민족의 독자적인 수요와 관계가 있었는지에 대해서 살펴보겠다. [표 6-23], [표 6-24]에서의 '조선관계사업'은 분명히 사업 내용이 조선인을 대상으로 한 것이거나 조선 문화와 관련 있는 제품, 상품을 취급하고 있는 사업소의 수를 나타낸 것이다. 그 판단은 대체로 『재오사카조선인각종사업자명부록』 및 『도쿄조선인상공편람』 1959년도판 '각 구별 동포사업소 명부' 중의 사업 내용에 대해서 나타낸 항목의 기재를 근거로 하였다. 구체적으로는 음식점은 '조선 요리' 및 '내장 요리', 판매관계는 '조선 옷감', '조선 특산품' 등 '조선○○'라고 기재된 것으로 기준으로 하고, 그것을 조선관계 사업으로 계산한 것이다(이 밖에 식품은 '고추'라고 기재되어 있는 경우도 조선관계사업으로 보았다). 단, 사업 내용의 항목에서 조선과의 관계를 찾아볼 수 있는 기재가 없는 경우라도 회사명으로 조선인을 대상으로 한 신문을 발행하고 있는 것이나 한국에 본사가 있는 기업의 지사 등인 것을 확실하게 알 수 있는 경우는 조선관계사업으로 분류 하였다. 또 한약을 취급하는 약국도 모두 조선관계사업에 넣었다.

　이상과 같은 분류 기준으로는 실제로는 조선 관련 상품 등을 다루고 있으면 서 조선관계사업으로 분류되지 않은 경우가 있는 것은 부정할 수 없다. 그러나 그 점을 감안하더라도 조선관계사업소는 소수다. 1947년 시점의 오사카의 경우 조선인 민족단체의 기관지로 볼 수 있는 신문을 발행하고 있는 3개의 사업소와 조선 요리를 제공하는 음식점 17건, 한약방 5건만이 조선관계사업소다. 이것은 이 명부에 오른 조선인이 경영하는 사업소 전체의 3.07%에 불과하다.

　1958년 시점의 도쿄에서는 제조업에서는 민족단체 기관지인 신문사 및 조 선관계 서적의 출판사가 합쳐서 7건 있는 것 이외에, 조선 옷 가공, 조선 절임 음식 제조, 고추 제조 사업소가 각각 1건 있으며, 비제조업으로는 조선 요리점과 한약방 외에 도소매업으로도 조선 관련 상품을 다루고 있는 사업소가 있다. 구체 적으로는 조선 옷 판매가 6곳, 조선 식품 3곳, '조선 특산품 판매'가 3곳이다. 그리

에 부활해서 미중유의 파친코 붐이 1950년대에 찾아 왔다고 한다. 또 재일조선인이 파친코점을 경영하기 시작한 것은 1947년경으로 1956년에 일본인 경영자보다도 많아졌다고 되어 있다(宮塚利雄, 『パチンコ学講座』, 講談社, 1997년, 27쪽; 30~31쪽).

고 한국에 본사가 있는 운수회사 및 은행의 일본지사의 관계부터 토건운수 및 금융부동산에서도 조선관계의 사업소가 1개 씩 있다. 따라서 1947년 시점의 오사카에 비해서 1958년의 도쿄가 조선관계사업소가 약간 더 많아진다. 그러나 이 시점의 도쿄에서 조선인이 경영하는 사업소 전체에서 차지하는 조선 관련 사업소의 비율은 4.89%로 역시 적다.

　　다음으로 사업소의 소재지로부터 그 사업이 조선인과 어떠한 관계를 갖고 전개되는지를 생각해 보겠다. 앞서 살펴본 오사카시에서의 5곳 이상, 도쿄 23구에서의 10곳 이상 조선인이 경영하는 사무소가 집중되어 있는 지역을 나타낸 [표 6-18], [표 6-20]을 통해서 이 점을 살펴보기로 한다.[27] 우선 이 지역들 중에는 전술한 바와 같이 전전부터 조선인 집주지였고 이 시기에도 조선인 인구가 다수였던 지역이 포함되어 있다. 그 중 오사카의 이카이노니시, 이카이노나카, 이카이노히가시와 도쿄의 미카와시마가 그에 해당된다. 그곳에서의 음식점은 대개가 조선 요리점이고, 도소매업에서도 조선 관련 상품을 다루는 것이 있다. 이 사업소들은 조선인을 고객으로 하고 있었던 것은 틀림없을 것이다. 마찬가지로 고토구에타가와초枝川町, 시바다카하마초芝高浜町도 전전에 이미 조선인이 다수였던 것이 확인되기 때문에 그곳에서의 음식점과 소매점은 조선인을 상대로 하고 있었을 가능성이 높다.

　　전전부터의 조선인 집주지를 제외하고 조선관계사업소가 집중되어 있는 지역으로는 다이토구의 오키치마치御徒町 3초메, 아사쿠사공원 롯쿠浅草公園六区, 아사쿠사 센조쿠초浅草千束町 2초메가 있다. 이 정정 내지 인접한 정정 중에 조선인 집주지라고 부를 수 있는 곳이 성립되어 있었는지는 확실하지 않다. 그러나 오키치마치 3초메, 아사쿠사공원 롯쿠에서는 같은 번지에 조선 관련 물자를 다루는 사업소가 집중되어 있고, 의류나 조선특산품을 판매하고 있는 것으로 보아 음식점·도소매업에서는 조선인을 대상으로 영업하고 있었던 사업소가 많다고 볼

---

27 오사카부 내의 오사카시 이외의 시정촌에서의 동일 정 내 5곳 이상, 도쿄도의 23구 이외의 시정촌에서의 동일 정정 내 10곳 이상 사업소가 확인되는 지역도 몇 개 확인할 수 있는데, 거주 표시 상태의 차이 등을 감안해서 여기에서는 검토 대상에서 제외시켰다.

수 있다. 도쿄 23구의 조선인 인구는 이 시기에는 아라카와구, 다이토구, 아다치구가 많고, 이 구들에 거주하는 조선인에게 있어 오키치마치나 아사쿠사롯쿠浅草六区가 비교적 가깝다는 입지조건도 조선인을 대상으로 한 사업의 전개가 가능했다는 것과 관련 있을 것이다.

이 밖에 조선인이 경영하는 음식점이 집중되어 있는 지역으로서는 오사카에서는 미나미南구 난바신치욘반초難波新地四番町와 히가시나리구 모리초미나미森町南, 도쿄에서는 지요다千代田구 간다가지초神田鍛治町 2초메, 신주쿠구 가부키초, 쓰노하즈 1초메, 신주쿠 3초메, 다이토구 우에노초上野町 2초메, 아라카와구 오이곤겐초大井権現町, 도시마구 이케부쿠로 2초메, 기타구 아카바네초赤羽町가 있다. 또 다이토구 나카오카치마치仲御徒町 3초메는 식품, 의류 등의 판매점이 집중되고, 인접한 우에노초上野町 2초메에도 같은 영업을 하는 가게가 있다. 그러나 이들 지역에서의 도소매업과 음식점 등의 경우 특히 조선인만을 고객으로 하고 있었다고는 생각할 수 없다. 우선 신주쿠구의 가부키초, 쓰노하즈 1초메, 신주쿠 3초메는 신주쿠 역 주변, 이케부쿠로 2초메는 이케부쿠로 역전에 해당하고, 미나미구 난바신치욘반초도 미나미라고 불리는 번화가를 형성하고 있다. 그 밖에 위에 열거한 곳들도 역전 등에 입지했기 때문에 특별히 조선인들만이 찾는 곳이 아니다. 이들 지역에서는 조선 요리점도 포함해서 일본인이 고객의 다수를 차지하고 있었다고 생각하는 것이 타당할 것이다.[28]

이상과 같은 상황으로부터 전전과 전후의 조선인의 상공업·서비스업은

---

[28] 조선 요리가 언제쯤부터 일본인 일반에게 친숙해지게 되었는지에 대해서는 확실한 것은 알 수 없지만, 전후 이른 단계에 암시장에서 '조선 요리'를 파는 노점이 영업하여 일본인들도 이용하고 있었던 것은 확실한 것 같다(佐々木道雄, 「朝鮮の暮らしと文化 焼肉(4)」, 『むくげ通信』 제191호, 2002년 3월). 또 奧野信太郎 編, 『東京味覚地図』, 河出書房新社, 1958년에 수록되어 있는 미식가로 알려진 작가 단 가즈오(檀一雄)의 글에는 아사쿠사에 있는 평화식당이라는 조선 요릿집에서 내놓는 바라야키(아마도 뼈있는 갈비)가 "아사쿠사 제1등의 음식이라고 서슴없이 공언해도 좋을 것이다" 운운하는 말이 보인다. 아마도 이 무렵에는 일본인 중에서 조선 요리가(그 경우 고기요리가 중심적인 위치를 차지하고 있는 이미지도 포함해서) 보급되어 있었다고 생각할 수 있다. 단, '바라야키'를 소개하면서 단이 "저급한 요리다 뭐다 하고 생각한다면 유감이라 덧붙여 말해 두겠는데, '바라야키'만큼 맛있는 것은 없다"고 말하고 있는 것은 이 시점에도 조선풍의 고기요리가 그다지 일본인에게는 알려져 있지 않았던 것, 고급·품위와는 대극되는 이미지를 갖고 있었던 것을 엿보게 한다.

크게 변용하고 있었던 것이 확인된다. 전전에는 소매업과 서비스업을 중심으로 조선인 집주지나 그 부근에 점포를 두고, 조선인을 고객으로 민족의 독자적인 수요에 부응할 수 있는 형태의 것이 조선인이 경영하는 사업의 상당 부분을 차지하고 있었다. 이에 반해서 전후의 경우 그러한 사업 경영이 완전히 없어진 것은 아니지만 상대적으로 소수가 되어 버렸던 것이다.

동시에 절대적인 수로 보더라도 조선인을 대상으로 한 독자적인 물자와 서비스를 제공하는 사업소는 전전에 비해서 감소하고 있었다. 1930년부터 1940까지의 「조선일보」에 게재된 명함 광고로부터 파악되는 것만으로도 오사카에는 조선 옷을 취급하는 가게가 17곳, 한약방이 32곳, 조선 요리의 식재를 판매하는 식료품이 11곳, 조선 요리점이 17곳 확인되며(3장 2절 참조), 1936년경에는 "포목상이 120여곳 한약상이 370여곳 료리집도 상당히 만흐며 녀급만이 한 2700여명"이라고 할 정도였다.[29] 이러한 업종들의 사업소는 1947년의 『재오사카조선인각종사업자명부록』을 통해 알 수 있는 한 이 시점에서는 소수였다. 조선인을 대상으로 물자의 판매와 서비스를 제공하는 사업소는 가장 그 수가 많았다고 볼 수 있는 오사카에서조차 전시하에서 대부분이 없어지고, 전후에 부활하지 못했다. 또 도쿄의 경우 전전에는 조선인 시장이라고 불린 곳도 확인할 수 없고, 오사카와 비교하면 조선인을 대상으로 한 상업·서비스업은 번성하지 않았던 것 같기는 하지만, 「조선일보」의 명함 광고로부터는 조선 옷감 판매점 5곳, 한약방 5곳, 조선 요리용 식재료점 2곳, 조선 요리점 9곳을 확인할 수 있고, 1938년경에는 "대동경 시내 각처에 산재하여 잇는 조선 요리점은 무려 37개소"나 있다고 전하고 있다.[30] 따라서 1958년 시점의 도쿄에서도 조선인을 대상으로 한 물자를 취급하거나 서비스를 제공하는 가게의 수는 조선 요리점을 제외하고 전전의 수준보다 적었다고 보아도 될 것이다.

그리고 조선 관련 물자 판매점 등이 전전에 전술한 것과 같은 수준에 그치고

---

29 조선일보사가 주최한 '경판신 조선인문제좌담회'에서의 이원도(李元道)의 발언(「조선일보」 1936년 5월 1일).
30 「동아일보」 1938년 8월 27일자, "조선 요리계 패자 춘향방".

있었던 것으로 10만 명을 헤아렸던 1947년의 오사카부의 조선인과 6만 명 정도였던 1957년 시점의 도쿄도에 거주하는 조선인 중 일상적으로 민족적인 물자를 구입하거나 서비스를 받는 기회를 누렸던 것은 일부의 사람에 한정된 것이었다고 생각하지 않을 수 없다. 그러한 기회를 갖고 있었던 것은 오사카의 히가시나리구와 이쿠노구 주변과 도쿄의 미카와시마 등의 전전 이래 조선인 집주지가 전후에도 존속하고 있었던 지역이거나 새롭게 조선인을 대상으로 한 작은 상업구역이 생긴 우에노와 아사쿠사 주변의 조선인 거주지뿐이었다고 볼 수 있다.

부언하면 전전 이래의 조선인 집주지로서의 성격을 유지하고 있던 지역이라도 꼭 조선인을 대상으로 한 사업을 하고 있었던 것은 아니었다는 것에도 주목해야 한다. 예를 들면 도쿄도 오타구 마고메히가시馬込東 4초메의 경우 전전에도 조선인 인구 250명, 조선인 인구 비율 5%를 넘는 지역이며 전후에도 조선인이 경영하는 사업소가 14건 확인된다. 그러나 그 중에는 판매와 음식점 등의 사업소는 포함되어 있지 않고 제조업도 조선관계의 것은 존재하지 않는다. 즉, 일부 조선인 집주지는 조선인이 다수 거주하고 있지만 더 이상 조선인을 대상으로 하는 물자판매와 서비스의 제공이 이루어지는 곳이 아니었다는 것이다.

이러한 상황은 바꿔 말하면 전후에는 조선인이 경영하는 사업소라고 하더라도 그 사업 내용이 종종 일본인이 경영하는 상공업·서비스업과 그다지 다를 바가 없게 되었다는 것을 보여주고 있다. 이 점은 사업소의 명칭으로도 뒷받침된다.

[표 6-23] 및 [표 6-24]의 '조선 관련 상호'는 사업소의 명칭에서 ① 조선의 국호 내지 그에 준하는 말(조선국명형), ② 조선의 지명(조선지명형), ③ 조선인의 성인 것이 명확한 말(조선인명형), ④ 조선 문화와 특별히 관련이 깊은 말이나 조선어 발음을 그대로 이용한 말(조선문화형), ⑤ 조일朝日 또는 한일韓日이라는 말을 사용하고 있는 경우(조일복합형)의 건수다. 여기에서 판단의 기준을 보다 상세하게 서술하면 ①은 조선, 한韓 외에 고려, 해동, 대동大東, 청구靑丘 등, ②는 오사카외어대학조선어연구실이 편한 『조선어대사전』(角川書店, 1986년)에 항목이 실려 있는 지명 및 명확하게 조선의 지명인 것을 알 수 있는 것, ④는 아리랑, 우리, 고향 등이며, ③으로는

일본인의 성으로서도 일반적인 류柳, 임林을 제외하였다. 또 한국은행 도쿄지점 같은 것도 '상호'라고는 생각할 수 없기 때문에 여기의 분석의 대상에서 제외시켰다.

조선 관련 상호를 사용하고 있는 사업소는 1947년의 오사카, 1958년의 도쿄 두 곳에서 다 전체 중 5% 정도로 역시 많다고는 할 수 없다. 이것을 업종과의 관계로 보면 음식점과 도소매업, 무역·상사, 한약방에서 조선 관련 상호를 사용하는 경우가 많지만, 제조업과 동철업·고물업에서도 조선 관련 상호를 갖는 사업소가 있는 것을 알 수 있다. 이 중 음식점과 도소매업에서 조선 관련 상호로 되어 있는 것은 조선 요리의 제공, 조선 옷과 식재의 판매 등 조선 관련 사업을 하고 있는 사업소가 대부분이다. 또 무역·상사의 경우는 한국과의 거래를 갖는 것이 많은 점이 상호에도 반영되어 있다고 볼 수 있다. 그리고 이 사업 내용들이 조선과 관련을 갖고 있는 사업소의 상호를 구체적으로 나타내면, 조선국명형으로는 삼천리, 고려, 신라, 조선문화형으로는 아리랑, 도라지, 조선지명형으로도 경성, 부산, 경주, 압록강, 한강 등 일본인들도 조선과의 연관성을 떠올리기 쉬운 이름이 붙어 있는 경우가 비교적 눈에 띈다.

이에 반해서 제조업과 동철업, 고물상의 경우는 상기의 기준으로는 조선 관련의 상호로 분류되는 것이라도 실은 특별히 조선과의 관련을 느끼게 하지 않는 명칭으로는 되어 있지 않은 경우가 있다. 즉, 이 업종들에서의 조선 관련 상호로는 1947년의 오사카의 경우 평산平山 1건, 김해金海 1건, 금강金剛 1건, 1957년의 도쿄에서도 평산平山 12건, 김해金海 2건, 안동安東 3건, 김포金浦 1건, 남해南海 2건, 이천利川 2건, 금강金剛 3건이 포함되어 있다. 이러한 상호는 각각 조선의 지명에 기원을 갖는 것이며 종종 경영자인 조선인의 본관 지명인 경우가 있었다고 볼 수 있다.[31] 그러나 이 명칭으로부터 조선 문화와의 관련을 찾아내는 일본인이 그리 많다고는 할 수 없을 것이다.

---

31 예를 들면 평산(平山)이라는 상호는 신(申), 김해(金海), 안동(安東) 중에는 김(金)을 본명으로 하는 경우가 많은데, 각각 평산을 본관으로 하는 신씨, 김해, 안동을 본관으로 하는 김씨가 존재한다.

결국 그 명칭으로부터 조선과의 관련성을 연상할 수 있는 사업소는 조선과
어떠한 관련을 갖는 사업을 전개하는 것을 제외하면 극소수다. 특히 조선인으로
서의 본명을 사업소명에 사용하고 있는 경우는 오사카에서 4건(모두 다 제조업), 도쿄
에서 5건(제조업 1건, 고물업·동철상 3건, 아파트 경영 1건)으로 극히 적었다(단, 전술한 바와 같이
류[林], 임[柳] 등 일본인의 이름으로서 통용되는 조선인명은 고찰의 대상에서 제외시켰다).

그리고 사업소의 명칭에 대해서도 1930년대의 경우 위에서 설명한 것과 같
은 기준으로 분류하면 조선 관련 상호를 갖는 경우가 많았던 것이 확인된다.「조
선일보」지면상의 명함광고에서 확인할 수 있는 조선인이 경영하는 사업소 중
상호에 해당하는 것을 갖는 것은 801건인데, 조선국명형은 45건, 조선지명형
52건, 조선인명형 57건, 조선문화형 9건, 조일복합형이 15건에 달하고, 조선지명
형으로도 일본인의 이름 등으로 착각하기 쉬운 것은 적은 경향을 보였다(그 밖에는
일본인명형 245건, 일본지명형 21건, 분류 불가능 기타 357건). 즉, 1930년대의 조선인이 경영하는
사업소는 조선과 관련을 갖는 것이 일본인들도 알 수 있도록 되어 있었다. 그렇지
만 전후 조선인이 경영하는 사업소는 대개의 경우 일본인들이 볼때 조선과의
관계는 가시적이지 않았고, 흔한 소규모 공장이나 개인 상점, 음식점 등의 하나로
바뀌어 있었다.

혼인의 형태

혼인의 형태에 대해서는 우선 각 연도에 신규로 신고한 결혼이 아니라 어떤
시점에서의 배우자를 갖는 세대가 어떠한 민족관계에 있었는지를 살펴보겠다.

시노다 후지하루篠田藤治의「재일조선인의 생활실태(하)」(『親和』 1954년 9월)에
는 조선인 세대와 민족관계에 관련된 통계에 대한 언급이 있다. 우선 이 논문에
따르면 1953년 12월말 현재 재일조선인 세대 약 13만 4000세대의 내역은 '독신
세대'(18세 이상으로 독립적으로 생계를 꾸려가는 사람의 세대)가 약 3만 세대, '조선인만으로 이루
어진 세대' 약 8만 4000세대, '일본인을 처로 둔 세대' 약 1만 6000세대, '기타 세대'
약 3700세대였다고 되어 있다. 단, 이 통계에는 약간 확실치 않은 점이 있다. 같은

논문 중에는 1953년 12월 말 시점에서의 재일조선인 세대 총수는 약 14만 6000명인 것으로 기록되어 있는데, 그렇다고 하면 왜 1만 2000세대분이 내역에서 제외되어 있는지, 또 일본인 남편·조선인 처의 세대와 남편 혹은 아내와 사별 혹은 이별해서 편부·편모가 된 세대는 어느 분류에 들어가는지 등이다. 그렇다고는 해도 이 시점에서 남편과 아내가 다 있는 세대 중에서는 80% 정도가 조선인끼리 혼인해서 성립되었던 셈이다. 15% 정도가 조선인 남편·일본인 처로 이루어진 세대였다는 것이 확인된다. 그리고 세대 종속원의 수는 '일본인을 처로 둔 세대'가 약 5만 명이었다고도 기록되어 있기 때문에 이 시점의 재일조선인 전체의 10% 정도가 가족 중에 일본인을 포함하고 있었다는 것도 알 수 있다.

그리고 남편과 아내가 다 있는 세대 중에서 '일본인을 처로 둔 세대'가 어느 정도 비율을 차지하는지는 이 시점에서 이미 지역적인 차이가 생기고 있다. 구체적으로는 가나가와현 1.1%, 오사카부 4.8%, 야마구치현 5.2%, 효고현 5.8%, 교토부 7.2%, 오카야마현 9.9%, 후쿠오카현 12.8% 등으로 낮아졌고, 반대로 야마가타현 68%, 홋카이도 62%, 니가타현 61%, 가고시마현 54%, 후쿠시마현 50%, 이와테현과 아키타현 49%, 도치기현 48%, 사이타마현 43%, 이바라키현과 야마나시현 41% 등이 높은 비율이다. 앞 절에서 살펴본 부현별 조선인 인구의 상황과 관련시켜서 보면 조선인 인구가 많고 조선인 인구 비율이 높은 도부현에서 비율이 낮다. 바꿔 말하면 조선인끼리의 혼인이 성립된 세대가 다수를 점하고 있는 경향이 확인된다.

다음으로 혼인 신고의 추이를 살펴보겠다. 1955년부터 1959년까지의 5년간 통계를 나타내면 [표 6-25]와 같다. 여기에 보이는 바와 같이 이 5년 사이에 큰 변화는 없으며, 조선인끼리의 혼인은 조선인이 관련된 혼인 신고 중의 70% 전후다. 또 남자·여자 각각에 입각해서 어떠한 민족의 배우자를 선택했는지를 보는 통계를 정리하면, 1959년의 경우 남자 75.4%, 여자는 88.6%가 조선인을 배우자로 선택했다.

물론 이것으로 이 시기의 재일조선인이 일본인과 그다지 접촉하지 않고 생활

[표 6-25] 조선인이 관련된 혼인 형태별 신고 건수 등의 추이(1955~1959년) (단위: 건)

연도	부부 모두 조선인		남편·조선인 아내·일본인	남편·조선인 아내·기타	남편·일본인 아내·조선인	남편·기타 아내·조선인	조선인 선택률	
	실수	비율					남	여
1955	766	67.70%	242	0	94	29	76.00%	86.20%
1956	1,281	71.30%	340	0	134	41	79.00%	88.00%
1957	1,674	73.20%	407	0	168	37	80.40%	89.10%
1958	2,085	74.30%	465	0	211	47	81.80%	89.00%
1959	2,473	68.70%	805	2	280	38	75.40%	88.60%

전거: 厚生大臣官房統計情報部, 『人口動態統計』, 『婚姻統計』. 단 森田芳夫, 『数字が語る在日韓国·朝鮮人の歴史』, 明石書店, 1996년, 179쪽에 따름.

하고 있었다는 단순한 결론을 이끌어내는 것은 불가능하다. 지역이든 일 관계든 혹은 학교에서든 재일조선인의 청소년층은 일본인과 어떤 식으로든 관계를 맺으면서 일상생활을 하고 있었다고 보아야 할 것이다. 그러한 가운데 일본인을 친한 친구로 갖는 재일조선인 청년도 당연히 드물지 않았을 것으로 생각된다. 그리고 같은 조선인끼리의 결혼을 바라는 조선인의 심리와 일본인들의 조선인과의 결혼에 대한 주저, 부모 등의 반대라는 벽도 존재하고 있었던 것은 틀림없는 사실일 것이므로 조선인끼리의 결혼이 많은 것이 조선인끼리의 접촉이 많았던 것과 정비례한다고만은 할 수 없는 것에도 주의해야 한다.

그러나 전술한 바와 같은 혼인 형태에 관련된 통계로부터 1950년대 후반에 청년층 사이에 조선인끼리 접촉할 기회가 상당히 있었다고 해도 좋을 것이다(중매인을 통한 소개라는 기회도 거기에 포함되지만).

그리고 이 조선인끼리의 혼인이 그 해의 혼인 신고 전체 중에 차지하는 비율은 1938년과 1939년에는 62% 정도, 1940년부터 1942년에 걸쳐서는 55% 정도였다.[32] 따라서 전체적으로 보면 1930년대 후반부터 1940년대 전반까지에 비해서 1950년대 후반이 조선인끼리의 결혼 비율은 더 높아졌던 것이다(물론 전전의 재일조선인의 혼인에 대해서는 도일한 사람들 사회의 남녀비가 불균형을 이루고 있었던 점을 고려해야 한다. 1938~1942년의 혼인신고가 조선인 남자, 여자 각각이 어떤 민족의 배우자를 선택하고 있는지를 보면 이 기간 동안에 조선인 남자가

---

[32] 朝鮮總督府, 『朝鮮人口動態統計』, 각 연도판에 따른다. 단, 앞의 『数字が語る在日韓国·朝鮮人の歴史』, 76쪽을 참조.

조선인 여자를 배우자로 선택한 비율은 56~63%, 조선인 여자가 조선인 남자를 선택하는 비율은 92~99%로 추이하고 있었던 것이 확인된다).

그리고 이 1950년대 후반의 조선인 혼인 형태 상황은 세대의 문제에서도 주목해야만 한다. 1950년대 후반에 신규 혼인신고를 한 사람은 1920년대 후반부터 1930년대 초에 출생한 사람들이 중심이었다고 보아도 될 것이다. 앞 절에서 살펴본 바와 같이 이 시점에 출생한 재일조선인은 일본에서 태어난 사람이 많았다. 그렇지 않은 사람으로는 유·소년기에 부모를 따라와서 일본에서 성장한 사람들이 대다수일 것이다. 출생지를 기준으로 하면 전자는 2세, 후자는 1세(1.5세라고 불리기도 한다)로 나눌 수 있지만, 어떻든 이 사람들의 인격이 일본 사회 안에서 형성되었다는 점은 공통적인 사실이다. 그러한 조선인에게도 조선에서 나고 자란 그들보다 윗세대와 마찬가지로 조선인끼리의 사회적 결합이 중요한 위치를 점하고 있었다.

민족교육의 전개

전후의 재일조선인에 의한 민족교육에 대해서는 이제까지 여러 논자들이 논해오고 있다. 당사자의 당시적 기록인 이동준李東準의『일본에 있는 조선 어린이: 재일조선인의 민족교육日本にいる朝鮮の子ども: 在日朝鮮人の民族教育』(春秋社, 1956년)과 그 역사를 체계적으로 정리한 오자와 유사쿠小沢有作의『재일조선인교육론 역사편』(亜紀書房, 1973년), 김덕룡金德龍의『조선학교의 전후사 1945~1972朝鮮学校の戦後史1945~1972』(社会評論社, 2002년)가 있으며, 법무연구소의『재일조선인 처우의 추이와 현상在日朝鮮人処遇の推移と現状』(法務研究所, 1955년)에서는 일본 정부 등의 정책, 박경식의『해방후 재일조선인운동사』(三一書房, 1989년)에서는 재일조선인운동의 전개 시점에서의 민족교육에 대해서 다루고 있다. 그리고 지역 차원에서의 학교 설립과 교육 실천의 동향, 한신교육투쟁으로 불리는 민족학교 폐쇄에 반대하는 재일조선인의 운동 등 개별 지역과 사건을 다룬 연구도 많다.[33] 그래서 여기에서는 우선

---

33 예를 들면 鮎沢譲,「解放後の茨城における在日朝鮮人教育」,『在日朝鮮人史研究』1988년 10월,

선행연구의 성과에 의거하면서 1950년대까지의 재일조선인의 민족교육의 전개 과정을 간단하게 정리하기로 하겠다. 그리고 선행연구에서는 그다지 상세하게 논의되지 않은 민족교육을 받은 조선인 아동 학생이 해당 연령의 재일조선인의 어느 정도에 달하는지를 추계함으로써 그 영향력을 통계적으로 분석해 가겠다. 본래 민족교육에 대해서 분석한다면 그 교육내용에 대해서도 논할 필요가 있겠지만, 여기에서는 그 점은 생략한다. 단, 이 시기의 조선인 학교에서의 교육은 조선어를 습득시키기에 충분한 것이었고, 처음부터 조선어로 수업이 진행되고 민족적 정체성을 확립시키는 내용을 갖고 있었던 점은 여러 사료로부터 확인할 수 있다는 것도 언급해 두겠다.[34]

일반적으로 '민족교육'이라는 것은 조선인 스스로가 조선어를 사용하여 조선인을 대상으로 하며, 교과 속에는 '국어'인 조선어, 조선사, 조선지리 등이 포함되어 있다. 이러한 교육은 1945년 이전부터 일본에서도 이루어졌지만, 규모도 학교라고 할 정도는 아니었고, 또 경찰당국의 탄압도 있어서 장기간 합법적으로 존속하지 못했다. 따라서 전전에는 학령기 아동의 대부분은 민족교육을 접할 기회를 갖지 못했다고 보아도 좋을 것이다. 그리고 일본인이 다수를 점하여 일본인 아동인 것을 전제로 하는 학교에 통학하는 경우도 종종 있어서 일본인과 다르지 않은 문화와 의식을 익히고 성장해 가고 있었다. 단, 그러한 조선인 아동도 가정과 조선인 집주지에서의 생활과 체험으로부터 언어를 비롯한 민족문화를 어느 정도는 섭취하고 있었다고 보는 것이 타당할 것이다.

이리하여 1945년 시점에서는 적지 않은 재일조선인 청소년이 그들의 부모들과는 다른 문화와 의식·언어생활을 하게 되었다고 볼 수 있다. 1945년 시점에서는 재일조선인 취학아동은 약 20만 명이라고 되어 있으며,[35] 이 중에 일본에서 출생했거나 유·소년기의 대부분을 일본 내지에서 보낸 그보다 위의 연령층의

또는 金慶海, 『在日朝鮮人民族教育の原点』, 田畑書店, 1979년; 4·24を記録する会 編, 『4·24阪神教育闘争』, ブレーンセンター, 1988년 등.
34 예를 들면 李東準, 『日本にいる朝鮮の子ども : 在日朝鮮人の民族教育』, 春秋社, 1956년 등을 참조.
35 앞의 『在日朝鮮人処遇の推移と現状』, 91쪽.

재일조선인도 상당히 있었다고 생각할 수 있다.

그리고 일본에서 자란 조선인은 조선어를 자유롭게 구사할 수 없을 뿐 아니라 종종 조선 문화와 조선 민족이 열등하다는 식으로 교육받아서, 조선 문화와 자신이 조선인임을 부정적으로 받아들이게 되었다. 이러한 가운데 재일조선인 가정에서는 부모와 자식 간에 의식의 단절이 생겨나는 등 여러 가지 문제가 발생하고 있었다.[36]

그러나 1945년 8월 15일을 맞이한 재일조선인들은 민족문화의 억압과 민족교육의 금지로부터 해방되게 되었다. 재일조선인들은 귀국 준비와 함께 민족교육에 큰 열의를 갖고 매달렸다. 각지에서 조선어 능력이 충분하지 않은 사람에 대한 조선어 등의 교육이 자연발생적으로 시작되었다. 그리고 1946년 이후 귀국을 당분간 보류하고 어느 정도 장기간 일본에 체재하는 사람이 적지 않은 것이 판명되기 시작하는 가운데 점차 설비를 갖춘 학교가 만들어지기 시작했다. 또 설비뿐만 아니라 1946년 이후 조련의 지도하에 조선인 학교의 교육 목적·교육원칙 등이 확립되고, 교재 편찬위원회가 만들어져서 교과서가 정비되는 등 교육내용도 충실하게 정비되었다.

이 사이에 여러 재일조선인이 학교 설립을 지원했다. "돈이 있는 사람은 돈으로, 노동력이 있는 사람은 노동력으로, 지혜가 있는 사람은 지혜로, 우리의 학교를 세우자!"는 구호가 문자 그대로 실천되고, "극적인 정경이 곳곳에서 보이는" 가운데 "많은 조선인의 노력으로 조선인의 학교가 세워졌다"는 것이다.[37] 이것은 "조선인이 일본인보다 열등하다는 얼토당토않은 생각을 불식시킨다", "조선인은 홀로 설 수 있는 훌륭한 인간이라는 정신을 심는다", "조선인(원문 그대로)이 다시 다른 나라의 식민지가 되어서 조선인이 우마牛馬와 같이 착취당하는 것에 절대 반대하는 조선인을 길러낸다"는 민족교육의 취지를 많은 사람들이 공감하고 있

---

36 예를 들면 1932년에 일본에서 태어난 재일조선인 작가 고사명(高史明)은 "일본어만을 습득하게 되었기 때문에 아버지가 조선어로 뭐라고 말을 걸어도 이해할 수 없게 되어 버렸다"는 것에 대해서 "부모 자식 간에 서로 마음을 전할 수 있는 말이 달라지다니 어찌된 일일까요?"라고 말했다(高史明, 『生きることの意味 ある少年のおいたち』, 筑摩書房, 1974년, 75쪽).
37 앞의 『日本にいる朝鮮の子ども』, 66~67쪽.

었기 때문이라고 생각해도 좋을 것이다.[38]

그러나 사회주의자의 주도하에서 일본공산당계의 여러 운동들과 제휴하게 되었던 조련에 대해서 GHQ는 이른 단계에서부터 경계하는 동시에 조련계의 민족교육을 문제시하게 되었다. 법무연구소『재일조선인 처우의 추이와 현상』 93쪽에는 "조련계 학교의 공산주의 교육을 최초로 문제 삼은 것은 오사카 미군민정부가 오사카부 내의 조선인 학교를 조사하여 22년 11월에 조선의 학교 관계자를 불러서, 교육과 정치·문화 문제를 혼동하지 않게 하도록 충고한 것이다"(인용문 중의 22년은 서력 1947년을 나타낸다)는 기록이 보인다. 조련계의 민족교육의 방침으로 공산주의와 관련된 사항이 내세워졌던 것은 확인되지 않으며, 그 교직원과 아동의 부모가 공산주의 이데올로기가 확고했다는 것은 타당하지 않지만, 후에 동서냉전의 심화에 따라서 조련계는 곧 공산주의계라는 인식은 GHQ 사이에서 심화되어 가게 된다.

그리고 이 점과 어느 정도 관련이 있는지는 확실하지 않지만 1948년 1월에는 일본정부 문부성도 조선인 교육을 통제하는 움직임을 보이기 시작한다. "조선인 자제라도 학령에 해당하는 자는 일본인과 마찬가지로 시정촌립 또는 사립 소학교 또는 중학교에 취학시켜야 한다. 또 사립 소학교 또는 중학교의 설치는 학교 교육법이 정하는 바에 따라서 도도부현 감독청의 인가를 받아야 한다"는 통달이 각 도도부현 지사 등 앞으로 발표되었다. 이에 대해서 조련은 조선인교육대책위원회를 발족시켜서 조선인 학교의 존속을 요구하는 운동을 전개했다. 오사카와 고베에서의 운동은 대규모화되어 조선인 시위행동과 경관대와의 충돌로 큰 혼란이 생겼으며, 한 소년의 생명이 빼앗기는 사태도 발생했다. 이른바 한신교육투쟁이다.

그리고 5월 5일에 이르러 조선인교육 대책위원회와 문부성 간에 "1. 조선인의 교육에 관해서는 학교기본법 및 학교교육법에 따를 것, 1. 조선인 학교 문제에 대해서는 사립학교로서 자주성이 인정되는 범위 내에서 조선인의 독자적인 교육

---

38 앞의 『日本にいる朝鮮の子ども』, 142~143쪽.

을 하는 것을 전제로 하여 사립학교로서의 인가를 신청할 것"으로 하는 각서가 교환되었다. 그 후 문부성은 "사립학교로서 자주성을 인정할 수 있는 범위 내"라는 것은 "의무교육으로서 최소한도의 용건用件을 충족시키고, 그 다음에 법령으로 허락되는 범위 내에서 선택 교과, 자유 연구 및 과외 시간에 조선어로 조선어, 조선 역사, 문학, 문화 등 조선인의 독자적인 교육을 하는 것"이라는 등이 담긴 통첩을 발표했다. 정규 시간에 조선어로 조선 관계의 교과를 수업하는 것이 인정되지 않는 제한이 가해진 것이기는 하지만, 일본 행정당국에 의해서도 민족교육이 인정된 것이다.

그렇지만 그 후에도 GHQ의 조련 및 조련계 민족학교에 대한 경계는 풀어지지 않았다. 그리고 1949년 9월에는 단체 등 규제령에 의해서 조련이 해산당하는 조치가 취해졌다. 이는 조련이 대립관계에 있는 우파 민족주의계의 재일조선인 단체와 충돌하는 사건을 일으킨 것 등을 이유로 한 것이었는데, 조선민주주의인민공화국의 성립과 대한민국 내에서의 공산주의자의 활동, 중국혁명의 진전 등 동북아시아 지역에서의 공산주의 세력 신장의 영향으로 GHQ가 반공정책을 강화하고 있었던 것과 관련 있음에는 틀림없다. 그리고 이 사태의 영향으로 일본 정부도 사실상 조련계의 조선인 학교를 폐쇄시키는 조치를 취하기 시작했다.

1949년 10월 일본 정부는 조선인의 의무교육을 공립학교에서 실시하는 것을 원칙으로 하는, 조선인 학교에 대해서는 일본의 교육법령에 따라서 무인가 조선인 학교는 인정하지 않는다, 조선인 학교의 경영 등에 국가 또는 지방공공단체가 원조하지 않는다는 취지의 각의 결정을 하고, 문부성은 조련이 설치하는 학교의 폐쇄, 기타 무인가 조선인 학교에 대한 해산 권고, 인가된 학교에 대한 조련과의 관계를 끊는 형태로의 개조, 폐쇄된 학교의 조선인 아동 학생의 공립학교로의 취학 등을 지시했다. 이에 조선인 부모 및 아동 학생도 조선인 학교를 유지하기 위한 운동을 전개한 것은 당연했다. 그러나 조련이 경영하고 있다 하여 접수 명령이 내려진 조선인 학교의 대부분은 결국 접수, 즉 해산에 내몰리게 되었다. 또 개조 명령을 받아서 그 수속을 했던 학교도 극히 일부를 제외하고는 인가를 받지 못하고 폐교 당하게 되었다.

그렇지만 효고현과 아이치현에서는 이 시점에서의 행정명령에 저항하여 그대로 유지된 학교도 있었다(행정당국은 '무인가 재일조선인 학교' 등으로 불렀지만, 이를 유지한 재일조선인들은 '자주학교'라고 칭했다). 그리고 도쿄도, 가나가와현, 오사카부, 효고현 등에서는 공립학교 혹은 공립분교로서 실질적으로는 조선인 학교가 남아 있거나 공립학교 안의 조선인 학급이 편성되는 경우도 생겨났다. 이것은 11월 1일 문부사무차관이 밝힌 공립학교에 수용된 아동 학생을 위해서 여가에 조선어·조선 역사를 가르치는 것은 지장이 없다, 공립학교의 교장 및 분교 주사主事 이외의 교직원으로 교원자격을 갖는 조선인을 채용하는 것은 지장이 없다, 공립학교에 수용해야 할 조선인 아동 학생에 대해서 어쩔 수 없는 사정이 있을 때는 당분간 특별 학급 또는 분교를 설치하는 것도 지장이 없다는 견해에 입각하고 있다.

그 후 재일조선인 측은 자주학교인 조선인 학교와 함께 조선인만으로 편성된 공립분교와 학급을 통해 민족교육을 유지하려는 노력을 계속하였다. 후자로는 일본인 교직원과의 협의를 통하여 정규과목으로서 조선어, 조선사, 조선 지리 등의 과목을 조선어로 수업하는 것을 허가받은 학교·학급도 있었다.

그러나 1952년 4월 샌프란시스코조약 발효로 일본이 독립을 회복하면서 행정당국은 외국인인 조선인이 일본의 공립학교에서 배우는 것에 대해서 냉담한 태도를 취하게 되었다. 조선·한국 국적을 갖는 의무교육 해당 연령의 아동에 대한 취학 의무는 없다고 하게 된 것이다. 그리고 민족교육에 대해서도 이를 행하지 않는 것을 승인한다는 서약서를 조선인 부모에게 제출하게 하거나, 조선어 등 이른바 민족교과를 과외로 하는 각 학교를 지도하는 등의 조치를 취하기 시작했다. 나아가서 1950년대 중반에는 공립학교에 조선인을 받아들이는 것은 세금 낭비라는 배외주의적인 주장과 조선인 학교에서의 교육이 '빨갱이 교육'으로 문제가 있다는 반공주의의 입장에서 캠페인도 이루어졌다. 이러한 가운데 1954년 10월, 도쿄도에서는 "도립 조선인 학교는 쇼와 30년(1955년) 3월 31일부로 폐교한다"는 결정을 내렸다.[39] 이로써 도립 조선인 학교는 다시 자주학교로 바뀌었다.

[표 6-26] 조선인 학교 수·아동 학생 수·교원 수의 추이(1946~1954년) (단위: 교, 명)

연 월	소학교=초등학교			중학교=중등학교			고등학교		
	학교수	아동수	교원수	학교수	학생수	교원수	학교수	학생수	교원수
1946년 10월	525	42,182	1,022	4	1,180	52			
1947년 10월	541	46,961	1,250	7	2,791	95			
1948년 4월	561	56,210	1,196	7	2,330	115			
1949년 5월	288	32,368	955	16	4,555	165	3	364	50
1952년 4월	87	14,204		7	2,903		3	571	
1954년 1월	164	17,229		13	4,159		4	1,015	

전거: 朴慶植, 『解放後在日朝鮮人運動史』, 三一書房, 1989년, 322쪽; 法務研究所, 『在日朝鮮人処遇の推移と現状』, 法務研究所, 1955년, 98쪽; 195쪽.
주: 공란은 확실치 않음을 나타낸다.

이후 공립이었던 다른 부현의 조선인 학교도 자주학교로 이행되었다.

그렇지만 1955년 북한을 지지하는 조선인 민족단체로서의 재일본조선인총연합회가 발족, 이후 그 지도하에서 '자주학교'로서의 조선인 학교는 전국적으로 정비되어 갔다.

그리고 한국을 지지하는 조선인 민족단체인 재일본대한민국거류민단(1946년에 발족한 당초는 재일본조선거류민단으로 호칭, 또 1994년 단체명에서 거류라는 글자를 생략했다. 이하 한국민단으로 줄임)계의 학교와 조선총련과 한국민단과 직접적인 관계를 갖지 않는 이른바 중립계의 민족교육기관도 이 시기 존재했지만, 조선총련계의 학교에 비해 소수였다.[40]

이상으로부터는 1945년 이후에도 일본의 행정당국이 조선인의 민족교육에 대한 조성 등은 하지 않고 역으로 수차례 그에 대한 억압적인 정책을 취해 왔던 것이 확인되었다. 환언하면 재일조선인 측은 민족교육기관 및 그 체계 등을 만들어내고 그것을 지켜내는 데에 크나큰 노력을 기울여왔던 것이다.

그러면 이 기간 동안 실제로 어느 정도의 조선인 학교가 만들어지고, 이것이 유지되고, 몇 명의 아동 학생을 그곳에서 교육시켰던 것일까?

---

39 앞의 『日本にいる朝鮮の子ども』, 147쪽.
40 약간 나중의 수치이기는 하지만, 玄圭煥, 『韓国流移民史』 하권, 三和印刷出版部, 1976년, 720쪽에 기록되어 있는 통계(주일 한국대사관 조사)에 따르면 1970년도의 '한국학교'는 소학교, 중학교, 고등학교를 합쳐서 8개교, 그 재적 인원은 1351명으로 조선총련계 학교의 수와 재적 인원을 크게 밑돌고 있다.

[표 6-27] 도도부현별 조선인 학교 수(1947년)　　　　　　　　　　　　(단위: 교)

도도부현	초등학교	중등학교	고등학교	도도부현	초등학교	중등학교	고등학교
홋카이도	1			시가	21		
아오모리	1			교토	34		1
이와테	1			오사카	62	3	1
미야기	5		1	효고	58	1	
아키타	8			나라	6		
야마가타	2			와카야마	1		
후쿠시마	8			돗토리	1		
이바라키	15			시마네	6		
도치기	5			오카야마	17	1	
군마	5			히로시마	17		1
사이타마	8			야마구치	32		
지바	11			도쿠시마			
도쿄	26	1	1	가가와			
가나가와	22		1	에히메	1		
니가타	3			고치			
도야마	10			후쿠오카	17		
이시카와	4			사가			
후쿠이	14			나가사키	4		
야마나시	1			구마모토			
나가노	4			오이타	5		
기후	16			미야자키	2		
시즈오카	10			가고시마			
아이치	34		1	오키나와			
미에	12			전국	510	6	7

전거: 在日朝鮮人連盟, 「全体組織統計表」, 1948년 3월.

　　[표 6-26]은 조선인 학교의 수, 아동 학생 수 등의 추이다. 여기에서 우선 주목해야 할 것은 1946년 10월에 이미 상당한 수의 조선인 학교가 만들어졌고, 그곳에서 많은 조선인이 배우고 있었다는 것이다. 일본이 패전하고 겨우 1년 정도 지난 시점에서 조선인 학교는 500개를 넘었고, 아동 학생은 4만 명을 넘었다. 그리고 1948년까지의 기간 동안 학교 수나 아동 수는 (1947년 10월부터 다음해 4월까지의 중학교의 학생 수의 감소를 제외하고) 증가하게 된다.

　　그렇지만 1948년 초까지 이처럼 전국적으로 설립이 진행되었던 조선인 학교는 다음해 9월에는 소학교의 학교 수, 학생 수, 교원 수 모두 다 크게 감소하게 된다. 이는 전술한 일본 정부의 조선인 학교 통제의 움직임이 작용한 것이라고 볼 수 있다. 그렇다고는 하나 1945년 시점에서는 중학교 학생은 전년보다 늘어났고, 고등학교도 새롭게 발족했으며, 소학교 재적 학생도 3만 명을 넘는 수준이었다.

그러나 1949년 10월의 조선인 학교에 대한 접수, 개조명령이 발표된 후에는 조선인 학교는 결정적으로 감소하게 되었다. 재일조선인의 저항으로 '자주학교'로서 유지될 수 있었던 것은 효고현의 17개교, 아이치현의 9개교뿐이고, 공립학교 내지 공립분교로서 조선인 학교를 실질적으로 유지했던 것도 도쿄, 가나가와, 아이치, 오사카, 효고 등의 도부현의 34개교뿐이었다고 되어 있다.[41] 또 개조 수속을 밟고 인가 신청을 낸 학교도 128개교 있었지만, 이해 11월 시점에서 인가된 것은 소학교, 중학교, 각종 학교 각 1개교에 그쳤다.[42]

그 후의 조선인 학생의 각 학교 재적 상황에 대해서는 확실하지 않은 점이 많다. 그러나 1952년 4월 시점과 1954년 1월 시점의 숫자는 [표 6-26]에 나타낸 바와 같다. 이 중 1952년 4월의 학교 수는 소학교로 공립 12개교, 공립분교 17개교, 자주학교 38개교, 자주학교 야간학교 20개교, 중학교로는 공립 1개교, 공립분교 1개교, 자주학교 4개교, 자주야간학교 1개교, 고등학교는 공립 1개교, 자주학교 2개교이다. 또 1952년의 학생 수에는 '공립학교의 특수학급' 즉, 일본인도 다니는 학교 안에 설치된 조선인 학급(내역은 소학교 38학급, 중학교 9학급)의 재적자도 포함되었다고 생각할 수 있다.[43] 1954년 1월 시점의 학교 수의 내역은 확실하지 않지만, 자주학교도 포함되어 있다. 그리고 공립 조선인 학교가 다시 자주학교로 이관되었던 시점에서의 상황에 대해서는 1959년 4월에 '비정규교육망(민족학급·야간학교)'을 제외한 조선총련계의 조선인 학교에 2만 3000명의 아동 생도가 재적했다고 되어 있다(그 내역은 불명, '비정규교육망' 재적은 약 9600명으로 되어 있다).[44]

---

41 朴慶植, 『解放後在日朝鮮人運動史』, 三一書房, 1989년, 321쪽.
42 앞의 『在日朝鮮人処遇の推移と現状』, 96쪽.
43 그리고 앞의 『解放後在日朝鮮人運動史』, 322쪽은 소학교 154개교, 아동 수 1만 4144명, 중학교 17개교 2914명 등의 통계를 올리고 있다. [표 6-26]의 학교 수와 상상한 차이가 있는데, '공립의 특수학급'을 학교 수로 잘못해서 합계한 것 같은 오류가 아닐까 추측된다.
44 韓德銖, 『主体的海外僑胞運動の思想と実践』, 未来社, 1986년, 187쪽.

[표 6-28] 조선인 학교 재적 조선인 수(초급학교)   (단위: 명)

연월	조선인 학교 재적 아동 수(A)	추정학력 아동 수(B)	조선인 학교 재적률(A/B)
1946년 10월	42,182	67,957	62.10%
1947년 10월	46,961	72,742	64.60%
1948년 4월	53,000	76,144	69.60%
1949년 5월	32,368	80,614	40.20%
1952년 4월	14,144	109,693	12.90%
1954년 1월	17,229	103,061	16.70%

전거: 李東準, 『日本にいる朝鮮の子ども』, 春秋社, 1956년, 71, 95쪽; 法務研究所, 『在日朝鮮人処遇の推移と現状』, 法務研究所, 195쪽; 法務省入国管理局, 『在留外国人統計』, 1959년판.

[표 6-29] 조선인 학교 재적 조선인 수(중급학교)   (단위: 명)

연월	조선인 학교 재적 아동 수(A)	추정학력 아동 수(B)	조선인 학교 재적률(A/B)
1946년 10월	1,180	25,540	4.60%
1947년 10월	2,761	27,587	10.00%
1948년 4월	3,300	29,805	11.10%
1949년 5월	4,555	31,335	14.50%
1952년 4월	2,914	36,622	8.00%
1954년 1월	4,159	42,109	9.90%

전거: 李東準, 『日本にいる朝鮮の子ども』, 春秋社, 1956년, 71쪽, 95쪽; 法務研究所, 『在日朝鮮人処遇の推移と現状』, 法務研究所, 1955년, 98쪽, 195쪽; 法務省入国管理局, 『在留外国人統計』, 1959년판.

그러면 이상과 같은 조선인 학교 재적생, 즉 민족교육을 받는 혜택을 받았던 학생은 학령기의 재일조선인 전체 중 어느 정도의 비율에 해당했을까? 이 점에 대해서 추계를 시도했던 것이 [표 6-28] 및 [표 6-29]이다. 이 표에서의 '추정 학령 아동 수', '추정 학령 학생 수'는 법무성 입국관리국 『재류외국인통계』 1959년판에 실린 재일조선인의 연령별 인구로부터 출생연도별 인구 계산에 의한 추산, 예를 들면 1954년 시점의 소학교 학령기 아동은 1943~1948년 출생의 인구를 단순히 합산하는 방법을 사용했다. 엄밀하게는 사망과 국적 변경에 따른 인구의 변화도 고려해야 할 필요가 있지만,[45] 이 기간은 급격하게 사망률이 높았던 시기는 아니었으며 국적 변경도 그다지 많지 않았기 때문에 큰 오차는 없다고 볼 수 있다.

이 표들에서 보이는 바와 같이 소학교에서는 1948년 시점까지 조선인 학교

---

45 부언하면 북한 집단귀국사업과의 관계도 고려해야 하는데, 1959년의 귀국자는 2717명으로 상대적으로 소수다.

[표 6-30] 재일조선인 아동 학생의 학교 재적 상황 추이(1956~1959년) (단위: 명)

연도	조선학교 재적자 수(A)			일본학교 재적자 수(B)			A/(A+B)		
	초급학교	중급학교	고급학교	소학교	중학교	고교	초급학교	중급학교	고급학교
1956	11,788	4,600	4,600	95,372	36,422	7,717	11.00%	11.20%	37.30%
1957	11,499	4,183	4,183	91,702	35,541	8,717	11.10%	10.50%	32.40%
1958	12,345	3,901	3,901	92,483	36,329	9,404	11.80%	9.70%	29.30%
1959	14,569	5,934	5,934	91,394	35,934	8,596	13.70%	14.20%	40.80%

전거: 文部省, 『学校基本調査報告書』, 각 연도판; 金德龍, 『朝鮮学校の戦後史』, 社会評論社, 2002년.

재적 비율이 60%를 넘고, 1948년에는 70% 가까이까지 올라가고 있다. 그러나 그 다음해에는 40% 정도가 되고 1949년 10월의 조선인 학교의 폐쇄·개조명령 후는 10% 대까지 떨어졌다. 중학교의 경우는 원래 학교 수가 적기도 했기 때문에 조선인 학교 재적 비율이 소학교보다 낮았고, 가장 높았던 1949년에도 15% 정도였다. 단, 그 후의 조선인 학교 재적 비율의 저하는 소학교에 비해서 급격하지 않았고, 1950년대 전반에도 10% 정도였다.

그리고 1950년대 후반에 대해서는 문부성의 『학교기본조사보고서』에 실린 일본 학교(다소 기묘한 호칭이지만, 일본의 학교교육법에 입각한 인가를 받은 공립·사립학교를 가리킨다. 일본의 공립·사립학교에는 조선인을 비롯하여 외국인도 재적하고 있어 '일본인 학교'가 아니기 때문이다)에 재적한 조선인 학생 수와 김덕룡의 『조선학교의 전후사』(社会評論社, 2002년) 216쪽에 실려 있는 '조선학교의 아동 학생 수의 변천'으로 조선인 학교 재적자의 비율의 동향을 파악할 수 있다. 그렇기는 하지만 여기에서 말하는 조선학교에는 민단계 및 중립계의 조선인 학교(그 재적생은 전술한 바와 같이 소수이지만)는 포함되어 있지 않다고 할 수 있다. 따라서 실제로는 조선인 학교 재적 비율은 이보다 약간 높아질 것이지만, [표 6-30]에 나타낸 것과 같이 1958년까지는 초급학교, 중급학교 모두 10% 전후로 추이하고, 북한으로의 귀국운동이 고양된 1959년에 약간 높아지는 경향을 보였다. 즉, 1958년까지는 1950년대 전반과 같은 수준을 유지하고 있었던 것이다.

또 고등학교를 보면 당시에는 애당초 진학하지 않는 사람도 일본인 중에도 드물지 않았기 때문에 '조선인 학교 고급학교와 일본 학교 고등학교 재적자의 합계에 대한 전자의 비율'은 이른바 '조선인 고등학교 진학자 중의 조선인 학교 선택 비율'이 된다. 그 비율은 폭이 넓지만 30~40% 사이에서 움직이고 있었다.

그리고 이제까지 서술해 온 학령기 학생 중에서 민족교육을 받는 사람의 비율이 어느 정도였는지 하는 점은 어디까지나 전국 평균 수치인 것에도 주의해 둘 필요가 있다. 환언하면 지역에 따라 조선인 학교 재적 비율은 상당히 차이가 있었다고 생각할 수 있다. 근처에 조선인 학교가 존재하는 지역의 경우에는 당연히 그것이 높아질 것이다. 실제로 공립분교라는 형태로 조선인 학교가 남아 있던 가나가와현에 거주하는 조선인의 경우 1953년 단계에서도 조선인 학교에 재적하는 비율은 소학교 42.1%, 중학교 31.3%였다.[46] 그리고 1950년경의 미카와시마에 거주하는 제주도 출신 조선인의 경우 근처에 조선인 학교가 있고, 소학교의 경우 적령자의 4분의 3에 해당하는 아동이 그곳에 다니고 있었다고 되어 있다.[47]

따라서 이 시기의 민족교육의 실천이 재일조선인 전체에 대해서 어떠한 영향력을 갖고 있었는지에 대해서는 다음과 같이 정리할 수 있다. 1948년 4월 단계에서는 소학교 학령기 아동의 70% 정도가 조선인 학교에 재적하고 있었다고 볼 수 있는 바와 같이 상당히 다수의 조선인이 민족문화를 배울 기회를 갖고 있었다. 조선인 학교가 근처에 존재한 지역(대개는 도시의 조선인 집주지)의 경우 그곳에 있는 소학교 적령기의 조선인 아동의 대부분이 조선인으로서의 교육을 받고 있었다고 볼 수 있다. 그렇지만 GHQ의 반공정책 강화를 배경으로 한 사실상의 민족교육에 대한 탄압으로 1949년 10월 이후에는 재일조선인 학생에게 조선어와 조선 문화를 교육할 기회는 현저히 감소했다. 조선인 학교를 유지할 수 있었던 지역에서는 그곳에 다니는 조선인 학생이 상대적으로 다수였다고 볼 수 있지만, 전국적으로는 민족교육을 받을 기회를 얻은 조선인 학생은 소수파였다. 1950년대 전반에 걸쳐 초등교육의 조선인 학교 재적 비율은 10~15% 정도였다고 생각할 수 있다.

즉, 전후 초기에 일단 확립된 것처럼 보였던 조선인들이 직접 교육해서 조선

---

46 앞의 『日本にいる朝鮮の子ども』, 34쪽의 표에서 산출.
47 앞의 『済州島』, 266쪽.

인 학생들에게 민족문화를 계승하게 하는 시스템은 1950년대 단계에서는 완전히 파괴되지는 않았다하더라도 미약해져 있었다.

이 점은 당시뿐만 아니라 그 후의 시기에까지 영향을 미치는 것이었다. 이는 1950년대에 소학생이었던 조선인(거의 1944년생부터 1953년생에 해당하는 즉, 베이비 붐 세대를 포함한다)이 성장하고 사회의 중심 역할을 하게 되면서는 민족문화의 계승이 더욱 더 어려워지게 된다는 것을 의미했기 때문이다.

단, 민족문화의 계승이라는 문제는 단순히 조선인 학교 재적 비율만으로는 판단할 수 없는 문제라는 것도 고려해야 한다. 또 전학하여 조선인 학교와 일본인 학교의 양쪽에 다닌 사람도 있을 것이기 때문에 조선인 학교에서의 교육을 받은 경험이 있는 사람의 비율은 어느 시점에서의 조선인 학교 재적 비율보다 높아진다는 점에도 주의할 필요가 있다. 그리고 민족교육을 받고 성장한 사람이 다른 재일조선인에게 주는 영향력이라는 것도 생각하면 그 이전에 비해서 학생 수가 감소했다고는 해도 1950년대 이후의 민족교육도 민족문화의 유지 계승에 일정한 역할을 했다고 평가되어야만 할 것이다.

이 절에서 조선인 집주지의 상황, 상공업·서비스업, 혼인 형태, 민족교육이라는 네 가지 문제를 논해왔다. 이하에서는 이제까지 서술해 온 것으로부터 파악할 수 있는 1940년대 후반부터 1950년대의 재일조선인의 사회적 결합과 일상생활에서의 문화 유지 상황 등을 정리해 두겠다.

우선 사회적 결합에 대해서 서술하면 이 시기에도 조선인끼리의 연결은 재일조선인에게 있어서 비중 있게 존재했다고 할 수 있겠다. 물론 각 개인의 속성과 처해진 입장에 따라서 민족적인 사회적 결합이 차지하는 비중은 달랐다.

지역적으로 보면 조선인 인구 비율이 높은 지역에서 그 비중이 높은 경향이 있었다. 그러한 지역에서는 전전, 전후 모두 조선인들끼리 결혼하는 것이 일반적이었으며, 조선인 학교도 다수 설립되어 있었다. 그 중에서도 1930년대까지 형성되어 있었던 조선인 집주지의 거주자는 조선인이 경영하는 공장 등에 취직하거나 학교에서의 관계를 통해서도 다른 조선인들과 일상적인 관계를 맺어가고 있었을 것이다. 또 이즈미 세이치가 미카와시마 주변 조사에서 밝혀낸 바와 같이 애당초 명확한 조직으로서의 지연단체가 존속했는지는 차치하고서라도, 조선인 집주지에서는 조선에서의 지연에 입각한 사회적 결합도 사라지지 않았다. 그리고 그 때문에 전쟁 피해를 극복하고 슬럼 철거 대상에서 제외되어 존속했던 조선인 집주지에서는 전후에 조선인이 그곳을 이탈하지 않고, 오히려 새로이 유입되면서 조선인 인구 비율이 높아지는 경향을 보였다.

한편 조선인 인구가 적고 조선인 인구 비율이 낮은 지역에서는 조선인 집주지에서 볼 수 있는 것과 같은 일상적인 조선인끼리의 사회적 결합은 공고하지 않았다. 그러나 조선인 인구가 적은 현에도 조선인 학교가 설립되어 있었던 것 등으로 생각해 보면, 조선인끼리의 결합이 완전히 없어진 것은 아니었다는 것이 확인될 것이다.

그리고 민족적인 사회적 결합은 도일 1세 세대에서 강하게 나타나고, 그 이후의 젊은 세대에서는 느슨해져 갔을 것이라고 추측된다. 그러나 혼인 형태에서 보이는 바와 같이 일본에서 인격을 형성한 2세 내지 1.5세에서도 설령 일상적으로는 일본인과의 관계가 주요했다고 하더라도 조선인끼리의 관계도 존재했으며 또 그것이 중시되고 있었을 것으로 추측된다.

단, 전후의 재일조선인의 사회적 결합은 한반도에 거주하는 사람들을 구체적인 형태에서는 포함하지 않는다는 점에서 전전과 결정적으로 차이가 있다. 이 점은 말할 것도 없이 신규 유입(밀항자를 제외하고)이 거의 없어진 것, 한국전쟁과 그 후에도 이어진 정치적 긴장이 영향을 끼치고 있다.

조선인으로서의 민족적인 사회적 결합은 전후에도 그 나름대로 존속하고 있었다고 할 수 있는 것에 반해서 민족문화의 유지 상황은 전전과 비교했을 때 큰 변화가 생겨났다. 물론 의식주와 언어·생활양식 등에서 전전과 마찬가지로 조선 문화의 요소는 전후에도 어느 정도 남아있었다. 조선인 집주지의 사례이기는 하지만, 이즈미 세이치의 조사에 있는 것처럼 1950년경의 미카와시마의 제주도 출신 조선인들은 조선 옷을 갖고 있는 사람이 많았고, 조선 요리도 먹고 있었다.

그러나 조선 문화는 가정 내부 등의 차원에서 유지되고 있었던 것에 그치며, 일본인에게 있어서 가시적일 정도는 아니었다. 조선 옷을 소유하고 있다 하더라도 그것을 입고 외출하는 것은 드물었고, 이름도 통상적으로는 일본풍의 성명을 사용하는 것이 일반적이게 되었고, 조선인이 경영하는 사업소도 특별히 조선과 연관 있는 상호를 사용하는 경우는 줄어들었다.

그리고 일상생활에서의 민족문화를 유지·보증하는 기반이 흔들리고, 지역에 따라서는 상실 상태에 있었다는 점도 지적해 두어야 한다. 즉, 전전에는 조선인 집주지를 중심으로 상당히 널리 전개되었던 조선인을 대상으로 한 물자의 판매와 민족의 독자적인 수요에 부응한 서비스 제공 같은 사업은 전후에는 그다지 찾아볼 수 없게 되었다.

이러한 상황을 초래한 요인으로서는 물론 일본체재가 장기화됨에 따라서 일본문화에 적응해 갔다(이른바 비강제적인 동화)는 측면도 있을 것이다. 또 조선 여성이 일상적으로 조선 옷을 입지 않게 된 것은 생활양식의 근대화라는 문제도 관련되어 있을 것이다. 그러나 이제까지의 연구에서 수차례 지적하고 있는 바와 같이 일본 행정당국이 취해 온 강제적인 동화정책의 영향에 의한 부분이 크다고 보아야 한다. 예를 들면 조선 옷 판매점 등은 전시하에서 강제적으로 전·폐업을 하지 않을 수 없었다.

단, 이상과 같은 사실 이외에도 중요한 요인이 있다는 것을 여기에서 지적해 두고자 한다. 그 요인은 한반도로부터의 사람과 물자의 왕래가 1940년대 후반 이후 거의 단절되어 갔던 것이 영향을 끼치고 있었던 것이다. 즉, 이제 더 이상 일본어를 그다지 잘하지 못하는 조선인을 고객으로 하는 사업이 성립되지 않았고, 애당초 조선인을 대상으로 한 물자 등도 입수하기 어려웠으며 한반도로부터 직접 가져오는 정보도 그다지 유통되지 않는 상황이 생겨나게 된 것이다.

그렇지만 전후의 재일조선인의 민족문화의 유지에 대해서 서술할 때 전전보다 후퇴한 측면만 있는 것이 아니라는 것도 언급해둘 필요가 있다. 전전에는 재일조선인들 사이에서 민족적 정체성을 회복·유지시키고 젊은 세대에게 민족문화를 계승시키기 위한 활동이 활발히 추진되고 있었다. 이러한 움직임이 전후 초기에 광범위한 재일조선인들에게 영향을 주었다는 것은 다시 지적할 필요도 없다. 전후에 태어난 재일조선인에게는 조선 고유의 문화에 기반을 둔 이름이 붙여지는 경우가 많았고, 조선인 학교에 다님으로써 조선어를 사용하고, 조선의 역사와 문화를 이해하는 학생도 늘어났다. 그러나 GHQ 및 일본 정부의 반공정책과 관련하여 조선인 학교 대부분이 폐쇄되고, 1950년대 이후 민족교육을 받는 혜택을 누린 조선인 학생은 상대적으로 줄어들었다. 이러한 가운데 젊은 세대에 민족문화가 충분히 계승되지 않는 상황이 이어지게 되었다.

이상과 같은 사회적 결합과 민족문화의 유지 상황, 나아가서 앞 절에서 설명한 바와 같은 인구 구성을 생각했을 때 재일조선인이라는 사회집단은 1945년의 일본 패전을 계기로 큰 변화를 겪었던 것을 알 수 있다. 전후의 재일조선인이 전전에 기원을 두고 있다는 것은 말할 필요도 없으며, 사회집단으로서의 통합을 형성하고 있었던 것은 분명하다. 그리고 조선인끼리의 연결을 유지하고 있다는 점에서 전전과 마찬가지로 일본 사회와는 구별된 재일조선인 사회가 형성되어 있었다고 할 수 있다. 그러나 고향 마을로부터 새롭게 그 구성원이 되어야 할 조선인을 꾸준히 맞아들이고 그와 함께 물자와 정보를 이동시켰던 한반도와의 유대와 유동성을 잃게 되면서 일상생활 차원에서의 독자적인 문화는 전전에 보였던 만큼은 유지되지 않았다.

그러면 이러한 전전과는 다른 '전후 재일조선인 사회' 속에서 사람들은 어떠한 의식을 갖고 또 어떠한 활동을 전개하고 있었을까? 이 점에 관해서는 다음 절에서 일본인 측의 재일조선인에 대한 대응도 포함하면서 논하기로 하겠다.

3. 전후 재일조선인의 의식과 활동

전후 재일조선인의 역사를 다룬 연구는 오늘날 일정한 축적을 갖게 되었다.

그 중에는 재일조선인의 의식과 활동에 초점을 맞춘 연구도 몇 가지 있다. 체계적으로 그것을 밝혀낸 것으로는 박경식의 『해방 후 재일조선인운동사』(三一書房, 1989년)가 있고, 그 밖에는 일본 점령기에 대해서 논한 고바야시 도모코小林知子의 「전후에 있어서의 재일조선인과 '조국'戰後における在日朝鮮人と'祖国'」(『朝鮮史研究会論文集』 제34집, 1996년 10월)이 있다.

이 연구들은 경찰당국 등 치안 단속을 목적으로 하는 입장이나 현재의 재일조선인운동의 방침에 입각하여 과거의 동향을 재단 혹은 정당화하지 않았으며, 실증 수준이 높다. 이하의 본론에서도 이 선행연구들에 의거한 부분이 적지 않다.

그러나 선행연구에서는 전후의 출발에 있어 재일조선인이 조국과 연결된 조선 민족으로서의 정체성을 공고하게 갖고 있었다는 것을 전제로 하였기 때문에 조국 건설＝민족해방운동에 모든 재일조선인이 참여한 것 같이 묘사한 경향이 있다. 예를 들면 『해방후 재일조선인운동사』 43~44쪽에서는 1945년 8월 15일의 상황을 다음과 같이 기록하여 전후 재일조선인운동의 출발을 그리고 있다.

8월 15일 일본의 패전으로 조선의 해방을 맞이하여 모든 재일동포는 환희와 감격의 도가니에 빠졌다. 특히 일본으로 건너와서 민족차별을 받으면서 오랫동안 고생했던 연배 있는 사람들은 용케도 지금까지 살아 왔다면서 눈물을 흘렸다. 젊은 사람들은 독립 조선의 건설에 의욕을 불태웠다. 그리고 하루라도 빨리 귀국해서 조국 건설에 매진하고자 했다.

그렇지만 이미 살펴본 바와 같이 전전에는(물론 조선 독립의 가능성이 없다는 것이 전제가 되었던 상황하에서이기는 하지만) 일본에서의 생활을 지속할 것을 지향하는 사람도 있었고, 또 황민화 이데올로기의 영향으로 조선인이라는 정체성 자체를 부정하는 사람도 있었다. 그러한 가운데 재일조선인이 갖고 있던 조국이라는 관념 자체도 다양했고, 모든 사람들이 귀국해서 조국을 건설할 것을 열망하는 반응을 바로 나타냈다고는 볼 수 없다.

따라서 전후 재일조선인의 동향을 역사학적 입장에서 고찰할 경우에는 민중의식의 다양성을 인정하면서 전전과의 연속성과 비연속성, 전환의 계기 등을 밝혀낼 필요가 있다. 이 절의 과제 중 하나는 바로 이 점이다.

그러나 전후 재일조선인들 사이에서 조국과 연결되고자 하는 내셔널리즘=조국지향형 내셔널리즘이 고양되고, 그에 입각한 격렬한 운동이 대중적 기반을 갖고 전개되었던 것도 사실이다. 그리고 동시에 이루어진 민주화 등을 내세운 일본 정치의 변혁 활동이 결국에는 부정되고, 재일조선인운동의 임무가 조국과 일체화되고, 건국, 통일 활동을 담당하는 것이라고 정리되게 된다. 그러면 전후 직후에는 민중의식도 다양하고 한때 적극적으로 일본 정치에도 관여했음에도 왜 재일조선인들의 의식이 조국과 연결되는 것으로 뜻을 모았고, 그 활동도 조국지향형 내셔널리즘에 입각하는 것으로 수렴되었던 것일까? 이 점이 이 절에서 밝혀내야 할 두 번째 과제다. 이 점에 대해서는 선행연구에서는 거의 답이 제시되어 있지 않다. 이는 전후 직후부터 조국지향형 내셔널리즘이 지배적이었던 것으로 간주하고, 한때 일본 정치에 관여한 것도 일본공산당이 잘못 지도한 것이었거나 조국 문제와 관련되어 주체적으로 참여한 것으로 설명함으로써 이러한 설문 자체를 설정하지 않았기 때문이다.

나아가 이 과제에 대해서는 일본인과 관계를 맺는 계기에 특히 더 주목하면서 고찰해 나가고자 한다. 타국의 예를 보더라도 알 수 있듯이 어떤 민족 집단의 정체성은 그 지역 다수파 민족 집단과의 관계에 상당한 영향을 받고 있기 때문이다.

그리고 이상과 같이 전후의 여러 정세를 거쳐서 확립되었던 조국지향형 내서널리즘의 의식과 그에 입각한 활동은 그 후의 재일조선인 사회에 어떠한 영향을 미쳤는지에 대해서도 이 절의 마지막에서 고찰하고자 한다.

8·15 후의 재일조선인의 민중의식

1945년 8월 15일은 객관적으로 보아 조선인들에게 있어 일본 제국주의로부터 해방되는 날이었음에는 틀림이 없다. 그러나 200만 명이라고도 하는 재일조선인 한사람 한사람이 일본의 패전 사실을 어떻게 받아들였는지는 세대나 그때까지 처해 있었던 환경, 이데올로기적 교화의 수용 정도 등에 따라 달랐다고 보아야 한다.

우선 강제연행＝전시동원정책으로 도일했던 노동자들에게 8월 15일은 문자 그대로 해방의 날이었다. 이 사람들은 강제로 가족과 떨어지거나 노예와 같은 노동을 강요당하는 등 극심한 억압을 받고 있었기 때문이다.

동시에 마르크스주의자를 포함하는 민족주의 신념을 계속 유지하고 있었던 조선인들에게 있어서도 8월 15일은 해방의 날이었다. 그들은 일본 제국주의의 본질을 간파하고 조선 민족이 그 굴레로부터 해방되었다는 것을 정확하게 이해하고 있었기 때문이다.

그렇지만 재일조선인 중에서 민족적인 차별과 억압을 받지 않았던 사람은 없었겠지만, 노골적인 폭력으로 혹사당한 사람만 있었던 것은 아니었다는 점도 사실이다. 또 체계적인 이데올로기를 유지하면서 일본 제국주의와 비타협적인 태도를 계속 취해 올 수 있었던 사람은 확고한 의지와 신념을 가진 활동가뿐이었을 것이다. 바꿔 말하면 재일조선인 사회는 생계를 유지하기 위해서 전쟁 수행을 위한 여러 시책과도 어느 정도 타협하면서 하루하루를 살아왔던 사람들을 포함하고 있는 것이다.

따라서 어느 소설에 묘사된 조선인이 경영하는 소규모 공장에서의 다음과 같은 정경이 현실에 있었다고 해도 이상할 것이 없었다.

알아듣기 어려운 그 떨리는 목소리의 방송이 끝나자마자, 주인은 라디오의 스위치를 끄고 으흠 하고 깊고 큰 숨을 토해냈다. 그리고 자, 모두들 들었지 하고 편안한 목소리로 의외로 차분히 말했다. 조금 잘 들리지 않았지만 이걸로 전쟁은 끝나고 일본이 졌다는 것은 틀림없다. 그러나 이제 잘 생각해야 한다. 전쟁에서 진 것은 일본이지, 조선이 아니야. 알겠어? 마침내 우리는 조선의 나라를 되찾은 것이다. [……] 지금까지는 어쩔 수 없이 일본인으로서 살아왔지만 이제부터는 달라. [……] 음 그래서 나도 지금까지는 어쩔 수 없이 일본인으로서 살아 왔지만, 앞으로는 명실상부한 조선인으로서 우리 동포를 위해서 서로 노력해야 한다고 생각한다. [……] 명백히 패전을 예측하고 벌써부터 생각하고 있었던 말이었다. 천황폐하, 무슨 말 하는 건지 잘 모르겠는데 하고 누군가가 말했다. 진짜로 잘 모르겠다, 그래도 일본이 졌다는 것만은 확실하게 하지 않았냐? 홀쩍홀쩍 여자 아이가 울기 시작한 모양이다. 돌아보니 여학교 3학년인 주인의 딸이 눈시울을 누르고 있었다. 공장에서 사는 젊은 동포 직원이 2, 3명 섞여 있었는데, 이들도 이상하게 얼굴을 일그러뜨리고 슬픔을 참고 있는 것 같았다. 주인은 자기 혼자만 마시자고 끓이게 한 차를 홀짝거리며 느긋하게 행동하고 있었지만, 그 표정은 말과는 어울리지 않게 굳어 있었다. 도리어 그의 아내와 모여든 이웃 여자들이 더 '패전의 비보'를 비보로 받아들이지 않는 밝은 성격을 갖고 있었다고 해야 한다.

"아버지, 앞으로 일본은 어떻게 되는 거야?"하고 눈꼬리가 내려 간 귀여운 얼굴을 찡그리며 딸이 말했다…….

"……일본 걱정은 하지 마라, 우리는 말이지, 조선인이다, 아까도 말했다시피 이제부터는 자기 나라 일을 걱정해야 한다." 분명히 남의 이목을 생각해서 한 발언이라는 것을 알 수 있는 어색함이 있었다.

"아버지, 그렇다고 해도, 난 모르겠어, 우린 일본인이잖아, 피는 조선인이라도 일본 국민인걸, 갑자기 그런대도 몰라, 몰라……."[48]

이 인용문에서 주목되는 것은 다음과 같은 점이다. 우선 이 자리에 있는 조선인들에게 있어 일본의 패전은 쌍수를 들고 환영할 만한 상황이라고 받아들여지지는 않았다. 여학교에 다니는 딸을 가진 40대 이상으로 여겨지는 공장주는 일본의 패전을 조선 민족의 해방이라고 인식하는 것이 가능했지만, 판단력 없이 일본 국가의 당시의 교육을 그대로 받아들인 젊은 세대에게 그것은 슬퍼해야 할 일이

---

48 金石範, 『1945年夏』, 筑摩書房, 1974년, 244~245쪽.

었다. 정체성에 대해서 보더라도 공장주의 경우 일본인에 동화될 필요성을 역설했던 것을 떳떳하지 못하게 느끼고 주저하면서도 조선 민족의 입장을 다시 표명할 수 있었지만, 그 딸은 자신은 여전히 일본 국민(당시로는 정확하게는 제국 신민이라고 표현했겠지만)이라고 생각하고 있었다. 그리고 조선으로 귀국하는 것은 화제에 오르지 않았고, 더구나 조국 건국 사업에 참여하겠다는 열의를 갖고 의견을 표명하는 일도 없었다.

물론 위의 인용은 소설의 한 장면으로 완전한 사실을 묘사한 것은 아닐 것이며, 또 재일조선인 사회의 모든 곳에서 이러한 광경을 볼 수 있었던 것은 아니다.

그러나 당초 어느 정도 일본에서 체재가 장기화되었을 경우 생활기반을 일본에 두었다고 하기보다 이제는 조선으로 되돌아가더라도 생활의 전망이 없는 조선인들이 생겨나게 된 것은 당연했다. 귀환에 있어 반출하는 재산이 제한되었던 것도 이 점과 관련하여 문제가 되었다. 더욱이 일본 내지에서 자란 젊은 세대의 경우 언어 때문에 발생하는 어려움도 있었다.

8월 15일 직후 재일조선인의 상황을 내탐하고 있던 특고경찰은 그들 중에 "돌아간다 한들 아는 사람도 없고", "돌아가면 실업자가 되기" 때문에[49] "이 땅을 버리고 조선으로 돌아가는 것은 진흙탕에 스스로 기어들어가는 것과 같은 꼴"이라고까지 말하는 사람이 있었다는 것을 전하고 있다.[50] 1945년 9월 시점에서는 소개疏開 때문에 조선에 있었던 일본 내지에서 자란 조선인들이 패전 후에 오히려 일본으로 되돌아 올 것을 희망한 경우마저 확인할 수 있다. 「경성일보」 1945년 9월 11일자의 일본인 간사회 회답에 의한 '전재戰災상담란'에는 다음과 같은 상담이 들어왔다.

저는 14년 동안 오사카에서 살았던 조선인으로 전쟁 재해로 3개월 전 경성으로 소개

---

49 1945년 8월 27일자 지바 현 이치노미야(一宮) 경찰서장이 지바 현지사에게 보낸 「後聖断発表後に於ける朝鮮人の動静に関する件」(단, 千葉県 警察部 特高課, 『昭和二十年·内鮮報告書類編冊』, 朴慶植編, 『朝鮮問題資料叢書』 제13권, 三一書房, 1990년에 수록).
50 1945년 9월 7일자 지바 현 오키타(大喜多) 경찰서장이 지바 현지사에게 보낸 「朝鮮人意向内査の件」, 앞의 『昭和二十年·内鮮報告書類編冊』에 수록.

(疏開)해서 온 사람인데, 친척도 찾지 못하고, ○○도 익숙하지 않은 땅이기 때문에 오늘 같은 상태가 되었습니다. 가족 5명은 몸에 걸친 옷 말고는 아무것도 없는 상태로 현재와 같은 생활○○는 ○○에 넘쳐나도 돈이 없어 가족은 굶으며 죽음을 기다리는 것 밖에 달리 방도가 없습니다. ○○는 점점 겨울이 다가와 실로 불안하기 짝이 없습니다. 당신들은 일본인만을 원호하실 목적일지도 모르겠지만, 당신들처럼 국민학교부터 오늘까지 내지에서 자라서 조선어도 제대로 할 줄 모르고, 그래서 평화로운 일본으로 다시 한 번 갈 심산입니다. 부디 이 기회에 일본인, 조선인 구별 없이 이와 같은 사정으로 아주 곤란한 사람들을 원호하는 것이 ○○○○함과 동시에 야마토민족(일본 민족—역주) 특유의 의협심이 아니겠습니까?

또 패전 직후의 시점에서는 조국이 조선이며 그곳에만 자신이 귀속된다는 생각과는 다른 인식을 갖는 조선인도 존재했다. 그것은 전술한 소설에 등장하는 공장주의 딸이 "피는 조선인이라도 일본 국민"이라고 한 말에서 볼 수 있듯이 젊은 세대에 대한 대일본제국의 이데올로기 주입으로 생겨난 경우가 있는 것은 틀림없다. 당연히 일본에서의 생활이 길어져서 영주를 희망하는 사람들에게 있어 조선인인 동시에 일본 사회의 구성원이라는 입장은 충분히 근거 있는 것이었다. 그리고 패전 직후에도 그러한 입장에 있는 조선인들의 호소를 찾아볼 수 있다. 예를 들면 1945년 9월 10일자의 「조선일보」에는 '조선 문화 지도원 모집'이라는 다음과 같은 글의 광고가 게재되었다.

조선청년제군이여 열혈의 날은 왔다. 신조선 건설 제일보의 출발이 시작되었다. 조선 문화 발전에 매진하는 우리 열혈 청년이여 일본건설과 함께 조선 문화 지도에 매진할 각오는 오늘이다. 일본정신교육을 받은 제군이여 야마토 혼(大和魂, 일본적 혼—역주)을 갖고 조선 문화 지도자를 희망하는 열혈 식자(諸子)는 왼쪽의 주소로 오라…….

그러나 같은 시기에 조선인 민족주의자와 마르크스주의자는 위의 광고를
낸 사람과는 달리 황민화 이데올로기를 부정하는 입장에서 활동을 개시했고 이
활동들이 보다 큰 영향력을 갖고 있었다. 이리하여 1945년 10월에는 마르크스주
의자, 민족주의자가 주도하는 형태로 전국적인 조직으로서의 재일본조선인연
맹이 결성되었다. 그 과정에서 황민화 이데올로기를 이어가는 형태로 대일본제
국의 일원이라는 정체성을 갖고 있었던 재일조선인들도 대개가 의식 전환이 되고
있었다.

의식 전환을 촉진하는 요인 중 하나는 민족주의자, 마르크스주의자 조선인
들의 활동이었다. 전전에 탄압을 받았던 그들은 8월 15일 이후 공공연하게 사람들
앞에서 일본 제국주의를 비판하면서 조선 민족으로서의 자부심을 회복하여 조선
국가 건설에 참여해야 한다고 호소했다. 조선인으로서의 의식을 어딘가에 갖고
있던 사람들이 그러한 호소에 반응하는 것은 당연한 일이었다. 또 전전에 조선인
의 생활권과 민족적 권리를 지키기 위해서 활동해 왔던 것은 민족주의자와 마르
크스주의자들이었기 때문에 민중 차원에서도 그들에 대한 인간적인 신뢰감이
강했다고 생각할 수 있다.

그러나 재일조선인 사회 내부의 움직임만이 아니라 일본인의 조선인에 대한
대응이 민족의식을 자각시키는 요인이 되었던 것도 지적해 두어야 한다. 원래
전전에도 조선인에 대한 차별이 심했고, 그것이 어떤 의미에서는 스스로가 조선
인이라는 것을 의식하게 만드는 계기가 되었다. 그리고 민족차별은 8월 15일
후에도 변하지 않았으며 패전 후의 일본인은 식민지 지배에 대한 반성이 결여된
채 조선 민족에 대한 우월감을 유지하고 있었다.[51] 이와 더불어 일본인은 대일본
제국의 판도로부터 조선이 이탈될 것이 명백해지자 조선인을 동포라고 하는 표면
적 방침을 금방 버렸다.

황민화 이데올로기에 물들어 있던 조선인도 이러한 점에서 일본인에게 불만
을 품지 않을 수 없었다. 앞서 말한 지바현 경찰부의 자료에 따르면 "내지인 이상으

---

51 山田昭次, 「8·15をめぐる日本人と朝鮮人の断層」, 『朝鮮研究』 제60호, 1967년 1월.

로 전쟁 목적 수행에 노력해 왔다"고 하면서 계속해서 일본에 거주할 자유를 주장해 온 어느 조선인은 다음과 같이 말하고 있었다.

> 종전과 동시에 조선의 독립이 연합군에 의해서 발표된 이래라고 하는 것은 우리 조선인에 대해서 부락회 도나리구미 회원의 태도가 일변한 것 같은 감이 있다. 그것은 결국 조선인을 의붓자식 취급한다는 것을 여실히 말해주는 것이다.[52]

이러한 일본인으로부터의 배제에 대한 반발 의식은 언제든지 일본 제국주의를 부정하는 민족의식으로 전환될 가능성을 갖고 있었다고 할 수 있다.

그리고 "이입 노동자를 징용하는 데 있어 논밭에서 지켜보다가 집에 알리지도 않고 내지의 일터에 끌고와서 강제노동에 종사시킨 일"과 "조선으로 돌아갈 때 선박 사정 때문에 오사카에 체재하는 동안 아무도 조선인에게 음식물을 판매하지 않았다"는 소문을 패전 후에 들은 조선인은 앞으로 "내지에 있으면서 압박을 받을지도 모르지만 그런 일을 당한다면 이제까지처럼 억울하게 참고 넘어갈 수만은 없다"고 말했다. 이 발언은 8월 15일 당초에는 일본 제국주의의 교화에 물들어 있었던 조선인도[53] 점차 민족적인 단결의 필요성을 자각하기 시작했다는 점을 시사한다.

민족단체의 활동과 일본인의 재일조선인 인식

이리하여 8월 15일 후의 재일조선인 사회의 대부분의 사람들이 대일본제국 신민임을 부정하고 조선인으로서의 입장을 취하기에 이르렀다. 그리고 각지에서 귀국과 실업대책 등 당면한 생활문제의 해결과 조선 독립이라는 사정에 대응하기 위하여 자연발생적으로 재일조선인단체가 결성되어 갔다. 이 단체들을 규

---

52 1945년 9월 13일자 지바현 도가네(東金) 경찰서장이 지바 현지사에게 보낸 「朝鮮人の動向に関する件」, 앞의 『昭和二十年·内鮮報告書類編冊』에 수록.
53 1945년 9월 28일자 지바현 도가네 경찰서장이 지바 현지사에게 보낸 「終戦後の朝鮮人取扱に対し極度の不平不満に関する件」, 앞의 『昭和二十年·内鮮報告書類編冊』에 수록.

합되어 1945년 10월에는 전국 조직으로서의 재일본조선인연맹(조련)이 발족했다.[54]

조련에는 전전 이래 재일조선인 사회에서의 리더들 즉, 합숙소장과 상공업에서 성공한 사람들처럼 지역과 직장에서 다른 조선인에게 영향력을 가진 사람, 그 중에서도 그 때문에 협화회 임원이 되었던 사람들도 참여하고 있었다.[55] 앞의 공장주의 예에서도 볼 수 있듯이 이 사람들에게 있어서는 전시하 협화회에서 지도적 입장에 있었던 것도 "동포를 위한" 것이었으므로 8·15 후에 조선인 단체에 참여하는 것은 주관적으로는 모순되지 않았다. 그러나 그들은 객관적으로는 일본 제국주의에 가담한 사람들이었기 때문에 광범위하게 대중의 지지를 얻는 것은 불가능하였다.

이에 반해서 민족적 입장을 갖고 민중의 지지를 얻은 것은 일관되게 일본 제국주의와 대결하여 온 마르크스주의자와 민족주의자들이었다. 특히 마르크스주의자는 1920년대부터 1930년대에 걸쳐서 재일조선인 사회에서 일정한 영향력을 갖고 있었다. 그 때문에 조련의 주도권도 마르크스주의자가 장악하게 되었다.

이에 반해서 반공파인 민족주의자들은 1945년 11월에 조선건국촉진청년동맹(건청[建靑]), 다음해 1월에는 신조선건국동맹(건동[建同])을 결성하고, 같은 해 10월에 발족한 재일본조선거류민단(민단, 1948년 10월에 재일본대한민국거류민단으로 개칭)으로 이어지는 운동을 주도해 가게 된다.

민족단체로 결집한 지도자들 사이에서는 조선을 어떤 국가로서 만들어갈 것인지에 큰 관심이 집중되었고, 민족단체의 활동에서도 조선 건국이라는 과제가 가장 중시되게 되었다. 따라서 현재의 거류지인 일본 사회의 민주화를 짊어진다는 구체적인 방침이 강령 차원으로 내세워지지는 않았다.

---

54 앞의 『解放後在日朝鮮人運動史』, 55쪽. 그리고 민족단체의 동향에 대해서는 이하의 기술에서도 이 책에 많이 의거하고 있다.
55 이 점은 예를 들면 張錠壽, 『在日六〇年·自立と抵抗: 在日朝鮮人運動史への証言』, 社会評論社, 1989년, 135~136쪽에 전하는 증언 등으로도 뒷받침된다.

조련의 강령에서 가장 먼저 내세운 것은 "우리는 신조선 건설에 헌신적 노력을 기한다"는 것이었다. 이에 반해서 일본과의 관계에서는 정치체제의 변혁 등에 대한 직접 언급은 없고, "일본 국민과의 호양우의互讓友誼를 기한다"는 조문이 있을 뿐이었다. 반공파 민족주의계 건청의 강령에는 일본과의 관계에 대해서 특별히 나타나 있지 않고 조선 건국에 관련된 것이 중심이었고, 건동의 선언강령도 국제협조와 주변 여러 민족과의 협동에 대해서는 언급되어 있지만, 주요 과제로 내세웠던 것은 조선 건국 문제였다.

그리고 결성된 민족단체는 실제로 한반도의 정치세력과 연계하면서 활동을 전개하였다.

우선 조련에서는 1946년 2월에 열린 임시대회에서 모스크바 3상회의에서 결정된 조선 신탁통치안을 지지하여 남북으로 나뉜 조국을 통일하기 위한 운동을 전개할 것을 표방했다. 실제로 그 후 남북한에서 결성된 민주주의민족전선의 가맹단체가 되어 조선 민주정부 수립 촉진과 남북한에서의 단독선거에 반대하는 활동을 폈다. 이후에도 북한에서의 개혁과 남한에서의 민중운동을 기관지의 지면 등을 통해서 소개하고 지지하였다.

한편 건청과 건동에서는 1946년 1월 이후 신탁통치안에 반대하기 위한 집회 등을 개최했다. 남한 단독선거를 둘러싸고 건청은 1947년 6월의 임시대회에서 반대 의사를 표명하였지만, 민단은 12월에 지지를 표명했다.

그리고 1948년 8월에 대한민국, 9월에 조선민주주의인민공화국이 수립되자 민단은 한국을, 조련은 북한의 창건을 각각 축하하며 그 아래로의 귀속을 강화해 가게 되었다.

그렇지만 재일조선인에게 있어서 생활의 터전은 일본이었다. 그 때문에 일본의 정치에 재일조선인이 관여하는 것이 민족단체에서도 부정되지는 않고 있었다.

전술한 조련대회에서는 전전부터 조선공산당·일본공산당의 활동가인 김천해金天海가 "조선의 완전 독립과 통일 달성"과 함께 "일본에서는 천황제를 타도

하여 민주정부 수립"을 이루어내고, 친일파를 처단하여 "우리가 살기 좋은 일본으로 만들자"고 주장하였다.[56] 또 조련계 민족교육에서는 그 교육 원칙의 하나로서 "일본 경제하에서의 동포생활 문제에 관한 인식을 확고히 하고 일본 민주화에 노력할 각오를 새롭게 하며 일본 인민 및 다른 민주세력과의 공동제휴의 의의를 철저히 할 것"도 내세우고 있었다.[57]

구체적 활동에서도 조련은 1946년의 시데하라幣原 내각 타도대회와 식량 메이데이에도 적극적으로 참가하였고, 다음해의 2·1총파업에 대해서도 지원을 호소했다. 또 선거권·피선거권에 대해서도 조련에서는 재일조선인에게 당연히 그것이 주어져야만 하는 것이라고 하였다.[58]

이러한 조련의 일본 정치에 대한 관여는 이제까지 지적해 온 바와 같이 공산주의자가 주도하고 있었던 조련이 일본공산당의 지도하에 있었다는 것도 한 요인이 되었다. 그것에는 마르크스주의자가 의도하는 세계혁명의 일환인 일본의 민주혁명의 전열에 재일조선인을 가세시킨다는 측면이 존재하고 있었다.

그러나 이제까지 지적해 온 바와 같이 이미 재일조선인은 일본에 생활기반을 두거나 둘 수밖에 없는 사람들이었다. 그러한 재일조선인에게 있어서 일본의 정치 상황에 대한 관여는 프롤레타리아 국제주의를 들먹일 필요도 없이 생활과 권리를 지키기 위해서 필요한 것이었다.

예를 들면 2·1 총파업을 목전에 둔 조련 기관지 「해방신문」은 "우리들의 생활권 보장, 민생 문제 해결은 일본의 철저한 민주화 없이는 바랄 수가 없다"며 "우리의 이익과 권리를 위하여 [······] 일본 민주혁명에 이바지하자"고 역설했다.[59] 또 「민중신문」의 참정권 요구의 논거도 "첫재로 생활 근거를 일본에 둔 외국 시민으로서의 입장에서 자기 자신의 생활을 옹호"하기 위한 것이라고 되어

---

56 앞의 『解放後在日朝鮮人運動史』, 56쪽.
57 앞의 『解放後在日朝鮮人運動史』, 139쪽.
58 예를 들면 「민중신문」 1946년 1월 15일자, "당면한 일본 총선거전에 우리는 엇더한 태도를 취할 것인가!" 「민중신문」은 원문은 한글이며, 朴慶植 編, 『朝鮮問題資料叢書』 補卷, 三一書房, 1984년에 이 호를 포함한 일부가 수록되어 있다.
59 「해방신문」 1947년 2월 1일, "일본 민주혁명에 참가하자!!".

있었다.[60]

그러면 일본인들은 이 시기 재일조선인을 어떠한 존재로 파악하고 있었고, 또 위에서 서술한 바와 같이 조선 건국의 과제를 추구하면서 일본에 거주하고 그 민중운동의 일익을 담당하고 있었던 것에 대해서 어떠한 반응을 보였을까?

앞 절에서 언급한 바와 같이 조선이 일본의 영토로부터 이탈되게 되어 일본인들은 동포로서의 조선인이라는 표면적 방침을 버렸다. 그리고 그러한 일본인의 태도에 "그것은 결국 조선인에 대한 의붓자식 취급이었던 것을 여실히 말해준다"고 조선인이 말했던 것처럼 애당초 일본인들은 그 이전부터 일본 사회에 정주하고 있었던 조선인을 같은 사회의 구성원이며 평등한 존재라고 생각하지 않았다. 법률적으로도 대일본제국 안에서는 조선인들은 조선 호적으로 편입되도록 강요당하고 일본인과는 엄연히 구별되었다.

그러나 동시에 주의해야 할 것은 '본국'이 창건되지 않았던 이 시기에 조선인은 '비非일본인'이었지 타국의 국적을 가진 외국인은 아니었기 때문에 재일조선인이 다른 주권을 가진 국가에 귀속해 있거나 귀속해야만 하는 사람들이라는 견해도 일본인들 사이에서는 충분히 인식되고 있지 않았다는 점이다.

전술한 바와 같이 남북한의 건국에 이르기까지 재일조선인은 한반도의 정치정세에 적극적으로 관여하려 하였지만, 직접적이지는 않았다. 분명 조련은 1945년 11월에 '본국 파견단'을 보내고[61] 그 후에 서울에 사무소를 두었었고,[62] 민단에서는 단장인 박열朴烈의 비서가 1948년 4월에 남한을 방문하는 등의 움직임이 있었다.[63] 그렇다고는 해도 '본국'의 기관이 재일조선인에게 지시를 하거나 법제도적인 연결을 확립했던 적은 없었다.

이와 동시에 이미 살펴본 바와 같이 8·15 후의 사회는 여전히 조선인 집주지

---

60 「민중신문」 1946년 1월 15일자, 앞의 논설.
61 앞의 『在日六〇年·自立と抵抗』, 142쪽.
62 1948년에 일어난 후술할 한신교육투쟁에 대해서 서울 주재의 조련 관계자가 코멘트를 발표하고 있는 것으로 보아(「조선일보」 1948년 7월 24일자 기사) 이 단계까지는 적어도 존재하고 있었다고 생각된다.
63 「동아일보」 1948년 4월 23일자, "박열 씨 비서 박성진(朴性鎭) 씨 담(談)".

등에서 민족적인 사회적 결합을 유지하고 있었지만, 일본어로 말하고 문화적으로도 일본인과 그다지 다를 바 없는 재일조선인이 적지 않은 수를 차지하게 되었다. 즉, 일본인에게 있어서는 8·15 후의 재일조선인은 외국인으로서 인식하기 어려운 존재였다.

이러한 가운데 일본 정부는 재일조선인을 어떤 면에서는 일본인으로 취급하여 외국인으로서의 권리와 민족적 독자성을 부정하면서 일본 사회에서의 권리를 인정하는 않는 정책을 취하였다. 예를 들면 1945년 12월의 선거법 개정에서는 재일조선인에 대한 참정권이 정지되었는데,[64] 다른 한편으로 1948년에는 "재류조선인은 연합군 지역에 의해 당연히 일본 국적을 갖는 자로서 대우되기 때문에 학령에 달한 아동은 일본의 의무교육을 받아야 하고, 이 방침에 변경이 없는 것은 물론"[65]이라고 하여 민족교육을 받을 권리가 부정되었다.

그러나 이 시기의 일본인은 재일조선인의 일본 정치에 대한 참여 그 자체를 명확하게 거부하는 태도도 보이지 않았다. 그 배경에 존재하고 있었던 것도 재일조선인이 독립된 국가의 일원이 아니라 일본인과 다를 바 없이 일본에 살고 있다는 인식이었다.

예를 들면 조선인에 대한 참정권 정지를 둘러싼 논의 중에서는 어떠한 조치를 통해서 참정권을 인정받아야 한다는 견해도 있었다. 그 이유는 조선인 중에는 "나는 이제 일본에 온 지 수십 년이 지났다. 태어난 아이도 많이 있다. 아내도 일본인이다. 그래서 설령 독립이 되더라도 돌아가지 않을 것이다. 일본에 오랫동안 살겠다는 희망을 갖고 있는 사람도 많이 있다. 이렇게 말하는 사람들에게 왜 일본 국민으로서 훌륭하게 활동할 수 있는 조치를 취해주지 않는 것인가"라고 하는 사람도 있었다.[66]

---

64 그 과정에 대해서는 松田利彦, 『戦前期の在日朝鮮人と参政権』, 明石書店, 1995년, 119~126쪽 참조.

65 「요미우리신문」 1948년 4월 28일자, "정부성명 조선인문제의 방침 명시(政府声明 朝鮮人問題の方針明示)"가 전하는 모리토(森戸) 문부대신의 국회에서의 설명.

66 앞의 『戦前期の在日朝鮮人と参政権』, 124쪽에 소개되어 있는 히토쓰마쓰 사다요시(一松定吉)의 국회심의에서의 지적.

그리고 좌파계의 단체가 같이 전개했던 시대하라 내각 타도대회와 식량 메이데이 등 일본의 민중운동에 대한 재일조선인의 참가에 대해서도 일본 매스컴의 논조에는 그에 대해서 주권을 가진 독립국의 외국인의 행동으로서 특별하게 보거나 비판하는 움직임은 없었다. 또 조선인이 주체가 되어 비상사태를 선언할 정도로 경찰당국과의 충돌을 불러일으킨 한신교육투쟁에 대해서도 일본공산당의 선동이 있었다는 견해는 제시되었지만, 북한 세력이 일본을 교란시켰다는 비판은 전면에 나오지 않았다(단 공산주의자가 남한에서의 단독 선거를 앞에 두고 소란을 피워서 반미의식을 선동하려 한다는 미군이 내린 견해는 일본 언론에서도 소개되었다).[67] 즉, 재일조선인이 일본의 정치에 관여하는 것에 대해서 일본인 사이에 치안을 어지럽힌다는 이유에서의 비판은 있었지만 '내정간섭'으로 보는 견해는 없었다.

남북한의 건국과 재일조선인의 동향

1948년 8월에 대한민국이 그 다음 달에 조선민주주의인민공화국이 성립됨으로써 재일조선인과 관련된 환경은 변화했다. 재일조선인은 실체로서 확립된 조국을 갖는 존재가 되었던 것이다.

한국의 정권을 담당한 반공적 입장을 취하는 정치세력을 지지해 온 민단은 이 해 10월에 그 명칭을 재일본대한민국거류민단으로 변경함과 동시에 개정한 강령의 첫머리에 "우리는 대한민국의 국시國是를 준수한다"는 조문을 두었다. 한국의 국민이라는 입장을 명확히 한 것이다. 한국 정부도 이 해 9월에 민단을 재일동포 유일의 민주단체로서 공인, 그 다음해 1월에는 한국의 주일대표부를 설치하여 재외국민 등록을 실시했다.[68]

---

67 「아사히신문」 1948년 4월 28일자, "목표는 남선선거(目標は 南鮮選挙)"에서는 UP통신의 일본 특파원이 "고베의 소란사건에 대해서는 조선인 측도 일본공산당 측도 공산당은 사건과 전혀 관계가 없다고 주장하고 있는데, 미국인 다수는 이번 사건을 남한 총선거를 앞두고 서로 호응해서 반미 스트라이크를 선동하려고 했던 것"이라고 보고 있다고 보도했던 것을 전하고 있다.

68 민단과 주일한국대표부의 동향에 대해서는 앞의 『解放後在日朝鮮人運動史』 외에 鄭哲, 『民団: 在日韓国人の民族運動』, 洋々社, 1967년; 在日本大韓民國中央本部, 『図表でみる韓国民団50年の歩み』(増補改訂版), 五月書房, 1998년 등을 참조.

그러나 한국을 지지하는 재일조선인은 이 시점에서는 소수였고,[69] 그 때문에
민단의 조직력은 확고하지 않아서 한국 정부의 재외국민 등록을 하는 재일조선인
은 적었다. 동시에 민단 측과 주일대표부와의 관계가 꼭 양호하지만은 않아서
한국 정부가 민단을 지도·통제하는 상황은 발생하지 않았다.

한편 조련도 본국과의 연결 강화를 모색했다. 북한 정부는 한국 정부가 실시
한 것처럼 일본에 대표부를 설치하거나 국민등록을 실시하는 등의 조치는 취하지
않았지만, 조련 산하의 대중은 북한 정부의 성립을 축하하고 북한으로의 귀속의
식을 강화했다. 각지에서 조련 산하 조직에 의한 조선민주주의인민공화국 중앙
정부수립 경축대회가 개최되고, 조련계 조직에서는 GHQ의 탄압에 저항하면서
그 국기를 게양하는 운동을 전개했다. 또 1949년 2월의 조련 제17회 중앙위원회
에서는 북한이 김일성 장군의 지도하에서 발전하고 있다는 보고가 있었고, "재류
60만 동포는 이러한 조국의 발전에 직결해서 모든 행동의 중심을 여기에 두어야
한다"는 것이 확인되었다.[70]

그러나 조국에 대한 귀속의식을 강화하면서도 일본의 정치에 관여하는 것이
조련 안에서 부정되지는 않았다. 조련 제17회 중앙위원회에서는 조국 방위를
위해서 일본의 재군비를 방지할 것, 동포의 생활권을 확보해서 일본 인민과 함께
일본 반동정부의 정책을 분쇄해야 할 것 등의 방침도 표방되었다.[71] 그리고 이후
조련 산하 대중의 일본공산당 입당이 진행되는 등 일본공산당계 세력과 조련과의
관계는 오히려 강화되어 갔다.[72]

물론 이것은 재일조선인에게 있어서는 일본의 혁명운동에 대한 종속 또는
개입이라기보다도 동아시아에서 반공 군사동맹이 만들어지려 하던 정세하에서

---

69 1950년 시점에서 한국적을 가진 사람은 앞의 『図表でみる韓国民団50年の歩み』에 따르면 7만 7433
명이라고 되어 있다.
70 「해방신문」 1949년 2월 15일자, "조련(朝連) 제17회 중앙위원회".
71 「해방신문」 1949년 2월 15일자, "조련(朝連) 제17회 중앙위원회".
72 예를 들면 「해방신문」 1949년 9월 27일자, "여맹(女盟) 효고 본부 정기대회"에 따르면 조련 효고현
본부 제4회 대회에서는 1000여 명의 현 관할하 조선인 여성을 일본공산당으로 입당시킨다는 방침이
논의되고 있다.

의 조국 방위 일환으로서의 의미가 강했다. 조국이 창건된 것은 조련 산하의 재일 조선인으로 하여금 일본의 정치 상황에 그만 관여하게 하는 방향이 아니라 그들의 조국을 지키기 위해서 일본의 사회주의계 여러 세력과 연계를 긴밀하게 하는 방향으로 나가도록 촉진시킨 것이다.

이상과 같은 조련의 동향은 동아시아에서 사회주의 세력이 신장하는 것에 위협을 느끼고 반공 자세를 심화해 갔던 GHQ와 일본 정부에게 있어서는 자신들의 정책에 적대하는 것으로 파악되었다. 이를 배경으로 1949년 9월에는 단체 등 규제령이 적용되어 조련에 대한 해산 명령이 발동되었다. 또 앞 절에서 살펴본 바와 같이 그 다음 달에는 조련계 민족학교가 사실상 폐쇄 명령을 받게 된다.

이러한 탄압에 대해서 조련을 지지하고 있던 재일조선인은 강하게 반발했고 제휴관계에 있었던 일본인 민주단체도 항의 행동을 전개했다. 한편 민단은 조련 해산은 지지했지만, 민족교육에 대한 탄압에 대해서는 항의하여 외국인 교육자 치권을 요구하는 입장을 취했다.

그러면 이 시점에서 확립되어 있던 조국의 정부는 재일조선인에 대한 박해에 대해서 어떠한 태도를 취했을까?

우선 한국 정부는 "조련은 한국을 부인하는 단체"라는 입장이었지만, 동시에 재일조선인은 공산주의자라도 모두 한국 국민이라는 입장을 취하고 있었다.[73] 그 때문에 국회 등에서는 이제까지 정부의 재일교포정책, 교육대책이 마련되지 않은 것을 비판하고 그 개선을 촉구하는 의견이 제출되었다. 한국 정부는 이를 받아들여서 재일교포에게 '우리나라'의 교육을 받게 하기 위한 준비를 할 것을 언명하고, 주일대표부도 한국 정부 외무부의 훈령을 받아서 조련계 학교의 경영권을 민단으로 이관하는 문제에 대해 일본 정부와 협상했다.[74] 그러나 그후 한국 정부가 재일교포 교육대책의 발본적인 강화를 도모한 흔적은 보이지 않고, 조선

---

73 「조선일보」 1949년 10월 21일자 사설 "재일동포의 수난과 대책"; 「동아일보」 1949년 10월 21일자, "학교 폐쇄는 부당".

74 1950년 1월 24일의 한국 정부 외무차관의 한국 국회에서의 발언에 따름(대한민국 국회사무처 편, 『제6회 국회정기회의 속기록』 제13호, 254쪽).

인 학교의 경영권 이관도 실현되지 않았다.

한편 조련이 지지하고 있던 북한에서는 애국투사 중앙위원회, 교원총동맹, 문학예술총동맹이 일본 정부에 조련 해산에 대해서 항의를 했다.[75] 그러나 북한이 정부차원에서 일본에 항의한 것을 보여주는 사료는 확인할 수 없다.[76]

이상으로 보면 재일조선인의 권리가 침해되었던 사태에 대해서 한국이든 북한이든 정부차원에서 유효한 보호의 손길을 뻗지는 않았다고 볼 수 있다. 또 일본의 매스컴에서는 위와 같은 동향은 거의 보도되지 않았다.

이러한 가운데 조련 해산과 민족학교 폐쇄에 관한 일본 사회의 일반적인 반응도 조국을 갖는 외국인의 처우 문제로 보지 않았다. 또 이 시점에서는 반공 풍조도 노골적이지 않고, 조련을 공산주의 국가에 직속하는 세력으로 규정하거나 민족학교에 대해서 적화 거점이라고 보는 견해는 제시되지 않았다. 오히려 재일조선인은 일본에 귀속하는 존재로 파악하고 일본 사회 속에서 융화를 도모해야 한다는 주장이 있었다. 9월 10일의 「아사히신문」의 사설 "조련 등 해산 후의 문제"에서는 조련과 민단이 각각 북한과 한국을 지지하고 있는 것을 인식하면서 다음과 같이 말했다.

재류조선인 중에는 재류가 이미 오래되어서 일본 사회에 상당히 동화된 사람이 있다. 어떤 사람은 일본인을 처로 두고, 그 사이에서 태어난 아이들에게는 모국어도 가르치지 않은 경우가 적지 않을 것이다. 또 한편으로는 종전 후 인플레의 물결을 타고 백만의 부를 획득하여 중소 사업을 경영하게 된 사람이 있고, 지방에 따라서는 일본인과 마찬가지로 공민권을 얻어 정회(町会) 회원이 된 사람도 없지 않다……. 소수민족도 공평하게 취급하는 것 또한 일본 민주화의 하나의 길이라면 재류 60만 명의 생활과 자유에 대해서는 특수한 배려가 필요하게 될 것이다. 일본과 조선 두 민족은 서로 이웃한 두 민족이다. 설령 현재의 흥분된 정치적 기류에

---

75 「해방신문」 1949년 9월 23일자, "일본 정부에 항의문"; 6월 1일자, "일본 정부에 항의".
76 「해방신문」에 기사가 없고, 북한 지지 입장에 선 韓德銖, 『主体的海外僑胞運動の思想と実践』, 未来社, 1986년에도 그러한 기술은 보이지 않는다.

떠밀려서 그 융화를 저해하는 일이 있다 하더라도 그것을 극복하는 노력은 두 민족의 과제여야 한다.

이상에서 본 바와 같이 한국 및 북한의 성립 후 재일조선인은 조국과의 유대를 강화하려고 했지만, 실체를 동반하는 형태로의 관계 구축은 이루어지지 않았다. 그 때문에 이 시기에도 더욱더 일본 사회에서 재일조선인을 독자적 국가를 갖는 외국인으로 보는 의식은 일반화되지 않았다.

한국전쟁하의 재일조선인운동과 일본 민중의식의 변화

이러한 상황을 변화시킨 것은 1950년 6월에 개시된 한국전쟁이었다.

구 조련계, 즉 북한을 지지해 온 재일조선인들은 전쟁 개시 직후에 구 조련계 참가단체 등을 총괄하는 조직으로서 재일조선민주민족전선(민전)의 결성을 준비함과 동시에 조국방위위원회(조방위)와 그 아래의 실동부대인 조국방위대(조방대)의 활동을 개시했다. 그리고 민전은 그 다음해 1월에는 민단의 비주류파 그룹이 가세해서 정식으로 발족했다.

이 단체들 아래로 결집한 재일조선인은 조국 방위를 위한 행동을 전개하고 있었다. 구체적으로는 집회와 데모 개최 등의 합법적인 대중운동과 함께 당시 폭력혁명 노선을 취하고 있었던 일본공산당과 공동으로 반미 투쟁도 펴나갔다. 한반도에 대한 무기의 수송과 군수물자 생산을 저지하기 위해서 이른바 화염병 투쟁 등도 전개했다. 이러한 활동은 1952년 12월의 민전 제3회 전국대회에서 합법적 평화투쟁을 주축으로 한 방침이 내세워지기까지 지속되었다.

다른 한편 민단에서는 의용병 모집과 구호물자를 보내는 활동을 전개했다. 의용병 모집에는 한국전쟁 휴전까지 약 700명의 사람들이 모였고, 그들은 1950년 8월 이후 재일한교자원군在日韓僑自願軍으로서 한국군으로 편입되어서 한국전쟁에 참가하게 되었다.

이 한국전쟁하의 재일조선인의 활동은 조국과 재일조선인의 관계에 있어서 큰 의미를 가지고 있었다. 한국전쟁은 문자 그대로 조국 존망의 위기이며, 그것은 구체적으로 눈에 보이는 형태로 존재했다. 그러한 상황 아래에서 재일조선인들 사이에서는 둘 중 어느 나라를 지지할 것인지는 입장에 따라서 달랐지만, 내셔널리즘의 고양을 볼 수 있었다. 이 경우의 내셔널리즘은 물론 나고 자란 땅과 그곳의 문화에 대한 애착이 아니라, 국가에 대한 의식이다. 동시에 그러한 내셔널리즘은 한반도에서 나고 자라지 않은 젊은 세대의 조선인들 사이에서 강해져 갔다는 것에 주의해야 한다. 한국 측 의용병으로서 참전하거나 비합법인 반미투쟁을 주도한 것은 10대 후반에서 20대, 즉 1920년대 후반부터 1930년대 전반에 출생한 사람들이고, 일본에서 출생하거나 일본에서 유·소년기를 보낸 사람들이 다수파였다.

또 이 기간 동안의 민족단체의 구체적인 운동은 조국의 적과 실력으로 싸우는 것이었고, 집회 등의 개최 등에 머물렀던 그 이전의 단계와 비교할 때 조국과의 일체성을 강화해 가고 있었다고 할 수 있다.

그러나 민전의 활동이 조국 방위를 위한 반미투쟁 일변도였던 것은 아니었다. 재일조선인의 생활권 옹호는 여전히 중요 과제로서 다루어지고 있었고, 민족교육도 계속되고 있었다.

그리고 전술한 바와 같이 민전에 의한 반미투쟁은 일본공산당과 공동으로 이루어지고 있었고, 그런 의미에서는 일본 사회의 변혁을 목표로 하는 혁명운동의 일환이라는 성격을 갖고 있었다.

그러면서도 앞서 말한 상황은 일본에 거주하는 조선인들이 조국이 있는 존재라는 것을 일본인이 깨닫게 만들었다. 동시에 '자유주의 진영'으로 자리하게 되었던 일본 사회에서는 민전계 조선인의 움직임이 비판적으로 받아들여졌다. 그것은 한국전쟁하의 일본에 있어서 북한을 배경으로 하여 자유주의 사회인 일본 사회의 치안을 혼란시키는 것으로 간주되었던 것이다.

이러한 인식은 모두 1950년 단계부터 확인할 수 있다. 이 해 11월 고베를 중심으로 생활보호법의 적용과 세금 면제 등을 요구하며 재일조선인이 행동을 펴나갔던 이른바 제2차 고베사건에 대해서 「요미우리신문」의 1950년 12월 4일자 사설 "간사이의 조선인 소란의 제문제"는 다음과 같이 썼다.

> 우리는 이 조선인들의 소란사건을 조선에서 현재 일어난 전쟁과 어떠한 관련 없이 일어난 것이라고는 생각하지 않는다. 지난 2일의 맥아더 원수의 전국담(戰局談)에서 말한 바와 같이 현재의 전황은 UN군에게 있어 매우 불리하다 [……] UN군 기지로서의 일본에 더욱 사회불안을 격성(激成)하고 그 기지로서의 기능을 마비시키는 것은 공산주의자들에게 주어진 당면 임무다. 그리고 UN군이 불리한 지금이 그 기회이다. 공산주의자는 기회의 이용을 모를 정도로 무능하지 않다.
> 이렇게 보면 각지의 소란이 레드 퍼지 반대, 주민세 철폐, 생활보호법 적용 등을 목적으로 내세우고 있는 것은 완전히 속임수에 지나지 않는다는 것을 알 수 있다.

1951년에 들어가면 '북한 스파이단', '밀무역'이 적발되고, 북한으로부터 일본으로 잠입한 자에 의한 지령의 전달과 자금 제공 등 '북한의 대일교란공작'이 활발하게 이야기되게 되었다.[77]

그리고 1952년 4월에 샌프란시스코조약이 발효된 것도 재일조선인과 관련된 정세에 변화를 가져왔다. 일본열도를 주권이 미치는 범위로(단 오키나와 등은 미군정 하에 있고, '복귀'가 늦어졌다) 일본 국가의 독립이 회복됨으로써 재일조선인은 명백히 외국인으로 규정되게 되었다. 동시에 일본이 독립된 주권을 갖는 존재가 됨으로써 외국인인 재일조선인의 일본 정치에 대한 관여를 거부하자는 의식도 강해졌다.

그리고 샌프란시스코 강화회의에 한국과 북한은 참석하지 못했고, 강화조약의 조문에는 식민지 지배에 대한 반성을 의미하는 문언이 실리지 않았다. 이 때문에 외국인인 조선인이 왜 일본에 거주하고 있는가 하는 역사를 일본인들이

---

77 「아사히신문」 1951년 4월 28일자, "빨간 밀수단(赤い密輸団)"; 5월 9일자, "일본인을 포함한 스파이단(日本人を含むスパイ団)"; 6월 1일자, "북한 연락원이 증언(北鮮連絡員が証言)" 등.

새삼스럽게 의식하게 되는 일은 없었다. 이리하여 식민지 지배의 결과로 조선인이 일본에 거주하게 된 역사가 논의되지 않은 채 공산주의 세력의 외국인이 일본의 치안을 어지럽히고 있다는 인식만이 일본인들 사이에 팽배하였다. 샌프란시스코조약 발효 후인 1952년 5월에는 신문지상에서도 경찰당국의 정보라는 형태기는 하지만, 민전과 조방위의 "김일성 조선인민공화국 수상도 '적의 후방에 내린 부대', '북한 직결의 제5열'이라고 이를 정의하였다", "육탄 데모부대"라는 식으로 논해지게 되었다.[78]

그리고 조선인에 의한 일본에서의 정치활동은 이제는 확실히 내정간섭이라고 인식되게 되었다. 예를 들면 1952년 6월 27일자 「요미우리신문」의 사설 "좌계左系 조선인에게 경고한다"는 다음과 같이 기술하고 있다.

대체로 외국인이 타국에 재류할 때 재류국의 주권 아래에서 그 정치·법률·사회제도를 존중해야 하는 것이 당연하다. […] 다중집결(多衆集結) - 협박적 태도로 이의(異議)를 주장하는 것은 이른바 쓸데없는 참견이며 명백히 내정간섭이다. 하물며 폭력으로 경찰관계 관청에 정면으로 도전하고, 치안을 어지럽히는 일은 당치도 않다고 해야 할 것이다. 모든 독립 국가는 그 국가의 안전을 해하는 외국인, 범죄를 저지른 외국인 또 부랑아 같은 생활을 하는 외국인을 영역 밖으로 추방할 권리를 갖고 있다. 재일조선인 파괴분자와 범죄자 등의 강제송환은 토의 중인 한일회담이 결렬된 채 정지되어 있으나 머지않아 재개될 것이며, 그때는 이 점들에 대해서 확고한 방침을 취할 것을 기대하고자 한다.

부언하면 이 시기의 좌파 계통 재일조선인의 활동은 공동투쟁을 하고 있었던 일본공산당계 일본인들의 비합법투쟁과는 구별되어 파악되게 되었다. 위의 사설에 나온 그 다음달 15일에 같은 「요미우리신문」에 게재되었던 "조선 동포에게 고한다"라는 제목의 글에서 재일조선인 작가 장혁주는 다음과 같이 말했다.

---

78 「아사히신문」 1952년 5월 27일자, "사실상의 '해방구'(事実上の『解放区』)".

제군들의 요즘의 폭력행위는 일공(日共)의 지령에 의한 것이라고 하는데, 그 자체의 좋고 나쁨은 제쳐 놓고 어떤 효과가 없는 "일본 인민을 위해서 일본을 해방시킨다"는 제군들의 목적으로 보면 완전히 역효과가 나서, 일본의 인민들은 "조선인은 무섭다" "조선인이 또 소란을 피웠다" "남의 나라에서 소란을 피우는 것은 당치도 않다"고 하고 있다. 옳은 말이다. 제군들은 일본인에게 있어 '외국인'이다. '일공' 내부에서는 '내선일체'겠지만 일반 일본인은 '외국인'이라고 생각하고 있다. 당연한 것이다. 외국인에게 정치 간섭을 받고 싶지 않은 것이 일본인의 솔직한 마음이다.

또 구소련=민전계로 간주된 조선인 학교에 대해서도 북한과 관련 있다는 소문이 돌아서 민족교육은 "학생들에게 항일의식을 불어넣어 결국 '일본인은 적'이라고 가르치는" 것으로 "요컨대 조선인 학교는 고등중학이 북한 인민군의 사관학교이고 소학교가 유년학교다"라는 비판을 받았다.[79] 또 "빨갱이 조선인을 먹여 살리는 혈세"라는 선동적인 제목으로 생활보호 수급 비율이 일본인의 4배인 점과 조선인을 위해서 쓰이는 실업대책비, 교육비, 강제송환 비용, 경비범죄관계 비 등이 큰 액수라는 점을 문제시하는 신문기사도 같은 시기에 실렸다.[80]

이러한 배외주의는 특별히 비합법적인 정치투쟁을 하고 치안을 어지럽힌다고 간주되었던 세력에 대한 반작용으로 양성되었던 것이 아니었고, 또 그 중심세력도 이른바 보수적인 일본인만이 아니었다. 예를 들면 이 시기 일본의 노동운동을 견인해 갔던 일본노동조합 총평의회의 주력조직이었던 일본탄광노동조합에서는 그 위원장이 조선인이라는 것이 폭로되었기 때문에 사임에 몰리는 사건이 일어났다.[81] 노동조합의 이념이 민족과 국적을 불문하고 노동자가 단결하여 그

---

79 「요미우리신문」 1952년 8월 24일자, "일본인 교관 익명 좌담회 조선인 학교의 실태는 이렇다(日本人教官匿名座談會 朝鮮人学校の実態はこうだ)".
80 「요미우리신문」 1952년 8월 7일자 "빨간 조선인을 먹여 살리는 혈세(赤い朝鮮人に食われる血税)".
81 1952년 5월에 일본탄광노동조합 위원장으로 선출되었던 다나카 아키라(田中章)에 대해서 조합 내부로부터 '국적 문제'가 운운되어, 결국 다나카 위원장은 같은 해 9월에 "나는 조선인이다. 일체를 밝히고 재출발하고 싶다"고 사표를 집행부에 제출했다(「아사히신문」 1952년 9월 4일자, "다나카 탄광 노조위원장이 사임[田中炭労委員長が辞任]"). 日本炭鉱労働組合, 『炭労10年史』, 労働旬報社, 1964

생활을 지키는 것에 있음은 말할 필요도 없으며, 따라서 위원장이 일본인이 아니라고 해도 본래 아무런 문제가 없는 것이다. 그럼에도 이러한 사건이 일어났던 것은 외국인인 조선인은 일본 사회의 일원이 아니며, 그 단체에서의 활동에 참여할 자격이 없다는 의식이 이른바 혁신계의 입장을 취하는 일본인들 사이에서도 일반적이었다는 것을 뒷받침하고 있다.[82]

이상에서 살펴본 바와 같이 한국전쟁하의 재일조선인의 여러 가지 활동은 조선인의 의식에서 조국과의 연결을 강화시킴과 동시에 일본인에게도 재일조선인이 조국을 가진 외국인이라는 점을 인식시켰다. 그리고 샌프란시스코조약 발효 후에는 민전계의 여러 운동은 북한을 배경으로 하는 내정간섭이라고 간주되어 민족교육과 범죄, 여러 경제행위도 그것으로 연결되는 등 일본인들 사이에서 조선인에 대한 배외주의가 강화되었다.

여기에서 이제는 일본에 거주하는 조선인이 전후인 현재까지도 일본의 공민이라는 '오해'는 사라진 것을 알 수 있다. 이것은 대일본제국 시기의 민족과 국가의 관계에 대한 인식과는 다른 의식이 일본인들에게 침투했던 것을 보여주는 것이라고도 하겠다. 즉, 일본 국가에는 조선인 등 일본인 이외의 민족도 존재한다는 의식(물론 그것은 다양한 민족주의를 인정하거나 민족 간의 평등을 보장하는 것은 아니었지만)은 사라지고, 일본국을 구성하는 것은 일본 민족뿐이라는 사고방식이 일반화되었던 것이다. 이른바 단일민족국가론이 이 시기에 사회적으로 확인되었다. 이것은 일부 재일

년에서는 이에 대한 기재는 없지만, 그 후에 정리된 이 조합의 『炭労 激闘あの日あの時』, 創広, 1992년, 119~120쪽에는 관계자의 다음과 같은 발언이 있다. "그가 취임하고 얼마 지나지 않아 어디선가 국적에 대한 소문이 우리들 귀에 들려오게 되었다. 그가 조선인이며 사할린에서 태어나서 전후 부모와 함께 가미스나가와(上砂川)로 왔다는 것, 이 정도 사실은 각 광산의 위원장급은 대강 알고 있던 것이기 때문에 큰 문제가 되지 않으며 만일의 경우에라도 일본노동조합 총평의회나 사회당 등에서 인권 문제로서 방위할 수 있다고 생각하고 있었다. 참고로 다나카 군은 '준수'하다는 말이 딱 맞는 좋은 청년이었다는 인상이 지금까지도 있다. 기회가 있다면 젊은 혈기에 생각지도 않게 함정을 파서 그의 인생을 틀어지게 한 1명으로서 사과하고 싶을 따름이다."

82 동시에 일본 사회에서 예능과 스포츠 분야에서 활약하는 조선인이 일본 이름을 쓰거나 일본인인 것처럼 행동가는 경우가 일반적이게 된 것도 이 시기부터다. 예를 들면 전전기에는 '반도 출신 스모 선수'로서 신문에서도 소개되었던(3장 참조) 역도산은 1950년 8월에 대 스모(씨름)를 폐업, 일본 국적으로 '취적(就籍)'한 후 그 다음해 가을에 프로 레슬러로서 데뷔했다(高淳馹, 『もう一人の力道山』, 小学館, 1996년, 82~99쪽).

조선인들 사이에서 일본 패전 직후에 보였던 것과 같은 자신들도 일본 사회의 일원이라는 입장이 승인되지 않는 상황이 발생한 것을 의미하는 것이기도 했다.

재일조선인의 조국지향형 내셔널리즘 확립과 그 의미

1950년대 중반에도 재일조선인의 동향을 가지고 내정간섭이라고 하는 일본인의 비판은 그 후에도 이어졌다. 또 같은 시기 일본을 무대로 한 북한의 스파이 공작이 대대적으로 전개되고 있는 인상을 강하게 주는 보도도 신문을 떠들썩하게 했다.[83] 게다가 자주 적발되었던 조선인에 의한 각성제 밀조판매사건에 대해서는 "일본의 아편전쟁", 즉 "영국이 아편으로 청나라를 망친 것과 같이 제3국이라고는 할 수 없지만, 제3국인이 일본 안의 가장 부실한 선을 노리고 민족의 생명을 좀먹고 있다"는 견해까지 제시되었다.[84]

그리고 1949년의 조선인 학교 폐쇄령 때에 재일조선인 부모들의 노력으로 일부에서 인정받았던 공립학교로서의 조선인 학교도 점차 문제시되게 되었다. 이 문제에 대해서는 1954년 시점에서 조선인은 "같은 아시아 민족"이기 때문에 행정당국은 조선인 학교에 대해서 배려해야 한다는 의견도 일본인들 사이에 있었다.[85] 즉, 어떤 의미에서는 전전 이래의 아시아주의적인 이데올로기의 잔재라고 할 만한 의식이 없지는 않았던 것이다. 그러나 그러한 의견에 동조하는 사람은 적었고, 위와 같은 의견의 신문 투서에 대해서는 그 직후에 조선인 교육은 조선인에게 맡겨야 한다는 반론이 쇄도하였다.[86] 그리고 실제로 행정당국은 공립 조선인 학교를 존속시키지 않는 조치를 취했다.

또 취직과 진학, 금융기관의 융자 나아가서 사회보장에서도 재일조선인이

---

83 예를 들면 「요미우리신문」 1954년 1월 24일자, "북한계 대스파이사건 드러나(北鮮系大スパイ事件明るみへ)"; 같은 신문, "북한 스파이단 비밀경찰대가 날아옴(北鮮スパイ団 秘密警察隊が飛来)" 등.
84 「요미우리신문」 1954년 11월 13일자, "일본의 아편전쟁 필로폰 재앙(日本のアヘン戰爭ヒロポン禍)".
85 「아사히신문」 1954년 4월 25일자, 투서 "조선인 학교의 고민(朝鮮人学校の悩み)".
86 「아사히신문」 1954년 4월 27일자, "조선인 학교의 문제(朝鮮人学校の問題)". 단, 이 반론은 조선인의 교육을 조선인에게 맡긴 다음에 나아가 조선인 학교에 조성금을 지출해야 한다는 것도 주장하고 있다.

국적이라는 벽으로 방해받는 상황은 이 시기에도 이어지고 있었다.

단일민족국가로서 재출발한 일본 국가는 1950년대 중반에 그 영역에 생활기반을 두고 있는 조선인을 배제하는 형태로 제도를 정비하고 사회적으로도 그러한 풍조가 강해져갔다.

이상과 같은 상황 속에서도 민전에서는 일본의 변혁을 지향하는 활동을 하고 있었다. 오히려 일본공산당 민족대책부의 지도하에서 민전의 운동은 일본혁명의 일환으로서의 성격을 강화했다. 특히 1954년 2월 민전 제14회 중앙위원회에서는 그때까지 내세우고 있었던 반이승만의 방침을 내리고, 반미·반요시다(吉田, 일본 정부)·반재군비를 투쟁방침으로 설정한 활동이 전개되게 되었다.

그렇지만 1954년부터 그 다음해에 걸쳐서 재일조선인운동의 임무가 무엇인지에 관한 논쟁이 펼쳐져서 최종적으로 1955년 민전의 해산과 재일본조선인총연합회(조선총련)의 결성으로 새로운 노선이 확립되었다. 거기에서는 재일조선인은 조선민주주의인민공화국의 재외공민이라는 입장과 함께 본국 동포와의 단결, 조국 통일, 민주적 민족적 권익의 옹호 등이 재일조선인운동의 과제라는 것이 확인되었다. 동시에 그때까지 이루어지고 있었던 일본공산당과의 공동투쟁이 잘못이었다며 내정불간섭 방침이 내세워졌다. 이후 일본에서의 참정권 요구 활동도 이루어지지 않게 되었다.

또 민단에서는 이미 그 이전 시기부터 참정권 요구 등 일본의 정치에 대한 재일조선인의 참여에 비판적인 입장을 취하고 있고 또 전술한 바와 같이 1948년 시점에서 대한민국의 국시 준수를 요령의 축으로 하고 있었다. 단, 민단에 비해서 좌파계의 민족단체가 보다 큰 영향력을 갖고 있었던 것을 생각하면 재일조선인의 존재 규정과 그 운동 과제에 대해서 조국과 연결 짓는 형태로 정리되고 그것이 대중적으로 확인되었던 것은 역시 조선총련이 결성되었던 1955년 시점이라고 볼 수 있겠다.

이리하여 확립된 조국지향형 내셔널리즘은 1950년대 후반 이후 민중 차원으로 침투하여 재생산되어 가게 된다.

북한 귀국운동은 그러한 움직임을 상징하는 것으로 볼 수 있을 것이다. 국교가 없기 때문에 실현할 수 없는 상태에 있었던 북한으로의 귀국을 촉구하는 운동은 1953년경부터 시작되었다고 한다. 그 후 1956년 4월에는 북한 귀국을 요구하는 연좌 행동에도 들어갔다. 이어서 1958년에는 북한 정부가 귀국을 환영하는 취지의 담화를 발표, 이후 재일조선인 사이에서 귀국을 촉구하는 운동이 활발해졌다. 이를 받아들여 일본 적십자사를 창구로 하여 1959년 12월부터 북한 집단귀국사업이 개시되었다.[87] 이 운동의 배경에는 부족한 노동력, 특히 기술자를 보충하고 한국과의 대립에 있어서 사회주의의 우위성을 보여주는 등의 북한 측의 의도가 있었던 것도 분명하다. 그러나 귀국을 선택한 재일조선인들은 일본 사회에서는 살아갈 전망을 찾지 못한 가운데 자신들이 본래 있어야 할 곳은 조국 조선이며 그 건국에 기여하고 싶다는 생각이 확대되었기 때문임에 틀림이 없다. 즉, 북한 귀국사업은 조국지향형 내셔널리즘의 귀결이라고 해야 할 것이다. 그리고 북한으로 귀국한 사람들 자체가 1960년을 정점으로 그 후 감소했는데,[88] 약간의 중단 시기를 제외하면 거의 매년 귀국선이 계속해서 출항했다는 사실은 재일조선인이 어차피 조국 조선으로 돌아가야 할 존재라는 것을 상징하며 (적어도 표면상으로는) 귀국이야말로 당연히 선택해야 할 길이라는 방침을 존속시키는 근거가 되었다.

또 1950년대 후반에 본격적으로 발표되게 되었던 재일조선인에 대한 역사연구가 조국지향형 내셔널리즘을 재생산하는 역할을 하였다. 이 시기 발표되었던 연구로는 식민지 지배정책의 결과로서 재일조선인이 형성되었던 것, 다시 말해 재일조선인이 자발적으로 희망해서 도일하고 일본에 계속 체재했던 것이 아니라는 것과 동시에 재일조선인이 일본 제국주의의 탄압에도 불구하고 민족해방투쟁을 전개해 왔다는 것이 강조되었다. 즉, 본래 조선인은 조선에 귀속되어

---

87 이상 앞의 『在日朝鮮人運動史』, 398~399쪽.
88 1960년의 귀국자는 동반가족을 포함하여 5만 명에 가까웠지만, 그 다음해에는 2만 명대가 되고, 1962년에는 3000명대, 이후 1972년까지는 1000~2000명대로 추이하고 있었다(森田芳夫, 『数字が語る在日韓国·朝鮮人の歴史』, 明石書店, 1996년, 180쪽. 그리고 이 부분의 통계 정리는 모리타가 아니라 김영달의 보충에 따른 것이다).

있고, 조국을 위해서 힘을 다할 존재라는 것을 역사 인식상에서 뒷받침했던 것이다.

그러면 이상과 같은 과정으로 확립되고 재생산된 조국지향형 내셔널리즘은 민중 차원의 재일조선인의 인식이나 생활과 어떠한 관련이 있으며 또 어떠한 영향을 끼쳤을까?

반드시 확인해야 할 것은 조국지향형 내셔널리즘은 결코 민족단체의 일부 지도자 차원에서만 공유되었던 것이 아니었다는 점이다. 그것은 민중 차원의 기반을 충분이 갖고 있었던 것으로 처음부터 지도자가 위로부터 주입한 것이 아니었다. 오히려 사람들은 일상생활에서 조국지향형 내셔널리즘을 확인하고 키워가고 있었다고 볼 수 있다.

역사적 맥락에 놓고 보면 조국지향형 내셔널리즘의 기초에는 역시 전전 이래의 민중 차원의 소박한 내셔널리즘이 있었다고 해도 좋을 것이다. 이미 살펴본 바와 같이 이 시기에는 전전에 형성되었던 조선인 집주지가 남아 있는 경우가 많지 않았고, 많은 재일조선인들이 경제적으로 하층에 위치하고 있었으며 차별을 받고 있었다. 동시에 이제까지 일본 제국주의로 인해서 어떠한 형태로든 압박을 받아 왔던 경험도 공유되어 왔다. 그러한 점에서 대부분의 재일조선인에게 있어 이제까지 압박을 받고 현재도 억압당하고 있는 같은 처지에 있는 사람으로서의 일체감이 존재하고 있었다.

단, 그것은 꼭 일본 국가에 대항하는 성격을 갖거나 적어도 일본 사회와 거리를 둔다거나 조선 민족으로 형성된 국가에 대한 자부심과 연결되어 있다고만은 할 수 없었다. 그러한 내셔널리즘(식민지 시기에는 조선 민족에 의해서 형성된 국가의 실태는 없었다고 하더라도)을 갖고 있는 사람도 있었던 것은 분명하지만, 4장에서 확인한 바와 같이 1930년대 중반의 재일조선인 사회에서는 일본 사회에 생활권을 두면서 조선 민족으로 살아가고자 하는 지향과 지엽적인 다문화주의라고 할 의식도 존재하고 있었다.

그러한 의식을 갖고 있던 사람들도 포함해서 전후 재일조선인의 의식이 조국지향형 내셔널리즘으로 수렴되어 갔던 것에는 조선이 식민지로부터 해방되어 실태로서의 조국(분단된 것이기는 하더라도)이 생겨났다는 사실이 작용하고 있는 것은 물론이다. 그러나 동시에 거기에는 전중 및 전후 일본인 및 일본 국가의 조선인에 대한 대응 방식이 관련되어 있다는 것도 무시할 수는 없다.

우선 전시하의 조선인에 대한 민족성의 부정과 일본 국가에 대한 철저한 협력의 강요는 많은 사람들을 다치게 했다. 그 경험은 전후 국가를 가진 민족으로서의 자부심을 촉구하는 작용을 만들어냈다. 또 적어도 민주화되어 예전의 제국주의의 범죄를 청산하지 않는 한 일본 국가는 조선인에게 있어 귀속의 대상이 될 수 없는 것이다.

그러나 전후에 제국주의의 가해의 역사를 청산한 일본 국가는 형성되지 않았다. 게다가 상황이 바뀌어서 이전에 대일본제국 신민이었던 재일조선인은 일본 사회의 일원으로서 인정받지 못하고 진학, 취업, 사회보장 등에서 배제되는 존재가 되었다. 뿐만 아니라 일본인들은 조선인을 열등한 존재인 것처럼 보고, 종종 "왜 조선인이 일본에 있는가", "조선인은 조선으로 돌아가라"는 말까지 퍼부었다.

이러한 가운데에서는 국가를 인식하지 않거나 일본 사회로의 귀속을 전제로 조선인으로서의 의식을 계속 갖는 것은 불가능하였을 것이다. 재일조선인의 대부분이 "우리는 좋아서 일본에 있는 것이 아니다"라고 자기를 규정함과 동시에 "우리들은 해방되었고, 건설되고 있는 조국을 가진 민족"이라고 하여 조국에 대한 긍지를 보이며, 살아가는 데에 있어서 버팀목으로 삼았던 것은 인간으로서 자연스러운 행위라고도 할 수 있었다.

따라서 조국지향형 내셔널리즘은 제국주의의 범죄를 청산하지 않고 단일민족국가로 전환하고 조선인 배제를 강화한 일본인의 동향에 대항하면서 형성되어 왔다고 할 수 있다.

그리고 조국지향형 내셔널리즘은 전후 재일조선인 사회가 조국과의 인적·물질적인 연결이 없어지고 일상생활에서 민족 문화를 유지하기 위해서 필요한 물자와 서비스를 공급하는 상업과 서비스업 등이 현저하게 줄어든 상황 속에서 재일조선인이라는 사회집단을 유지하는 데 있어 가장 중요한 요소가 되었다. 동시에 전후에 태어난 2세 세대에게 민족의식을 심어주고 조선 문화를 전하는 원동력도 되었다. 앞 절에서 살펴본 바와 같이 1950년대 후반 이후 조선 총련에 의해서 민족교육기관이 정비되고 어느 정도의 학생 수를 유지하였던 것은 그러한 면을 보여주는 것이다. 그런 의미에서는 조국지향형 내셔널리즘은 조선인을 배제하고 그 인격을 존중하려고 하지 않는 전후의 일본 사회에서 재일조선인이라는 사회집단을 유지하고 그 구성원들에게 민족적 긍지를 갖게 한다는 적극적인 의의를 갖고 있었다고도 할 수 있겠다.

그렇지만 재일조선인의 조국지향형 내셔널리즘은 전쟁 책임을 의식하지 않은 상태에서 단일민족국가로 전환한 전후 일본 국가의 실체를 근저부터 뒤집는 것은 아니었다. "우리들은 조국의 일원이다, 귀국해야 할 존재다"라는 재일조선인들의 의식은 "일본은 잠시 머무는 곳에 지나지 않는다"는 의식으로 이어지고 있었다. 이것은 따지고 들면 "우리는 본래 일본 사회에 귀속되지 않는다"는 이해와도 연속되어 있고, 결과적으로 "일본 사회는 일본인으로만 구성된다"는 일본인의 의식과 표리의 관계에 있는 것이다. 이 점을 상징적으로 표현하고 있는 것은 조국지향형 내셔널리즘에 입각한 활동의 궁극적 형태라고 할 북한 귀국사업에 대한 일본인의 반응일 것이다. 즉, 북한 귀국사업이 아직 개시되지 않은 시점에서 그것을 실시해야 한다고 주장한 일본 적십자사의 출판물은 다음과 같이 기술하고 있다. "일본 정부는 확실히 말하면 성가신 조선인을 일본에서 일소함으로써 이익을 갖는다", "일본에 있는 조선인을 전부 조선으로 강제 송환할 수 있었다면 [⋯⋯] 일본의 인구과잉 문제에서 볼 때 이익인지 아닌지는 잠깐 제쳐놓고라도 장기적으로 보았을 때 일본과 조선 사이에 일어날 수 있는 분쟁의 씨앗을 미리 제거하는 것이 되어 일본으로서는 이상적인 것이다."[89] 동시에 이러한 일본 국가의 이익에서 나온 발상이 아니라 조선인의 입장에 이해를 표명한 일본인의 경우에도 단일민족국가로서의 일본을 자연스러운 것으로 파악하는

---

89 日本赤十字社, 『在日朝鮮人帰国問題の真相』, 日本赤十字社, 1956년, 9~10쪽.

인식이 있었다고 보인다. 적어도 당시 조선인을 일본 사회의 일원으로서 간주하여 취직과 진학 등 여러 가지 면에서 배제되어 있는 상황을 시정해 가고자 하는 움직임은 거의 없었다.[90]

그리고 일본은 임시로 머무는 곳이며 이제는 위대한 국가를 건설하고 있는 조국으로 어차피 돌아가야 한다면 이론적으로는 일본 국가 및 민중 차원의 일본인이 이전의 제국주의의 가해를 인식하지 않고 그 정당한 보상을 하지 않는 상황도 그다지 문제되지 않는 것이었다. 물론 실제로는 많은 재일조선인은 이 시기에도 일본 제국주의의 가해에 대한 반성과 정당한 보상을 요구하고 있었다고 추측된다. 그러나 예를 들면 1950년대 후반 이후 이른바 조선인 강제연행의 역사에 대한 발굴과 그 조사를 바탕으로 한 보상 요구는 민족단체의 조직적인 운동으로서는 이루어지고 있지 않았던 것도 사실이다.[91]

이상을 보면 조국지향형 내셔널리즘은 전후의 일본 국가 및 일본인의 재일조선인에 대한 대응=제국주의의 가해의 역사에 대한 무반성과 일본 사회로부터의 배제에서 생겨났고, 그것을 어떤 의미에서는 보완하는 역할을 하고 있었다고 할 수 있다. 그리고 일본 국가 및 일본인의 태도가 바뀌지 않는 한 재일조선인의 조국지향형 내셔널리즘은 재생산되는 관계에 있었다.

그리고 그것은 조국과 재일조선인 사이에서의 사람과 정보, 물자의 활발한 유입이라는 구체적인 기반 없이도, 또 그 때문에 조국에 대한 현실적인 인식이

---

90 북한 귀국사업이 작품의 하나의 배경이 되고 있다. 早船ちよ, 『キューポラのある街』, 弥生書房, 1961년으로부터도 이러한 상황을 읽을 수 있다. 이 작품에서는 일본인 주인공이 가난해도 일하면서 다닐 수 있는 고등학교에 진학하는 길에서 희망을 발견하고, 실업 중이었던 그 아버지도 마지막에는 일자리를 얻었다. 한편 주인공의 친구인 조선인은 "취직시험 봤더니 두 번이나 떨어져 버렸어. 조선인이기 때문이야"(185쪽) "이쪽에 있어봐야 고등학교에 갈 수 있을 리 없는"(188쪽) 상황에 직면해 있고, 그 아버지도 실업상태에 있다. 그러나 일본 사회의 변혁으로 그러한 상황을 바꾸어가려고 하는 움직임은 전혀 없고, 일가가 북한으로 귀국하는 것이 해결 방법으로 이야기는 진행되고 있다.
91 이른바 조선인 강제연행에 대한 연구는 1960년대에 들어와서 박경식에 의해서 진행되게 된다. 박경식은 당시 조선대학교에 근무했고 조선총련에 소속되어 있었던 것은 분명하지만, 반주류파로서 비판받고 있었다. 게다가 일본 제국주의의 가해의 사실을 정리하고, 그에 대한 반성을 일본 국가에 요구한 작가의 발표(즉, 1965년의 『조선인 강제연행의 기록』 출판)에 대해서도 조선 총련으로부터 비판이 가해졌다고 한다(朴慶植, 『在日朝鮮人·強制連行·民族問題: 古稀を記念して』, 三一書房, 617쪽).

결여되었다고 하더라도 유지되는 것이었다. 실제로 1960년대 이후의 재일조선인 사회에서는 조국지향형 내셔널리즘은 소멸되지 않고 그에 바탕을 둔 운동이 전개되었다.

7장

1960~80년대 재일조선인 사회에서의 동화의 진행과 '공생'의 모색 개시

1. 고도경제성장과 사회적 결합의 변화

앞 장에서 살펴본 바와 같이 1950년대까지 재일조선인 사회는 전전기의 사회와 다른 모습으로 변화하고 있었다. 이 전후 재일조선인 사회의 특징은 ① 그 구성원인 재일조선인은 일본인과의 접촉이 있었던 것은 물론이거니와 조선인끼리의 연결도 정도의 차이는 있다고 하나 유지하고 있었고 또 중요하게 생각하고 있었다, ② 한반도와의 유대는 물자나 사람들의 왕래 등의 구체적인 형태를 그다지 갖고 있지 않다, ③ 그런 점들 때문에 민족문화는 유지되고 있는 부분도 있지만, 외부로부터도 가시적일만큼 색채가 진하지는 않다, ④ 그곳에서 조국지향형 내셔널리즘에 기반으로 둔 여러 활동들이 활발하게 전개되고 또 그것이 조선인끼리의 연결과 젊은 세대의 민족문화 계승을 촉진하고 있다 등으로 정리할 수 있을 것이다.

그러면 이러한 특징을 갖는 전후 재일조선인 사회는 그 후에 어떠한 변화를 거치는 것일까? 또는 그대로 유지되었다고 보아야 할 것인가? 아래에서는 간단하게나마 몇 가지 점을 지적해 두겠다.

우선 조선인 집주지에 대해서 보면 일본의 고도경제성장이 진행되는 가운데 새로운 도시계획 등의 영향을 받아서 해체·철거된 경우가 적잖이 있을 것이다. 그러나 조선인 집주지가 전부 소멸되었던 것은 아니었다. [표 7-1]은 1975년 시점에서의 조선인 인구가 많은 시구정촌과 그곳의 조선인 인구 비율을 나타낸 것이다. 이 표에 나타난 조선인이 많은 시나 구의 대부분은 전전부터 그곳에서 조선인

[표 7-1] 조선인 인구가 많은 시구정촌(1975년)　　　　　　　　　　(단위: 명)

시구정촌 이름	조선인 수(A)	총인구(B)	A/B
大阪市 生野区	39,404	194,552	20.30%
東大阪市	20,761	524,750	4.00%
尼崎市	13,474	545,783	2.50%
神戸市 長田区	11,228	185,974	6.00%
大阪市 東成区	11,226	95,600	11.70%
京都市 右京区	9,315	273,551	3.40%
大阪市 西成区	8,551	169,763	5.00%
京都市 南区	8,265	103,168	8.00%
東京都 足立区	7,673	606,352	1.30%
姫路市	7,385	436,086	1.70%
堺市	6,691	750,688	0.90%
八尾市	6,275	216,639	2.40%
下関市	6,114	266,593	2.30%
東京都 荒川区	5,919	217,905	2.70%
川崎市 川崎区	5,890	216,569	2.70%
大阪市 平野区	5,787	202,645	2.90%
大阪市 城東区	5,449	154,405	3.50%
西宮市	4,793	400,622	1.20%
東京都 大田区	4,677	691,337	0.70%
東京都 世田谷区	3,168	805,787	0.40%
東京都 新宿区	2,888	367,218	0.80%
横浜市 中区	1,844	131,346	1.40%
東京都 渋谷区	1,808	269,273	0.70%
東京都 港区	1,731	209,524	0.80%
神戸市 生田区	1,030	57,076	1.80%

전거: 法務省入管局, 『出入国管理: その現況と課題』, 1976년, 102쪽; 法務省入管局, 『出入国管理の回顧と展望』, 1981년, 176쪽; 東京都, 『東京都統計年鑑』, 1977년, 18쪽; 京都市統計センター, 『京都市統計情報』 제177호, 1975년 5월.

집주지가 형성되었던 것을 찾아볼 수 있는 지역이다. 물론 조선인이 살고 있는 주택도 전전과 같은 판잣집이나 단층연립주택(長屋)은 아니며 전입·전출도 상당수 있었다는 것을 상상하기는 어렵지 않은데, 전전 이래의 조선인 집주지가 유지된 경우는 적지 않았다고 볼 수 있다. 게다가 오사카시 이쿠노구, 히가시나리구, 조토구, 도쿄도 아라카와구 등에서는 1950년대에 비해 조선인 인구가 증가하고 조선인 인구 비율도 높아졌다. 이 지역들의 인구증가의 요인에는 자연 증가만이 아니라 사회 증가 즉, 민족적인 결합을 배경으로 한 조선인의 새로운 유입도 있을

[표 7-2] 조선인이 관련된 혼인의 형태별 신고 건수 등의 추이(1960~1990년) (단위: 쌍)

연도	부부 모두 조선인		남편·조선인 아내·일본인	남편·조선인 아내·기타	남편·일본인 아내·조선인	남편·기타 아내·조선인	조선인 선택률	
	실수	비율(%)					남(%)	여(%)
1960	2,315	65.70	862	1	310	37	72.8	87.0
1961	2,568	68.80	745	0	396	24	77.5	85.9
1962	3,180	70.20	807	1	514	31	79.7	85.4
1963	3,102	68.30	830	0	571	39	78.9	83.6
1964	3,360	65.90	1,027	3	673	34	76.5	82.6
1965	3,681	64.70	1,128	3	843	38	76.5	80.7
1966	3,369	62.90	1,108	3	846	26	75.2	79.4
1967	3,643	61.50	1,157	2	1,097	28	75.9	76.4
1968	3,685	60.00	1,258	35	1,124	41	74.0	76.0
1969	3,510	58.10	1,168	31	1,284	50	74.5	72.5
1970	3,879	56.30	1,386	44	1,536	47	73.1	71.0
1971	4,030	54.80	1,533	45	1,696	50	71.9	69.8
1972	3,839	51.60	1,707	44	1,785	64	68.7	67.5
1973	3,768	50.60	1,674	52	1,902	54	68.6	65.8
1974	3,877	49.80	1,743	53	2,047	69	68.3	64.7
1975	3,618	49.90	1,554	35	1,994	48	69.5	63.9
1976	3,246	46.70	1,564	37	2,049	48	67.0	60.8
1977	3,213	48.10	1,390	37	1,990	46	69.2	61.2
1978	3,001	44.90	1,500	35	2,110	37	66.2	58.3
1979	3,155	44.80	1,597	38	2,224	27	65.9	58.4
1980	3,061	42.20	1,651	52	2,458	33	64.3	55.1
1981	2,949	40.70	1,638	41	2,585	37	63.7	52.9
1982	2,863	37.40	1,809	38	2,903	42	60.8	49.3
1983	2,714	33.60	1,901	33	3,361	42	58.4	44.2
1984	2,502	32.10	2,021	40	3,209	34	54.8	43.6
1985	2,404	27.90	2,525	37	3,622	39	48.4	39.6
1986	2,389	28.80	2,330	34	3,515	35	50.3	40.2
1987	2,270	25.00	2,365	26	4,405	22	48.7	33.9
1988	2,362	23.60	2,535	32	5,063	23	47.9	31.7
1989	2,337	18.40	2,589	38	7,685	27	47.1	23.3
1990	2,195	15.80	2,721	32	8,940	32	44.4	19.7

전거: 厚生大臣官房統計情報部, 『人口動態統計』, 『婚姻統計』. 단 森田芳夫, 『数字が語る在日韓国·朝鮮人の 歴史』, 明石書店, 1996년, 179쪽에 따름.

것이다.

    다음으로 혼인의 형태에 대해서 살펴보겠다. [표 7-2]에서 본 바와 같이 조선 인이 연관된 연도별 혼인신고 총수 중에서 조선인끼리의 결혼이 차지하는 비율은

1963년까지 70% 정도였는데, 그 후에 거의 일관되게 계속 저하되어 1970년대 중반에는 50% 아래로 떨어졌고, 1980년대에는 20% 이하가 되었다. 이것을 보면 이미 1970년대 후반에는 조선인끼리의 결혼은 소수파였다는 인상이 있다. 그러나 이것을 조선인 남자와 여자가 각각 어떤 민족을 배우자로 선택하고 있는지를 통계로 정리하면 그와는 다른 상황을 확인할 수 있다. 조선인 남자의 경우 조선인을 배우자로 선택하는 비율은 1950년대 말에는 80%를 넘었고, 그 후 계속 저하되지만, 1970년대 중반까지는 70% 정도였다. 이후에도 계속 저하되지만 그 변화는 완만했고, 50% 아래로 떨어지는 것은 1985년이다. 한편 조선인 여자가 조선인을 결혼 상대로 선택하는 비율은 조선인 남자보다 높아서 1960년대 전반까지는 80%를 넘고 있었다. 그렇지만 그 후의 변화는 남자보다도 급격했다. 1970년경까지는 70% 정도의 비율을 유지해서 남자와 같은 수준이었는데, 1982년에는 일찌감치 50% 이하가 되고, 1990년에는 20% 아래 떨어진 것이다.

그러나 1970년대 이후의 일본인 남성과 결혼한 조선인 여성은 재일조선인만이 아니라는 것에 주의할 필요가 있다. 즉, 인구가 감소하는 농가의 '결혼 상대 부족' 대책과 일본에 와서 호스티스로 일하는 여성들이 생겨난 것 등과 관련되어서 한국에서 태어나서 자란 한국인 여성과 일본인 남성과의 혼인도 1970년대 이후에는 포함되어 있을 것이다. 이 비율이 어느 정도인지를 정확하게 알 수는 없지만, 재일조선인 여성이 조선인 남성을 배우자로 선택한 비율이 앞의 통계 수치보다 높았던 것은 분명하다. 이상으로부터 적어도 1970년대까지는 재일조선인끼리 결혼하는 사람들은 소수파가 아니었으며, 남녀 모두 과반수 이상이 조선인을 배우자로 골랐다는 것을 알 수 있다. 그러나 견해를 바꾸면 1960년대까지는 조선인끼리의 결혼이 일반적이었던 데 반해 1970년대 이후에는 역시 일본인을 배우자로 선택하는 조선인이 드물지 않았으며 증가하고 있었다는 것을 확인할 수 있는 것이다.

혼인 형태에 관련된 위와 같은 동향은 부모가 아닌 본인의 의사에 따라 배우자를 선택하는 경향이 강해진 것과 다른 민족과의 결혼에 대한 기피감이 어지간

[표 7-3] 재일조선인 아동 학생의 학교 재적 상황의 추이(1960~1972년)

연도	조선학교 재적자 수(A)			일본학교 재적자 수(B)			A/(A+B)		
	초급학교	중급학교	고급학교	소학교	중학교	고교	초급학교	중급학교	고급학교
1960	21,195	10,091	3,964	80,596	36,293	8,213	20.80%	11.10%	32.60%
1961	18,555	10,051	3,752	71,444	35,485	8,804	20.60%	12.30색	29.90%
1962	17,079	10,035	4,155	65,953	33,217	9,407	20.60%	13.20%	30.60%
1963	16,819	9,815	5,572	62,710	32,495	10,955	21.10%	13.50%	33.70%
1964	16,140	9,636	6,618	59,405	31,646	11,775	21.40%	14.00%	36.00%
1965	16,018	9,682	7,147	57,078	30,314	13,351	21.90%	14.50%	34.90%
1966	15,841	10,050	7,564	52,799	28,731	14,588	23.10%	16.00%	34.10%
1967	15,448	9,906	7,608	50,836	26,907	15,898	23.30%	16.30%	32.40%
1968	14,724	9,502	7,279	49,418	25,557	17,179	23.00%	16.10%	29.80%
1969	14,413	9,019	7,757	48,797	25,253	17,129	22.80%	15.60%	31.20%
1970	13,777	8,477	7,507	50,032	24,848	17,998	21.60%	14.50%	29.40%
1971	13,109	8,068	7,362	48,222	23,479	18,140	21.40%	14.30%	28.90%
1972	13,239	7,774	7,062	48,328	22,584	18,311	21.50%	13.90%	27.80%

전거: 文部省, 『学校基本調査報告書』, 각 연도판; 金德龍, 『朝鮮学校の戦後史』, 社会評論社, 2002년; 玄圭煥, 『韓国流移民史』하권, 三和印刷出版部, 1976년.
주: 민단계·중립계 학교의 재적자도 약간 존재하기 때문에 실제로는 민족학교의 재적율과 선택 비율은 이 표의 A/(A+B)보다 약간 높아진다.

히 약해졌던 것, 그리고 조선인 청년층이 일본인과 만나는 장이 증가하고 있었던 것 등이 배경에 있다고 볼 수 있다.

민족교육의 상황에 대해서는 (민단계 학교 재적생의 연차별 추이를 제외시켰지만) 1972년까지의 통계를 [표 7-3]과 같이 정리할 수 있다. 여기에서 보이는 바와 같이 우선 초급학교(소학교)·중급학교(중학교)에 관해서 보면 조선총련계 학교와 일본학교에 재적한 사람의 합계 중 전자에 다니는 사람의 비율은 1960년대 중반까지는 조금씩 증가, 1968년부터 조금씩 감소하는 추이를 보였다. 한편 고등학교는 조선인 학교 재적생의 절대 다수는 1960년대 중반까지 증가하지만, 그 이후에는 감소 경향으로 돌아섰다. 이에 반해서 일본학교의 고등학교 재적생은 1960년대 중반 이후에도 계속 증가하여 조선인 고등학교 진학자 중 '조선인 학교 선택 비율'은 1960년대부터 1970년대 초에 걸쳐서 확실한 저하 경향을 나타내게 되었다. 그리고 1970년대 중반 이후의 동향에 대해서는 통계적인 파악이 곤란하지만, 각급 조선인 학교에 다니는 학생이 계속 감소했던 것은 분명하다. 조선총련계 학교의 재적생 수는 1967년에 3만 5589명이었던 것이 1981년에는 2만 2940명이 되고, 그 후 더욱 감소하여 1980년대 말까지는 2만 명 이하가 되었다.[1] 그리고 1990년대에는 1만 7000명대로 떨어진 것으로 추측된다.[2]

그러나 앞 장에서 본 바와 같이 1954년 시점의 조선인 학교 재적생은 2만 2584명이며, 1950년대 후반부터 1960년대 중반에 걸쳐서는 조선인 학교에 다니는 사람이 증가하고 있었던 것을 알 수 있다. 또 조선총련계 학교와 일본 학교 재적생의 합계에서 전자의 비율이 1950년대 후반(초급학교, 중급학교 모두 11~13% 대)보다 1960년대부터 1970년대 초두에는 높은 수준을 유지하고 있었다. 그러나 이 수치들 및 고교에서의 '조선인 학교 선택 비율'의 추이로 보아 역시 1960년대 중반을 반환점으로 하여 조선총련계 학교에 자녀를 입학시키는 부모들은 감소하는 경향이었다고 볼 수 있다. 민단계 학교의 재학생이 그다지 증가하지 않았기 때문에,[3] 이 기간 동안에 민족교육을 받는 어린이의 비율은 감소하고 있었다는 추측이 가능할 것이다. 단, 그 감소폭은 아직 크지 않았다고 해야 할 것이다.

이상과 같은 혼인 형태와 어린이 교육 상황을 볼 때 기본적으로는 재일조선인의 독자적인 사회적 결합이 존속하고 있으면서 동시에 점차 일본인과의 관계도 강화되고 중요성을 더해 갔던 점을 지적할 수 있을 것이다. 또 시기적으로는 1970년대에 그러한 경향이 명확히 나타나서 급속하게 진전되었던 것을 확인할 수 있다.

이러한 가운데 재일조선인의 동화 경향은 시기가 내려오면서 뚜렷해졌다. 원래 고향을 떠나 와서 다른 문화적 배경을 가진 사회에서 오래 생활하게 되었던 이민移民이 그 땅의 문화를 점차 받아들이게 되는 것은 드문 일이 아니다. 또 이민

---

1 朴慶植, 『解放後 在日朝鮮人運動史』, 三一書房, 1989년, 398쪽.
2 在日本大韓民国居留民団中央本部, 『図表で見る 韓国民団50年の歩み』(増補改訂版), 五月書房, 1998년, 69쪽.
3 1970년대의 玄圭煥, 『韓国流移民史』 하권, 三和印刷出版部, 1976년, 720쪽에 따르면 1970년도의 '한국 학교' 재적생은 초등학교, 중학교, 고등학교를 합쳐서 1351명이지만, 앞의 『図表で見る 韓国民団50年の歩み』, 79쪽에 따른 1996년 현재의 초등부, 중등부, 고등부 재적 인원 합계는 1739명으로 이 시점에서는 대사관과 상사주재원의 자녀들(즉, 재일조선인 이외의 어린이들)이 많이 포함되었다.

2세는 부모 출신지의 문화보다 이민지의 지배적인 문화에 더 많은 영향을 받고 인격을 형성하는 것이 일반적이며, 이민 집단의 역사가 길어지면 그만큼 이민간 땅의 문화에 동화되어 가는 필연적이라고도 할 수 있다.

따라서 재일조선인이라는 집단이 점차 일본인에게 동화되는 경향이 강해진다는 것은 다른 이민 집단에도 공통되는 보편적인 현상이라고도 할 수 있다.

그렇지만 동시에 거기에는 독자적인 요인이 존재하고 있었던 것도 지적해야 한다. 즉, ① 새롭게 도일하는 조선인을 거의 맞아들이지 않고, ② 민족의 독자적인 수요를 충족시키기 위한 판매업·서비스업의 전개가 적고, ③ 민족교육을 받는 어린이가 상대적으로 소수라는 전후 재일조선인 사회의 구조에 의해서 동화 경향이 더욱 조장되었던 것을 간과할 수 없는 것이다.

이와 함께 재일조선인의 동화를 이야기할 때에는 일본 행정당국이 취해 온 정책과 사회적 차별도 이 문제에 크게 연관되어 있다는 것도 강조해야 한다. 이미 살펴본 바와 같이 전시하에 일본 옷 착용과 언어와 생활습관의 일본화가 강요되고, 또 어린이에 대한 민족교육은 전전에는 거의 합법적으로는 전개될 수 없었으며 전후에도 행정당국에 의해서 관리 통제만이 가해졌다. 그러한 가운데 일부에서는 재일조선인이 스스로의 문화적 배경에 자부심을 갖지 못할 뿐만 아니라 조선 문화에 대한 부정적인 이미지를 갖게 되는 현상마저 생겨났다. 이러한 것들이 재일조선인의 동화를 촉진시키는 요인이 되고 있다는 것은 부정할 수 없다.

단, 2세 세대가 다수파를 이루고 가정과 사회에서도 확실하게 중심적인 위치를 차지하게 된 후에도 재일조선인 사회에서 완전히 민족의 독자적인 문화가 사라진 것은 아니라는 것에도 주의할 필요가 있을 것이다. 1984년에 가나가와현에서 실시한 조사에 따르면 가나가와현에 거주하는 조선적·한국적을 가진 사람 중 40% 정도가 모국어 회화능력이 있고, 독해도 30% 정도가 할 수 있다고 한다. 그리고 가정 내에서의 민족문화에 대해서 '없다'고 대답한 것은 6.0%로 소수이며 민족요리를 자주 먹는다는 대답이 84.6%인 것을 비롯해서 민족의상 소지 비율이 74.0%, 조선식으로 조상에게 제사를 지내는 사람이 58.8%, 결혼식이나 잔치를 조선식으로 하는 사람이 65.0% 등 일상생활과 관혼상제 등에서 비교적 조선 문화가 잘 유지되었던 경향이 확인된다.[4] 가나가와현의 경우 조선인 인구가 많아서 조선인 학교가 1949년의 폐쇄령 이후에도 존속한 것도 민족문화의 유지에 영향을 주었을지 모르지만, 다른 지역의 재일조선인에게도 개인과 가정생활에서 조선 문화는 어떠한 형태로든 남아 있었다고 생각할 수 있을 것이다.

2. 생활수준과 민족차별의 상황

1960년대 이후의 재일조선인과 연관된 상황들을 이야기할 때에 사회적 결합과 민족문화의 상황과 함께 주목해야 할 점으로 생활수준과 그와 관련된 민족차별이 어떻게 개선되었는지, 아니면 개선되지 않았는지 하는 문제가 있다.

생활수준에 대해서 보면 물론 1950년대까지와는 달랐다. 고도경제성장의 물결은 재일조선인에게도 미쳤다. 또 그러한 가운데 사업을 확대할 수 있었던 조선인 기업가도 적지 않았다. 개중에는 일본 전체를 시장으로 하는 사업을 경영하기에 이르러 일본에서도 유수의 자산가가 된 재일조선인도 등장했다.[5] 이 점에서는 주로 재일조선인 사회 내부에서 사업을 전개하였던 전전과 일용품을 제조하는 가내공장 등 역시 영세 규모의 사업 경영에 머물러 있었던 전후 직후의 상황과 차이가 있다.

그렇지만 일부 돌출된 예를 들어 재일조선인 전체의 경제 상황을 이야기할 수는 없다. 그러나 전후의 경우 민족별 가계조사라는 사회조사가, 필자의 좁은 식견으로 말하자면, 실시되지 않았기 때문에 재일조선인 집단 전체의 생활수준

---

4 神奈川県内在住外国人実態調査委員会, 『日本のなかの韓国・朝鮮人, 中国人 神奈川県内在住外国人実態調査により』, 明石書店, 1986년. 이 조사는 '가나가와현 내에 거주하는 한국·조선인 및 중국인 중 1984년 9월 1일 현재로 만 20세 이상인 남녀'에 대해서 무작위로 추출하여 실시된 것이다. 유효 회답 수는 1028개로 그 중 조선적·한국적인 사람으로부터의 회답은 866개다.
5 예를 들면 일본을 기반으로 활약하는 실업가인 소프트뱅크 사장 손정의, 롯데그룹 회장 신격호, MK택시를 경영하는 아오키 사다오(青木定雄), 파친코 기계의 판매제조회사 헤이와(平和)를 경영하는 나카지마 겐키치(中島健吉) 등은 조선에 뿌리를 갖고 있다고 알려져 있다.

을 정확하게 파악하는 것은 곤란하다. 그러므로 이하에서는 고등학교 및 대학 진학 상황을 지표로 하여 일본인과의 생활수준의 격차를 살펴보고자 한다. 전후 의 후기 중등교육, 고등교육의 대중화(고등학교, 대학의 수·입학 정원의 증가)와 같은 점들을 고려할 필요가 있는 것은 물론이지만, 역시 고등학교·대학교로 진학하는 사람의 증가는 생활수준의 향상과 큰 관련이 있다고 생각할 수 있기 때문이다.

그러면 조선인 및 일본 전체(외국인을 포함한 일본 거주자)에 대해서 15~17세 인구 중의 고등학생 및 18~21세 인구 중의 대학생(단기대학생을 포함하는 학부생)의 수가 어느 정도의 비율을 점하는지(고등학교, 대학 재적 비율)를 보면 각각 [표 7-4], [표 7-5]와 같다.

여기에서 보이는 바와 같이 조선인의 고등학교·대학 재적 비율은 일본 거주 자 전체의 재적 비율을 일관되게 밑돌고 있었다. 물론 조선인들의 고등학교·대학 재적 비율도 높아졌다. 고등학교 재적 비율은 1960년대 중반까지 해당 연령의 조선인 전체의 50%를 넘고, 대학도 1970년에는 10% 정도가 되었다. 즉, 1950년대 후반의 먹고 살기조차 힘든 상태에서 고도경제성장기를 거치면서 경제 상태를 개선시킨 재일조선인 세대가 그 나름대로 존재했다고 판단할 수 있을 것이다.

그렇지만 고등학교든 대학이든 이 시기에 일관되게 조선인의 재적 비율이 일본 전체의 재적 비율을 밑돌고 있는 것도 동시에 주목해야 한다. 물론 조선총련 계 학교를 졸업한 경우 일본학교의 수험자격을 얻지 못한 경우가 종종 있었던 점이 조선인의 재적 비율을 어느 정도 낮게 만들기도 했을 것이다. 그러나 그 점을 고려하더라도 조선인의 재적 비율이 낮은 것이 눈에 띈다. 평균적인 일본인 세대와 재일조선인 세대의 경제적 격차는 이 시기에도 명확하게 존재하고 있었다 고 해도 틀림없다.

그리고 [표 7-4], [표 7-5]의 수치는 고도경제성장기 생활 개선의 실상이 일본 인과 재일조선인 사이에 차이가 있었다는 것도 엿볼 수 있게 한다. 1965년부터 1970년의 고등학교 재적 비율, 그리고 1965년부터 1980년까지의 대학 재적 비율 의 추이를 보면 일본 거주자 전체와의 격차는 오히려 확대되는 경향까지 보였다. 이 사실은 저소득층의 재일조선인이 여전히 상당수 존재하고 있었고, 적어도

[표 7-4] 15~17세 인구에서 점하는 고교생의 비율(추계)의 추이

연도	조선인	일본 거주자
1956	28.40%	50.60%
1960	27.00%	59.40%
1965	51.50%	63.70%
1970	65.10%	82.50%

전거: 文部省,『学校基本調査報告書』, 각 연도판; 総理府統計局,『国勢調査報告』; 法務省出入国管理局,『在留外国人統計』, 각 연도판.

주 : 조선인의 15~17세 인구는 法務省出入国管理局,『在留外国人統計』, 일본 전체에 대해서는『国勢調査報告』로부터 산출. 전자에 대해서는 5세 단위로의 연령별 인구 밖에 나타나있지 않아, 그것을 5로 나누어서 각 연도 출생의 인구를 산출한 수치, 후자도 그 해의 10월 1일 시점의 연령을 기준으로 하고 있기 때문에 학년과는 실제로는 대응하지 않는다.

[표 7-5] 18~21세 인구에서 점하는 대학생(단기대학 포함)의 비율(추계)의 추이

연도	조선인	일본 거주자
1956	5.00%	9.00%
1960	6.10%	10.00%
1965	8.20%	15.10%
1970	10.90%	19.00%
1980	15.30%	33.40%

전거: 文部省,『学校基本調査報告書』, 각 연도판; 総理府統計局,『国勢調査報告』; 法務省出入国管理局,『在留外国人統計』, 각 연도판.

주: 조선인의 18~21세 인구는 法務省出入国管理局,『在留外国人統計』, 일본 전체에 대해서는『国勢調査報告』로부터 산출. 전자에 대해서는 5세 단위로의 연령별 인구 밖에 나타나있지 않아, 그것을 5로 나누어서 각 연도 출생의 인구를 산출한 수치, 후자도 그 해의 10월 1일 시점의 연령을 기준으로 하고 있기 때문에 학년과는 실제로는 대응하지 않는다. 1980년의 조선인은『学校基本調査報告書』에서의 유학생의 수를 제외했다. 또 조선대학교 재적자를 포함하지 않는다.

[표 7-6] 재일조선인의 직업별 인구의 추이(1964~1974년)　　(단위: 명)

	1964년		1969년		1974년	
	실수	구성비(%)	실수	구성비(%)	실수	구성비(%)
전문적 기술적 직업 종사자	2,736	1.9	4,351	2.9	4,480	3.0
관리적 직업 종사자	5,866	4.2	4,732	3.2	4,797	3.2
사무 종사자	9,575	6.8	14,530	9.7	20,769	14.0
판매 종사자	29,905	21.3	31,446	21.0	30,778	20.8
농림어업 작업자	8,282	5.9	5,810	3.9	4,072	2.7
채굴 작업자	1,155	0.8	673	0.5	484	0.3
운수통신 종사자	9,891	7.0	1,200	0.8	826	0.6
기능공생산공정작업종사·단순노동자	68,296	48.5	68,265	45.7	62,645	42.3
서비스 직업 종사자	4,846	3.4	18,430	12.3	19,265	13.0
분류 불가능	162	0.1	0	0.0	0	0.0
합계	140,714	100.00	149,437	100.00	148,116	100.00

전거: 法務省出入国管理局,『在留外国人統計』, 1964, 1969, 1974년판.

[표 7-7] 일본 거주자의 직업별 인구 추이(1964~1974년) (단위: 만 명)

	1964년		1969년		1974년	
	실수	구성비(%)	실수	구성비(%)	실수	구성비(%)
전문적 기술적 직업 종사자	203	4.9	280	5.6	343	6.5
관리적 직업 종사자	103	2.2	129	2.6	192	3.7
사무 종사자	625	13.4	724	14.4	832	15.9
판매 종사자	550	11.8	664	13.2	718	13.7
농림어업 작업자	1,244	26.6	941	18.7	667	12.7
채굴 작업자	22	0.5	13	0.3	7	0.1
운수통신 종사자	108	3.9	228	4.5	237	4.5
기능공생산공정작업종사 · 단순노동자	1,405	30.1	1,659	32.9	1,792	34.2
서비스 직업 종사자	311	6.7	374	7.4	438	8.4
분류 불가능	0	0.0	0	0.0	0	0.0
합계	4,673	100.0	5,040	100.0	5,237	100.0

전거: 総理府統計局, 『労働力調査』, 단 東洋経済新報社編, 『完結昭和国勢総覧』 제1권, 1991년, 79쪽.

평균적인 생활수준에 재일조선인의 대다수가 도달하는 데에는 시간차가 있었다는 것을 나타내고 있다(그리고 아마도 이른바 고도경제성장으로부터 뒤처진 재일조선인들에게 있어서 대다수가 '중류층'이었던 일본인과의 차이가 확실히 보이게 되는 상황이 후술할 1970년의 민족차별 반대운동의 개시와 확대의 배경이 되었다고 볼 수 있겠다).

재일조선인의 생활수준에 관련된 이러한 동향은 역시 뿌리 깊은 민족차별의 존재와 관련이 있다고 볼 수 있다. 행정기관뿐만 아니라 민간 기업 등에서도 일본인이 아닌 사람을 채용하는 일은 거의 없었고, 여러 가지 자격을 취득하려고 해도 국적을 이유로 수험자격을 얻지 못하는 상황에서 재일조선인이 안정적인 직업에 종사하기는 어려웠다. 참고로 1959~1974년에 걸친 재일조선인, 일본 전체 각 직업별 인구의 실수實數 및 사무직 이른바 화이트칼라가 취업자에서 차지하는 비율이 재일조선인의 경우에는 낮다는 특징을 확인할 수 있다(관리적 직업의 구성비에서는 재일조선인이 일본인을 웃도는 시기도 있지만, 당초 역사적 경위로 재일조선인의 경우 농·임·어업 종사자가 적었던 것이 관리적 직업의 구성비를 높인 것이라는 사정을 고려할 필요가 있다). 이 점도 위와 같은 민족차별이 영향을 끼치고 있다고 볼 수 있다.

그리고 이민지의 지배적인 문화를 습득한 2세 세대가 이미 상당수를 점하게 될 만큼의 역사를 갖는 재일조선인으로서 이 시기에는 재일조선인 이외에 재러시아조선인(당시의 상황에 입각해서 용어법을 사용한다면 '재소련조선인'이라고 불러야 하겠으나, 여기에서는 이 말을 사용한다)과 재중조선인이 존재했다(재미조선인 2세 세대의 성장에 따른 본격적인 사회 진출은 1980년대 후반 이후라고 볼 수 있다). 이 두 재외조선인의 경우 각각의 지역에서 다른 에스닉 그룹에 비해서 교육 수준이 높은 편인 것은 잘 알려져 있으며 중요한 행정직 등에 종사하는 사람이 등장하는 등 사회적 상승도 적지 않았다(물론 중국과 소련=러시아에서도 완전한 민족 간의 평등이 실현되어 있는 것은 아니겠지만). 이에 반해서 재일조선인의 경우는 세대 교체가 진행될 정도로 시간이 경과했으면서도 교육 정도나 생활수준에서 상당한 격차가 존재했고 사회적 상승을 달성한 사람이 소수에 그쳤다. 이것은 이 시기 일본에 제도·의식면에서 뿌리 깊은 민족차별이 존재했음을 나타내고 있는 것이라고 할 수 있겠다.

3. 재일조선인의 의식과 활동의 동향

그러면 이상과 같은 상황 속에서 재일조선인은 어떠한 의식을 갖고 어떠한 활동을 전개하고 있었을까?

재일조선인의 의식과 활동이라고 해도 다양성이 존재한다는 것은 말할 필요도 없다. 그러나 1960년대까지 북한을 지지하는 조국지향형 내셔널리즘에 바탕을 둔 조선총련의 이데올로기와 활동이 영향력을 갖고 있었던 것을 부정할 수는 없다. 이 시기 조선총련은 조선학교와 신용조합·상공인단체 등에서 대중적인 기반을 갖고 있으며 민중 차원의 지지도 있었다.

이제까지 살펴본 바와 같이 이 시기에도 재일조선인의 대부분은 차별 속에서 하층에 자리하고 있었고, 동시에 제국주의의 가해의 역사에 대해 반성하지 않고 배외적인 태도를 갖는 일본 국가 및 일본인과 접하면서 살아갈 수밖에 없는 상황에는 변함이 없었다. 그러한 상황에 대항하면서 조국을 가진 조선 민족으로서의 자부심을 갖고자 하는 것은 별로 놀랄 일도 아닐 것이다. 그리고 그러한 경우 조국으로서(한반도 남부에 뿌리를 갖는 재일조선인이 많음에도 불구하고) 북한이 선택된 것은 ①

전전 이래 일본 제국주의와 가장 비타협적으로 대결해 온 것이 사회주의자들이며 북한 및 조선총련도 그러한 사람들이 지도하고 있다고 여겨지고 있었던 점, ② 사회주의가 억압받고 빈곤에 처한 사람들을 해방하는 사상이라고 여겼고 실제로 북한에서는 그러한 개혁하에서 국력도 발전하고 있다고 볼 수 있었던 점, ③ 지역 차원에서 대중과 밀착하여 인권 침해와 싸워서 최저한의 생활을 지키기 위해서 애쓰던 활동가들이 조선총련에 속해 있었던 점, ④ 이에 반해 한국의 정권 및 민단의 지도자 중에는 전전 이른바 친일행위를 했던 사람이 있었던 점, ⑤ 한국 정부 지배층의 대미 종속, 독재정치, 부패라는 상황이 일본에도 전해지고 있었던 점 등이 영향을 끼치고 있었을 것이다.

그러나 1960년대에는 이미 재일조선인 사회에서 조선총련의 영향력이 흔들리기 시작하고 있었다는 사실도 확인할 수 있다. 앞 절에서 살펴본 바와 같이 조선총련계 조선인 학교 통학생이 동세대의 아동 학생 수에서 차지하는 비율은 1960년대 중반을 정점으로 저하되기 시작했다. 물론 그것에는 일본에서 진학할 것을 생각했을 경우 일본 학교가 유리하다는 부모의 생각과도 관련이 있었겠지만, 북한의 실정이 알려지고 그 체제가 안고 있는 문제점이 인식되었으며,[6] 특히 개인 숭배와 개인의 자유를 인정하지 않는 경직된 관료주의에 실망한 사람들이 증가했던 점이 영향을 끼쳤다고 보아도 좋을 것이다.[7]

조선총련이 결성된 배경에는 민중적 기반을 갖는 조국지향형 내셔널리즘이 있었다고 해도 결성 후에 조선총련은 오히려 북한 국가와 김일성을 정점으로 하는 조선노동당의 권위를 배경으로 그 조직 구성원을 통제하는 경향을 갖게 되었다. 게다가 그러한 경향에 대한 내부로부터의 비판도 역시 북한 국가를 원천

---

6 북한 귀국사업에 따른 귀국자가 1961년 이후 감소해 갔던 것도 그런점들을 보여준다고 할 수 있을 것이다. 북한과 조선총련에 대한 비판으로서는 関貴星, 『楽園の夢破れて 北朝鮮の真相』, 全貌社, 1962년이 아마 가장 이른 단계의 출판물일 것인데, 그 이전에 입소문으로 여러 정보가 전해지고 있었다고 추측된다.

7 박경식은 조선총련계 학교 재적생의 감소에 대해서 "주체사상을 기본으로 하는 민족교육에 대해서 총련 산하의 동포 및 그 자녀들의 불만이 증대하고, 그 정신생활에서의 내적 모순이 증폭되어서 민족교육으로부터의 이탈자가 증가해 갔다"고 지적했다(앞의 『解放後 在日朝鮮人運動史』, 398쪽).

으로 하는 권위를 갖는 조선총련 지도부에 의해서 배제되었다.[8]

그러나 일본 국가 및 일본인이 가해의 사실에 대해 반성하지 않은 채 조선인을 계속해서 배제하는 상황이 존재했던 것은 조국지향형 내셔널리즘이 재생산될 기반을 갖고 있었다는 것을 의미한다. 그 경우 귀속의 대상이 되는 '조국'이 꼭 현실의 북한 국가가 아니더라도 남북한 통일이 이루어진 다음에 성립될 국가이든 민주화되어야 할 한국이든 상관없이 조국과 연결되고자 하는 의식과 활동이 1960년대부터 1980년대에 존속하고 있었다.

그러나 앞 절에서 살펴본 바와 같이 재일조선인의 생활 속에서 일본인과의 관계가 보다 중요해진 것도 사실이었다. 특히 그러한 경향은 젊은 세대의 재일조선인에게 있어서 현저했다. 그러한 상황을 배경으로 1970년대에는 조국지향형 내셔널리즘과는 다른 의식과 활동이 시작되게 되었다.

그것은 일본 사회에서 계속 생활하면서도 조선인으로서의 정체성을 유지해 나가고자 하는 것이었다. 그 실천은 국적을 이유로 히타치日立제작소에 입사를 거부당한 재일조선인 박종석朴鐘碩이 그 회사를 1970년에 고소한 이른바 히타치 취직차별 반대투쟁으로 시작된다. 이 운동은 1974년에 입사가 허용되면서 전면적인 승리로 마무리되었다. 그리고 이어서 이와 비슷한 국적이 이유가 된 취직차별 반대와 외국 국적자에 대한 변호사 자격의 인정, 여러 가지 사회보장에서의 국적 조항 철폐를 요구하는 운동도 전개되었다. 또 조선총련계의 민족교육과는 별개로 조선인 아동 학생에게 조선 문화를 가르치고 민족적인 정체성을 회복시키기 위한 자원봉사 비슷한 활동도 역시 1970년대에 시작되게 되었다. 그러한 활동들도 조선인으로서의 자부심을 가지면서 일본에서 살아갈 수 있는 사회를 실현하는 것을 목표로 내세웠다.

조국지향형 내셔널리즘에 기반을 둔 종래의 민족단체들의 운동과는 다른 재일조선인들의 활동이 더 널리 확대되고 사회적인 주목을 모으게 된 것은 1980

---

8 예를 들면 1970년대 초의 조선총련 내부의 조직적 동요는 조선총련 의장이 김일성 수석에 충성하고 신뢰를 받고 있으며 그 지도를 따라야 한다는 김일성의 '교시'를 배경으로 수습되었다(統一朝鮮新聞 特集班, 『「金炳植事件」: その真相と背景』, 統一朝鮮新聞社, 1973년).

년대 중반의 일이었다. 당시 외국인등록법으로 규정되어 있던 재일외국인(단기거주자를 제외한다)에 대한 지문등록거부운동이 전국적으로 확산되었다. 이 운동의 목표는 구체적으로는 지문등록제도의 철폐＝외국인등록법의 개정이었다. 그 때문에 지문 날인을 거부한 재일조선인과 거부운동에 연대했던 일본인들은 법무성에 법 개정을 요구하는 운동을 펴나갔다.

그렇지만 이 운동은 운동을 벌인 사람들의 입장에서나 객관적 입장에서나 단순히 외국인등록법 개정이 문제시된 것이라고는 할 수 없었다. 전국 각지의 지방자치체에서 지문날인을 거부한 여러 세대·입장·주장을 가진 재일조선인들은 재일조선인을 관리 감시의 대상이 아니라 일본 사회의 일원으로서 인정해 주길 바랐고, 지문날인거부 행위는 재일조선인이라는 정체성을 가지고 일본 사회에서 살아가겠다는 선언이었다. 또 일본인들도 그러한 재일조선인의 목소리를 받아들여서 일본 사회를 변혁시키고자 하는 의식에서 그 운동에 참여하였다.

지문날인거부의 움직임에 대해서는 처음에는 여러 가지 탄압이 가해지고, 또 "싫으면 자기 나라로 돌아가면 그만"이라는 노골적인 배외적 발언이 쏟아지기도 했다. 그렇지만 결국에는 지문 날인을 거부한 재일조선인에 대한 일본인 시민의 지원과 공감도 확산되었다. 국외에서도 지문날인거부투쟁에 대한 지원의 목소리가 쇄도했다. 이러한 국내외의 여론을 잠재우기 위해 일본 정부 법무성은 외국인등록법의 개정을 검토하지 않을 수 없게 되어 최종적으로 1993년에는 지문제도가 완전히 철폐되었다(단, 지문제도 철폐를 주장해 온 시민 그룹과 재일조선인 사이에서는 전산화 등으로 재일조선인에 대한 새로운 관리체제가 강화된 측면이 있다고 지적하는 목소리도 존재한다).

그리고 이러한 운동의 성과로 재일조선인이 자신들의 정체성을 유지하면서 일본 사회의 여러 곳에 참여해 나갈 것을 요구하는 운동―그 슬로건은 함께 사는 사회＝'공생'의 실현인 경우가 많았다―은 더욱 큰 흐름을 만들어냈다. 동시에 일본 사회의 다수파 사람들 즉, 일본인들 사이에도 재일조선인을 같은 지역과 학교, 기업 등의 일원으로서 받아들이고 그 문화와 정체성을 존중하고자 하는 의식이 조금씩이나마 싹트기 시작했다.

이상과 같이 '공생'의 실현을 내세운 운동은 물론 전후에 태어난 2·3세가 사회의 중심이 된 조건을 배경으로 한 '새로운 운동'이라고도 해야 할 것이었다. 그렇지만 보다 장기적 입장에서 보면(즉, 전전의 역사를 시야에 넣으면) 민족지향형 내셔널리즘의 확립 이전에 보이는 의식과 운동이 다시 재일조선인 사회의 전면에 게다가 이번에는 일본인의 시야에도 들어오는 형태로 등장한 것이라고 볼 수 있다. 동시에 그것은 전후에 일본인뿐만 아니라 재일조선인들도 받아들였던 "조선인은 조선 국가에 귀속하는 것이다", 혹은 "일본국은 일본인들로만 구성된다"는 국가의 논리가 아니라 개인의 존엄성 존중과 생활을 유지하고 개척해나가는 것을 중시하는 이른바 민중의 논리가 다시 의식과 활동의 근저에 자리 잡았다는 것을 의미하는 것이라고도 할 수 있겠다.

단, 재일조선인 사회에서 이 시기에도 여전히 조국지향형 내셔널리즘이 무시할 수 없는 수준으로 이어지고 있는 점에도 주의해야 한다. 세대교체와 일본 거주 장기화 속에서도 조국과의 공고한 연결을 추구하는 민족단체 내지 조국의 민주화와 남북통일을 위한 활동에 참여한 재일조선인들이 적지 않았다. 또 1970년대에는 일본의 사회보장제도와 기업의 취직 등에서의 민족차별철폐운동에 대해서 "일본으로의 동화를 촉진시키는 것"이라는 비판이 일부 민족단체에서 나오기도 했다. 이것도 조국지향형 내셔널리즘을 배경으로 한 것이었다고 규정할 수 있을 것이다.

그러나 이 시기에 민족단체로 결집하거나 여러 가지 형태로 조국의 정치정세에 관여하는 등의 행동은 아마도 조국의 국가로서의 훌륭함을 찬양하고 조국의 발전 또는 남북통일＝국민국가로서의 완성 그 자체를 추구하는 것이었다고는 할 수 없을 것이다.

한반도의 두 개의 국가는 이 시기 냉전을 배경으로 첨예하게 대립하고 있었다. 그러한 가운데 오랫동안 자신들의 고향을 방문하지도 못하고, 부모나 형제자매와 재회는커녕 연락조차 주고받을 수 없는 사람들이 많이 생겨나게 되었다. 이산을 강요당한 것은 한민족 전체가 그러했다고 할 수 있지만, 특히 재일조선인의 경우 대개가 한반도 남부에 뿌리를 갖고 있음에도 북한을 지지하는 사람들(또는 했던 사람들)이 적지 않았다는 점, 동시에 1959년부터는 북한 집단귀국으로 북한으로 향한 사람들이 존재한 조건까지 있었다는 것에 유의할 필요가 있다. 그러한 가운데 재일조선인이 종종 조국의 정치에 관여하려고 하거나 적어도 그러한 움직임을 주시하고 강한 관심을 유지하고 있었던 것은(공식적·정치적인 자리에서 하는 말은 별개로 하고)자신들의 생활에 당연히 필요한 한반도 및 그곳에 있는 사람들과의 유대를 회복하고자 하는 생각에서 나온 것이었다고 추측된다.

또 민족차별철폐운동이 동화로 이어진다는 비판은 아마 지금도 조선을 지배한 것을 반성하려고도 하지 않는 일본이라는 국가를 재일조선인들이 귀속의 대상으로 삼을 수 있을까 하는 의문과 밀접하게 연결되어 있을 것이다. 그것이 조선인은 조국에만 귀속된다는 이른바 관념론에 입각한 것이었다고 하더라도, 한편으로는 생활의 터전인 일본의 실체를 근본적으로 묻는 것이며, 나아가 식민지 지배의 반성을 확립할 것을 일본 국가에 요구하는 입장과 상당히 근접한 것이었다고 볼 수 있다.

즉, 이 시기의 조국지향형 내셔널리즘의 존재와 그 발로라고 볼 수 있는 여러 활동도 또 단순히 국가 논리에 입각한 것이 아니라, 조선인으로서의 자기를 부정하지 않고 일본에서 생활하면서 한반도에 있는 친지들과의 유대와 연락을 회복해 나가고자 하는 생각이 기초가 되었다는 것을 확인할 수 있을 것이다. 그것이 전전 이래 많은 재일조선인들이 원해왔던 것이며, 그런 의미에서는 이 시기 조국지향형 내셔널리즘에 바탕을 둔 여러 활동도 전전 이후 역사의 연장선상에 자리하고 있다고 할 수 있는 것이다.

이상에서 살펴본 바와 같이 1950년대 중반에 정착한 조국지향형 내셔널리즘은 1960년대 중반 이후 차례로 재일조선인 사회에서의 영향력을 상대적으로 약화시켜갔다. 그를 대신해서 1970년대 이후 조선인으로서의 정체성을 유지하면서 일본 사회의 일원이 되겠다는 의식과 운동이 점차 확산되기 시작했다. 그러나 한편에서는 조국지향형 내셔널리즘도 어느 정도의 영향력을 유지하고 있었다. 단, 그것은 일본 국가가 조선인에게 있어 귀속의 대상이 될 수 없었던 점과 한반도와의 유대의 회복, 특히 가족 등 친한 사람들의 연락 등을 바라는 마음이 배경이 되었다.

　재일조선인 사회가 형성된 이후 오랜 시간이 경과했음에도 1970년대부터 1980년대에도 여전히 일본 사회에서의 뿌리 깊은 차별의 극복과 독자적인 문화와 정체성의 존중, 한반도에 있는 사람들을 포함한 민족적인 유대의 회복과 유지가 재일조선인 사회의 과제였으며 또 추구되었다. 그리고 그러한 상황은 1990년대를 거쳐 2000년대 초두인 오늘날까지 기본적으로는 계속되고 있다.

재일조선인 사회의 역사와 현재

이 책에서는 1920년대부터 1980년대까지의 시기에 생계를 해결할 방도를
찾아 일본으로 건너온 조선인 및 그 자손들을 중심으로 재일조선인의 역사를
고찰해 왔다. 이제까지 서술해 온 내용은 사료의 한정으로 추론 차원에 그치는
부분도 있다. 동시에 몇 가지 중요한 점에 대해서는 고찰할 수 없었던 부분도
인정한다. 특히 전후에 대해서는 좌파계 민족단체 조직 자체의 모습과 그 문제점,
1960년대까지 상대적으로 민중적인 기반이 약했다고는 해도 일정한 영향력을
갖고 있었던 좌파계 민족단체의 동향, 또는 민족단체와 관련 없는 사람들의 의식
등을 규명할 필요가 있다고 생각한다. 또 특정 일본 지역이나 도일한 사람들이
많았던 한반도의 특정 마을이라는 이른바 미크로 차원의 지역에 대한 착목과
젠더의 시점, 다른 피차별 민중과의 관계와 중국·러시아·미국 등 다른 지역의
재외조선인과의 비교를 바탕으로 한 분석 등도 여기에서는 이루어지지 않았지
만, 그러한 시각도 재일조선인 사회의 역사를 살펴볼 때에 본래 불가결하다고
생각된다.

그런 의미에서 이 책은 미진한 점과 과제를 남기고 있다. 그러나 이제까지의
기술을 통해서 재일조선인 사회의 형성 과정과 배경, 기본적인 구조 및 그것이
어떻게 변용되어 오늘날로 이어지고 있는지에 대해서는 대략적으로 밝혀낼 수
있었다고 생각한다. 이하에서는 이제까지 서술해 온 것들 요약하면서 그 역사적
사실이 가지고 있었던 의미에 대해서 생각해 보고자 한다.

일본 내지의 조선인을 구성원으로 하며, 독자적인 문화와 사회적 결합이
유지되고 있고, 일본인들의 사회와는 구별되는 재일조선인 사회는 1920년대에

형성되었다. 이 시기의 재일조선인은 그 이전과 달리 어느 정도 일본 재류 기간이 길어진 조선인을 중심으로 여러 명이 집단적으로 취직·거주하면서 조선인끼리의 상호부조와 직업소개를 위한 네트워크를 만들게 되었다.

도항관리제도가 존재했지만 일본 내지로 생계를 해결하기 위해서 건너온 조선인은 그 후에도 증가했고, 그리하여 재일조선인 사회는 1920년대부터 1930년대에 구성원이 증가하고 공간적으로도 확대되었다. 동시에 그 내부의 사람들의 연결 형태와 활동도 보다 다양해지고 활발해졌다. 국경이라는 경계의 절대성을 자명한 것으로 이해하고 그 틀 속의 문화와 사람들의 활동을 균질적인 것으로 여기거나, 그것을 전제로 사고하는 경향이 있는 사람(필자도 예외가 아니고 또 아마도 1980년대까지 태어나고 자란 대부분의 일본인이 거기에 해당될 것이다)들은 쉽게 상상할 수 없는 상황이 발생하였던 것이다. 조선인이 유입되었던 도시에는 조선인 집주지가 형성되고 그 안에서도 조선인 인구가 특히 많은 곳에서는 조선인 시장이 생겨났다. 그곳에서는 한반도로부터 가져온 물자가 유통되었고, 민족적 수요에 부응한 서비스가 제공되었다. 또 한반도에서 간행되거나 재일조선인들이 독자적으로 만들었던 신문 등에 의한 정보도 전달되고 있었다. 그리고 친목과 상호부조, 식자 계몽과 인격 도야, 동향 사람들의 고향에 대한 기증, 오락·종교에 관한 활동과 자녀에 대한 민족교육, 생활권의 유지를 위한 노동조합, 소비조합 등의 운동, 민족해방운동 등이 재일조선인들 사이에서 전개되어 갔다.

물론 일본 사회에서 생활하는 이상 설령 조선인 집주지에 거주하는 사람들이라 하더라도 조선인 이외의 사람들과 접촉하지 않고 완전히 한반도에 있었을 때와 마찬가지의 문화를 유지했던 경우는 없었을 것이다. 산간벽지 등 조선인 인구가 소수인 지역에서는 민족적인 물자 구입 등의 면에서 제약을 받아 독자적인 문화를 유지하기가 어려웠다. 그러나 전반적으로 보아서 1920~1930년대의 재일조선인 사회는 독자적인 문화와 민족적인 사회적 결합을 유지하고 있었다. 그것을 가능하게 했던 것은 다음과 같은 조건들이었다. ① 이 시기의 재일조선인 사회의 중심에 위치해 있던 것은 한반도에서 인격을 형성한 이후 도일한 1세들이다, ② 조선인의 도일은 연쇄형 이민이 주류여서 직업과 주거 알선 등 도일 과정 및 그 후의 생활에 있어 지연과 혈연에 기반을 둔 상호부조가 널리 이루어지고 있었다, ③ 조선인 합숙소장과 조선인 공장 감독이 존재했고 1930년대 이후에는 중소 영세공장 등을 경영하는 조선인들도 나타나서 그들이 종종 신규로 도일하는 사람들을 통솔하고 고용했다, ④ 신규로 도일한 사람들의 유입과 계절노동자의 왕래, 일본 내지에 생활기반을 두게 된 사람의 일시 귀향 등 한반도와 일본열도 사이에서의 조선인의 인적 흐름이 계속 존재했다, ⑤ 조선인을 대상으로 한 물자의 판매, 조선인의 수요에 대응한 서비스를 제공하는 사업이 전개되고 있었다, ⑥ 재일조선인들이 직접 생활권을 지키고 확립하기 위한 여러 사회운동을 전개하고 있었다. 그리고 세대교체가 크게 작용하고 있었다고 해도 이 시기의 재일조선인 사회는 독자적인 문화와 사회적 결합을 상당히 지속적으로 유지할 수 있는 구조를 갖고 있었다고 볼 수 있다.

그러나 1930년대 말부터 1945년 8월 15일까지의 수년간과 1945년 8월 15일 이후의 상황은 재일조선인 사회를 크게 변화시켰다. 전시하 재일조선인들의 사회운동은 탄압에 의해 소멸되고 일상생활에 이르기까지 철저한 일본인으로의 동화가 강요되었다. 조선인을 대상으로 한 각종 상업·서비스업도 적어도 전쟁 말기까지는 영업이 불가능해졌으며 그 중에 대부분은 전후에도 부활하지 못했다. 동화정책으로 개개인, 특히 젊은 세대의 조선인들은 민족문화를 되살리고자 많은 고생을 하거나 경우에 따라서는 그것을 상실한 채 지내야 했다. 그리고 일본의 패전＝조선의 일본 국가로부터의 분리와 분단국가의 성립으로 신규로 도일하는 사람들의 유입이 사라졌을 뿐 아니라, 한반도로부터의 물자와 정보의 유입이 제한되고 나아가 한반도에 있는 조선인과의 연락·접촉이 어려워지거나 두절(종종 부모 자식과 형제자매의 관계에서도)되는 상황도 초래되었다. 즉, 민족적인 문화를 유지하는 물리적 조건의 많은 부분은 전시하의 동화정책 및 전후의 일본과 남북한 관계에 의해서 파괴되었다.

물론 일본의 패전은 일본 국가에 의한 조선인의 민족적인 정체성의 부정,

민족문화에 대한 억압이라는 조건의 제거를 의미하며, 재일조선인이 민족문화를 회복·유지하고 계승해 나가는 데 긍정적인 의미를 갖는 변화였다. 실제로 전후의 2, 3년 동안에는 민족문화를 차세대에 계승시키기 위한 민족교육이 큰 영향력을 가질 수 있었다. 그러나 냉전이 진행되는 가운데 영향력을 갖고 있던 좌파계의 조선인 학교에 GHQ·일본 정부가 탄압을 가하면서, 민족교육의 기회를 향유할 수 있는 사람은 조선인 아동 학생 중에서도 상대적으로 소수에 그치게 되었다. 동시에 일본 사회에서의 조선인에 대한 뿌리 깊은 멸시와 차별이 존재하여 민족문화를 유지하고 그것을 표현하면서 일본에서 생활하는 것을 어렵게 만들었다.

위와 같은 상황에서도 좌파계의 민족단체가 재일조선인 사회에서 1960년대 중반 무렵까지 구심력을 갖고 있었던 것은 분명한 사실이며, 그것은 민족문화를 유지·계승하고 여러 가지 민족의 독자적인 사회적 결합을 존속시켜서 가치 있게 만드는 데에 그 나름대로의 역할을 해내고 있었다. 그렇지만 그 영향력은 그 후 점차 저하되었고, 세대교체와 맞물려서 재일조선인이 문화면에서 일본으로 동화되고 민족적인 사회적 결합이 상대적으로 덜 중요해지는 변화가 진행되게 되었다. 그러나 1970년대 이후 일부 재일조선인들 사이에서 조선인으로서의 정체성을 회복하고 유지하면서 일본 사회의 일원으로서 살아갈 것을 지향하는 움직임이 시작되고 점차 확산되어 갔다. 또 조국과의 연결을 중시하는 민족단체의 활동의 영향력은 소멸되지 않았다. 그런 의미에서는 전시하와 전후 두 번의 외적인 상황 변화를 배경으로 재일조선인 사회는 그 내부의 문화와 사회적 결합을 변용시키면서 존속해 왔다고 할 수 있을 것이다.

이러한 재일조선인 사회의 형성과 그것을 존속시켜 온 재일조선인들의 영위는 전전의 대일본제국 그리고 전후의 일본 국가의 입장과는 관계가 없거나 명확하게 대립적인 관계에 있었다. 애초에 식민지기의 조선인의 일본 내지 도항은 일본 국가의 통제로부터 완전하지는 않다 하더라도 어느 정도 벗어나 있었다. 일본 국가는 노동력으로서 필요한 사람 이외에는 '도항 저지'라는 조치를 취하고자 했다. 그래서 상당히 많은 조선인들이 도일을 저지당했지만, 그럼에도 생계 때문에 조선인들은 지연과 혈연에 의지해 일본 내지로 건너온 것이다. 조선인 집주지의 형성과 조선인 시장에서의 민족 물자의 유통, 독자적인 정보의 전달, 한반도와의 유대 유지, 나아가서는 그러한 가운데에서 생활권 확립을 위한 활동이 이루어지고 있는 상황을 만들어 냈는데, 일본 국가는 그에 대해 탄압을 가한 적은 있어도 원조를 한 적은 없었다(내선융화단체를 원조하거나 협화사업에서 사회사업적 활동도 한 적은 있지만, 이것도 결국은 재일조선인의 일본으로의 동화·통제를 최종 목적으로 하고 있었다는 점을 잊어서는 안 된다). 그리고 전후의 일본 국가는 재일조선인을 성가신 존재로 여기며 민족교육에 대해서 억압적인 태도를 계속 취해 왔다.

즉, 전전, 전후를 불문하고 일본 국가는 한반도와 일본열도 간에 경계를 설정하고, 조선인의 이동과 조선인끼리의 연락을 막고 동시에 일본 내지 또는 일본국에 이질적인 문화를 가지고 일본 국가에 대해 귀속의식을 갖지 않는 사회집단은 존재해서는 안 된다는 입장을 취해 왔던 것인데, 이에 대해서 많은 조선인들은 계속해서 자신들의 정체성과 문화를 부정하지 않고 또 그때까지 밀접한 관계를 갖고 있었던 사람들과의 연결고리를 끊어 버리지 않고 생활을 유지할 것을 추구했다. 그것은 결코 과장된 슬로건과 어려운 이념을 내세워서 한 행위는 아니었지만, 일본 국가의 의도가 적어도 철저히 관철되지 못하게 하면서 재일조선인 사회를 형성·존속시켜 왔다.

그리고 재일조선인 사회의 구성원인 민중들의 의식은 일본 국가와 대립하는 것이기도 했지만, 한민족에 의한 한반도에서의 독립국가 수립을 지상 과제로 삼고 국민국가 원리에 한 치의 의심도 없었던 조선인 지도자들의 생각과도 완전하게는 일치하지 않았다고 보아도 될 것이다. 물론 타향에서 민족차별을 받고 가난하게 살아야 했던 상황으로 인해 재일조선인 사회에서 조선인들의 연대의식에 바탕을 둔 소박한 내셔널리즘이 광범하게 존재했음은 분명하다. 또 식민지 시기에 조선 독립을 바라지 않았던 조선인은 드물 것이다(그것이 불가능한 일이라고 체념하고 있었던 사람은 적지 않았겠지만). 그렇지만 그러한 의식이 조선 국가와 연결되거나 그것을 희구하는 내셔널리즘과 등호 관계에 있는 것은 아니다. 한반도와 관련된 재일조선인의 의식을 살펴보더라도 식민지 시기에는 추상화된 민족이라는 유대감이 민족 차원에서 항상 상기되고 확인되었다고는 볼 수 없다. 오히려 민중 차원 의식의 특징은 구체적인 자신의 고향에 대한 관심이 컸고 지연을 바탕으로 한 단체의 활동이 활발했던 점이며, 그것은 종종 한민족 전체의 결속을 방해한다고 민족주의자 인텔리들로부터 비판받을 정도였다.

또 식민지 시대에 민중이 가장 우선적으로 생각한 것은 독립국가 수립이라는 고도의 정치적 과제보다 생계 유지였다. 그러한 사람들에게 있어 한민족은 한반도에 살아야 한다는 생각은 무조건적인 전제는 아니었으며, 절대적으로 지켜야 할 원칙이 될 수도 없었다. 그렇다고 해서 조선인임을 완전히 부정하고 현거주지의 다수파=일본인에게 동화되어야 한다는 발상도 민중 내부에서 생겨나지는 않았다. 1930년대 중반의 재일조선인 사회를 살펴보면 스스로가 익숙한 문화를 유지하면서 소극적 선택이기는 하지만 일본 내지에서의 생활을 계속하려는 의식이나 적극적으로 현재 살고 있는 사회의 일원이 되려는 의식을 갖는 사람들의 주장을 확인할 수가 있다.

물론 거기에는 현실적으로 조선 국가가 존재하지 않았던 요인이 크게 작용했다. 그러나 일본이 패전국이 되고 조선 국가가 건국 과정을 걷기 시작했던 시기에도 재일조선인 사회에서는 조선인이면서도(따라서 한편으로는 조선 국가에 귀속해 있으면서) 일본 사회의 일원이거나 그렇게 되고자 하는 의식이 존재하고 있었다. 이에 대해서는 재일조선인을 일본 혁명에 동원하고자 했던 마르크스주의자들의 오류에 영향을 받은 것이라는 해석도 있을 것이다. 그러나 그보다 전전의 재일조선인들의 의식의 연장선상에 있는 것이며 일본에 생활기반을 둔(혹은 둘 수밖에 없는) 조선인에게 있어 자연스러운 사고방식이었다고 해야 할 것이다.

그렇지만 1950년대 중반에 이르러 재일조선인의 일본 사회로의 귀속을 부정하고 조국 조선과의 연결을 중시하는 의식=조국지향형 내서널리즘이 재일조선인 사회에 정착하게 된다. 즉, 이 시점에서 이념으로서는 조선(혹은 한국)을 귀속의 대상으로 하는 국민국가 원리가 재일조선인들에게 받아들여졌던 것이다. 게다가 그것은 일부 지도자들이 공유한 것이 아니라 민중적인 지지를 받았고, 또 실제의 조국을 모르거나 거의 기억이 없는 세대에까지 그러한 의식이 침투해 있었다고 볼 수 있다.

전시하와 해방을 거쳐 1950년대에 이르기까지의 이러한 경과는 이제까지 재일조선인의 역사에 대해서 유포되어 있는 언설이나 이민 집단에 대한 일반적인 이미지를 수용해 왔던 사람들에게는 의외로 받아들여지지 않을까? 재일조선인의 정체성에 대해서 논할 때 누차 이야기된 것이 한반도에서 태어난 1세들은 일관되게 공고한 내셔널리즘을 견지하고 조국으로 귀국하기를 희망하고 있있지만, 2세 세대가 되면 문화적으로나 생활방식에 있어서도 변화가 생겨 일본에 대한 귀속이 강화되고 '정주지향'이 명확해진다는 것이다. 또 이민 집단 일반에 대해서도 시간의 경과와 세대의 교체 속에서 점차 호스트 사회로의 귀속을 강화하고 동화되어 간다고 파악해 왔다고 생각된다. 그러나 역사의 실상은 그렇지 않다. 전전의 1세들의 문화와 정체성은 다양한 것이었고, 이미 동화 경향도 있었는가 하면 오늘날 말하는 다문화주의적인 정주지향도 보였다. 그런데 전후에는 젊은 세대도 포함하여 조국지향형 내셔널리즘으로 수렴되고 민족문화를 유지하고자 하는 활동이 전개되어 갔다. 오히려 시간이 경과하고 젊은 세대가 등장했던 1950년대가 되어서 본국과의 귀속을 중요시하는 움직임이 강해졌다는 것을 확인할 수 있다.

이것은 재일조선인들(혹은 이민 집단 일반에도 해당되는 것이겠으나)의 문화와 귀속의식이 단순히 시간의 경과와 세대의 교체에 의해서 변화해 가는 것이 아니라는 것을 보여준다. 오히려 그것을 규정하는 것은 국가의 정책과 민중들의 접촉 방법을 포함한 호스트 사회의 대응이나 본국과의 관계와 같은, 이민 집단과 그와 관련된 구체적인 환경이나 정세라고 생각된다. 적어도 재일조선인들의 조국지향형 내셔널리즘은 일본 국가의 전시하 동화정책과 전후 일본인 민중들의 노골적인 차별과 배외주의를 배경으로 그에 대한 반작용으로 형성된 측면을 갖고 있다고 해도 틀림없을 것이다(사족일지도 모르겠으나 호스트 사회의 대응 형태로 규정되어서 호스트 사회로 동화되어

간 것처럼 보이는 이민들이 오히려 '본국'이나 '역사적 고향'에 대한 귀속을 강화하는 예가 그리 드물지 않다. 예를 들면 19세기 말부터 20세기 전반 구미에서 시오니즘의 입장을 취하게 된 것은 '동화 유대인'들인 경우가 종종 있었고, 그 계기는 '동화'에도 불구하고 자신들과 그 동포에 대한 박해가 이어지고 있었기 때문이다).

물론 조국지향형 내셔널리즘의 형성과 정착이 조선인들의 주체적인 활동으로 촉진되었던 것도 무시할 수는 없다. 그것은 전전 이래로 존재했던 피차별 하층 민중의 소박한 연대감을 기반으로 했을 것이고, 민족주의자(마르크스주의자도 포함)들의 활동, 조국의 건국과 같은 정세와도 크게 관련 있었다. 또 독립국이 아니었기 때문에 비통함을 맛보아야 했고, 조선인이라는 이유로 차별받아 온 사람들에게 있어 조국지향형 내셔널리즘은 자신의 존엄성을 회복하는 의미를 갖고 있었다고 할 수 있다.

그러나 조국지향형 내셔널리즘은 재일조선인이 안고 있었던 여러 가지 과제를 해결해 주지 않았다. 오히려 어떤 면에서는 모순으로 남겨두는 작용을 했다.

조국지향형 내셔널리즘은 재일조선인의 대부분이 현재 일본에 머물러 있다 해도 그곳을 '임시로 머무는 곳'으로, 자신을 어차피 귀국해야만 할 존재로 규정했던 것을 의미한다. 그리고 그 때문에 일본 사회와의 관계에서 재일조선인이 자신의 민족성을 부정하지 않으면서 일본 사회에 귀속·참여를 추구하거나 제국주의 가해의 청산을 비롯한 일본의 변혁·민주화운동에 참여하는 비율이 저조해졌다(그러한 가운데에서도 제국주의의 가해의 역사를 발굴하는 작업은 재일조선인 연구자의 개인적인 노력에 의해서 진행되었지만). 그와 동시에 독자적인 문화를 겉으로 드러내고 생활하는 것이 어려운 상황이었고, 세대교체 속에서 독자적 문화색이 점점 옅어지면서 재일조선인들은 일본인에게 있어서 '보이지 않는 사람들'이 되어 버렸다. 그런 점에서 일본인의 대부분이 재일조선인을 같은 사회의 구성원으로 의식하지 못하고 또 그 역사와 문화를 존중하지 않는 상황이 발생했다.

불행하게도 1950년대 중반 이후 재일조선인과 일본인 둘 다 국민국가 원리의 입장에 있음으로써, 현실적으로는 국민국가 원리에 반하는 존재인 재일조선인과 관련된 여러 가지 문제가 있었음에도 그 문제를 직시하지 않는 기묘하게 안정적인 관계가 성립되어 버린 것이다.

그러나 그 후에도 그러한 구조가 존재하면서도 1970년대에는 조선인이 자기의 정체성을 부정하지 않으면서 일본 사회의 일원으로서 살아가기 위해서 민족 차별 철폐 등 여러 가지 노력을 시작하고 1980년대에는 그것이 더욱 확산되어 가게 되었다.

이것은 일본 국가의 동화주의나 국민국가 원리와 연관이 없거나 대립했던 1920~1930년대부터 전시하, 전후 직후 민중 차원의 재일조선인의 바람이 마침내 전면으로 등장하게 되었다고 보는 것도 가능하다.

동시에 한편으로는 이 시기에 조국지향형 내셔널리즘을 견지하는 사람들이 더 존재했던 것도 실은 전전 이래 많은 재일조선인이 유지해 왔던 국가 논리와 구별되는 인간으로서 기본적인 권리를 추구하는 생각을 다른 형태로 표현한 것이었다고 볼 수도 있다. 그것은 냉전 구조의 해소에 대한 염원과 제국주의의 가해를 반성하지 않는 일본 국가에 대한 비판을 의미하는 것이며, 한반도에 있는 친지들과 연락을 회복하고 자신의 존엄성을 해치지 않으면서 살아갈 수 있다는 것과 밀접하게 관련되었기 때문이다.

이상과 같은 역사를 전제로 하여 1990년대 이후에도 재일조선인 내부에서는 동화가 진행되고 뿌리 깊은 차별이 존재하는 가운데, 독자적인 정체성을 유지하고 존중받으면서 일본 사회에 참여하여 그 일원으로서 인정받는 것과 한반도 및 그곳에 있는 사람들과의 유대를 회복해 가는 것이 과제가 되었다고 볼 수 있다.

그리고 본론에서는 언급하지 않았지만 1990년대 이후 이러한 과제의 해결을 촉진하는 몇 가지 변화가 생겨난 것을 확인할 수 있을 것이다. 구체적으로는 다음과 같은 점들이다.

첫째로는 일본과 한국의 관계가 밀접해진 것이다. 경제·정치·문화 등 여러 분야에서 정부나 지방자치단체, 기업뿐만 아니라 학술단체, NGO 등도 포함하여 여러 가지 형태로 한일 간 교류가 지속적으로 이뤄지고 있다. 이러한 상황은 한국의 민주화의 진전에 따른 것이기도 하며, 그로 인해서 반공을 우선으로 한 강권적인 한국의 체제에 비판적 입장을 취하고 있었던 재일조선인들이 한국을 방문하는 것도 가능해졌다.

두 번째로는 정보 통신 수단의 발달로 정보의 전달에 있어 국경의 장벽이 그다지 큰 의미를 갖지 않게 된 경우가 많아진 것이다. 한일 간에는 그리 어렵지 않게 상대방의 동향이나 그 지역의 뉴스와 텔레비전 프로그램 등을 실시간으로 알 수 있게 되었다. '본국'을 떠나 사는 사람과 그 친족·친구 등에게는 일상적인 일이라고도 할 수 있을 것이다.

세 번째로는 이른바 뉴커머의 유입이다. 일본에 새롭게 건너온 외국인 노동자들(및 일본 국적을 가졌지만 현대 일본인과는 상당히 다른 생활양식·언어 등을 유지하고 있는 브라질, 페루 등의 일본계 사람들)은 '본국'과도 연결된 독자적인 네트워크를 유지하면서 그 민족 집단에 독자적으로 필요한 정보와 물자를 유통시키고 있다. 한국으로부터의 뉴커머들도 예외는 아니어서 독자적인 사회를 형성하면서 한국인을 대상으로 한 식재료를 판매하는 슈퍼나 독자적인 민족적 수요에 대응한 각종 서비스를 제공하는 사업이 상당히 발달하고 있다.

네 번째로는 일본 사회 및 일본인들 사이에 다문화 상황에 대응한 의식과 사회변혁의 맹아가 나타나게 된 점을 들 수 있다. 이러한 변화는 여러가지 요인이 얽혀서 초래된 것이다. 요인 중 하나는 재일조선인들에 의한 '공생'을 추구하는 여러 가지 노력임에는 틀림없지만, 그 밖에도 뉴커머의 유입이라는 조건도 관련이 있을 것이다. 동시에 변화를 초래한 동기도 차별을 시정하고 이문화異文化를 존중한다는 의미에서만이 아니라, '이문화'가 이른바 '부가가치'가 되어서 유통될 수 있는 상황이 만들어져서 자본의 논리로 활용할 수 있는 의미를 갖은 경우도 있을 것이다.

이러한 변화는 재일조선인이 자신들의 귀속과 문화, 사회적 결합에서 조선과의 관계를 유지하거나 회복하는 데에 있어 적어도 어떤 면에서는 긍정적인 영향을 주고 있다. 그리고 그럴 경우의 귀속과 문화, 사회적 결합의 형태는 보다 다양해지고 그러한 경향을 앞으로도 강화해 갈 것이다. 단일민족 사회인 일본에 대항하는 고정적 단일적인 조선인으로서의 정체성이 아니라 일본인인 동시에 조선인이라는 복수의 정체성을 갖는 사람과 재일조선인으로 태어나서 한국에서 생활하면서도 일본인과의 연결고리도 유지하고 있는 사람, 애당초 그다지 스스로의 민족적인 정체성에 구애되지는 않지만 그것을 부정하지도 않는 재일조선인, 조선·일본 양쪽의 문화를 국면에 따라서 활용하면서 생활하는 사람 등등 여러 가지 삶의 방식을 개개인이 선택할 가능성이 늘어가고 있다고 생각된다.

그러나 21세기 초두인 오늘날에도 재일조선인을 더욱 탄압하는 여러 가지 조건들이 있으며, 인간으로서의 기본적인 권리를 향유하는 데 있어 여러 가지 장애가 존재하고 있음에도 주목해야 할 것이다.

우선 재일조선인을 향한 일본인의 차별의식과 배외주의는 없어지지 않아서, 21세기 초두인 현재에도 재일조선인이 부당함에 고통 받고 있다는 것을 지적해야 한다. 일본인의 조선인에 대한 감정을 수량적으로 나타내는 것이 불가능한 것은 당연하다. 따라서 일본인의 조선인에 대한 일반적인 감정이 호전 기미를 보이는지 악화 경향에 있는지는 단순하게 판단할 수 없다. 그러나 아마도 100년 이상 세대를 넘어서 계승되어 온 조선인을 업신여기고 멸시하는 감정은 일본인 사이에서 여전히 무시할 수 없다는 점은 틀림없다. 그리고 안정적인 우호관계를 형성하지 못하는 상황에 대해서는 일본과 북한 혹은 한국 간의 마찰과 대립을 계기로 한 조선인을 적시하는 감정이 강해질 가능성은 항상 있다고 말할 수 있다. 게다가 매스미디어의 발달 및 통신 기술의 고도화와 그 보급을 배경으로 조선인에 대한 부정적인 이미지를 심화시키는 정보가 있더라도, 설령 그것이 현실의 일면에 지나지 않거나 사실과 거리가 먼 것이라 하더라도, 순식간에 많은 사람들에게 전달되는 상황 속에 우리는 살아가고 있다. 그런 의미에서 일본인의 차별의식과 배외주의를 과거에 문제를 일으킨 성가신 것으로만 치부할 것이 아니라 앞으로도 어떤 심각한 사태를 불러일으킬 가능성을 갖는 것으로 파악해야 한다.

재일조선인과 한반도에 있는 사람들의 관계에 대해서 보더라도 문제가 완전하게 해결된 것은 아니라는 지적도 필요하다. 1990년대 이후 한국의 민주화와 남한 간의 대화와 교류로 상황이 개선되고 있는 것도 사실이다. 그러나 분단국가의 어느 한쪽에는 방문이 불가능하고 그곳에 있는 가족과 친족 등과 연락도 할 수 없는 재일조선인이 여전히 존재한다. 이것은 남북한의 분단과 대치가 강요하고 있는 사태이므로 재일조선인뿐만 아니라 한반도에 있는 한국인에게도 상황은 마찬가지다. 단, 재일조선인의 경우 집단귀국사업으로 북한에 있는 가족과 친족 등과 연락조차 두절된 경우가 적지 않다는 것에도 주의해야 한다. 동시에 그러한 북한에 있는 사람들과 일본에 있는 사람들이 단절된 것은 일본과 북한의 국가 관계의 문제도 작용한 것이라는 점을 상기해야만 한다. 부언하면 분단국가의 대립이 수십 년의 시간이 경과하여 일본과 북한 간의 정식 국교 관계조차 수립되지 않은 상태가 지속된 가운데 고향을 다시 찾아가지도 가족과 친족 등과 재회하지도 못하고 타향에서 생을 마치는 재일조선인들이 적지 않다는 사실도 기억해 둘 필요가 있다.

또 주류인 일본인에 의한 국가주의적 통합의 강화를 지향하는 것이 일본 사회의 일부에서 대두되고 있는 것도 염려되는 요인이다. 민족적인 정체성을 유지하는 재일조선인의 사회 진출과 뉴커머들의 증가는 분명 실태로서의 다문화 사회를 만들어 내고 있다. 게다가 저출산·고령화에 대한 대응과 국제 경쟁력 강화의 필요에 따라 외국인 노동자가 필요 없다거나 일본 사회로부터 외국인을 완전히 배제해야 한다는 주장은 지금은 보수파 안에서도 거의 찾아볼 수 없다. 그렇지만 다양한 민족적·문화적 배경을 갖는 사람들과 함께 사회를 구성해야 한다는 현실은 보수파와 국민국가 원리의 유효성을 의심하지 않는 사람에게는 위기로 받아들여진다. 그러므로 주류인 일본인의 국가의식을 강화시키려 하고 있고 그것은 결과적으로 재일조선인들에 대한 억압과 적어도 일상생활에서의 심리적인 압박감을 강화시키고 있다. 그렇기는 하지만 이제는 재일조선인 등 주류인 일본인과는 다른 민족적 배경을 갖는 사람들을 사회로부터 배제하는 것은 불가능하다는 사실은 국가주의적인 통합의 강화를 지향하는 사람들도 인식하게 되었다. 그래서 예를 들면 민족적인 비주류는 어느 정도 주류의 문화에 합쳐짐과 동시에 원래 귀속되어 있던 나라와 자신들의 선조들의 나라가 아닌 일본 국가만을 귀속의 대상으로 하고 그에 대해서 충실해야 한다는 새로운 국가주의적 통합을 주장하는 소리가 나오게 될 가능성이 있다. 그러나 그것은 정체성의 자기 결정권을 침해하는 것이며 재일조선인 등 민족적인 비주류에 대한 억압이다.

그리고 현재의 일본 국가의 역사에 대한 태도나 일본인의 역사 인식도 문제가 되고 있다는 점도 언급해 둘 필요가 있다. 주지의 사실처럼 현실에서는 일본 국가는 과거 제국주의의 가해의 역사에 대해서 명확한 반성의 뜻을 표하지 않고, 종종 정부 고관 등 사회적 영향력이 있는 일본인들이 가해의 역사적 사실을 부정 내지 왜곡하고 미화하는 발언을 반복하고 있다. 자신이나 부모나 조상들이 일본 제국주의의 조선 지배와 관련해서 막대한 피해를 입은 재일조선인에게 있어서 이것은 정신적으로 고통스러운 일이며, 오랫동안 일본에서 생활한 사람과 앞으로도 일본을 생활의 터전으로 삼을 사람들에게도 일본에 대한 귀속을 주저하거나 기피하게 만드는 요인이 되기도 할 것이다.

이상에서 서술한 바와 같은 여러 가지 문제들은 재일조선인들만이 해결해야 할 과제가 아니다. 주류인 일본인을 비롯한 다른 일본 사회의 구성원들은 오늘날 이미 이웃이나 직장 동료, 학교 친구 혹은 경우에 따라서는 가족이나 친족으로서 재일조선인들과 관계를 맺고 있다. 그러한 관계를 유지하면서 미래를 만들어가고자 하는 사람에게 있어 재일조선인이 일본에서 자기의 존엄성을 유지하면서 생활할 수 있는 환경을 만들어 내는 것은 스스로의 과제이기도 하다.

물론 그러한 과제는 시민사회에서의 자주적인 활동이나 일본 국가의 정책 변경, 나아가서는 그러한 가운데 국제환경의 변화의 영향을 받아 실현됨으로써 해결될 것이다.

그러나 그러기 위해서라도 재일조선인의 역사를 국민국가 원리로 일본 역사에서 배제시킬 것이 아니라 일본 사회의 구성원들 사이에서 공유해 가도록 해야 한다. 그것은 재일조선인과 관련된 여러 가지 문제를 해결하는 전제이며 첫걸음이 될 것이기 때문이다.

저자 후기

본서는 2001년 9월에 와세다대학교 대학원 문학연구과에 제출한 학위청구
논문에 약간의 수정을 가한 것이다. 그리고 학위청구논문의 일부는 그때까지
발표해 온 다음의 논문을 기초로 하고 있다.

「1920~30年代在日朝鮮人の動向: 労働争議記事の分析から」,『史観』제133책, 1995
년 9월.

「戦前期在日朝鮮人社会の地縁結合: 莞島郡所安面出身者とその学校閉鎖事件への対
応から」,『民衆史研究』제51호, 1996년 5월.

「戦時下の在日朝鮮人社会」,『社会科学討究』제21호, 1996년 3월.

「戦前期在日朝鮮人社会のリーダー層: 存在形態・経歴・意識・社会的活動」,『社会科学
討究』제124호, 1997년 3월.

「戦後における在日朝鮮人と日本社会」,『年報日本現代史』제4호, 1998년 6월.

「戦前期在日朝鮮人と国民国家日本」,『人民の歴史学』제141호, 1999년 9월.

공부를 시작하고 나서도 또는 착상을 얻고 대체적인 구상을 떠올리고 나서도
(아마 1994년경에는 대략적인 구상이 있었다고 생각한다) 책으로 정리하기까지 상당한 시간이
걸렸다.

재일조선인의 역사를 연구 대상으로 한 것은 그리 깊은 이유가 있는 것은
아니다. 지문 날인 거부투쟁이 고양되었던 시기에 대학에 다니고 있었던 것이
한 이유는 되겠지만, 결정적인 요인은 아니다. 단, 싫증 내지 않고 공부를 계속할

수 있는 것은 상당히 단순히 사료를 찾아서 읽는 작업을 좋아한다는 것이 크게 작용했다고 생각한다.

재일조선인이 직접 남겼거나 그 동향을 전하는 사료는, 오해의 소지가 있음에도 불구하고 굳이 말하자면, 많은 이들에게는 '휴지 조각' 같은 것으로만 보이는 것이 대부분이라고 할 수 있겠다. 그러나 그러한 사료를 수집·정리하는 가운데 놀랄만한 사실을 찾아내는 일은 즐겁기도 하고, 단편적인 기술로부터 엿볼 수 있는 그 시대를 살았던 사람들의 영위와 생각에 때로는 감동하기도 한다.

단, 공부를 계속해 온 것은 당연히 많은 사람들과의 관계를 맺음으로써 가능한 일이었다. 역사 연구라는 것은 고독한 것이라고 해도(적어도 나는 그렇게 생각한다) 먼저 기초적인 훈련을 쌓아야 하고, 여러 교시敎示와 시사示唆를 얻고 나서야 연구가 진전된다. 그리고 고독하게 사색할 환경, 또 타인의 협력 없이는 얻을 수 없다. 이 책을 정리하는 과정에서도 여러 선생님과 선배, 친구, 가족들로부터의 교시, 협력, 원조를 얻었다. 특히 유이 마사오미由井正臣 선생님, 안자이 구니오安在邦夫 선생님, 가노 마사나오鹿野政直 선생님, 그 지도를 함께 받은 일본근현대사세미나의 여러 선배·친구, 오비나타 스미오大日方純夫 선생님, 미야다 세쓰코宮田節子 선생님, 오무라 마스오大村益夫 선생님, 이성시 선생님, 와세대대학 사회과학연구소 (1998년부터 아시아태평양연구센터)의 교직원 여러분, 고려대학교 민족문화연구원의 교직원 여러분, 최석의 씨와 히구치 유이치樋口雄一 씨를 비롯한 재일조선인운동사연구회의 여러분, 문화센터 아리랑 근현대사연구소 민족관계조선민족부회의 여러분, 김광열 씨와 김인덕 씨를 비롯한 한국 한일민족문제학회의 여러분, 원고에 관한 의견을 주신 기무라 겐지木村健二 씨, 미야지마 미카宮島美花 씨, 다니가와 유이치로谷川雄一郎 씨, 정영환 씨, 데이터베이스 입력에 협력해 주신 김준헌 씨, 자료 수납공간을 제공해 주신 이명문 씨, 고 박경식 선생님, 고 김영달 선생님, 고 구마다 고조熊田孝三 씨께는 많은 도움을 받았다. 이 책에 관한 연구 및 출판에는 재단법인 일한문화교류기금, 재단법인 후지제록스 고바야시 세쓰타로小林節太郎 기금으로부터 조성을 받았다. 여기에서 감사의 말씀을 드린다. 사적인 것이지만 연구를 계속하는 것을 이해해 준 가족, 나를 길러주신 아버지와 돌아가신 어머니에게도 감사드리고 싶다.

집필을 끝낸 현재 생각하는 것을 두 가지만 말하겠다.

한 가지는 재일조선인사에 대해서 선구적인 연구를 제시해 온 재일조선인 역사학자들에 대한 것이다. 이 책의 접근 방법은 그들이 제시해 온 연구의 틀과는 다르고, 어떤 의미에서는 그것을 무너뜨리고자 하는 시도였다. 그러나 이 책을 씀으로써 그들이 어떠한 생각으로 연구를 해나갔는지 조금은 이해할 수 있게 되었다고 생각하고, 그 때문에 오늘날 시대의 상황에 입각해서 그들의 연구를 새롭게 파악하고 그 의미를 생각할 필요가 있다는 것을 다시 한 번 확인했다. 이 사실을 꼭 말해두고 싶다.

또 한 가지는 사료에 바탕을 둔 사실의 확인과 데이터의 정리라는 것의 중요함에 대한 것이다. 이른바 논단이든 아카데미즘의 세계이든 재일조선인의 존재에 초점을 두고 논의하는 것이 요즘에는 더 이상 그리 드문 일이 아니다. 그러나 나에게는 상당히 기초적인 사실도 바탕에 두지 않고, 아니 제대로 밝혀지지도 않은 가운데 이러쿵저러쿵 논의되고 있는 것처럼 느껴진다. 변변치 못한 연구이지만 본서가 재일조선인에 대해서 생각하고 논할 때 전제가 되는 역사적 사실과 데이터를 다소나마 제공하는 역할을 하고, 나아가 재일조선인과 관련된 연구를 심화하고자 하는 사람들에게 참고가 되길 바란다.

2003년 12월

도노무라 마사루

　본서는 도노무라 마사루 교수가 2001년 9월에 와세다대학 대학원 문학연구과에 제출한 박사학위청구논문(外村大, 「在日朝鮮人社會の歷史學的硏究」, 早稻田大學 博士學位請求論文, 2001. 9)에 수정을 가한 책인『재일조선인 사회의 역사학적 연구在日朝鮮人社會の歷史學的硏究』(東京, 綠蔭書房, 2004년)를 번역한 것이다.

　도노무라 마사루 교수는 저서에서 밝혔듯이, 1994년 구상을 한 이후 책으로 정리하기까지 상당한 시간을 소모했다. 그런 느낌은 책의 여러 곳에서 보이는 각종 표와 풍부한 각주에서 확인하는 것이 어렵지 않다. 그는 변변치 못한 연구이지만 재일조선인에 대해 생각하고 논의할 때 거론하는 데 꺼리가 될 만한 역사적 사실과 데이터를 조금이라도 제공할 수 있게 된 일, 그리고 재일조선인과 관련된 연구를 심화하고자 하는 데 참고가 될 책을 내는 것에 기쁨을 느낀다고 한다. 이러한 문장은 도노무라 마사루 교수의 지나친 자기 비하이지만 이 책의 연구서로서의 가치를 말할 때 반드시 거론해야 할 부분이라고 감히 생각한다.

　그는 이 책을 준비하면서 많은 일이 있었던 것 같다. 학문적인 부분에서는 아마 자료를 수집하고 정리하는 데 많은 어려움을 겪었던 것으로 보인다. 역자에게 보여주고 빌려 주었던 여러 파일만 보아도 그의 노력을 짐작하는 것은 아주 쉬운 일이다. 이밖에도 경제적인 문제를 자주적으로 해결했던 그를 일본과 한국의 주변 사람들은 잘 알고 있다.

　일본사 연구자로 출발한 도노무라 마사루 교수는 재일조선인사에 대해 많은 자료를 정리했다. 그가 말하듯이, 여러 사료를 수집·정리하면서 새로운 역사적 사실을 찾아내는 것을 즐거움으로 여기면서, 동시에 한 시대를 살았던 재일조선

인의 모습과 생각에 때로는 감동했을 것이다. 이러한 사실은 한국인인 역자에게
는 가슴 찡한 일이다.

　　그는 재일조선인사에 대해 선구적인 연구를 해 온 재일조선인 역사학자들에
게 자신감을 표하면서 동시에 존경의 염을 잊지 않고 있다. 자신 있는 도노무라
마사루 교수는 재일조선인 역사학자들과 자신을 차별화시켰다. 어떤 의미에서
는 선행 연구자들의 벽을 무너뜨리고자 하는 시도로 본서를 만들었다. 그러나
연구를 진행하면서 선구적인 재일조선인 역사학자들이 어떠한 생각으로 연구를
했는지 조금이지만 이해할 수 있게 되면서 또 다른 존경을 글 속에서 표하고 있다.

　　1990년 8월경이라고 기억한다. 역자는 그때 도노무라 마사루 교수를 처음
만났다. 주말의 박경식 선생님이 주최하는 재일조선인운동사연구회의 연구회
에 처음으로 참석하여 엄청난 감화를 받고, 잡지『재일조선인운동사연구』를 얻
고 저녁도 든든히 먹은 후에, 도쿄로 돌아가기 위해 조후시의 JR역으로 최석의
선생님과 함께 갔다. 그때 역에 미리 가 있던 도노무라 마사루 교수를 최석의
선생님의 소개로 처음 인사했다. 그리고 다음날 바로 역자는 와세다대학에서
도노무라 마사루 교수를 다시 만났다. 와세다대학의 도서관을 구석구석 소개
받은 일이 그와의 사이에서 내가 받았던 첫 도움이었다. 그리고 지금까지 인연을
맺고 있다.

　　역자는 저자인 도노무라 마사루 교수와 여러 일을 통해 함께 시간을 보내면
서 서로에 대해 알게 되었지만 학문적으로는 엄청난 신세를 졌다. 재일조선인사
를 공부하며 박경식 선생님이라는 큰 어른을 멀리서 가끔 뵈면서 경외했고, 자료
와 일본 내 연구 동향을 항상 얘기해 주었던 도노무라 마사루 교수를 통해 내용
있는 교시를 받았다.

　　그가 한국으로 유학을 왔을 때는 가족도 만나 보았던 일을 잊을 수 없다.
돌아갈 때 도노무라 부인은 키웠던 허브나무를 나에게 주어 한국에 남기고 갔다.
힘든 한국 유학을 모두 스스로 해결했던 도노무라가家를 지금도 기억한다.

1999년 박사학위 청구논문을 접하고 새로운 자료와 역사사회학적인 관점에서 새로운 문제 제기는 필자에게 큰 자극이었다. 그리고 2004년 여름 교토의 조선사연구회 모임에서 책을 받았을 때 오사카로 가는 JR열차 속에서 빠른 속도로 얼른 보고 여러 고민을 새롭게 했던 즐거운 기억이 있다. 그 후 이 책의 번역을 고민했고, 이번에 역서를 마무리할 수 있게 되었다. 이 책의 번역은 함께 작업한 신유원 선생님의 힘이 절대적이었다. 또 한 사람의 역자로 좋은 짝을 만났던 일을 정말로 감사하게 생각한다.

한편 한국적인 시점에서 재일조선인사를 공부하는 역자로서는 관점의 차이를 완전히 배제할 수는 없다. 그리고 국내 문제에 대한 인식의 차이를 자연스럽게 인정할 수밖에 없기도 하다. 그러나 국내에 통사적인 형태를 갖춘 재일조선인사에 대한 연구서가 단행본의 형태로 나온 것이 없는 상황에서 도노무라 마사루 교수의 저서가 번역된 것은 그 의미가 작지 않다고 생각한다.

도노무라 마사루 교수는 한국어판 서문에서 다음과 같은 글을 남겼다. 역자인 나는 한국인으로 이것을 기억하고 싶다.

"현재 한국에서 살고 있는 사람들 중 상당수가 식민지시기의 경험자, 내지는 그들의 가족 또는 친척이라는 점에서, 내가 알지 못하는 또 다른 중요한 역사의 존재 가능성을 배제할 수 없다는 사실 또한 나를 긴장하게 만든다."

2010년 2월
김인덕

찾아보기

사항 찾기

396, 399, 409, 411,
423, 462

	309, 357	조선 신문	190, 191, 250, 294, 299, 309, 313, 314, 317, 321
재일본조선인연맹(조련)	428, 429, 444~446, 464, 466~469, 472~475	조선 악극단	349
재일본조선인총연합회(조선총련)		조선어 레코드	205, 209, 467
	429, 448, 450, 482, 487, 493, 494, 497, 500~502	조선 영화	180, 194, 209, 211, 212
재일조선민주민족전선	475	조선예술좌	180
전시동원	60, 95, 109, 260, 332, 336, 349, 423	조선 옷	22, 171, 207, 208, 214, 215, 301, 304, 308, 314, 315, 348, 350, 426, 433, 436, 438, 455, 456
전시동원계획	113, 115		
전시동원정책	15, 58, 63, 65, 68, 73, 97, 98, 108, 112, 113, 115, 192, 333, 335, 345, 399, 400, 404, 405, 412, 460	조선 옷감	157, 207, 225, 348, 433, 436
		조선 요리	156, 159, 169, 205, 206, 355, 430, 433, 435, 436, 438, 455
전시동원체제	65		
정내회	174, 341, 342	조선 요릿집	131, 132, 159, 170, 317, 370, 433~436
정동파	283		
정주	16, 24, 65, 109~113, 115~117, 195, 383, 391, 469, 513	조선인 밀집지	139, 140, 144~151, 170, 176, 197, 198, 225, 268
정주층	110, 112, 113, 117, 133, 195, 197, 336	조선인 부락	22, 23, 28, 128, 139, 140, 146
제주공제회	49, 51, 52, 54	조선인 시장	171, 307, 308, 348, 436, 508, 511
제주도 출신자	27, 122, 183, 213, 259, 292, 303, 320, 401, 425~428	조선인 이주대책의 건	53
제주도민	46, 47, 49, 50, 52~55, 60, 79, 81, 103, 183, 192, 193	조선인 집주지	139, 140, 144, 146, 150, 151, 183, 188, 191, 195, 205, 207, 208, 210, 214, 226, 296, 299~303, 323, 330, 334, 337, 340~342, 344, 347, 351, 389, 400, 410~412, 421, 423~425, 427, 428, 434, 436, 437, 443, 453~456, 469, 484, 489, 490, 508, 511
조국방위대(조방대)	475		
조국방위위원회(조방위)	475, 478		
조국지향형 내셔널리즘	459, 481, 483~489, 500~502, 504, 505, 512~515		
조선건국촉진청년동맹(건청)	466		
조선공산당	256, 289, 290, 313, 467		
조선노농총동맹	280		
조선 불교	180, 184	조선인 학교(조선학교)	442~457, 474, 479, 481, 482, 493, 494,
조선 불교 사원	212